제7판 통합교육을 위한

행동관리의 실제

제7판 통합교육을 위한
행동관리의 실제

Thomas J. Zirpoli 지음 | 류재연 · 임경원 · 김은경 · 이병혁 · 박경옥 옮김

Σ시그마프레스

통합교육을 위한 **행동관리**의 **실제**, 제7판

발행일 2017년 6월 30일 1쇄 발행

지은이 Thomas J. Zirpoli
옮긴이 류재연, 임경원, 김은경, 이병혁, 박경옥
발행인 강학경
발행처 (주) **시그마프레스**
디자인 우주연
편 집 김은실

등록번호 제10-2642호
주소 서울특별시 영등포구 양평로 22길 21 선유도코오롱디지털타워 A401~403호
전자우편 sigma@spress.co.kr
홈페이지 http://www.sigmapress.co.kr
전화 (02)323-4845, (02)2062-5184~8
팩스 (02)323-4197

ISBN 978-89-6866-943-9

Behavior Management : Positive Applications for Teachers, 7th Edition

* 책값은 책 뒤표지에 있습니다.

이 도서의 국립중앙도서관 출판예정도서목록(CIP)은 서지정보유통지원시스템 홈페이지(http://seoji.nl.go.kr)와 국가자료공동목록시스템(http://www.nl.go.kr/kolisnet)에서 이용하실 수 있습니다.(CIP제어번호 : CIP2017014250)

남이 저술한 책을 번역한다는 것은 누군가에게는 기계론적인 측면에서 쉬울 수도 있다. 하지만 저자의 의도와 학문의 전문성 등을 고려하면 그다지 단순한 문제가 아니다. 아마 출판사에서 전문 번역가에게 학술전공서적을 번역해 달라고 의뢰하지 않는 이유가 여기에 있는 것 같다. 영어실력이 좀 뛰어나다고 하더라도 역자들 역시 번역하는 것이 그다지 즐거운 것만은 아니다. 그러나 영어실력에 좀 문제가 있더라도 좋은 책을 만난다면 상황은 달라질 수 있다. 이 책은 그런 면에서 역자들이 비교적 관심과 흥미를 가지고 번역하게 하는 충분한 동기를 제공한다. 쉽고, 참신하고, 현실성이 있기 때문이다.

이 책은 장애 학생의 행동변화에 관심을 기울이고 있는 경우에 많은 도움이 된다. 최근에 장애 학생의 인권이나 문제행동(때로는 문제행동이라는 용어 자체가 문제라는 관점에서 도전행동 등으로 다르게 사용하기도 한다), 또는 긍정적 행동지원에 대한 관심이 높아지고 있는 상황에서 이 책은 많은 도움이 될 수 있다.

대부분의 저서에서는 생략하고 있는 학교 상황에서 발생할 수 있는 법률적 문제에 대하여 언급하고 있는 것은 매우 흥미롭다. 비록 그 내용이 한국의 현실에 그대로 적용할 수 있는지에 대해서는 일정한 논란이 있을 수 있지만 시사하는 바는 크다고 할 수 있다. 대부분의 특수교사는 학교 혹은 학급 운영에서 지금까지는 법적인 문제를 심각하게 고려하지 않았다. 하지만 앞으로는 교육에 대한 거의 모든 문제는 단순한 상호이해의 수준을 넘어서 법적인 문제로 비화될 가능성이 높다. 물론 이것이 바람직하다는 것은 아니다. 그럼에도 불구하고 이를 대비하는 것은 슬기롭게 기름 등불을 준비한 다섯 처녀의 준비성과 맥을 같이 한다고 할 수 있다.

행동주의라는 용어는 행동주의자들의 진정성과 관계 없이 오랫동안 부정적인 의미로 사용되었다. 행동주의자들이 사용한 벌에 대한 부정적 프레임 때문이라고 할 수 있다. 좀 과장해서 말하자면 약간이라도 인권에 대하여 관심이 있는 교육자는 행동주의를 공격하는 것이 마치 인

권의 수호와 연결되는 듯한 태도를 보이기도 하였다. 프레임에 빠지면 헤어나오기 어렵다.

행동주의에 대한 이와 같은 그동안의 부정적 이미지는 행동 본질의 이해와 적용에 대한 최소한 절반에 가까운 학문적 혹은 실제적 적용 가능성을 무기력하게 했다고도 할 수 있다. 부정적 프레임을 극복하기 위하여 인지적 행동수정 혹은 긍정적 행동지원 등과 같은 용어가 사용되고 있다. 새로운 프레임이라고 할 수 있다.

얼마 전에 헌정사상 처음으로 박근혜 씨가 탄핵으로 대통령 직에서 물러났다. 새로운 대통령 선거가 코앞에 놓여 있다. 여전히 종북 프레임으로 특정 세력이 자신의 기득권을 유지하기 위하여 노력하고 있다. 행동주의에 대한 낡은 프레임으로 학생에게 실제로 필요한 행동지도와 관리 등이 배척되어서는 안 되는 것과 같이, 이제는 그와 같은 낡은 프레임으로 대한민국의 발전이 발목을 잡혀서는 안 된다.

이 책을 통하여 특수교사를 비롯한 장애 학생의 행동에 관심 있는 분들에게 많은 도움이 있기를 바라듯, 이 번역서가 출판될 즈음에 한반도에 새로운 희망이 넘쳐나기를 기대한다.

2017. 4.
역자 일동

이전 6판과 마찬가지로 이번 7판 역시 많은 사람들의 의견과 제안을 반영하였으며, 이에 따라 내용이 좀 더 충실해질 수 있었다. 이 책의 내용은 독자가 응용행동 분석에 대한 기술적이고 기능적인 측면의 이해를 통하여 학교 및 교실 상황, 그리고 일상생활에서 어떻게 이를 효과적으로 적용할 수 있을지를 중심으로 구성하였다. 인터넷 혹은 다양한 학급 운영에 대한 정보를 통하여 제기되는 교육적인 문제를 전문가뿐만 아니라 준전문가들도 이해할 수 있도록 노력하였다. 이전 판과 마찬가지로 독자는 다른 행동관리 또는 응용행동 분석과 관련한 저서와는 차별된 몇 가지 주제를 접할 수 있을 것이다. 이는 최근에 이슈가 되고 있는 행동과 행동관리에 대한 내용을 설명함에 따른 자연스러운 결과이다.

새로 추가된 내용

- 7판에서도 학교 전체 차원과 교실 차원, 그리고 개별 차원의 긍정적 행동지원의 중요성을 강조하였다. 2장 '학교에서 고려해야 할 법률적 문제'에서는 특수교육 관련 최신 법률 내용을 업데이트하였다. 8장 '형식적 행동사정'에서는 최신 행동표준 사정에 관한 내용을 보완하였다.

- 10장은 긍정적 행동지원에 대한 내용을 집중적으로 다루었다. 12장과 13장은 학교 전체와 개인적 차원에서 제공해야 하는 긍정적 행동 전략에 대한 내용을 보완하였다. 14장은 특정한 문제행동과 이에 따른 최신 중재 전략의 내용을 업데이트하였다.

- 이 책은 유치원 수준 혹은 그 이전의 영아 시설에 있는 유아나 영아에게도 적용할 수 있도록 내용이 충실하다. 행동에 대한 기본 원리의 이해가 모든 아동에게 적용될 수 있지만 유아나 영아와 같은 어린 아동의 행동특성은 더욱 신중한 관찰을 통해서 이해할 수 있다. 이 책은 특별한 주의가 필요한 아동이나 현대사회에서 가족의 삶이 과거와 달리 변화되는 환

경에 놓인 아동에게 즉시 적용될 수 있는 특징이 있다. 관련 내용은 주로 4장에서 더 많이 논의되었다.

- 청년기의 행동문제 역시 사회적으로 매우 중요한 연구 대상이 되고 있다. 가정 밖에서 특별한 처치를 받고 있는 학생은 우리 사회에서 여전히 높은 비율을 차지한다. 이들은 특별한 행동관리가 필요하다. 5장 '청소년 행동의 쟁점'에서 보다 심도 깊은 내용을 다루었다.

- 한 사람의 행동은 인종적 배경, 성, 언어, 그리고 문화의 영향을 받는다. 3장에서는 교사가 학생의 다양한 배경을 이해하고 그것에 민감하게 반응할 것을 강조하고 있다. 뿐만 아니라 개별 학생의 차이점이 어떻게 학생의 행동을 지배하는지를 이해할 수 있도록 다양한 주제를 설정하였다. 학생 이해의 고정관념의 덫을 피하기 위한 다양한 주제를 살펴보았으며, 전통과 관습이 행동에 미치는 영향에 대해서도 논의하였다.

- 끝으로, 이 책 전체의 내용은 가장 효과적이고 중요한 행동관리 전략은 적절한 행동을 가르치고 강화하는 것이라는 것에 초점이 맞추어졌다. 이는 응용행동 분석의 활용에 대한 저자들의 신념이라고 할 수 있다. 이 책은 과거의 잘못된 응용행동 분석에 대한 이해를 바로잡기 위한 측면에서, 그리고 최신의 응용행동 분석에 대한 다양한 주제와 적용, 특히 특정한 집단(예를 들면, 다인종, 유년기, 청소년기 등)에게 실제적인 도움을 주기 위한 내용으로 구성되었다. 저자들은 보완된 지식과 정보가 독자들에게도 유용하기를 바란다. 또한 이 책의 독자가 저자에게 자신의 생각을 다시 나눌 수 있기를 희망한다. 7판에 대한 의견이 있으면 망설이지 말고 이메일(tzirpoli@mcdaniel.edu)로 연락하여 주기를 바란다.

독자

이 책은 학부 및 대학원 과정에서 행동관리, 학급 경영, 또는 응용행동 관리의 과정을 밟고 있는 학생이 사용하기에 적합한 교재이다. 또한 이 책은 예비 혹은 현직의 일반교사, 특수교사, 유치원 및 초·중등학교 교사, 교육행정가, 상담가, 심리사, 그리고 사회복지사 등이 사용하기에도 적합하다.

감사

이 책이 출판될 수 있도록 도움을 준 모든 사람들에게 감사를 표한다. 9장의 집필에 도움을 준 Joel Macht, Davidson College, 그리고 2장과 11장 집필에 도움을 준 Mitchell Yell, University of South Carolina, 5장 집필에 도움을 준 Stephanie D. Madson, MacDaniel College, 6장 집필에 도움을 준 Daria Buese, McDaniel College, 8장 집필에 도움을 준 Victoria Russell, 3장 집필에 도움을 준 Janet G, Medina, MacDaniel College, 그리고 10장과 14장 집필에 도움을 준 Meagan Gragory, McDaniel Colleg에게 감사를 표한다. 또한 많은 시간과 정성을 다해 검토해준 분들에 대해서도 감사를 표한다.

William Bauer, 매리에타대학

Haidee Copeland, 오리건대학교

Trudie Hughes, 미네소타대학교(덜루스캠퍼스)

S. Kathleen Krach, 트로이대학교

마지막으로 충고와 도움을 아끼지 않은 Pearson Education의 전문가 여러분에게 감사를 표한다. 특별히 편집장인 Ann Davis와 편집 보조원 Janelle Criner, 그리고 프로젝트 매니저인 Kerry Rubadue에게 감사를 표한다.

Thomas J. Zirpoli

차례

제3부 행동 측정과 시각화

제5부 긍정적 행동지원 증진 전략

행동관리
이해의 기초

· · · · · · · · ·

행동과 행동관리의 기초 개념

Thomas J. Zirpoli

01

이 책 전체의 주제는 행동을 어떻게 배우고, 변화시키며, 수정하는지, 그리고 사람들은 왜 자신이 해 온 방식으로 행동하는지에 대한 것이다. 이 장은 행동과 행동관리의 발전과정, 기초 개념, 다양한 가설, 그리고 행동에 관한 흔한 오해에 대한 설명으로 구성되어 있다.

행동과 행동분석 이론의 발전 과정

다양한 학파들이 행동과 행동관리를 설명하기 위하여 노력해 왔다. 각각의 이론은 오랜 시간 동안 많은 연구자들에 의하여 수행된 연구 결과를 토대로 발전해 왔다. 고전적 조건화(classical conditioning), 조작적 조건화(operant conditioning), 그리고 사회학습(social learning)은 "현대 행동수정 발달의 기초를 형성한 …… 핵심적인 위치를 차지한다."고 할 수 있다(Morris, 1985, p. 4). 이들은 **행동치료**(behavior therapy)와 **응용행동 분석**(applied behavior analysis)과 함께 오늘날 학교와 학급에서 널리 사용되고 있는 행동관리 전략의 기초가 되고 있다. 이 장에서는 이러한 내용들을 중심으로 설명하고자 한다.

고전적 조건화

고전적 조건화(또는 Pavlovian 조건화)는 자극에 따른 반사적 반응행동(respondent behavior responses)의 관계를 의미한다. 자극은 '물리적 세계에 존재하는 어떤 상태, 사건, 또는 변화'를 뜻한다(Cooper, Heron, & Heward, 1987, p. 18). 자극은 빛, 소음, 촉각, 온도, 맛, 냄새, 질감 등을 의미하는 것으로서, 반응이나 후속행동을 일으킨다.

자극은 무조건 자극과 조건 자극으로 분류된다. 무조건 자극(unconditioned stimulus, UCS)은 선천적으로 어떤 행동을 하도록 자극하는 것으로써 학습된 것이 아니다. 식욕과 성욕은 무조건 자극의 좋은 예라 할 수 있다. 음식이나 성적 자극에 대한 반응은 선천적인 것이다. 이와 달리 조건 자극(conditioned stimulus, CS)은 학습 결과, 혹은 특정한 조건에서 어떤 행동의 발생을 유발하는 것이다. 예를 들어, 몇 달 동안 병원에서 흰색 옷을 입은 의료진에게 고통스러운 치료를 받은 경험이 있는 아동은 단지 흰색 옷을 입었다는 이유로 어떤 사람에게 공포심을 느낄 수 있다.

반사적 반응행동(respondent behaviors)은 대개 개인이 통제하기 어려우며 때때로 반사행동이나 무조건적인 반응처럼 자신의 의지와 관계 없이 나타나기도 한다. 무조건 자극은 대개 무조건 반응을 불러일으킨다. 예를 들어, 밝은 빛(무조건 자극)은 눈을 감게 하거나 고개를 돌리게 하는 등의 무조건적인 반응을 일으킨다. 이러한 일련의 반응적 행동은 후천적으로 학습된 것이 아니라 빛이라는 자극에 의하여 발생한 자연적인 현상이다.

Ivan P. Pavlov : 고전적 조건화의 아버지　　러시아의 생리학자로서 1904년에 노벨상을 수상한 Ivan P. Pavlov(1849~1936)는 고전적 조건화의 아버지로 불린다. Pavlov가 동물의 소화 연구에서 관심을 기울인 것은 다양한 음식이 어떻게 해서 무조건 반사라고 할 수 있는 타액이나 위액의 분비에 영향을 미치는지에 대한 것이었다. 그러나 Pavlov 연구의 핵심은 음식이 어떤 특정한 환경에서 제공되는 경우, 특정한 환경에 놓이는 것만으로도 자연스럽게 타액 분비와 같은 소화반응이 활성화된다는 것을 발견한 것이다. 예를 들어, Pavlov는 그의 조수가 먹이를 주는 시간에 단순히 동물 우리의 문을 여는 것만으로도 실험용 개가 타액을 분비한다는 사실을 발견하였다.

1927년에 Pavlov는 종소리만으로도 개가 침을 분비(무조건 반응)하도록 하는 유명한 실험에 성공하였다. 실험 초기에 음식의 제공(무조건적 자극)과 종소리(개에게 있어서 종소리는 처음에는 중립적인 자극임)가 동시에 제공되었다. 실험이 반복됨에 따라

Ivan Petrovich Pavlov(1849~1936)

Pavlov는 음식이 제공되지 않은 상태에서 단순히 종소리만으로 도 개가 침을 흘린다는 사실을 발견하였다. 종소리는 타액을 분 비시키는 학습된(혹은 조건화된) 자극이 되었고, 종소리에 따른 타액 분비는 학습된(혹은 조건화된) 반응이 되었다. Pavlov는 음 식을 제공하지 않고 계속해서 종을 울릴 경우에는 종소리가 더 이상 개의 타액을 분비시키지 못한다는 사실도 발견하였다. 종

> Pavlov의 개에 대한 이야기는 대부분 잘 알고 있을 것이다. 아래의 사이트에서 제 공되는 영상에서는 Pavlov가 동물의 소화에 대 한 연구에서 우연히 고전적 조건화에 대한 결과 에 접하게 되는 것을 확인할 수 있다. http://www.youtube.com/watch?v= hhqumfpxuzl

소리가 더 이상 음식과 상관이 없다는 것을 개가 학습한 경우, 종소리는 더 이상 조건 자 극이 되지 못하며, 그 결과 조건 반응으로서 타액 분비 현상도 나타나지 않게 된 것이다. 개의 타액 분비 반응과 관련한 Pavlov의 고전적 조건화 모형은 그림 1.1과 같다.

Pavlov의 조건화는 Pavlov의 실험 이후에도 여러 사람들에게 지속적인 관심의 대상 이 되었다. Rescorla(1988)는 고전적 조건화의 현대적 의미를 다음과 같이 설명하였다.

> Pavlov의 조건화는 동시에 발생하는 어떤 두 가지 자극을 유기체가 어쩔 수 없이 하나 로 통합하는 시시한 과정을 설명한 것이 아니다. 오히려 유기체는 자신을 둘러싼 다 양한 환경 자극에 대하여 자신만의 논리적이고 감각적인 관계를 형성함으로써 보다 정교한 반응을 하는 정보 탐색자로 이해되어야 한다.(p. 154)

```
고전적 조건화 이전
음식 제공                          타액 분비
(무조건 자극)                      (무조건 반응)

고전적 조건화 과정
음식 + 종소리 제공                 타액 분비
(무조건 + 조건 자극)              (무조건 반응)

고전적 조건화 이후
종소리만 제공                      타액 분비
(조건 자극)                        (조건 반응)
```

그림 1.1 음식과 종소리를 짝지음으로써 개에게 조건화된 타액 분비를 일으킨 Pavlov의 고전적 조건화 모형

Rescorla 등은 고전적 조건화에 대한 전통적인 이해를 확장시켜 나갔다. Balsam과 Tomie(1985)에 의하면 학습은 단순히 조건 자극과 무조건 자극의 차이를 확인하는 그 이상의 관점에서 이해되어야 한다. 자극과 자극을 둘러싼 전후 관계의 맥락 특성은 소위 자극과 반응이라는 자극 패키지(stimulus package)로서 뿐만 아니라, 자극에 따라 수반되는 다양한 반응 형태를 결정할 수 있다는 측면에서 이해되어야 한다. 즉 어떤 상황에서 조건화된 자극은 다른 상황에서는 다른 반응 양식을 불러일으킬 수 있다는 것을 알아야 한다. 예를 들어, 어떤 아동이 교실에서 다른 아동이 놀릴 때 반응하는 것과, 동네에서 그러한 일을 당했을 때는 서로 다르게 반응할 수 있다는 것을 이해하는 것이 필요하다.

이와 같이 행동의 이해는 단순히 자극과 반응의 결합 이상의 훨씬 복잡한 형태를 띤다. 자극에 따른 반응에는 쉽게 규정할 수 없는 수많은 변인들이 포함될 수 있기 때문이다. 그럼에도 불구하고 행동의 연구에서 자극과 반응을 중심으로 한 Pavlov의 연구는 고전적 조건화의 토대를 제공했다는 측면에서 과소평가될 수 없다. 왜냐하면 고전적 조건화는 "심리학의 여러 연구 분야에서 다양하게 응용할 수 있는 지적인 방법으로 수행되었기 때문이다"(Rescorla, 1988, p. 151). 오늘날 현장에서 사용되는 대부분의 행동치료는 고전적 조건화의 원리와 밀접한 관련이 있다.

Pavlov의 과학적인 연구 방법 역시 높은 평가를 받아야 한다(Kazdin, 1989). 그의 연구 결과는 신중한 관찰과 양적 측정의 방법에 따른 것이다. 조건 반사에 따라 흘러내린 침 방울을 정확하게 측정한 것은 좋은 실례가 된다. 정확한 실험 기록과 열정적인 연구 방법은 행동 연구 수행의 본보기가 되기에 충분하다(p. 9).

John B. Watson : 행동주의의 아버지   John B. Watson(1878~1958)은 보다 과학적인 방법으로 인간의 행동을 연구하는 데 커다란 공헌을 하였다. Pavlov의 연구에 영향을 받은 Watson은 미국에서 행동 연구를 수행하였다. 그는 자신을 **행동주의자**라고 하였으며(Watson, 1919), 자신의 연구 방법의 차별성을 강조하기 위하여 자신의 연구 분야를 행동주의(behaviorism)라고 하였다(Watson, 1925). Watson에 의하면 대부분의 행동은 학습(learning)으로 설명될 수 있다(p. 9).

　Pavlov와 마찬가지로 Watson은 고전적 조건화의 원리를 실험에 적용하였다. 앨버트라는 11개월 된 유아를 대상으로 한 실험에서 Watson과 Rayner(1920)는 아동이 흰 쥐를 만질 때 아동을 깜짝 놀라게 할 수 있는 큰 소리를 들려줌으로써 만지는 것과 큰 소리를 하나의 짝으로 연관시켰다. 앨버트는 큰 소리(무조건 자극)에 깜짝 놀랐으며, 점차 흰 쥐(깜짝 놀라기 이전에 흰 쥐는 앨버트를 놀라게 하지 않는 중립적인 자극이었음)를 보면 깜짝 놀라는 두려움을 느끼게 되었다(조건화가 형성되었다). 그 후 앨버트는 큰 소리 없이 흰 쥐만 보고서도 울기 시작하였다. 쥐는 드디어 조건화된 공포 반응을 불러일으키는 조건 자극이 된 것이다.

　Watson은 관찰자가 직접 관찰할 수 없는 정신적인 현상(예 : 정서, 감정, 사고, 본능)에는 관심을 기울이지 않았으며, 관찰 가능한 외현적인 행동의 연구에 심혈을 기울였다. Watson(1924)은 그의 저서 *Psychology from the Standpoint of a Behaviorist*에서 실험자의 주관성에 기인한 연구, 비과학적 중재, 그리고 과학적 검증이 부족하다는 이유에서 Pavlov와 유사한 연구 방법을 신랄하게 비판하였다. Watson이 자신의 연구는 행동에 대한 '실제'(p. 104)를 설명하거나, 행동의 조건화와 학습을 설명하는 데 부족함이 있다고 언급한 것과 관계 없이, 그는 심리학의 새로운 지평을 열었다는 측면에서 긍정적으로 평가받을 수 있다.

조작적 조건화

심리학에서 의미하는 **조작**(operant)이란 용어는 어떤 환경에서 발생한 사건에 의하여 영향을 받거나 통제된 행동(또는 반응)을 의미한다(Skinner, 1974)(자연적인 상황에서 발생한 행동이 아니라 실험자의 '의도'에 따른 행동을 말한다. – 역자주). 예를 들어 환경의 영향(교사의 지시)에 의하여, 학생은 학교 도서관을 방문했을 때 조용히 말해야 한다는 것을 학습할 수 있다. 밝은 빛에 눈을 깜빡거리는 것과 같은 무의식적 혹은 반사적인 행

B. F. Skinner(1904~1990)

동과 조작적 행동을 구별하는 것은 매우 중요하다.

조작적 조건화(operant conditioning)는 외현적인 사건에 따라 표적행동이 어떻게 변화되는지를 설명하는 사건과 변화의 관계를 의미한다. 외현적인 사건은 행동이 발생하기 이전의 선행사건과 행동이 발생한 후의 후속결과의 차원에서 살펴볼 수 있다.

행동 이전에 어떤 일이 일어나는가? 선행사건은 표적행동 또는 조작에 앞서 발생한 사건을 의미한다. 예를 들어, 마이크가 존의 장난감을 가지고 달아나자 존이 마이크를 때린 경우, 마이크가 달아난 행위가 존이 때린 행위의 선행사건이다. 관찰력이 있는 교사라면 쉽게 선행사건을 구분할 수 있다. 그러나 어떤 경우에는 선행사건과 행동 간의 관계가 무엇인지 명확하게 구분하기가 쉽지 않을 수도 있다. 예를 들어 어떤 학생이 배가 고픈 상태로 등교했고, 배고픔 때문에 수업에 집중하지 않았다면 배고픔은 수업을 방해한 간접적인 선행사건이 된다. 그러나 학생이 배가 고프다는 사실을 교사가 몰랐다면 교사는 학생의 수업을 방해한 선행사건을 파악하기 어렵다.

행동 이후에 어떤 일이 일어나는가? 후속결과(consequence)는 표적행동 또는 반응 이후에 발생하는 사건을 의미한다. 예를 들어, 교실에서 바람직하지 않은 행동(즉 잡담을 하거나 소음을 내는 것 등)에 대하여 교사가 신경을 집중하고 있다면, 교사의 이러한 행동은 학생의 바람직하지 않은 행동 때문에 발생한 후속결과가 된다. Donnellan, LaVigna, Negri-Shoultz와 Fassbender(1988)에 의하면 "후속결과는 특별한 반응의 결과에 따른 환경 자극이나 사건을 의미한다. 반응 결과에 따라 행동발생의 가능성은 증가하거나 혹은 약화될 수 있다."(p. 20).

조작적 조건화 상황에서, 만일 선행행동이 증가하거나 현재 수준으로 비율, 지속성, 강도 등이 유지되면 후속결과는 강화되었다는 것을 의미한다. 그러나 선행행동이 비율, 지속성, 강도 면에서 감소되었다면 선행행동은 벌의 역할(punisher)을 수행한 것이 된다. 선행사건, 행동, 후속결과의 관계는 조작적 조건화와 응용행동 분석에서 가장 기초가 되는 개념이다. 행동주의자들에 의하면 선행사건, 행동, 후속결과의 관계를 명확하게 이해하는 것은 새로운 기술을 가르치거나 현재의 행동을 수정하는 데 유용한 도움이 된다.

Edward L. Thorndike : 행동의 법칙 조작적 조건화의 이론적 근거는 동물 연구 결과와 밀접한 관련이 있다. Edward L. Thorndike(1874~1949)는 동물 행동(반응)과 환경조건에 대한 연구, 특별히 행동과 후속결과의 관계를 조작적 조건화의 원리로 설명한 초기 연구자 가운데 한 사람이다. Thorndike(1905)는 효과의 법칙으로 '만족'을 일으키는 행동과 그러한 행동이 다시 반복하여 나타날 가능성을 설명하였다(p. 203). 또한 연습의 법칙으로 행동이 어떻게 특별한 상황과 연합하는지에 대해서도 설명하였다(Thorndike, 1911). 반응과 후속결과, 반응과 상황 간의 연합에 대한 연구는 때때로 연합주의로 언급된다. Thorndike의 연구는 정적 강화(효과의 법칙)와 자극 통제(연습의 법칙)에 관한 토대가 되었다.

Thorndike(1911)는 강화제가 학습의 속도를 증가시키는 실험을 실시하였다. 유명한 고양이를 이용한 실험에서, 음식물을 이용하여 고양이가 장애물을 옮기고 상자를 빠져나가는 것을 학습하도록 고양이의 행동을 강화하였다. 이 실험에서 Thorndike는 음식이 사라지기 전에 고양이가 상자를 빠져나와 음식을 얻는 데 걸린 시간에 관심을 기울였다.

Burrus Frederic Skinner : 조작적 조건화의 아버지 Thorndike의 강화에 대한 연구는 B. F. Skinner(1904~1990)의 연구에 영향을 미쳤다. Skinner라는 이름은 조작적 조건화 혹은 행동수정이라는 용어와 동의어로 취급될 정도로 유명하다. Skinner(1938)의 초기 연구는 주로 쥐와 비둘기를 대상으로 한 동물실험이 주류를 이루었다. 그는 후속결과와 행동의 관계에 대한 Thorndike의 연구를 발전시키기 위해 노력하였다. 또한 조작적 조건화와 Pavlov의 고전적 조건화에 대한 차이를 명확히 하고자 하였다(Kazdin, 1989). "조작(operant)이라고도 불리는, 행동을 형성하고 유지하는 후속결과는 …… 생명체 역사의 일부분이라고 할 수 있다. 후속결과는 단순히 하나의 반사행동처럼 하나의 반응을 이끌어 냄으로써 가능한 것이 아니다"(Skinner, 1974, pp. 57-58).

Skinner(1974)는 조작적 조건화에 대한 개념을 설명함에 있어서 행동과 후속결과의 관계는 '매우 단순'하다고 주장하였다.

> 어떤 행동이 후속결과의 증가에 영향을 준다면 그것을 강화라고 하며, 이때의 행동은 다시 발생할 가능성이 매우 높다. 정적 강화제는 관련 행동을 증가시킨다. 갈증이 날 때 제공되는 물 한 잔은 정적 강화제 역할을 한다. 만약 갈증 상태에서 물 한 잔을 마신 경험이 있다면, 이와 유사한 상황에서 물을 찾을 가능성은 매우 높다.(p. 51)

Skinner는 실험실 상황에서의 조작적 조건화의 연구 결과가 일상적인 상황에서도 적용 가능한지를 검토하기 위하여 노력하였다. 그의 저서 *Waldon Two*(1948)는 이상적인 사회를 건설하기 위하여 조작적 조건화의 원리들이 어떻게 적용 가능한지에 대한 저자의 관심이 드러난 작품이다. 그의 후속 작품 *Science and Human Behavior*(1953)에서는 교육, 정부, 법률, 종교 등에서 조작적 조건화를 어떻게 적용할 것인지에 대한 그의 관심이 더 자주 언급되었다.

Skinner(1953)는 행동주의자가 할 일은 단순히 행동을 설명하는 것이 아니라, 행동과 관련한 선행사건과 후속결과의 관계를 정확하게 묘사하는 것이라고 하였다. 또한 문제행동을 일으키는 원인을 찾기 위하여 과거에 집착하기보다는, 현재 시점에서 발생한 행동에 관심을 기울이는 것이 훨씬 더 중요하다고 하였다. 예를 들어, Skinner의 견해에 따르면 아동이 왜 자꾸 교실에서 돌아다니는지에 대한 설명이나 이해의 필요성보다는, 아동이 자리에 앉는 것을 강화함으로써, 아동이 교실에서 착석하여 수업을 받을 수 있도록 가르치는 것이 훨씬 더 중요하다.

Skinner는 인지주의 심리학을 전적으로 부정하지 않았으며 인지주의 심리학을 단순히 '피부 아래에 숨어 있는 세계에 관심을 기울이는 것'이라고 여기지도 않았다(1974, p. 24). 그러나 그는 전통적인 인지주의 심리학의 원리로 행동에 대한 이해가 조금씩 진전되는 현상에 대해서 경계를 늦추지 않았다. 그는 '행동주의는, 그럼에도 불구하고, 큰 폭으로 발전'(1974, p. 36) 하였음을 강조하였다. 조작적 조건화는 측정 가능하고 직접 관찰할 수 있는 외현적인 행동을 강조한다.

행동주의와 정신분석 접근의 차이

Pavlov, Watson, Thorndike, Skinner는 Sigmund Freud(1856~1939)를 비롯한 정신분석 접근에서 탈피하여 새롭게 인간 행동을 이해하고자 노력하였다. 행동주의 접근은 외현적인 행동과 그와 관련한 사건에 관심을 기울이는 반면, 정신분석 접근은 동인, 충동, 욕구, 동기, 갈등과 같은 한 개인의 내적 요인에 대한 성격 특성에 관심을 기울인다. 행동주의 접근에 의하면 부적절한 행동은 조건화되었거나 또는 학습된 것으로 해석되나, 정신분석 접근에 의하면 부적절한 행동은 잘못된 심리처리 과정에 따른 결과이거나 혹은 아동의 특정 성격 결함에 따른 것으로 해석된다.

정신분석 접근에 대한 문제점이 몇 가지 차원에서 제기되었다. 첫째, 정신분석 접근에 의한 진단은 아동이 문제를 일으킨 상황과는 무관한 장소에서 이루어진다는 것이다. 아동의 진단에 관계된 정신분석가나 심리사는 문제행동이 발생한 환경(가정, 학급)에서 아동을 관찰하지 않는다. 전문가의 사무실에서 설명되는 행동들은 대부분 직접적인 관찰에 근거한 것이 아니다. Brown(1990)은 이러한 방법으로는 문제행동을 보이는 아동의 약 85%의 행동이 적절한 것으로 잘못 평가될 수 있다고 주장하였다.

둘째, 행동을 일으키는 심리적 원인 분석은 교사가 활용할 수 있는 중재 전략 구성에 특별한 도움이 되지 못하는 경우가 많다는 것이다. 사실, 정신분석 치료사와 교사 간에는 아동의 정보를 공유하기 위한 대화가 제한적인 경우가 많다.

셋째, 치료나 처치(예 : 심리요법 또는 정신분석) 효과의 일반화는 가정이나 학급 상황과 같은 기능적인 환경에서는 만족스럽지 못하다. 또한 심리치료실 상황의 연구 결과를 학급에 적용시키는 것 역시 많은 문제점이 따른다(Mufson, Pollack, Olfson, Weissman, & Hoagwood, 2004). 표 1.1은 정신분석적인 접근과 행동주의 접근의 차이를 간략하게 보여 주고 있다.

사회학습이론

사회학습이론(social learning theory) 연구자들은 아동을 둘러싼 사회적 환경과 아동의 인

표 1.1 행동주의와 정신분석 접근의 비교

변인	정신분석 접근	행동주의 접근
행동의 초점	동인, 충동, 동기와 같은 내면적 행동	걷기, 말하기와 같은 외현적 행동
부적합한 행동의 원인	심리적 과정에서 나타나는 부적응 또는 성격결함	조건화 혹은 학습
사정(assessment)의 방법	행동이 일어난 곳과 무관한 곳에서 정신과 의사나 심리사에 의하여 판단됨. 직접적인 관찰이 제한됨	학생의 행동이 발생한 자연적인 환경에서 직접 관찰을 통하여 이루어짐(집 또는 교실)
환경 변인에 대한 관심	낮음	높음
심리적 변인에 대한 관심	높음	낮음
경험적인 지지	낮음	높음
학급적용	낮음	높음

지 발달, 그리고 고전적 조건화와 조작적 조건화의 원리가 어떻게 행동에 영향을 끼치는 지를 이해하기 위해 노력을 기울여 왔다. 사회학습이론에 따르면 인간 행동은 너무나 복잡하기 때문에 통합적인 접근에 의해서만 이해될 수 있다.

Albert Bandura : 사회학습이론의 아버지 캐나다 출신의 심리학자 Albert Bandura는 아이오와대학교에서 1952년에 박사학위를 받았으며, 청소년의 공격성에 대한 연구를 통하여 행동주의는 관찰된 행동을 설명함에 있어 지나치게 단순하다(Boeree, 1998)고 비판하였다. 그는 아동의 행동, 환경, 그리고 인지적 과정은 통합의 차원에서 상호 영향을 미친다고 주장하였다(Bandura, 1977, p. 9).

> 보보 인형 실험에서 Bandura는 행동의 습득에 대한 매우 중요한 관찰학습이론을 선보였다.
> http://www.youtube.com/watch?v=zerCK0lRjp8

Bandura(1977)는 "개인과 환경적 요인은 서로 독립적으로 기능하는 것이 아니라 상호 호혜적인 관계로 …… 영향을 주고받는다."(p. 9)고 주장하였다. 그는 이와 같은 통합된 접근을 호혜적 결정(reciprocal determinism) 과정이라고 정의하였다.

Bandura는 행동 형성에 대한 연구의 수단으로 관찰학습(observational learning) 또는 모델링(modeling)의 중요성을 강조하였다. Bandura(1977)에 따르면 개인은 타인의 행동을 관찰하고, 관찰된 정보를 인지적으로 유지한 후에 모델의 행동을 따라 한다. 그는 이러한 세 단계의 과정을 주의(attention), 파지(retention), 재생(reproduction)이라고 하였으며, 행동이 지속적으로 나타날 것인지는 행동 발생과 관련한 동기와 행동 발생에 따른 강화에 의하여 영향을 받는다고 하였다.

Bandura(1969)의 가장 유명한 연구는 공격적인 행동을 하는 것을 본 아동이 어떻게 그러한 공격을 모방하는지에 대한 것이다. 그는 의회의 증언에서 TV 폭력은 아동들에게 네 가지 측면에서 영향력을 행사한다고 주장하였다. 첫째, TV 폭력은 아동들에게 공격의 방법을 가르쳐 준다. 둘째, TV 폭력은 폭력을 미화시킨다. 셋째, 빈번하게 TV 폭력에 노출될 경우 아동은 잔인함에 대하여 무감각하게 되며 타인에게 폭력을 행사하게 된다. 마지막으로 TV 폭력은 아동에게 현실에 대한 올바른 이해를 왜곡시킨다(Van De Velde, 2002).

Bandura(1997)는 그의 저서 *Self-Efficacy: The Exercise of Control*에서 사회학습이론에 대한 자신과 동료들의 업적을 소개하였다.

Bandura는 **자기효능감**(self-efficacy)을 자신의 삶에 영향을 끼친다고 느끼는 일정한 수준의 자기 수행능력에 대한 믿음이라고 정의하였다. 자기효능에 대한 믿음은 사람의 감정, 생각, 동기와 행동 전반에 걸쳐서 영향을 미친다(Bandura, 1994, p. 71). 자기효능감이 강한 사람은 "문제를 회피하는 방법을 선택하는 대신에 어려움을 극복하기 위하여 노력한다"(p. 71). 그들은 실패를 꼼꼼히 살펴봄으로써 실패를 통한 성공의 가능성을 탐색한다. 자기효능감이 낮은 사람은 실패에 대한 두려움 때문에 성취를 위한 도전을 망설인다. 그들은 실패에 안주하게 된다. 학생의 자기효능감은 과제 수행뿐만 아니라 궁극적으로는 행동하는 습관에도 영향을 미칠 수 있다. 성공에 대한 경험이 많을수록 자기효능감은 커지며, 적을수록 자기효능감은 낮아진다. 교사는 수업 상황에서 학생이 성공에 대한 경험을 갖도록 상황을 조정하고 학생을 격려함으로써 학생의 자기효능감을 높여 줄 수 있다.

행동치료

Rimm과 Masters(1974)는 행동수정과 **행동치료**(behavior therapy)는 비슷한 이론적 배경이 있지만, 행동수정은 조작적 조건화를 강조하고, 행동치료는 고전적 조건화를 중요시한다고 하였다. 행동치료가 고전적 조건화의 실제적인 적용이라고 평가하는 사람들도 있다. 행동수정과 조작적 조건화는 관찰 가능하고 측정 가능한 외현적인 행동, 예를 들면 공격성과 울화행동(tantrum)에 적용되는 반면에, 행동치료와 고전적 조건화는 내면적인 행동, 예를 들면 공포심 등에 적용된다.

행동치료와 관련된 몇 가지 치료 전략으로는 체계적 둔감법(systematic desensitization), 모델링, 그리고 바이오피드백 등이 있다.

체계적 둔감법 남아프리카 출신 의사인 Joseph Wolpe는 최초로 고전적 조건화에 따른 체계적 둔감법을 사용하여 고양이의 불안감을 제거하였다. Pavlov의 연구에 근거하여 Wolpe(1958)는 불안감을 유발시키는 자극은 불안감을 유발시키지 않는 자극과 짝이 됨으로써 제거될 수 있음을 보여 주었다. Wolpe는 불안감을 야기하는 자극에 고양이를 살짝 노출시켰다. 그런 다음에 음식과 같은 긍정적인 자극을 고양이에게 주었다. 불안을 유발하는 약간의 자극과 함께 고양이가 자신이 좋아하는 음식을 먹을 수 있는 기회를 준 것이다. 음식과 함께 고양이가 자신이 좋아하는 행동을 할 수 있는 기회를 주면서 고양이의 불안 반응을 줄여 나갔다. 이러한 기회를 지속적으로 제공함으로써 Wolpe는 불안을 유발시키는 자극과 그것과 대치되는 자극(음식을 먹는 것 등)의 연합을 통하여 고양이의 불안을 제거하는 데 성공하였다.

체계적 둔감법은 아동의 공포증(King, Heyne, Gullone, & Molloy, 2001), 언어불안(Ayres & Hopf, 2000), 폐쇄공포증(Bernstein, 1999), 고등학교 학생의 수학 불안증(Zyl & Lohr, 1994) 등의 제거에 활용되었다.

모델링 모델링은 관찰을 통하여 다른 사람으로부터 새로운 행동을 학습하는 것을 뜻한다. 치료적용 상황에서, 개를 두려워하는 아동에게 다른 사람이 개와 함께 즐겁게 놀고 있는 장면을 관찰하도록 하는 것은 모델링의 한 예라고 할 수 있다. 이러한 유형의 모델링 적용은 다른 공포(예 : 뱀, 높은 곳, 물)에서도 성공적인 '치료'효과가 있다(Bandura, 1971).

바이오피드백 바이오피드백은 생리적 현상(예 : 심장 박동, 맥박, 혈압, 체온)에 따라 즉시 정보(시각적 또는 청각적)를 제공하는 것을 포함하며, 생리적 현상을 수정하기 위하여 조작적 조건화(강화 혹은 벌)를 사용한다. 바이오피드백의 목적은 불수의적인 생리적 현상을 개인이 어떻게 통제하고 조절할 것인지를 가르쳐 준다.

바이오피드백은 공황장애(Meuret, Wilhelm & Roth, 2001), 허약(Russoniello & Estes, 2001), 성기능장애(Araoz, 2001), 요실금(Folkerts, 2001) 등과 같은 성인들의 다양한 문제를 해결하는 데 적용되었다. 아동들과 관련해서는 두통과 간질(Womack, Smith, & Chen, 1988), 요실금(Duckro, Purcell, Gregory, & Schultz, 1985; Killam, Jeffries, & Varni, 1985), 변비와 대변실금(Lampe, Steffen, & Banez, 2001), 통증(Allen & Shriver, 1998), 불안감(Wenck & Leu, 1996), 낮은 학업 성취(Robbins, 2000) 등에 적용되었다.

응용행동 분석

응용행동 분석(applied behavior analysis)은 행동변화의 원리를 실험실 상황이 아닌 일상생활 환경에서 직접 적용하고자 하는 것으로서, '사회적으로 의미 있는 방향으로' 행동을 변화시키는 것을 목적으로 한다(Horner, 1991, p. 607). Kazdin(1989)에 의하면 응용행동 분석은 조작적 조건화 원리와 인간 행동의 이해에 근거한 방법을 임상뿐만 아니라 사회생활에서 중요시하는 인간 행동에 적용하는 것을 의미한다(p. 23). 숫자 완성하기와 지시 따르기와 같은 과제 중심의 행동을 향상시키기 위하여 행동의 원리를 사용하는 것도 응용행동 분석 적용의 한 예가 될 수 있다.

조작적 조건화 혹은 행동 원리나 그에 근거한 기법이 응용행동 분석에 적용된 것은 1950년대 후반과 1960년대 초반이라고 할 수 있다(Kauffman, 1989). 초기 응용행동 분석의 전략 수행은 시설에 수용된 사람들을 대상으로 실시되었다. 연구의 대상에는 심각한 수준의 발달장애와 정서장애가 있는 사람들이 포함되었다.

Ivar Lovass : 응용행동 분석의 아버지 Ivar Lovass는 1927년 노르웨이 오슬로 근처에서에서 태어났으며, 1952년에 워싱턴대학교에서 박사학위를 시작하였다. 그는 박사과정 동안에 시애틀에 있는 한 사설 병원에서 자폐성 장애 아동의 정신과적인 도움을 주는 역할을 수행하였다.

1961년에 UCLA에서 조교수가 되어 조기중재를 위한 Lovass 연구소를 운영하면서 자신의 관심을 확장시켜 나갔다. 1961년에 대부분의 연구자들은 자폐성 장애는 엄마가 자녀에게 애정을 충분히 제공하지 못했기 때문에 나타나는 증상이라고 생각하고, 자폐성 장애의 엄마를 '냉장고형 엄마'라고 하였다. 이러한 인식에 근거하여 당시의 자폐성 장애 아동에 대한 치료는 주로 충분한 사랑과 애정을 제공하는 것으로 이루어졌다. 그러나

Lovass는 애정을 제공하는 것으로는 장애 아동의 행동을 변화시킬 수 없으며, 그러한 방법은 효과를 검증하기도 어렵다고 생각하였다.

Lovass는 조작적 조건화의 원리와 Skinner의 보상과 처벌의 원리를 적용하여 자폐성 장애 아동을 대상으로 실험을 하였다. 실험실에서 사용된 성공적인 동물 행동변화의 원리와 방법을 자폐성 장애 아동에게 동일하게 적용하였다.

Lovass는 우선 장애 아동에게 신체의 일부분(코, 귀, 입)을 정확하게 가리키는 실험을 실시하였다. 아동이 정확하게 지적을 하면 M&M(강화제)을 주었고, 실패했을 경우에는 큰 소리로 "아니야."(벌)라고 하였다. 시간이 지남에 따라 Lovass는 자폐성 장애 아동들에게 보다 많은 기술을 가르칠 수 있었다.

그럼에도 불구하고 그의 방법은 논란의 대상이 되었는데, 특히 소리 지르기, 손바닥으로 때리기, 심지어는 전기충격 주기와 같은 '혐오스러운' 처벌이 사회적으로 심각한 문제가 되었다. 장애 아동을 대상으로 한 이러한 방법이 인권 차원에서 지속적으로 문제가 제기됨에 따라 Lovass는 자신의 혐오스러운 방법을 포기하였다. 그러나 이미 때가 늦었다. Lovass 방법은 많은 사람들에게 부정적으로 각인되었다. Lovass로 인하여 사람들은 조작적 조건화 혹은 행동수정을 나쁜 방법으로 인식하게 되었다.

오랜 시간이 경과한 후에야 응용행동 분석에 근거한 성공적인 행동변화 전략들이 발표되었고, 다양한 기법들이 경증 장애 아동과 비장애 아동들에게 적용되기 시작하였다.

Montrose Wolf가 1968년에 창간한 *Journal of Applied Behavior Analysis*의 첫 번째 주제에서 Baer, Wolf와 Risley(1968)는 오늘날까지 적용할 수 있는 몇 가지 응용행동 분석의 원리를 제시하였다.

- 기초 연구와 응용 연구는 모두 '무엇이 행동을 통제하는가'에 관심을 기울이지만, 응용 연구는 쉽게 적용하거나 이론의 핵심과 관련한 변인에 더 많은 관심을 기울인다(p. 91).
- 행동은 실험실 상황보다는 자연환경 상황에서 관찰되고 연구되어야 한다.
- 응용 연구는 개인이 말하고 느끼는 것이 아니라 관찰 가능한 행동 자체에 관심을 기울인다(p. 93).
- 실험실 상황에서 적용되는 정교한 측정 방법이 실제 상황에서 적용될 수는 없지만 신뢰할 수 있는 정도로 수준으로 행동을 양적으로 측정하는 것은 가능하다(p. 93).

- 행동을 수정하기 위하여 사용된 행동과 기법은 '완벽하게 정의되고 구별되어' 훈련된 독자가 동일한 절차를 사용하였을 경우에 같은 결과를 산출할 수 있어야 한다(p. 95).
- 행동기법은 사회적으로 유용한 실제적 가치가 있는 행동의 변화를 일으켰을 때라야 의미 있는 것으로 인정된다(p. 96).
- 시간 경과에 따른 행동변화의 지속성과 일반성은 매우 중요하기 때문에, 행동변화는 막연한 기대감이나 회의감이 아닌 일정한 형식의 프로그램화된 형태로 제시되어야 한다(p. 97).

응용행동 분석에 대한 두 번째 리뷰에서 Baer, Wolf와 Risley(1987)는 응용행동 분석은 반드시 **응용적, 행동적, 분석적, 기술적, 개념적, 효과적, 그리고 일반화된 결과**에 적합해야 한다(p. 313)고 하였다. 이러한 내용은 동일한 저자들에 의하여 약 20여 년간 시종일관 주장되었다(Baer et al., 1968). 저자들에 의하면 응용행동 분석의 특징은 '기능적 존재'(p. 314)라고 할 수 있다.

표 1.2는 행동관리에 대한 이론을 요약한 것이다. 표 1.3은 연구자들의 이론과 그들의 공헌에 대한 개략적인 설명이다.

표 1.2 행동주의와 정신분석 접근의 비교

이론적인 개요	행동주의 접근
고전적 조건화	자극과 반사적 반응(조건 혹은 무조건)의 관계
조작적 조건화	환경(선행사건과 후속결과)에서 발생하는 외현적인 행동과 행동의 변화
사회학습 혹은 인지이론	행동과 학생의 사회적 · 인지적 발달의 관계, 고전적 조건화와 조작적 조건화의 통합
행동치료	고전적 조건화를 내현적인 행동과 정신적인 질병에 대하여 실제적으로 적용
응용행동 분석	비실험적인 일상생활에서 조작적 조건화를 실제적으로 적용

표 1.3 행동 연구자와 그들의 공헌

연구자	중요한 공헌
I. Pavlov(1849~1936)	러시아의 심리학자이며 노벨수상자 고전적 조건화의 아버지라 불림 동물의 소화와 무조건적 반사에 대한 연구 종소리와 음식을 짝지어서 개가 종소리만 듣고도 타액을 흘리도록 조건화함. 실험을 위하여 정교한 과학적 방법의 사용을 촉진함

(계속)

표 1.3 행동 연구자와 그들의 공헌(계속)

연구자	중요한 공헌
J. B. Watson(1878~1958)	행동주의의 아버지. 1919년에 *Psychology from the Standpoint of a Behaviorist*와 1925년에 *Behaviorism*을 저술. 공포 반응과 관련한 고전적 조건화에 대한 연구가 주목을 받음. 심리학이 직접 관찰할 수 없는 인간의 정신적 현상에 대한 관심보다는 외현적인 행동에 대한 관심을 갖도록 하는 데 공헌함
E. L. Thorndike(1874~1949)	동물실험을 통한 조작적 조건화 연구와 행동과 후속결과의 관계에 관심을 가짐. 긍정적 강화와 자극통제에 관한 그의 연구는 *효과의 법칙*(1905)과 *훈련의 법칙*(1911)으로 정리됨
B. F. Skinner(1904~1990)	조작적 조건화의 아버지로 평가됨. 스키너 상자를 통하여 쥐와 비둘기 등의 연구에 공헌. Thorndike의 행동과 후속결과에 대한 연구를 확장시킴. *Waldon Two*(1948), *Science and Human Behavior*(1953)의 저서를 통하여 조작적 조건화를 이용하여 사회적 조건화를 향상시키고자 함. 관찰 가능하고 측정 가능한 외현적인 행동의 연구를 강조함
J. Wolpe(1915~1997)	남아프리카의 의사로 고전적 조건화와 행동치료로 주목을 받음. 불안과 공포를 감소시키는 데 유용한 체계적 둔감법을 개발함
A. Bandura(1925~)	사회학습이론의 아버지. 행동을 가르치기 위하여 모델을 사용한 연구로 주목을 받음. 개인과 환경 요소가 결합하여 서로 영향을 미친다는 통합된 접근법을 적용함. 행동에 대한 매스미디어의 사회적 영향력에 대하여 경고함
L. Lovass(1927~2010)	응용행동 분석의 아버지. 조작적 조건화의 원리, 특별히 강화와 처벌을 비실험실적인 상황에서 아동에게 적용한 초기 연구자 중 한 사람. 자폐성 장애 아동에 대한 연구에 집중함

행동과 행동관리의 기초개념

행동주의자들은 자신들만의 고유한 용어를 사용하여 행동과 관리를 논의한다. 따라서 행동주의자 관점에서 행동관리의 기법이 무엇인지 이해하는 것이 필요하다.

행동

행동(behavior)은 내현적 반응(예 : 감정과 정서)과 외현적 반응(예 : 울화행동과 공격성) 두 가지 모두를 포함한다(Rimm & Masters, 1974). 그러나 행동주의자들은 주로 관찰 가능하고 측정 가능한 외현적인 반응이나 행동에 관심을 기울인다. 교사나 부모가 관찰하고 변화시키는 것은 행동이다. Baer 등(1968)은 어떤 것이 행동으로서 규정되기 위해서는 관찰 가능하고 측정될 수 있어야 한다고 주장하였다.

어떤 행동을 눈으로 볼 수 있을 때 그것을 관찰 가능하다고 하며, 횟수 혹은 시간 계산이 가능한 경우를 측정 가능하다고 한다. 이 두 가지 요건이 충족되어야 의미 있고 신뢰할 수 있는 직접 관찰 행동이라고 할 수 있다. 행동은 무조건적인 반사(눈 깜박임)와 같은 형태로 나타날 수도 있고, 의도적인 모습(누군가에게 키스를 하는 행동)으로 표현될수도 있다. 어떤 행동은 조건화되었거나 학습된 것이며(뜨거운 난로를 피하는 것과 같은행동), 어떤 것은 단순한 모델링의 결과(어린 소녀가 언니의 흉내를 내는 행동)라고 할수 있다. 행동은 매우 간단한 몸동작 하나로 나타날 수도 있고(접촉), 어떤 경우에는 다양한 행동이 하나로 통합된 매우 복잡한 형태(이야기 말하기)로 나타날 수도 있다. 일상생활의 대부분은 관찰 가능하고 측정 가능하며, 연구의 대상이 될 뿐만 아니라 수정 가능한 무수히 많은 행동들로 이루어졌다.

반응

반응은 관찰 가능하고 측정 가능한 행동의 일종이다. 우리는 움직이거나 일상적인 과제를 수행함에 있어서 끊임없이 반응한다. 대다수의 행동 또는 반응은 자극의 통제에 따라이루어진다. 예를 들면, 알람 소리(자극)에 대한 반응으로 아침에 일어나는 것, 하루 일과표에 따라 행동하는 것, 어떤 사람에 대한 기존의 지식에 따라 일관성 있게 그 사람을대하는 것 등이 그것이다. 대부분의 행동은 마치 신입생이 교실로 걸어 들어오거나 또는갑자기 계획이 변경되는 것과 같이, 어떤 환경에 새로운 자극이 제시됨에 따라 그에 수반하여 나타난다. 또한 계속해서 배가 고프거나, 무엇을 새롭게 먹고 싶다거나, 혹은 피곤하여 잠을 자고 싶다는 것과 같은 내적 감정 변화에 따라서 일어나기도 한다.

　반응 일반화(response generalization)는 변화 혹은 수정되기를 원하는 표적행동 이외의행동도 변화되는 것을 의미한다. 예를 들어, 교사가 교실의 실내등을 껐다 켰다 함으로써 학생이 교사를 바라보거나 주의를 기울이도록 의도하였을 경우에, 책상에 엎드려 있던 학생이 손으로 책상을 짚은 후 자리에서 몸을 일으켜 세울 수 있는데, 이러한 행동들은 표적행동(선생님을 바라보고 주의를 기울이도록 하는 의도와는)과는 별개로 나타난것으로서, 이를 반응 일반화라고 한다.

자극

자극은 선행사건 혹은 후속결과에 영향을 미치는 사건(event)이나 행위(activity)를 의미한다. 앞의 예와 같이 교사가 교실에서 전등을 껐다 켰다 하는 행동을 통하여 학생이 자신을 바라보며 주의를 기울이도록 하는 것은 선행사건으로서의 자극이라고 할 수 있다. 마찬가지로 교사가 학생의 등을 가볍게 두드려 주는 행위는 학생이 뛰어난 성취를 보인 후 속결과에 대한 보상으로서의 자극이다.

자극은 어떤 행동과 반복적으로 관련될 때 **변별자극**(discriminate stimulus)이 된다. 다시 예를 들면, 전등을 껐다 켰다 하는 행동을 반복하는 것은 교사를 바라보고 주의를 집중하라는 행동을 요하는 변별자극이 될 수 있다. 학교에서의 벨소리는 학생들에게 수업 시간이 바뀌었다는 것을 알려 주는 자극이다. 비록 벨소리 자체는 본질적인 측면에서 학생의 수업시간 변경과 관련이 없지만, 벨소리는 학생들에게 수업시간의 변경을 알리는 것으로 계속해서 일관적으로 사용되었기 때문에, 조건화 혹은 학습된 자극이 되는 것이다. 변별자극과 그에 따른 행동 사이의 관계가 확실하게 성립되었을 때, 행동은 자극의 통제하에 놓였다고 설명된다.

자극 일반화(stimulus generalization)는 자극-반응 훈련을 실시할 때 명백하게 의도하지 않았던 어떤 자극(촉진나 단서)에 의해서도 동일한 결과의 행동이 나타나는 현상이다. 예를 들어, 만일 선생님이 단순히 전등 스위치 앞으로 다가가는 것만으로도 교사가 스위치를 껐다 켰다 하는 것과 동일하게 교사를 쳐다보고 주의를 기울이는 행동이 나타났다면 이 경우에 하나의 자극(전등을 켜고 끄고 하는 행동)이 또 다른 자극(전등 스위치 앞으로 다가가는 행동)에 영향을 미침으로써 동일한 행동효과를 발생하게 하였다는 의미에서 자극 일반화가 이루어졌다고 할 수 있다.

선행사건

선행사건은 행동 이전에 나타나는 자극을 말한다. 교실 상황에서 선행사건은 대단히 많은데, 학급 활동 계획, 교실 환경, 학생의 행동, 교사의 행동, 이름을 부르는 일 등이 모두 포함된다.

선행사건에 대한 연구를 통하여 행동을 변화시킬 수 있는 좋은 기회를 가질 수 있다. 어떤 환경은 개인의 행동에 영향을 주는데, 단순히 환경을 수정하는 것만으로도 어떤 행동을 피하도록 하거나 혹은 미리 예방하도록 할 수 있다. 환경 변화에 의하여 어떤 특정한 행동에 영향을 미치는 선행사건을 제거할 수 있으며, 이로 인하여 어떤 행동의 발생 가능성을 줄이거나 혹은 없앨 수 있다. 이러한 측면에서 규칙도 없고 감독도 거의 없는 환경에 아동을 배치하는 것은 많은 어떤 특정한 행동에 영향을 주지 않기 때문에 오히려 부적응 행동을 일으킬 가능성을 증가시킬 수 있다.

표적행동에 영향을 미치는 선행사건이 통제된 경우, 서로 관련 있는 다양한 자극이 무엇인지 관찰할 수 있다. 예를 들어, 교실적용 1.1에서 질이 학급 밖으로 달아나는 행동과 관련한 선행사건은 읽기학습의 시작, 읽기 집단에 있는 다른 아동의 행동, 자리배치 등의 모든 요인들과 관련되었음을 알 수 있다.

후속결과

후속결과는 표적행동에 의하여 발생한 사건이나 변화를 의미한다. Cooper 등(1987)은 몇 가지 형태의 후속결과에 대하여 설명하였다. 첫째, 후속결과는 새로운 자극이 제공될 때 발생할 수 있다. 예를 들어, 아동이 예의 바르게 과자를 달라고 요청하는 행동(표적행동)은 교사가 지켜보고 있다는 것과, 새로 제공되는 과자(새로운 자극)가 제시되었기 때문에 나타난 것이다(후속결과). 교실적용 1.1에서 질은 학급에서 달아난 행동(표적행동 혹은 변화를 위하여 표적이 된 행동) 후에 교장 선생님의 관심과 음료수(강화된 후속결과)를 받았다.

둘째, 후속결과는 이미 존재하는 자극의 제거에 영향을 받을 수 있다. 예를 들어, 아동

교실적용 1.1

학급에서 발생하는 교출 행동과 관련한 선행사건과 후속결과의 예

초등학교 교사인 제니퍼는 종종 교실에서 뛰쳐나가 운동장에 있는 질이라는 1학년 학생을 지도하고 있다. 불행하게도 제니퍼의 학급은 1층에 위치해 있고 교실문은 운동장으로 직접 통할 수 있다. 제니퍼는 교실의 문을 잠그고 싶지만, 질은 이미 문을 여는 법을 배워 누군가 자신을 잡아 세우려 하기 전에 운동장으로 달아난다. 제니퍼는 질의 이러한 행동이 읽기활동에 참여한 이후 잠깐 발생한다는 것을 알게 되었다. 비록 질이 읽기를 잘하기는 하지만, 제니퍼는 질이 자신이 속한 집단의 다른 아이들과 사이좋게 지내지 못한다는 것을 알게 되었다.

제니퍼는 학생들을 함부로 방치할 수 없었다. 그래서 교실 창문에서 질을 모니터링하면서 교장 선생님에게 전화를 걸어 질이 또 운동장으로 뛰어나갔다고 보고하였다. 그리고 교장 선생님에게 질을 교실로 데려다 줄 것을 요청하였다. 그러자 교장 선생님은 운동장으로 가서 질을 교무실로

데리고 들어가 질에게 교실 밖으로 뛰어나가는 것이 위험하다는 것을 설명해 주었다. 교장 선생님은 신사였고, 학교에서 모든 학생들에게 존경을 받는 분이셨다. 교장 선생님은 5분 동안 질과 이야기를 한 후, 음료수를 한 잔 마시게 하고 교실로 되돌려 보냈다. 질이 교실에 되돌아오면, 제니퍼는 교장 선생님에게 감사의 표시를 하고 질을 읽기 집단에 다시 포함시켰다.

생각해 보기

질이 뛰어나간 행동의 선행사건과 후속결과는 무엇인가? 누가 질의 행동에 대한 후속결과를 제공했는가? 여러분의 입장에서 살펴볼 때, 이러한 후속결과는 근본적으로 강화인가 아니면 처벌인가? 여러분은 질이 다시 운동장으로 뛰어나갈 것이라고 생각하는가? 여러분이 제니퍼 선생님과 교장 선생님께 해 줄 수 있는 조언은 무엇인가?

이 바람직하지 않은 방법으로 행동을 한 경우 교사는 아동이 기대하는 교사가 기존에 보여 주었던 어떤 행동을 하지 않고 무시함으로써(주의를 철회함) 아동이 더 이상 바람직하지 않은 행동을 지속하지 않도록 할 수 있다. 또한 후속결과는 표적행동에 뒤따라 발생한 자극의 변화에 의해서도 달라질 수 있다. 앞서 살펴본 바와 같이 어떤 활동에 대한 주의는 증가하거나 감소할 수 있는데, 이는 후속결과에 따른 것이다. 예를 들어, 아동이 이야기를 하는 동안 그것을 듣고 있는 교사의 안면 표정의 변화(후속 자극)는 아동이 계속해서 이야기를 해야 할지와 관련된 후속결과에 영향을 미칠 수 있다.

후속결과와 관련한 매우 중요한 요소 가운데 하나는 표적행동에 대한 후속결과의 효과에 대한 것이다. 이때 '효과'란 표적행동에 대하여 후속결과가 어떠한 변화와 영향을 미쳤느냐를 의미한다. 예를 들어, 후속결과에 의하여 표적행동은 다시 나타나거나 혹은 사라질 수도 있으며 발생의 증가 비율이 달라질 수도 있다.

행동변화에 영향을 미칠 수 있는 또 다른 가능성은 자극의 지속성과 강도의 증가나 감소이다. 이와 같이 모든 행동변화는 행동에 수반되는 후속결과와 밀접한 관련이 있다. 따라서 행동과 후속결과는 상호 호혜적인 관계라고 할 수 있다. 이 둘은 서로 영향을 미치기 때문에 하나를 변화시키기 위하여 다른 하나를 활용할 수 있는 것이다.

강화

강화(reinforcement)는 제10장에서 광범위하게 논의하겠지만, 후속결과에 따른 반응 또는 행동에 영향을 미치는 자극의 한 형태라고 할 수 있다. 조작적 정의에 의할 때, 자극은 선행 행동에 영향을 미치지 않는다면 강화로서 의미가 없다. 자극이 강화로서 적절하게 사용되었을 때 그에 따른 반응은 다음과 같은 효과가 있다.

- 강화는 반응에 대한 현재의 속도, 지속 시간, 강도를 유지시킬 수 있다.
- 강화는 새로운 반응이 다시 일어날 가능성을 높여 줄 수 있다.
- 강화는 장차 일어날 반응의 속도, 지속시간, 강도를 증가시킬 수 있다.
- 강화는 약하거나 일관적이지 못한 반응을 강하게 할 수 있다.

이와 같은 속성들 때문에 행동주의자에 의할 때 강화는 행동의 원인과 행동관리의 핵심이 된다. Skinner의 조작적 조건화에 근거할 때, 강화는 새로운 행동을 가르치는 것과 현재의 행동을 변화시키는 강력한 수단이 된다. 따라서 강화는 오늘날에도 여전히 행동수정의 적용, 또는 응용행동 분석을 적용한 처치법에서 매우 중요한 수단이 된다.

강화와 관련하여 교사가 인식해야 할 중요한 특징으로는 강화는 바람직한 행동과 그렇지 않은 행동과 관련 없이 효과가 나타날 수 있다는 것이다. 강화는 사용자가 의식하지 않더라도, 또는 사용자가 바람직한 목적을 위하여 혹은 그렇지 않은 목적에도 모두 적용될 수 있기 때문이다. 즉 강화는 종종 바람직한 행동을 유지하고 증가시키는 것 못지않게, 바람직하지 않은 행동의 유지와 증가에도 사용된다. 예를 들어, 교사나 부모가 아동의 억지에 굴복할 경우 아동의 떼쓰기 행동과 같은 바람직하지 않은 행동은 부모의 의도와 관계 없이 강화된다.

이 책은 강화를 제공함으로써 바람직한 행동을 어떻게 증가시킬 수 있는지, 강화를 제거함으로써 어떻게 바람직하지 않은 행동을 감소시킬 수 있는지에 대한 이해를 제공하는 데 목적이 있다.

벌

벌(punishment)은 제12장에서 주로 논의하겠지만, 강화와 마찬가지로 행동의 후속결과에 영향을 미치는 자극의 일종이다. 어떤 자극을 벌이라고 정의하기 위해서는 다음과 같은 내용 가운데 적어도 하나 이상 해당되어야 한다.

- 새로운 행동이 다시 나타날 가능성이 줄어들어야 한다.
- 현재 수준에서 이루어지는 행동이 추후에는 속도, 지속시간, 그리고 강도 면에서 감소되거나 사라져야 한다.
- 행동의 다른 차원들이 약화되어야 한다.

강화와 마찬가지로 벌 역시 바람직한 행동과 바람직하지 않은 행동을 구별하지 않는다. 교사들은 자신도 모르게 바람직한 행동에 벌을 줄 수도 있으며, 어떤 경우에는 바람직한 행동을 바람직하지 않은 것으로 착각하기도 한다. 예를 들어, 어떤 사람이 어린아이가 너무 많은 질문을 하는 것을 자신을 귀찮게 하는 바람직하지 않은 행동으로 간주하고 화를 낸다면, 어린아이의 그러한 행동은 어떤 측면에서는 연령에 적합한 적절한 행동임에도 불구하고 이를 잘못된 행동으로 오해하고 벌을 주는 것이 된다. 따라서 자신이 벌을 적절하게 사용하고 있는지, 벌의 절차와 부작용은 무엇인지에 대한 정확한 이해가 필요하다.

촉진과 단서

비록 어떤 측면에서는 단서(cue)를 언어적인 정보 제시로, 촉진(prompt)을 신체적인 정보 제시로 구별하기도 하지만, 이 책에서는 이 두 가지를 동일한 것으로 간주하고, 촉진을 둘 다를 포함하는 용어로 사용하기로 한다. 촉진은 특정한 표적행동의 발생을 목적으로 하는 변별자극에 추가되어 제공되는 또 다른 선행자극이라고 할 수 있다. Donnellan 등 (1988)에 따르면 촉진은 "학습자에게 교수적 반응을 제공한 후에 표적행동이 나타나기 전에 추가적으로 제공하는 보조 수단으로서, 촉진을 제공하는 목적은 학습자가 보다 정확한 반응을 보이도록 하는 데 있다"(p. 53). 예를 들어, 교사는 아이들에게 벨소리(어떤 활동을 시작하겠다는 변별자극)와 함께 추가적으로 "얘들아, 벨소리를 들으면 무엇을 해야 하니?"라고 물을 수 있는데 이러한 질문은 벨소리를 보완하는 언어적 촉진에 해당한다.

변별자극을 보완하기 위한 촉진은 일시적인 보조 수단으로 사용되어야 하며, 가급적이면 체계적으로 감소되어야 한다. 앞의 벨소리에 대한 예에서 교사는 전교생을 대상으로 추가적인 언어 촉진을 사용하기가 쉽지 않다. 교사가 학생에게 원하는 것은 "얘들아, 벨소리를 들으면 어떻게 해야 하지?"와 같은 추가적인 언어 촉진을 사용하지 않고도, 학생들이 단지 벨소리(변별자극)만으로도 무엇을 해야 하는지 알고 그에 따라 반응하도록 하는 것이다. 이는 교사가 천천히 촉진을 줄여 나가는 가운데 변별자극을 강화함으로써 가능하다. 몇 가지 유형의 촉진을 간단하게 살펴보면 다음과 같다.

자연적 촉진   자연적 촉진(natural prompt)은 표적행동에 앞서서 자연스럽게 발생하는 환경자극을 의미한다. 자연적 촉진은 다른 촉진에 비하여 바람직하기 때문에 가급적이면 비자연적 혹은 인위적인 촉진은 자연적 촉진으로 대체될 필요가 있다. 예를 들어, 교실 적용 1.2에서 아침조회의 시작을 알리는 멘트는 자리에 앉아서 조용히 조회의 내용을 들으라는 자연적 촉진이 된다. 수잔은 학생들에게 언어 촉진(verbal prompt) 없이도 이와 같은 표적행동을 가르칠 수 있었다. 그러나 처음에는 언어 촉진이 필요하였다("조회가 시작되었으니 자리에 앉아서 조용히 조회에 집중하도록 해라."). 표적행동이 강화되었

교실적용 1.2 **학급의 일상 활동에서 자연적 촉진의 편성**

중학교 2학년 교사인 수잔은 담당 학급 학생들에게 교실로 찾아가기, 첫 시간 수업 준비하기, 아침 안내 방송 경청하기, 벨이 울리면 질서 있게 첫 번째 과목 교실로 이동하기 등과 같은 일상 활동을 매일 아침마다 시간을 내어 지도하는 것을 원하지 않았다. 언어적인 단서와 촉진 등을 사용하면 되지만 소음에 묻혀 소리를 질러야 할 게 뻔하다는 것을 알고 있었다. 그녀는 일상적인 언어 지시 없이도 학급의 활동들이 자연스러운 촉진에 의하여 이루어지기를 원했다.

학생들이 개학한 첫날, 수잔은 학급의 일상 활동에 대한 규칙을 언어와 시각적인 단서를 통해 알려 주었다. 학생들이 학급에 다 들어온 후, 그녀는 학급의 아침 일상 활동에 대한 규칙을 다음과 같이 칠판에 적고 그것을 함께 읽도록 유도하였다.

- 교실에 들어와서 곧바로 자신의 자리에 앉는다.
- 첫 시간 준비물을 준비한다.
- 아침 안내방송을 기다린다.
- 방송이 시작되면 잡담을 멈추고 경청한다.
- 첫 시간 시작종이 울릴 때까지 자리에 앉아 있는다.
- 질문이 있으면 조용히 손을 들고 기다린다.

- 첫 시간 시작종이 울리면 질서 있게 문으로 나가서 첫 시간 교실로 곧바로 간다.

수잔은 모든 항목을 한 줄씩 읽으면서 질문이 있는지 학생들에게 묻는다. 개학 첫 주 동안 수잔은 이러한 규칙을 학교 칠판 한쪽에 기입하고 학생들에게 이러한 모든 규칙을 기억하도록 당부한다. 그녀는 학생들이 위에 제시된 내용을 올바로 따라 하면 언어적으로 촉진하기도 하고, 잘못 이행할 경우에는 행동을 고쳐 준다. 한 주가 지나면, 수잔은 더 이상 모든 학생들에게 언어로 학급 규칙을 지시할 필요가 없어진다. 대신 학급 규칙을 기억하고 이해하는 데 어려움이 있는 학생들에게 개인적으로 지도하고 강화하는 시간을 갖는다.

생각해 보기

수잔의 아침 학급 규칙에 대해 어떻게 생각하는가? 학급을 이동하지 않아도 되는 초등학생들이나 보다 연령이 높은 고등학생들을 위해 위의 방법은 어떻게 수정되면 좋을까? 규칙이 잘 이행되거나 혹은 이행되지 않았을 때, 사용할 수 있는 강화 방법이나 후속 조치 방법에는 어떠한 것들이 있을까?

을 때("자리에 앉아서 조용히 조회에 귀 기울여 주어서 고맙다.") 인위적인 언어 촉진은 서서히 줄어들었고, 자연적 촉진(조회를 알리는 멘트의 시작)은 표적행동에 대한 변별자극으로서의 기능을 수행하게 되었다.

그림 1.2는 표적행동과 자연적 촉진과의 관계를 설명하고 있다. 아동이 인위적인 촉진, 특별히 언어적인 촉진에 덜 의존할수록 자연적인 촉진에 의한 표적행동의 발생 가능성이 높아지며, 교사의 입장에서 볼 때 이러한 현상은 그만큼 학생의 행동을 수월하게 관리할 수 있다는 것을 의미한다.

언어 촉진 언어 촉진은 아동에게 실시되는 가장 일반적인 촉진의 형태로 다음과 같은 특성을 갖는다(Cuvo & Davis, 1980).

표적행동	자연환경적 촉진
아침에 일어난다.	알람시계
정해진 시간에 학교에 간다.	시계 혹은 손목시계
조용히 듣는다.	교사나 다른 사람이 이야기하기 시작함
교실을 바꾼다.	학교 종
	교실 시계
큰 소리로 즐겁게 논다.	운동장이나 실내체육관에 들어감
손을 든다.	도움이 필요할 때
	질문이 있을 때
	교사의 질문에 정답을 알고 있을 때

그림 1.2 표적행동과 자연적 촉진

- 구성원 전체를 대상으로 하는 표적행동에 대한 구두 지시나 지도. 주로 기대되는 바람직한 행동을 이끌어내기 위한 자극으로서의 역할을 수행한다("애들아, 점심시간이다.").
- 목표 달성에 필요한 부수적인 행동발생을 위해 필요한 구두 지시("문 옆으로 줄을 맞추어 서라." 또는 "화장실에 가서 손을 씻어라."). 괄호의 예는 전체 표적행동인 '점심 먹으러 가기'의 목표 달성을 위하여 특정한 행동 발생을 위하여 언어적 촉진(교수적 촉진)을 실시한 것이다.
- 질문하기("그렇다면 지금 뭐 할래?")

다음 예에서 언어적 지시는 학생의 행동발생을 위한 자극으로서의 역할을 수행한다.

- **행동** : 점심을 먹기 위하여 급식실로 가는 것
- **변별자극** : 정오(12시)를 알리는 것과 같은 특별한 시간, 또는 "애들아, 점심시간이다."와 같은 언어적 자극
- **부가적인 교수적 언어 촉진**

1. "문 옆으로 줄을 서라."

2. "화장실로 가서 손을 씻어라."

3. "학교 식당으로 가라."

교사는 학생에게 바람직한 행동을 가르치기 위하여 변별자극의 제시와 함께 교수적 언어 촉진을 추가적으로 제시할 수 있다. 점차 부가적으로 제시된 언어 촉진을 줄여 나가고, 자연적 촉진에 의하여 학생들이 다음 행동(점심을 위하여 급식실로 가는 절차에 따라)을 수행할 수 있도록 해야 한다. 이러한 활동에 익숙해지면 학생들은 언어적 촉진 없이 정오(12시)에 문 옆에 줄을 서는 행동은 자연적 촉진으로서의 역할을 수행함으로써 그 다음 행동은 화장실에 가서 손을 씻어야 한다는 것을 이해할 수 있게 된다.

몸짓, 시범, 그리고 신체적 촉진이 필요한 경우, 교사는 이러한 촉진과 언어적 촉진을 동시에 사용할 수 있다. 이상에서 열거한 보다 강요적인 촉진을 줄여 나감에 따라 언어적 촉진이 바람직한 행동 발생을 위한 변별자극의 역할을 수행할 수 있다. 이후 언어적 촉진도 줄여 가면서 자연적 촉진(주어진 환경적인 상황, 하루 일과와 관련한 시간 등)만으로도 바람직한 행동을 위한 변별자극의 역할을 수행하도록 해야 한다.

언어적 촉진이 단독으로 사용될 때의 효과성에 대한 연구와 언어적 촉진과 다른 촉진이 함께 사용될 때의 효과성에 대한 연구가 수업역량이 부족한 대학생(Hodges, 2001), 고등학생(Houghton, 1993), 그리고 요양원에 있는 치매노인 등을 대상으로(Coyne & Hoskins, 1997) 실시되었다.

몸짓 촉진 몸짓 촉진(gestural prompt)은 간단한 몸짓을 의미하는 것으로, 보통 지적하기 촉진이라고 부르며, 시각적으로 특정한 방향을 가리키는 것이다. 예를 들어, "문 옆으로 줄을 서라."라는 언어적 촉진과 함께 교사는 문쪽 방향을 가리킬 수 있다. 이 경우 몸짓 촉진(지적하기)은 언어적 촉진과 함께 짝을 이루어 제공된 것이다. 몸짓 촉진과 각각의 상황에서 제시된 언어적 촉진은 점차 줄어들어야 한다. 예를 들어, 학생은 교사가 "얘들아, 점심시간이다."라는 언어적 변별자극만으로도 문쪽으로 줄을 선 후, 화장실에서 손을 씻고, 식당으로 가는 표적행동을 수행함으로써 점심식사와 관련한 연속적인 행동을 수행할 수 있어야 한다.

모델링 촉진 모델링 촉진(modeling prompt)은 "원하는 행동에 대한 일부 혹은 전체를 시범보여 주는 것으로 구성되며, 그러한 행동은 학생이 즉시 모방하고 반복할 수 있어야 한다"(Snell & Zirpoli, 1987, p. 126). 몸짓 촉진과 마찬가지로, 모델링은 바람직한 언어적 촉진이나 언어적 변별자극과 짝을 이룰 수 있다. 이러한 과정을 거쳐 모델링 촉진의 제공 없이도 원하는 행동을 아동 스스로 수행할 수 있도록 해야 한다. 예를 들어, 이야기 들려주기 시간에 교사는 다른 사람들을 괴롭히지 않고 손을 제자리에 두고 얌전히 자리에 앉아 있는 모델이 될 수 있다. 그런 다음 언어적 변별자극으로서 "애들아, 책 읽을 시간이다."라고 말하면서, 아동들이 이야기를 듣는 동안 교사 자신의 행동을 모방하거나 따라 하게 할 수 있다. 이러한 과정을 거쳐 교사는 아동의 바람직한 행동을 강화시킨다(마리오, 너는 듣는 자세가 참 좋구나! "). 때때로 교사는 특정 아동에게 다른 아동을 위한 모델이 되어 줄 것을 요청할 수도 있다. 이때 누가 모델이 되는지와 관계없이 Bandura(1971)는 다음과 같은 내용에 주의를 기울일 것을 요청하였다.

- 모델이 제공되기 전에 교사는 미리 아동이 모델에 관심을 기울일 수 있도록 해야 한다.
- 아동은 모델을 쉽게 모방할 수 있어야 한다.
- 특별히 어린 아동을 위해서는 모델의 행동은 짧고 간단해야 한다.

Kazdin(1989, p. 21)은 다음과 같은 경우에 아동이 관찰을 통하여 보다 쉽게 모델을 따라 할 수 있다고 제안하였다.

- 모델(아동)이 관찰자와 비슷할 때
- 모델이 관찰자에 비하여 훨씬 더 훌륭하다고 인정받았을 때
- 여러 모델들이 비슷한 행동을 했을 때

신체 촉진 신체 촉진(physical prompt)은 신체 접촉으로 아동이 표적행동을 하도록 유도하는 것이다. 신체 촉진은 강제성이 가장 큰 촉진이기 때문에 가장 마지막 수단으로 사용해야 한다. 신체 촉진은 아동에게 적개심과 저항감을 일으킬 수 있고, 신체 접촉을 통하여 억지로 아동의 행동을 이끌어 내는 매우 부자연스러운 촉진이기 때문에 가급적 빨리 철회해야 한다.

행동과 행동관리에 대한 기본 가정

지금까지 논의된 행동과 행동관리에 대한 기본 개념을 통하여 행동주의자의 사고방식을 이해할 수 있다. 행동에 대한 여러 가지 가정과, 어떻게 행동이 변하는지에 대한 이해를 통하여 사람들은 왜 기존 자신의 행동방식으로 지속적으로 표현하는지와 어떻게 하면 행동이 수정될 수 있는지에 대한 정보를 얻을 수 있다.

예를 들어, 행동관리를 효과적으로 실천하기 위해서는 관찰 가능한 환경에서 발생하는 외현적인 행동과 그에 따른 현재의 영향력(선행사건과 후속결과)에 주목할 필요가 있다. 다시 말하면, 비록 대부분의 행동주의자들은 학생의 비행과 심리적, 생리적, 또는 정서적 불안과의 관계를 부정하지는 않지만, 인간의 마음보다는 특정한 환경에서 발생하는 외현적인 행동의 측정에 더 많은 관심을 기울인다. 행동주의자들은 교사가 학생의 내면적 사고를 변화시키기 위하여 노력을 기울이는 것보다 교실에서 발생하는 선행사건과 후속결과를 변화시키기 위해 노력하는 것이 훨씬 더 쉽다고 생각한다.

대부분의 행동주의자들은 유전의 영향력을 전적으로 무시하지 않는다. 뿐만 아니라 행동 문제를 평가함에 있어서 특별한 발달 단계가 있다는 것을 인정하기도 한다. 행동은 학습되는 것이며, 학생들이 성공적으로 성장하기 위해서는 바람직한 사회적 기술을 학습해야 한다고 생각하기도 한다. 보다 구체적인 행동과 행동관리에 대한 기본적인 가정은 다음 단락에서 논의될 것이다. 대부분의 행동주의자들은 아래에 제시된 기본 가정이 행동관리 전략의 철학적인 기초가 된다는 데 동의한다.

가정 1 : 대부분의 행동은 학습된다

행동주의자들은 아동에게 나타나는 대부분의 관찰 가능한 행동은 학습된 것이라고 믿는다. 즉 강화받은 행동은 발생의 빈도가 늘어나고, 강화받지 못했거나 벌을 받은 행동은 줄어들거나 회피하는 경향이 있다는 것이다. 행동주의자의 견해에 따르면 바람직한 행동과 바람직하지 않은 행동의 습득 과정은 방법상 차이가 없다. 그러나 행동관리의 목적은 친사회적이고 적절한 방법으로 행동할 수 있는 학습경험을 제공하는 것과 밀접한 관계가 있다.

가정 2 : 대부분의 행동은 특정한 자극과 관련이 있다

행동주의자들은 환경이 다르면 다르게 행동한다고 믿는다. 즉 아동이 특정한 환경에서 어떤 행동을 보였다면, 그것은 단지 아동이 그러한 특별한 환경 속에서 어떻게 행동할지를 보여 주는 것에 불과하다. 각 환경에는 그 환경의 영향을 받는 고유한 선행사건(예 : 사람, 과제, 기대감)과 후속결과(강화와 벌)가 있으며, 뿐만 아니라 사람들은 각각의 다양한 환경에서 서로 다른 강화와 처벌경험이 있기 때문이다.

예를 들어, 어떤 아동이 가정 환경에서 일으킨 울화행동은 강화를 받을 수 있지만 또다른 환경인 학교에서는 강화를 받지 못할 수 있다. 그 결과, 아동의 울화행동 발생 비율은 가정(잦은 울화행동)과 학교(울화행동이 거의 없거나 아예 없음)에서 다른 수준으로 나타날 수 있다.

가정 3 : 대부분의 행동은 학습에 의해 수정되고 변화될 수 있다

대부분의 행동은 학습되기 때문에 새로운 행동을 가르치거나 현재의 행동을 변화시키고 수정할 수 있다. 행동주의자들은 행동주의적 기법에 따른 중재 효과의 우수성과 전통적인 심리분석 접근법의 비효율성에 대한 관심이 높다. 행동주의자들에 따르면 행동주의 접근은 새로운 행동을 가르치거나 기존의 행동을 수정하는 데 효과가 높고, 일상적인 조건에서 교사들이 행동주의 기법을 기능적으로 쉽게 활용할 수 있는 장점이 있다.

가정 4 : 행동변화의 목표는 구체적이고 명확하게 규정되어야 한다

잘 계획된 체계적 접근법에 의하여 효과적인 행동관리 전략을 수행할 수 있다. 행동변화의 목표는 구체적이며, 관찰 가능하고, 측정 가능한 용어로 제시되어야 한다. 행동주의자들은 감소되어야 할 특정 행동의 예로 '교사가 말할 때 부적절하게 끼어들어 말하는 것', '다른 사람을 때리는 것', '자리를 이탈하는 것' 등을 지적한다. 행동주의 접근은 매우 구체적이고 체계적으로 응용될 수 있어야 한다. 사용되는 목표, 수단, 강화 전략, 중재 전략 등은 구체적으로 기록되어 모든 사람들이 동일한 의미로 정보를 해석하고 공유할 수 있어야 한다.

가정 5 : 행동변화 프로그램은 개별화되어야 한다

행동주의자들에 의하면 사람들은 다양한 환경에서 발생하는 선행사건과 후속결과의 영향에 따라 서로 다르게 행동한다. 즉 사람들은 다양한 행동, 선행사건, 그리고 후속결과를 저마다의 처지에 따라 다양한 관계로 발전시킨다. 또한 사람들은 여러 형태의 환경자극에 대해서도 다른 반응을 보일 수 있다. 예를 들어, 어떤 행동이 어떤 학생에게는 강화의 대상이 될 수 있지만 다른 학생에게는 처벌의 대상이 될 수도 있다. 따라서 행동변화 프로그램은 각 아동과 아동이 처한 환경을 충분히 고려한 개별적인 측면에서 진행되어야 한다. 어떤 하나의 행동관리 전략이 학교나 교실에서 모든 학생에게 적용될 수 있다는 가정은 행동주의자들이 생각하는 가정과도 거리가 멀며, 효과적인 행동관리의 측면에서도 바람직하지 않은 태도이다.

가정 6 : 행동변화 프로그램은 바로 지금 이곳에서 수행되어야 한다

정신분석 접근은 시간과 노력을 들여서 개인의 과거사에 대한 문제를 집중적으로 조명하는 데 관심이 있는 반면에, 행동주의자들은 흘러간 과거의 사건에 대해서는 관심이 없다. 대신 행동주의자들은 무엇이 한 개인의 현재 행동에 영향을 미쳤는지에 더 많은 관심을 기울인다. 행동주의자가 교실에서 아동을 관찰하는 경우, 그들은 보이지 않는 아동의 근심, 걱정, 그리고 아동들 사이의 관계에 영향을 미치는 보이지 않는 원인을 찾아내는 데는 관심이 없다. 그러한 것들은 아동의 현재 행동을 변화시킬 수 없다고 간주하기 때문이다.

가정 7 : 행동변화 프로그램은 아동이 처한 환경을 중시해야 한다

정신분석 접근은 문제행동을 개인 내적인 것으로 인식하는 반면에 행동주의자는 개인이 처한 환경에 관심을 기울이며, 문제의 행동을 현장에서 해결하기 위해 노력한다. 행동주의자들은 환경, 상황, 그리고 행동과 관련한 사회적 결정 요인 등에 관심을 기울인다. 정신분석 접근에서는 성격과 개인 내적 속성의 결함으로 부적절한 행동이 발생한다고 간주하지만, 행동주의적 접근에서는 선행사건과 후속결과가 바람직하거나 부적절한 행동 모두에 영향을 끼친다고 가정한다. 따라서 행동주의자들은 어떤 행동을 변화시키기 위한 목적에서 아동에게 '통찰력'을 가지라고 요구하는 것은 무의미한 방법이라고 여긴다.

가정 8 : 행동변화 프로그램은 강화 전략과 긍정적 행동지원의 관점에서 수립되어야 한다.

가정 7에서 언급한 것과 같이 행동주의자들은 개인이 처한 환경의 분석에 관심을 기울이며, 환경의 맥락 속에서 문제행동을 해석하고자 한다. 행동자의자들은 사회적으로 바람직한 행동의 증가와 적절하지 않은 행동의 감소를 위하여 발달과 강화 전략(제10장 참조), 다양한 긍정적 행동지원(제12장과 제13장 참조)을 적용하고자 한다. 뿐만 아니라 행동주의자들은 행동과 행동관리에 대한 자신의 연구 결과를 교실 상황에 적용함에 있어서 발생할 수 있는 예측되는 오해의 소지에 대해서도 합당한 답변을 제시하기 위해 노력한다. 다음에서는 행동과 행동관리에 대한 고정관념과 오해에 대하여 살펴보고자 한다.

행동과 행동관리에 대한 고정관념과 오해

행동과 행동관리 절차에 대한 고정관념과 오해는 행동의 원리, 일반적 상황에서의 행동수정(Martin & Pear, 2007), 교실에서 행동주의 절차의 사용(Akin-Little, & Gresham, 2004 참조) 등에서 공공연하게 지속되었다. 이러한 오해는 매우 오래전부터 시작되었는데, 그 이유는 행동관리가 과거 **행동수정**이라는 용어로 사용되면서, 용어와 관련된 기법들이 잘못 사용되었거나 악용된 것과 밀접한 관계가 있다. 예를 들어 행동수정과 관련이 없는 약물치료, 전기충격 치료, 정신외과적 치료, 불임수술 등과 같은 비행동주의적인 방법의 부정적 이미지가 행동수정으로 잘못 인식됨에 따라 행동관리에 대한 오해가 발생했다고 할 수 있다. Kazdin(1978)에 따르면,

> 이러한 기법들이 행동수정의 원리 적용과 관계가 없다는 사실을 지나치게 강조될 필요는 없다. 이러한 기법들은 심리학적 연구에 기초하여 만들어진 것도 아니고, 행동변화를 위한 사회 및 환경 조건의 가역성에 근거한 것도 아니기 때문이다.(p. 341)

위와 같은 의학적 중재가 행동을 변화시키거나 수정할 수도 있기 때문에 행동수정과 혼동될 수도 있지만, 의학적 중재와 행동중재 사이에는 명확한 차이가 존재한다(Kazdin, 1978, p. 341). 그러나 불행하게도 많은 교육자들은 이러한 차이를 이해하지 못한다. 행동주의자의 기본적인 전략인 벌에 대한 개념은, 특별히 Lovass에 의하여 그것이 적용되

던 초기에, 전문가들에게조차 부정적인 반응을 보였다. Alberto와 Troutman(1995)은 교사들이 행동관리 기법에 대하여 다른 사람들과 대화를 나눌 때, **행동수정**이라는 용어의 사용을 대단히 조심스러워한다는 것을 발견하였다.

> 우리는 교사들에게 용어를 잘 이해하지 못하는 사람들과는 그와 관련한 대화를 피하는 것이 좋겠다고 제안하였다. 부모님들이나 다른 학교 종사자들과 마찬가지로 행정 요원이나 동료교사들 역시 혼란스러워 할 수 있기 때문이다. 따라서 아동을 가르치기 위해서는 필요에 따라 전문가들을 이해시키는 노력이 필요하다.(p. 43)

어떤 사람들은 행동수정이라는 용어를 좀 더 인본주의적인 용어로 순화시켜서 사용하자고 주장한다(Saunders & Reppucci, 1978; Wilson & Evans, 1978). Kazdin과 Cole(1981)은 동일한 프로그램을 실시함에 있어서도 행동주의적인 용어(강화, 벌, 우발성)를 사용하면 인본주의적 용어(개인의 성장과 발달)를 사용하는 경우에 비하여 참여자가 비협조적으로 받아들인다는 것을 발견하였다.

Skinner는 Coleman(1987)과의 인터뷰에서 행동주의의 쇠락에 대하여 이야기를 하였으며, 행동주의와 벌을 연관시켜서 생각하는 것에 대하여 비판적인 태도를 취했다. Skinner는 행동을 통제하기 위하여 때리거나 혐오스러운 기법을 적용하는 처벌에 반대하였다. Skinner는 1990년에 사망하기 전까지, 양육자들이 혐오스러운 중재방법을 피하고 긍정적인 행동관리법을 사용할 것을 주장하였다. 행동관리 기법에 대한 부정적인 이미지를 변화시키기 위해서는 전문가와 일반인이 이해할 수 있는 다양한 교육이 필요하다. 행동관리에 대한 오해와 고정관념은 다음과 같다.

고정관념 1 : 다른 사람의 행동을 변화시키는 것은 강압적인 것이다

어떤 사람은 다른 사람의 행동을 변화시키는 것은 타인의 자유와 권리를 침해하는 것이라고 생각한다. 그러나 교실적용 1.3에서 살펴본 것과 같이 랜디의 선생님은 추운 날 학생이 밖으로 나갈 때 코트를 입도록 하는 것은 강압적인 것이 아니라고 믿는다. 랜디에게 추운 겨울에 코트를 입도록 하는 것은 교육적이며 건강을 고려한 행위이기 때문이다. 이 문제를 다른 측면에서 살펴보면, 우리는 우리가 보살펴야 하는 아동에 대한 책임감이 무엇인지를 먼저 고려해야 한다. 교사는 학생이 사회에 적응할 수 있도록 필요한 사회적

자연적 후속결과의 사용으로 지시 따르기를 가르치기

질은 유치원 교사로서 5~6세 아동을 가르친다. 그녀의 통합 학급에는 16명의 아동이 있는데, 그중 세 명은 장애를 가지고 있다. 장애를 가진 아동 중 랜디는 학습장애와 ADHD 진단을 받았다. 교사의 지시에 순응하지 않는 것이 그의 가장 큰 문제점으로 지적되었다.

어느 겨울날 질은 학급 아동들에게 코트를 입고 운동장 밖으로 나갈 것을 지시하였다. 그러나 랜디는 소리를 지르면서 코트를 입지 않겠다고 하였다. 질은 랜디에게 코트를 입지 말라고 하였다. 그리고는 코트를 입은 아이들만 운동장으로 나갈 것을 허락한다고 하였다. 보조를 맡은 매리가 코트 입기를 원하지 않는 아동을 위하여 교실에 남기로 하였다. 질은 코트를 입은 아동들을 모아서 운동장으로 나갔다. 그러자 랜디는 소리를 지르면 울고불고 난리를 피웠다. 질과 매리는 랜디의 행동을 무시하였다.

랜디를 데려가기 위하여 엄마가 학교로 찾아왔을 때 질은 그간의 일에 대하여 이야기하였다. "우리는 랜디에게 코트를 입히기가 힘들었습니다. 그래서 우리는 랜디가 옷을 입을지 말지를 결정하도록 내버려 두었습니다."라고 랜디의 엄마가 말했다. "우리 교실에서는 그럴 수 없습니다."라고 질이 응대하였다. "우리 교실의 규칙은 추운 날씨에 바깥으로 나가기 위해서는 코트를 입어야 하는 것입니다. 코트를 입기 싫으면 교실에 있어야 합니다."

다음날 질은 운동장으로 나갈 터이니 모두 코트를 입으라고 지시하였다. 그러자 랜디도 잽싸게 코트를 입고 다른 아동들과 함께 운동장으로 나갔다. 그 이후로 랜디는 코트 입기를 거부하지 않았다. 그러나 흥미로운 것은 집에서는 여전히 코트를 입으라고 하면 울화행동을 일으킨다는 것이다.

생각해 보기
왜 랜디가 학교에서는 더 이상 울화행동을 일으키지 않지만 계속해서 집에서는 울화행동을 일으키는 것인가? 같은 의미에서 왜 어떤 학생은 학교에서 교사에 따라 행동을 달리 하는 것인가?

기술을 가르치고, 지역사회와 가정 및 학교, 직장에서 다른 사람들과 효과적으로 대화하며 접촉할 수 있는 행동들을 가르쳐야 하는 책임감을 가져야 하는가? 대부분의 교사와 부모는 그렇다고 대답할 것이다.

그렇다면 우리가 가정과 학교에서 아동의 행동을 변화시키려고 하는 것을 강압적인 것이라고 단정해서는 안 된다. 오히려 학생지도와 관련한 보다 중요한 문제는 누가 아동의 행동변화에 대하여 책임을 질 것인가, 어떤 행동을 변화시켜야 할 것인가, 그리고 행동을 변화시키기 위해서는 어떠한 기법을 적용할 것인가에 대한 결정이라고 할 수 있다.

고정관념 2 : 강화를 사용하여 행동을 변화시키는 것은 일종의 매수이다

일부 교사들 가운데는 바람직한 행동 증가에 사용된 강화제를 뇌물이라고 생각하기도 한다. 최악의 경우에는 행동변화에 대한 주도권이 학생에게로 넘어가서 학생은 뇌물을 주려고 하는 교사에게 다음과 같은 요구를 할 수 있다고 주장한다(예 : "과자를 주면 바르게 행동할게요."). Kazdin(1975)은 강화와 뇌물을 혼동하는 사람들은 강화의 정의와 범위를 잘 이해하지 못하기 때문이라고 말한다. Kazdin은 뇌물과 강화의 차이를 다음과 같이 설명한다.

> 뇌물은 금전, 선물, 청탁 등을 부정하게 사용하여 사람들의 행동이나 결정을 정당하지 않은 방향으로 돌리게 하는 것이다. 뇌물을 주고받는 행위를 통해 행동이 변화되기도 하지만 이 행동은 불법적이며 비도덕적인 것이다. 반면 강화는 일반적으로 개인 또는 사회, 혹은 양자 모두에게 이롭다고 여겨지는 행동을 이끌어 내기 위해서 사용된다.(p. 50)

그러므로 뇌물을 주고받는 행위와 바람직한 행동에 관심을 기울이는 강화 사이에는 분명한 차이가 있다. 학생들은 바람직한 행동에 관심을 받지 못한 경우에 점점 더 부적절한 행동을 통해 주변 관심을 끌려고 할 수 있다. 교실적용 1.3에 제시된 랜디의 경우, 랜디가 한 행동에는 벌이나 강화가 뒤따른다. 랜디가 부적응 행동을 보일 경우, 반 친구들과 운동장에 나가 노는 것을 못하게 하는 것은 일종의 벌이다. 랜디가 반항하지 않고 코트를 입으면 운동장에 나갈 수 있는데, 이는 적절한 행동을 강화한 것이다. 많은 교사들은 이러한 방법을 매일 사용하고 있음에도 불구하고 강화의 사용 또는 행동수정 방법을 신뢰하지 않는다고 말하는 모순에 빠지기도 한다.

고정관념 3 : 학생들은 단지 강화를 받기 위해서 적절하게 행동하는 것을 배운다

학생에 의하여 강화가 악용될 수 있다는 염려는 일반적인 상황에서 지지를 받기 어렵다(Kazdin, 1975). 그러나 학생이 강화를 얻기 위하여 교사를 이용할 수도 있다. 가령 교사가 학생의 문제행동을 없애기 위해 강화물을 제공할 경우, (a) 학생은 더 많은 강화제를 얻기 위하여 오히려 문제행동을 증가시킬 수 있으며, (b) 문제행동을 하지 않겠다는 것을 전제로 또 다른 강화물을 요구할 수도 있다. 그러나 일정한 시간 동안 학생에게 부정적인 행동이 관찰되지 않았을 때 교사가 학생에게 강화를 제공하면, 학생의 부적응 행동 횟수는 줄어들게 된다. 첫 번째 경우 (a)는 오히려 **부적응 행동**이 강화를 받은 것이고, 두 번째의 경우 (b)는 부적응 행동의 부재가 강화를 받은 사례이다.

고정관념 4 : 학생들은 내적 강화제를 얻기 위해 '행동'해야 한다

어떤 행동의 본질적인 가치를 위해 '옳은 행동을 하는 것'은 바람직한 것이지만, 외적 강화물 역시 일상에서 중요한 역할을 한다. 외적 강화를 부적절한 것이라고 생각하는 사람들 가운데는 아동에게 지나친 기대를 하는 경향이 있다. 그러나 달리 생각해 본다면 월급도 받지 않고 일을 하러 가는 사람이 있는가? 단지 일을 잘했다며 등을 다독여 주는 행위로 만족할 사람이 있을까? 얼마나 많은 사람들이 자기 스스로의 만족 때문에 일을 할까? 행동주의자는 이러한 물음에 대하여 행동관리의 원리로 대답한다. 이미 언급한 바와 같이, 외적 강화물은 일상에서 중요한 요소 중 하나이고, 교사는 이러한 자연스러운 외적 강화물의 사용을 통해 새로운 기술을 지도하거나 바람직한 행동을 증가시킬 수 있어야 한다. 아동들은 좀 더 성숙되었을 때 내적 강화의 가치를 알 수 있게 된다.

고정관념 5 : 모든 아동은 동일한 방법으로 다루어져야 한다

어떤 행동 프로그램을 통해서 특정 학생이 새로운 행동을 학습하여 강화를 받았다면 그것이 모든 학생에게도 적용 가능한 것인지 의문이 들 수 있다. 예를 들어, 25명이 한 반인 학급에서 존이 빈번하게 자리에서 일어나 돌아다닌다면 존을 자리에 앉도록 강화를 할 필요가 있는 것인가? 이때 제공된 강화는 자리에 앉아 있는 나머지 다른 24명의 아동에게도 공평한 것인가? 이러한 의문은 공평함에 대한 것이다. 교사는 어떤 학생이 특별한 프로그램을 받고 있다는 사실을 다른 학생들에게 알려 주고 싶지는 않을 것이다. 사실 선행 연구에 의하면 양육자들은 서로 다른 방법으로 자신의 아동과 상호작용한다(Bell & Harper, 1977; Zirpoli, 1990). 아동들 역시 자신의 개별적인 요구에 따라 각기 다른 행동을 한다. 어떤 학생은 다른 학생들에 비하여 더 많은 개인적인 관심을 필요로 한다. 그러므로 모든 학생을 동일하게 대해야 한다는 생각은 효과적인 교육을 위한 적절한 태도가 아니다.

　다시 위의 예를 들어 설명하면, 존의 담임은 존의 요구를 파악하는 전문가로서의 책임을 가져야 하며, 존의 행동을 위하여 가장 적합한 방법을 사용해야 한다. 강화를 통하여 착석행위가 증가할 수 있다면, 존은 강화를 통해서 효율적인 교육을 받을 권리가 있다는 것이다. 그러나 이미 착석이 잘되고 있는 다른 학생들에게는 착석을 위한 체계적인 강화 프로그램을 지원할 필요가 없다. 그러나 착석태도가 올바른 학생들에게 교사가 관심을 기울임으로써 그들이 지속적으로 착석행위를 바르게 유지할 수 있도록 하는 것은 교사

의 바람직한 태도라고 할 수 있다. 존과 다른 학생들의 요구 수준이 다르기 때문에 착석
행위를 통한 강화에 대하여도 학생들의 관심은 다를 수 있다. 그러나 어떤 학생들은 교
사의 이러한 행동을 인정하고 싶어 하지 않을 수도 있다. 왜냐하면 학생들은 조건과 관
계 없이 어떤 학생에 대하여 좀 더 특별한 대우를 한다고 느낄 경우 매우 민감하게 반응
할 수 있기 때문이다. 연구에 의하면 아동들이 성인에 비하여 훨씬 더 이와 같은 차별성
에 민감하게 반응을 보인다(Casey-Black & Knoblock, 1989; Melloy, 1990).

요약

행동과 행동관리의 원리 이해하기

- **고전적 조건화** : 다양한 환경 자극과 반사 반응 간의 관계를 말한다. 고전적 조건화는 종소리(고전적 자극)만으로도 개가 침을 흘리는 반응을 유도한 Pavlov에 의해 맨 처음 실행되었다.
- **조작적 조건화** : 환경에서의 특정한 사건과 그로 인한 행동의 관계를 의미한다. 선행사건은 표적행동에 앞서 발생한 사건이다. 후속결과는 표적행동 뒤에 일어난 사건이다. 만일 선행 행동이 증가하거나 유지된다면 후속결과는 강화되었다고 할 수 있으며, 비율 기간, 강도 측면에서 감소하였다면 벌을 받았다고 해석할 수 있다.
- **행동주의 방법과 정신분석 접근의 차이** : 행동주의와 정신분석의 기본적인 차이는 외현적으로 확인 가능한 행동에 관심을 갖느냐 그렇지 않느냐, 부적절한 행동에 대한 해석의 차이, 평가에 대한 접근 방식의 차이, 환경과 심리가 행동에 미치는 중요도에 대한 인식의 차이로 구분할 수 있다. 행동주의 접근은 학교와 가정에서 교사나 부모가 직접 활용할 수 있는 방법을 제공한다.
- **사회학습이론** : 행동주의 모델을 확장시킨 이론으로서 사고와 감정과 같은 인간의 내적 변인과 환경 영향 간의 상호의존과 통합성을 강조한 이론이다.
- **행동치료** : 고전적 조건화를 현대적이고 실용적으로 적용시킨 방법이다. 체계적 둔감법, 혐오치료법, 내적 조건화(covert conditioning), 모델링, 바이오피드백 등의 치료전략들과 관계가 있다.
- **응용행동 분석** : 실험실 상황의 조작적 조건화를 일상생활에 적용할 수 있도록 확장한 이론이다. Baer 등(1968, 1987)에 의하면 응용행동 분석은 행동적, 분석적, 기술적, 개념적, 효과적이어야 하며, 일반화된 결과 도출이 가능해야 한다.

행동과 행동관리에 대해 정의하기

- **행동** : 내적 반응(생각과 감정 등)과 외적 반응(공격성, 짜증 등) 모두를 포함한다. 행동주의자는 관찰 가능하고 측정 가능한 외적 반응행동에 관심을 기울인다.
- **반응** : 관찰 가능하고 측정 가능한 행동을 의미한다. 대다수의 반응들은 자극에 영향을 받는다.
- **자극** : 환경에서 발생한 사건과 활동(activities)을 의미하며, 선행사건 관련 행동이나 후속결과 관련 행동에 영향을 미친다.
- **선행사건** : 행동에 앞서 나타나서 행동에 영향을 주는 자극이다. 따라서 선행사건을 변화시킴으로써 행동을 변화시킬 수 있다.
- **후속결과** : 표적행동 뒤에 나타나는 사건과 환경의 변화를 의미한다. 후속결과는 새로운 자극의 제시로 나타나거나 혹은 기존의 자극을 제거한

형태로 나타난다.

- **강화** : 후속결과의 반응과 행동에 영향을 주는 자극의 일종이다. 강화는 반응 또는 행동의 증가와 강도 등을 유지시키거나 증가시키는 역할을 한다.
- **벌** : 후속결과의 반응과 행동에 영향을 주는 자극의 일종이다. 벌은 반응 또는 행동을 제거하거나 감소시키는 역할을 한다.
- **촉진과 단서** : 촉진은 선행자극의 일종으로 표적행동의 발생을 위한 추가적인 변별자극이다. 촉진은 자연적 촉진, 언어 촉진, 몸짓 촉진, 모델링, 신체적 촉진 등으로 구별된다.

행동과 행동관리에 대한 기본 가정 규명하기

- **대부분의 행동은 학습된다** : 행동주의자들은 관찰 가능한 대부분의 행동은 학습이 가능하다고 믿는다.
- **대부분의 행동은 특정한 자극과 관련이 있다** : 행동주의자들은 환경 자극의 차이에 따라 개인이 다르게 행동한다고 믿는다.
- **대부분의 행동은 변화 및 수정 가능하며 학습될 수 있다** : 대부분의 행동은 학습된 것이기 때문에 교사는 새로운 행동을 가르치거나 기존의 행동을 변화 또는 수정할 수 있다.
- **행동변화의 목표는 구체적이고 명확하게 정의되어야 한다** : 효과적인 행동관리 기법들은 체계적이고 구체적인 계획에 의하여 완성될 수 있다.
- **행동변화 프로그램은 개별화되어야 한다** : 행동주의자들은 개인의 행동은 개인이 속한 환경의 선행사건이나 결과가 다르면 다르게 나타난다고 생각한다.
- **행동변화 프로그램은 바로 지금 이곳에서 수행되어야 한다** : 정신분석 접근과는 달리 행동주의자들은 지나간 사건에 대해서는 관심을 기울이지 않는다. 대신에 한 개인이 속한 현재의 환경에서 발생한 사건을 이해함으로써 개인의 행동을 변화시키거나 수정하는 것에 관심을 기울인다.
- **행동변화 프로그램은 아동이 처한 환경을 중시해야**

한다 : 행동주의자들은 문제행동을 관찰할 수 있는 환경에서 무엇이 문제행동인지를 확인하기 위하여 노력한다.
- **행동변화 프로그램은 강화의 관점에서 수립되어야 한다** : 행동주의자들은 강화 전략(제10장 참조)과 긍정적 행동지원(제12장과 제13장 참조)이 적절한 사회적 행동을 증가시키고 부적절한 행동의 빈도를 감소시킨다고 가정한다.

행동과 행동관리에 대한 고정관념과 오해 규명하기

- **고정관념 1 : 다른 사람의 행동을 변화시키는 것은 강압적인 것이다** : 그러나 교사의 책임은 학생들이 사회에서 적응할 수 있도록 준비시키는 것이며, 그들이 유용한 사회적 기술을 습득할 수 있도록 하고, 성공적으로 학교생활을 마치도록 가르쳐야 할 책임이 있다.
- **고정관념 2 : 강화를 사용하여 행동을 변화시키는 것은 일종의 매수이다** : 그러나 Kazdin(1975)이 언급한 것처럼 매수는 보상, 선물, 부탁 등의 불법적인 사용을 통해 타인의 판단을 왜곡시키거나 비도덕적인 행동을 이끌어 내는 것을 의미한다. 적절한 사회적 능력을 강화시키는 것은 효과적인 교육 도구이다.
- **고정관념 3 : 학생은 단지 강화를 받기 위해서 적절하게 행동하는 것을 배운다** : 그러나 이러한 주장은 많은 연구에 의하여 지지를 받지 못한다. 외적 강화는 아동이나 성인 모두에게 일상생활에 필요한 일부분에 불과하다.
- **고정관념 4 : 학생은 내적 강화제를 얻기 위해 '행동'해야 한다** : 이러한 주장은 매우 의미 있지만 교사는 아동이 적절한 사회적 기술을 습득할 수 있도록 외적 강화제를 사용할 필요가 있다. 성인들도 외적 강화에 의하여 동기부여를 받는다는 것을 생각해야 한다.
- **고정관념 5 : 모든 아동은 동일한 방법으로 다루어져야 한다** : 그러나 아동은 저마다 관심을 받고 싶어 하는 욕구가 다를 수 있다. 교육현장에서 모든 아

동을 똑같은 방법으로 대우해야 한다는 획일적인 생각은 실제적이고 효과적인 측면에서 바람직하 지 않다.

논의사항

1. 고전적 조건화와 조작적 조건화의 차이는 무엇인 가? 일상생활에서 관찰할 수 있는 예를 한 가지씩 제시하라.
2. 행동 이해에 대한 정신분석적 접근과 행동주의 접근의 근본적인 차이가 무엇인지 설명하라.
3. 행동치료 전략이 고전적 조건화와 어떤 관련이 있는지 간단하게 실례를 들어 설명하라.
4. 행동치료와 관련한 처치 전략을 논의하라. 어떤 처치 전략이 교실환경에 적용될 수 있는지, 그리고 어떻게 적용하는 것이 바람직한지 설명하라.

5. 조작적 조건화에서 의미하는 선행사건, 행동, 후속 결과가 무엇인지 설명하라. 이러한 관계를 일상생활 측면에서 설명하라.
6. 새로운 행동 발생을 위하여 선행사건 자극으로 활용될 수 있는 다양한 유형의 촉진과 단서 사용의 구체적인 예를 들어라.
7. 행동과 행동관리의 기본 개념에 대하여 논하라.
8. 행동주의란 무엇인가? 행동과 행동관리에 대한 기본 가정이 무엇인지 설명하라.

참고문헌

Akin-Little, K. A., Little, S. G., & Gresham, F. M. (2004). Current perspectives on school-based behavioral interventions: Introduction to the mini-series. *School Psychology Review, 33*(3), 323–325.

Alberto, P. A., & Troutman, A. C. (1995). *Applied behavior analyses for teachers.* Upper Saddle River, NJ: Merrill/Pearson Education.

Allen, K. D., & Shriver, M. D. (1998). Role of parent-mediated pain management strategies in biofeedback treatment of childhood migraine. *Behavior Therapy, 29*(3), 477–491.

Araoz, D. (2001). Sexual hypnotherapy for couples and family counselors. *Family Journal, 9*(1), 75–82.

Ayres, J., & Hopf, T. (2000). Are reductions in CA an experimental artifact? *Communication Quarterly, 48*(1), 19–27.

Baer, D. M., Wolf, M. M., & Risley, T. R. (1968). Some current dimensions of applied behavior analysis. *Journal of Applied Behavior Analysis, 1,* 91–97.

Baer, D. M., Wolf, M. M., & Risley, T. R. (1987). Some still-current dimensions of applied behavior analysis. *Journal of Applied Behavior Analysis, 20,* 313–327.

Balsam, P. D., & Tomie, A. (1985). *Context and learning.* Hillsdale, NJ: Erlbaum.

Bandura, A. (1969). *Principles of behavior modification.* New York, NY: Holt, Rinehart, & Winston.

Bandura, A. (1971). Psychotherapy based upon modeling principles. In A. E. Bergin & S. L. Garfield (Eds.), *Handbook of psychotherapy and behavior change: An empirical analysis* (pp. 653–708). New York, NY: Wiley.

Bandura, A. (1977). *Social learning theory.* Upper Saddle River, NJ: Prentice Hall.

Bandura, A. (1994). *Self-efficacy.* In V. S. Ramachaudran (Ed.), Encyclopedia of human behavior (Vol. 4, pp. 71–81). New York, NY: Academic Press.

Bandura, A. (1997). *Self-efficacy: The exercise of control.* New York, NY: Freeman.

Bell, R. Q., & Harper, L. V. (1977). *Child effects on adults.* Hillsdale, NJ: Erlbaum.

Bernstein, S. (1999). A time-saving technique for the treatment of simple phobia. *American Journal of Psychotherapy, 53*(4), 501–513.

Boeree, G. C. (1998). *Albert Bandura.* Retrieved from http://www.ship.edu/∼cgboeree/bandura.html

Brown, I. D. (1990, April). *Attention deficit-hyperactivity disorder and self-control training.* Paper presented at the 68th Annual Convention of the Council for Exceptional Children, Toronto.

Casey-Black, J., & Knoblock, P. (1989). Integrating students with challenging behaviors. In R. Gaylord-Ross (Ed.), *Integration strategies for students with handicaps* (pp. 129–148). Baltimore, MD: Brookes.

Coleman, D. (1987, August 16). B. F. Skinner. *New York Times,* n.p.

Cooper, J. O., Heron, T. E., & Heward, W. L. (1987). *Applied behavior analysis.* Upper Saddle River, NJ: Merrill/Pearson Education.

Coyne, M. L., & Hoskins, L. (1997). Improving eating behaviors in dementia using behavioral strategies. *Clinical Nursing Research, 6*(3), 275–291.

Cuvo, A. J., & Davis, P. K. (1980). Teaching community living skills to mentally retarded persons: An examination of discriminative stimuli. *Gedrag, 8,* 14–33.

Donnellan, A. M., LaVigna, G. W., Negri-Shoultz, N. N., & Fassbender, L. L. (1988). *Progress without punishment: Effective approaches for learners with behavior problems*. New York, NY: Teachers College Press.

Duckro, P. N., Purcell, M., Gregory, J., & Schultz, K. (1985). Biofeedback for the treatment of anal incontinence in a child with ureterosigmoidostomy. *Biofeedback and Self-Regulation, 10*, 325–334.

Folkerts, D. (2001). Nonsurgical options for treating incontinence. *Nursing Home Long Term Care Management, 50*(5), 40–42.

Gelfand, D. M., & Hartmann, D. P. (1984). *Child behavior analysis and therapy*. New York, NY: Pergamon.

Hodges, R. (2001). Encouraging high-risk student participation in tutoring and supplemental instruction. *Journal of Developmental Education, 24*(3), 2–8.

Horner, R. H. (1991). The future of applied behavior analysis for people with severe disabilities. In L. H. Meyer, C. A. Peck, & L. Brown (Eds.), *Critical issues in the lives of people with severe disabilities* (pp. 607–612). Baltimore, MD: Brookes.

Houghton, S. (1993). Using verbal and visual prompts to control littering in high schools. *Educational Studies, 19*(4), 247–255.

Kauffman, J. M. (1989). *Characteristics of behavior disorders of children and youth*. Upper Saddle River, NJ: Merrill/Pearson Education.

Kazdin, A. E. (1975). *Behavior modification in applied settings*. Homewood, IL: Dorsey.

Kazdin, A. E. (1978). *History of behavior modification*. Baltimore, MD: University Park Press.

Kazdin, A. E. (1989). *Behavior modification in applied settings*. Pacific Grove, CA: Brooks/Cole.

Kazdin, A. E., & Cole, P. M. (1981). Attitudes and labeling biases toward behavior modification: The effects of labels, content, and jargon. *Behavior Therapy, 12*, 56–68.

Killam, P. E., Jeffries, J. S., & Varni, J. W. (1985). Urodynamic biofeedback treatment of urinary incontinence in children with myelomeningocele. *Biofeedback and Self-Regulation, 10*, 161–172.

King, N. J., Heyne, D., Gullone, E., & Molloy, G. N. (2001). Usefulness of emotive imagery in the treatment of childhood phobias. *Counselling Psychology Quarterly, 14*(2), 95–102.

Lampe, J. B., Steffen, R. M., & Banez, G. A. (2001). Empirically supported treatments in pediatric psychology: Constipation and encopresis. *Clinical Pediatrics, 40*(8), 471–473.

Martin, G., & Pear, J. (2007). *Behavior modification: What it is and how to do it*. Upper Saddle River, NJ: Pearson/Prentice Hall.

Melloy, K. J. (1990). *Attitudes and behavior of non-disabled elementary-aged children toward their peers with disabilities in integrated settings: An examination of the effects of treatment on quality of attitude, social status and critical social skills*. Unpublished doctoral dissertation, University of Iowa, Ames.

Meuret, A. E., Wilhelm, F. H., & Roth, W. T. (2001). Respiratory biofeedback: Assisted therapy in panic disorder. *Behavior Modification, 25*(4), 584–606.

Morris, R. J. (1985). *Behavior modification with exceptional children*. Glenview, IL: Scott, Foresman.

Mufson, L. H., Pollack, D. K., Olfson, M., Weissman, M. M., & Hoagwood, K. (2004). Effectiveness research: Interpersonal psychotherapy for depressed adolescents from the lab to school-based health clinics. *Behavioral Science, 7*(4), 251–261.

Rescorla, R. A. (1988). Pavlovian conditioning: It's not what you think it is. *American Psychologist, 43*, 151–160.

Rimm, D. C., & Masters, J. C. (1974). *Behavior therapy: Techniques and empirical findings*. New York, NY: Academic Press.

Robbins, J. (2000, September 26). Some see hope in biofeedback for attention disorder. *New York Times*, p. F7.

Russoniello, C. V., & Estes, C. A. (2001). Biofeedback: Helping people control their health. *Parks and Recreation, 36*(12), 24–30.

Saunders, J. T., & Reppucci, N. D. (1978). The social identity of behavior modification. In M. Hersen, R. Eisler, & P. Miller (Eds.), *Progress in behavior modification* (Vol. 6). New York, NY: Academic Press.

Skinner, B. F. (1938). *The behavior of organisms: An experimental analysis*. New York, NY: Appleton-Century.

Skinner, B. F. (1948). *Walden Two*. New York, NY: Macmillan.

Skinner, B. F. (1953). *Science and human behavior*. New York, NY: Macmillan.

Skinner, B. F. (1974). *About behaviorism*. New York, NY: Knopf.

Snell, M. E., & Zirpoli, T. J. (1987). Intervention strategies. In M. E. Snell (Ed.), *Systematic instruction of persons with handicaps* (pp. 110–149). Upper Saddle River, NJ: Merrill/Pearson Education.

Thorndike, E. L. (1905). *The elements of psychology*. New York, NY: Seiler.

Thorndike, E. L. (1911). *Animal intelligence: Experimental studies*. New York, NY: Macmillan.

Van De Velde, C. (2002, January 16). The power of social modeling: The effects of television violence. Bing Distinguished Lecture Series, Bing School, Stanford, CA.

Watson, J. B. (1919). *Psychology from the standpoint of a behaviorist*. Philadelphia, PA: Lippincott.

Watson, J. B. (1924). *Psychology from the standpoint of a behaviorist* (2nd ed.). Philadelphia, PA: Lippincott.

Watson, J. B. (1925). *Behaviorism*. New York, NY: Norton.

Watson, J. B., & Rayner, R. (1920). Conditioned emotional reactions. *Journal of Experimental Psychology, 3*, 1–4.

Wenck, L. S., & Leu, P. W. (1996). Anxiety in children: Treatment with biofeedback training. *Journal of Clinical Psychology, 52*(4), 469–474.

Wilson, G. T., & Evans, I. M. (1978). The therapist–client relationship in behavior therapy. In A. S. Gurman & A. M. Razin (Eds.), *The therapist's contribution to effective psychotherapy: An empirical approach*. New York, NY: Pergamon.

Wolpe, J. (1958). *Psychotherapy by reciprocal inhibition*. Stanford, CA: Stanford University Press.

Womack, W. M., Smith, M. S., & Chen, A. C. N. (1988). Behavioral management of childhood headache: A pilot study and case history report. *Pain, 2*, 279–283.

Zirpoli, T. J. (1990). Physical abuse: Are children with disabilities at greater risk? *Intervention in School and Clinic, 26*, 6–11.

Zyl, T. V., & Lohr, J. W. (1994). An audiotaped program for reduction of high school students' math anxiety. *School Science & Mathematics, 94*(6), 310–314.

Junial Enterprises/Shutterstock

학교에서 고려해야 할 법률적 문제

02

Mitchell L. Yell
사우스 캐롤라이나대학교

학습목표

이 장을 학습한 후 학생들은

학생 훈육에 필요한 교사의 법적 의무에 대하여 설명할 수 있다.

학생이 요청할 수 있는 적법한 절차 보장이 무엇인지 정의할 수 있다.

장애 학생의 훈육에서 반드시 지켜야 하는 절차적 과정이 무엇인지 정의할 수 있다.

학교에서 보편적으로 요청되는 훈육과 절차의 가장 중요한 요소가 무엇인지 설명할 수 있다.

학생의 행동관리를 위하여 교사와 행정가가 알고 있어야 하는 법률 내용을 설명할 수 있다.

미국에서 공교육이 시작된 이래로 교육 행정가와 교사는 학생의 문제행동을 해결하기 위하여 많은 노력을 기울여 왔다. 사실, 가장 오래된 교육 관련 서적의 내용은 학급관리와 학생 훈육에 대한 교사의 애로사항에 관한 논의와 밀접한 관계가 있다(Bagley, 1907). 오늘날에도 여전히 학생의 공격성과 폭력 행사 때문에 훈육의 필요성과 훈육의 효과성에 대하여 다양한 논의가 진행되고 있다.

전문가나 일반인 모두 학생의 문제행동 증가가 학교가 해결해야 하는 최대의 골칫거리라는 데 의견의 일치를 보이고 있다(Smith & Yell, 2013). 어떤 면에서는 학교는 더 이상 행정기관이나 교사에 의하여 학생을 효과적으로 훈육하기 곤란한 상황에 처해 있으며 학교 고유의 기능이 상실되고 있다는 생각이 팽배하기도 하다.

법원은 학교의 중요한 역할은 안전과 체계적인 교육환경을 유지하는 것이라는 입장에서 학교 관련 재판을 실시하고 있다. 학생의 행동을 통제하고 질서를 유지할 수 있는 광범위한 재량권이 교사에게 있음을 인정하고 있다. 그러나 학생의 권리 역시 학교에서 존중되어야 한다는 것 또한 간과할 수 없는 현실이다. 학생의 권리로는 (a) 프라이버시의 존중에 따라, (b) 정당한 처리절차에 의한, (c) 자유로운 의사표현을 할 수 있는 것을 들 수 있다. 따라서 학교 종사자나 교사는 학생의 권리와 학교의 안전 사이에서 균형을 유지하도록 노력해야 한다.

여기에서는 공립학교에서 학생 훈육에 따른 교사의 권리와 의무에 대하여 살펴보기로 한다. 먼저 학생에 대한 교사의 권위에 대하여 살펴볼 것이다. 다음으로 학생에게는 어떠한 권리가 있는지에 대해서도 간략하게 논의할 것이다. 장애 학생과 비장애 학생의 훈육에 대해서는 별도로 살펴볼 필요가 있다. 왜냐하면 장애 학생의 경우에는 미국 장애인 교육법(Individuals with Disabilities Education Act, IDEA)에 의하여 어떻게 훈육할지에 대한 안내가 제시되어 있지만, 비장애 학생은 법률에 따라 어떻게 훈육하라는 내용은 거의 찾아보기 어렵기 때문이다. 사실, 장애 학생에게는 개별화 교육 프로그램(IEP)에 근거한 행동중재 프로그램을 반드시 실시해야 한다. 이와 같은 관점에서 모든 학교에서 적용할 수 있는 훈육에 대해서 간단하게 살펴볼 것이며, 교사와 학교 관리자가 학생 훈육 시 고려할 점이 무엇인지에 대해서도 알아볼 것이다.

훈육과 관련한 교사의 책임

법원은 학생의 훈육을 위하여 교사와 학교 관리자의 권위가 적절한 수준에서 인정되어야 한다는 것을 중요하게 여기고 있다. 교사에 대한 권위의 인정은 '부모를 대신할 수 있는 (in loco parentis)'이라는 개념의 영국 법률에서 시작되었다. 이 개념에 의하여 부모들은 자신의 자녀가 학교에 있는 동안 학교의 종사자들이 자신의 자녀에게 적절한 통제권을 행사할 수 있음을 자연스럽게 인정하고 있다(Yell, 2012). 이에 따라 교사나 학교 관리자는 학생을 지적인 차원에서 가르치는 행위에서뿐만 아니라 문제행동의 수정 등과 관련한 훈육에서도 정당한 권한이 있음을 인정받아 왔다. 훈육과 같은 통제권은 확실히 학교의 목적을 달성하기 위한 수단으로서 필요하다고 할 수 있다. 부모 대신이라는 것은 부모가 가정에서 자신의 자녀를 대하듯이 학교에서 그들을 동일한 방법으로 대할 것을 의미하지는 않는다. 오히려 학교의 관리자와 교사는 법률과 규정에 근거한 적합한 권한에 따라 효과적이고 체계적인 학습 환경을 조성할 의무가 있음을 뜻하는 것이다. 비록 과거에는 이러한 개념이 강조되지 않았을지라도, 오늘날의 현실적인 학교 교육 측면에서는 학교와 교사의 책임을 법률적으로 명확하게 인식할 필요가 있다. 이러한 관점에서 훈육에서 인정되는 부모 대신이라는 의미는 교사가 학생에게 합리적인 규칙의 준수, 다른 사람의 권리 존중, 안전에 대한 규칙 준수를 요청할 권리가 있음을 뜻한다. 이를 학생 입장에서 살펴보면 어떤 것은 학생으로서 분명히 지켜야 하며, 어떤 것은 절대 해서는 안 되는 것인지 명확하게 알고 있어야 한다는 뜻이다. 만일 지켜야 할 학교의 규칙을 학생이 어기게 되면 학생은 자신의 행동에 대하여 해명을 해야 한다. 규칙위반에 대한 책임은 그것을 파괴한 사람이 위반 사실에 근거하여, 혹은 그 결과에 따라 일정한 처벌을 받아야 하는 것을 의미한다.

법원판례는 학교 행정가나 교사에게 학생의 훈육에 필요한 일정한 규칙을 설정할 권리가 있음을 인정하고 있다. 법원은 전통적으로 학교에서 규정한 훈육에 필요한 관리와 체계에 대하여 최소한의 법적 제재 이외는 거의 간섭하지 않는다. 사실 학생 훈육에 대해서는 주 법률이 이미 그 권위를 인정하고 있기 때문에 학생 개개인이 이를 거절할 수는 없다(McCarty, Cambron-McCabe, & Eckes, 2014). 사실 미국 연방 대법원은 학교의 안전과 학생들의 통제를 위하여 지속적으로 학교 관리자의 권위를 광범위하게 인정하고 있다.

헌법과 훈육

장애와 관계 없이 모든 학생은 미국 수정헌법 제5조와 제14조에서 규정하고 있는 정당한 절차에 따라 교육을 받을 권리가 있다. 수정헌법 제5조와 제14조는 법적으로 적합한 절차 없이는 개인의 신체의 자유 또는 재산의 박탈을 금지하고 있다. 이것은 헌법에 근거할 때 개인의 권리를 박탈하기 위해서는 그 이유를 분명히 알려야 할 법적 의무가 있으며, 권리를 침해당한 사람은 청문회 등에서 자신의 의견을 진술할 기회가 주어져야 한다는 것을 뜻한다. 다음에서는 학교 당국이 학생을 훈육함에 있어서 학생의 어떠한 권리를 고려해야 하는지에 대하여 살펴보기로 한다.

주 법률과 훈육

대부분의 주 법률은 훈육을 포함한 거의 모든 교육 이슈에 직접적인 영향을 끼친다. 모든 주정부는 공교육과 관련한 법률은 시민에 의하여 승인되었다는 입장을 취한다. 주정부는 학교 당국이 학생을 보호하고 교육을 실시하기 위하여 법률적으로 필요한 조항들을 제정할 수 있는 권한이 있음을 분명히 하고 있다(McCarty et al., 2014). 거의 모든 주는 학생 훈육과 관련한 규정을 제정하고 있다. 교사는 각각의 주에서 제정한 학생 훈육과 관련한 법률과 규정을 이해할 필요가 있다. 모든 주는 해당 웹사이트에서 공식적인 것뿐만 아니라 비공식적인 교육관련 법률내용을 공지하고 있다. 대부분의 주정부는 웹사이트에서 특정 단어를 통하여 검색하면(예 : **교육, 훈육**) 관련 법률 정보에 쉽게 접근할 수 있도록 하고 있다. 다양한 정보를 얻기 위해서 해당 주정부의 홈페이지나 National Conference of State Legislature(www.plol.org/pages/search.aspx)의 도움을 받을 수 있다. FindLaw 같은 검색엔진을 통해서도 관련 정보를 얻을 수 있다.

Rapp(2013)에 의하면 몇몇 주는 학교와 교실 관리 체계와 관련해서는 학교 직원에 대하여 특별한 제한을 두고 있지 않다. 주 법률은 특정한 훈육 방법을 금지하는 것을 통해서 해당 사항을 통제하고 있다. 예를 들면, 신체적 처벌은 특별구를 포함한 31개 주에서 위법하다고 적시하고 있다(관련 내용은 http://www.stophitting.com/index. php?page=statesbanning에서 참고할 수 있다). 몇몇 주는 학생에 대한 신체적 격리나 구속 등도 위법한 내용으로 규정하고 있다(Peterson, Ryan, & Rozalski, 2013). 만일 행정가, 교사, 또는 학교 직원이 금지된 절차를 사용한다면 법적으로 처벌받을 수 있다.

연방 법률과 훈육

미국 헌법은 연방정부가 교육을 통제할 수 없도록 하고 있기 때문에, 각 주에서 교육과 관련한 입법행위를 하는 것은 특권을 인정한 것이라고 할 수 있다. 그러나 연방정부는 교육에 대한 특별 교부금 지급 등에 관여함으로써 매우 중요한 역할을 수행한다. 교육 특별 교부금은 각 주의 교육 정책에 영향을 끼친다. 각 주정부는 연방정부가 제공하는 교부금을 수령하거나 거절할 수 있는 권한을 가진다. 만일 주정부에서 제공하는 교부금을 수령한다면 각 주정부는 연방정부가 제시하는 교부금 사용에 대한 지침을 따라야 한다. 이와 같은 방법을 통해서 연방정부는 주정부의 교육에 영향을 행사하는 것이다. 이와 관련한 좋은 본보기가 특수교육과 관련한 법률인 Individuals with Disabilities Education Act이다. 비장애 학생의 훈육지침에 대한 공립학교 규정을 연방법에서 강조한 것은 거의 없다. 그렇다고 해서 그것이 곧 장애 학생에 대해서도 언급하지 않았다는 것을 의미하는 것은 아니다. 다음에서는 특수교육 대상 학생에 대한 훈육과 관련한 내용을 살펴볼 것이다. 특수교육 관련 종사자에게는 해당 규정들을 이해하는 것이 무엇보다도 중요하다고 할 수 있다.

적법절차에 의한 학생 보호

대법원은 *Goss v. Lopez*(1975; 이후 *Goss* 판례라고 함) 학생을 정학 처분하기 위해서는 정당한 절차에 따라야 하며, 학생의 권리가 고려되어야 한다고 판결하였다. 그러나 정당한 적법절차에 따른 학생 보호는 학교 질서와 훈육에 대한 각 주의 관심 정도에 따라 일정한 제한이 따르기도 한다. 따라서 법원은 학생의 권리와 학교의 합당한 주장 사이에서 어떤 한쪽의 편에 서야 하는 심각한 고민을 해야 한다.

학생에게 제공되어야 하는 정당한 절차는 절차와 실제 두 가지 측면에서 고려될 수 있다. 절차적 적법절차(procedural due process)는 공정한 방법과 절차에 의하여 훈육이 진행될 것을 요구하는 것이며, 실제적 적법절차(substantive due process)는 학교에 의해서 침해될 수 있는 학생의 권리는 실제적으로 보호되어야 하며, 합리적인 방법에 따라 훈육이 이루어져야 함을 뜻한다(Valente & Valente, 2005). 그러나 학교는 질서와 훈육 유지에 필요한 광범위한 권위를 가지고 있다. 따라서 만일 학생이 자신에게 보장된 자유가 박탈되었다는 것을 증명하고자 한다면, 학교의 절차적 하자를 증명해야 한다. 테네시 주의 판례에 따르면, "교사는 학생에게 훈계하거나, 특별한 과제를 요구하거나, 활동을 제한시키거나, 학생이 교사에게 어떤 특별한 권리를 요청했을 때 이를 거부하는 것 등과 같은 사소한 형태의 학급 훈육에 대해서는 적법절차를 엄격하게 따르지 않아도 된다"(*Dickens v. Johnson Board of Education*, 1987, p.157).

절차적 적법절차 : 공정한 절차에 대한 권리

어쩌면 20세기에 가장 중요한 교육 소송이라고 할 수 있는 미국 연방 대법원의 판결은 다음과 같다.

> 교육 기회를 제공하지 않으면서 아동의 삶이 성공적으로 이루어지기를 기대한다는 것은 매우 어리석은 일이다. 각 주에서 책임져야 할 교육 기회는 모든 사람들이 공평하게 요청할 수 있는 권리이다.(*Brown v. Board of Education*, 1954, p. 493)

훈육은 학생의 미래에 영향을 끼치는 것으로서 교육적으로 매우 중요하다. 따라서 학생의 정학이나 제적과 같은 행위는 적법절차에 따라 이루어져야 한다. 적법절차를 거쳐야 한다는 의미는 학교의 결정은 반드시 공정하게 이루어져야 함을 뜻하는 것이다. 그러나 학교의 적합한 절차란 변호사가 선임되고 쌍방의 증거에 따라 조사를 여러 번 반복해야 하는 것과 같이 실제 법정과 동일한 형태로 운영되어야 함을 의미하는 것은 아니다. 그렇지만 학교는 통고나 청문회와 같은 최소한의 기본적인 학생 보호 장치를 마련하고 있어야 한다.

　Goss 판례에 의하면 적법절차는 모든 학생에게 적용되어야 한다. 이 사건에서 아홉 명의 고등학생에게 정학을 명하면서 학교가 청문회를 실시하지 않았다. 학생 측은 이를 수정법률 제14조의 위반이라고 주장하였다. 대법원은 이 주장을 받아들여 학생을 정학시키기 위해서 학교는 최소한의 적법절차를 따라야 한다고 판결하였다. 또한 대법원은 교육권을 확대 해석하면서 …… (주정부)는 비록 학생의 비행 근거가 없다 하더라도 공정한 절차에 의하여 이를 조사할 수 있는 권리가 있음을 언급하기도 하였다(p. 574).

　법원은 학교가 학생의 행동과 관련한 표준 관리지침을 제정하고 이를 학생에게 준수하도록 하는 광범위한 권위가 있음을 인정하였다. 그러나 대법원은 공교육에서 학생들은 수정법률 제14조에 의하여 적합하게 교육받을 권리가 있음을 강조하고 있다. 교육은 보호되어야 하기 때문에 헌법이 정한 적법절차의 준수는 반드시 필요하다. 정학과 관련한 사건에서 학교 측 변호사는 10일간의 정학은 최소한이며 일시적인 것이라고 주장하였지만, 법원은 그러한 처벌행위는 학생에게 심각한 부정적인 영향을 미친다고 하였다. 따라서 학교 측에서 학생에게 10일간의 정학을 주기 위해서는 청문회를 비롯하여, 그와 관련한 적법절차를 반드시 따라야 한다.

　위원회를 열어야 한다는 것은 사건에 대한 상황 보고와 청문회를 개최해야 한다는 것을 의미한다. 이는 학생이 자신의 사건에 대하여 자기 나름으로 자신을 위하여 진술할 수 있는 기회가 제공되어야 한다는 것을 의미한다(Schimmel, Stellman, & Fisher, 2011). 이러한 절차가 반드시 학생을 보호하는 것이라고는 할 수 없으나, 학생에 대한 실수나 불공정함을 예방하는 데는 도움이 된다. *Goss* 판례에 의하면 훈육과 지시는 필수적인 것이며, 더불어 정학은 명령을 유지하거나 교육의 가치를 유지하기 위한 기본적인 수단이 된다(p. 572). 모든 정학과 관련한 사례에서 청문회 등을 개최한다는 것은 번거로운 일임에 틀림없다. 그러나 학교가 청문회를 자의에 따라 개최하는 것은 인정되지 않는다. 법원의 결정에 의하면 학교가 10일 혹은 그것보다 적은 일수에 대하여 학생에게 정학을 명명할 경우에도 구두로 혹은 서면으로 그 이유를 설명해야 하며, 학생에게 자신의 의견을

모든 학생들에게 법적인 요구사항을 알려 주어야 한다.

설명할 기회가 주어져야 한다.

　통지나 청문회가 항상 공식적으로 정학이 결정되기 전에 이루어져야 하는 것은 아니다. 만일 합당한 이유가 있다면 그러한 절차는 다소 지연될 수도 있다. 예를 들어, 다른 학생을 위협하거나 학습에 방해되는 경우에는 학생을 즉시 격리시킬 수도 있다. 그 후 24시간에서 72시간 이내에 그러한 결정에 따른 통지나 청문회를 열 수도 있다. 학생을 훈육하는 교사나 행정가는 학생의 비행이 일어난 직후에 곧바로 비공식적으로 학생의 비행에 대하여 논의할 수 있다. 이것은 교사나 행정가가 학생에게 어떠한 처벌을 하기 이전에 학생이 자신의 의견을 진술할 기회를 제공하는 것과도 관련이 있다. 이 경우에는 통지나 청문회가 훈육조치를 취하기 전에 열릴 수도 있다.

　Goss 판례에 의할 때 학교가 학생에게 10일 이내의 짧은 정학 처분을 하고자 할 때에도 적법절차의 기본적인 요구사항을 준수해야 한다는 것을 의미한다. 하지만 더 긴 기간이거나 혹은 학생을 제명시키는 것과 같은 심각한 처분을 하고자 할 때는 더 엄격하고 신중한 청문회가 요청된다. 타임아웃, 방과 후 학교에 남게 하는 처벌, 반응대가, 그리고 과잉교정 등과 같은 방법에 의한 학생의 훈육은 판례에 의하면 법률적인 적합한 절차적 과정이 필요한 것은 아니다. 그러나 학내에서 이루어지는 정학 처분을 할 경우에도 통지나 청문회를 거치는 것이 바람직할 것이다. 표 2.1은 교사나 행정가들이 학생에게 단기간의 정학이나 제명을 하고자 할 때 어떻게 하는 것이 바람직한지에 대하여 설명하고 있다.

표 2.1 적합한 절차에 따른 학생의 보호

단기 정학(공식적 혹은 비공식적 모임)

- 위반 사실에 대한 문서 혹은 구두에 의한 통고

- 위반 사실을 해명할 수 있는 기회 제공

장기 정학과 제명(반드시 공식적인 모임이 필요)

- 문서로 위반 사실을 정확하게 기재하여 통고

- 증거, 증인, 실제적인 자백 등에 대한 통고

- 청문회(시간, 장소, 절차 등에 관련한 통고)

- 증거의 제시와 증인 출석에 대한 권리

- 사건에 대한 기록 및 녹음에 대한 권리

- 항소의 권리

- 학내의 간단한 제재조치에는 청문회를 열 필요가 없음

- 위험한 행동을 하는 학생은 즉시 제재조치를 취할 수 있음

출처 : *The Law and Special Education*, by M. L. Yell (Upper Saddle River, NJ: Merrill/Pearson Education, 2012).

이 절차는 장애를 가진 학생이나 그렇지 않은 학생에게 모두 동일하게 적용될 수 있다.

실제적 적법절차 : 합리적인 권한의 행사

법원은 학교와 학교 행정가에게 학교에서 발생할 수 있는 학생의 행위를 통제할 수 있는 권위를 광범위하게 인정하고 있다. 또한 법원은 학생이 교칙을 어겼을 경우에 학교가 처벌을 주는 것도 인정하고 있는 추세이다. 그러나 이러한 학교의 권한 행사에도 제한이 따른다. 규칙을 어겼을 때 부가되는 벌칙 역시 학생의 헌법상의 권리, 즉 이전에 논의한 것과 같은 것들(예 : 개인의 프라이버시, 적법절차, 표현의 기회 등)을 무시해서는 안된다. 대체로 규칙과 관련한 제반 규정은 그것이 합리적이라고 평가되는 한 법적 분쟁의 소지가 거의 없다. 합리적인 규칙과 그와 관련한 규정은 학교의 목적에 대부분 합당하기 때문이다. 학교는 학생의 행위가 특별히 학교 질서 유지에 유해하지 않다고 판단되면 구태여 벌을 주거나 행동을 금지할 필요가 없다. 필요 이상으로 과하게 제지를 가하지 않을 수도 있다. 달리 말하면, 학교 환경과 관련하여 지나치게 과도하지 않으면 학생의 행위는 얼마든지 인정받을 수도 있다.

규칙은 금하는 것인지 혹은 허용하는 것인지 학생이 명확하게 이해할 수 있도록 분명하고 충분하게 전달되어야 한다. 만일 학교의 규칙이 모호하면 학생은 그것을 어떻게 받

아들일지 모르기 때문에 학교와 분쟁의 소지가 될 수 있다. 따라서 학교의 규칙은 명확하고 분명하여, 학생이 학교의 요구가 무엇인지 충분히 예상할 수 있게 작성되어야 한다.

인디애나 연방관할 법원에서 열린 *Cole v. Greenfield-Central Community Schools*(1986)의 재판 결과는 학교의 훈육이 합리적이었는지에 따라 달라질 수 있음을 보여주는 좋은 예가 된다. 크리스토퍼는 인디애나 주 법에 의할 때 정서행동장애로 진단된 학생으로, 적응행동에서 문제를 보였다. 학교는 이 학생을 위하여 실제적으로 그리고 문서적으로 다양한 형태의 해결 방안을 마련하였으며, 그의 행동을 개선시키기 위하여 수많은 긍정적 행동지원 절차를 사용하였다. 그러나 이러한 모든 노력이 실패로 돌아가자 학교는 어쩔 수 없이 행동감소 전략(behavior reduction strategy)을 사용하게 되었다. 교사는 학생에게 타임아웃, 반응대가, 그리고 일종의 체벌을 실시하였다. 학생 측은 학교를 상대로 하여 학생의 권리가 침해당했다는 이유로 소송을 제기하였다.

법원은 비록 크리스토퍼가 IDEA의 적용을 받는 장애인이 분명하지만, 그렇다 하더라도 학교의 훈육 기준에서 언제나 자유로운 것은 아니라고 판단하였다. 그러나 법원은 원고의 주장을 받아들여 학교가 크리스토퍼에게 지도한 일련의 조치가 합리적이었는지를 분석하였다. 법원은 규칙과 그에 상응하는 조치의 합리성을 네 가지 차원에서 분석하였다. (a) 교사는 주 법과 지역 법이 요구하는 학생 교육에 대한 합당한 권한을 가지고 있었는가? (b) 학생의 규칙 위반은 교육 기능을 상실할 정도로 심각한 수준이었는가? (c) 규칙을 어긴 학생은 훈육을 받았는가? (d) 그리고 훈육은 규칙을 위반한 정도에 합당한 수준에서 실시되었는가? 법원은 이상의 네 가지 근거에 따라 학교를 조사하여 결국 학교의 편을 들어주었다.

적법절차와 훈육에 대한 요약

공립학교에 재학하는 모든 학생은 장애의 유무와 관계 없이 헌법이 명시한 권리를 행사할 수 있다. 그러나 이것은 공립학교에 재학 중인 학생이 지역사회에서 행사할 수 있는 동일한 정도의 모든 권리를 학교에서도 행사할 수 있다는 뜻은 아니다. 학교의 환경은 안전하고 체계적으로 유지되어야 하기 때문이다. 이러한 환경을 유지하기 위해서 교사와 학교 행정가는 학생에게 규칙을 지킬 것을 요구할 수 있는 일정한 권한이 있다. 따라서 만일 학생이 규칙을 위반하게 되면 교사는 관련 조항에 근거하여 학생을 처벌할 수 있다.

교사와 학교 행정가는 학생의 훈육조치와 관련하여 두 가지 기본 측면에서 철저하게 준비를 해야 한다. 첫째로, 규칙은 모든 학생과 부모가 쉽게 알아볼 수 있어야 한다. 또한 규칙은 학교의 목적에 반드시 적합한 것이어야 한다. 따라서 규칙을 위반했을 때 처해질 수 있는 관련 규정 역시 부모나 학생이 정확하게 이해할 수 있도록 전달되어야 한다. 물론 그러한 관련 규정은 반드시 공정하고 일관성 있는 기준에 의하여 이루어져야 한다. 더군다나 학생을 정학시켜야 하는 경우에는 그가 무엇을 위반하였는지 통지해 주어야 하며, 학생이 자신의 의견을 진술할 수 있는 기회가 제공되어야 한다.

장애 학생에 대한 훈육

1975년에 통과된 미국 전장애아동교육법(Education of All Handicapped Children Act)은 장애 학생의 훈육에 있어서 대단히 획기적인 동시에 혼란을 주는 것이었다고 할 수 있다. 이 법은 1990년에 IDEA로 명칭이 바뀌어, 보다 자세하고 적합한 교육적인 안내와 규칙을 다루고 있다. 그러나 여기에서도 훈육과 관련한 연방정부의 입장은 없었다. 따라서 교사나 행정가는 장애 학생을 가르침에 있어서 자신들의 권리와 의무를 매우 조심스럽게 행사할 수밖에 없다.

연방정부 차원에서 장애 학생의 훈육에 대한 일정한 지침이 없기 때문에 결국은 대법원 판례 등에 따라 어떻게 이들을 지도하는 것이 바람직한지를 유추하여 적용할 수밖에 없다. 일반적으로 장애 학생의 훈육에 대한 법률적인 문제는 비장애 학생들과는 다소 다르게 취급되는 경향이 있다(Yell, 2012).

예를 들면, 비록 장애 학생이 매우 위험한 행동을 하여 10일 이상의 정학에 처해진다 하더라도 법원의 장애 학생의 정학이나 퇴학은 징벌적 의미보다는 배치의 관점에서 해석하고자 하는 경향이 있다. 왜냐하면 장애 학생에게는 배치를 변경함에 있어서도 IEP에 의한 법적 절차를 준수해야 하기 때문이다(Huefner & Herr, 2012). 법원은 소견결정(manifestation determination)이라는 규칙을 만들었다. 학생을 제적시키기 전에 그 학생을 잘 아는 지인들로 하여금 그 학생의 문제행동이 장애 때문에 발생한 것인지 아닌지를 판단할 수 있도록 한 것이다. 만일 학생의 어떤 잘못된 행위가 장애와 관계가 없다고 결정되면 학교는 그 학생을 제명할 수도 있다. 그러나 제명과 관련하여 법원은 교육적 측면에서 의견을 달리하기도 한다. 따라서 연방정부 차원에서 장애 학생의 훈육절차 등에 대한 준수가 필요하다.

IDEA를 개정하기 이전에 의회는 청문회를 통해서 특수교육 상황에서 교사들의 훈육에 대한 고충을 청취하였다. 안전한 교육환경을 유지하기 위한 교사의 노력과 특수교육이 요구되는 학생의 권리 사이에서 균형을 유지하기 위하여 의회는 1997년에 훈육에 관련한 조항을 추가시켰다. 이 조항은 이전의 법률적인 측면들을 좀 더 명확하게 한 것이다. 2004년에 대통령 조지 부시는 Individuals with Disabilities Education Improvement Act에 서명을 하였으며, 이에 따라 1997년에 있었던 일부 훈육 관련 조항의 개정과 IDEA에 대한 새로운 승인이 이루어졌다.

1997년과 2004년 IDEA의 훈육조항

1997년과 2004년의 IDEA를 살펴보기 이전에 법률에 따른 훈육과 관련된 두 가지 중요한 사항을 검토할 필요가 있다. 우선 1997년의 IDEA는 장애 학생들이 학교 생활과 학교를 졸업한 이후에도 성공적인 삶을 살아갈 수 있도록 긍정적 행동지원 프로그램을 계획하여 사용할 것을 강조하였다. 의회는 학교 환경의 안전을 고려한 IEP의 작성에 관심을 기울였다. 이것은 단순히 문제행동을 제거하는 것이 목적이 아니라, 문제행동을 긍정적인 행동으로 변화시키는 것에 초점을 맞춘 것이다. 둘째로 학교 관리자는 장애 학생을 훈육함에 있어서 비장애 학생과 특별한 차이가 없는 방법을 사용해야 하며, 설령 예외가 있더라도 그것은 최소한의 예외에 따른 것이어야 한다. 예를 들어 언어적인 질책, 경고, 조건부 관찰, 타임아웃, 반응대가, 학내 정학, 그리고 일시적으로 어떤 활동이나 보상을 철회하는 등의 행위는 그것이 명백하게 IEP의 목적을 저해하거나 차별을 전제로 하는 것이 아닌 한 인정될 수 있다(Yell, 2012). 1997년과 2004년의 IDEA는 단지 10일 이상의 정학과 제명에 대해서만 설명하고 있다. 이와 관련한 좀 더 상세한 내용은 다음과 같다.

> ▶ 이 짧막한 영상은 어떻게 IDEA에서 요구하는 규정을 준수할 수 있는지를 보여 준다.
> http://www.youtube.com/watch?v=7V893WjLEOc

정학과 제적

일시적인 정학 IDEA는 장애 학생도 비장애 학생과 같은 수준의 정학 처분이 가능하다고 인정하고 있다. 얼마 동안 정학이 가능한지에 대해 구체적으로 명시하지 않았지만, 통상 10일이 넘는 기간 학생을 정학시키고자 하는 경우에는 별도의 교육 서비스가 제공

교실적용 2.1 **학생의 정학 조치에 대한 기록의 보관**

장애 학생을 담당하는 교사는 장애 학생이 정학 처분을 받은 날부터 관련 기록을 보관하고 있어야 한다. 이러한 기록을 보관하는 것은 교사의 역할이 아니라 학교 행정가의 몫이라고 생각할 수도 있으나, 학교장은 종종 장애 학생의 정학과 관련한 자신의 책임에 대하여 잘 알지 못하는 경우가 있다. 만일 행정가들이 정학 처리와 관련하여 IDEA에서 요구하는 절차를 지키지 않는 경우에는 그들은 의도하지 않게 법을 어기는 것이 된다. 정학에 대한 기록을 보관함으로써 교사는 학생의 조치에 대하여 알 수 있으며, 법률 위반이 재발되지 않도록(예를 들면, 교장에게 만일 학생을 연속해서 10일 이상 정학을 시키면 이것은 법을 위반하는 것이라고 알려 줌으로써) 할 수 있다.

학교 밖에서 이루어지는 누적된 10일 이상의 정학 처분을 해야 할 경우에 교사는 학생의 IEP팀을 소집하여 (a) 필요에 따라 기능적 행동사정의 실시를 요청할 수 있으며,

(b) 행동중재 계획의 수정이나 개발, (c) 정학 처분으로 인하여 학생의 배치가 변경되었는지, (d) 정학이 11일을 넘을 경우 학생에게 필요한 교육 서비스를 어떻게 제공할 것인지, (e) 소견결정의 조치를 취할 수 있다. 교사가 보관해야 할 기록에는 다음과 같은 정보들이 기록되어야 한다.

• 학생의 이름
• 정학 처분의 원인이 된 행동
• 학생의 정학과 다시 원상을 회복한 날짜에 대한 기록
• 제재를 받은 전체 일수

생각해 보기
장애 학생을 정학시키는 데 필요한 IDEA의 요구사항은 무엇인가? 왜 교사들이 정학에 대한 기록을 보관하는 것이 중요한가? 어떤 내용을 기록하는 것이 중요한가?

되어야 한다.

이와 관련한 보다 상세한 예를 살펴보면 다음과 같다(IDEA 규칙, 1997). 5일씩 두 번의 정학을 받은 학생이 다음 학기에 다시 한 번 세 번째 정학을 맞게 되는 경우에는 교육 지원이 제공되어야 한다. 따라서 학교는 교육적인 서비스를 학생에게 제공할 수 있는 범위 내에서 정학의 기간을 별도로 나누어서 결정할 수도 있다. 만일 정학이 10일 이내라면 교육청은 별도의 교육계획을 작성할 것을 학교에 요구하지 않아도 된다(OSEP 훈육 가이드, 1997).

학교는 신중하게 학생에게 교외 정학 처분을 명할 수 있다. Martin(1999)은 빈번한 정학에 대한 문제점을 지적했는데, 빈번한 정학은 학생의 IEP가 잘못되었음을 반증하는 것이라고 주장하였다. 그는 학생의 교육기회를 제한하는 조치가 많으면 많을수록 IEP가 부적절하여 학생에게 필요한 무상의 적절한 공교육의 기회가 박탈된 것이라고 하였다.

연속적인 정학 제적의 형태를 띤 정학 처분을 주기 위해서 학교 당국은 짧은 기간의 연속적인 정학을 제공할 필요가 없다. 이와 같은 조치는 일방적으로 교육 장소를 변경시키는 것이며, 1997년 IDEA의 기준에 의하면 불법이다. 그러나 10일을 초과하는 모든 정학

이 학생에게 필요한 교육 장소를 변경하는 것이라고 간주되지는 않는다. 10일을 초과하는 정학이 법률적으로 학생이 있어야 하는 장소를 변경한 것이라는 분명한 근거도 없다. 연속적으로 정학을 처분함에 있어서 학교 당국자는 정학과 관련된 정황을 보다 세심하게 판단할 필요가 있다. 예를 들면 정학의 기간, 총 시간 수, 그리고 어느 정도의 기간을 사이에 두고 연속적으로 정학 처분을 할 것인지를 고려해야 한다(IDEA 규칙, §300.520, Note 1). 따라서 장소를 달리하면서 처분하는 연속적인 정학에 대하여는 사례에 따라 달리 결정할 수밖에 없다. IEP팀은 이러한 모든 점을 고려할 수 있는 자격이 있는 사람들로 구성되어야 한다.

장기정학과 제적   학교는 장애 학생이 (a) 무기(무기라 함은 무기, 장치, 도구, 물질, 재료 등을 모두 포함하는 것으로서 살해 혹은 심각하게 신체적 손상을 가져올 수 있는 모든 종류의 것을 의미한다; 20 U.S.C. §615[k][10][D])를 학교나 학교 부지 및 학교의 기능을 수행하는 공공의 장소에서 소지하는 경우, 또는 (b) 학교에서 마약이나 허가되지 않은 약물을 소지하거나 매매하는 행위를 한 경우(허가되지 **않은 약물**이라 함은 특별한 처방전이 필요한 것으로서 리탈린과 같은 약물을 의미한다), 또는 (c) 학교에서 다른 사람에게 신체적으로 심각한 손상을 주는 경우(심각한 신체적 손상이라 함은 사망에 이르게 할 수 있는 정도의 가해, 심각한 육체적 고통을 가한 경우, 상당한 수준으로 외형적인 손상을 입히는 경우, 또는 상당한 수준의 신체적 기능이나 정신적 손상을 입히는 경우를 의미한다; 20 U.S.C. §1415[k][7][D])에는 학교 당국의 일방적인 결정에 의하여 45일 이상 일상의 교육환경에서 벗어난 대체 교육환경에서 학생을 교육시킬 수 있다.

1997년의 IDEA 조치가 있기 전까지는 학생 자신의 자해 행위나, 타인에 대한 가해 행위를 한 장애 학생을 일정기간 격리가 필요하다고 학교가 결정한 경우에는 이를 수행하기 위하여 법원의 허락을 받아야 했다. 그러나 현재는 청문회 위원의 결정에 따라 학교 당국은 위와 같은 위험한 학생에 대하여 45일이 넘는 기간 동안 격리시킬 수 있는 권한을 갖게 되었다(IDEA 20 U.S.C. §1415[k][2]). 따라서 학교 당국은 학생이 자기 자신 혹은 타인에게 위해를 가함으로써 학교로부터 일정 기간 격리되어야 할 필요가 있을 때, 청문회 위원이 학생에 대하여 (a) 현재의 위치에서 자신이나 타인에게 위해를 할 가능성이 높다는 것, (b) 그렇게 하는 것이 학교가 위험을 최소화하기 위한 확실한 방법이라는 것, (c) 학생의 현재 IEP와 배치가 적절하다는 것, (d) 잠정적으로 학생의 배치를 변경하

표 2.2 소견결정

1. 학생의 문제행동은 직접적으로 IEP의 실패와 관련이 있는가?

   만일 그렇다고 한다면 장애와 관련한 소견결정에 따라 징계에 대한 진행은 종료된다. 그렇지 않다는 결론에 이르게 되면 계속해서 조사가 진행되어야 한다.

2. 학생의 문제행동의 원인과 결과는 직접적으로 학생의 장애와 관련이 있는가?

   만일 그렇지 않다는 결론에 이르게 되면 장애 학생은 비장애 학생과 같은 방법과 수준으로 처분을 받을 수 있다. 문제행동이 장애 때문에 발생하였다면 징계절차는 종료된다.

는 것이 적절하다는 것 등에 대하여 확신을 가질 수 있도록 해야 학교의 결정이 수용될 수 있다는 것을 알아야 한다. 이러한 요건이 충족되면 청문회 위원은 45일 이상 대체 교육환경에 학생을 배치하도록 결정할 수 있다. 이 경우에 IEP팀은 어떻게 하는 것이 학생에게 보다 가치가 있는 것인지(배치를 달리하는 것, IEP를 수정하는 것, 학생을 제적시키는 것 등)를 결정해야 한다.

소견결정

1997년의 IDEA에서는 절차의 중요성을 강조한 소견결정을 명확하게 하였다. 소견결정은 학생의 장애와 학생의 비행 간의 관계를 검토하는 것을 의미한다. 학교 당국은 학생의 배치를 변경하거나, 10일 이상의 유기정학이나 무기정학을 행할 때는 소견결정에 따라야 한다. 소견결정은 10일 안에 이루어져야 한다. 2004년의 IDEA는 소견결정 과정을 좀 더 단순화시켰다.

소견결정은 IEP팀, 부모, 그리고 자격이 있는 이해 관계자들에 의하여 이루어질 수 있다. 소견결정을 함에 있어서 IEP팀은 모든 관련 사항, 예를 들면 비행, 진단 및 평가 결과, 관찰된 행동, 학생의 IEP와 배치 상태 등을 고려해야 한다. 그런 다음에 과연 학생의 비행이 직접적이며 실제적으로 장애와 관련이 있는지를 판단해야 한다. 이와 관련하여 표 2.2는 팀이 이러한 결정을 할 때 필요한 내용을 설명하고 있다.

만일 학생의 행위와 장애가 직접적인 관계가 없다고 판단되면, 비장애 학생에게 취한 조치와 마찬가지로 장애 학생에게도 정학이나 제적 처분이 가능하다. 그러나 장애 학생에 대한 교육 서비스는 그러한 조치와 관계 없이 지속적으로 제공되어야 한다. 만일 이러한 결정에 대하여 불만이 있을 경우 학부모는 청문회를 요청할 수 있다. 청문회 동안에 학생의 배치는 잠정적으로 대안 교육환경에서 실시될 수 있다. 그러나 IEP팀에서 학생의 비행과 장애 사이에 밀접한 관계가 있다고 결정하면, 정학이나 제적 처분을 실시하지 않아도 된다. 하지만 배치를 어떻게 할 것인가에 대한 절차는 여전히 IEP의 요구를 준수해야 한다.

잠정적 대안교육 환경

1년의 학사 운영 가운데 학생이 총 10일이 넘는 정학 처분을 받게 되는 경우에도 관할 교육청은 이들이 무상의 적절한 공교육을 받을 수 있도록 지원해야 한다. 즉 이들을 위하여 잠정적 대안교육 환경(interim alternative educational setting, IAES)을 제공해야 한다(IDEA, 20 U.S.C. §1415[k][3]). 개별화 교육계획팀은 IAES를 결정해야 한다. 비록 IAES가 기존에 제시되었던 교육과정과 다소 다를 수 있더라도, 학생은 지속적으로 자신이 받았던 IEP상의 교육과정 혹은 수정된 교육과정에 참가할 수 있어야 한다. 비록 학생의 배치가 학생의 문제행동으로 인하여 변경된다 할지라도, 학생에 대한 IEP의 목적이나 목표가 지속적으로 유지될 수 있도록 함으로써 학생의 문제행동을 해결하기 위하여 지속적으로 노력해야 한다.

  IDEA에서는 학생을 IAES에 의하여 가르쳐야 할 때, 가정 중심의 학습 지원을 금지하고 있지 않다. 그러나 가정에 국한하여 장애 학생을 배치하는 것은 문제의 소지가 될 수도 있다. 관할 교육청은 비록 학생에게 IAES의 조치를 취한다고 하더라도, IEP에 명시된 특수교육과 관련 서비스를 지속적으로 학생에게 제공해야 하기 때문이다. 이는 가급적

교실적용 2.2

학생이 IAES에 배치되었을 때의 교육 서비스

장애 학생이 다른 학생에게 상해를 입혔을 경우에 학교장은 학생에게 IAES를 실시함에 있어서 학생의 IEP를 고려한 교육 서비스를 실시해야 한다. 학생은 지속적으로 학업을 받아야 하기 때문에 IEP가 IAES의 조치에서도 적용될 수 있어야 한다. 뿐만 아니라 비록 교육적 배치가 변경될지라도 학생에게 관련 서비스(예 : 언어치료, 물리치료 등)를 비롯하여 필요한 추가적인 지원, 수정된 프로그램의 제공이 지속적으로 이루어지도록 해야 한다. 또한 IDEA는 비록 배치가 바뀌더라도 학생이 계속해서 일반 교육과정에서 배제되지 않을 것을 요구하고 있다. 따라서 학생은 교육청에서 요구하는 일반 교과(예 : 사회, 과학)에 대한 내용을 계속해서 학습할 수 있어야 한다. 학생이 IAES의 조치를 받을 경우 IEP팀은 IEP를 수정해야 될 필요가 있는지를 결정해야 한다.

생각해 보기

학교장은 어떤 경우에 장애 학생에게 일방적으로 IAES의 조치를 취할 수 있는가? 학생에게 IAES의 조치가 내려진 경우에 학교 교육청은 어떠한 일을 해야 하는가?

이면 일반 교육과정에서 요구하는 교육내용뿐만 아니라, 학생에게 필요한 특수교육 및 관련 서비스가 학생에게 지속적으로 제공되어야 하는 것을 의미한다. 이러한 측면에서 본다면 어떤 처벌이나 상황을 감안하더라도 장애 학생을 단순히 가정환경에만 국한하여 배치하는 것은 바람직하지 않다는 것을 알 수 있다. 더구나 가정에 국한한 배치는 IDEA 의 규정에 의할 때도 매우 예외적인 학생들, 즉 의료적인 문제가 심각하여 정규학교 교과에 참여하기 어려운 학생으로 제한하고 있다는 것도 가정 배치를 신중하게 고려해야 한다는 것을 의미한다(IDEA Regulations, §300.551, Note 1). 미국 특수교육재활서비스국(Office of Special Education and Rehabilitative Service, OSERS)은 일련의 질의에 대한 응답을 통하여 가정환경에 국한된 대부분의 교육활동은 훈육의 수단으로서 적절하지 못하기는 하지만, 그 타당성은 결국 사례별로 판단할 수밖에 없다고 하였다(Department of Education Answers Questions, 1997).

장애 학생의 문제행동 예방

1997년과 2004년의 IDEA는 만일 장애 학생이 (어떠한 장애에 해당하는지와 관계없이) 문제행동을 일으키고, 그것이 자신 또는 다른 학생에게 방해가 된다면 IEP에 이를 해결하기 위한 전략을 수립할 것을 요구하고 있다(IDEA, 20 U.S.C. §1414[d][3][B][I]). 이를 위해서는 (a) 문제행동에 대한 사정(assessment), (b) 문제행동과 관련한 연간 목표를 측정 가능한 방법으로 수립, (c) 목적과 목표에 합당한 보조기구와 서비스가 포함된 적절한 특수교육과 관련 서비스의 제공이 이루어져야 한다. 문제행동 예방계획(proactive behavioral intervention plan, BIP)도 IEP에 포함되어야 한다.

BIP의 목적은 긍정적 행동지원(positive behavioral intervention)과 같은 효과적인 전략의 사용에 따라 문제행동의 이해와 해결 전략을 강화하기 위함이다. 이 계획은 단순한 관리 프로그램 이상의 가치가 있다. BIP는 행동평가에 대한 기능적 사정에 근거하여 의도적이고 긍정적인 중재 전략을 활용하는 것으로서, 문제행동을 경감시키거나 적절한 행동을 가르치기 위하여 제공된다(*Senate Report*, 1997). 만일 학생이 10일 이상의 정학을 받거나 소견결정이 필요할 경우에는 기능적 행동사정(functional behavioral assessment, FBA)을 필수로 실시해야 한다. 이에 따라 BIP를 수정해야 하며 만일 존재하지 않는다면 새롭게 구성되어야 한다.

1997년과 2004년의 IDEA는 FBA과 관련하여 10일 이상의 정학이나 45일간의 제명

(removal) 외에는 별다른 언급을 하지 않았기 때문에, IEP 사정팀은 제명에 이를 정도의 문제행동에 대해서는 위법하지 않도록 특별히 주의를 기울여야 한다. 청문회 위원들은 학교 교육청의 훈육지침이 기능적 행동사정에 부합하지 못할 경우, 1997년의 IDEA 요건을 충족시키지 못한 것으로 간주하여 시정을 요구할 수 있다(*Board of Education of Akron Central School District*, 1998).

장애 학생 훈육의 요약

1997년과 2004년의 IDEA 훈육 조항은 많은 논란을 불러일으켰다. 어떤 사람들은 법률이 학교에서 발생하는 다양한 문제의 해결에 방해가 된다고 평가하였으며, 다른 한편에서는 단지 현실적으로 존재했던 몇몇 법률적 사안을 성문화한 것에 불과하다고 주장하였다(*Understanding Discipline*, 1997). 그러나 이러한 조항은 현실적인 측면에서 본다면 소송의 가능성을 훨씬 증가시켰다고 평가할 수 있다. 만일 법적 판단 기준이 애매하면 장애 학생의 교육과 관련한 어떤 행위에 대한 소송은 쉽지 않다. 따라서 행정가나 교사는 장애 학생을 위한 정책을 만들기 이전에 주정부에서 요구하는 법률과 조항을 꼼꼼하게 분석할 필요가 있다. 주정부는 교사나 행정가의 요청에 따라서 관련 법률이나 규정을 세심하게 검토해야 하며, 연방정부에서 요청하는 수준보다 훨씬 자세하게 관련 내용이 기술되어야 한다. 이 경우 교사의 주장은 반드시 자신이 속한 주정부의 법과 규칙의 목적에 합당해야 한다.

1997년과 2004년 IDEA에서는 지속적인 행동문제를 보이는 학생을 위하여 예방적 차원의 긍정적 행동지원을 강조하였다. 이 책에서는 이와 관련하여 교사를 위한 효과적인 행동변화 전략들에 대하여 상세히 설명하고 있다. 교사는 학습 방해 요인을 경감시키며, 문제행동이 사회적으로 적합한 행동으로 대치될 수 있도록 하기 위한 의도에서 해당 법률이 제정되었다는 것을 이해할 필요가 있다.

학교 전체 상황에서의 훈육

학생의 바람직하지 않은 행동을 예방하기 위해서 학교 전체 차원의 훈육 프로그램을 실시할 수 있다. 이 접근법은 단순히 학생의 문제행동에 대한 반응으로서가 아니라, 파괴적이고(예 : 불복종) 거친 행동(예 : 신체적인 공격)을 학교 전체 차원의 훈육 프로그램을 통하여 예방하는 데 그 목적이 있다(Horner, Sugai, & Horner, 2000; Walker & Epstein, 2001). 학교 전체 차원의 훈육 프로그램은 학교가 문제행동에 대하여 어떻게 반응할 것인 지와 어떻게 그것을 예방할 것인지의 전략을 개발하는 것이다. 이 프로그램은 바람직한 행동을 지원하고, 가르치고, 정의하는 것뿐만 아니라 파괴적인 행동 대응에도 탁월한 방법임이 입증되고 있다.

이와 관련한 도서로는 미국 교육부에서 펴낸 *Early Warning, Timely Response: A Guide to Safe Schools*(Dwyer, Osher, & Warger, 1998)가 있다. 1998년 후반에 미국의 모든 학교의 행정가는 이 책의 복사본을 받았다. 이 책의 배포

> ▶ 학교 전체 차원의 행동지원 계획을 실시하는 시카고의 한 고등학교의 사례를 살펴보라.
> http://www.youtube.com/watch?v=MZ1kDWv-uv0

목적은 학생의 문제행동에 대한 광범위한 예방계획 수립에 도움을 주는 데 있었다. 이 책에 따르면 올바른 기능을 하는 학교는 학업의 성취뿐만 아니라, 학교와 사회적 안정에도 기여를 한다(Dwyer et al., 1998). Horner 등(2000)은 만일 학교가 안전하려면 효과적인 환경 구성과 예방 차원의 행동지원이 선행되어야 한다고 하였다.

비록 학교 전체 차원의 훈육이 무엇인지에 대한 명확한 모델을 제시하기가 쉽지 않지만, 효과적인 훈육은 다음의 세 가지 차원에서 고려될 수 있다(Horner et al., 2000; Walker, Colvin, & Ramsey, 1995). 첫째, 효과적인 정책은 문제행동의 예방에 초점을 맞춤으로써 학생의 행동을 지원하고, 그 성격을 규정하고 가르친다. 이는 학교 종사자들이 규칙에 대한 이해와 학생에 대한 기대감으로 학생과 명확하게 의사소통하는 것을 의미한다. 뿐만 아니라, 학생을 신뢰하며 이들이 기대에 미치지 못하는 행동을 했을 때도 적합한 반응을 보이는 것을 포함한다. 둘째, 효과적인 학교 전체 차원에서의 훈육은 문제행동이 있는 학생의 욕구가 무엇인지를 보다 빠르고 효과적으로 파악하여 대처하는 것과 관련이 있다. Lewis와 Sugai(1999)에 따르면 이러한 절차의 적용은 때로 성인의 모니터링과 집단적 행동지원을 필요로 한다. 셋째, 효과적인 훈련 프로그램을 수행하는 학교는 높은 수준의 긴장이 동반된 문제행동을 지원한다. 비록 학생의 숫자가 적더라도 높은 수준의 파괴적 행동을 보이는 학생에게 관심을 기울이며, 그들을 위하여 특별한 개별화 행동 프로그램(예 : FBA와 BIP)을 수행한다.

학교 전체 차원에서의 훈육 정책 개발

Sugai, Sprague, Horner와 Walker(2000)에 따르면 85～90%의 학생들은 이미 적절한 사회적 기술을 학습한 상태에서 학교생활을 시작한다. 즉 그들은 (a) 주의를 기울일 줄 알며, (b) 학습에 능동적으로 참여하며, (c) 학교의 규칙과 질서를 따른다. 학교 전체 차원의 훈련 프로그램의 구성은 학생의 이러한 기술이 학교의 문화로 일찍 자리 잡도록 하는 것이다(Horner et al., 2000). 이를 위해서는 보편적 중재(universal interventions) 방법을 개발하고 이를 체계적으로 적용시키는 것이 필요하다. 보편적 중재에 의한 문제해결의 핵심은 새로운 문제행동의 출현을 감소시키는 것과 밀접한 관계가 있다. Sugai 등(2000)에 따르면 보편적 중재란 거의 모든 학생이 학교에서 일정 수준 이상으로 적합한 행동을 할 수 있도록 초점을 맞춘, 규칙과 후속결과를 고려하여 학교 종사자들이 체계적으로 개발한 중재를 의미한다. 보편적 중재의 실시는 (a) 모든 학생을 대상으로 한 규칙에 대한 기대, (b) 후속결과의 체계적인 적용을 통한 부적절한 행동의 교정과 밀접한 관련이 있다.

규칙과 상벌

보편적인 중재의 개발은 학생에게 기대되는 행동을 정의하고, 가르치고 지원하는 것을 포함한다. 이 모든 것들이 효과적이기 위해서는 학생의 행동을 규정하는 규칙의 제정이 중요하다. 이에 따라 학생은 어떤 행동이 학교에서 인정될 수 있고, 어떤 것이 금지된다는 것을 명확하게 알아야 한다. 학교는 규칙에 따라 행동하는 학생에게 보상 등을 통하여 규칙 준수의 중요성을 학생들이 이해할 수 있도록 해야 한다. 또한 학생이 학교에서 금지한 것을 어겼을 경우에는 학생이 왜 그러한 행동을 했는지를 설명할 수 있는 기회를 제공해야 한다.

규칙과 관련한 학생의 책임은 그것을 어겼을 때 상응한 처벌이나 제재조치에 따른 훈련에 참여하는 것을 의미한다. 학교 관리자는 학생이 (a) 학교가 요구하는 행동이 무엇인지 알고 있을 때, (b) 자신의 행동에 대하여 어떠한 보상이 주어지는지 알고 있을 때, (c) 학교에서 금지한 행동을 했을 때 어떠한 처벌이 따르는지를 알고 있을 때 적합한 행동을 수행할 수 있다는 것을 알아야 한다. 법원이 학교 전체의 차원에서 실시하는 훈육 정책을 인정하는 것은 교사나 학교 관리자가 학생의 행동을 관리할 수 있는 규칙을 제정할 수 있는 권한이 있음을 인정하는 것이다(Yell, 2012).

학생의 행동과 관련한 학교의 정책 개발에서 유의할 점은 규칙과 상벌은 학교의 목적에 맞게 합리적이며 신중하게 결정되어야 한다는 것이다. 즉 규칙은 해야 할 것과 하지 말아야 할 것을 학생이 분명히 이해할 수 있도록 규정되어야 한다. 학교 규칙이 실효성을 갖기 위해서는 허용되지 않는 행동에 대한 정의가 모호하지 않고 구체적이어야 한다는 것이다. 학교 규칙이 너무 일반적이며 모호할 경우에는 학생이 그것을 명확하게 이해할 수 없기 때문에, 그러한 모호한 학교 규칙이 오히려 학생의 권리를 침해하는 결과를 초래할 수도 있다. 만일 법원에서 학교 규칙이 지나치게 모호하다고 판단할 경우, 그것은 법률적 차원에서 무효가 될 가능성이 높다(Gorn, 1999). 이것은 교사나 학교 행정가가 학교의 규칙을 제정함에 있어서 법적으로 문제가 되지 않게 학생의 입장을 충분히 고려해야 한다는 것을 의미한다.

앞서 살펴본 바와 같이 학교의 훈육 정책을 개발함에 있어서 가장 유념해야 할 것은 법적인 측면에서 볼 때 규칙과 상벌이 합리적이어야 한다는 것이다. 즉 규칙은 법률적인 측면에서 합리적이고 공평하게 제정되어야 한다. 규칙이 모호하고 상벌이 어떤 특정한 상황에 비추어 적합하지 않다고 판단될 때는 법적으로 무효가 될 수 있다. 또한 훈련절차가 지나치게 가혹한 경우에도 법적인 문제가 될 수 있다. 따라서 학교 관리자는 학교의 규칙 달성을 위한 수단 역시 법률적으로 하자가 없어야 한다는 것을 명심해야 한다. 합리적인 규칙과 상벌은 이성적이고 공평해야 하며, 교육 상황에 적합해야 한다.

학교가 학교 전체 차원에서 모든 학생을 대상으로 적합한 행동 수준을 유지하기 위하여 힘쓴다면 문제행동의 약 80~90%까지 예방할 수도 있다(Sugai et al., 2000). 그러나 10~20% 정도의 학생들은 이와 같은 조치에도 별다른 반응을 보이지 않을 수 있다. 이들에 대해서는 보다 집중적인 중재 전략이 필요하다.

심각한 문제행동을 보이는 학생을 위한 프로그램

Lewis와 Sugai(1999)는 만성적으로 문제행동을 보이는 학생(전체 학생의 약 1~7%)과 심각한 문제행동을 보이는 학생(전체 학생의 약 5~15%)에 대해서는 중재의 수준과 강도를 증가시켜야 한다고 주장하였다. 불행히도 이런 유형의 학생을 위한 법적 차원에서의 개별적인 중재나 보다 강도 높은 중재에 대한 기준은 마련되어 있지 않다. 연방법률 등에서 학교 폭력 예방에 대한 지원을 하고[예를 들어, 학교와 지역사회에서 마약과 안전에 대한 1994년의 법안(Safe and Drug Free School and Communities Act of 1994)], 비장애 학생의 경우에는 엄격하게 위법행위를 다룰 것을 요구하고 있다(예 : 무관용 정책, 학생과 그들이 소지한 것에 대한 수색. 이와 관련한 법률 자료는 Yell & Rozalski, 2000 참조). 장애 학생의 문제행동을 법률적으로 어떻게 다루어야 하는지는 IDEA에서 일정하게 설명하고 있다(장애 학생에 대하여는 앞에서 논의한 것들을 참고하기 바람).

교사와 학교 행정가들을 위한 합의

안전하고 질서 있는 교육환경의 유지는 교사의 가장 중요한 역할 가운데 하나이다. 그럼에도 불구하고 이는 매우 어려운 일이기도 하다. 학생을 가르치기 위해서는 학생이 어떻게 했을 때 보상을 받을 수 있고, 어떻게 했을 때 인정받을 수 없는지에 대한 규칙을 알려 주어야 한다. 훈육절차와 관련해서는 교사의 권리와 책임이 무엇인지 이해하는 것 못지않게 학생의 권리와 책임이 무엇인지 이해하는 것이 중요하다. 특수교육과 관련해서는 이러한 문제가 더욱 복잡하다. 학교 종사자들은 교육청의 정책과 절차, 그리고 교육과 관련한 법적 요구 사항이 무엇인지에 대한 올바른 이해가 중요하다. 다음은 연방정부나 주정부, 그리고 법정에서 교사와 학교 행정가가 적절하게 대처하는 데 필요한 내용들이다.

학교 훈육지침과 절차의 개발

학교 행정가는 학생이 규칙을 어겼을 경우에 그들에게 어떻게 적합한 행동을 가르칠 것이며, 어떻게 훈육할 것인가에 대한 지침과 절차를 문서로 개발해야 한다. 이러한 지침과 절차는 공교육 상황에서 학교의 안전과 질서 유지를 위하여 반드시 필요하다. 지침에는 규칙에 대한 소개와 학생이 규칙을 어겼을 경우 어떠한 조치를 받게 되는지를 명기해야 한다. 행정가, 교사, 학부모, 그리고 학생이 함께 참여하여 만든 지침은 그들이 합법적인 교육을 위한 공동의 책임이 있다는 것을 확인시켜 주는 것이다. 지침과 관련한 정보는 쉽게 얻을 수 있어야 하며, 참가한 모든 사람이 그 내용을 잘 이해할 수 있어야 한다. 학부모를 위해서는 관련 내용을 문서화하여 우편으로 발송하는 것 이외에, 면담 등을 통하여 관련 내용을 설명해야 한다. 지침의 작성과 절차의 진행 과정은 모든 학생에게 고지되어 공평하고 일관성 있게 적용된다는 것을 알려야 한다.

학생이 특수교육을 받는 경우에 교사는 그들의 부모에게 학교의 지침과 절차를 알려 주어야 한다. 뿐만 아니라 관련 지침과 절차는 IEP 문서에 첨부되어야 한다. 이것은 학생과 관련한 다양한 이해 관계자들이 해당 내용에 대하여 서로 상의했음을 입증하는 증거가 된다. 만일 지침의 변경이 있게 되면(예 : 학교 밖에서의 정학을 학내 정학으로 변경한다면), 그 변경 내용 역시 IEP에 기재되어야 한다.

문제행동의 예방조치

학생 훈육의 목적은 그들이 바람직한 교육의 목적에서 이탈하지 않도록 하는 것이다. 교사의 역할은 단순히 문제행동을 제거하는 것만이 아니다. 오히려 문제행동을 제거하는 것과 함께 긍정적인 행동을 가르치는 것이다. 긍정적인 행동을 위한 다양한 프로그램들(예 : 갈등해결 훈련, 분노조절 훈련)은 학교 교육청 차원에서 제공할 필요가 있다.

문제행동을 나타낸 경력이 있는 장애 학생의 경우에는 그와 관련한 내용이 IEP에 기록되어야 한다. IDEA는 학생의 행동이 자신 혹은 다른 학생의 학습에 방해가 되는 경우에는 (IEP팀은) 긍정적인 행동중재를 포함한 적합한 전략을 강구해야 한다고 규정하고 있다. OSEP 규약(*OSEP Discipline Guidance*, 1997)에서 Judith Huemann은 IEP의 과정에서 팀원들은 학생의 행동에 대하여 심사숙고할 책임이 있으며, 문제행동이 처음 발생했을 때 관할 교육청은 신속하게 대응해야 한다고 주장하였다. 또한 학생이 문제행동을 나타냈을 때 IEP팀은 기능적인 행동평가를 실시해야 하며, 행동을 적절히 통제할 수 있는 프로그램이 무엇인지 결정해야 한다고 하였다. 이러한 관련 조치는 모든 특수교육 대상 학생을 위하여 실시되어야 한다. IEP 미팅에서 문제가 제기되면 학부모를 비롯한 참석자들의 다양한 의견을 통하여 보다 효과적인 결론을 모색해야 한다. 따라서 이와 같은 과정을 거치면 법적으로도 문제가 없는 계획이 세워질 가능성이 높다(Hartwig & Ruesch, 2000). 긍정적인 행동중재는 매우 중요하다. 만일 행동감소 전략이 프로그램의 일부분이라면 그러한 내용 역시 IEP에 포함되어야 한다.

행동중재 훈련 기회의 제공

교사는 긍정적인 행동 프로그램의 사용(적합한 행동에 사용할 강화의 규칙과 영향력)과 학생이 규칙을 어겼을 때 어떻게 처리해야 하는지(예 : 타임아웃, 반응대가)에 대한 적절한 훈련을 받아야 한다. 또한 특수교사는 (a) 기능적 행동사정, (b) 행동 목적과 목표, (c) 행동중재 계획 등에 대해서도 보다 강도 높은 훈련을 받아야 한다. 이러한 훈련에는 적합한 훈육절차를 지키는 것과 함께 관련 법률에 대한 이해가 포함되어야 한다. 교육부의 정책서신에 따르면 행동관리 전략의 효과적인 사용은 문제행동을 감소시키는 데 매우 중요한 역할을 한다(*OSEP Discipline Guidance*, 1997).

Drasgow와 Yell(2002)에 따르면 기능적 행동사정과 행동중재와 관련한 훈련은 매우 중요하다. 만일 계획된 IEP의 목표에 도달하지 못했다면, 그것은 IEP를 적절히 작성하지 못한 것이며, 나아가 무상의 적절한 공교육 목적도 이루지 못한 것으로 평가될 수 있다. 무상의 적절한 공교육 차원에서 문제가 제기될 경우에 학교는 청문회나 소송에 대비해야 한다. 따라서 IEP팀은 1997년의 IDEA에서 요구하는 책임을 확실하게 인식하고 실행할 수 있는 직무연수를 받는 것이 필요하다. 공립학교는 기능적 행동사정과 행동중재 계획 등에 대하여 관계자들이 전문성을 가질 수 있도록 조치를 취해야 한다. 만일 심각하거나 만성적인 문제행동을 이와 같은 훈련을 통하여 중재할 수 있다면 공립학교의 운영은 매우 순조로울 것이다.

훈육과 관련한 서류 작성

장애가 있건 없건 간에 교사는 학생을 훈육함에 있어서 관련 기록을 반드시 보관하고 있어야 한다. 대부분의 재판은 기록의 충실성에 근거한다(Yell, 2006). 즉 학교가 소송에 휘말릴 경우에 법원은 학교가 공정하고 합리적으로 일을 처리했는지를 판단하기 위해서 학교의 규칙과 상벌사항에 대한 내용을 조사한다. 때로는 특정한 문제행동에 대한 기록에 관심을 기울이기도 한다. 훈육을 함에 있어서 위급한 상황에 어떻게 대처했는지에 대한 기록 역시 매우 중요하다. 상황대처와 그에 따른 훈육내용이 매우 상세하게 기록되어야 하며, 증인들의 서명도 받아 두는 것이 필요하다.

중재 효과 평가하기

학교 관리자와 교사가 학교의 전반적인 정책과 절차, 그리고 학생 각자에 대한 훈육계획의 효과성을 평가하는 것은 매우 중요하다. 만일 학교 전체 차원의 훈련 프로그램과 학급의 규칙과 상벌, 그리고 개별화된 학생 프로그램이 효과적이라고 판단되면, 그 효과성을 유지할 수 있는 모니터링이 필요하다(Drasgow & Yell, 2002). 의미 있는 데이터의 수집은 비효과적인 요소를 제거하며, 보다 효과 있는 프로그램의 보급과 학교 정책 실현에 도움이 된다.

데이터를 수집하는 것은 어떤 활동의 기초를 설정함에 있어서 매우 다양한 의미가 있다. 어떤 표적행동을 위한 중재에서 계속해서 중재를 제공할 것인지의 여부는 수집한 데이터에 근거하여 결정할 수 있다. 만일 형식적인 데이터를 확보할 수 없다면, 중재절차가 실제적으로 어떠한 영향을 끼쳤는지를 판단할 근거가 확보되지 않았다는 것을 의미한다(Yell, 2012).

교사와 행정가는 장학사, 부모, 그리고 관련 지역사회의 이해관계자 등에게 데이터를 근거로 설명하는 것이 바람직하다. 법률적인 입장에서도 데이터의 수집은 교사와 행정가에게 요청되는 매우 중요한 사항이다. 법정은 일화적인 수준의 기록보다는 데이터에 근거한 자료를 보다 신뢰하는 경향이 있기 때문이다(Yell & Dragsow, 2001).

요약

훈육과 관련한 교사의 책임 서술하기

- **헌법과 훈육** : 모든 학생은 수정헌법 5조와 14조에 근거한 헌법적 권리를 가진다.

- **주 법률과 훈육** : 대부분의 주 법률은 교육의 이슈에 직접적인 영향을 미친다. 주정부는 학생을 안전하게 교육시킬 수 있는 합리적인 규정을 학교 당국이 제정할 수 있도록 요청할 수 있는 권한이 있다.

- **연방 법률과 훈육** : 미국 헌법은 연방정부가 교육을 통제할 수 있는 권한을 부여하고 있지 않기 때문에 주정부의 교육관련 법률 제정은 주정부의 고유한 권한이라고 할 수 있다. 그럼에도 불구하고 연방정부는 교육 부과금 등을 통하여 교육에 대하여 다양한 권한을 행사하고 있다.

적법절차에 의한 학생 보호 정의하기

- **절차적 적법절차 : 공정한 절차에 대한 권리** : 학생에게 어떠한 징계(정학이나 제적 등)를 주기 위해서는 규정에 의한 적합한 절차의 준수 여부가 매우 중요하다. 절차적 적법절차는 학생이 문제행동을 했을 경우 학생이 자신을 방어할 수 있도록 학생에게 고지나 청문회에 참석할 수 있는 기회가 있음을 알려 주는 것을 포함한다.

- **실제적 적법절차 : 합리적인 권한의 행사** : 학교와 학급 규칙은 헌법에 보장된 권리(예 : 개인의 프라이버시, 적법절차, 표현의 기회 등)를 침해해서는 안 된다. 일반적으로 합리적인 규칙은 헌법을 침해하지 않는다. 따라서 학교관련 규칙은 학교의 목적에 맞게 합리적이고 신중하게 제정되어야 한다.

장애 학생 훈육 시 필요한 절차 규명하기

- **1997년과 2004년의 IDEA의 징벌규정** : IDEA의 내용은 1997년과 2004년에 재승인받았다. 1997년과 2004년에 수정된 IDEA는 장애 학생의 훈육에 대한 내용을 강조하였다. 몇몇 예외 사항을 제외하고 IDEA는 학교 당국자가 장애 학생과 비장애 학생을 동등하게 대우할 것을 요구하고 있다.

- **정학과 제적** : IDEA는 학교 당국이 장애 학생에게 징계를 내리는 정도와 범위는 비장애 학생과 차별이 없어야 한다고 언급하고 있다. 장애 학생에게 징계를 내릴 때 특별히 날짜의 제약이 있는 것은 아니다. 하지만 10일 이상의 정학을 할 경우에는 교육 서비스가 함께 제공되어야 한다.

- 소견결정 : 소견결정은 학생의 장애와 비행의 정도에 따라 달리 적용되어야 한다. 10일 이상의 정학을 필요로 할 때 반드시 고려해야 한다. 소견결정에는 반드시 IEP팀과 보호자, 그리고 다른 권한 있는 사람이 함께 참여할 수 있어야 한다.
- 잠정적 대안교육 환경 : 장애 학생이 1년 학사 운영 과정에서 10일 이상의 정학에 처해질 경우에도 학교 당국은 무상의 적절한 공교육의 원리에 입각하여 제반 교육 서비스를 지속적으로 제공해야 한다.
- 장애 학생의 문제행동 예방 : IDEA는 장애 학생이 장애의 유형과 상관없이 특별한 문제행동으로 인하여 자신의 수업과 다른 행동을 방해한다면 IEP팀은 긍정적 행동 전략, 지원 중재 등의 프로그램을 실시할 것을 제안하고 있다.

학교 전체 차원에서 훈육과 관련 주요 요소 서술하기

- 학교 전체 차원에서의 훈육 정책 개발 : 문제행동을 줄이기 위해서는 바람직한 행동이 무엇인지를 알려 주는 것과 함께 부적절한 행동을 예방하는 학교 차원의 훈육 프로그램을 개발하여 적용하는 것이 필요하다. 이를 위해서는 보편적으로 인정되는 다양한 중재를 학교의 문화적 배경을 고려하여 체계적으로 적용해야 한다.
- 규칙과 상벌 : 학교는 학생에게 가르쳐야 할 행동이 무엇인지 분명하게 정의하고 적용해야 한다. 이를 위해서는 학생이 어떤 것은 가능하고, 어느 경우에 처벌을 받는지 충분히 이해할 수 있는 수준으로 학교의 규칙과 규율을 제정하여 이를 학생에게 알려야 한다.
- 심각한 문제행동을 보이는 학생을 위한 프로그램 : 심각한 문제행동을 일으키는 학생(약 5%에서 15% 정도의 학생)과 만성적 혹은 심각한 수준의 문제행동을 보이는 학생(약 1%에서 7% 정도의 학생)

에 대해서는 개별적으로 적용할 수 있는 적절한 수준의 중재를 제공해야 한다.

교사와 학교 행정가들을 위한 주정부 및 연방정부 차원의 법률적 함의 서술하기

- 학교 훈육 프로그램의 개발과 절차 : 학교 당국은 학생이 규칙을 어겼을 때 적용할 수 있는 정책과 절차를 반드시 문서로 작성해야 한다. 이러한 과정은 학교를 안전하게 하며 적합한 교육을 제공하도록 하는 데 도움이 된다.
- 문제행동의 예방조치 : 행동중재의 목적은 긍정적 행동을 가르치는 것만이 아니라 문제행동의 감소에도 관심을 기울이는 것이다. 갈등해결 훈련, 분노조절 훈련과 같은 것은 긍정적 행동지원 프로그램의 매우 중요한 요소이다.
- 행동중재 훈련 기회의 제공 : 교사는 긍정적 행동지원 프로그램(적합한 행동을 강화할 수 있는 규칙의 제정과 강화 등)과 학생이 문제행동을 보였을 때 어떻게 처벌해야 하는지(예 : 타임아웃, 반응대가 등)와 관련한 적절한 연수를 받아야 한다.
- 훈육과 관련한 서류 작성 : 장애 학생이건 비장애 학생을 대상으로 하건 교사는 학생 훈육에 대하여 반드시 기록을 해야 한다. 학생의 문제행동 등으로 분쟁에 놓이게 되면 관련 기록이 법정이나 행정 감사 등에서 도움이 될 수 있다.
- 중재 효과 평가하기 : 교사나 학교 당국은 학생 개인에 대한 중재 효과와 학교 전체 차원의 중재 효과 등을 면밀하게 검토하고 평가해야 한다. 학교 전체 차원에서 혹은 학급 차원의 규칙이나 규율이 효과가 있다고 판단된다면 이를 보편적으로 적용하기 위한 절차와 정책을 개발하는 것이 필요하다. 관찰 가능한 데이터로 효과가 검증되었을 때, 이를 적용할 수 있는 가능성이 높아진다.

논의사항

1. 1997년과 2004년의 IDEA는 긍정적 행동중재나 지원을 실시하고, 처벌 위주의 중재를 자제하도록 하였다. 긍정적 행동지원이란 무엇이며, 왜 이러한 방법의 사용을 법적으로 요청하게 되었는지 그 이유를 설명하라.

2. 학생을 위한 적절한 보호절차란 무엇인가? 어떻게 하면 학교는 모든 학생에게 적용될 수 있는 적절한 보호절차를 보장할 수 있는가?

3. IDEA는 특수교육 서비스를 받는 학생에게 단기 정학 조치를 취할 때 무엇을 요구하고 있는가?

4. 특수교육 서비스를 받고 있는 학생을 위하여 학교가 취할 수 있는 훈육절차는 무엇인가? 이들이 만일 학교에 위협적인 물건을 가지고 온 경우에는 어떤 조치를 취할 수 있는가?

5. 잠정적 대안교육 환경이란 무엇인가? 학교는 이를 위하여 어떠한 조치를 취할 수 있는가?

6. 소견결정이란 무엇인가?

참고문헌

Bagley, W. C. (1907). *Classroom management*. Norwood, MA: Macmillan.

Board of Education of the Akron Central School District, 28 IDELR 909 (SEA NY 1998).

Brown v. Board of Education, 347 U.S. 483 (1954).

Cole v. Greenfield-Central Community Schools, 657 F. Supp. 56 (S.D. Ind. 1986).

Department of Education answers question on regulations. (1997, November 21). *The Special Educator, 1*, 2–3.

Dickens v. Johnson Board of Education, 661 F. Supp. 155 (ER.D. TN 1987).

Drasgow, E., & Yell, M. L. (2002). School-wide behavior support: Legal implications. *Child and Family Behavior Therapy, 24*, 129–145.

Dwyer, K. P., Osher, D., & Warger, W. (1998). *Early warning, timely response: A guide to safe schools*. Washington, DC: U.S. Department of Education.

Gorn, D. (1999). *What do I do when . . .: The answer book on discipline*. Horsham, PA: LRP.

Goss v. Lopez, 419 U.S. 565 (1975).

Hartwig, E. P., & Ruesch, G. M. (2000). Disciplining students in special education. *Journal of Special Education, 33*, 240–247.

Horner, R. H., Sugai, G., & Horner, H. F. (2000). A school-wide approach to student discipline. *The School Administrator, 24*, 20–23.

Huefner, D. S., & Herr, C. M. (2012). Navigating special education law and policy. Verona, WI: Attainment.

Individuals with Disabilities Education Act, 20 U.S.C. §1401–1485.

Individuals with Disabilities Education Act Regulations. Retrieved from http://www.ed.sc.edu/spedlaw/lawpage.htm

Lewis, T. J., & Sugai, G. (1999). Effective behavior support: A systems approach to proactive school-wide management. *Focus on Exceptional Children, 31*(6), 1–24.

Martin, J. L. (1999, May). *Current legal issues in discipline of disabled students under IDEA: A section by section comment on §1415(k), discipline regulations, and initial case law*. Paper presented at the Annual Conference on Special Education Law, San Francisco, CA.

McCarty, M. M., Cambron-McCabe, N. H., & Eckes, S. E. (2014). *Public school law: Teachers' and students' rights* (7th ed.). Upper Saddle River, NJ: Pearson/Merrill Education.

OSEP Discipline Guidance, 26 IDELR 923 (OSEP 1997).

Peterson, R. L., Ryan, J. B., & Rozalski, M. (2013). *Physical restraint and seclusion in school*. Alexandria, VA: Council for Exceptional Children.

Rapp, James, A. (2013). *Education law* (Vol. 3). San Francisco, CA. LexisNexis.

Schimmel, D., Stellman, L. R., Fischer, L. (2011). *Teachers and the law* (8th ed.). Upper Saddle River, NJ: Pearson/Merrill Education.

Senate report of the Individuals with Disabilities Act Amendments of 1997. Retrieved from wais.access.gpo.gov

Smith, S. W., & Yell, M. L. (2013). *A teacher's guide to preventing behavior problems in the elementary classroom*. Upper Saddle River, NJ: Pearson.

Sugai, G., Sprague, J. R., Horner, R. H., & Walker, H. M. (2000). Preventing school violence: The use of office discipline referrals to assess and monitor school-wide discipline interventions. *Journals of Emotional and Behavioral Disorders, 8*(2), 94–102.

Understanding discipline under the new IDEA. (1997, July). Special issue. *The Special Educator, 1*.

Valente, W. D., & Valente, C. M. (2005). *Law in the schools* (6th ed.). Upper Saddle River, NJ: Merrill/Prentice Hall.

Walker, H. M., Colvin, G., & Ramsey, E. (1995). *Antisocial behavior in school: Strategies and best practices*. Pacific Grove, CA: Brooks/Cole.

Walker, H. M., & Epstein, M. H. (2001). *Making schools safer and violence free: Critical issues, solutions, and recommended practices*. Austin, TX: Pro-Ed.

Yell, M. L. (2012). *The law and special education* (3rd ed.). Upper Saddle River, NJ: Merrill/Pearson Education.

Yell, M. L., & Drasgow, E. (2001). Litigating a free appropriate public education: The Lovaas hearings and cases. *Journal of Special Education, 33*, 205–214.

Yell, M. L., & Rozalski, M. E. (2000). Searching for safe schools: Legal issues in the prevention of school violence. In H. M. Walker & M. H. Epstein (Eds.), *Making schools safer and violence free: Critical issues, solutions, and recommended practices*. Austin, TX: Pro-Ed.

학생 이해하기

교실 내의 다양성

Janet Medina

03

학습목표

이 장을 학습한 후 학생들은

다양한 학습자라는 기본 개념을 이해할 수 있다.

다양성과 관련된 용어들을 정의할 수 있다.

개인이 세계관을 통하여 자신과 세상과의 관계를 인식할 수 있는 방법을 서술할 수 있다.

행동에 대한 문화의 영향을 이해할 수 있다.

학교 및 교사들을 위한 권고사항들의 윤곽을 보여 줄 수 있다.

학급에 다문화적 접근방식을 통합하는 방법을 서술할 수 있다.

개인의 문화적 정체성과 학교 공동체의 문화적 정체성을 탐색하는 방식을 서술할 수 있다.

다른 문화에 대해 논의할 때는 항상 고정관념을 갖는다는 위험성이 존재하고, 우리는 이 장에서 이를 확실히 피하고자 할 것이다. 우리들 각자는 우리의 경험, 가치, 태도, 우리가 마주치게 되는 사람들, 그리고 우리를 사회화해 주는 지역사회 등에 의해 조성된 독특한 자아 정체성을 지닌 독특한 인간이다. 사회경제적 배경이나 민족성, 인종, 혹은 성 등과 같은 특징들로 구성된 정체성과 개인의 관련성에 대한 무엇인가를 안다는 것이 행동을 결정하지는 않는다(Banks & Banks, 2013). 우리는 고정관념을 갖지 않도록 노력하면서, 행동에 미치는 문화적 그리고 기타 다양성의 영향이 행동관리 분야에서 많은 부분 무시되어 왔으며, 따라서 구체적으로 다루어져야 한다고 믿는다.

U. S. Census Bureau(2011)에 따르면 총 인구 308,745,538명(2010년) 중 약 16.3%는 중남미계 혹은 라틴계 미국인으로, 12.6%는 흑인 혹은 아프리카계 미국인으로, 1%는 한 가지 이상의 다른 인종이 섞인 흑인 혹은 아프리카계 미국인으로, 4.8%는 아시아계로, 0.2%는 하와이 원주민/기타 태평양 연안국가계로, 그리고 0.9%는 미국 인디언/알래스카 원주민으로 스스로를 규정하고 있었다. U. S. Census Bureau(2011)는 또한 총 인구

의 2.9%가 '두 가지 이상의 인종이 섞인' 것으로, 6.2%는 '어떤 다른 인종'인 것으로 보고하였다. 표 3.1에 약술된 것처럼, 2010~2011학년도 현재 소수민족 집단 출신 학생들이 미국의 전통적인 공립 초등 및 중등학교 학생들의 46.8%를 차지하고 있었고, 미국의 전통적인 초등 및 중등 차터스쿨(공적자금을 지원받아 부모, 교사, 지역단체들이 설립한 학교)에 등록한 학생들의 63.7%를 차지하고 있었다(National Center for Educational Statistics, 2012a,b). 게다가 2010년부터 2021년까지 미국 공립학교 학생들 중 흑인 혹은 아프리카계 미국인 학생들의 수는 5%, 중남미계 혹은 라틴계 학생들은 24%, 아시아계/태평양 연안국가계 학생들은 26%, 미국 인디언/하와이 원주민 출신 학생들은 16%, 둘 이상의 인종이 섞인 학생들은 34% 증가할 것으로, 백인 학생들은 2% 감소할 것으로 예상되고 있다(National Center for Educational Statistics, 2012c). 그리고 표 3.2에 제시된 것처럼 백인이 아닌 사람들의 숫자가 미국 인구에서 차지하는 비율이 2012년의 39%에서 2060년까지 62%로 늘어날 것이다(U. S. Census Bureau, 2012a).

미국에 사는, 외국에서 태어난 시민들의 수는 1970년(4.7%)에서 2010년(12.9%)까지 거의 세 배가 되었다. 2010년 외국에서 태어난 거주자들 중 가장 많은 비중(53%)을 차지

표 3.1 전통적인 공립 초등 및 중등학교 그리고 전통적인 초등 및 중등 차터스쿨의 비 백인 인구 비율, 2010~2011

	흑인/아프리카계 미국인	중남미계	미국 인디언/ 알래스카 원주민	아시아계/하와이 원주민/태평양 연안국가계	둘 이상의 인종	계
전통적인 공립학교	15.5	22.9	1.1	5.0	2.3	46.8
공립 차터스쿨	28.9	27.3	0.9	3.7	2.9	63.7

출처 : National Center for Education Statistics (2012b). (http://nces.ed.gov/pubs2012/2012045_2.pdf)

표 3.2 미국의 비 백인 인구 비율(2012), 2060년 예측인구

	흑인/아프리카계 미국인	중남미계	미국 인디언/ 알래스카 원주민	아시아계/하와이 원주민/태평양 연안국가계	둘 이상의 인종	계 (모든 인종)
2012	13	17	1.2	5.3	2.4	39
2060	15	31	1.5	8.5	6.4	62
예측되는 증가율	15%	82.4%	25%	60.4%	1.7%	59%

출처 : U.S. Census Bureau (2012a). (http://www.census.gov/population/projections/data/national/2012.html)

한 사람들은 중남미 출신이었다(U. S. Census Bureau, 2012d). 2004년 한 해 동안에만 전 세계 206개 이상의 나라에서 957,883명의 이민자들이 미국의 영주권을 갖게 되었다. 이 들 중 18%는 멕시코 출신이었다. 2012년까지 합법적인 영주권을 획득한 사람들 중 42% 가 아시아 출신이었고 중남미 출신은 35%에 달했다(Department of Homeland Security, 2012). 많은 도시에서 주민의 반 이상이 외국에서 태어난 사람들인 것으로 보고되고 있 다. 그 결과, 많은 학교체제들(예를 들어, 뉴욕, 시카고, 로스앤젤레스 등)은 100개 이상 의 언어나 방언에 적응해야만 한다.

우리는 2010년 미국에서 태어난 사람들과 외국에서 태어난 사람들(귀화했거나 미국 시민이 아닌 사람들) 사이의 다른 특징들을 비교할 수 있다. 고등학교 졸업장을 지닌 그 리고/혹은 어떤 형태의 대학교육을 받은 114,376명 중 88%는 미국에서 태어난 사람들 이었고 12%는 외국에서 태어난 사람들이었다. 미국에서 태어난 사람들의 중위소득은 63,231달러였던 것에 비해 외국에서 태어난 사람들은 50,341달러였다. 그리고 빈곤선 이하인 사람들 43,569명 중 84%가 미국에서 태어난 사람들이었으며 16%는 외국에서 태 어난 사람들이었다(U. S. Census Bureau, 2012e).

2000년 미국에서, 5세 이상의 사람들이 집에서 사용하는 영어 이외의 언어 중 상위 네 개는 스페인어, 중국어, 프랑스어, 독일어였다(U. S. Census Bureau, 2001). 1990년부터 2000년 사이 미국에서, 스페인어와 중국어를 사용하는 5세 이상의 사람들 수는 각각 약 60% 정도 증가하였다(Shin & Bruno, 2003). 2011년 American Community Survey에 따 르면 5세 이상의 사람들이 집에서 사용하는 언어 상위 네 개는 스페인어, 중국어, 타갈로 그어, 그리고 베트남어이다(Ryan, 2013).

2000년에 5세 이상 비 영어 사용자 중 25%만이 영어를 아주 잘 구사한다고 보고되 었으며(Shin & Bruno, 2003), 미국 학령기 아동들 중 800만 명 이상이 영어를 사용하지 않는 가정에서 살고 있었다(U. S. Census Bureau, 2001). 2011년 American Community Survey의 결과는 집에서 영어 이외의 언어를 사용하는 5세 이상 사람들의 58%가 영어를 아주 잘 구사하고 있었다. 집에서 사용하는 언어 상위 네 개는 독일어, 프랑스어, 타갈로 그어, 아랍어였다(Ryan, 2013). 미국인들에게 이러한 다양성이 처음 겪는 일은 아니지만 (1910년부터 1940년까지 외국에서 태어난 시민들의 수는 전체 인구의 10%에서 15% 정 도였다), 이러한 다양성은 미국의 공립학교에 많은 기회와 함께 독특한 요구도 가져다 준다.

밴더빌트대학교의 IRIS 센터는 예비교사 그리고 현직교사를 위한 연수교재를 개발하고 있다. '학급 내 다양성 : 학생의 차이에 대한 소개'에 대한 이 모듈은 당신이 학급에서 담당하게 될 수도 있는 매우 다양한 학생들을 이해하는 데 도움이 될 것이다.

몇 가지 잘못된 믿음과 과잉 일반화는 개개의 문화 및 인종과 연계되어 있다. 다른 문화의 규범에 대한 인식 및 이를 반기는 태도의 부족과 함께 이 잘못된 믿음들은 학생의 행동을 빈번하게 오해하고, 빈번하게 잘못 해석하는 데 원인이 된다. 종종 강력한 문화 환경에서 양육된 어떤 아동은 자신이 속한 문화의 행동적 전통(그 학생이 알고 있는 유일한 행동)을 따름으로 인해 교사들과 또래들이 자신을 뒤쳐져 있거나 느리다고 생각할 때 좌절을 겪는다. 그들 자신의 문화적 배경이라고 하는 맥락 내에서, 자민족중심주의 관점보다는 서술적 관점에서 사람들을 관찰하는 것은 행동을 이해하는 데 있어 매우 중요하다(Hale-Benson, 1987).

미국의 교실에서 다문화적 사고 및 인식의 진화 중 일부에는 19세기 미국화(Americanization) 모델(모든 학생들을 하나의 '미국'이라는 이상 속에 합쳐버리는)과 1900년대 초반의 '용광로(melting pot)' 이데올로기(모든 이민자들은 자신의 문화를 포기하고 '더 나은' 미국 문화에 동화되어야 한다고 주장하는)를 옹호하는 것에서 최근 다양한 집단들로 하여금 그들 자신의 특성을 유지하면서 여전히 전체로서의 사회에 무엇인가를 제공할 수 있게 하는(Tiedt & Tiedt, 2010) '샐러드 그릇(salad bowl)' 비유로의 변화가 포함된다. 학생과 교육자 모두 개인이 지닌 차이를 인정하고 소중히 여기며, 다양한 문화적 근원을 강점으로 받아들일 필요가 있다(Tiedt & Tiedt, 2010). 이 과제에 있어 교사들을 돕기 위해 여러 민족, 인종, 성, 언어, 비장애/장애, 그리고 기타 문화적 정체성 등에 대한 지식기반에 접근할 수 있게 해 주는 웹사이트가 이 장의 끝부분 표 3.6에 포함되어 있다.

이 장의 또 다른 초점은 문화적 배경과 교사들의 편견에 대한 것이다. 다양성에 민감한 교육자가 되게 하는 훈련에서 종종 간과되는 것은 교사가 자신의 입장에서 학생의 행동에 미치는 교사 자신의 문화적 정체성, 편견, 그리고 고정관념 등의 영향을 검토해 볼 필요성이다. 우리 자신의 가치관, 배경, 그리고 문화의 영향 등에 대한 인식의 부족은 다른 사람의 독특한 관점을 인식하고 가치 있게 생각하기 어렵게 만든다. 교사들을 위한 목표에는 공감 및 문화적 역량을 향상시키는 것이 포함된다. Grossman(2004)이 진술했던 것처럼 교사들은 행동관리 기법들을 활용할 때 편견을 드러내 보이는 차별적인 사람이 되어서는 안 된다. 자신의 관점이 제한되어 있는 교사는 학생들의 행동을 잘못 읽거나 무시하고, 혹은 잘못 해석할 수 있으며 심지어 잘못된 전략들을 적용할 수 있다.

모든 학생들은 가족, 문화적 가치, 그리고 신념체계 등과 연계될 필요가 있다. 이러한 가치 및 신념을 존중하고 있음을 보여 주는 것은 학생들 개개인과 그들의 가족, 그리고 그들의 문화를 존중하고 있음을 보여 주는 한 가지 방식이다.

다양한 학습자

이 장에서 우리는 다양성을 인종 및 민족에 대해서는 물론 종교, 성적 지향성, 건강, 언어, 비장애/장애, 그리고 성 등을 포함하여 학생의 행동에 영향을 줄 수 있는 문화적 정체성의 또 다른 원천들에도 비추어 논할 것이다(Cushner, McClelland, & Safford, 2012). 교사들은 이러한 범주들에 대한 지식을 넓히고, 이 범주들과 관련된 그들 자신의 가치관 및 편견들을 인식하도록 권유받고 있다.

교사들은 또한 자신의 학급 내에서 다양한 학습자들(예를 들어, 특별한 요구를 지니고 있는 그리고 장애가 있는) 및 학습 양식을 보게 될 것이다. 예를 들어 2011학년도에 OSEP(U. S. Office of Special Education Programs) TA&D 네트워크(Technical Assistance and Dissemination Network)(2012)는 IDEA 2004년 개정판 하에서 서비스를 제공받고 있는 6세에서 21세 사이의 학생들 중 61%가 하루 중 80% 이상을 일반학급에서 통합 프로그램을 받으며 보내고 있다고 보고하였다. 약 14%가 하루의 40% 이하를 일반학급 환경에서 보내고 있다. 표 3.3은 특수교육 서비스를 받고 있는 대다수의 학생들에게 적용되는 네 가지 주요 장애범주들을 개략적으로 보여 주고 있다.

게다가 오랜 기간 이중언어를 사용하는 학생들과 소수민족 학생들이 필요 이상으로

표 3.3 특수교육 서비스를 받는 학생들의 장애범주별 유병률(2011학년도)

범주	학생들의 비율(6~21세, IDEA 2004)
학습장애	40.0
말 또는 언어장애	18.5
지적장애	7.4
정서장애	6.4
기타	27.7

출처 : U.S. Office of Special Education Programs/Technical Assistance and Dissemination Network
(http://tadnet.public.tadnet.org/pages/712, 2012).

특수교육을 많이 받고 있다는 비난이 있어 왔다. 어떤 경우에 있어서는 아마도 부적절한 사정이나 무시, 혹은 소송에 대한 두려움 등으로 인해 어떤 지역에서는 이중언어를 사용하는 학생들과 소수민족 학생들이 실제보다 적게 특수교육을 받고 있기도 할 것이다(Baca & Cervantes, 2004; Collier, 2011; Gonzalez, Yawkey, & Minaya-Rowe, 2006; Hallahan & Kauffman, 2015; Hoover, Klinger, Patton, & Baca, 2008). 표 3.4는 IDEA 하에서 서비스를 제공받는 6세에서 21세 학생 전체 중 학생 비율을 인종/민족 및 장애영역에 따라 나눈 결과를 제공하고 있다(OSEP TA&D Network, 2012).

> 밴더빌트대학교의 IRIS 센터는 예비교사와 현직교사를 위한 연수교재를 개발하고 있다. '문화 및 언어적 차이 : 교사들이 반드시 알아야 할 것'에 대한 이 모듈은 당신이 담당하는 영어 학습자 학생들에게 더 나은 서비스를 제공하는 데 도움이 될 것이다.

2010~2011학년도 동안 4,693,818명의 영어 학습자 혹은 미국의 초 · 중등학교에 재학 중인 학생 총 수의 거의 10%(National Center for Educational Statistics, 2012a)가 영어 학습자들을 위한 특별 프로그램에 등록되어 있었다. 그 집단 내에는 IDEA 2004년 개정판을 통해 특수교육 서비스도 받게 되는, 장애를 지닌 영어 학습자라는 독특한 하위집단이 있다. 2012년 총 515,481명의 장애를 지닌 6세에서 21세에 이르는 영어 학습자들이 다양한 학급에 배치되어 특수교육 서비스를 받고 있었다(www.ideadata.org). IDEA 2004년 개정판에 따르면 장애를 지닌 영어 학습자들을 포함한, 특수교육 서비스를 받을 자격이 있는 모든 학생들은 가능한 한 최대한 비장애 또래들과 함께 배치되는 것이 아주 적절한 것이다. 표 3.5에는 IDEA 2004년 개정판 Part B에 적용되는 6세에서 21세까지의 아동들의 비율과 인종과 민족, 성, 그리고 영어 숙련도에 따라 장애 학생들이 일반학급

표 3.4 특수교육 서비스를 받는 학생들의 인종, 민족 및 장애범주에 따른 비율(6~21세)

범주	미국 인디언/알래스카 원주민	아시아계/태평양 연안국가	흑인(중남미계 아님)	중남미계	둘 이상의 인종	백인(중남미계 아님)
학습장애	1.6	1.8	19.7	27.6	0.2	47.3
말 또는 언어장애	1.2	3.4	14.2	24	2.4	54.7
지적장애	1.3	2.5	27.5	20.7	1.9	46
정서장애	1.4	1.1	26.9	14.2	3.1	53.3

출처 : U.S. Office of Special Education Programs/Technical Assistance and Dissemination Network (http://tadnet.public.tadnet.org/pages/712, 2012).

표 3.5 IDEA 2004년 개정판 Part B에 적용되는 아동의 비율 및 인종, 민족, 성, 그리고 영어 숙련도별 일반학급에 있는 시간의 비율

일반학급에 있는 시간의 비율	계	중남미계 혹은 라틴계 미국인	미국 인디언/ 알래스카 원주민	아시아계	흑인 혹은 아프리카계 미국인	하와이 원주민/ 태평양 연안국가	백인	둘 이상의 인종	남성	여성	제한된 영어 숙련도
하루의 80% 이상	3,583,387	23	1	2	17	.3	54	3	66	34	8
하루의 40~79%	1,134,435	24	1	2	20	.5	50	2	66	34	11
하루의 40% 미만	801,430	28	1	3	24	.4	41	2	69	31	11

출처 : IDC IDEA Data Center(2013)(https://explore.data.gov/Education/2012-IDEA-Part-B-Child-Count-and-Educational-Envir/5t72-4535)

에 배치되는 시간을 나타내는 자료가 포함되어 있다.

용어 정의

언어는 사회를 서술하고, 하나의 역동적인 힘으로서 사회경제적 그리고 정치적 사건들의 영향을 받는다. 이와 유사하게 언어는 시대에 뒤떨어진 것이 될 수도 있다(Nieto, 2011). 이것이 우리가 다문화적 교육 및 다양한 학습자들과 관련된 용어들의 정의를 제공하려 할 때 명심해야 하는 중요한 것들이다. 독자들은 여기에 정의되는 개념들에 대한 많은 변형 및 대안들을, 특히 다양한 학문영역 사이에서 찾을 수 있다. 우리는 교육에서 가장 일반적으로 논의되는 용어들의 가장 광범위한 표현들을 선택하였다.

문화

문화는 '커다란 집단의 사람들에게 일반적인 가치, 신념, 그리고 행동 등의 복잡하게 통합된 체제를 뜻하는' 포괄적인 용어이다. '어떤 문화에는 공유된 역사와 민속, 옳고 그름에 대한 생각, 그리고 특정 의사소통 형태 등이 포함될 수 있고'(Tiedt & Tiedt, 2005, p. 11), 또한 우리가 우리의 물리적 환경, 상징, 경제, 교육, 정보 및 공학, 그리고 사회학적·심리학적 분위기 등을 활용하고 이에 반응하는 방식이 포함되기도 한다. Okun과

Fried와 Okun(1999) 등은 문화에 대한 일반적인 생각, 세계관, 그리고 상류 및 하류 문화 등을 포함한, 이 개념에 대한 유용하고 더 완전한 설명을 제공하고 있다.

민족

민족은 '하나의 집단 분류로 그 집단의 구성원들은 그들이 공통의 기원과 언어 혹은 종교적 신념 등과 같은 독특한 사회적 · 문화적 유산을 공유하고 있다고 믿는다'(Gladding, 2010, p. 58). 이 용어는 '국가'를 의미하는 그리스어인 *ethnos*에서 유래되었다.

인종

종종 민족 혹은 국적 등의 동의어로 잘못 사용되고 있는 인종은 '사람들을 그들이 지니고 있는', 피부색 및 얼굴의 특징 등과 같은 '생리학적 특성에 따라 분류하는 인류학적 개념이다'(Gladding, 2010, p. 128). 교육과 관련된 문헌들에는 누군가의 인종을 아는 것이 문화를 이해하는 데 있어 얼마나 효과적인 것인지에 대해 그리고 인종이라는 것이 단지 정치적 분류에 지나지 않는지에 대해 많은 논란이 존재한다. Hodgkinson(2000/2001)은 미국 인구조사의 인종범주가 과학적 타당성이 없으며 인종과 관련된 어떤 용어들이 사용하기에 적절한 것인가(예를 들어, 아프리카계 미국인 대 흑인, 그리고 미국 인디언 대 미국 원주민 등)에 대해 상당한 의견충돌이 있다고 보고하고 있다. 인종과 민족 모두 사회적 구인으로 사회에 의해 창조되고, 사회의 영향을 받으며, 사회에 의해 판단되는 것이라는 점을 기억하는 것은 중요하다. 그러므로 인종차별은 관계, 상호작용, 그리고 해석 등 사회적 행동들을 통해서 그 합법성을 얻게 된다(Figueroa, 2012). 행동은 특정 민족 집단이나 문화의 틀 내에서 학습되고 보통 가족이라는 구조 내에서 배우게 된다.

2010년 OMB(Office of Management and Budget)에 따르면 U. S. Census Bureau는 생물학이나 인류학, 혹은 유전학에 근거한 인종 정의가 아니라 미국에서 인정되는 것으로서의 인종에 대한 사회적 정의를 반영하기 위해 인종 및 민족의 범주들을 개정하였다고 한다. 인종 범주들에는 인종적 · 국가적 기원 혹은 사회문화적 집단들이 포함될 수 있다. 처음으로 사람들은 하나 이상의 인종으로 스스로를 규정할 수 있게 되었고 자신의 기원을 중남미계/라틴계/스페인계로 규정한 사람들은 어떤 인종으로 규정할 것인지 선택할 수 있게 되었다. OMB는 백인, 흑인 혹은 아프리카계 미국인, 미국 인디언 혹은 알래스카 원주민, 아시아계, 그리고 하와이 원주민 혹은 기타 태평양 연안국가계 등으로 정의되는, 최소한 다섯 범주를 요구하였다(U. S. Census Bureau, 2012b).

다음의 용어들은 행동의 추가적인 다문화 원칙을 설명한다.

- **조정**(accommodation) : 이 용어는 학습 및 학교에서의 성공 기회를 향상시키기 위해 장애 학생 혹은 영어 학습자를 위해 교사들이 한 학습이나 교수, 혹은 평가에 적응하는 것을 일컫는다. 장애 학생 혹은 영어를 배우는 학습자에게 활용되는 많은 조정들이 모든 학생들을 위한 학습에 긍정적인 영향을 미친다(Vaughn, Bos, & Schumm, 2013).

- **문화변용**(acculturation) : 이 용어는 '사람들이 어떤 문화의 관습과 신념, 행동, 그리고 전통을 학습하는 방식이거나, 소수 문화 출신 사람들이 주류문화의 태도, 생활양식, 그리고 가치 등을 동일시하거나 이에 순응하는 정도'(Gladding, 2010, p. 3)를 의미한다.

- **동화**(assimilation) : 동화는 '민족적으로 그리고 언어적으로 다양한 작은 공동체들을 단일하고 지배적인 국가적 · 제도적 구조 및 문화로 합병시키고자 하는, 문화변용에 대한 한 가지 접근방식'(Garcia, 2002, p. 415)이다.

- **보조공학**(assistive technology) : IDEA 2004(PL 108-446)에 정의된 것처럼, **보조공학**이라는 용어는 장애인들의 기능적 능력을 향상시키거나 유지하는 데 혹은 개선시키는 데 사용되는, 상업적으로 획득되거나 수정된 혹은 주문 제작된 모든 물품, 장비, 혹은 생산체제를 의미한다. 이 용어에는 수술을 통해 이식된 의료 장비나 그와 같은 장비의 대체물은 포함되지 않는다(IDEA 2004, 602[1]).

- **편견**(bias) : '편견은 사람들로 하여금 공정한 판단이나 평가를 못하게 하는 개인적 선호도이다'(Schwartz, Conley, & Eaton, 1997, p. 36).

- **편협**(bigotry) : '편협은 자신과는 다른 어떤 인종이나 국적 혹은 신조 등을 좀처럼 참아내지 못하는 것이다'(Schwartz et al., 1997, p. 36).

- **이중언어 특수교육**(bilingual special education) : 이 용어는 문화적으로 그리고 언어적으로 다양한, 특별한 요구를 지니고 있는 학생들의 구체적이고 복잡한 요구를 다루도록 설계된 교육 프로그램 작성 및 평가를 일컫는다. 현재 이 학생들의 자격증이나 교육에 대해 모든 주들에 적용되는 일관성 있는 모델은 존재하지 않는다(Baca & Cervantes, 2004).

- **빈곤의 문화**(culture of poverty) : 빈곤의 주기를 설명하는 사회이론[원래 빈곤의 하위 문화(subculture of poverty), Oscar Lewis, 1996]인 이 용어는 가난한 사람들은 독특한 가치체계를 지니고 있다는 개념에 근거한다. 이 이론은 가난한 사람들은 빈곤이라는 부담에 적응되어 있기 때문에 빈곤 상태에 머무른다고 제안한다(Gorski, 2008).

- **문화적 갈등**(cultural conflict) : 이 용어는 어떤 아동의 문화와 그 아동이 직접 접해 있는 공동체(예 : 이웃 및 학교 환경)의 문화 차이를 말한다(Lee, McCauley, Moghaddam, & Worchel, 2004).

- **문화적 다원주의**(cultural pluralism) : 이 용어는 '독특한 가치와 생활양식을 지닌, 수많은 다양한 집단으로 구성된 한 사회 내에 존재하는 것'을 말하며, '문화적 다양성(cultural diversity)이라고도 알려져 있다'(Gladding, 2010, p. 44).

- **문화적 상대성**(cultural relativity) : 문화적 상대성은 '어떠한 행동도 우선 그것이 발생한 문화라는 맥락에 비추어 판단되어야 한다는 생각'(Randall-Davis, 1989, p. 2)을 말한다.

- **문화화**(enculturation) : 문화화는 '어떤 사람이 자신이 태어난 곳의 문화를 습득해 가는 과정'(Collier, 2011, p. 22)이다.

- **영어 학습자**(English language learner, ELL) : 영어 학습자는 모국어로 영어 이외의 언어 한 가지 이상을 사용하고, 영어에서의 유창성이 부족하거나 영어 유창성을 발달시키는 초기 단계에 있는 사람을 묘사할 때 사용되는 용어이다(Center for Research on Education, Diversity and Excellence, 일자 미상).

- **자민족 중심주의**(ethnocentrism) : '자민족 중심주의는 어떤 사람의 문화적 방식이 타당하고 다른 사람들의 문화적 방식보다 우월할 뿐 아니라…… 인간의 행동을 평가하고 판단하는 데 있어 보편적으로 적용 가능한 것이라는 믿음이다'(Schwartz et al., 1997, p. 22).

- **특별한 요구를 지닌 학습자**(exceptional learner) : 교육에 있어 특별한 요구를 지닌 학습자들은 학문영역에서의 성공을 위한 잠재력을 향상시키기 위해 특수교육 및 관련 서비스를 필요로 하고 이로부터 이익을 얻을 수 있는 사람들을 말한다(Hallahan & Kauffman, 2015).

- **다문화적 교육**(multicultural education) : 이러한 형태의 교육에는 '그 내용이 학생들에게 하나 이상의 문화의 기여에 대한 교육을 제공하는 교육과정'(Garcia, 2002, p.

417)이 포함된다.

- **인종차별**(racism) : 인종차별은 '사람들의 신체적 그리고 심리적 배경에 있어 인식된 혹은 지각된 차이로 인해 분명하거나 미묘한 방식으로 드러나는 편견이다. 인종차별은 보통 두려움이나 무지로부터 드러나는 투영의 한 가지 형태이다'(Gladding, 2010, p. 128).

- **고정관념**(stereotype) : 고정관념은 '어떤 범주의 사람들이 지닌 생각 혹은 표현으로 그러한 생각이나 표현이 실제 차이와 그 차이에 대한 지각을 어떻게 과장하고 있는지에 관하여 부정확할 수 있다'(Okun et al., 1999, p. 2).

세계관

세계관은 어떤 사람이 세계와 자신의 관계를 어떻게 지각하는지를 서술한다. 개인의 세계관은 의사소통, 개인적 목적, 신념체제, 문제해결, 의사결정, 사회화, 갈등해결, 그리고 행동 등에 영향을 미친다(Ibrahim & Kahn, 1984; Sundberg, 1981). 교사와 학생들의 세계관은 교실 내에서 상호작용하고, 양측 모두의 행동에 영향을 끼친다. 그러나 유능한 학급 관리자는 자신의 세계관을 이해하며 자신이 담당하고 있는 학생들의 세계관을 이해하려 노력한다.

학생들의 세계관을 고려하지 않는다면 교사는 문화 지식 및 기법들 모두를 잘못 적용하고, 이는 윤리적 침해 및 오해로 이어진다. 집단 내 변화가 집단 간 변화보다 훨씬 크기 때문에, 세계관은 교사를 도와 학생의 행동을 이해하는 데 있어 단지 일반적인 문화적 정보(인종, 종교, 국적 등에 대한 전반적인 전형) 이상을 알 수 있게 해준다. Ibrahim(1991)은 "일반적인 정보는 중요한 배경을 제공하지만 모든 대답을 주지는 않는다."(p. 14)고 설명하고 있다. 초기 철학적 · 실존적 틀(Kluckhohn, 1951 참조)에 기반을 둔 Ibrahim의 이론은 "개개인의 삶에 있어 중개 세력으로서 세계관 및 문화적 정체성을 활용하는 인지적-가치(cognitive-values) 관점이다"(p. 15).

Ibrahim과 Kahn(1987)은 개인의 세계관을 규명하는 데 도움을 주고 이를 의사소통 및 발달에 있어서의 평가도구로 활용하기 위해 SAWV(Scale to Assess World View)를 개발하였다. 비록 교사들이 이 도구를 학생들이나 자신들에게 실시해 볼 필요는 없으나, 이 척도 내에 있는 범주들에 대한 일반적인 이해는 교사들이 그들 자신의 그리고 자신이 담당한 학생들의 세계관을 이해하고 해석하는 데 많은 도움을 줄 것이다. 이러한 정보는 문화 특정적 지식과 함께, 행동에 대해 정확하고 편견 없는 해석의 기회를 증가시킬 것이다.

세계관의 다섯 가지 범주

범주 각각의 연속적인 다양할 수 있는 전제들과 함께 세계관의 다섯 가지 범주들은 다음과 같다.

자연(nature) : 이 범주는 우리가 사람이 자연을 정복하고 통제한다고 믿는지, 혹은 자연과 조화를 이루어 산다고 믿는지, 아니면 사람에 대한 자연의 힘과 통제를 인정한다고 믿는지에 대한 것을 포함하여, 우리가 지니고 있는 '인간 대 자연' 지향성을 조사한다. 자신이 환경에 작용하고 환경을 변화시킬 힘을 갖고 있다고 믿고, 무엇을 해야 하고 어떻게 행동해야 하는지에 대한 선택권을 지니고 있으며, 스스로의 삶을 통제한다고 믿는 사람들이 연속선의 한쪽 끝에 있다. 자신의 환경 속에서 혹은 환경에 의해 억압받고 있다고 느끼는 사람들, 결정을 하거나 변화를 만들어낼 힘이 부족한 사람들, 그리고 '일어날 일은 일어날 것이다'라고 믿는 사람들은 이 범주 연속선의 다른 한쪽 끝에 위치한다. 이 범주에 해당되는 질문들로는 다음과 같은 것들이 포함된다. 우리는 어떻게 살아남고, 우리가 속한 환경에 어떻게 반응할 것인가? 이 사람은 자연과 조화를 이루어 산다는 것을 믿는가? 자연은 전능하고 강력한 것으로 받아들여지는가? 예를 들어, 미국 인디언들은 종종 연속선에 있어 자연 쪽으로 더 많이 지향되어 있고, 자연의 힘, 계절, 그리고 그러한 힘들에 통제되고 있다는 느낌을 매우 존중한다. 이 범주에 적합한 SAWV에서 견본이 될 두 개의 항목들은 바로 '자연세계는 정말로 아름다운 곳이어서 자연을 건물이나 고속도로, 그리고 댐 등으로 파괴하는 일은 부끄러운 일이다'와 '나는 모든 현대적인 설비에 접근할 수 있는 도시에서의 삶이 더 쉽다고 믿는다' 등이다(Ibrahim & Kahn, 1984). 그러므로 기계공학을 신용하지 않거나 두려워하는 가정에서 성장한 학생들은 기계공학에 많이 의존하고 지식 및 정보를 찾는 데 있어 더 전통적이고 덜 현대적인 방식들을 존중하지 않는 학급이나 교사에게 잘 적응하지 못할 수 있다.

시간 지향성(time orientation) : 이 범주는 우리가 과거를 가치 있게 여기고 이에 따라 기능하는지, 혹은 현재를 가치 있게 여기고 이에 따라 기능하는지, 아니면 미래를 가치 있게 여기고 이에 따라 기능하는지를 포함하여 우리가 지닌 시간에 대한 초점을 조사한다. 일정을 엄격하게 고수하는 것은 학교체제에서는 많은 역할을 하므로, 학급 및 과제일정에 대한 규칙, 교육과정 마감일 등과 충돌을 일으키는 어떤 학생이 얼마나 곤란해질 것인지 이해하는 것은 쉬운 일이다. 시간은 여러 가지 방법으로 고려될 수 있고, 사람들은 자신의 시간 활용을 다양한 방식으로 평가할 수 있다. 미국 문화는 미래를 가치 있게 생각하고, 미리 계획하기, 목표 설정하기, 그리고 진행하기 등을 강조하는 경향이 있다. 또한 보통 학교체제는 '계획'에 따르는 것을 장려하고, 신속함 및 정시성은 매우 중요하다. 다른 세계관을 지닌 사람은 시간을 매우 다르게 해석할 수 있다는 것을 이해하는 교사는 어떤 아동의 가족, 가치, 그리고 문화에 대해 무례한 태도를 보이지 않으면서 그 학생이 학교의 문화 및 기대에 적응하는 것을 돕기 위해 의사소통의 통로를 열어 놓는 데 도움을 줄 수 있다. 어떤 학생이 바로 다음 점심시간에 함께 앉을 어떤 친구들을 사귀는 것에 대하여 매우 걱정하고 있을 때는, 그 학생에게 다음 주에 있을 시험에 대비해서 공부하는 것을 중요하게 생각하도록 설득하는 것이 어려울 수 있다! 어떤 학생들은 시간과 관련된 다른 일련의 가치들이 존재하는 환경에서 양육될 수 있다는 점을 명심하라. 예를 들어 어떤 문화에서는 신속성이 목적이면서도 개인적인 기여가 더 중요하고, 계획은 융통성이 있어야 하고 변화가 가능해야 하며, 그리고 개인적 관계를 방해하지 않아야 한다고 믿는다. 그러므로 특정한 시간에 그리고 특정한 시간 동안만 약속을 하고 부모나 보호자를 그 시간에 학교에 오도록 제한하는 것은, 자신의 자녀가 일정보다 더 중요하다고 믿는 가족에게 무례함의 메시지를 전달하는 것이 될 수 있다.

이 범주와 관련된 것으로는 한 번에 여러 과제를 하는가 아니면 한 번에 하나의 과제만 하는가에 대한 개념이 있다. 서로 다른 문화는 서로 다른 것을 중요하게 생각할 수 있고, 반대가 되는 양식에 적응하는 데 어려움을 겪는다. 조직 기술이나 많은 것들을 한 번에 다루기 위한 역할모델에 접근할 수 있는 기회가 부족한 학생들은 쉽게 좌절할 수 있다. 또한 시간은 낭비될 수 있고 시간은 돈이라는 대중적인 견해와 함께, '내일은 또 다른 날이야', '이 또한 지나갈 거야', 그리고 '일찍 일어난 새가 벌레를 잡는다' 등과 같이 우리가 사용하는 시간과 관련된 표현들 중 많은 부분에서 촉진되는 가치를 생각해 보라. 그러면 우리는 우리가 담당하고 있는 학생들의 시간에 대한 전제는 물론 우리 자신의 시간에 대한 전제들을 검토하는 것이 어떻게 학급을 더 잘 관리 하도록 우리에게 도움을 줄 수 있는지 알게 되기 시작할 것이다.

이 범주에 대해 심사숙고해 보기 위한 질문들로는 다음과 같은 것들이 있다. 이 사람은 과거에 관심이 있는가, 현재에 관심이 있는가, 아니면 미래에 관심이 있는가? 삶은 한정된 것으로 보이는가 아니면 영원한 것으로 보이는가(자신의 시간은 단지 살아 있을 때만이라고 믿는 사람들은 내세의 존재를 믿는 사람들과는 다르게 행동을 할 것이다)? 이 사람은 시간에 대해 단일(monochronic) 감각을 지니고 있는가 아니면 복합(polychronic) 감각을 지니고 있는가? 예를 들어 많은 중남미인들은 늦게 오는 것을 존중의 표시로 간주하고, 아프리카계 미국인들은 종종 다색채적(polychrome) 문화에 속하는 것으로 간주된다. 이 범주에 적합한 SAWV의 견본이 될 항목 두 가지는 '요즘에는 사람은 거의 현재를 위해서 살아야 하며, 내일은 자연히 해결되게 두어야 한다'와 '우리는 우리 부모들 및 선조들의 삶을 본받고 우리의 영광스러운 과거에 초점을 맞출 필요가 있다' 등이 있다.

활동 지향성(activity orientation) : 이 범주는 존재, 되고자 하는 존재, 그리고 행위 등을 포함하여, 인간 활동에 대해 우리가 선호하는 양식을 검토한다. 이 범주에 대해 생각하는 또 다른 방식은 누군가가 변화를 만들어 내는 혹은 환경에 작용하는 방법, 즉 행동을 통해서인가(행동 지향적), 인지를 통해서인가(객관적-사고적), 아니면 정서를 통해서인가(표현적-정서적) 등에 관해서이다. 예를 들어, 어떤 교사는 인지적 영역에 초점을 맞추고 문제를 해결하거나 결정을 하는 이면의 사고과정을 탐색하도록 훈련받을 수 있지만(따라서 이러한 일들을 더 편하게 생각할 수 있고), 어떤 아동은 집에서 '본능적인' 반응 및 직관이 자신을 이끌도록 해야 한다고 배울 수 있다. 신체 내에서의 많은 호르몬 변화를 경험하고 있는 청소년들은 정서적 분출을 보이기 쉽고, 어린 아동들은 만족을 기다리고 지연시키는 과정 중 일부가 갖춰질 때까지는 임의적으로 행동할 수 있다. 예를 들어, 아시아계 미국인들은 종종 바람직하지 않은 욕구를 통제하고 겉으로 평온함을 보이는 것으로 특징지어진다(Uba, 1994). 이 범주에 대한 질문들로는 다음과 같은 것들이 있다. 그 학생은 생각형인가, 행동형인가, 아니면 감정형인가? 그 사람이 행동하고 변화하는 데 활용하는 것은 어떤 기제인가? 예를 들어, 보통 여자들은 주로 표현적-감정적인 것으로, 남자들은 행동 지향적인 것으로 보이며, 따라서 남자와 여자는 협동 집단과제를 다루는 방식이 서로 다를 수 있다. 여자들은 과제를 완수하기 위해 집단 내 관계를 개발하는 과정에 초점을 맞출 수 있지만, 남자들은 이를 피하고 과제를 완수하기 위해 직접 행동할 수 있다. 이 범주에 적합한 SAWV의 견본이 될 항목 두 가지는 '심사숙고는 가장 높은 형태의 인간의 행동이다'와 '나는 감정 및 인간관계가 삶에 있어 가장 중요한 것이라고 믿는다' 등이 있다.

인간관계(human relationship) : 이 범주는 우리가 지닌 '관계 지향성' 혹은 선형적-위계적, 평행적-상호적, 그리고 개인적 관계 등을 포함하여 사회적 관계 내에서 우리가 어떻게 기능하는지에 대해 조사한다. 개인주의가 미국에서는 하나의 규범으로 전제되어 온 반면, 집산주의(collectivism)의 영향 및 중요성이 증가하고 있으며 존중되어야 한다는 생각을 전개하는 연구는 매우 적다(Ady, 1998; McCarthy, 2005). 집산주의는 개인의 목적을 더 커다란 집단이나 조직의 목적에 종속시킬 것을 권장한다. 집산주의 자가 협력과 상호의존성을 선호할 수 있는 반면, 개인주의자는 자율성 및 독립성을 좋아할 수 있다. 개인주의 문화에서의 관계가 더 일시적일 수 있는 반면, 집산주의적 문화에서의 관계는 안정적인 경향이 있다(McCarthy, 2005). 미국 문화는 매우 개인주의적이고 개인적 성취를 위해 노력하고, 사회적 자유를 추구하며, 개인적인 책임을 지는 것을 권장한다. 다른 문화들은 사회적 기여 및 조화, 그리고 권위에 대한 존중 등을 기반으로 세워졌을 수 있다. 이러한 차이들을 바탕으로 다른 무엇보다도 가족체제를 지지하고 가족의 성공을 위하여 개인의 경쟁력을 희생하는 것을 소중하게 생각하는 가정에서 자라난 학생에게 학교에서의 어떤 상황에서 갈등이 생길 수 있다는 것은 쉽게 생각해 볼 수 있다. 남아시아계 미국인들은 지역사회를 하나의 확대가족으로 보는 것으로 서술되고 있으며 사람들은 이 지역사회에 책임을 지니고 있고, 이는 개개인에게 자아존중감 및 자기통제가 어떻게 해석되는지에 영향을 준다(Ibrahim, Ohnishi, & Sandhu, 1997). 집산주의적 문화는 조언이나 도움을 찾거나 집단 내에서만 명령을 받는 경향이 있어서 학교는 아동 및 가족과 연계되기 위해 해당 학생의 문화적 내집단(in-group)의 일부가 되어야 한다.

이 범주는 또한 의사결정, 권력과 권위, 도움을 제공하는 실제, 역할 및 책임, 그리고 사회적 관계 대 사회적 고립 등과

> 밴더빌트대학교의 IRIS 센터는 예비교사들 그리고 현직교사들을 위한 연수교재를 개발하고 있다. 우리는 어떤 방식으로 다른 사람들과 상호작용하는지가 우리의 문화적 인식을 만들어 간다는 것을 이해하기 위해 '가치 및 장애-문화적 가치가 어떻게 인식에 영향을 주는지 이해하기'에 대한 이 활동을 완성하라.

관련된 쟁점들에 관한 것이다. 이 범주에 대한 질문에는 다음과 같은 것들이 포함된다. 이 사람은 다양한 사회적 관계를 소중하게 생각하는가 아니면 사회적 고립을 추구하는가? 관계들이 권위의 계통 면에서 도출되는가, 권리 및 지위에서 나오는가, 부하-상사의 관계에서 나오는가, 아니면 위계에서 나오는가? 이 학생은 권위를 어떻게 그리고 누구로부터 받아들이는가? 집산주의가 개인주의보다 더 가치 있는가? 예를 들어, 아프리카계 미국인들의 문화는 종종 집산주의로 특징지어지고, 반면에 앵글로색슨계 미국인들은 개인주의 및 자율성으로 더 많이 규정된다고 알려져 있다. 이 범주에 적합한 SAWV의 견본이 될 항목 두 가지로는 '우리에게 충분할 만큼의 의지가 있다면 어떠한 약점이나 어려움도 우리를 말릴 수 없다'와 '결혼 서비스에서 복종하다라는 단어를 없애기를 원하는 여성들은 아내가 된다는 것이 무엇을 의미하는지 이해하지 못한다' 등이 있다.

인간의 본성(human nature) : 이 범주는 선함이나 악함, 혹은 변하지 않음(선함과 악함의 조합) 등을 포함하는, '인간'에 대해 우리가 지니고 있는 관점을 조사한다. 모든 인간들이 선함이라는 잠재력을 지니고 있다고 믿는 사람은 대부분의 사람들이 나쁜 일을 하는 성향을 가지고 태어난다고 믿는 사람들과 비교하면 연속선의 반대편 끝에 있는 것이다. 충격적인 일을 경험했거나 극심한 빈곤 혹은 억압 상태에서 자라난 아동은 세상을 믿지 못하도록 학습되고 사람들이 주위에 있을 때 불안함을 느낄 수 있다. 세상은 나쁜 곳이고 체제는 불공평하다는 메시지를 일찍 그리고 일관성 있게 전달받은 사람은 세상에 대한 부정적인 견해를 발달시킬 수 있다. 이 범주에 속하는 질문들로는 다음과 같은 것들이 있다. 이 사람은 자신에 대해서 어떻게 느끼고 있는가? 이 사람은 다른 사람들에 대해서 어떻게 느끼고 있는가? 사람들은 기본적으로 악하다고 보는가, 중립이라고 보는가, 선하다고 보는가, 아니면 선과 악 그리고 중립이 어떤 형태로 조합된 상태라고 보는가? 예를 들어, 학교에서 교과와 관련된 혹은 사회적인 성공을 경험해 보지 못한, 문제가 많은 그리고 위험에 처한 청년은 자신의 세상(예를 들어 학교와 부모 등)에 속한 모든 것을 '나쁜 것'으로 볼 수 있다. 그 청년은 체제 및 그 체제와 관련된 권위가 자신을 억누르고 있으며 자신은 그 체제 내에서 무기력하다고 믿는다. 이 범주에 적합한 SAWV의 견본이 될 항목 두 가지로는 '대부분의 사람들은 차가 고장 난 어떤 사람을 위해 가던 길을 멈추고 도움을 제공할 것이다'와 '비록 사람들이 본질적으로는 선하다 하더라도, 사람들은 자신의 기본적인 본성에 반하는 행동을 하게 만드는 제도들을 개발하였다' 등이 있다.

위에서 설명된 것처럼 어떤 학생의 세계관은 학교체제의 기대 및 가치와 상충될 수 있다. Ibrahim(1991)은 세계관이라는 구인에 대한 지식은 학생의 문화변용 수준 및 특정 관심사항에 대해 이해를 더 잘하도록 도와줄 수 있고, 학생의 행동양식과 관련된 신뢰, 감정이입, 관계 그리고 의사소통을 증진시킬 수 있다고 설명하고 있다. 세계관에 대한 이해는 학생의 사회정치적 이력, 소속집단들, 그리고 개인적 경험 등과 같은 요소들과 함께 고려될 때 교사를 도와 행동을 해석하고 개선할 수 있게 해 준다.

다음 절에는 가치, 세계관, 다양한 인종 및 민족 집단들의 사회화, 성, 다른 성적 지향을 지닌 사람들, 그리고 장애인들 등과 관련된 행동에 대한 더 깊은 논의와 이에 따른 예들이 포함될 것이다.

행동에 대한 문화의 영향

Gay(2010)는 "가르친다는 것은 맥락적이고 상황적이며 개인적인 과정으로 복잡하고 끝이 없다. 이처럼 가르친다는 것은 교사와 학생의 사전 경험, 공동체 환경, 문화적 배경, 그리고 민족적 정체성 등과 같은 생태학적 요소들이 실행에 포함될 때 가장 효과적이다."(p. 22)라고 진술하고 있다. 낮은 사회적 지위, 인종차별, 탄압, 부족한 존중, 그리고 더 적은 권력 및 역사적 · 사회적 수준에 대한 영향 등은 확실히 소수민족 문화에 충격을 줄 수 있다. 대다수의 문헌들은 소수민족 문화 출신의 학생들을 효과적으로 가르치는 것에는 이러한 쟁점들을 그리고 이러한 구인들이 학생들의 삶에서 하는 역할 등을 인식하고 이에 주의를 기울이는 것이 포함되어야 한다고 주장하고 있다(Gopaul-McNicol & Thomas-Presswood, 1998; Ladson-Billings, 2000; Nieto, 2000; Schwartz, 2001). 집단과 관련된 다양한 쟁점들과 가치들을 이해하는 것은 더 나은 학급 경영에 도움이 될 수 있다. 명심해야 할 중요한 점은 여러 집단의 사람들과 상호작용하고 이들을 이해하기 위한 목록 및 지침을 산출해 내는 것이 편리한 반면, 이것이 공동체들에 대한 거의 동질화된 관점을 만들어 내 오해하게 만들 수 있다는 것이다. 예를 들어, 아시아계 미국인이라는 용어는 각각 자신의 언어, 종교, 그리고 원칙들을 지니고 있는 29개의 서로 다른 하위 집단들을 통합한 것일 수 있다(Moule, 2011). 이와 유사하게 장애를 지닌 학생 모두가 같은 특성과 요구를 지니고 있는 것은 아니다(Heward, 2013).

집산주의 대 개인주의

개인의 **행동**이라는 언급에는 자신을 강조하도록 설계된 활동 및 사건이 포함된다. **부수적 행동**(collateral behavior)이라는 용어는 공동체의 지속성 및 개선을 촉진하는 데 기여하는 행동들을 묘사하는 데 사용된다(Moule, 2011). 형식적 학교교육 체제는 종종 개인주의 및 자율성을 촉진하고, 심지어 학생들을 개인적으로 사정하고 평가하기도 한다. 하지만 어떤 학생들은 집단을 더 강조하는(부족이나 공동체의 일부로 참여) 문화권 출신이다. 독립성, 개성, 그리고 개인적 목적 지향성 등과 같은 가치들은 가족을 돌보는 행위 및 명예, 집단의 결속성, 그리고 사회적 조화 등을 위해 억제될 수 있다. 예를 들어, 아프리카계 미국 아동들은 종종 성공에 대한 집단적 관점을 믿게끔 그리고 아프리카계 미국인들의 전체로서의 공동체(교회, 클럽, 이웃 등을 포함하여)에 대해 관심을 갖게끔 양육된다. 관계는 친족 및 공동체, 그리고 강력한 상호의존성에 대한 충성심의 각도에서 고려된다. 세계관에 대해 아프리카계 미국인들은 평행적-상호적 관계에 참여하고, 협동과 혈족관계, 의식, 그리고 표준 등을 강조하며, '폐쇄적인' 사회체제로부터 작용하는 것으로 간주된다(Okun et al., 1999). 역사적, 사회경제적, 그리고 결혼 등의 요소들로 인해 아프리카

한 아프리카계 미국 아동이 자신이 속한 지역공동체의 행동기대와는 매우 다를 수 있는, 수적으로 백인이 우세한 학교 공동체의 행동기대를 어린 나이에 배우고 있다.

계 미국인들의 가족구조 및 상호작용에는 이웃, 친구, 대부 및 대모, 의붓 혹은 이복 친척 등은 물론 가까운 친척 및 확대 친척들이 포함된다. 어떤 학생의 '가족'에는 전통적인 '혈족'의 정의를 넘어선 많은 서로 다른 사람들 및 역할들이 포함되어 있을 수 있다.

▶ 비언어적 의사소통에는 많은 형태들이 있다. 이 영상에는 여덟 가지 서로 다른 유형의 비언어적 의사소통이 설명되고 있다. http://www.youtube.com/watch?v=csaYYpXBCZg

아프리카계 미국인들에 대한 비판 및 논의의 대부분은 일반적으로 그 가족들을 무질서하고, 여자가 가장인 경우가 많으며, 편부모 가정으로 묘사해 왔다. Ladson-Billings(2000)는 '흑인 교육'이라는 기술어로 문헌 탐색을 하면 탐색하는 사람에게 '문화적으로 박탈된(culturally deprived)'과 '문화적으로 불이익을 받은(culturally disadvantaged)' 등의 문구를 보여 주고 있음을 발견하였다. 이러한 관점은 학급에서의 문화의 가치를 손상시키는 아프리카계 미국인들의 문화 및 행동을 연구하기 위한 결함 모델로 귀결되었다. 그러나 행동에 대한 어떠한 설명도 환경 맥락과 더 커다란 사회체제를 고려해야 하고, 학생들을 위한 목적 및 성과를 어떤 학생의 문화에서 집산주의가 강조되는지 아니면 개인주의가 강조되는지를 고려해야 한다.

장애인들은 교육에 있어 혼란과 고립을 초래할 수 있는 교과 및 사회적 장애물에 맞닥뜨릴 수 있다. 오랫동안 장애 학생들은 자신들을 위한 모든 개인적·교육적 결정을 내리기 위해 다른 사람들(교사, 부모, 형제자매, 친구, 행정가 등)에게 의존해 왔다. 모든 학생들이 이익을 얻을 수 있는 한 가지 중요한 기술은 본질적으로 자신의 삶에 있어 무엇에 대해 결정을 내리고 통제 수준을 증가시키는 것인 자기결정(self-determination)을 습득하고 연습하는 것이다(Hallahan & Kauffman, 2015; Heward, 2013). 자기옹호(self-advocacy)는 장애 학생들로 하여금 교사, 부모, 그리고 다른 학생 등과 같은 다른 사람들과 함께 스스로를 옹호하기 위해 학습에 있어서의 강점 및 학습 요구, 장·단기 목적, 그리고 가치 및 관심 등을 규명하는 데 대해 더 자신감을 갖게 한다(Vaughn, Bos, & Schumm, 2013).

아시아계 학생들과 그 가족들은 상호의존성에 초점을 맞추면서 집합적 경험과 집단 경험을 훨씬 더 중요하게 생각한다(Moule, 2011). 예를 들어, 일본에 있는 학교에서 전학 온 학생들은 서구의 교육과정과 일본의 교육과정 모두를 포함하고 있는 교과 및 체육 강좌들을 수반할, 더 엄격하며 덜 개인화된 교육에 익숙해 있을 수 있다. 일본 학생들은 고등학교에 다니려면 입학시험을 봐야만 하는, 세계적으로도 몇 안 되는 나라의 학생들이며, 방과 후와 (혹은) 여름방학 동안에 이 시험을 준비하기 위해 '입시 준비 학원'에 다닐 수도 있다(Santrock, 2014).

어쩌면 연구에서 가장 주목을 받지 못하는 사람들은 다인종/다문화 그리고 다언어 가족 출신들일 것이다. 이러한 조합은 서로 다른 두 문화와 (혹은) 인종 출신 부모의 결혼 혹은 부모와는 다른 인종 및(혹은) 문화 출신 아이의 입양을 통해서 발생할 수 있다. 2000년도 인구조사에서 처음으로 다인종 배경에 대한 질문이 포함되었으므로, 비록 이러한 사람들이 증가하고 있다는 것은 분명하지만 이들에 대해 이용 가능한 정보는 적다. 이러한 가족 출신의 학생들은 또래들의 수용 혹은 거부는 물론, 어떤 자아일체 의식에 도달하면서 혼란이나 고립과도 맞닥뜨릴 수 있다. 어떤 학생들은 예측되는 고정관념, 차별, 혹은 설명 등을 피하기 위해 백인으로 '받아들여지기를' 선택할 수도 있다(Moule, 2011; Nieto, 2011; Wardle & Cruz-Janzen, 2004).

언어적 · 비언어적 의사소통

언어의 변화 및 언어의 혼합은 세대와 문화변용의 수준이 서로 다른 가정에서는 흔한 일일 것이다. 1세대 중남미계/라틴아메리카계 미국인들의 대다수는 스페인어를 사용한다. U. S. Census Bureau(Ryan, 2013)에 따르면 5세 이상 중남미계 미국인들의 75%는 집에서 스페인어를 사용한다. 집에서 영어만 사용하는 중남미계 아동들의 수가 증가하고 있는 반면 Pew Hispanic Center(Taylor, Lopez, Martinez, & Velasco, 2012)는 1세대 중남미계 미국인들의 61%는 집에서 스페인어만 쓰고 있음을 발견하였다. 비록 권위 및 존경에 대한 가족의 규칙을 위반하는 것이라 하더라도, 아동들은 종종 학교에서 부모의 말을 통역을 해달라는 요청을 받는다. 교사들은 아동들이 느끼는 압력과 부모들이 느끼는 창피함에 대해 인식해야 한다. 제2 혹은 제3의 언어로 하는 부자연스러울 수 있는 의사소통과는 대조적으로 누군가가 자신의 모국어로 대화를 하는 것에 익숙해질 때, 의사소통은 훨씬 더 활기를 띠게 마련이다. 멕시코 출신 미국인들은 매우 시각적이고 의사소통을 하는 동안 감각을 더 많이 사용하기를 좋아한다. 감각적인 대화방식은 친밀한 것이고 더 많은 감정을 전달하므로 모국어 및 친숙한 어휘들 내에서 말을 할 때 대화는 생기를 띠게 된다. 스페인어를 사용하는 것은 또한 자신의 문화 및 자아에 대한 자부심의 표현이다. 스페인어로 하든 영어로 하든, 신뢰가 보장된 상황에서 정서적 사건이나 느낌 등을 표현할 때 대화는 활기를 띨 것이다.

많은 문화에 있어 개방적인 참여는 집단토론에 참가하기 위한 규칙이다. 대화에 끼기 위해 적시에 잠시 멈추는 것을 참을성 있게 기다릴 필요가 없다. 예를 들어, 중남미/라틴 아메리카 문화에서 중간에 끼어드는 것은 무례한 것으로 간주되지 않는다. 대화에 있어서 이러한 기대들은 아시아 및 미국 원주민 문화의 '올바른' 행동 양식과 함께, 주류사회의 예의와는 정반대의 것이다. 중남미/라틴아메리카인들에게 이러한 문화적 기대는 사람들을 한데 모아 이들이 서로 대화하고 상호작용하는 데 참여할 것을 권장한다는 의미인 것이다. 이러한 기대와 미국 원주민 문화의 문화적 기대와 비교해 보라. 보통 미국 원주민들은 어떤 과제를 시작하기 전에 그 과제에 성공할 수 있다고 느껴야 한다. 이러한 관점은 유럽계 미국인들의 '만일 처음에 성공하지 못한다면 시도하고 또 시도해라'라는 덕목과는 다른 것이다. 예를 들어, 새로운 게임에 참여하기 전에 미국 원주민 출신의 학생들은 단지 놀이 방법을 보고 배우는 데 상당히 많은 시간을 보낼 수 있다. 이들은 자신이 성공할 수 있다고 믿지 못한다면 활동에 참여하지 않을 것이다.

교육자들은 미국 원주민 학생들에게 질문을 할 때는 기다리는 시간을 더 많이 허용하도록 권유를 받는다. Hilberg와 Tharp(2002)는 미국 원주민과 알래스카 원주민 출신 학생들이 전반적인 혹은 전체적인 조직 양식과, 정신적으로 표상되는 정보의 시각적 양식, 그리고 정보를 처리하는 데 있어 더 반성적인 양식의 선호를 지향하는 경향이 있음을 발견하였다. 또한 전통적인 미국 원주민들에게 감정의 공개적 표현은 드문 일이다. 하지만 학교에서 학생의 어깨를 부드럽게 만지거나 격려의 의미로 가볍게 치는 것은 받아들여질 수 있는 것이다. 어린 학생들에게 껴안는 것 또한 수용될 수 있다.

남성들과 여성들 사이의 언어적 · 비언어적 의사소통 양식에 있어 차이를 평가한 연구에서 소녀들이 대집단에서의 의사소통에 더 능숙한 것으로 나타났다. 그리고 또래들과의 의사소통에서는 유의한 차이를 보이지는 않았지만, 소녀들은 성인들과 더 빈번하게 말을 했다. 소녀들은 특히 낯선 사람들과 말을 할 때 더 자기주장적인 말을 사용하는 경향이 있었으며, 소녀들은 다른 사람들과 연결되기 위한 언어를 사용하는 데 더 익숙한 것 같았다(Santrock, 2014).

예의 바른 행동

수용 가능한 그리고 예의 바른 행동으로 정의되는 것은 문화마다 다르고, 이는 학교에서의 혹은 개개의 학급에서의 행동에 대한 기대와 상충될 수 있다. 서로 다른 수많은 미국 원주민 종족이나 부족들이 자신의 언어, 방언, 그리고 관습들을 지닌 채 존재하고 있기 때문에 미국 전역에 있는 미국 원주민들과 종족들 모두의 행동을 고려한다는 것은 다루기 힘든 일이다. 미국 정부는 미국 내 566개의 미국 원주민 종족이 있음을 공식적으로 인정했다. 현재 규모가 가장 큰 다섯 개의 종족으로는 체로키, 나바호, 멕시코계 미국 원주민, 치페와, 그리고 수족이다(U. S. Census Bureau, 2012b). 그러므로 미국 원주민들 모두가 같은 문화를 공유하거나 같은 외양을 하고 있는 혹은 동일한 행동특성을 지니고 있는 것은 아니다. 미국 원주민들은 보수적이고 진보적이며, 도시에 살고 시골에 살며, 전통적이고 현대적이며 등등이고 이에 따라 자녀를 양육한다. 그러나 이 문화에 대한 다음의 일반화는 학급에 영향을 줄 수 있는 행동 및 가치의 예를 제공하고 있다.

비록 교회와 관련된 인물, 기업체의 리더, 그리고 나이가 많은 가족 구성원 등과 같은 권위에의 표면적인 복종에서 유사성이 발견된다 하더라도, 미국 원주민들은 '예의 바른 행동'을 미국 원주민이 아닌 사람들과 다르게 본다. 미국 원주민들에게 있어 오래 살아오면서 획득한 많은 지식들과 더 강력한 정신을 갖춘 연장자들에게 존경을 표시한다는 것은 종교적·문화적 가치에 근거하는 것이다. 존중은 미국 원주민 문화에 있어 핵심적인 부분이며 삶의 모든 측면에 전해진다. 다른 사람들에 대한 존중은 개개인의 행동에 그리고 미국 원주민 문화 내의 사회적 도덕규범에 커다란 영향을 미친다(Richardson, 2012).

존중을 표현하는 가장 독특한 방식 중 한 가지는 '불간섭(noninterference)'이다. 이러한 신념에는 가족들과 친구들이 스스로 실수를 저지르고 간섭받지 않는 상태에서 자신의 삶을 영위하게 해 주는, 타인에 대한 관용이 포함된다. 존중은 미국 원주민 학생과 그 가족의 행동의 모든 측면에 선행하며, 교사들이 볼 수 있는 생각 및 행동의 기초를 이룬다. 비록 각각의 미국 원주민 종족이 그 자신의 관습을 지니고 있다 하더라도, 이 강력한 가치는 대다수 미국 원주민 문화의 토대가 된다.

예를 들어, 눈 맞춤만큼 간단한 무엇인가를 보라. 미국 원주민 아동들은 성인들과 상호작용을 하는 초기에는 성인들의 시선을 피하거나 고개를 숙이고 있을 수 있다. 전통적인 아동들은 교사는 존경받아야 할 성인이기 때문에 교사들 앞에서 머리를 들지 않을 것이다. 성인들 또한 존경의 표시 및 종교적 관습으로, 그들이 말하는 상대방에게서 시선을 돌릴 수 있다. 미국 원주민들에게 눈 맞춤을 유지하는 것은 불경이나 적의, 혹은 무례 등의 행동으로 간주될 수 있다(LaFromboise, 1982; Richardson, 2012).

전통적으로 그리고 어떤 가정에서는 오늘날에도 미국 원주민 아동들은 부모들과 언쟁을 벌인다거나 부모들을 비판하고, 혹은 부모들이 있는 상황에서 그들의 견해와는 다른 의견을 제시하지 않도록 배운다. 많은 아동들에게 이러한 존중은 모든 성인과의 관계에, 특히 권위 있는 인물과 연장자와의 관계에 적용된다. 이러한 관계의 틀에서 전통적인 미국 원주민들은 미국 사회에서 비주장적이거나 수동적인 방식으로 행동한다. 미국 원주민들은 불편함을 느낄 때마다 잠재적인 문제에서 물러날 수 있다. 예를 들어, 어떤 사람은 공격적 행동의 가능성이 있는 상황에서 피하려 할 것이다. 또한 비록 그들이 어떤 쟁점에 대해 강력한 느낌 및 감정을 지니고 있을 수 있다 하더라도, 이들은 예의 바른 인간관계를 유지하기 위해 이러한 감정을 표현하는 데 소극적일 수 있다. 의견과 감정은 때때로 다른 통찰을 지닌 사람들에게 몸짓 언어 및 기타 미묘한 몸짓과 움직임을 활용하여 더 잘 표현된다(LaFromboise, 1982; Richardson, 2012).

관찰하기와 듣기는 미국 원주민 문화에서는 핵심적인 기술이다. 전통적으로 아동들은 다른 '성인' 활동 및 모임을 운용하거나 이러한 활동 및 모임에 참석하는 연장자들을 관찰했다. 오늘날 미국 원주민들은 흔히 아동들을 친지의 보호하에 두거나 아기 봐주기 서비스에 등록하기보다는 아이들을 데리고 다닌다. 지역공동체의 행사는 보통 가족 전체를 염두에 두고 계획된다(Light & Martin, 1985).

전통적으로 미국 원주민 아동들은 학습을 준비하는 데 있어 부동자세 및 정숙을 가치 있게 생각하도록 배운다. 가족 중 연장자들은 아동들에 대해 행동이 적절하지 않은 순간 이를 아동들에게 상기시켜 주는 어떤 '시선'을 지니고 있고 아동들은 정자세로 조용히 있으면서 관찰하고 들어야 한다. 비록 이러한 태도들 중 얼마간은 변했다고 하더라도, 듣기는 여전히 미국 원주민들의 중요한 특성이다. 예를 들어, 대화에 참여할 때 어떤 미국 원주민은 눈을 감은 채 앉아, 단지 듣고 다른 사람들이 무엇이라고 말해야 하는지 생각하고 있을 수도 있다. 이러한 행동이 무례함이나 부주의의 표시로 간주되어서는 안 된다(Richardson, 2012).

아동양육 및 훈육의 실제

교사들이 직면하고 있는 중요한 도전은 학급운영을 통해 학생들을 사회화시키는 것이다. 교사들이 학급에서의 훈육에 대한 가족의 반응에 있어서의 문화적 차이를 인식하고 이해하는 것과 함께, 학급에서의 훈육에 대해 자신들이 지니고 있는 접근방식과 가족의

중남미계/라틴아메리카계 미국 아동들은 독립 과제보다는 협동집단에서 공부하기를 더 좋아 할 수 있다.

아동양육 실제 사이의 주요 관계에 대한 균형을 명심해야 하는 것은 매우 중요한 일이다 (Hallahan & Kauffman, 2015). 비록 교사들이 무시하기 어려울 수 있는 잠재적인 방임이나 학대라는, 상충하는 윤리적 쟁점들에 직면해 있다 하더라도 문화적으로 그리고 언어적으로 다양한 학생들의 아동양육 실제에 관하여 자민족중심적인 옳고 그름의 관점을 피하려고 노력하는 일은 중요한 일이다.

개인이 가장 기본적인 사회단위인 미국에서 개인의 권리 및 책임은 강조된다. 따라서 미국의 부모들은 자녀들이 그들 자신의 권리 및 타인의 권리를 옹호하도록, 자율성을 갖도록, 그리고 부모들로부터 독립적이 되도록 훈련시킨다. 그러나 사회구조의 형태가 문화마다 다르고, 그 한 가지 예가 유교문화와 미국문화의 차이인데 각각의 문화에서 활용되는 훈육 방식은 문화에 상응하여 달라진다. 이에 비해 가족이 기본 사회단위가 되는 한국 및 기타 동아시아 국가에서 개인은 주로 가족의 일원이다. 따라서 아시아의 부모들은 자녀들에게 자신이 아닌 집단의 일원으로서의 자신으로 생각하라고 가르친다 (Cheung & Pomerantz, 2011). 이들은 자녀들에게 개인의 권리나 책임보다는, 가족이든 국가든 집단에 충실하도록 가르치는 것을 더욱 더 강조한다. '나'보다는 '우리'의 개념이 더 강조된다. 예를 들어, 아시아 아동들은 '내 어머니'나 '내 가족'이라고 하기보다는 '우리 어머니' 혹은 '우리 가족'이라고 말한다. 학교에서 그리고 가정에서 학생은 권위에 복종하도록, 집단의 규범에 따르도록 그리고 다른 사람들처럼 되도록 권고받는다(Zhang & Carrasquillo, 1995). 획일성 및 순응의 강력한 가치는 어린 나이부터 아동들에게 주입된다.

어떤 아시아계 부모들은 종종 명령이나 훈계, 두려움을 주입시키는 전략, 혹은 최후의 수단으로 체벌을 활용한다. 아시아계 어머니들은 학령 전 시기 동안에는 지나치게 관대하여 종종 자녀에게 벌을 주지 않는다. 그들은 자녀가 너무 어려서 더 나은 방법을 알지 못하며, 훈육이란 더 나이가 든 아동들에게 더 적절하다고 믿는다. 그 대신 어머니들은 사탕이나 장난감으로 아이를 달래려 하거나 행동을 통제하는 주된 방법으로 두려움을 주는 전략을 시도할 수 있다(Prendergast, 1985; Walker, 1987). 그 결과 이 어린 학생들 중 몇몇은 교육환경의 지침 및 구조에 적응하는 데 어떤 문제를 보일 수 있다.

Franklin(1992)은 교실에서의 학생의 행동에 영향을 줄 수 있는, 아프리카계 미국인 가족들에게는 흔한 몇 가지 자녀양육 실제들을 규명해 냈다. 예를 들어, 아프리카계 미국 아동들은 자기주장을 하는 방법을 어린 나이에 배우고, 그보다 더 일찍 가족에 대한 실질적인 책임을 떠안으며, '동시다발의 자극들이 존재하는(예를 들어, TV와 음악이 동시에 켜져 있는) 에너지가 넘치고, 여러 가지 일들이 빨리 일어나는 가정환경을'(p. 118) 경험하고, 이른 나이에 인종차별과 빈곤에 대해 사회화된다.

문화변용 및 문화화

아동들은 5세 혹은 6세에 해당 문화에 특정적인 관점으로 자신이 속한 세계를 이해하는 방법을 배운다. 아동들은 문화화를 통하여 그들이 태어난 곳의 문화를 배우고 성취한다(Collier, 2011). 아프리카계 미국 아동들이 자신이 누구이며, 어디에 있고, 어떻게 세상에 적응하는지를 배울 때, 이들에게 형식적 학교교육이 도입되고, 이는 그들은 문화변용을 촉진한다. 이러한 아동들 중 많은 아동들은 어린 나이에 자신의 인종에 대한 적의를 재빨리 인식하게 된다. 학교에서 성공하기 위해 어떤 학생들은 그들 자신의 문화와는 최소한으로 관계를 맺거나, 학교와 가정의 요구를 충족시키면서 또래들과 조화를 이루려는 노력 내에서 창의적이 된다. 또래들과 조화를 이루고자 하고, 해당 문화에서 가족이 갖는 가치를 연습하고 싶어 하며, 학교 규칙에 복종하려는 아동은 다른 문화에 성공적으로 동화되고 문화화되기 위해 종종 많은 역할들을 곡예하듯 수행한다.

자신의 학교 공동체와 강한 연계를 만들어 내지 못한 학생들은 지적으로, 정서적으로,

그리고 신체적으로 낙오하는 것이 더 쉬울 것이라고 생각할 수도 있다. 만약 학교체제가 전통적인 서구의, 백인의, 중·상류층의 문화와 더 맞는 개념을 가치 있게 여긴다면 많은 아프리카계 미국인들에게 학교에서 배운 지식은 그들 자신의 실제 세계 및 문화와는 직접적인 관련이 없다. 흔히 학교는 그들 자신의 문화적 환경을 통해 습득한 지식을 중요하게 생각하지 않는다. 예를 들어, 많은 교육자들은 타고난 방언에 비판적이고 모든 학생들이 표준영어를 배우기를 원한다. Erickson(1972)이 진술한 것처럼 '최근까지 공립학교의 주요 기능은 이민자들을 미국인화하는 것이었다. 학급에서 표준영어에 완고하게 집착하는 것은 문화적으로 다른 이민자의 아이들에 의해 표준영어가 침식당할 것을 우려한 학교의 방어적 반응 중 한 가지인 것이다'(p. 19). 추가적인 방언 및 의사소통 형태[예 : 도시 노동자 계층의 아프리카계 미국인들에게는 흔한, 흑인 영어 혹은 아프리카계 미국인 언어라고도 불리는 에보닉스(Ebonics) 등]가 존재하고 학생의 문화적 정체성의 중요한 일부일 수 있다는 점을 이해하는 일은 중요하다(Morgan, 2002).

관계

가족관계, 출생 순서, 그리고 의무 등은 종종 모든 것을 아우르는 중요성을 가질 수 있다. 예를 들어, 많은 문화권에서 나이가 많은 형제자매의 지위는 어린 동생들을 돌보는 능력에 달려 있다. 이와 유사하게 어린 형제자매의 복지는 나이가 더 많은 형제자매들이 제공하는 도움에 의존한다. 여자아이를 양육하는 것은 남자아이를 양육하는 것과는 다르다. 이 모든 것들이 학교에서 아동이 보이는 행동에 영향을 줄 수 있다.

많은 동남아시아 난민 출신의 청소년들은 전체적인 미국 문화, 동남아시아 문화, 난민으로서의 문화, 미국의 청소년 문화, 난민으로서의 청소년 문화 등 문화변용과 관련된 매우 많은 문제들에 직면해 있다. 옛 문화를 존중하며 새로운 문화를 받아들인다는 이 어려운 결정에 직면한 이들은 앞서 언급된 요소들 모두를 통합하는 제3의 문화를 만들어 낼 수도 있다(Dolgin, 2010).

성별 사이의 사회적 행동에 대한 기준은 어쩌면 유교문화와 미국문화 사이에서 가장 뚜렷하게 대비될 것이다. 유교전통에서는 소년들과 소녀들은 아주 어린 나이 때부터 엄격하게 분리된 채 양육된다. 이러한 관습은 유교의 가르침에 깊이 뿌리박혀 있고, 다섯 가지 가장 중요한 관계에 대한 유교의 금언으로부터 시작된다. 이러한 관습은 남녀칠세부동석이라는 유교 규범에 의해 더 강화된다. 비록 오늘날 이 관습이 아시아 국가들의 일부 도시지역에서 변화하고 있기는 하지만 남성과 여성 사이의 관계에 대한 유교의 가르침은 여전히 아시아인들의 정신과 태도에 강력하게 남아 있으며, 그들 삶의 사회적 구조를 지배하고 있다. 전통적으로 그리고 현재에도 아시아의 여러 국가에서 남자아이와 여자아이를 분리하는 것은 초등학교에서부터 엄격하게 실행되고 있다. 초등학교 저학년일 때는 남자아이들과 여자아이들이 같은 교실을 사용할 수 있지만, 남자아이들은 교실의 한쪽에 여자아이들은 다른 쪽에 앉게 된다. 어떤 교사들은 처벌의 하나로 남자아이를 여자아이와 같이 앉게 하기도 한다. 두말할 필요도 없이 교실에서 성별을 엄격하게 분리하거나 혼합시켜 놓는 것은 교실적용 3.1에 제시되어 있는 것처럼 아동의 문화변용 수준 및 가족의 상황에 따라 상호작용 및 관계에 영향을 줄 수 있다.

대다수의 멕시코계 미국 학생들 및 가족 구성원들은 서로 나누고 서로 돕는 데 익숙해져 있다. 교사들은 그들이 담당한 학생들이 교사의 말을 듣는 대신 서로를 돕느라 바쁜

교실적용 3.1 — 새로운 학생

메르세데스 타마요는 불과 4개월 전 미국에 온 새로운 학생이다. 메르세데스는 12세였지만 또래의 아이들에 비해 체구가 너무 작았기 때문에 킴 선생님의 5학년 학급에 배치되었다. 메르세데스의 어머니는 메르세데스의 여동생과 에콰도르(메르세데스의 모국)의 키토에 살고 있으며, 아직까지 어떤 친척도 미국 비자를 받지 못했다. 메르세데스는 아버지와 고모, 그리고 남동생과 함께 미국에 왔다. 메르세데스는 장녀이다. 이들 모두 현재 메르세데스의 할머니, 할아버지와 함께 당신의 학교구에서 살고 있다. 할아버지와 할머니는 케추아어와 약간의 스페인어를 사용하고 있으며 영어는 전혀 할 줄 모른다. 아버지와 고모는 케추아어와 스페인어를 구사하며 영어는 약간만 할 줄 안다. 메르세데스와 남동생은 주로 스페인어를 사용하고 있으며 케추아어 약간, 그리고 비록 빨리 따라잡고 있으나 생활영어는 아주 조금 할 줄 안다.

메르세데스는 수업시간에 읽기를, 특히 소리 내어 읽기를 매우 꺼렸다. 에콰도르에서 메르세데스는 3학년까지만 마쳤고 지역의 어떤 불안상황으로 인해 1년간 학교를 쉬었으며 1년 유급했다. 메르세데스의 아버지는 메르세데스가 키토에서 어떤 형태의 특수학급에 있었다고 귀띔을 해 주었지만 이를 잘 설명할 수 없었다. 킴 선생님은 또한 메르세데스가 혼자 앉기를 원하고 다른 학생들과의 활동에 참여하지 않으려는 경향이 있고 수업시간에 질문에 답할 것을 요청받을 때마다 울음을 터뜨리고 있음을 알아차렸다. 메르세데스는 5학년에서 어떠한 새 친구도 사귀지 못했다. 메르세데스는 유치원에 다니는 남동생을 매일 유치원에서 집으로 데려와야 할 책임을 맡고 있다.

생각해 보기

메르세데스 타마요는 자신의 삶에 적응하는 데 있어 많은 어려움을 겪고 있다. 메르세데스가 어머니와 떨어져 사는 것이 행동에 영향을 미칠 수 있음에 대하여 어떻게 생각하는가? 문화변용의 과정을 거치고 있는 아동들은 증가된 불안과 수업에 주의집중을 유지하는 데 있어서의 어려움 등과 같은 행동들을 보일 수 있다. 메르세데스가 필요로 하는 것이 명백한 언어적 도움에 덧붙여 수업시간에 메르세데스의 불안을 줄여 주고 학급에서의 상호작용을 증가시키며, 그리고 메르세데스를 도와 또래들과의 관계 및 우정을 맺게 하는 데 있어 킴 선생님에게 무엇을 추천할 것인가?

경우가 흔하다고 보고하고 있다. 많은 멕시코계 미국 아동들은 아마도 협동적이고 의존적인 환경(즉 협동학습, 과제 공유, 또래교수 등)이 편할 것이다. 전통적인 멕시코계 미국 아동들은 개인적인 경쟁 및 개인적 성취 등을 강조하거나 요구하는 상황들에서는 보잘 것 없는 수행을 보일 수 있다. 따라서 교사들은 이 아동들에게는 가능하다면 더 많은 집단 토론, 집단 프로젝트, 그리고 집단 강화들을 활용하라는 권고를 받는다.

언어적 · 문화적으로 다양한 청소년들의 가족들은 유럽계 미국 청소년들의 가족과는 다른 교제 및 관계 실제들을 지니고 있을 수 있다. 예를 들어, 교제가 종종 제지되면 남자 멕시코계 미국 청소년들은 성적으로 문란한 여자들이나 창녀들을 통해 성경험을 할 것으로 예측되지만 가족들은 적절한 여자와의 결혼을 준비하기 위해 중매쟁이를 활용할 수 있다(Dolgin, 2010).

학교 및 교사를 위한 권고

어떤 교사들은 다른 문화 출신 학생들을 위해 자신의 행동을 바꾸거나 이 학생들에게 다른 조정을 해 주는 것은 부적절하다고 믿고 있다. 그들은 모든 학생들을 같은 방식으로 대해야 한다고 생각한다. 이러한 태도의 일부는 문화적 근원에 관계없이 모든 학생들을 합치는 한 가지 체제를 만들기 위해 설계된(앞서 언급된 '용광로' 이론) 19세기 학교교육의 '문화 중립' 모델에 의존하는 것으로부터 유래한다. 그러나 Ladson-Billings(2000)는 '동등함이란 동일함을 뜻한다'는 생각이 부족한 것임을 설명하고, 모든 상황들과 맥락들에 동일한 처방을 적용하는 것은 위험한 일이라고 경고하고 있다(p, 208). '교사들이 모든 사람들이 같은 방식으로 행동하기를 기대하거나 모든 사람들의 행동을 이미 결정된 단 하나의 문화적 관점으로 해석한다면, 이들은 자신이 담당하고 있는 소수민족 집단 학생들 중 많은 학생들의 독특한 요구에 반응할 수 없을 것이다'(Grossman, 2004, pp. 183).

예를 들어, Okun, Fried와 Okun(1999)은 상호의존, 순응, 사람들 사이의 갈등 회피, 강력한 성실성 및 애착, 분명하게 정의된 성 역할, 권위에의 복종, 시간에 대한 융통성 있는 태도, 확대가족 지원, 그리고 집산적 정체성 등 중남미계/라틴아메리카계 미국인들에게 일반적인 아홉 개의 정체성을 규명하고 있다. 이들은 또한 개인의 이익에 앞서는 집단의 이익, 조화로운 관계, 의무 이행의 중요성, 연장자들에 대한 공경, 바람직하지 못

한 감정의 통제, 외면적인 침착성, 대립 회피, 그리고 교육에 두는 높은 가치 등 아시아
계 미국인들의 일반적으로 합의된 정체성 여덟 가지도 가려내고 있다. 그리고 그들은 사
생활, 현재 지향, 자연과의 조화, 관용, 협동, 모든 삶의 상호관련성, 창조자로서의 신의
존재를 믿음, 입 밖으로 낸 말의 위력, 가족들의 지원, 집단적 책임의 기반을 확립하기
위한 공유된 아동양육, 청각보다는 시각, 그리고 침묵의 중요성 등 미국 원주민들의 일
반적으로 합의된 정체성 12가지를 규명하고 있다(pp. 263-264).

Altarriba와 Bauer(1998)는 어떤 문화를 고려할 때, 한 아동의 이주 및 거주 장소, 사회
경제학, 세계관을 포함한 가치 지향성, 가족의 특성 및 가치, 그리고 언어 등을 둘러싼
쟁점들에 주의를 기울일 것을 권유하고 있다.

교사들은 그들이 아동들의 행동에 미칠 수 있는 다양한 영향들을 깊이 인식하기 위해,
전통적인 가치 및 신념 체계에 익숙해져야 한다. 개개인이 이러한 가치와 신념을 얼마나
많이 고수하는가는 학급에서 발견되는 수수께끼와 같은 것이다. 다음에 제시되는 범주
들은 다양한 문화에의 특정적 적용과 함께 학생들 개개인에게 가장 잘 반응하는 방법을
결정하기 위해 교사들이 초점을 맞출 수 있는 영역들 중 몇 가지에 지나지 않는다.

소외감 다루기

교사들은 몇몇 집단들이 공립학교들과의 관계에 있어 종종 더
높은 수준의 소외감 및 고립감을 보고하고 있다는 것을 이해
할 필요가 있다. 이러한 소외는 학교체제 내에서 부모들이 이
전에 경험했던 것들에 대한 이해와 함께, 학교 문화 및 그 문
화에 대한 부모들의 지각의 관점에서 검토되어야 한다. U.S.
Department of Education Office for Civil Rights(2014)는 아프리
카계 미국 학생들이 백인 학생들보다 훨씬 더 많이, 세 배 이상

> ▶ 오리건 주 포틀랜드 시에 있는 공립 유치
> 원 및 초등학교인 포비언초등학교는 협
> 동작업과 개인화된 교수, 지속적인 사정, 그리
> 고 높은 기대에 집중함으로써 소수집단 및 저소
> 득층 출신 학생들의 성취를 개선시켜 나아가고
> 있다.
> http://www.youtube.com/watch?v=
> derUjqnlEzs

의 비율로 정학 및 퇴학을 당한다고 보고하고 있다. 훈육에 있어서의 이러한 차이는 학
생들과 학부모들의 증가된 불신 및 소외의 원인이 될 수 있다. 이와 유사하게 동성부모
가 양육한 학생들은, 대중매체나 종교 등과 같은 사회화 기관에 의해 묘사된 오명이나
편견을 내면화하고 학교에서 일어나는 여러 일들에서 스스로를 고립시킬 수 있다.

확대가족 소중히 여기기

집산주의와 사회적 관계에 대한 이전의 정보들을 보면 가족은 많은 방식으로 정의될 수 있음이 분명하다. 10대 자녀를 둔 부모들과 그 가족들에 대한 연구에서 Tatum, Moseley, Boyd-Franklin과 Herzog(1995)는 아프리카계 미국 학생들의 삶에 있어 '확대가족(extended family)'의 중요성을 강조하였다. Tatum 등은 확대가족을 '복잡하게 확대된 가족' 혹은 '어머니, 아버지, 아이들, 할아버지, 할머니, 숙모, 삼촌, 그리고 사촌 등을 포함하는 가족의 촘촘하게 짜인 망'(p. 19)으로 설명하고 있다. 확대가족에는 또한 많은 비혈연 '친지들', 예를 들어 '남자친구, 이웃, 친구, 대부모 등이 그리고 어떤 경우에는 성직자 및 교회의 형제들과 자매들 등과 같은 교회 식구들'(p. 19)이 포함되기도 한다. Tatum 등은 이 모든 확대가족 구성원들이 종종 아프리카계 미국 학생의 '양육'에서 상당한 역할을 하기 때문에, 이들과 함께하는 사람들이 해당 학생의 삶에 있어 중요한 타인들에 대해 알지 못한다는 것은 심각한 오류라고 진술하고 있다. Tatum 등은 또한 흔히 아동양육이 부모들 및 조부모들에게 '세대 간 주제'의 형태를 취한다는 점을 강조하고 있다. 그러므로 교사들은 중요한 통지가 집으로 학생의 부모에게 우송되어야 한다고 생각하는 반면, 해당 학생은 잠시 조부모의 집에 머물고 있을 수 있다. 교사들에게는 확대가족의 유대를 보도록 그리고 가족 역할들의 적응능력을 중요한 대처기술, 양육, 그리고 사회화 기능을 제공하는 아프리카계 미국인 가족들의 강점으로 보도록 권유되고 있다(Gopaul-McNicol & Thomas-Presswood, 1998).

긍정적인 부모-학교 관계 촉진하기

교사들은 종종 그들이 담당한 학생에게 문제가 생겼을 때만 가족 구성원들과 접촉한다. 교사들이 자녀들에 대한 주로 부정적인 정보와 연계되어 가기 때문에, 부모-교사 관계는 껄끄러워진다. 그 결과 부모-교사의 상호작용은 상호 존중보다는 오히려 대립에 의해 지배되어 갈 수 있다. 이러한 상황은 교사들이 행동에 문제가 있는 학생들의 부모들과 함께 할 때 흔히 발생한다. 하지만 교사들은 어떤 아동의 부적절한 행동에 대한 의견을, 교사 또한 자녀에 대한 좋은 점들을 인식하고 있다는 것을 부모에게 전달해 주는 긍정적인 말과 균형을 맞추는 방법을 배울 수 있다.

차별의 일관성 있는 형태 또한 더 커다란 학교 공동체의, 유색인종들을 포함한 여러 사람들로부터 자문을 먼저 구하지 않은 채 학교의 과제나 정책, 혹은 교수방법 등을 바꾸는 학교 행정가들에 의해 만들어진다. 이러한 우려를 얼마간 완화시켜 주는 한 가지 방법은 개별적인 부분들로가 아닌 학교 전체 혹은 학교의 일반적인 요구를 보는, 적극적이고 효과적인 부모-지역사회 참여 자문위원회를 각 학교에 두는 것이다(Banks & Banks, 2013).

경제적 조건에 있어서의 불균형으로 인해 교직원들은 아프리카계 미국인들과 그들의 자녀들을 때때로 소비자가 아닌 고객으로 대한다. 사실상 아프리카계 미국인들의 문화에서 교육이 강력한 가치를 지니고 있음에도 교육자들은 종종 아프리카계 미국인들이 교과영역에서 보이는 빈약한 수행을 부모의 관심부족 탓으로 돌린다. Banks(2013)는 아프리카계 미국 부모들이 교육의 과정에서 수동적인 참여자는 되고 싶어 하지 않을 것이며 자녀들이 수동적인 수혜자가 되는 것도 원하지 않을 것이라는 점을 발견하였다. 그러나 다른 부모들과 마찬가지로 많은 아프리카계 미국 부모들은 자신의 관심사항에 대해 학교 당국과 대면하는 데 개인적인 지식이나 자신감이 부족하다고 느낀다.

높은 기대 유지하기

Grossman(2004)에 따르면 교사들은 가난한 아프리카계 미국 아동들에 대해 낮은 기대를 갖게 되고, "객관적인 증거가 보장하는 것보다 낮게 평가하고, 그들을 칭찬하거나 호명하는 경우가 더 적으며, 비판은 더 자주 하고, 그들에게는 더 모질고 더 처벌적인 훈육 기법들을 사용하는 경향이 있다."(p. 357)고 한다. Schwartz(2001)는 "학교에서의 실제들이 아프리카계 미국 학생들의 지식과 인지적 능력, 문화, 그리고 가치를 설명하는 데 실패하고 있다. 유색인종 학생들과 백인 학생들을 차별하여 다루는 이유는 많고 또 복잡하기도 하지만, 그 결과는 종종 같다. 아프리카계 미국 학생들은 행동을 취하도록 고무됨을 느낄 것이다."(3절)라고 진술하고 있다. McCadden(1998)은 교사들이 백인 남성들보다는 흑인 남성들을 통제하려 하고, 백인 남성들은 그들이 저지른 나쁜 행동들을 용서받는 일이 흑인 남성들에 비해 더 잦다는 것을 발견하였다.

다음의 목록은 Randall-David(1989) 및 Berry와 Asamen(1989) 등의 저술에서 개작한 것으로 아프리카계 미국인들의 문화와 흔히 연계되고 교사들이 잘못 해석하는 몇 가지 행동들에 대한 개요를 보여 준다.

- 다른 사람의 이야기를 들으면서 다른 곳 쳐다보기

- 말을 할 때 다른 사람들 가까이에 서기
- 가족문제 및 개인적인 관계에 대해 말하기를 꺼리기
- 미래의 목적보다는 현재에 더 많은 관심 갖기
- 사회경제적 지위가 낮은 상태의 삶을 영위한다면 문화적 규범을 받아들이지만, 중류 혹은 상류층일 때는 받아들이지 않기
- 백인문화 내에 있는 대다수의 사람들은 자신의 문화를 이해하지 못하거나 이해하려 하지 않는다고 믿기
- 다른 학생들보다 더 강하게 자신의 감정 표현하기

Schwartz(2001)는 교사들이 공정하고 문화적으로 민감한 학급 규칙들을 시행하고, 다양한 문화에 대한 지식과 존중을 시범 보이며, 학생들을 훈육하기 전에 이유 및 다양한 관점들을 이끌어 냄으로써 문제행동을 맥락화하고, 수치와 징벌 대신 책임감 및 긍정적 변화를 촉진하는 것에 기반을 둔 처벌을 대상 아동의 사정에 맞출 것을 권고하고 있다.

중남미계/라틴아메리카계 미국인들과 함께 할 때 성공하기 위해 교사들 및 기타 전문가들에게 제공되는 권유사항에는 개인적인 관계를 확립할 것, 집단으로 작업할 것, 그리고 집단 토의를 할 것 등이 포함된다. 일단 신뢰가 확립되면 과제들은 더 작은 단위들로 나뉠 수 있다. 처음에는 학생이 집단의 목표를 이해해야 하고, 그리고 나서 그 학생은 무엇인가를 개인적으로 수행하도록 요청받을 수 있다. 전반적인 목적을 정의하고, 더 작은 단위들을 수업시간에 진행하기 전에 각각의 과제들이 잘 정의되어 있고 이해되었음을 확실히 하는 것은 중요한 일이다. 어떤 교사들은 이러한 집단 의존 행동을 문화적인 근거를 지닌 것으로보다는 미성숙한 것으로 볼 수 있다(Grossman, 2004). Grossman은 교사들이 중남미계/라틴아메리카계 학생들 사이의 공유의 중요성을 이해할 것을 권하고 있다. 교사들은 중남미계/라틴아메리카계 학생들이 자신의 자료들과 개인 소지품 등을 함께 쓸 가능성이 더 높고 다른 사람들도 그럴 것이라 기대한다는 것을 알아야 한다. 이들은 또래친구들이 '내 것'인 것 대 '네 것'인 것이라는 관점에서 말을 할 때는 거부당한 느낌을 갖거나 혼란스러워 할 수 있다.

Randall-Davis(1989, pp. 55-59)는 중남미계/라틴아메리카계 문화와 연계된 행동들을 다음과 같이 열거하고 있다.

- 말하고 있는 상대를 만진다. 그리고 만났을 때 포옹을 하거나, 볼에 키스를 하거나, 혹은 등을 칠 수 있다.
- 말하고 있는 상대 가까이에 서 있다.
- 눈 맞춤을 오래 하는 것을 무례한 것으로 생각한다.
- 낯선 사람에게 가족이나 개인적인 정보를 말하지 않는다.
- 가족 및 확대가족을 존중한다.
- 연장자들을 공경하는 마음으로 대한다.
- 아동 양육에 있어 다른 가족 구성원들과 친구들을 돕는다.
- 감정을 강력하게 표현한다.
- 남성과 여성에 대해 전통적으로 규정된 성역할이 있다.
- 중요한 문제들에 대해 부모에게 자문을 구한다.

교사들은 흔히 아시아계 아동들의 행동을 예의 바르고 순종적이며, 뿐만 아니라 학습에 높은 동기를 지니고 있는 것으로 묘사한다. 그러나 많은 아시아계 학생들이 다른 학생들만큼 적극적이지 않기 때문에, 어떤 교사들은 그들이 동기화되어 있지 않거나 반응적이지 않다고 느낄 수 있다(Grossman, 2004).

다른 소수민족 집단들처럼 아시아계 아동들에게도 학교에서 배우는 가치와 집에서 배우는 가치 사이에 갈등이 발생한다. 예를 들어, 전통적인 인도차이나 국가의 가정에서 아동들은 연장자를 공경하여 조용히 하고, 예의 바르며, 신중하고, 겸손하도록 배운다. 가정과 학교의 상충하는 행동에 대한 기대는 때때로 학생들을 혼란스럽게 하고, 그들로 하여금 강요된 선택을 하게 하는 상황에 놓이게 하며 이는 종종 가정에서의 그리고 학교에서의 갈등으로 귀결된다(Zhang & Carrasquillo, 1995). 예를 들어, 어떤 교사는 한 아시아계 학생에게 학급 토의에 참여하고, 교사에게 질문을 하며, 다양한 주제에 대한 자신의 의견을 피력하는 것은 적절하고 또 중요하다는 것을 납득시키는 데 일 년이 걸렸다고 보고하였다. 정말로 어떤 아시아계 학생들에게 있어 학급에서 질문을 하는 것은 교사에게 무례한 행동을 하는 것으로 간주된다(Grossman, 2004).

Schuwartz(1996)는 아시아계 부모들의 참여를 촉진시키기 위해 다음과 같은 행동들을 권유하고 있다.

- 부모의 참여가 미국 교육의 전통임을 설명한다.
- 젊은 사람들이 나이 많은 사람들에게 복종하기를 요구하는 전통을 존중함으로써 가족 간의 긴장을 증가시키지 않은 채 참여를 촉진한다.
- 부모들이 미국에서 교수와 학습이 어떻게 일어나는지 이해하는 것을 돕고 가족 내 세대 간 차이를 메울 수 있도록 가족에게 영어 문해 프로젝트를 제공한다.
- 어떤 아동의 심리적 혹은 교육적 문제들이 수치심의 원인이 되지 않는다는 것을 그리고 가족과 전문가들 사이의 협력이 그 문제들을 해결할 수 있다는 것을 분명히 한다.

교사들은 자녀들에 대해 아시아계 부모들과 의사소통을 할 때는 더욱 언어에 주의를 기울여야 한다. 자녀들에 대해 당신이 말하는 것이 가족 전체에 대한 언급으로 인식될 수 있다는 것을 기억하라. 더욱이 아시아계 부모들은 학습장애나 행동장애 등과 같은 개념을 이해하지 못할 수 있다. Schwartz(1996)는 또한 다음과 같은 점들을 이해하라고 상기시켜 주고 있다.

- 아시아계 학생들과 부모들은 처음 보는 사람들끼리 직접 대면하는 것을 부끄럽게 생각할 수 있다.
- 어떤 아시아계 사람들의 미소나 웃음은 즐거움이 아닌 혼란과 당혹감을 표현하는 것일 수 있다.
- 아시아 문화는 감정의 억제와 형식상의 절차, 그리고 공손함을 적절한 사회적 행동의 핵심이라고 간주할 것이다.
- 어떤 아시아인들은 시간을 융통성 있는 것으로 보고 회의에 시간에 맞춰 나타나지 않을 수 있다.
- 교사가 어떤 학생을 야단칠 때 그 학생은 자신이 가족에게 수치심을 안겨 주고 있다고 믿을 수 있다.

교실에 다문화 접근방식 통합하기

적절한 행동들은 흔히 자신들과 타인들에 대해 긍정적으로 느끼는 아동들과 관련되어 있다. '만일 아동들이 자신을 좋게 느끼고 긍정적인 자아존중감을 계발한다면, 그들은 교사들 및 주위에 있는 아동들로부터 긍정적인 메시지를 받게 될 것임에 틀림없다'(Zirpoli, 1995, p. 253). 이러한 긍정적인 메시지는 또한 해당 아동의 언어, 관습, 가족의 전통 등을 포함하는 해당 아동의 문화 및 그 문화와 연계된 행동들을 강화할 것임에 틀림없다.

Schwartz 등(1997)은 다음과 같이 진술하고 있다.

> 교사로서의 당신은 우리들이 지니고 있는 일반적인 인간의 특질을 강조하면서 다양성을 존중하도록 가르칠 때, 많은 다양한 목소리들로 조화를 만들어 내야 한다는 도전에 직면할 것이다. 당신은 공정하고 객관적인 태도를 계발하면서 당신이 담당하고 있는 학생들의 태도 및 선입견은 물론 당신 자신의 태도 및 선입견도 검토해 봐야 한다는 과제를 갖게 될 것이다.(p. 29)

많은 교육자들이 자신들은 학생들의 개인차를 인정하기 위해 노력하고 있다고, 그리고 자신들은 이러한 차이를 존중한다고 진술하고 있지만, 여러 연구들은 그와는 다른 결과를 보여 주고 있다. '다양한 민족적, 문화적, 언어적, 그리고 종교적 집단 출신의 학생들에게 부정적인 태도를 지니고 기대 수준이 낮은 교사들의 수중에서 다문화 및 민감한 교재들은 비효과적이고'(Banks, 2013), 대다수의 교육 실행가들은 다문화 교육에 대한 강좌가 단 하나뿐인 훈련 프로그램들을 이수하고 있다(Gopaul-McNicol & Thomas-Presswood, 1998). '더욱 걱정스러운 것은 상당수의 예비교사들은 자신이 가르치려고 준비하고 있는 교과들의 수준 높은 개념들을 저소득층 및 소수집단 학습자들이 학습할 능력이 있다고 믿지 않는다'(Cushner et al., 2012, p. 13).

Cushner 등(2012)은 평균적인 학생 인구의 구성(이들 중 1/3 이상이 유색인종이며 이중언어를 사용하는 학생들이다)과 교사 인구의 구성(미국 교사들의 대다수는 유럽계 미국인이고, 백인 여성들이다) 사이의 우려스러운 차이를 설명하며 많은 학생들에게 다른 문화 출신 사람들에 대한 경험을 지닌 교사들은 물론 자신과 같은 배경을 지닌 역할 모델이 부족하다고 주장하였다. 비록 '점증하는 소수언어 집단 출신의 학생들이 많은 영향을 끼치는 주들에서는 전문적인 교수기준에 대해 고르지는 않아도 관심이 퍼져가고 있지만'(Garcia, 2002, p. 288), 절반 정도의 주에서는 문화적으로 다양한 학생들의 교사들

베스 블루는 뉴욕 시의 도시 환경에서 성장하였다. 비록 그녀가 미국 전역과 캐나다 여기저기를 돌아다녔고 서인도 제도와 유럽 등을 짧게나마 다녀왔지만, 그녀는 자신의 삶의 대부분을 뉴욕이라는 대도시에서 살았다. 베스는 수학교사이고 모든 학생들이 수학학습을 재미있는 것으로 생각하게 하는 전략들을 개발해 왔다고 진심으로 느끼고 있다. 뉴욕과 같은 도시지역에서 가르쳐 온 그녀는 모든 그럴듯한 교수 상황에서 가능한 한 모든 유형의 학생들과 만났다고 생각하고 있다.

뉴욕에서 여러 해 교사생활을 한 후에 베스는 자신의 삶에 변화를 주고 싶다는 생각에 뉴멕시코 주 나바호 인디언 보호구역에 있는 한 학교에서 중학교 과정의 수학을 가르칠 교사를 뽑는다는 광고를 보고 지원했다. 그녀는 면접을 보기 위해 뉴멕시코 주 파밍턴으로 날아갔고 그곳의 낯설지만 아름다운 풍경에 놀라게 되었다. 비록 면접과정은 몇 시간이라는 짧은 시간 동안 진행되었지만 꽤 만족스러웠으며, 베스는 일자리를 제의받았고 즉시 이를 수락했다. 새로운 환경에 대한 아무런 준비 없이 그녀는 짐을 꾸렸고 살 집을 구하는 동안 파밍턴의 한 호텔에 묵을 계획을 하였다. 그녀는 도착하자마자 학교 근처에 아파트 하나가 비어 있다는 것을 알고 자신의 행운을 믿을 수 없었다. 숙소를 얻는 데 필사적이었던 그녀는 주변을 돌아보지도 않고 그 아파트를 얻기로 마음먹었다. 그녀는 아파트로 가는 길에 부동산 사무실에 들러서 열쇠를 받았다. 자신이 살 아파트 건물에 도착했을 때 베스는 우편함에 적혀 있는 이름들이 Begay와 Yazzie처럼 그녀가 생전 본 적이 없는 이름들이라는 것을 알게 되었다. 그러고 나서 자신의 아파트 문 앞에 도착한 그녀는, 마치 문 바깥쪽으로 무엇인가가 못에 박혀 있었던 것처럼 문 옆 기둥에 못을 박았던 흔적이 있음을 알아차렸다. 대담한데다가 피곤하기도 했던 그녀는 짐을 풀었고 잠을 푹 잤다.

수업 첫날 베스는 수많은 새롭고 혼란스러운 사건들과 마주하게 되었다. 교실은 텅 비어 있고 교과서도 없었다. 수업종이 울렸는데도 학생들은 아무도 나타나지 않았다. 곧 학생들이 하나 둘씩 교실로 들어왔고 30분쯤 지나서야 모든 학생들이 모였으며, 그녀는 수업을 시작해도 되겠다고 생각했다. 베스는 평상시 열정으로 시작했지만 그녀가 발견한 것이라고는 질문에도 손을 들지 않는 학생들, 대답할 것을 요청받았을 때 고개를 숙이고 있는 학생들, 그리고 거의 항상 나바호어로 대답하는 학생들뿐이었다. 게다가 학생들은 그녀가 강의하는 동안 자리에 조용히 앉아 있지 못했고, 지필시험 결과는 형편없었다. 그녀가 관심을 끌기 위해 한 아동을 지명했을 때 베스는 헉 하는 작은 소리를 들을 수 있었고, 해당 아동은 다른 곳을 보거나 고개를 숙였다.

생각해 보기

베스 블루는 대도시 지역에서 학생들을 가르쳐 본 경험을 바탕으로 몇 가지 가정을 하였다. 비록 확실히 베스가 실제보다 덜 대표된 배경 출신의 아동들과도 함께 해 봤다 하더라도, 그녀는 미국 원주민 학생, 특히 보호구역에 사는 학생들과 함께 한 독특한 경험은 아마도 없었을 것이다. 베스는 어떤 문화적 행동들을 다루고 있으며, 새로운 환경에서 그녀가 성공하도록 돕기 위해 어떤 권고를 하겠는가?

을 위한 전문 자격을 교부하지 않고 있다. 문화적으로 다양한 학생들이 공부하는 학급의 어려움을 마주하기 위해 교육자들은 모든 학습자들을 위한 학습 환경(학급, 활동, 그리고 교육과정 등을 포함하는)의 효과성을 평가해 봐야 한다.

Garcia(2002, p. 121)는 학교 전체의 실제에 덧붙여, 다양한 학생들에 대한 높은 기대, 다양성을 학급의 자산으로 취급, 문화적 · 언어적 다양성과 가장 효과적인 실제라는 쟁점에 대해 전문적 계발 지속, 그리고 문화적 · 언어적 다양성 및 가장 효과적인 실제라는 쟁점에 대한 지속적인 교사 연수, 그리고 문화적 · 언어적 다양성을 다루는 교육과정 개발 등을 포함하는 교사를 위한 실제의 목록을 제공하고 있다.

Banks(2013, p. 18)는 다문화 학교의 특성을 다음과 같이 여덟 가지로 설명하고 있다.

- 교사들과 학교 행정가들은 모든 학생들에게 높은 기대와 그들에 대한 긍정적인 태도를 지니고 있다. 이들은 또한 긍정적이고 관심을 보이는 방식으로 학생들에게 반응한다.
- 형식화된 교육과정은 양성의 경험, 문화, 그리고 관점 등은 물론 다양한 문화 · 민족 집단의 경험, 문화, 그리고 관점 등을 반영한다.
- 교사들이 활용하는 교수 양식은 학생의 학습, 문화, 그리고 동기 양식과 조화를 이룬다.
- 교사들과 행정가들은 학생의 모국어와 방언을 존중한다는 것을 보여 준다.
- 학교에서 사용되는 교재는 다양한 문화, 민족, 그리고 인종 집단의 관점으로부터 나오는 사건, 상황, 그리고 개념 등을 보여 준다.
- 학교에서 사용되는 평가 및 검사절차들은 문화적으로 민감하며, 그 결과 영재 학급에 유색인종 학생들이 적절한 비율을 차지하게 된다.
- 학교의 문화 및 잠재적 교육과정은 문화적 · 민족적 다양성을 반영한다.
- 학교 상담가들은 다른 인종, 민족, 그리고 언어 집단 출신의 학생들에게 높은 기대를 지니고 있으며, 이 학생들을 도와 긍정적인 진로 목표를 세우고 실현할 수 있게 해 준다.

다양성 축하하기

교사 및 교직원은 그들이 담당하는 학생들의 문화를 인정하고 기념하기 위해 그리고 이들이 자기 자신에 대해서는 물론 다른 사람들에게서 볼 수 있는 차이를 긍정적으로 느낄 수 있게 하기 위해 많은 일을 할 수 있다. 이러한 방법들은 교육환경에서의 일상적인 활동 및 자료들에 통합될 수 있을 것이다. Derman-Sparks(1990) 및 Derman-Sparks, Gutierrez와 Philips(1993)는 교사들을 위해 다음과 같은 권고를 하고 있다.

- 다양성을 기꺼이 받아들이는 환경을 만들라. 예를 들어, 많은 인종·민족 집단 출신의 어린 아동들이 공통의 활동들에 참여한다는 것을 보여 주는 콜라주를 교실 벽에 만든다.
- 다른 민족 집단의 그리고 다른 언어로 된 음악을 틀고 노래를 부른다.
- 아동들이 자신의 모습을 그리게 함으로써 자신의 피부색을 탐색할 수 있게 도울 활동들을 제공하라. 피부색에 맞는 크레용을 이용할 수 있도록 하라.
- 학생들의 다양한 이미지를 반영하는 학습자료, 특히 책들을 제공하라. 이 자료들은 성 역할, 다른 인종적 그리고 문화적 배경 출신의 학생들, 다른 능력을 지니고 있는 그리고 장애를 지니고 있는 학생들, 그리고 다양한 가족 구성 출신 학생들에 민감해야 한다. (Tiedt와 Tiedt[2010]는 연령에 적합한 다문화 소설 및 실화의 목록을 제공하고 있다.)
- 교사들과 교직원들은 다양성을 바라보는 그들 자신의 가치를 시범 보여야 한다. 예를 들어, 교사들과 교직원들은 학생 개개인의 문화에 대해 긍정적으로 말해야 한다.
- 학생들에게 문화나 정체성을 근거로 다른 학생들을 괴롭히거나 거부하는 것은 적절한 행동이 아님을 알려 준다.
- 인종적으로 혹은 문화적으로 다른 사람들과 상호작용할 기회를 학생들에게 제공한다. 예를 들어, 아프리카계 미국 아동들의 부모들을 교실로 초청하여 마틴루터킹 데이에 대해 이야기를 하고 이 날을 기념하도록 돕는다.
- 지역사회의 다양성을 대표하기도 하는 역할 모델을 학급으로 초청하여 그들이 자신의 직업(의사, 간호사, 소방관 등)에 대해 이야기하도록 한다.
- 학생들이 자신에 대해 그리고 다른 사람들에 대해 하는 질문을 잘 듣고 대답해 준다. '가르칠 수 있는 시간'을 찾는다.
- 학생들이 읽고 TV나 영화에서 본 것에서 다른 집단들에 대한 고정관념을 어떻게 인식할 수 있는지 학생들에게 가르친다. 이러한 고정관념들이 어떤 사람들에게 자신과 타인에 대해 어떻게 느끼게 하는지 토론한다.
- 학생들에게 가족의 전통, 특별한 음식, 그리고 관습 등에 대해 말하도록 요청한다.

Tiedt와 Tiedt(2010)는 미술, 언어, 수학, 음악, 체육, 과학 및 기술, 그리고 사회과 수업계획을 포함하는 교육과정 전반에 걸쳐 다문화 개념을 주입하는 실제적인 예들을 제시하고 있다. Clark(2004) 또한 열정, 올바른 인식, 연민, 그리고 유머 등과 같은 기본적인 개념들이 지니고 있는 힘을 교사들에게 상기시킴으로써, 학급 내 모든 유형의 아동에게 동기를 부여하고 영감을 주기 위한 간단한 지침을 제공하고 있다.

당신과 당신이 속한 학교 공동체의 문화적 정체성 탐색하기

어떤 사람의 다문화 지식을 향상시키기고 그것을 학급 안에 통합시키는 것에 덧붙여 모든 교육자들이 자신의 문화적 정체성을 탐색하고 다양성을 인정하고 행동을 정확히 해석하며, 그리고 다문화 교육을 제공하는 데 방해가 될 수 있는 어떤 가치나 편견을 알게 되는 것은 매우 중요한 일이다. 단순히 대안적인 기념일을 축하하거나 수업계획에 다양한 활동들을 포함시키는 것은 학급을 다양성에 민감하게 경영하는 것이 아니다. 교사들은 그들이 학생들 개개인의 문화를 이해하고 소중하게 생각한다는 것을 전달하기 위해 학생들과 실질적이고도 정직한 관계를 맺을 필요가 있다. 이러한 관계를 맺기 위해 교사들은 또한 그들 자신의 문화와 그것이 모든 사람들의 행동에 미치는 영향을 이해할 필요도 있다.

점점 더 많은 교육 관련 문헌들이 미국 교사들의 '백인임(whiteness)' 및 동질성에 초점을 맞추고 있다. 예를 들어, 미국 교사들의 82%는 백인이고 이들 중 76%는 여성이다(National Center for Educational Statistics, 2012d; National Center for Educational Statistics, 2012e). 훈련을 받는 사람의 문화적 정체성 및 기본적 권리에의 초점을 포함하고, 여러 언어를 구사할 줄 알게 되며, 편견 및 인종차별을 규명하여 이에 도전하고, 지역사회 기반 다문화 몰입 경험을 제공하며, 다문화주의에 대한 강좌를 늘리고, 학교와 훈련 프로그램에 소수민족 역할 모델의 수를 증가시킴으로써 교사교육 프로그램을 개선하는 것을 강조하고 있다(Ladson-Billings, 2000; Nieto, 2000; Sleeter, 2001). 다음에는 자신의 문화적 정체성 및 편견에 대한 인식을 증진하기 위해 교사들이 할 수 있는 활동 및 연습에 대한 많은 양의 문헌에 접근할 수 있는 인터넷 주소들이 제공되고 있다.

인터넷 자원

공학 및 컴퓨터 활용은 훈련, 교수, 의사소통 등을 위해 교육장면에서 급속도로 증가하고 있다. Internet World Stats(2012)에 따르면 아시아인들이 전 세계 인터넷 사용자 중 가장 큰 비율을 차지하고 있는 반면, 북미 사람들은 인구 대비 인터넷 이용자들 중 가장 큰 집단을 이루고 있어 현재 미국 시민들 중 74.8% 이상이 인터넷을 이용하고 있다(U. S. Census Bureau, 2012c). 인터넷의 이점으로는 우리의 지식기반을 확장시키고, 다양한 목소리 및 문화에의 접근을 증가시켜 주며, 국경 및 경계를 넘어 사람들과의 상호작용을 확대시켜 주고, 더 커다란 데이터베이스, 집적물, 인위적 생성물, 다른 학급들, 그리고 보관 기록들에의 접근을 통해 전통적인 자료들을 보충할 수 있게 해 주는 것 등이 있다. 교실에서의 인터넷 사용을 어렵게 만드는 것 중 한 가지는 그것이 다문화 교육의 원칙들에 부합된다는 것을 보장하는 일이다. 인터넷 활용은 집단에 따라 매우 달라진다. 사회경제적 배경이 높은 집단(소득이 25,000달러에서 49,000달러 사이에 있는 가정은 74.5%이지만 150,000달러 이상인 경우에 이 수치는 97.1%로 증가함)과 직업이 있는 사람들(85.4%), 그리고 더 나은 교육을 받은 집단(학사 이상의 학위를 지닌 사람들 중 92.9%)이 인터넷을 사용할 가능성이 더 높다. 장애인들 중 약 54%만이 인터넷을 이용하지만, 이 수치는 웹사이트 접근에 일관성 없음과 전반적인 접근을 보장할 소프트웨어와 하드웨어의 이용 가능성 등에 의해 부분적으로 복잡해진다(Fox, 2011). 민족과 인종의 측면에서 봤을 때, 아프리카계 미국인들(68.2%)은 중남미계 미국인들(64%)보다 인터넷을 더 많이 활용하는 경향이 있으나, 아시아계 미국인들(82.9%)이나 백인들(80.3%)만큼은 아니다(U. S. Census Bureau, 2012c; File, 2013).

교사들은 자신들이 학급에서 도움을 받기 위해서뿐만 아니라, 그들 자신의 문화 및 학습 양식은 물론 그들이 담당하고 있는 학생들의 문화와 학습 양식에 대해 더 많은 것을 배우는 데 도움이 되는, 인터넷에 있는 수많은 자원들을 인식하고 있어야 한다. 학생들은 인터넷을 활용하여 자신과는 다른 사람들의 경험 및 세계관을 이해할 수 있고, 따라서 학급 내에서의 잘못된 의사소통과 오해를 최소화할 수 있다. 표 3.6은 이러한 과정에서 교사들을 도울 수 있는 많은 웹사이트의 견본 목록을 보여 주고 있다.

하지만 학급에 있는 학습 및 사회적 어려움을 지닌 학생들을 돕는 데 이용 가능한 공학의 이 모든 진전에 대하여 교실적용 3.3에 제시된 것과 같은 부모의 지원이 지닌 힘은 아무리 강조해도 지나치지 않을 것이다.

표 3.6 다문화 교육 웹사이트

명칭	URL	설명
Active Learning Practices for School	http://learnweb.harvard.edu/alps	이 사이트는 교육개선을 위해 일하는 교육자들의 학습공동체를 제공하고 있다. 하버드 교육대학원이 주관하고 있는 이 사이트는 교육자들에게 그들의 교육 실제를 반성하기 위한 도구들을 제공하고 같은 유형의 일을 하는 다른 사람들과 연결시켜 준다.
Center for Applied Special Technology (CAST)	http://www.cast.org	학습을 위한 보편적 설계를 통해 그리고 많은 학습자들이 활용 가능한 학습모델들과 접근방식들 그리고 도구들에 초점을 맞춤으로써 모든 사람들에게, 특히 장애인들에게 교육의 기회를 넓혀 주기 위해 공학을 활용하는 비영리 단체이다.
Center for Multilingual, Multicultural Research	http://www.usc.edu/dept/education/CMMR	사우스캘리포니아대학교에 있는 이 센터는 이중언어 및 다문화, 그리고 비교문화 교육에 대한 정보를 원하는 교사들에게 하나의 출발점으로 기능한다.
Closing the Gap	http://www.closingthegap.com	신문, 자원 디렉토리, 연례 학회, 그리고 웹사이트 등을 통해 Closing the Gap은 보조공학 제품, 절차, 그리고 최상의 실제 등에 대한 최신의 실질적인 정보를 제공한다.
Council for Exceptional Children (CEC)	http://www.cec.sped.org/	CEC는 특수교육 분야의 교육자들을 위한 선도적인 전문가 단체이다. 이 웹사이트는 자원, 옹호, 법적 쟁점, 그리고 다른 전문가들과의 협력 등과 관련된 정보를 제공한다.
CrossCultural Developmental Education Services (CCDES)	http://www.crosscultured.com	CCDES는 부모교육 및 권한부여(empowerment) 등을 강조할 뿐 아니라 영어 학습자 및 특수교육 관련 쟁점들에 초점을 맞추고 No Child Left Behind법을 탐색하려는 개인 및 학교구를 돕기 위해 기술적 도움, 전문가 워크숍, 그리고 대학 강좌 등을 제공한다.
International Education and Resource Network	http://www.iearn.org	iEarn(International Education and Resource Network)는 사회적 그리고 국제적 쟁점들과 관련된 협력 프로젝트를 위해 전 세계의 젊은이들을 연결시켜 준다. 교사들을 위한 공간도 있다.
Kathy Schrock's Guide for Educators	http://www.schrockguide.net/	이 사이트는 교육과정 및 전문가로서의 성장을 향상시키는 데 유용한 사이트들을 분류해서 제공하고 있다. 이 사이트는 교수와 학습을 위한 최상의 사이트들을 포함시키기 위해 종종 갱신된다.

(계속)

표 3.6 다문화 교육 웹사이트(계속)

명칭	URL	설명
Learning Disabilities Online	http://www.ldonline.org	이 사이트는 학습장애 학생들의 부모와 교사들을 위한 학습장애 분야의 선도적인 웹사이트로 WETA(공공 라디오 및 TV)의 후원을 받고 있다.
Multicultural Education and the Internet	http://www.mhhe.com/socscience/education/multi_new	이 사이트는 McGraw-Hill의 고등교육국이 주관을 하고 Paul Gorski의 책 *Multicultural Education and the Internet*(2005)과 직접 연결되어 있다. 이 사이트는 각 장에 참고된 것의 웹링크, 다문화 수퍼링크, 유망한 실제와의 링크, 문화 간 활동에의 접속, 그리고 Multicultural Pavilion(다음에 소개)에의 링크 등을 제공한다.
Multicultural Pavilion	http://www.edchange.org/multicultural	이 사이트는 교육자들이 다문화 교육을 탐색하고 논의할 수 있는 자원들을 제공하고, 자기인식 및 계발을 위해 작업할 기회를 촉진하며, 그리고 다문화와 관련된 쟁점들에 대한 대화의 장을 제공한다(MCP는 리스트서브의 이름이다).
National Association for Bilingual Education (NABE)	http://www.nabe.org	NABE는 영어 학습자들에게 교육적 수월성 및 평등을 촉진하고 이들에게 서비스를 제공하는 전문 교육자들을 대표한다. NABE는 영어 문해 계발과 함께 모어어 유창성 및 문해를 향상시키도록 권장하고 있다.
National Association for Multicultural Education (NAME)	http://nameorg.org	NAME은 모든 수준의 교육에서 다문화 교육을 향상시키기 위해 만들어진 정보센터이자 전문 조직이다.
Teachers of English to Speakers of Other Languages (TESOL)	http://www.tesol.org	TESOL은 다른 모어어를 지닌 영어 사용자들(ESOL)에게 영어 유창성을 촉진시켜 준다.
Teaching Tolerance	http://www.teachingtolerance.org	Southern Poverty Law Center의 후원을 받는 이 사이트 및 조직은 다양성 및 교육과 관련된 풍부한 자료들을 제공한다.

학급에서의 학습 및 사회적 어려움

드웨인 시몬스는 플라멜리파크고등학교 10학년에 다니는 학생이다. 그는 4학년이던 10살 때 학습장애로 판별되었고, 그 이후 일반학급에서 지원 서비스를 받아왔다. 드웨인의 개별화교육계획에는 그가 비장애 또래들과 함께 일반학급에 완전히 통합될 것이라고 적혀 있다. 비록 그가 수학을 좋아하고 역사, 특히 중세사를 대해 매우 열심히 공부하고 있기는 하지만, 교과영역에서 그의 주요 어려움은 읽기 및 쓰기 기술에 몰려 있다. 게다가 드웨인은 고등학교 라크로스 팀 선수이다. 드웨인의 부모는 지난 6년 동안 개별화교육계획 회의에 계속해서 참석할 것을 통보받았으나 단 한 번만 참석하였고, 드웨인의 교육에 대한 결정은 개별화교육계획팀의 의견에 따르고 있었다. 그들은 새 학기 저녁 행사나 사친회에는 참석한 적이 없었지만 드웨인의 라크로스 경기에는 간헐적으로 모습을 드러냈다.

드웨인의 부모는 고등학교도 제대로 다니지 못했다. 사실 드웨인의 아버지는 10학년이던 16살에 학교를 그만두었고, 드웨인의 어머니는 14살 때 임신을 하자 학교를 그만둬 중학교를 마쳤을 뿐이다. 드웨인의 아버지는 자신이 교육을 그리 중요하게 생각하지 않는다는 점을 분명히 했다. 그가 참석했던 단 한 번의 개별화교육계획 회의에서 그는, 자신의 읽기 수준은 5학년 정도이고 학교에서 왜 드웨인이 더 나은 수행을 보여야 한다고 생각하는지 이해할 수 없다고 했다.

드웨인은 항상 수업시간에 또래들 앞에서 소리 내어 읽기를 꺼렸고, 수업에 기꺼이 참여하려 하지 않았으며, 선생님의 말씀을 들어야 할 때조차 종종 혼자서 혹은 주위에 있는 다른 학생들과 이야기를 했다. 게다가 드웨인은 미묘한 뉘앙스를 파악하고 더 추상적인 농담을 이해하는 데 어려움이 있는 것으로 보이고, 몸짓 언어를 정확하게 읽을 수 없다. 지난주 그의 읽기 교사와의 열띤 토론에서 교사는 대화가 끝났다는 것을 표시했다고 생각하며 자리를 떴지만, 드웨인은 교사를 따라오며 교사의 등 뒤에다 대고 계속해서 말을 하였다. 드웨인을 피할 수 없었던 교사는 여자 화장실로 들어가 버렸고 그가 그만하리라고 생각했다. 하지만 드웨인은 선생님이 어디로 가는지 보지도 않고 교사를 따라 여자 화장실로 들어갔다.

최근 드웨인의 담임선생님은 그의 자아존중감 및 동기 수준이 현저히 떨어진 것을 알아차렸다. 드웨인은 자신이 무엇을 하든 실패할 것이라고 느끼는, 따라서 무엇인가를 시도해 볼 이유가 없는 학습된 무기력의 징후를 보이기 시작하였다. 그 결과 그동안 교과수업에서 B나 C를 유지했던 드웨인은 이제 C와 D의 성적을 더 많이 보이게 되었고 F도 하나 있다. 더욱이 라크로스 연습도 몇 번이나 빼먹었고 최근 몇 게임에서는 신통치 않은 경기를 보였다. 라크로스 팀 코치는 교감선생님께 이에 대한 우려를 표시하였다. 특수교사가 부모에게 가정통신문을 보냈지만 반응이 없었고, 이에 특수교사가 부모에게 전화를 했지만 받지 않았다.

생각해 보기

드웨인은 교과 및 사회성 모두에서 몇 가지 문제들과 씨름하고 있는 것으로 보인다. 학교에서 드웨인을 지원하기 위해 두 분야 모두에 대해 어떤 단계를 권유하겠는가? 드웨인의 가족들이 그들의 참여와 지원의 중요성을 알 수 있도록 돕기 위해 할 수 있는 것이 있다면 무엇인가? 그리고 드웨인이 적절한 사회적 행동을 인식하고 이를 보일 수 있도록 신호를 주고 촉구하기 위해 교사들은 무엇을 할 수 있는가?

요약

다양한 학습자의 기본 개념 이해하기

- 다양한 학습자 : 인종 및 민족, 그리고 종교, 성적 지향성, 건강, 언어, 비장애/장애, 성 등을 포함한 문화적 정체성의 추가적인 원천들은 학생의 행동에 영향을 줄 수 있다.

다양성과 관련된 용어 정의하기

- 문화 : 커다란 집단의 사람들에게 독특한 보편적으로 수용할 수 있는 다양한 가치, 신념, 그리고 행동들을 포함한다.
- 민족 : 민족은 '하나의 집단 분류로 그 집단의 구성원들은 그들이 공통의 기원과 언어 혹은 종교적 신념 등과 같은 독특한 사회적 · 문화적 유산을 공유하고 있다고 믿는다'(Gladding, 2010, p. 58).
- 인종 : 종종 민족 혹은 국적(nationality) 등의 동의어로 잘못 사용되고 있는 인종은 '사람들을 그들이 지니고 있는' 피부색 및 얼굴의 특징 등과 같은 '생리학적 특성에 따라 분류하는 인류학적 개념이다'(Gladding, 2010, p. 128). 인종과 민족 모두 한 사회에 의해 만들어지고, 영향을 받으며, 그리고 판단되는 사회적 구인임을 기억하는 것은 중요한 일이다.

개인은 어떻게 세계관을 통하여 자신과 세계와의 관계를 인식할 수 있는지 서술하기

- 세계관 : 세계관은 어떤 사람이 세계와 자신의 관계를 어떻게 지각하는지를 서술한다. 개인의 세계관은 의사소통, 개인적 목적, 신념체제, 문제해결, 의사결정, 사회화, 갈등해결, 그리고 행동 등에 영향을 미친다(Ibrahim & Kahn, 1984; Sundberg, 1981).
- 세계관의 다섯 가지 범주 : 자연, 시간 지향성, 활동 지향성, 인간관계, 그리고 인간의 본성

행동에 대한 문화의 영향 이해하기

- 집산주의 대 개인주의 : 개인의 행동이라는 언급에는 자신을 강조하도록 설계된 활동들 및 사건들이 포함된다. 부수적 행동이라는 용어는 공동체의 지속성 및 개선을 촉진하는 데 기여하는 행동들을 묘사하는 데 사용된다(Moule, 2011).
- 언어적 의사소통 대 비언어적 의사소통 : 많은 문화에 있어 개방적인 참여는 집단토론에 참가하기 위한 규칙이다. 언어의 변화 및 언어의 혼합은 세대와 문화변용의 수준이 서로 다른 가정에서는 흔한 일일 것이다.
- 예의 바른 행동 : 수용 가능한 그리고 예의 바른 행동으로 정의되는 것은 문화마다 다르고, 이는 학교에서의 혹은 개개의 학급에서의 행동에 대한 기대와 상충될 수 있다.
- 아동양육 및 훈육의 실제 : 비록 교사들이 무시하기 어려울 수 있는 잠재적인 방임이나 학대라는, 상충하는 윤리적 쟁점들에 직면해 있다고 하더라도 문화적으로 그리고 언어적으로 다양한 학생들의 아동양육 실제에 관하여 자민족중심적인 옳고 그름의 관점을 피하려고 노력하는 일은 중요한 일이다.
- 문화변용 및 문화화 : 문화변용은 소수 문화 출신 사람들이 주류문화의 태도, 생활양식, 그리고 가치 등과 동일시하거나 이에 순응하는 정도이다. 문화화는 사람들이 그들 고유의 문화가 지닌 가치, 행동, 그리고 신념을 습득한 정도이다.
- 관계 : 가족관계, 출생 순서, 그리고 의무 등은 종종 모든 것을 아우르는 중요성을 가질 수 있다. 예를 들어, 많은 문화권에서 나이가 많은 형제자매의 지위는 어린 동생들을 돌보는 능력에 달려 있고, 성은 어떤 아동이 양육되는 방식을 좌우할 수 있다.

학교와 교사를 위한 권고의 개요 서술하기

- **소외감 다루기** : 교사들은 몇몇 집단들이 공립학교들과의 관계에 있어 종종 더 높은 수준의 소외감 및 고립감을 보고하고 있다는 것을 이해할 필요가 있다. 이러한 소외는 학교체제 내에서 부모들이 이전에 경험했던 것들에 대한 이해와 함께, 학교 문화 및 그 문화에 대한 부모들의 지각의 관점에서 검토되어야 한다.
- **확대가족 소중히 여기기** : 가족은 많은 방식으로 정의될 수 있다. 아동들이 가정에서 여러 세대와 함께 그리고 혈연이 아닌 필수적인 가정 구성원과 함께 사는 것은 드문 일이 아니다.
- **긍정적인 부모-학교 관계 촉진하기** : 교사들은 종종 그들이 담당한 학생에게 문제가 생겼을 때만 가족 구성원들과 접촉한다. 하지만 교사들은 어떤 아동의 부적절한 행동에 대한 의견을, 교사 또한 자녀에 대한 좋은 점들을 인식하고 있다는 것을 부모에게 전달해 주는 긍정적인 말과 균형을 맞추는 방법을 배울 수 있다.
- **높은 기대 유지하기** : 교사들은 공정하고 문화적으로 민감한 학급 규칙들을 시행하고, 다양한 문화에 대한 지식과 존중을 시범 보이며, 학생들을 훈육하기 전에 이유 및 다양한 관점들을 이끌어 냄으로써 문제행동을 맥락화하고, 수치와 징벌 대신 책임감 및 긍정적 변화를 촉진하는 것에 기반을 둔 처벌을 대상 아동의 사정에 맞춰야 한다.

교실에 다문화 접근방식을 통합하는 방법 서술하기

- **다양성 축하하기** : 교사들 및 교직원들은 그들이 담당하는 학생들의 문화를 인정하고 기념하여 학생들이 자기 자신에 대해서는 물론 다른 사람들에게서 볼 수 있는 차이를 긍정적으로 느낄 수 있게 하기 위해 많은 일을 할 수 있다.

개인의 문화적 정체성과 학교 공동체의 문화적 정체성을 탐색하는 방식 서술하기

- **인터넷 자원** : 공학에의 접근은 극적으로 증가해온 반면, 교실에서의 인터넷 사용을 어렵게 만드는 것 중 한 가지는 그것이 다문화 교육의 원칙들에 부합된다는 것을 보장하는 일이다. 집단 간 인터넷 활용에는 차이가 존재한다.

논의사항

1. 세계관의 개념과 그것이 학급에서의 행동을 어떻게 더 잘 이해할 수 있게 하는지에 대해 토론하라. 이 장에서 논의된 문화적 정체성들 중 몇 가지에 대한 예를 들어 보라.

2. 가정환경 내에서 아동들이 학습한 사회성 기술들은 종종 학교 환경 내에서의 행동에 대한 기대와 갈등을 일으킨다. 이러한 갈등의 몇 가지와 이 갈등이 문화적 차이에 민감한 방식으로 해결될 수 있는 방법에 대한 몇 가지 예들을 제시하라.

3. 교사들이 자신의 문화적 정체성 및 행동을 더 잘 이해하고 명확하게 할 수 있는 방식들에는 어떤 것들이 있는가?

4. 이 장에서 언급한 웹사이트들 중 두세 개 정도를 골라 제공된 자원들을 탐색해 보자. 교실에서 활용할 수 있도록 그 웹사이트들의 유용성을 비교하라.

5. 교사가 다른 문화적 배경을 지닌 학생들에게 교육환경을 더 매력적인 것으로 만들 수 있는 방식에는 어떤 것들이 있는가? 이러한 변화들이 일부 학생들의 행동과 그들의, 다른 사람들과의 관계에 어떻게 영향을 줄 수 있는가?

참고문헌

Ady, J. C. (1998). Negotiating across cultural boundaries: Implications of individualism-collectivism and cases for application. In T. M. Singelis (Ed.), *Teaching about culture, ethnicity, and diversity* (pp. 111–120). Thousand Oaks, CA: Sage.

Altarriba, J., & Bauer, L. M. (1998). Counseling the Hispanic client: Cuban Americans, Mexican Americans, and Puerto Ricans. *Journal of Counseling & Development, 76*, 389–395.

Baca, L. M., & Cervantes, H. T. (2004). *The bilingual special education interface* (4th ed.). Upper Saddle River, NJ: Merrill/Pearson Education.

Banks, J. (2013). *An introduction to multicultural education* (5th ed.). Upper Saddle River, NJ: Pearson.

Banks, J., & Banks, C. M. (2013). *Multicultural education: Issues and perspectives* (8th ed.). Hoboken, NJ: Wiley.

Berry, G. L., & Asamen, J. K. (1989). *Black students: Psychosocial issues and academic achievement.* New York, NY: Sage.

Center for Research on Education, Diversity, and Excellence. (n.d.). Retrieved January 16, 2006, from www.crede.org

Cheung, C. S., & Pomerantz, E. M. (2011). Parents' involvement in children's learning in the United States and China: Implications for children's academic and emotional adjustment. *Child Development, 82*(3), 932–950.

Clark, R. (2004). *The excellent 11: Qualities teachers and parents use to motivate, inspire, and educate children.* New York, NY: Hyperion.

Collier, C. (2011). *Separating difference from disability* (5th ed.). Ferndale, WA: CrossCultural Developmental Education Services.

Colombo, M. W. (2005). Empathy and cultural competence: Reflections from teachers of culturally diverse children. *Beyond the Journal: Young Children on the Web.* Retrieved from http://www.naeyc.org/files/yc/file/200511/ColomboBTJ1105.pdf

Cushner, K., McClelland, A., & Safford, P. (2012). *Human diversity in education: An intercultural approach* (7th ed.). New York, NY: McGraw-Hill.

Department of Homeland Security. (2012). *Yearbook of immigration statistics: 2012.* Retrieved from http://www.dhs.gov/yearbook-immigration-statistics-2012-legal-permanent-residents

Derman-Sparks, L. (1990). Understanding diversity. *Scholastic Pre-K Today, 5*, 44–53.

Derman-Sparks, L., Gutierrez, M., & Phillips, C. B. (1993) *Teaching young children to resist bias: What parents can do.* Washington, DC: National Association for the Education of Young Children.

Dolgin, K. G. (2010). *The adolescent: Development, relationships, and culture* (13th ed.). Upper Saddle River, NJ: Pearson.

Erickson, F. D. (1972). "F'get you Honky!": A new look at Black dialect and the school. In A. L. Smith (Ed.), *Language, communication, and rhetoric in Black America* (pp. 18–27). New York, NY: Harper & Row.

Figueroa, P. (2012). *Education and the social construction of race.* New York, NY: Routledge.

File, T. (2013). Computer and internet use in the United States: Population characteristics. Retrieved from http://www.census.gov/prod/2013pubs/p20-569.pdf

Fox, S. (2011). Pew research center: Americans living with disability and their technology profile. Retrieved from http://www.pewintenet.org/2011/01/21/americans-living-with-disabilities-and-their-technology-profile/

Franklin, M. E. (1992). Culturally sensitive instructional practices for African-American learners with disabilities. *Exceptional Children, 59*, 115–122.

Garcia, E. (2002). *Student cultural diversity: Understanding and meeting the challenge.* Boston, MA: Houghton Mifflin.

Gay, G. (2010). *Culturally responsive teaching: Theory, research, and practice* (2nd ed.). New York, NY: Teachers College Press.

Gladding, S. T. (2010). *The counseling dictionary: Concise definitions of frequently used terms* (3rd ed.). Upper Saddle River, NJ: Pearson.

Gonzalez, V., Yawkey, T., & Minaya-Rowe, L. (2006). *English-as-a-second-language (ESL) teaching and learning.* Boston, MA: Pearson.

Gopaul-McNicol, S., & Thomas-Presswood, T. (1998). *Working with linguistically and culturally different children: Innovative clinical and educational approaches.* Needham Heights, MA: Allyn & Bacon.

Gorski, P. (2005). *Multicultural education and the Internet* (2nd ed.). New York, NY: McGraw-Hill.

Gorski, P. (2008). The myth of the culture of poverty. *Educational Leadership: Poverty and Learning, 65*(7), 32–36. Retrieved from http://www.ascd.org/publications/educational-leadership/apr08/vol65/num07/The-Myth-of-the-Culture-of-Poverty.aspx

Grossman, H. (2004). *Classroom behavior management for diverse and inclusive schools* (3rd. ed.). Lanham, MD: Rowman & Littlefield.

Hale-Benson, J. (1987). Self-esteem of Black middle-class women who choose to work inside or outside the home. *Journal of Multicultural Counseling and Development, 15*, 71–80.

Hallahan, D. P., & Kauffman, J. M. (2015). *Exceptional learners: Introduction to special education* (13th ed.). Boston, MA: Allyn & Bacon.

Heward, W. (2013). *Exceptional children: An introduction to special education* (10th ed.). Upper Saddle River, NJ: Merrill/Pearson Education.

Hilberg, R. S., & Tharp, R. G. (2002). Theoretical perspectives, research findings and classroom implications of the learning styles of Native American and Alaska Native students. ERIC Digest EDO RC-02-3. ERIC Clearinghouse on Rural Education and Small Schools, Charleston, WV: AEL.

Hodgkinson, H. (2000/2001). Educational demographics: What teachers should know. *Educational Leadership, 58*, 6–11.

Hoover, J. J., Klingner, J., Patton, J., & Baca, L. (2008). *Methods for teaching culturally and linguistically diverse exceptional learners.* Upper Saddle River, NJ: Pearson Education.

Ibrahim, F. A. (1991). Contribution of cultural worldview to generic counseling and development. *Journal of Counseling & Development, 70*, 13–19.

Ibrahim, F. A., & Kahn, H. (1984). *Scale to assess worldviews.* Unpublished manuscript, University of Connecticut at

Storrs.

Ibrahim, F. A., Ohnishi, H., & Sandhu, D. S. (1997). Asian-American identity development: South Asian Americans. *Journal of Multicultural Counseling and Development, 25*, 34–50.

Internet World Stats. (2012). *Internet Coaching Library*. Bogota, Colombia: Author.

Kluckhohn, C. (1951). Values and value orientations in the theory of action. In T. Parsons & F. A. Shields (Eds.), *Toward a general theory of action* (pp. 388–433). Cambridge, MA: Harvard University Press.

Ladson-Billings, G. (2000). Fighting for our lives: Preparing teachers to teach African American students. *Journal of Teacher Education, 51*, 206–214.

LaFromboise, T. (1982). *Assertion training with Native Americans: Cultural/behavioral issues for trainers*. ERIC Clearinghouse on Rural Education and Small Schools.

Lee, Y.-T., McCauley, C., Moghaddam, F., & Worchel, S. (Eds.). (2004). *The psychology of ethnic and cultural conflict*. Westport, CT: Praeger.

Light, H., & Martin, R. (1985). Guidance of American-Indian baseline essays. Their heritage and some contemporary views. *Journal of American Indian Education, 25*, 42–46.

McCadden, B. M. (1998). Why is Michael always getting timed out? Race, class, and disciplining other people's children. In R. E. Butchart & B. McEwan (Eds.), *Classroom discipline in American schools: Problems and possibilities for democratic education* (pp. 109–134). Albany, NY: State University of New York Press.

McCarthy, J. (2005). Individualism and collectivism: What do they have to do with counseling? *Journal of Multicultural Counseling and Development, 33*, 108–117.

Morgan, M. (2002). *Language, discourse, and power in African American culture*. New York, NY: Cambridge.

Moule, J. (2011). Cultural competence: A primer for educators (2nd ed.). Stanford, CT: Cengage.

National Center for Education Statistics. (2012a). Participation in education. Retrieved from http://nces.ed.gov/pubs2012/2012045_2.pdf

National Center for Education Statistics, Institute of Education Sciences, Core of Data (CCD). (2012b). "Public Elementary/Secondary School Universe Survey," 1999–2000 through 2010–2011. Retrieved from http://nces.ed.gov/programs/digest/d12/tables/dt12_116.asp

National Center for Education Statistics, Institute of Education Sciences, Common Core of Data (CCD). (2012c). "State Nonfiscal Survey of Public Elementary/Secondary Education," 1996–97 through 2010–11; and National Public Elementary and Secondary Enrollment by Race/Ethnicity Model, 1994–2010. Retrieved from http://nces.ed.gov/programs/projections/projections2021/sec1b.asp

National Center for Education Statistics, Schools and Staffing Survey (SASS). (2012d). "Public School Teacher Data File," 2011–12. Retrieved from http://nces.ed.gov/surveys/sass/tables/sass1112_2013314_t1s_001.asp

National Center for Education Statistics, Schools and Staffing Survey (SASS). (2012e). "Public School Teacher Data File," 2011–12. Retrieved from http://nces.ed.gov/surveys/sass/tables/sass1112_2013314_t1s_002.asp

Nieto, S. (2000). Placing equity front and center: Some thoughts on transforming teacher education for a new century. *Journal of Teacher Education, 51*, 180–187.

Nieto, S. (2011). *Affirming diversity: The sociopolitical context of multicultural education* (6th ed.). Upper Saddle River, NJ: Pearson.

Okun, B. F., Fried, J., & Okun, M. L. (1999). *Understanding diversity: A learning-as-practice primer*. Pacific Grove, CA: Brooks/Cole.

Prendergast, N. (1985). *A Vietnamese refugee family in the United States from 1975–1985: A case study of education and culture*. Doctoral dissertation, Loyola University, Chicago. University Microfilms International, Ann Arbor, MI.

Randall-David, E. (1989). *Strategies for working with culturally diverse communities and clients*. Rockville, MD: Association for the Care of Children's Health.

Richardson, W. J. (2012). *Cultural awareness to help while serving native veterans* [PowerPoint slides]. Retrieved from http://www.ruralhealth.va.gov/docs/webinars/richardson-cultural-sensitivity-062712.pdf

Ryan, C. (2013). Language use in the United States: 2011—American community survey reports. Retrieved from https://www.census.gov/prod/2013pubs/acs-22.pdf

Santrock, J. W. (2014). *Adolescence* (15th ed.). Boston, MA: McGraw-Hill.

Schwartz, S. E., Conley, C. A., & Eaton, L. K. (1997). *Diverse learners in the classroom*. New York, NY: McGraw-Hill.

Schwartz, W. (1996). *A guide to communicating with Asian American families*. New York, NY: ERIC Clearinghouse on Urban Education.

Schwartz, W. (2001). *School practices for equitable discipline of African American students*. New York, NY: ERIC Clearinghouse on Urban Education (ED455343).

Shin, H. B., & Bruno, R. (2003). *Language use and speaking ability: 2000*. Census 2000 Brief. Retrieved from http://www.census.gov/prod/2003pubs/c2kbr-29.pdf

Sleeter, C. E. (2001). Preparing teachers for culturally diverse schools: Research and the overwhelming presence of Whiteness. *Journal of Teacher Education, 52*, 94–106.

Sundberg, N. D. (1981). Cross-cultural counseling and psychotherapy: A research overview. In A. J. Marsella & P. B. Pederson (Eds.), *Cross-cultural counseling and psychotherapy* (pp. 28–62). New York, NY: Pergamon.

Tatum, J., Moseley, S., Boyd-Franklin, N., & Herzog, E. P. (1995, February/March). A home-based, family systems approach to the treatment of African-American teenage parents and their families. *Zero to Three, 15*(4), 18–25.

Taylor, P., Lopez, M. H., Martinez, J., & Velasco, G. (2012). When labels don't fit: Hispanics and their view of identity—Language use among Latinos. Retrieved from http://www.pewhispanic.org/2012/04/04/iv-language-use-among-latinos/

Tiedt, P. L., & Tiedt, I. M. (2005). *Multicultural teaching: A handbook of activities, information, and resources* (7th ed.). Needham Heights, MA: Allyn & Bacon.

Tiedt, P. L., & Tiedt, I. M. (2010). *Multicultural teaching: A handbook of activities, information, and resources* (8th ed.). Needham Heights, MA: Allyn & Bacon.

Uba, L. (2003). *Asian Americans: Personality patterns, identity, and mental health*. New York, NY: Guilford Press.

U.S. Census Bureau. (2001). *Languages spoken in America*.

Washington, DC: Author.

U.S. Census Bureau. (2011). *Overview of race and Hispanic origin: 2010*. Retrieved from http://www.census.gov/prod/cen2010/briefs/c2010br-02.pdf

U.S. Census Bureau. (2012a). *2012 national population projections*. Retrieved from http://www.census.gov/population/projections/data/national/2012.html

U.S. Census Bureau. (2012b). The American Indian and Alaska native population: 2010. Retrieved from http://www.census.gov/prod/cen2010/briefs/c2010br-10.pdf

U.S. Census Bureau. (2012c). *Measuring America: Computer and Internet trends in America*. Retrieved from http://www.census.gov/how/infographics/computer_and_internet_trends.html

U.S. Census Bureau (2012d). *Race*. Retrieved from http://www.census.gov/population/race/

U.S. Census Bureau. (2012e). *Statistical abstract of the United States: Native and foreign-born populations by selected characteristics: 2010*. Retrieved from http://www.census.gov/compendia/statab/2012/tables/12s0040.pdf

U.S. Department of Education Office for Civil Rights. (2014). Data snapshot: School discipline. Retrieved from http://www2.ed.gov/about/offices/list/ocr/docs/crdc-discipline-snapshot.pdf

U.S. Office of Special Education Programs (OSEP) Technical Assistance and Dissemination Network (TA&D Network). (2012). Retrieved from http://tadnet.public.tadnet.org/pages/712

Vaughn, S., Bos, C. S., & Schumm, J. S. (2013). *Teaching exceptional, diverse, and at-risk students in the general education classroom* (6th ed.). Upper Saddle River, NJ: Pearson.

Walker, W. D. (1987). *The other side of the Asian academic success myth: The Hmong story*. Qualifying paper, Harvard Graduate School of Education, Boston, MA.

Wardle, F., & Cruz-Janzen, M. I. (2004). *Meeting the needs of multiethnic and multiracial children in schools*. Boston, MA: Allyn & Bacon.

Zhang, S. Y., & Carrasquillo, A. L. (1995). Chinese parents' influence on academic performance. *New York State Association for Bilingual Education Journal, 10*, 46–53.

Zirpoli, T. J. (1995). *Understanding and affecting the behavior of young children*. Upper Saddle River, NJ: Merrill/Pearson Education.

Ariel Skelley/Blend Images/Getty Images

초기 아동기 행동의 쟁점

04

Thomas Zirpoli

학습목표

이 장을 학습한 후 학생들은

생후 2년 동안의 아동들의 행동발달 개요를 서술할 수 있다.

어린 아동들의 행동에 미치는 환경의 영향을 규명할 수 있다.

조기중재의 필요성을 논의할 수 있다.

조기중재의 효능을 논의할 수 있다.

어린 아동들을 위한 긍정적 행동지원을 교육환경 내에 확립하는 방법을 이해할 수 있다.

어린 아동들의 적절한 행동과 연계된 변수들을 규명할 수 있다.

어린 아동들을 위한 적절한 교육환경이 어떤 모습인지 그 개요를 서술할 수 있다.

효과적인 양육자-부모 관계의 중요성을 논의할 수 있다.

어린 아동들의 행동을 이해하고 효과적으로 관리하는 것의 중요성은 네 가지 주요 이유들로 인해 아무리 강조해도 지나치지 않다. 첫째, 많은 양육자들(이 장에서 말하는 양육자는 부모, 조기교육자, 학령 전 교육기관 교사, 보조원, 그리고 어린 아동들을 돌보는 기타 성인들을 표현하는 데 사용될 것이다)은 어린 아동들과 함께 하는 데 있어 행동관리가 가장 까다로운 일이라고 보고하고 있다. 하지만 많은 초기 아동기 양육자들은 현직에 들어오기 전 받는 훈련에서 행동관리 교육을 거의 혹은 전혀 받지 못한다.

둘째, 적절한 사회적 행동들은 학업 수행과 정적인 상관관계를 보인다. 누군가 어떤 이야기를 읽을 때 조용히 앉아서 듣는 방법을 배운 아동들은 학령 전 교육기관에서 교육자들이 읽어 주는 이야기를 조용히 앉아서 들을 가능성이 높다. 과제에 집중하고 교사의 말을 들으며, 학급 규칙들을 따르는 아동들은 성인들과 또래들 모두가 좋아할 가능성과 학급에서 성공할 가능성이 더 높다. 정말로 연구자들은 아동들의 개인적 특성과 성인들이 아동들의 지능, 성격, 그리고 다른 특질들을 어떻게 평가하는지 사이에 상당한 관계가 있음을 규명해냈다(Kilgore, Snyder, & Lentz, 2000).

셋째, 양육자들은 어린 아동들의 행동에 대해 잘 이해하고 있어야만 하는데, 이는 그들이 어린 아동들의 행동 발달에 상당히 중요한 역할을 하기 때문이다. 어린 아동들은 다양한 것으로부터 적절한 그리고 부적절한 사회성 기술들을 배운다. 하지만 많은 아동들에게 있어 교육환경은 친사회적인 행동들이 모방되고 강화되는, 유일하게 구조화된 상황들을 제공한다. 그러므로 교육환경에서 양육자가 하는 역할은 많은 아동들에게 추가적인 중요성을 띠게 될 것이다. 또한 센터를 중심으로 하는 조기교육 프로그램들은 점점 줄어드는 반면 가정을 중심으로 하는 조기교육 프로그램들은 증가하고 있다. 양육자들은 반드시 그들이 방문하여 서비스를 제공하는 가족들에게 효과적인 행동관리 기술들을 시범 보이고 가르칠 수 있어야 한다.

넷째, 적절한 사회적 행동들을 효과적으로 가르치고 부적절한 행동들을 미연에 방지하기에 가장 좋은 시기는 아동들이 어릴 때이다(Dunlap, Strain, Fox et al., 2006). 초기 발달이라는 이 중요한 시기 동안 아동들은 적절한 행동과 부적절한 행동의 반응 가치를 배우면서 행동 패턴을 확립하게 된다. 예를 들어, 떼를 쓰는 행동이 '효과가 있다'는 것을 아주 어린 나이에 배운 아동들은 아동기 내내 그리고 청소년기에 접어들어서도 이러한 행동을 활용할 가능성이 높다. 그러므로 아동들이 어릴 때 어떤 행동들은 적절한 것으로 간주되고 어떤 행동들은 그렇지 않은지, 그리고 적절한 행동은 강화되고 부적절한 행동은 강화되지 않는다는 것을 가르치는 것은 중요한 일이다.

행동의 초기 발달 : 생후 첫 2년

신생아

신생아들은 다른 사람들에게 전적으로 의존적인 존재이다. 대부분 그들의 행동은 그들의 신체적 상태 및 환경과 직접 관련되어 있다. 신생아들은 기저귀를 갈아야 할 필요가 있을 때나 배고플 때, 혹은 무엇인가 불편한 상태에 있을 때 운다. 그들은 울지 않음으로써 자신에게 과도한 주의를 기울이게끔 부모들을 조종한다. 다시 말하자면, 당신은 신생아를 망쳐놓을 수 없다. 신생아는 양육자의 많은 주의와 따뜻함, 그리고 사랑을 필요로 한다. 신생아들은 자신의 기본적인 요구를 기꺼이 돌봐 주는 그리고 돌봐 줄 능력이 있는 양육자들이 존재한다는 것을 알게 되면 안전감을 발달시킬 것이다.

유아

Ainsworth(1979)와 Bowlby(1982)는 유아들의 애착에 대한 첫 광범위한 연구들을 수행했다. Ainsworth는 안정 애착 유아들의 어머니들은 유아들의 기본적인 요구에 더 반응적이며, 안정 애착 유아들은 '불안정 애착' 유아들보다 어머니와의 상호작용에 있어 더 협동적이고 덜 공격적이라는 것을 발견하였다. 태어나서 3개월 사이 유아들은 수유와 편안하게 해 주는 것에 긍정적으로 반응한다.

생후 3개월에서 6개월 사이에 유아들은 그들의 행동과 다른 사람들의 반응 사이의 관계를 이해하기 시작한다(Ensher & Clark, 1986). 이 시기 즈음 유아들은 울기, 단순히 다른 사람들, 특히 부모와 같이 중요한 타인들의 주의를 끌기 등을 포함하는 다양한 행동들을 활용하기 시작한다. 이들은 누군가 말을 했을 때 나는 소리에 반응하고 이상한 상황을 인식하고 있음을 보여 주기 시작한다. 이때 양육자들은 적절한 행동들은 강화되고 적절하지 않은 행동들은 강화되지 않도록 유아들의 이러한 행동들에 대한 반응을 조절하기 시작한다.

생후 6개월쯤 아동들은 발달에 있어 정상적인 인지적·운동기능적 단계를 통과하고 있음을 보여 주는 몇 가지 불편한 혹은 화나게 하는 행동들을 보일 수 있다. 예를 들어, 아동은 높은 의자에서 물건들을 떨어뜨리고 그 물건들이 어디로 가는지 지켜보는 것을 좋아할 수 있다. 이러한 단순한 행동으로 아동은 인과관계 및 대상 영속성을 배우기 시작한다. 따라서 생후 6개월 된 아동은 이러한 학습행동으로 벌을 받아서는 안 된다. 이 시기에 아동들은 까꿍놀이와 같은 놀이에 웃고 상대방의 손바닥을 치는 것과 같은 단순한 놀이에 참여한다.

생후 6개월에서 8개월 정도가 되면 아동들은 여기저기 기어 다니며 탐색(학습)하고자 한다. 양육자들은 아동을 놀이용 울타리나 유아용 침대에 장시간 가둬두기보다는 아동이 탐색할 안전한 장소를 제공해야 한다.

생후 8개월에서 10개월 정도 된 유아들에게 중요한 한 가지 획기적 사건은 낯선 사람에 대한 불안이 발달한다는 것이다. 이 시기에 유아는 주로 어머니인 주 양육자에게 강력한 애착을 보인다. 부모는 흔히 분리되는 동안 아동이 울면서 달라붙는 것에 대해 미안해 할 필요성을 느낀다. 양육자들은 아동이 정상적으로 발달하고 있다는 것을 믿어야 하고, 특히 이 기간 동안 아동이 안심하고 편안하게 느낄 필요가 있다는 점을 이해해야 한다. 생후 18개월에 가까워지면 유아는 주 양육자로부터 분리되는 상황에 대처할 수 있을 것이다. 익숙한 다른 양육자와 함께 있게 될 때 편안함을 보이면 다른 많은 사람들에 대한 애착은 분명해진다.

생후 9개월에서 12개월에 아동은 가구에 매달리며 돌아다니고 생후 12개월에서 18개월경 걷게 된다. 또다시 안전한 환경을 제공하는 것은 아동들로 하여금 탐색할 수 있게 해 주고 다른 아동들과 노는 것을 좋아하기 시작하면서 새로운 인지 및 운동 기술들을 발달시킬 수 있게 해 준다.

유아 및 어린 아동들에게 먹을 것을 주는 시간은 양육자들에게 어려운 시간일 가능성이 있다. 생후 6개월에 유아들은 다 먹었음을 보여 주기 위해 숟가락을 먹을 것을 주는 사람으로부터 밀어낸다. 생후 9개월쯤 된 유아들은 과자 및 토스트 등을 스스로 먹기 시작하고, 15개월쯤 되면 보통 손가락으로 집어먹게 된다. 내용물을 엎지르지 않고 컵을 사용하는 능력은 생후 18개월쯤 보인다. 요점은 먹고 마시는 것을 배우는 것은 정상적인 발달의 일부이고 스스로 먹을 기회는 제공되어야 한다는 것이다. 어린 아동들은 자꾸 흘리면서 먹지만, 양육자는 지저분하게 먹는 것을 야단치기보다는 컵에 소량의 액체만 붓고 의자 밑에 천을 깔아두며 아동들이 사용하기에 적당한 크기의 도구들을 사용함으로써 치우기 쉽게 해야 한다. 만일 아동들이 음식물을 집어 던지거나 바닥에 떨어뜨리기 시작하면 잠시 (2, 3분 정도) 음식물을 치우고 "음식을 바닥에 던지면 안 돼." 라고 말해라. 아동들은 곧 그것이 적절한 행동이 아니라는 것을 알게 된다.

> ▶ 양육자들은 영·유아들에게 안전한, 하지만 마음을 끄는 환경을 제공하기 위해 어린 아동들이 어떻게 발달하는지 이해할 필요가 있다.
> http://www.youtube.com/watch?v=DPaxuhAeM9A

1세

생후 1년이 끝나갈 무렵 아동들은 다른 아동들에 대해 관심을 보이기 시작한다. 그들은 흔히 다른 아동들 주위에 있는 것과 그들 옆에서 노는 것을 좋아한다. 그러나 1세 아동이 다른 아동들과 함께 놀기를 기대하는 것은 비현실적인 일이다. 그들은 다른 아동들을 탐색하는 것을 즐거워하고, 이는 머리카락을 잡아당기고 쿡쿡 찌르며(특히 얼굴 부위를), 장난감들을 낚아채는 형태를 띨 수 있다. 1세 아동에게 있어 입 속에 무엇인가를 집어넣는 것은 여전히 주요 탐색수단이고, 여기에는 다른 아동들을 깨무는 것이 포함된다. 이러한 행동들이 비록 공격적인 것으로 보이기는 하지만 이 행동들은 단지 아동이 환경을 탐색하는 방식일 뿐이다.

언어발달은 초기 발달에 있어 매우 중요한 요소이다. 생후 1년이 다 되어갈 무렵 아동은 보통 한 단어 발화(주로 명사들로 구성된)를 하게 되고 '병', '컵', '우유', '공', 그리고 '엄마' 등 친숙한 대상의 이름을 말할 수 있게 된다. 생후 2년이 되면 아동들은 보통 '엄마 가', '고양이 뛴다', '손가락을 물어', 그리고 '인형 모자' 등과 같은 두 단어 발화를 할 수 있게 된다. 어린 자녀의 언어를 어느 누구도 알아듣지 못할 때조차 부모들은 흔히 이해한다. 예를 들어, 냉장고를 가리키며 '우유'라고 하는 아동의 언어를 부모는 "엄마, 목이 말라요. 우유 한 잔만 주시겠어요."라는 의미로 이해하게 된다. 제한된 언어발달로 인해 아동들은 종종 양육자들에게 그들이 원하는 것과 그들의 요구를 전달하지 못한다.

피곤하거나 즐거워 보이지 않으며, 기저귀가 젖어 있거나 혹은 누군가 안아 줄 필요가 있는 어린 아동들은 좌절하게 되고 울거나 떼를 씀으로써, 혹은 양육자가 부적절하다고 판단하는 다른 수단으로 자신을 표현한다. 그러나 양육자들은 아동들이 자신을 표현할 단어를 알지 못할 수 있다는 것을 반드시 이해해야 한다. 양육자들은 보통 괴로워하는 아동들을 달래기 위해 적절한 방향을 따르고 있고 "피곤해요." 혹은 "기저귀가 젖었어요."라고 말하는 것일 수 있는 몸짓 언어를 읽으려 한다. 따뜻함, 음식물, 잠, 그리고 신체 접촉 등과 같은 기본적인 요구를 제공하는 것은 어린 아동들을 달랠 때 활용하는 첫 번째 중재가 되어야 한다.

2세

두 살이 될 때까지 아동들은 적절한 그리고 부적절한 것으로 간주되는 몇 가지 기본 행동들에 대한 인식을 계발하고 있어야 한다. 행동규칙들은 가정, 자동차, 학령 전 교육기관, 식료품점 등에 적용될 수 있다. 영아들은 양육자가 이 규칙들을 음성언어로 반복하고 이에 따르는 것을 칭찬할 때 이 규칙들에 대해서 배우게 된다. 다른 한편으로 영아들은 규칙들을 분명하게 이해하지 못한다면 그리고 양육자들이 이를 일관성 없게 실행한다면 규칙을 따르지 않는 것을 학습한다. 예를 들어, 어린 아동들은 자동차에 부착된 유아용 카시트의 중요성에 대해 듣고, 지속적으로 유아용 카시트를 이용하며, 결코 어떠한 상황에서도 유아용 카시트를 이용하지 않은 채 차로 이동하지 않음으로써(울거나 다른 떼를 쓰는 행동에 상관없이) 이동할 때는 항상 유아용 카시트에 앉아야만 한다는 것을 배운다.

어린 아동들은 자신의 한계 및 조기 교육자들이 세워 놓은 한계를 수정하는 능력에 대해 재빨리 알게 된다. 분명한 한계를 설정하고 이를 일관성 있게 실행하는 것은 양육자에게 달려 있다. 아동들은 생후 1년쯤 되면 안 돼라는 단어를 이해하게 된다. 양육자들은 정말로 안 되는 상황이 아닐 때에는 '안 돼.'라고 말하는 것을 피해야 한다. 아동들은 '안 돼'라는 단어가 어떤 양육자들에게 있어서는 다른 의미를 지니고 있다는 것을 금방 배운다. 예를 들어, 어떤 아동은 몇몇 양육자들에게 있어 '안 돼'라는 단어가 '어쩌면'을 의미하는 것이라고 배울 수 있다. 이러한 양육자들 주위에서 아동들은 순응하지 않고 다른 까다로운 행동들을 보일 수 있다.

만 2세가 될 때 아동은 자신에 대한 의미를 알기 시작한다. 그러나 어린 아동들이 탐색을 하기 위한 공간 및 자유를 필요로 하는 만큼이나 이들은 계속해서 조직된 환경을 필요로 한다. 어떤 조기 교육자들은 이 두 가지가 양립할 수 없다고 믿고 있지만 그렇지 않다. 사실 구조화된 환경에서 안정감을 느끼는 어린 아동들은 사랑하는 양육자가 설정해 놓은 범위 내에서 자유롭게 탐색하고 자유롭게 위험부담을 떠안을 것이다.

어린 아동들의 행동에 대한 환경의 영향

미국에 사는 5세 이하의 아동들은 약 2,450만 명 정도이다(Federal Interagency Forum on Child and Family Statistics, 2013). 그리고 이 아동들 모두에게 있어 그들의 복지 및 전반적인 사회적 행동들에 대한 어떠한 변수도 그들이 발달하고 성장하는 환경보다 더 중요하지 않다.

모든 아동들은 때때로 문제행동을 보이고, 이는 물론 정상이다. 그러나 부적절한 행동에 대한 양육자의 반응은 흔히 문제행동과 아동 모두에 대한 미래의 전개를 결정하게 될 것이다. 예를 들어, 어떤 아동이 울화행동(temper tantrum)을 보이는 동안 양육자가 주의를 기울이면, 그 아동은 앞으로도 성인의 주의를 끌고 요구를 충족시킬 수단으로 울화행동을 보일 가능성이 있다. 사실 아동이 성인의 행동을 조종하기 위해 울화행동을 사용하는 방법을 배워감에 따라 울화행동의 빈도 및 강도는 시간이 지날수록 증가할 것이다. 다른 한편으로 울화행동을 보이는 동안 그리고 울화행동을 보인 직후에 양육자가 아동의 요구에 굴복하지 않는다면 그 아동은 앞으로 울화행동을 보이지 않게 될 것이다. 따라서 아동들의 문제행동 비율과 그들 자신이 처한 환경에서 중요한 양육자로부터 얻게 되는 반응 사이의 관계는 분명한 것이다.

아동들이 잘못된 행동을 할 때 부모들과 양육자들은 흔히 그 **아동**에게 무엇이 잘못되었는지, 그 아동들 위한 최선의 치료나 중재는 무엇인지 등을 사정하고 규명하는 데 초점을 맞춘다. 아동에게 초점을 맞추는 이 접근방식은 특정 정서장애를 지닌 아동들에게는 적절한 반면 그 아동의 행동을 만들어 가는 데 있어 해당 아동의 **환경** 및 그 환경 내에 있는 사람들이 하는 중요한 역할을 인식하지 못하게 한다. 여러 가지 일들이 빨리 일어나고 바쁜 세상에서 부모들은 이전의 세상에서 보다 자신의 아이들이 지닌 요구에 쏟을 시간이 더 적은 것으로 보인다. 흔히 교사들과 부모들은 아동들의 부적절한 행동에 관한 여러 질문들에 신속하고도 쉬운 답을 찾으려 한다. 희생자 비난 증후군(blame-the-victim syndrome)이 아동들을 '고칠' 방법을 지나치게 많이 강조하고 있는데, 그 대신 우리는 아동들이 처한 환경의 질을 개선하는 것을 더 많이 강조할 필요가 있다고 믿는다.

어린 아동들은, 이들이 반사회적 행동을 할 위험에 처하게 하는 다양한 환경 변인들에 노출되어 있다. 이러한 변인들을 이해하는 것은 양육자들을 도와 아동들 및 이들의 행동에 미치는 영향을 이해하게 할 것이다. 아동들을 위험에 처하게 할 수 있는 구체적인 요인들은 다음에서 논의된다.

빈곤

빈곤은 아동들의 전반적인 복지, 학업에서의 성공, 그리고 사회적 행동들에 가장 많은 영향을 미치기 때문에 가장 먼저 논의될 것이다. 1974년 아동들은 노인들을 대신해 미국 인구 중 가장 빈곤한 하위집단의 자리를 차지하게 되었다. 1980년까지 아동들의 빈곤율은 노인들의 빈곤율의 여섯 배가 되었다(Schorr & Schorr, 1989). 오늘날 미국의 아동들 중 약 23%는 빈곤한 상태에서 살고 있고, 이들 중 26%는 만 3세 이하이다(Annie E. Casey Foundation, 2013).

한 가족의 소득은 한 아동이 받는 기본적인 양육 형태에 있어 그리고 아동의 학업 성취에 있어 중요한 역할을 한다(Clarke, Sheridan, Kim, Kupzik, Knoche, Ransom, & Sjuts, 2012). 저소득층 아동들은 고소득층 아동들보다 중요한 조기중재를 덜 이용하고 있지만, 이들이야말로 조기중재가 가장 필요한 아동들인 것이다! Annie E. Casey Foundation(2013)에 따르면 "미국의 부유한 아동들과 저소득층 아동들 사이의 표준화 검사 점수 차이는 1960년대 이후 약 40%가 증가하였다."

Illinois State Board of Education(2001)이 수행한 연구에 따르면 빈곤은 미국 학교에서

학업 및 사회적 실패의 가장 큰 단일 예측자라고 한다. 일리노이 주와 켄터키 주 자료를 분석한 결과 소득 수준 단 한 가지가 표준화 성취 점수에 있어서의 변화 중 71%를 설명한다는 것이 밝혀졌다. 이는 영어 유창성, 학생의 인종, 학급규모, 그리고 몇몇 교사관련 변인들 등과 같은 부가적인 변인들이 학생수행 예측 가능성의 단 7%만을 설명한다고 언급하는 것은 어떤 교육자들에게는 매우 놀라운 일이 될 것이다. 그리고 Kauffman(2001)이 지적한 것처럼 학교에서의 학업 실패는 다루기 힘든 학급행동과 직접적으로 관련된다.

빈곤한 환경에서 양육된 아동들은 이들이 흔히 적절한 사회적 행동들을 보여 주는 긍정적인 역할모델이 별로 없는 곳에서 살기 때문에 다루기 힘든 행동문제를 보일 위험에 처해 있다. 아동들이 '괜찮은' 삶을 영위한다고 보는 유일한 성인들이 불법적인 일을 통해 그렇게 사는 사람들인 경우가 빈번하다. 이 아동들은 지역사회 폭력에 노출될 가능성이 더 높고, 이러한 노출은 교실 내에서 아동들이 보이는 공격성에 대한 교사의 평가와 정적인 상관관계에 있다(Farver, Xu, Eppe, Fernandez, & Schwartz, 2005).

지속적인 부모의 실업상태

아동들의 빈곤은 어른들의 실업과 직접 관련되어 있다. 2011년 미국 아동 3명 중 1명은 부모 누구도 전일제로 일 년 내내 일을 하는 사람이 없는 가정에서 살고 있다(Annie E. Casey Foundation, 2013). 최악의 불황기 동안 실업률이 10%에 달했을 때, 많은 아동들이 그들의 부모들이 제한된 자원으로 수개월 혹은 그 이상을 살아야 하는 상태에서 벗어나기 위해 애쓰는 동안 계속해서 빈곤으로 고통받고 있다. Annie E. Casey Foundation(2013)은 실업과 빈곤이 높은 수준으로 집중된 곳에서 사는 아동들(미국 아동들의 약 12%)은 '범죄와 폭력, 그리고 신체적 · 정신적 문제를 겪게 될 위험이 더 높음'을 발견하였다. Ceballo와 McLoyd(2002, p. 160)는 '인근지역의 조건이 악화됨에 따라 정서적 지원과 어머니들의 애정 어린 양육 사이의 긍정적 관계는 약화된다'는 것을 발견하였다.

편부모 가정

아동들을 위험에 처하게 하는 데 있어 빈곤에 버금가는 것은 편부모 가정이다. '편부모 가정의 아동들은 학업에서의 실패에 처할 위험이 높아지고 있고, 고등학교를 중퇴하거나 10대 부모가 될 가능성이 증가하고 있으며, 우울, 스트레스, 불안, 그리고 공격성 등의 수준도 높아지고 있다'(Annie E. Casey Foundation, 2005). 미국 아동 중 35%와 영·유아의 37%는 편부모 가정에서 살고 있다(Annie E. Casey Foundation, 2013). 편부모 가정은 결혼하지 않은 어머니들로만 구성되는 것은 아니다. 아이들과 함께 살고 있는 편부모 가정의 거의 20% 정도는 편부 가정이 차지하고 있다(Federal Interagency Forum on Child and Family Statistics, 2013). 집에 있는 성인이 제공하는 양육의 강도 및 일관성 등과 같은 다른 요소들은 그리고 기타 다양한 환경적·경제적 요소들은 그 위험을 상당히 낮출 수 있다.

게다가 점점 더 많은 수의 아버지들이 어머니들이 직장에 가 있는 동안 아이들과 집에 함께 있게 되었다. 2011년, 아버지들의 약 3.4%가 어머니가 일을 하는 동안 자녀를 주로 양육하고 있었으며, 이는 2001년의 1.6%와 비교된다(U. S. Census Bureau, 2011). 이러한 증가는 신세대 아빠들은 자신의 아버지들과는 달리 자녀양육에 있어 1차적 역할을 하는 것이 중요하다고 믿고 있음을 반영하는 것이다. 그러므로 교사들은 학교에서 그리고 사친회에서 점점 더 많은 아빠들을 보게 되었다.

양육을 누가 제공하는지와 관계없이 강력한 양육과, 아동의 학교에서 제공되는 지원을 포함한 지원적인 환경은 아동들에게 있어 긍정적인 학업 및 사회적 성과의 주요 요인인 것이다.

성숙하기 이전에 그리고(혹은) 성숙 이상 상태로 태어난 아기들

임신기간은 37주에서 41주 사이이다. 임신 뒤 37주 혹은 그 이하의 기간에 태어난 아기들은 조산아로 간주된다. 35주에서 37주 사이에 태어난 아기들은 일반적으로 잘 발달한다. 32주 이전에 태어나는 아기들은 의학 및 발달과 관련된 다양한 장애들을 갖게 될 위험에 처하게 된다(Brown, 2004). March of Dimes Foundation(2013)에 따르면, 2011년 미국에서 살아서 태어난 아기들 중 11.7%는 조산이었다.

또한 2010년 미국에서 살아서 태어난 아기들의 8.1%는 성숙 이상이거나 출산 시 저체중(2,500그램 혹은 5.5파운드 이하; Annie E. Casey Foundation, 2013)이었다. 성숙하기 이전에 그리고(혹은) 성숙 이상 상태로 태어난 유아들은 잦은 울음, 빈약한 수면 패턴, 수유의 어려움, 그리고 일반적으로 달래기 어려움 등으로 인해 부모들에게 특히 까다로울 가능성이 높다. 우는 행동은 지속적이고, 조산 아동들의 울음이 갖는 높은 음의 속성으로 인해 짜증스러울 수 있다. 이러한 유아들이 양육자들에게, 특히 경험이 없는 젊은 부모들에게 학대받을 위험이 높다는 것은 놀랄 일이 아니다.

조기교육 교사들은 조산 및 성숙 이상과 연계된 까다로운 행동들이 정상적인 임신 9 개월 이상 유아가 발달해 감에 따라 감소할 것이라는 점을 이해할 필요가 있다. 인내심, 타인으로부터의 지원, 그리고 유머 감각은 대다수의 양육자들이 이 어려운 시기를 잘 견 뎌내게 할 것이다. 대다수의 조산 아동들의 행동은 이들이 만 2세가 되기 전에 또래들과 같아질 것이다.

태아 알코올 증후군

태아 알코올 증후군(fetal alcohol syndrome, FAS)이라는 용어는 1973년 워싱턴 의과대학 의 Kenneth Jones와 David Smith가 처음으로 도입했다. 오늘날 태아 알코올 증후군에 대 한 포괄적인 용어로 태아 알코올 스펙트럼 장애(fetal alcohol spectrum disorder)가 사용되 며 이는 임신기간 어머니의 알코올 소비에 의해 유발되는 장애 연속체를 일컫는다. 알 코올 소비는 어린 아동들이 지니고 있는 장애의 가장 예방 가능한 원인들 중 하나인 반 면 미국 아동들 중 최소 1%가 어머니의 알코올 소비와 관련된 장애를 갖게 된다(may & Gossage, 2005). Mayo Foundation for Medical Education and Research(2011)에 따르면 "임 신기간 동안 섭취해도 안전한 것으로 알려진 알코올의 양이란 것은 없다. 만일 당신이 임신 중 술을 마신다면, 당신은 당신의 아이를 태아 알코올 증후군을 갖게 될 위험에 처 하게 하는 것이다."

아동들이 태어나기 전 알코올에 노출됨으로써 발생할 수 있는 장기간에 걸친 해로운 결과에는 영구적인 행동적, 인지적, 신체적, 말/언어적, 그리고 의학적 장애 등이 포함 된다.

National Association for Alcohol Syndrome의 웹사이트는 www.nofas.org이다.

납중독

비록 Center for Disease Control and Prevention(2002)이 미국 인구 중 납중독이 1991년 과 2002년 사이에 68% 감소했다고 보고하였지만 납중독은 여전히 '미국 아동들에게 영 향을 미치는 환경과 관련된 가장 일반적인 건강문제'(Enders, Montgomery, & Welch, 2002, p. 20)이다. 납은 폐와 위장을 통해 흡수되는 신경 독성물질이다. 납중독은 반복되는 노출 뒤에 신체에 너무 많은 양의 납이 축적되는 것이다.

오늘날 납중독의 가장 일반적인 원천에는 1970년대 후반 이전에 지어진 집에서 발견되는 납을 주성분으로 하는 페인트와 낡은 건물 주변에서 발견되는 납이 함유된 먼지와 토양, 그리고 (급수에 영향을 주는) 낡은 배관 시스템과 같은 납을 주성분으로 하는 물질들과 납으로 광을 내거나 칠해진 그릇에 담긴 음식물 그리고 오염된 토양 등이 포함된다 (KidsHealth.org, 2012). 성인들은 섭취한 납의 10% 정도만 흡수하는 데 비해 아동들은 50%를 흡수한다. 아동들의 더 높은 흡수율에 덧붙여 어린 아동들은 '(이들의) 발달 중인 중추신경계에 주는 영향으로 인해'(Enders et al., 2002, p. 20) 납중독에 가장 취약하다. 납 수준이 상승한 아동들은 발달과 관련된 장애 및 행동과 관련된 어려움 등을 포함하여 다양한 문제들을 보인다.

아동학대

포괄적인 용어인 **아동학대**는 방임, 신체적 학대, 성적 학대, 그리고 심리적 학대, 의학적 방임, 그리고 기타 유형의 학대 등을 묘사하는 데 사용된다. 단연코 방임이 가장 흔히 보고되는 학대 유형이며, 그다음이 신체적 학대이다(U. S. Department of Health and Human Services, 2010). 미국의 아동학대 빈도에 대한 기술은 출처에 따라, 학대 유형에 따라, 그리고 희생자의 연령에 따라 매우 다양하다. 그러나 Children's Defense Fund(2012)는 '2009년 751,049명의 아동들이 학대되고 방임되었다는 보고가 있었다.' U. S. Department of Health and Human Services(2011)에 따르면 매일 최소한 다섯 명의 아동들이 아동학대와 방임으로 사망한다.

아동학대는 양육자들과 양육자들의 보호를 받는 아동들 사이의 역기능적 상호작용의 극단적 예임이 분명하다. 아동학대에 대한 연구는 연구자들로 하여금 양육자-아동 관계 및 상호작용 패턴 등과 연계된 많은 그리고 상호작용하는 변인들을 이해할 수 있게 해 준다. 이러한 변인들에는 사회적·문화적 요인, 환경적 요인, 양육자(부모 혹은 조기교육자)의 특성, 그리고 아동 혹은 희생자의 특성 등이 포함된다(이러한 요인들 각각에 대해 더 자세하게 알고 싶을 경우 Zirpoli, 1990 참조).

아동학대의 사회적 결과에 덧붙여 학대받은 아동에게는 신체적, 심리적, 그리고 행동적 결과들이 존재한다. U. S. Department of Health and Human Services(2008)가 제공한 이러한 결과들의 예가 표 4.1에 제시되어 있다.

표 4.1 아동학대의 선택적 결과

- 신체적 결과는 가벼운 멍이나 생채기로부터 골절이나 출혈, 혹은 심지어 죽음에 이르기까지 다양하다. 12개월 이상의 위탁 양육에 맡겨진 학대받은 아동들의 25% 이상은 건강과 관련된 반복적인 문제들을 지니고 있다.
- 심리적 결과에는 단기적 고립감 및 공포 그리고 낮은 자존감, 우울, 그리고 관계의 어려움 등과 같은 장기적인 정신건강 문제들 모두가 포함된다. 학대받은 아동들은 인지, 언어발달, 그리고 전반적인 학업성취 등의 측정에서 학대받지 않은 또래들보다 낮은 점수를 기록한다.
- 학대의 행동적 결과는 삶의 전반에서 뚜렷하게 나타난다. 어린 학대 희생자들은 행동장애로 진단받을 가능성이 두 배나 높다. 학대받은 아동들은 청소년 시기에 비행과 10대 임신, 그리고 약물 사용 등을 경험할 가능성이 25% 더 많고 범죄 행위로 인해 체포될 가능성은 11배 높다. 학대받은 아동들이 성인이 되었을 때 폭력 범죄를 포함한 범죄 행위로 체포될 가능성은 비슷한 나이의 학대받지 않은 사람들보다 거의 세 배 더 많다. 학대받은 아동들의 약 1/3은 어른이 되어 학대 가해자가 된다.

아동학대의 순환 깨기 아동학대와 관련된 변인들을 고려해 볼 때 교사들 및 다른 양육자들이 이 순환을 깨는 데 어떻게 도움을 줄 수 있는가? 어떤 해결책들은 국가적 우선순위와 태도에 있어 많은 변화를 요구한다. 그러나 조기교육자들은 이러한 변화들을 옹호하는 데 있어 최상의 위치에 있다.

첫째, 우리는 아동들에게 가해지는 체벌에 대한 광범위한 관용을 종식시켜야 한다. 전문적인 교육자로서의 우리는 우리의 교육환경에서부터 시작할 수 있다. 둘째, 아동들에게 높은 우선순위가 부여되는 상태와 이들을 보호하고 강화(신체적으로, 정신적으로, 그리고 정서적으로)하는 것과 관련된 쟁점들을 옹호해야 한다. 이러한 입장은 Head Start, WIC(Women, Infants, and Children) 프로그램, 그리고 빈곤한 상태에 있는 아동들이 이용하는 다른 효과적인 프로그램들에 대한 전폭적인 자금 지원을 의미한다. 셋째, 우리는 배경이나 소득과 관계없이 모든 양육자들이 자신의 자녀들에게 보호하는, 건강한, 그리고 강화하는 환경을 제공하도록 적절하고 필요한 지역사회 지원을 확실히 받을 수 있도록 해야 한다. 그러한 지원은, 가족의 소득이나 지불 능력과 상관없이 모든 여성들을 위한 적절한 산전관리, 모든 아동들을 위한 적절한 의학적 관리, 그리고 모든 아동들이 이용할 수 있는 양질의 조기교육 환경을 의미한다. 이러한 것들은 우리나라 아동들의 미래를 위한 그리고 우리나라의 미래를 위한 건전한 투자인 것이다.

조기중재의 필요성

미국에서 양질의 조기중재 프로그램에 대한 필요성이 계속해서 증가하고 있다. Wang,

Parker와 Taylor(2013) 등에 의하면 2011년 미국 노동력의 47%가 여성이라고 한다. 게다가 '18세 이하 아동들이 있는 가정의 40%는 어머니가 해당 가계소득의 유일한 혹은 주요 원천이다'(p. 1). 이 집단 중 63%는 미혼모이다.

6세까지의 아동들 중 약 61%, 유치원에서 초등학교 3학년까지의 아동들 중 47%, 그리고 4학년에서 8학년까지의 아동들 중 53%는 가정이 아닌 아동양육 환경이나 조기교육 프로그램에서 최소한 하루의 일부를 보내고 있다(Federal Interagency Forum on Child and Family Statistics, 2009). 2005년 가정 외 아동양육의 가장 일반적인 형태는 센터를 중심으로 하는 것(24%)이었고, 그다음으로 친척이 돌봐 주는 경우와 친척이 아닌 사람들이 돌봐 주는 경우였다(Federal Interagency Forum on Child and Family Statistics, 2009). 많은 아동들에게 있어 이러한 프로그램들은 많은 이로운 성과들과 함께 예를 들어, 학교에서의 성공에 필요한 적절한 사회성 기술을 계발할 기회 등 조기의 그리고 양질의 중재를 제공하고 있다.

비록 그 어느 때보다 많은 수의 아동들이 학령 전 교육기관에 다니고는 있지만, 기본적인 준비기술도 갖추지 못한 채 유치원이나 초등학교에 입학하는 아동들의 수 또한 증가하고 있다. 이러한 준비기술들에는 듣기, 복종하기, 지시 따르기, 그리고 자리에 앉아 과제에 집중하기 등과 같은 기본적인 사회적 행동들이 포함된다. 교사들이 보고하는, 점점 더 많아지는 행동문제를 지닌 아동들의 숫자는 빈곤한 환경에서 생활하는 아동들과 가정에서 강력한 양육이 이루어지지 않는 아동들이 늘어나고 있다는 것 모두로부터 기인하는 것일 수 있다. 노숙을 하는 아동들의 수가 점점 늘어나는 것과 함께 이 아동들은 까다로운 행동을 지닌 학령 전 아동들 및 어린 초등학생들이라는 새로운 인구를 대표하고 있다.

조산, 출생 시 저체중, 알코올 및 약물의 영향, 그리고 일반적인 빈곤 등으로 인해 위험에 처해 있다고 간주되는 아동들은 생애 초기에 가장 잘 다루어진다. 중재가 더 빨리 시작될수록 아동들에게 그리고 그 가족들에게 있어서의 장·단기 성과들은 더 나아진다. Head Start, 노스캐롤라이나 주의 Abecedarian Project, Chicago Child-Parent Center Program 등과 같은 초기 아동기 중재 프로그램들은 발달에 있어서의 문제 및 반사회적 행동들을 갖게 될 위험에 처해 있다고 간주되는 아동들의 삶에 극적인 영향을 주었고 아직도 주고 있다(이러한 프로그램들 및 기타 프로

> ▶ 이 영상은 Abecedarian Project와 이 프로젝트가 발달에 있어서의 문제 및 반사회적 행동들을 갖게 될 위험에 처해 있는 어린 아동들의 삶에 주는 영향을 설명하고 있다.
> http://www.youtube.com/watch?v=8YyZ8FkFsK4

그램들에 대한 개괄은 Bracey, 2003 참조). 연방정부의 전폭적인 자금 지원의 부족으로 인해 적격한 많은 아동들이 Head Start 프로그램에 참여할 수 없다.

조기중재의 효능

Bracey(2003, p. 32)에 따르면 조기중재의 효능에 대해 '가장 잘 알려진 그리고 가장 오랫동안 수행된' 연구는 1962년 시작된 Perry Preschool Project인데, 이 프로젝트에서는 58명의 아프리카계 미국 아동들이 학령 전 교육기관에 그리고 65명은 통제집단에 무작위로 배치되었다. 양 집단의 학생들은 수년간 동일한 순서의 사정 및 면담이 주어졌다. 19세가 되자 학령 전 교육기관에 배치되었던 아동들은 더 높은 고등학교 졸업률을 보였으며 특수교육 서비스를 필요로 할 가능성이 더 낮았다. 이들은 또한 표준화된 평가에서 더 높은 점수를 얻었다. 27세가 되자 학령 전 교육을 받았던 아동들의 71%가 고등학교를 마쳤고 42%는 월수입이 2,000달러를 넘었으며 36%가 집을 소유하게 되었지만, 통제집단 아동들은 54%가 고등학교를 졸업했고 6%만이 월수입이 2,000달러가 넘었으며 13%만이 집을 소유하고 있었다. 게다가 학령 전 교육을 받은 아동들은 더 안정적인 결혼생활을 유지하고 있었고 혼외 출산 및 체포되는 경우는 더 적었다.

Campbell, Ramey, Pungello, Sparling과 Miller-Johnson(2002)은 채플힐에 있는 노스캐롤라이나대학교에서, Abecedarian Early Childhood Project에 참가했던 57명의 아동들에 대해 장기간에 걸친 추수 연구를 수행하였다. 이 프로젝트에 5세 내내 참가했던 아동들은 21세가 되자 IQ와 읽기 그리고 수학 검사에서 더 높은 점수를 획득했고, 4년제 대학을 졸업할 가능성이 더 높았으며, 부모가 되는 시기가 늦었고, 성공적으로 취업할 가능성도 더 높았다. 행동에 관해서 볼 때 이 프로젝트에 참가했던 아동들이 담배를 피울 그리고 불법 약물들을 이용할 가능성은 더 낮았으나, 알코올 소비에서는 차이가 없었다.

Head Start의 장기적 효과에 대한 더 최근의 연구에서 Love, Kisker, Ross, Raikes, Constantine과 Boller 등(2005)은 영 · 유아가 있는 저소득층 가족들에게 서비스를 제공하는 것은 부모들과 아동들에게 여러 성과가 나타남을 발견하였다. 이들은 가족들이 조기 Head Start 프로그램에 참여할 때, (a) 아동들은 부모들과 더 관련되어 있었으며, (b) 놀이 상황에서 부정적인 상호작용을 하는 경우가 더 적었고, (c) 덜 공격적이었으며, (d) 부모들은 자녀들에게 정서적으로 더 지원적이었고, (e) 통제집단의 부모들과 아동들이 그랬던 것보다 더 언어발달을 제공하였다.

효과적인 조기중재와 관련된 변인들

양질의 조기중재 프로그램들에는 몇 가지 주요 구성요소들이 있다. 첫째, 서비스가 더 일찍 제공되면 될수록 아동과 가족에게는 더 나은 성과가 나타난다. Beard와 Sugai(2004)는 반사회적 행동을 보일 위험이 있는 초등학생들의 부모와 교사 사이의 동반자 관계가 포함된 조기중재 프로그램인 First Steps to Success의 효과를 연구하였다. 이들은 "만일 중재가 초등학교 저학년 때 실시된다면 미래의 반사회적 행동을 예방할 가능성은 향상된다."(p. 396)는 것을 발견하였다.

둘째, 효과적인 프로그램들은 양육자 대 아동의 비율이 낮아, 성인 두 명당 3세에서 5세까지의 아동 16명에서 20명을 넘지 않는다(National Association for the Education of Young Children, 2013).

셋째, 부모가 참여하고 센터 기반 서비스 및 지원과 가정 기반 서비스 및 지원이 혼합된 프로그램들은 부모와 아동 모두에게 최고의 결과를 제공하였다(Love et al., 2005). 전문적인 양육자들은 반드시 자신이 담당한 아동들의 발달에 있어 동반자로서의 부모와 함께 해야 하고, 효과적인 프로그램들은 아동들에게뿐 아니라 부모에게도 서비스, 특히 훈련을 제공해야 한다(Beard & Sugai, 2004; Michelson, Davenport, Dretzke, Barlow, & Day, 2013).

어린 아동들을 위한 긍정적 행동지원

돌봐 주는 그리고 애정이 깃든 환경 확립하기

아동들은 자신이 사랑을 받고 있으며 수용되고 있다는 것을 알 필요가 있다. 매우 어린 아동들조차 양육자들이 자신에게 어떤 감정을 지니고 있는지를 이해한다. 이들은 양육자들이 자신에게 무엇을 말하는지 그리고 다른 사람들에게 자신에 대해 어떻게 이야기하는지를 듣고 양육자들이 어떻게 행동하는지를 관찰한다. 자신의 환경 및 양육자들과의 관계에 있어 안정감을 느끼는 아동들은 부적절한 주의를 끌기 위한 방법으로 잘못된 행동을 보일 가능성은 더 낮다.

> ▶ 이 영상은 일리노이 주 오로라의 Prairie Children Preschool이 3, 4세 아동들로 구성된 교실에서 긍정적 행동 중재 및 지원(PBIS)을 어떻게 실시하는지 설명하고 있다. http://www.youtube.com/watch?v=7QRoYyLZVqw

어떤 아동이 잘못된 행동을 보일 때, 양육자들은 부적절한 행동을 멈추게 하고 그 행동이 되풀이되는 것을 막으려는 노력의 일환으로 그 아동에게 그리고 그 아동의 행동에 초점을 맞추는 것으로 보인다. 양육자가 환경이 어떻게 잘못된 행동을 일으키는 요인이 될 수 있는지에 대해 이해하는 것은 어려울 수 있다. 잘못된 행동의 원인이 될 수 있는 환경 변인들에는 다음과 같은 것들이 포함된다.

- 양육자의 행동(예를 들어, 잘못된 행동이 강화되는가?)
- 해당 환경 내에 있는 다른 사람들의 행동(예를 들어, 그 아동의 잘못된 행동에 또래들이 어떻게 반응하였는가?)
- 아동이 그 행동을 보이는 환경과 관련된 요인들(예를 들어, 물리적 환경, 학급의 교육과정, 인지적·사회적 요구 등)

우리는 양육자들이 어린 아동들에게 그들이 사랑받고 있으며, 그들을 좋아하고, 그들이 받아들여지고 있다는 것을 어떻게 보여 줄 수 있는지에 대해 살펴볼 것이다.

학생들에게 당신이 그들을 좋아한다고 말하라   양육자는 아동들이 누군가 자신을 좋아한다는 것을 안다고 가정할 수 없다. 그들에게 말해야 한다! 양육자들은 아동들에게, 특히 적절한 행동을 한 후에 누군가 자신을 좋아한다는 것을 말해 주는 습관을 들여야 한다. 어떤 양육자들은 자신이 돌보는 아동들에게 "난 널 좋아해."라고 말하거나 긍정적인 감정을 표현하는 데 매우 어려워할 수 있다. 그러나 이러한 방식으로 감정을 표현하는 것이 일과의 일부가 된다면 양육자들은 그렇게 하는 것이 점점 더 쉬워진다는 것을 발견하게 될 것이다. 아동들은 "우리 선생님은 날 정말로 좋아해!"라고 말하면서 해당 교육 상황에서 나와야 한다.

아동들이 어릴 때 서로에 대한 감정을 의사소통하는 가족들은 그 아동들이 청소년이 될 때 더 쉽게 감정을 표현하게 될 것이다. 그러므로 아동들이 어릴 때 애정을 전달하려는 노력은 미래의 부모-아동 간 의사소통 패턴을 위한 투자인 것이다.

교육자들은 아동들이 학급에서 자신의 감정을 표현하는 것에 대해 건전한 태도를 확립하도록 도와줄 수 있다. 감정에 대해 이야기하고 아동들에게 어떻게 느끼는지에 대해 말할 기회를 주는 것은 아동들에게 그들의 감정이 현실적인 것이며 한 인간이 되는 것의

무엇보다도 아동들은 자신의 삶에 있어 중요한 어른들이 자신을 사랑하고 있다는 것을 알 필요가 있다.

일부라는 것을 가르쳐 준다. 그러한 행동들은 또한 교육자들에게 다른 사람들의 감정을 알아내고 그 감정에 민감해지며 존중하는 방법을 아동들에게 가르칠 기회를 준다. 이러한 수업은 적절한 사회성 기술들을 발달시키기 위한 견고한 기반을 제공하는 데 도움이 될 것이다.

개인적인 시간을 남겨 두라　하루에 단 몇 분이라도 아동들 개개인과의 어떤 특별한 시간을 남겨 두라. 이 시간을 이용해 아동들에게 말을 걸고 아동의 말을 들어 주며, 해당 아동에게 자신이 얼마나 중요한 존재인지 알게 하라. 이러한 개인적인 대화는 또한 아동들이 어떤 감정이나 걱정거리, 혹은 그날에 있었던 일들에 대한 반응을 표현할 기회를 준다. 당신과 아동 모두에게 그날이 얼마나 힘들었는지와 관계없이 이 특별한 시간은 최소한 한 가지의 긍정적인 양육자-아동 상호작용을 위한 기회를 제공한다.

　많은 아동들에게는 학교 바깥의 환경에 자신의 삶에 있어 중요한 성인이 없다. 이들은 편부모 가정에서, 바쁘고 가족을 부양하느라 노력하는 데 몰두해 있는 아버지 혹은 어머니와 살고 있을 수 있다. 아동들에게 있어 말을 하고, 자신의 감정을 공유하며, 긍정적인 피드백과 지원을 제공하는 한 사람의 특별한 성인이 있다는 것이 얼마나 중요한 것인지 우리 모두 알고 있다. 종종 그 성인은 해당 아동이 다니는 학교의 선생님이거나 상담가이다. 교육자들은 이러한 사회적 요구를 인식하고 한 학생에게 누군가 자신을 돌보고 있다는 것을 보여 주기 위해 약간의 시간(매일 몇 분 정도도 괜찮다)을 기꺼이 내줄 필요가 있다.

아동들에게 사랑을 주어라　아동들의 성적학대에 대한 모든 주의 및 적절한 관심으로 인해 어떤 양육자들은 만지거나 안고, 혹은 자신들이 양육하는 아동들에게 다른 방식으로 애정을 표현하는 것을 꺼린다. 몇몇 학교는 교육자들에게 자신이 담당한 학생들을 만지지 말라고 하기도 한다. 이러한 반응은 매우 불행한 것이다. 아동들은 정상적으로 발달하기 위해 그리고 정서적으로 행복하고 안정되기 위해 사랑을 필요로 한다. 오늘날의 사회에서 아동들은 점점 더 많은 시간들은 가정 밖에서 그리고 그들을 사랑하는 부모들과 떨어져 보내고 있다. 따라서 다른 양육자들의 사랑은 특히 유아 및 어린 아동에게 훨씬 더 중요해지고 있다. 학교는 수용할 수 있는 만짐(예 : 어깨를 가볍게 두드리기, 악수 등)의 경계를 명시하기도 하는 규정들을 개발하도록 권유받고 있다.

어린 아동들의 자아존중감을 높여 주어라　건강한 자아존중감을 지닌 아동들은 보통 자신 및 타인에게 좋은 감정을 느끼는 행복한 아동들이다. 행복하고 자신이 있는 아동들은 양육자 및 다른 아동들과 긍정적으로 상호작용할 가능성이 높다. 건강한 자아존중감은 그 사회적 · 행동적 이익 외에 학업성취와 정적인 관계를 보이고 있다.

아동들에게 그들이 사랑받고 있고 누군가 그들을 좋아하고 있으며, 받아들여지고 있다는 것을 보여 주는 것은 그들의 자아존중감을 확립시키는 첫 단계이다. 우리는 이제 아동들의 자아존중감을 증가시키기 위한 몇 가지 구체적인 제안들을 살펴볼 수 있다.

아동들이 유능해질 수 있도록 허용하고 유능해질 수 있게 하라　Hendrick(1990)은 "조기교육의 목적은 어린 아동들의 역량(competence)을 육성하는 데 있다."(p. 4)고 진술하고 있다. 역량은 누군가 '스스로' 무엇인가를 할 수 있다는 자신감이다. 교사들과 부모들은 모두 아동들을 도와 그들이 스스로 무언가를 할 수 있게 허용함으로써 역량을 쌓는 활동에 참여하게 할 수 있다. 간식을 먹거나 식사를 한 후 아동들에게 맞게 조정된 싱크대에서 설거지할 기회를 제공하거나 학령 전 아동들이 할 수 있는 일들(예 : 애완견 먹이 주기, 학교에서 리더가 되기 등)을 주는 양육자들은 아동들이 능력이 있다고 느낄 기회를 부여하는 것이다.

아동들에게 그들이 한 착한 일에 대해 말하라　양육자들은 너무나도 자주 아동들이 보이는 적절한 행동 대신 부적절한 행동에 초점을 맞춘다. 이런 일이 일어날 때 아동들은 양육자들의 주의가 부적절한 행동과 연계되어 있다고 배운다. 그 결과 부적절한 행동이 증가한다. 불행하게도 적절한 행동보다는 부적절한 행동에 초점을 맞추는 것이 쉬운 것 같다. 양육자들은 아동들이 하는 적절한 것에 더 많은 주의를 기울이는 데 모든 노력을 해야 한다. 이는 아동들에게 "너는 참 열심히 하는구나."라고 하거나 "네가 존과 함께 노는 방식이 마음에 들어.", 혹은 "네가 매리와 함께 문제를 푸는 방식이 좋아."라고 말함으로써 성취될 수 있다. 아동들이 하는 착한 일들에 주의를 기울이도록 노력하라. 양육자의 주의와 적절한 행동 사이에는 어떤 연계가 있다는 것을 아동들에게 가르쳐라.

아동들에게 적절하게 말하라　많은 양육자들은 그들 자신의 행동이 아동들에게 어떻게 적절한 그리고 부적절한 행동들을 가르치게 되는지 이해하지 못하고 있다. 양육자들은 그들이 아동들과 상호작용하는 매 순간 이들의 학습에 영향을 미친다. 아동들에게 말을 할 때 명심해야 할 중요한 것이 두 가지 있다. 첫째, 당신이 **무엇을** 말하는지는 중요한 것이다. 냉소적이고 부정적인 진술은 하찮음이라는 감정을 촉진한다. 만일 어떤 아동이 무엇인가 부적절한 일을 했고 당신이 이에 대해 무엇인가 말해야 한다면, 아동이 아닌 **행동**에 대해서 말하라. 비록 그들의 행동이 때때로 나쁜 것이라 하더라도 결코 **아동**들이 나쁜 것은 아니다. 아동의 존엄성과 자긍심을 유지하기 위해서는 아동이 한 일 중에 당신이 싫어하는 것을 설명해야지 한 인간으로서의 아동을 비판해서는 안 된다. 중요한 양육자의 부적절한 말은 아동의 자아존중감에 심각한 상처를 입힐 수 있다.

　둘째, 당신이 어떻게 말하는지가 매우 중요하다. 어떤 양육자들은 소리를 더 크게 지르면 지를수록 아동들의 행동을 변화시키는 데 더 효과적이라고 믿는다. 그러나 아동에게 단호하게 하지만 침착하게 말하는 것은 단기적으로 그리고 장기적으로 더 효과적이다. 게다가 양육자들이 소리 지르는 것을 그만두면 그 환경은 해당 아동이 학습하고 발달하는 데 더 평온한 장소가 된다. 아동들은 그들이 한 적절한 행동에 대해 많은 주의를 얻게 되는 평온하고 긍정적인 환경에서는 부적절한 행동을 덜 보인다(Hetherington & Martin, 1986).

아동들에게 실수를 하는 것은 정상이라고 가르쳐라　모든 사람들이 실수를 한다. 아동들이 실수를 할 때 그들에게 "모두 다 잘못을 하며 완벽한 사람은 아무도 없다."고 말하라. 양육자들은 그들이 실수를 저지를 때마다 예를 들어, "내가 잘못했어, 미안해."라고 말함으로써 실수를 다루는 적절한 방식을 시범 보일 기회를 갖게 된다. 이러한 행동을 관찰한 아동들은 잘못을 하는 것은 괜찮다고 굳게 믿고 있기 때문에 실수를 할 때 "내가 잘못했어."나 "미안해."라고 말할 가능성이 더 높다. 또한 아동들은 실수를 저지르는 것을 걱정하지 않게 될 때 새로운 것을 시도하는 데 두려움을 갖지 않는다.

　어린 아동들에게 실수를 하는 것은 그리고 그 실수에 대해 말하는 것은 정상이라고 가르치는 것은 그들이 청소년이 되고 성인이 되었을 때 실수에 대처하고 실수에 대해 말할 수 있도록 도와준다. "내가 잘못했어, 미안해."라고 말할 수 있는 것은 해당 아동의 일생에 걸쳐 그리고 모든 사회적 상황에 걸쳐 기능적인 행동으로 이용될 것이다.

아동들이 제한된 선택권을 가질 수 있도록 허용하라　어릴 때부터 선택하는 것을 연습하도록 허용된다면 아동들은 좋은 선택을 하는 방법을 배우게 될 것이다. 어린 아동들이 할 수 있는 몇 가지 선택에는 자기 전에 읽을 책이나 이야기 선택하기, 간식시간에 마실 주스 고르기, 어떤 옷을 입을지 결정하기 등이 포함된다. 교실적용 4.1에 제시된 것과 같이 아동들에게 제한된 선택권을 주는 것은 권력투쟁을 감소시키는 훌륭한 방법이다. 양육자들은 흔히 아동들의 행동을 통제하기 위해서는 지시해야 한다고 생각한다. 지시는 때때로 적절하지만 자신의 독립성을 계발하려고 노력하는 어린 아동들은 선택권이 부족한 것에 대해 부정적으로 반응할 수 있고, 이는 계속되는 양육자 대 아동의 싸움으로 이어진다. 물론 양육자들은 선택의 범위를 제한해야 한다. 예를 들어, 아동들에게 마실 것을 선택할 수 있다고 말할 때, 양육자는 우선 선택을 제한한다('오렌지 주스를 마시고 싶니 아니면 사과 주스를 마시고 싶니?'). 이러한 방식으로 아동들에게 안전한 선택을 할 기회를 주면서 성숙한 성인이 통제를 하게 되는 것이다.

　매일 매일의 사건들은 선택을 논의할 기회를 제공한다. 예를 들어, 아동들이 장난감 하나를 가지고 싸우면, 양육자들은 그 사건을 이용하여 아동들이 대안으로서의 행동들을 생각해 보도록 하고 스스로 적절한 행동들을 선택하도록 도울 수 있다. 그들의 행동에 대해 질문을 하고(예 : "네가 그 장난감을 갖고 놀고 싶다고 이야기하는 또 다른 방법을 생각해 볼 수 있겠니?") 아동들이 대안을 탐색하고 자신이 한 행동의 결과를 잘 생

장난감을 두고 싸우기

켈리는 3년 동안 학령 전 학교의 교사였다. 그녀는 장난감을 두고 싸우는 것이 보통 학령 전 학교라는 환경 내에 아이들이 바라는 장난감이 부족하고, 학생 수가 많으며(많거나) 무질서한 교실 등의 결과라는 것을 알게 되었다. 켈리는 수업을 하는 동안 각각의 놀이영역에 아동들의 수를 제한하였다. 이러한 일은 몇 가지 방식들로 이루어졌다. 예를 들어, 켈리는 블록놀이를 하는 테이블에는 의자를 네 개만 놓았다. 놀이용 반죽이 있는 테이블에는 의자 세 개, 밀방망이 세 개, 그리고 커터 세 개를 놓았다. 켈리의 책 영역에는 아이들이 책을 읽는 동안 앉아 있을 방석이 다섯 개 있다. 그녀의 수업을 듣는 아동들은 누군가 의자나 방석을 차지하게 되면 다른 놀이영역으로 옮겨야 한다는 것을 알고 있다. 또한 켈리는 아이들에게 놀이영역을 이리저리 옮겨 다니라고 권하고 있다.

켈리는 아동들에게 다양한 놀이 도구들을 줄 수 있도록 놀이영역들을 매일 다르게 만들고 있다. 적절하게 감독하기 위해 켈리는 자신과 보조원들을 교실 전체에 배치해 놓고 있다. 이러한 준비로 인해 켈리의 학생들은 그들이 원하는 많은 다양한 장난감들 및 도구들을 갖고 놀 기회를 얻게 되었다.

그러나 장난감을 차지하기 위해 벌어지는 다툼은 여전히 발생한다. 켈리는 아이들에게 그들이 원하는 장난감을 다른 아이가 갖고 있을 때는 그것을 줄 것을 요청하라고 권하고 있다. 그녀는 또한 어떤 장난감을 다른 장난감과 맞교환하는 개념을 아이들에게 가르친다. 하지만 만약 어떤 아동이 여전히 공격적이라면 켈리는 특정 시간 동안(몇 분) 그 아이를 놀이영역에서 제외시키고 그 아이가 놀이를 적절하게 하는 것이 관찰될 때 그 아이에게 강화를 제공해야 한다는 것을 기억하고 있다. 가장 중요한 것은, 켈리가 아이들이 적절하게 놀이를 할 때 모든 아이들에게 언어적 강화를 제공해야 함을 기억하고 있다는 것이다. 켈리의 수업에서는 그녀가 "나는 너희들이 친구들과 함께 나누는 방식이 마음에 들어!"라고 말하는 것을 자주 들을 수 있을 것이다.

생각해 보기

켈리가 자신이 근무하는 학령 전 교육기관에서 모든 놀이영역에 의자나 방석의 수를 제한해 놓는 전략에 대해 어떻게 생각하는가? 켈리가 아동들이 각각의 놀이영역에 있는 시간을 제한해야 한다고 생각하는가? 켈리는 보관해 놓고 꺼내 놓고를 번갈아 할 수 있는 많은 장난감을 가지고 있다. 어떤 장난감(예 : 레고 등)은 항상 이용할 수 있어야 하는가? 만약에 그렇게 생각한다면 어떤 장난감이 이에 해당되는가?

각해 볼 수 있는 기회를 주는 것("그 아이는 그것에 대해 어떻게 느낄 것이라고 생각하니?")은 아동들에게 자신의 행동에 대해 선택하는 방법을 가르쳐 주는 다른 방식이다.

Hendrick(1990)은 선택할 수 있도록 허용된 아동들이 더 창의적이라고 언급하였다. Hendrick은 "아동들에게 어떤 경험을 창의적인 것으로 만들어 주기 위해서는, 그 경험이 외부로부터 부과된 것이 아닌 그들 내부에서 생성된 것이어야 한다."(p. 250)고 말했다. 예를 들어, 교실에서 미술활동을 하는 동안 교사는 색칠하기 책을 아동들에게 주는 것보다는 아동들이 자신의 독창적인 작품을 만들 수 있도록 그들에게 콜라주 재료들을 줄 수 있다. 때때로 양육자가 주도하는 활동들은 문제해결을 위한 제한된 기회들을 제공한다. 정말로 선택권이 주어진 아동들은 자신의 사회적 행동들과 관련된 문제를 해결할 때가 되면 이익을 볼 수 있다. 예를 들어, 블록을 갖고 싶은 즉각적인 충동에 따라 행동하기보다는 블록을 친구와 나눠 가진 아동은 문제(즉 두 아동들 모두 블록을 갖고 놀고 싶어 한다)를 해결할 계획을 세울 수 있다.

아동들이 당신이 그들의 의견을 소중하게 생각한다는 것을 알게 하라 아동들이 자신의 의견을 표현하는 것에 대해 강화를 받게 되면 그들은 자신의 감정, 신념, 그리고 의견의 가치에다가 개성의 가치 또한 배우게 된다. 아동들은 그들 자신의 감정 및 생각을 계발하도록 그리고 양육자가 "어떻게 생각하니?" 혹은 "그 일에 대해 어떤 느낌이 들지?"라고 물을 때 자신의 의견을 표현하도록 권장될 수 있다. 이러한 종류의 질문들은 아동들로 하여금 그들도 (그리고 그들의 감정도) 중요하다는 것을 알게 해 준다. 게다가 이는 성인 및 다른 아동들과 적절하게 상호작용하고 대화하는 방법을 가르치고 연습할 수 있게 해 주는 훌륭한 방식이다.

어린 아동들의 적절한 행동과 연계된 변인들

성인의 감독 수준, 후속결과의 일관성, 학업성취를 위한 준비, 그리고 환경적 고려 등을 포함한 몇 가지 변인들이 어린 아동들의 적절한 행동과 연계되어 있다. 이러한 변인들이 없다는 것은 아동들이 반사회적 행동을 할 위험에 처하게 하는 것으로 밝혀졌다.

감독

아동들의 적절한 행동에 대한 중요한 예측자는 양육자가 하는 감독의 양과 질이다 (Keijsers et al., 2012; Lewis, Colvin, & Sugai, 2000; Maughan & Moore, 2010). 양육자들이 아동들의 행동을 감독할 때(아동들이 어디에서 놀고 누구와 함께 노는지 등) 양육자들은 아동들에게 그들이 아동들의 복지에 관심이 있다는 것을, 특정 물리적 · 행동적 경계가 있다는 것을, 그리고 아동들의 안전을 감독하는 양육자들이 있다는 것을 보여 주고 있는 것이다. 감독의 이러한 효과는 아동들이 대학에 진학하기 위해 집을 떠날 때조차 작용하는 것 같다. 예를 들어, LaBrie와 Cail(2011, p. 610)은 어머니와 대학생이 딸 사이의 더 빈번한 연락은 '또래 규범의 영향을 완화시키는 것으로 보이며' 그리고 알코올 소비의 감소와 연계되어 있다는 것을 발견하였다.

양육자들은 제한과 허용 사이의 건강한 균형을 찾으려 노력해야 한다. 양육자들이 지나치게 제한을 가할 때, 아동들은 복종하고, 의존하며, 위험부담을 감수하지 못하는 경향이 있다. 양육자들이 지나치게 허용적일 때 아동들이 지시에 따르지 않고, 태만해지며, 부주의해지는 경향이 있다. 양육자의 감독 부족은 아동의 재물 손괴에서 청소년 범죄에 이르기까지 많은 아동들의 행동문제들과 관련이 있다.

일관성

일관성은 양육자와 아동 사이에 이해 및 신뢰를 확립시켜 준다. 아동들은 양육자들이 말하는 것과 반응하는 방식에 있어 일관성을 보여 줄 때 기대할 것과 수용될 수 있는 것 및 수용될 수 없는 것을 배우게 된다. 아동들은 양육자들이 끝까지 일관성 있게 행동할 경우 자신이 한 행동의 가능한 결과를 배우게 된다. 양육 스타일과 아동이 보인 결과 사이의 관계에 대한 중요한 연구에서 Hetherington과 Martin(1986)은 부모의 훈육이 단호하고 일관성이 있지만 다정하고 반응적일 때 아동들은 긍정적인 결과를 갖게 된다는 것을 발견하였다.

일관성이 없을 경우 양육자들이 결국 부적절한 행동에 반응하려 할 때 아동들은 반항할 가능성이 높다. 아동들은 양육자들이 항상 그들이 말하는 것을 의도하거나 의도하는 것을 말하는 것은 아니라고 배우기 때문에 일관성 없는 양육자의 말은 따르지 않는 경향이 있다. 아동들을 훈육할 때 일관성이 없는 양육자들은 아동들이 그들의 말을 따르지 않는 것에 좌절하기 때문에 가혹하고 적대적인 경향이 있다. 사실 그들은 일관성 있는 방식으로 일을 처리하지 않음으로써 아동들에게 자신의 말을 듣지 말라고 가르치는 것이다. 이러한 일관성 없고 적대적인 관계는 아동들의 공격적이고 불복종적이며, 태만한 행동 등과 연계되어 있다.

준비기술

어린 아동들이 학령 전 교육기관이나 유치원 수준의 학교에 들어갈 때, 교육자들은 그들의 기술 및 행동에 대해 어떤 기대를 갖게 된다. 불행하게도 많은 어린 아동들은 최소한의 교사의 기대조차 충족시킬 만한 기술이나 행동을 갖고 있지 못하다. 이 아동들에 대한 잠재적인 결과에는 사회적 · 학업상 실패, 교육자 및 또래들과의 빈약한 관계, 그리고 학교에 다니는 동안 기준에서 점점 더 뒤쳐질 위험성 등이 포함된다.

부모 및 초기 아동기 양육자들은 어린 아동들에게 다음과 같은 기술들을 포함하는 기본적인 준비기술들을 가르침으로써 학교에 들어가는 어린 아동들을 위한 성공의 기회를 증가시킬 수 있다.

- 양육자들과의 사회적 상호작용(듣기, 복종, 지시 따르기 등)
- 또래들과의 사회적 상호작용(공유하기, 놀기, 차례 지키기 등)
- 환경에 적절한 행동들(장난감 및 다른 자료들의 활용, 자리에 앉아 과제를 하는 행동, 환경적 단서에 대한 주의 등)

양육자들은 이러한 기술들을 언어적 교수 및 연습을 통해 가르치게 된다. 우리는 이미 어렸을 때부터 책을 읽어 준 아동들의 예를 제공했는데, 이들은 양육자가 교육적 상황에서 이야기를 읽을 때 앉아서 듣는 것 같았다. 앉기와 듣기는 단순한 행동이 아니다. 앉기와 듣기는 그저 행동이 아니다. 이 행동들은 아동들이 학교에서 성공하기 위해 반드시 배워야 하는 기술인 것이다. 어릴 때부터 나누고 협력하는 것을 배운 아동들은 나중에도 또래들과 잘 지낼 가능성이 높다. 자신의 장난감을 관리하고 망가뜨리지 않는 법을 배운 아동들은 이러한 기술 및 행동을 학교 환경에 일반화시키는 것 같다. 이 아동들은 학습할 준비가 되어 있을 것이고 새로운 양육자들 및 또래들과 관계를 확장시킬 준비가 되어 있을 것이다.

환경적 고려

교사들과 부모들 모두 다 어린 아동들의 행동에 미치는 환경의 영향이 갖는 중요성을 깨달아야 할 필요가 있다. 이러한 영향을 고려하는 목적은 학령 전 아동들의 부적절한 행동을 예방하는 데 이용되는 환경을 확립하는 데 있다(McEvoy, Fox, & Rosenberg, 1991; Nordquist & Twardosz, 1990). 물론 예방이 최선의 중재 형태이다. 물리적 환경을 구조화하는 동안 사람들은 학령 전 아동이 점점 더 독립적인 인간이 되고자 노력하지만 여전히 양육자들의 세심한 지원 및 지도를 필요로 한다는 것을 명심해야 한다. 비록 학령 전이라는 맥락이 가정 바깥에서는 가장 전형적인 교육환경이라 하더라도, 1989년 공법 99-457의 통과는 가족이라는 상황 내에서 초기 아동기 서비스를 제공하도록 촉진시켰다. 그러므로 많은 조기중재 프로그램들은 가정을 중심으로 한다.

어린 아동들의 행동은 다양한 내적·환경적 영향에 의해 만들어진다.

어린 아동들을 위한 교육환경

Rimm-Kaufman, LaParo, Downer와 Pianta(2005)는 유치원에 다니는 학생들 250명의 학급에서 상황과 질 변인들을 연구하였고 "아동들의 과제 집중 및 과제 이탈 행동 그리고 또래들에 대한 공격성은 교사의 학급환경 선택이라는 함수에 따라 다양하다."(p. 377)는 것을 발견하였다. 사회적 밀도, 물리적 개요, 자료의 적절한 활용, 효과적인 일정, 이동, 그리고 교직원의 자격 및 비율 등 환경과 관련된 몇 가지 변인들은 교육환경 내에서의 행동에 영향을 준다(Zirpoli, 1995).

사회적 밀도

사회적 밀도(social density)란 교육환경 내에 있는 아동들의 수를 일컫는다. 아동들의 수가 많은 환경은 양육자들이 아동들 개개인에게 덜 신경을 쓰고 덜 반응하는 것(Dunst, McAilliam, & Holbert, 1986), 아동들 사이의 긍정적인 사회적 상호작용 수준이 더 낮다는 것(Evans, 2001; Legrendre, 2003), 또래와의 협력 수준이 더 낮은 것(Rimm-Kaufman et al., 2005), 그리고 아동들의 스트레스 수준이 더 높다는 것(Legrendre, 2003) 등과 연계되어 있다. 대부분의 주에 조기교육 환경에 대한 최소 공간 조건이 있지만, 이 조건은 최소한의 기준을 제시할 뿐 권장되는 혹은 최신의 기준은 아닌 것이다.

하루 종일 많은 아동들은 높은 수준의 활동이나 소음, 혹은 다른 아동들 및 양육자들과의 지속적인 접촉에 압도됨을 느낄 것이다. 혼자 있을 수 있는 시간을 위한 안전하고 편안한 영역을 제공하는 것이 권장된다. 콩 주머니로 만든 의자, 흔들의자, 녹음기 및 이어폰이 갖춰진 쿠션이 깔린 구역, 책을 읽을 수 있는 구석자리, 그리고 다락방 등은 어린 아동들에게는 훌륭한 피난처가 된다. 지나치게 흥분한 아동들을 진정시키는 데 있어서는 모래와 물이 있는 테이블이 흔히 효과를 보인다. 손에 느껴지는 따뜻한 물의 긴장을 완화시켜 주는 촉감은 많은 아동들에게 있어 스트레스를 많이 덜어 주는 역할을 한다.

물리적 개요

물리적 개요(physical layout)는 안전해야 하고, 따라서 교사가 너무 많은 제한을 설정해야 할 필요성을 경감시킨다. 물리적 개요는 활동영역들이나 학습센터들로 구분되어야 하고, 여기에는 미술, 연극, 과학, 언어, 모래 및 물놀이, 음악, 조작물, 그리고 기타 게임 등이 포함된다. 또한 학령 전 프로그램들에는 반드시 낮잠 시간, 용변훈련, 섭식 등을 위한 구역과 아동들의 개인 소유물을 보관할 수 있는 공간 등이 있어야 한다.

물리적 개요는 별개의 능동적인 그리고 조용한 활동 공간들을 포함하고 있어야 하고, 이는 한 영역의 놀이가 다른 영역들의 활동들에 영향을 주는 것을 방지한다. 동시에 조용한 활동들은 다른 조용한 활동들과 가까운 곳에서 이루어져야 한다. 조용한 활동을 하는 영역들은 아동들이 너무 많은 활동들 혹은 다른 많은 사람들의 참여로 압도됨을 느낄 때 뒤로 물러나 평정을 되찾을 수 있는 장소를 제공한다. 읽기를 위한, 녹음된 것을 듣기 위한, 그리고 미술활동을 즐기기 위한 장소들이 이 영역에 포함된다.

놀이공간을 분리하고 한정함으로써 양육자들은 많은 부적절한 행동들을 제거할 수 있다. 테이블, 선반, 칸막이, 그리고 기타 가구들은 분리된 활동영역을 정하는 가장 간단한 방식으로 물리적인 경계를 만들어 낼 수 있다. 양육자들은 아동들이 교실 내에서 뛰어다닐 수 있을 만큼 넓고 개방된 공간은 피해야 한다. 물론 이러한 활동들은 체육관이나 운동장과 같은 더 적절한 환경에서는 권장되어야 한다.

양육자들은 아동들이 공간이나 장난감, 혹은 다른 자료들을 두고 싸우는 일이 발생하는 것을 줄이기 위해 활동영역당 아동의 숫자 또한 제한해야 한다(Zirpoli, 1995). 다음에 제시된 방식들은 활동영역당 아동의 수를 제한하는 데 도움이 될 수 있다.

- **의자** : 하나의 활동 테이블에 한 번에 그 테이블에 앉을 수 있는 아동들의 숫자에 맞춰 정해진 수의 의자를 놓는다.
- **티켓** : 티켓을 이용하여 하나의 활동영역에 들어갈 수 있는 아동들의 수를 제한한다. 예를 들어, 다락방으로 올라가는 사다리 밑에 있는 길쭉한 홈에 네 장의 티켓을 놓는다. 사다리 발판 밑에 한 장의 티켓이 있을 때는 아동은 다락방으로 들어갈 수 있을 것이다. 아동은 사다리 밑에 있는 티켓을 집어 들고 그것을 사다리 꼭대기까지 가지고 가서, 다락방에 들어가기 전에 적절한 홈에 티켓을 넣어야 한다. 다락방에서 나올 때 그 아동은 사다리 밑, 원래 있던 자리에 티켓을 갖다 놓음으로써 다른 아동들에게 다락방에 들어갈 수 있음을 알린다.
- **방석** : 방석의 수를 특정 활동영역에서 놀 수 있는 아동들의 수에 맞출 수 있다. 예를 들어, 아동 두 명이 놀 수 있는 블록 영역에는 바닥에 방석을 두 개만 놓는다. 아동 두 명이 그 방석을 차지하게 되면, 다른 아동들은 그들이 다른 활동을 선택해야 함을 이해하게 된다.
- **사진** : 어떤 영역에 들어갈 수 있는 아동들의 수에 맞게 짝지어진, 아동들이 놀이를 하고 있는 모습을 찍은 사진을 코팅하여 활동영역 근처의 벽이나 테이블에 붙여 놓을 수 있다. 예를 들어, 장난감 집의 문에 '2'라는 숫자와 함께 놀이를 하고 있는 두 아동들의 사진을 붙여 놓음으로써, 그 장난감 집에는 한 번에 최대 두 명까지만 들어갈 수 있음을 알려 주게 된다.
- **작은 깔개** : 작은 깔개들이 들어 있는 양동이를 개인 과제나 놀이공간을 한정하는 데 활용할 수 있다. 아동은 자신이 장난감이나 다른 것들을 가지고 놀이를 하고자 하는 곳의 바닥에 깔개 하나를 펼쳐 놓을 수 있다. 다른 아동들은 어떤 아동이 깔개들 중 하나에 앉아 있으면, 그 아동은 혼자 있고 싶어 한다는 것을 이해하게 된다. 개인 놀이가 끝나게 되면 그 아동은 갖고 놀던 것들을 제자리에, 그리고 깔개는 양동이에 가져다 놓는다. 이는 교실 전체에서 다양한 집단 활동을 할 수 있는 동안, 아동들에게 혼자서 놀 수 있게 해 주는 훌륭한 방식이다(Zirpoli, 1995, p. 130).

자료의 적절한 활용

학령 전 환경 내에서 자료의 적절한 활용은 아동들이 까다롭기는 하지만 연령에 적합한 자료들을 가지고 환경을 독립적으로 탐색할 기회를 제공하는 것임을 의미한다. 학령 전

교육기관에 다니는 어린 아동들은 보통 이제 막 놀이 시간에 장난감들을 나눠 갖기 시작한다. 알려 주지 않아도 아동들이 장난감을 나눠 갖기를 기대하는 양육자들은 비현실적인 기대를 하고 있는 것이다. 학령 전 교육기관의 수업시간에 아동들은 보통 서로 나란히 앉아 있지만 놀이는 혼자서 한다. 교사는 아동들이 다른 사람들과 자신의 장난감을 소중히 여기는 것을 배울 수 있도록 촉진할 수 있다.

많은 학교들은 아동들이 앉을 수 있는 그리고 놀잇감들을 올려 놓을 수 있는 작은 방석이나 깔개를 이용한다. 자료들이 선반에 다시 놓이기를 기다리거나 자료들을 갖고 놀 수 있도록 허락을 받아야 한다는 것을 아동들에게 가르친다. 아동들은 그들이 같이 갖고 놀도록 강요받지 않는다면 그리고 자료들을 혼자 갖고 놀 시간이 주어진다면 다른 아동들에게 '그들의' 깔개에 있는 놀잇감들을 같이 갖고 놀자고 하거나 다른 아동들이 갖고 놀 수 있게 할 가능성이 더 높아진다. 양육자들은 몇 개 안 되는 그리고 선호하는 놀잇감들에 대해서는 타이머를 사용할 수도 있다. 아동들은 보통 다른 아동들에게도 같은 규칙이 적용되는 한 시간이 다 되었을 때 다른 아동들에게 놀잇감을 순순히 넘겨 준다.

의자와 방석의 대안으로 그리고 학생의 참여와 자폐성 장애 아동의 자리에 앉는 행동을 증가시키려는 노력의 일환으로 Schilling과 Schwartz(2004, p. 423)는 치료용 공의 활용을 연구하였다. 이들은 소집단 활동을 하는 동안 '연구 참여자들이 치료용 공 위에 앉을 때 참여 및 착석 행동이 향상되었음'을 발견하였다.

바람직한 행동들을 촉진하기 위해서는 특정 자료들이 선택될 수 있다. 예를 들어, 놀이용 반죽이나 핑거 페인트를 가지고 노는 것과 녹음된 이야기 혹은 조용한 음악을 듣는 것은 아동들을 진정시키는 활동이다. 진정시키는 활동들은 적절한 행동을 권유하기 위해 동아리 활동 혹은 이야기 시간 전에 활용될 수 있다.

효과적인 일정

일정에 관한 문제를 다루지 않고는 학급의 환경 요인들에 대해 논의할 수 없다. 어린 아동들은 그들이 예상하는 것을 안다면 학령 전 교육기관의 학급을 더 편하게 생각하는 것 같다. 일정을 따름으로써 아동들은 간식시간, 자유시간, 집단 활동 시간, 이야기, 야외 놀이, 점심시간, 낮잠 시간 등을 예상하도록 배우게 된다. McEvoy 등(1991)은 학령 전 교육기관의 일정은 "아동의 주의집중 시간의 길이 및 해당 활동의 속성에 따라 짧은 시간 단위로 나뉘어야 한다."(p. 21)고 권유하고 있다. 일정은 아동의 자연스러운 리듬을 따라야 한다. 활동적인 놀이 및 집단 활동은 아동들이 휴식과 식사를 충분히 취했을 때 해야 한다. 이야기 시간과 같이 수동적이고 조용한 활동은 아동들이 피곤할 때 활용되거나 하나의 활동에서 다음 활동으로 이동하는 시간(예 : 부모가 아동을 데리러 오는 것을 기다리는 시간) 동안 아동들을 즐겁게 해 주는 수단으로 이용되어야 한다.

보통의 학령 전 교육기관 학급에서는 아동이 지내는 시간의 많은 부분이 어떤 활동이 시작되는 것을 기다리고, 어떤 활동이 끝나는 것을 기다리며, 화장실에 가기 위해 줄을 서서 기다리고, 집단 활동 시간을 위해 다른 아동들이 조용히 자리에 앉는 것을 기다리는 데 소비된다. 이러한 빈번한 전환시간은 행동문제가 일어날 위험성이 가장 높은 시간들 중 하나이다. 어린 아동들은 조용히 앉아 오랜 시간 기다리는 데 많은 어려움을 느낀다. 전환시간을 줄이는 방법을 찾는 것은 교실 내에서 행동문제를 많이 줄일 수 있게 해 준다.

교사들은 이야기 시간과 같은 집단 활동 시간이 시작되기 전에 아동들에게 조용히 앉아 있으라고 종용하기보다는 아동들에게 이야기 시간을 갖는 집단에 참여하도록 가르치고 대다수의 아동들이 자리에 앉았을 때 읽기를 시작해야 한다. 익숙한 노래나 능동적인 손가락 유희로 집단 활동을 시작하는 것은 대다수의 아동들을 끌어들이게 될 것이다. 어린 아동들이 어떤 활동에 관심이 없다는 것을 표현할 때 교사는 융통성을 발휘하여 활동을 바꿔야 할 것이다. McEvoy와 Brady(1988)는 아동들이 집단으로 하기보다는 개별적으로 여러 가지 활동들을 돌아가면서 하게 할 것을 제안하고 있다. 전환시간의 양을 줄이고 그 시간 동안 나타날 수 있는, 파괴적인 행동들을 예방하려 할 때 일반적으로 권유되는 것은 대집단과 교사주도 활동들보다는 소집단, 아동주도 활동들이다. 또한 만일 어린 아동들이 어떤 활동에 흥미를 느끼지 못한다면 교사는 융통성을 가져야 하고 해당 활동을 바꿔야 한다.

전환

전환(transition) 시간은 문제행동의 원천이 될 수 있다. 전환시간에 아동들을 재촉하는 것은 행동에 있어 어떤 문제들을 야기할 가능성을 높이므로 계획하고 아동들에게 경고를 하는 것은 도움이 될 것이다. 예를 들어, 아동들을 하나의 상황(예 : 놀이 활동)에서 다른 상황(예 : 점심 먹을 준비하기)으로 이동시키려 할 때 장난감들을 치우고 손을 씻는 시간을 따로 잡는 것은 양육자들이 아동들을 재촉할 필요성을 줄여 주고, 아동들에게는

<table>
<tr><td>**교실적용 4.2**</td><td>어린 아동들에게 전환시간을 즐거운 것으로 만들어 주기</td></tr>
</table>

수잔은 전환시간이 어린 아동들에게는 어려운 시간이라는 것을 알고 있는 학령 전 교육기관의 교사이다. 그러므로 수잔은 전환이 있기 전에는 항상 미리 자신이 담당한 학생들을 준비시키려고 한다. 예를 들어, 놀이 시간이 끝나고 아동들이 청소를 해야 하는 시간이 가까워 오면 그녀는 아동들에게 타이머를 설정해 놓는 것을 보여 주고는, "5분 후에 벨이 울리면 청소시간인 거야."라고 말한다.

타이머의 벨이 울릴 때 수잔은 노래를 이용해서 아동들에게 청소시간이라는 것을 알린다. 대다수의 어린 아동들과 마찬가지로 그녀가 담당한 아동들 또한 노래 부르기를 좋아한다. 전환시간 내내 노래를 부름으로써 수잔은 아동들이 자신이 가지고 놀던 것들을 치우는 동안 이들에게 해야 할 무엇인가를 주는 것이다. 그녀는 자주 노래에 아동들의 이름을 끼워 넣는다. 예를 들어, "나는 줄리아가 청소하는 방식이 마음에 들어, 그리고 조시가 장난감을 정리하는 게 좋아." 등을 노래의 일부로 만드는 것이다. 수잔은 지시를 따르지 않는 아동들을 무시하려 하고, 지시를 따르는 아동들을 노래에 포함시킴으로써 이들이 많은 주목을 받게 한다.

수잔은 또한 전환시간을 재미있게 만들기 위해 아동들과 함께 게임을 한다. 예를 들어, 애벌레가 나비로 변하는 것에 대해 이야기를 하는 시간이 끝난 후 그녀는 아동들에게 그들이 나비가 되어 날아가기 위해 기다리면서 번데기 속에서 잠든 애벌레인 척하게 한다. 그러고 나서 그녀는 학생들에게 자신이 그들의 어깨를 만지면 그들은 나비가 되어 다음 활동인 간식이 있는 테이블까지 날아갈 수 있다고 말해 준다. 하나씩 하나씩 그녀가 학생들의 어깨를 만지면 학생들은 다음 활동으로 날아간다.

생각해 보기

수잔은 자신이 담당한 학생들과 즐겁게 노는 방법을 확실히 알고 있다! 학령 전 아동들로 가득 찬 학급을 운영하는 데 있어 교사의 성격이라는 하나의 요인이 얼마나 많은 것을 할 수 있을 것이라고 믿는가? 그리고 아동들이 즐거워할 때, 그들의 복종에 그리고 다른 학생들과의 일반적인 상호작용에 어떤 영향을 미칠 것이라고 생각하는가? 우리가 교사들이 즐거워하도록 가르칠 수 있는가?

곧 다른 행동으로 옮겨 갈 것이라는 신호가 된다. 양육자들은 아동들의 발달연령에 따라 하나의 활동에서 다른 활동으로 옮겨갈 때 다양한 정도의 시간을 필요로 할 아동들의 요구에 민감해야 한다. 교실적용 4.2에 제시된 것처럼 어느 정도의 이동시간을 허용하는 것과 사전 준비는 다루기 어려운 일들을 줄여 줄 것이다.

교직원의 자격 및 비율

초기 아동기 양육자들은 어린 아동들의 신체적, 인지적, 그리고 사회-행동적 발달에 대해 잘 알고 있어야 한다. 이들은 부적절한 행동과 연령에 적합한 행동 사이의 차이를 이해하고 있어야 한다. 가장 중요한 것은 양육자들이 아동들의 행동에 반응하는 것에 대해 잘 알고 있어야 한다는 점이다. 어린 아동들에 대한 교사들의 기대는 종종 너무 높다. 예를 들어, 전통적인 동아리 시간이나 집단 활동을 진행하는 동안 흔히 앉기 및 듣기 등과 같은 준비기술을 지나치게 많이 가르친다.

교실은 어린 아동들의 정신이 탐색을 할 수 있고 어린 아동들의 신체가 운동할 수 있는 활동적인 곳이어야 한다. 집단 활동 시간은 재미있지만 선택할 수 있는 시간이 되어야 한다. 만일 활동들이 매력적이고 무엇인가를 자극할 수 있다면 어린 아동들은 노래시간이나 이야기시간에 쉽게 참여할 것이다. 그러나 많은 상황에서 아동들의 발달 수준에는 엄청난 변동이 있다. 그러므로 모든 아동들이 앉거나 동일한 자료에 관심을 보일 수 있는 것은 아니다. 가능할 때는 언제나 소집단 활동이 권장된다. 읽기 시간은 대집단 활동을 하는 시간 동안 공유되어야 할 뿐 아니라 일대일을 기반으로 하루 종일 통합되어야 한다.

앞서 논의된 공간의 밀도에 대한 최소 기준에 대하여, 아동-양육자 비율을 위한 최소한의 기준은 최신의 기준과는 맞지 않다. 그 기준은 말 그대로 최소 기준인 것이다. 많은 주에서 이러한 기준들은 기껏해야 적절하지 않은 수준이다. 표 4.2는 National Association for the Education of Young Children(2013)이 권장하는 연령 및 집단 크기에 따른 아동-양육자 비율에 대한 개요를 제시하고 있다.

감독은 어린 아동들의 적절한 그리고 부적절한 행동에 관련된 가장 중요한 변인들 중 하나이다. 교직원이 하는 감독의 양과 질은 부적절한 행동을 예방하기 위해 조작될 수 있는 변인이다. 일대일로 교직원을 배치하는 것과 영역별로 교직원을 배치하는 것을 비교한 Dunst 등(1986)의 초기 연구에 따르면 영역별 배치가 더 나은 것으로 밝혀졌다. 감독하기 위해 영역별 교직원 배치를 활용할 때 양육자들은 감독을 위한 환경 내의 활동들이나 영역들에 배치된다. '아동들은 다른 아동들이 활동을 마치기를 기다리기보다는 교실 내에서 이루어지는 서로 다른 활동들로 자유롭게 이동한다. 영역 방법에서는 집단 활동이 계획되어 있지 않다면 교실 전체에 일정한 간격으로 교직원을 배치하는 것이 바람직하다'(Zirpoli, 1995, p. 148).

적절한 행동을 촉진하고 부적절한 행동을 예방하기 위해 학령 전 교육환경을 계획하는 데 대한 또 다른 권장사항들은 교실적용 4.3에 제공되어 있다.

요약하면 부적절한 행동을 예방하기 위해 제안되는 환경수정에는 다음과 같은 사항들이 포함된다.

- 아동들이 활동영역 내에서 그리고 영역 간에 이동할 수 있도록 적절한 공간을 확보한다. 아동들이 자신의 물리적 공간을 두고 다퉈야 한다고 느껴서는 안 된다.
- 자료들을 두고 싸움이 벌어지지 않도록 규칙을 정한다.

표 4.2 아동의 연령 및 집단 크기에 따른 권장 아동-양육자 비율

아동	연령 범위	집단 크기	비율
유아	15개월까지	6	1:3
		8	1:4
영아	12~28개월	6	1:3
		8~12	1:4
영아	21~36개월	8	1:4
		10	1:5
		12	1:6
학령 전 아동	30~48개월	12	1:6
		14	1:7
		16	1:8
		18	1:9
학령 전 아동	48개월 이상	16	1:8
		18	1:9
		20	1:10
학령 전 아동	60개월 이상	16	1:8
		18	1:9
		20	1:10
유치원 취원 아동	60개월 이상	20	1:10
		22	1:11
		24	1:12

출처 : The National Association for the Education of Young Children (2013).

- 전환을 위한 계획을 세워 활동들을 하기 위해 전환하거나 대기하는 시간을 줄인다.
- 아동들을 바쁘게 한다. 분주한 아동들은 부적절한 행동을 할 시간이 별로 없다.
- 효과적인 일정을 통해 예측 가능하고 일관성 있는 환경을 제공한다.
- 아동들을 그들의 발달수준에 맞는 흥미로운 활동에 참여하게 한다.
- 적절한 행동들에 강화를 제공한다.
- 아동들을 위한 안전한 환경을 유지한다. 그러한 환경은 '안 돼', '만지지 마', '거기서 물러서' 등의 말을 해야 하는 빈도를 줄여 준다.

교실적용 4.3 학령 전 교육환경을 위한 조직

리사는 학령 전 교육기관의 교사이다. 학교는 몇 주 후에 시작될 것이어서 자신의 학급을 조직하는 것이 리사의 가장 큰 관심사이다. 리사는 자신의 학급환경을 매력적이고 지원적인 곳으로 배열하기를 원한다. 가장 중요한 것은 그녀가 적절한 행동을 권장하는 학급환경으로 준비하기를 원한다는 것이다.

그녀는 양립할 수 있는 흥미 센터를 서로 가까운 곳에 배치하는 것으로 시작하였다. 예를 들어, 그녀는 블록 영역이 조용한 책/음악 영역 옆에 배치되지는 않는지 확인했다. 그다음에 리사는 영역 각각의 한계가 잘 정의되었는지 확인하였다. 아동들이 미술 영역이 시작되는 곳과 끝나는 곳을 아는 것은 중요한 일이다. 그녀는 자신의 영역을 지정하기 위해 작은 칸막이, 방석, 그리고 바닥에 붙이는 테이프 등을 사용하기로 결정하였다. 그녀가 담당한 아동들은 크레용, 블록, 그리고 다른 자료들을 지정된 영역에 보관하는 것을 기억하도록 도울 수 있는 이러한 단서들을 갖게 될 것이다.

마지막으로 리사는 교실을 자신이 쉽게 둘러볼 수 있고 항상 모든 아동들을 볼 수 있도록 만들었다. 이는 그녀가 필요한 상황에 즉시 개입할 수 있기를 원했기 때문에 리사에게는 중요한 것이다.

교실이 준비된 후 리사는 활동 일정을 수립하였다. 일정은 두 가지 이유에서 그녀에게 중요하였다. 첫째, 일정은 하루를 가능한 한 아동들을 위해 조직화하도록 도와준다. 둘째, 일정은 그녀와 그녀의 보조원들을 도와 그들이 어디에 있어야 하고 언제 있어야 하는지를 알게 해 준다. 자유놀이 활동들은 그녀가 짠 일정에서 일차적인 활동이다. 일정에는 소집단 및 대집단 활동들 또한 계획되어 있다.

리사는 자신이 담당한 아동들이 개인적으로 여러 활동들을 할 수 있도록 허용할 것이다. 예를 들어, 붙이기나 색칠하기 등과 같은 소집단 활동을 하는 동안 어떤 아동들은 활동을 다른 아동들보다 먼저 끝낼 것이고, 리사는 이 아동들이 자신의 과제를 끝내면 그 활동을 벗어나 다른 활동을 하는 것이 허용되어야 한다고 믿는다. 게다가 자유놀이 활동을 하는 동안 그녀는 아동들이 소집단 및 대집단 활동을 하는 동안 도입된 기술들을 연습할 수 있도록 격려할 것이다.

그다음에 리사는 자신이 계획한 활동들을 지원하기 위해 여러 자료들을 주문하였다. 그녀는 친사회적이거나 아동들이 협력해서 놀이를 하게 하는 많은 자료들을 선택하려 하였다. 예를 들어, 그녀는 많은 퍼즐들과 블록들을 주문하였다. 리사는 교실에서 장난감들을 순환시켜 그 장난감들을 새로운 것으로 그리고 흥미로운 것으로 유지하게 하려고 계획하였다. 따라서 장난감들 중 몇 가지만이 동시에 사용될 것이다. 마지막으로 리사는 아동들이 정말 원하는 자료들 몇 가지를 그들의 손에 닿지 않는 곳에 놓아둘 것이다. 그녀는 아동들이 그 장난감들을 볼 수 있게 되면 그들은 그 장난감을 달라고 하거나 그것을 같이 갖고 놀 친구를 찾아야만 한다는 것을 알고 있다. 이는 언어 및 사회성 기술 발달을 촉진시키려는 그녀만의 전략들 중 한 가지이다.

최종적으로, 리사는 보조원에게 아동들을 지정하기보다는 보조원을 교실의 특정 영역에 배치할 것이다. 영역 담당 전략을 활용함으로써 리사와 보조원들은 어떤 아동이 교실 내에 있는 특정 영역에 들어갔을 때 그 아동 한 명과 함께 할 수 있게 될 것이다. 이러한 방식으로 그녀와 그녀의 보조교사들은 모든 아동들과 함께 할 수 있게 될 것이다.

리사는 자신이 담당한 아동들의 부적절한 행동들이 잘 조직된 교실 내에서 모두 없어지지는 않을 것이라는 점을 알고 있다. 그러나 그녀는 학급의 무질서와 관련된 많은 문제들을 없애기로 결정하였다. 그녀는 대기시간 혹은 정지시간을 줄이거나 없애기 위해 자신이 할 수 있는 일은 무엇이든 할 것이다. 리사는 하나의 활동이 시작될 때 아동들이 준비하도록 계획하였다. 게다가 자유놀이 상황이 아동들이 자유롭게 선택할 수 있는 것으로 보일 수 있는 반면, 리사는 각각의 영역을 준비하여 아동들이 중요한 기술들을 연습할 수 있도록 도울 것이다. 리사에게 학급환경을 조직한다는 것은 자신과 보조원이 아동들의 행동적 요구와 관계없이 모든 아동들과 더 효과적으로 함께 할 수 있게 도와주는 것이다.

생각해 보기

당신이 학령 전 교육기관의 교사에게 추천할 수 있는 다른 학급조직 전략들로는 어떤 것들이 있는가?

- 아동들이 집단으로보다는 개인적으로 여러 활동들에 번갈아 참여할 수 있게 허용한다.
- 능력, 자신감, 그리고 독립심 등을 촉진한다.
- 아동들에게 간단하고 연령에 적합한 책임감을 부여한다.
- 가정 및 학급 환경을 예측 가능하고 편안하게 만드는 데 도움이 되도록 매일 하는 일과 일과를 활용한다.
- 아동들이 공유하지 않아도 되는 특별한 것을 갖도록 허용한다. 아동들에게 나눠 쓰도록 권장한다(강요하지 않는다).

양육자-부모 관계

긍정적이고 효과적인 부모-자녀 상호작용을 촉진하는 데 있어 전문가로서의 양육자의 역할은 아무리 강조해도 지나침이 없다. 교사들과 다른 사람들이 부모에게 자녀에 대해 긍정적인 의견을 말할 때, 부모들은 자녀에 대해 좋은 감정을 느끼고 자녀와 더 빈번하게 그리고 더 긍정적으로 상호작용을 하는 경향이 있다. 반면, 교사가 부모에게 자녀에 대해 부정적인 의견을 많이 말한다면 부모들은 자녀에 대해 부정적인 느낌을 갖고 자녀와 덜 빈번하게 그리고 덜 긍정적으로 상호작용하는 경향이 있다(Bell & Harper, 1977; Zirpoli & Bell, 1987).

어떤 교사들은 부모와 부모의 참여를 주로 부정적인 조건으로 보는 경향이 있다. 다른 교사들은 그들이 너무 많은 아동들을 맡고 있기 때문에 부모와 함께 할 시간이 없을 뿐이라고 불평한다. 예를 들어, Michigan Education Association(2005)은 미시간 주의 보통의 교사들은 105명의 아동들을 가르치고 단지 16%의 부모들하고만 정기적인 의사소통을 하고 있음을 보고하였다.

그러나 교사들은 부모의 참여를 권장함으로써 그리고 부모들을 도와 긍정적인 부모-아동 관계를 계발함으로써 많은 것을 얻게 됨을 반드시 이해해야 한다. 정말로 부모들에게 학령 전 교육기관에 다니는 자녀들과 의사소통하는 방법, 상호작용 방법, 그리고 이들의 행동을 관리하는 방법 등을 훈련시키는 것은 가정에서의 부모-아동 관계에 긍정적인 영향을 미치고, 이는 다시 어린 아동들을 위한 더 유익한 성과를 산출하게 한다(Delaney & Kaiser, 2001; Hancock, Kaiser, & Delaney, 2002).

아동들은 자신의 사회적 발달을 인도해 줄 강력한 부모를 필요로 한다.

부모들은 자녀의 현재 수행이나 행동에 대해 항상 '나쁜' 소식을 전해 주는 교사들과는 접촉을 줄이는 경향이 있다. 예를 들어, 부모는 자녀에 대해 계속해서 부정적인 소식만을 듣게 된다면 더 이상 사친회에 참석하지 않을 것이다. 교사들에게 있어 경험상 틀림없는 방식은 부모에게 하는 부정적 진술을 최소한 그만큼의 긍정적 진술과 균형을 맞추는 것이다. 예를 들어, 자녀의 부적절한 행동에 대해 부모에게 이야기할 때는 해당 아동의 행동이 적절했던 상황에 대해서도 언급하라. 부모들이 자녀에 대해 좋은 느낌을 받도록 노력하라. 지원을 아끼지 않는 교사가 되라. 적절한 행동을 하는 아동일지라도 자녀양육은 어려운 일이다. 다루기 어려운 행동을 보이는 아동을 양육한다는 것은 부모가 다룰 수 있는 모든 것일 수 있다. 이미 아동의 행동에 대해 스트레스가 많은 감정 및 걱정에 무엇인가를 더해 준다는 것은 도움이 되지 않을 것이다.

부모가 교사들과의 접촉을 유지하지 않거나 지원적이지 않을 때 교사들은 주도적으로 부모와 접촉해야 한다. 이러한 주도권은 보람이 없을 수도 있고 부모가 계속해서 반응을 보이지 않을 수 있다. 그럼에도 불구하고 학생의 가정이라는 환경과 정기적인 그리고 긍정적인 접촉을 유지하는 것은 여전히 교사의 전문가로서의 책임인 것이다. 비록 교사들이 이러한 노력으로부터 어떤 의미 있는 성과를 깨닫지 못하거나 인식하지 못한다 하더라도, 교사들은 이러한 노력이 부모-아동 관계에 미치게 되는 잠재적인 긍정적 영향을 이해해야 한다.

요약

생애 첫 2년 동안 아동들의 행동 발달 개요 서술하기

- **신생아** : 대부분 신생아들의 행동은 그들의 신체적 상태 및 환경과 직접적으로 관련되어 있다. 그들의 울음은 그들에게 중요한 다른 사람들에게 사용하는 주요 의사소통 수단이다.

- **유아** : 유아들이 발달해 감에 따라 자신의 행동과 다른 사람들의 행동 사이의 관계에 대한 이들의 이해는 증가되어 간다. 생후 3개월에서 6개월 사이에 유아들은 그들의 행동과 다른 사람들의 반응 사이의 관계를 이해하기 시작한다. 생후 6개월쯤 아동들은 예를 들어, 높은 의자에서 물건들을 떨어뜨리는 것과 같은 몇몇 불편한 혹은 화나게 하는 행동들을 보일 수 있다. 이들의 행동은 발달에 있어 정상적인 인지적·운동기능적 단계를 통과하고 있음을 보여 주는 것이다. 생후 7, 8개월 유아들에게 있어 중요한 획기적 사건은 낯선 사람에 대한 불안이 발달한다는 것이다. 생후 6개월에서 8개월 정도가 되면 아동들은 여기저기 기어다니며 탐색(학습)하고자 한다. 생후 9개월에서 12개월에 아동은 가구를 잡고 돌아다닐 것이며, 생후 12개월에서 18개월경 걷게 된다.

- **1세** : 생후 1년이 끝나갈 무렵 아동들은 다른 아동들에 대해 관심을 보이기 시작한다. 그들은 흔히 다른 아동들 주위에 있는 것과 그들 옆에서 노는 것을 좋아한다. 그러나 1세 아동이 다른 아동들과 함께 놀기를 기대하는 것은 비현실적인 일이다. 그들은 다른 아동들을 탐색하는 것을 즐거워하고, 이는 머리카락을 잡아당기고 쿡쿡 찌르며(특히 얼굴 부위를), 장난감들을 낚아채는 형태를 띨 수 있다. 1세 아동에게 있어 입 속에 무엇인가를 집어넣는 것은 여전히 주요 탐색수단이다.

- **2세** : 두 살이 될 때까지 아동들은 적절한 그리고 부적절한 행동들에 대한 인식을 발달시킨다. 이들이 보이는 행동들 중 많은 부분은 양육자들이 한계와 안내를 얼마나 잘 설정하는지에 의해 만들어진다.

어린 아동들의 행동에 대한 환경적 영향 규명하기

- **빈곤** : 빈곤은 아마도 미국 아동들이 직면하고 있는 가장 큰 장애물일 것이다. 사실 전체 미국 아동들 중 18%는 빈곤 상태에 있다.

- **지속적인 부모의 실업상태** : 실업은 부모들과 가족들에게 추가적인 스트레스를 제공한다. 이는 아동 빈곤율 및 아동학대의 주요 변인이다.

- **편부모 가정** : 미국 아동 세 명 중 한 명은 편부모 가정에서 살고 있다. 빈곤 다음으로 아동들을 위험한 상태에 처하게 하는 것이 편부모 가정이다. 편부모 가정 아동들은 많은 발달적 그리고 사회적 도전의 위험성을 증가시킨다.

- **성숙하기 이전에 그리고(혹은) 성숙 이상 상태로 태어난 아기들** : 성숙하기 이전에 그리고 성숙 이상 상태로 태어난 유아들은 양육자들에게 특히 까다로울 수 있다. 약물과 알코올, 그리고 납 등은 또한 아동들이 발달과 행동에 있어 문제를 갖게 할 위험에 처하게 한다.

- **태아 알코올 증후군** : 알코올과 임신은 어울릴 수 있는 것이 아니다. 출생 전 알코올에 노출된 아동들은 자신의 발달에 영향을 미칠 특정 신체 및 학습 특성을 보일 수 있다.

- **납중독** : 납이 든 가솔린의 제거로 문제가 감소하고 있는 반면 오래된 집에서 사는 많은 아동들은 여전히 납이 함유된 페인트에 노출되어 있다. 납이 함유된 페인트 부스러기를 먹는 것은 뇌손상을 야기할 수 있다.

- **아동학대** : 미국의 커다란 문제인 아동학대는 사회-문화적 영향, 환경적 조건, 양육자의 특성, 그리고 아동의 특성 등 네 가지 주요 변인들의 영향을 받는다.

조기중재의 필요성 논의하기

- 여러 연구들이 아동들을 도와 학업을 위한 준비 및 적절한 사회성 기술을 계발하는 데 있어 조기중재의 효과를 보여 주었다.

조기중재의 효능 논의하기

- 효과적인 조기중재와 연계된 변인들 : 효과적인 조기중재 프로그램들은 통합적이고 포괄적이며, 정상화되고 개작이 가능하며, 가족을 고려하고, 성과 중심적인 것이다.

어린 아동들을 위한 긍정적 행동지원 수립 방법 이해하기

- 돌봐 주는 그리고 애정이 깃든 환경 확립하기 : 어린 아동들을 위한 적절한 양육에는 이들이 발달하는 동안 돌봐 주는 그리고 애정이 깃든 환경을 확립하는 것이 포함된다. 이러한 분위기는 아동들로 하여금 자신이 가치 있는 사람이라는 것을 알게 하고, 개인적인 시간을 남겨 두며, 그리고 어린 아동들에게 사랑을 줌으로써 완성된다.

어린 아동들의 적절한 행동과 연계된 변인들 규명하기

- 감독 : 어린 아동들의 적절한 행동과 연계되어 있는 변인들에는 적절한 감독 제공하기, 일관성 있고 예측 가능한 환경 수립하기, 그리고 학업에서의 성공을 위한 준비기술 가르치기 등이 포함된다.
- 일관성 : 일관성은 행동관리 프로그램의 성공과 관련된 가장 중요한 변인이다. 일관성 없음은 흔히 어린 아동들의 다루기 힘든 행동과 관련된다.
- 준비기술 : 아동들이 학교에 다니게 될 때 학습하고 사회적으로 수용 가능한 방식으로 행동할 준비를 시켜 주는 기술들을 갖도록 이들에게 앉아서 듣는 방법과 순응하는 방법 그리고 규칙을 따르는 방법 등을 배우는 것과 같은 준비기술을 가르치는 것은 중요한 일이다.

- 환경적 고려 : 교사와 부모 모두 다 어린 아동들의 행동에 미치는 환경의 영향이 갖는 중요성을 깨달아야 할 필요가 있다. 환경에는 아동들에게 자신이 한 행동의 모든 선행 사건들과 후속결과들을 제공하는 모든 사회적·물리적 변인들이 포함된다.

어린 아동들을 위한 적절한 교육환경이라는 것은 어떤 모습이어야 하는지 개요 서술하기

- 사회적 밀도 : 어린 아동들은 자신의 개인적인 요구가 인식되거나 이해되지 않을 수 있는 혹은 충족되지 않을 수 있는 혼잡한 환경에서 행동을 잘할 가능성이 낮다.
- 물리적 개요 : 어린 아동들을 위한 환경의 물리적 개요는 안전해야 한다. 물리적 개요는 활동영역들이나 학습센터들로 구분되어야 하고, 여기에는 미술, 연극, 과학, 언어, 모래 및 물놀이, 음악, 조작물, 그리고 기타 게임 등이 포함된다. 학령 전 프로그램들에는 반드시 낮잠 시간, 용변훈련, 섭식 등을 위한 구역과 아동들의 개인 소유물을 보관할 수 있는 공간 등이 있어야 한다.
- 자료의 적절한 활용 : 학령 전 환경 내에서 자료의 적절한 활용은 아동들이 까다롭기는 하지만 연령에 적합한 자료들을 가지고 환경을 독립적으로 탐색할 기회를 제공하는 것임을 의미한다.
- 효과적인 일정 : 일정에 관한 문제를 다루지 않고는 학급의 환경 요인들에 대해 논의할 수 없다. 어린 아동들은 그들이 예상하는 것을 안다면 학령 전 교육기관의 학급을 더 편하게 생각하는 것 같다. 일정을 따름으로써 아동들은 간식시간, 자유 시간, 집단 활동 시간, 이야기, 야외 놀이, 점심시간, 낮잠 시간 등을 예상하도록 배우게 된다. 여러 연구들은 학령 전 교육기관의 일정은 아동의 주의집중 시간의 길이 및 해당 활동의 속성에 따라 짧은 시간 단위로 나뉘어야 한다고 권유하고 있다.

- 전환 : 보통의 학령 전 교육기관 학급에서는 아동이 지내는 시간의 많은 부분이 어떤 활동이 시작되는 것을 기다리고, 어떤 활동이 끝나는 것을 기다리며, 화장실에 가기 위해 줄을 서서 기다리고, 그리고 집단 활동 시간을 위해 다른 아동들이 조용히 자리에 앉는 것을 기다리는 데 소비된다. 이러한 빈번한 전환시간은 행동문제가 일어날 위험성이 가장 높은 시간들 중 하나이다. 어린 아동들은 조용히 앉아 오랜 시간 기다리는 데 많은 어려움을 느낀다. 전환시간을 줄이는 방법을 찾는 것은 교실 내에서 행동문제를 많이 줄일 수 있게 해준다.
- 교직원의 자격 및 비율 : 적절한 자격을 갖춘 충분한 수의 교직원들을 확보하는 것은 학령 전 교육기관 및 교육환경에 있는 어린 아동들의 발달에 있어 매우 중요한 일이다. 초기 아동기 양육자들은 어린 아동들의 신체적, 인지적, 그리고 사회-행동적 발달에 대해 잘 알고 있어야 한다. 이들은 부적절한 행동과 연령에 적합한 행동 사이의 차이를 이해하고 있어야 한다. 가장 중요한 것은 양육자들이 아동들의 행동에 반응하는 것에 대해 잘 알고 있어야 한다는 점이다.

효과적인 양육자–부모 관계의 중요성 논의하기

- 교사들은 부모들과 자주 접촉하고 자녀들에 대해 긍정적인 의견을 공유함으로써 부모-아동-교사 관계를 촉진하도록 권유받고 있다. 부모들이 자녀에 대해 좋은 느낌을 갖게 하고 부모-교사 접촉을 강화하기 위해 부모에게 하는 자녀에 대한 부정적 진술은 항상 긍정적 진술과 균형을 맞추어야 한다.

논의사항

1. 그 어느 때보다 더 신생아들과 어린 아동들을 더 커다란 위험에 처하게 할 사회적 문제들 중 몇 가지를 기술하라.
2. 조기중재의 효과와 조기중재의 장기적 이점에 대해, 특히 비용의 관점에서 논의하라.
3. 아동학대와 관련된 요인들에는 어떤 것들이 있는가?
4. 어린 아동들을 위한 효과적인 양육의 요소들을 열거하고 논의하라.
5. 학급환경의 변인들 중 몇 가지와 이 변인들과 관련된 어린 아동들의 행동에의 영향에 대해 논의하라. 이러한 변인들을 염두에 두고 학령 전 교육기관의 학급환경을 설계해 보자.
6. 적절한 행동을 촉진하는 학령 전 교육기관 일정의 구성요소들을 논의하라. 이러한 변인들을 염두에 두고 4세 아동들을 위한 학령 전 교육기관의 일정을 개발해 보자.
7. 교사들과 부모들은 어떻게 효과적인 부모-아동-교사 관계를 촉진할 수 있는가? 효과적인 부모-아동-교사 관계의 중요성에 대해 논의하라.

참고문헌

Ainsworth, M. D. S. (1979). Attachment as related to mother-infant interaction. In J. S. Rosenblatt, R. A. Hinde, C. Beer, & M. C. Busnel (Eds.), *Advances in the study of behavior* (Vol. 9, pp. 1–51). New York, NY: Academic Press.

Annie E. Casey Foundation. (2005). *Kids count data book*. Baltimore, MD: Author.

Annie E. Casey Foundation. (2013). *Kids count data book*. Baltimore, MD: Author.

Beard, K. Y., & Sugai, G. (2004). First step to success: An early intervention for elementary children at risk for antisocial behavior. *Behavioral Disorders, 29*(4), 396–409.

Bell, R. Q., & Harper, L. V. (1977). *Child effects on adults*. Hillsdale, NJ: Erlbaum.

Bowlby, J. (1982). *Attachment*. New York, NY: Basic Books.

Bracey, G. W. (2003). Investing in preschool. *American School Board Journal, 190*(1), 32–35.

Brown, A. (2004). *Baby 411: Clear answers and smart advice for your baby's first year*. Boulder, CO: Windsor Peak Press.

Campbell, F. A., Ramey, C. T., Pungello, E. P., Sparling, J., & Miller-Johnson, S. (2002). Early childhood education: Young adult outcomes from the Abecedarian Project. *Applied Developmental Science, 6*, 42–57.

Ceballo, R., & McLoyd, V. C. (2002). Social support and parenting in poor, dangerous neighborhoods. *Child Development, 73*(4), 1310–1321.

Centers for Disease Control and Prevention. (2002). Lead report. Atlanta, GA: Author.

Children's Defense Fund. (2012). Child-abuse & neglect. Washington, DC: Author.

Clarke, B. L., Sheridan, S. M., Kim, E. M., & Kupzyk, K. A., Knoche, L. L., Ransom, K. A., Sjuts, T. M. (2012). School readiness outcomes for preschool children at risk. *Nebraska Center for Research on Children, Families and Schools*. Lincoln, NE: University of Nebraska.

Delaney, E. M., & Kaiser, A. P. (2001). The effects of teaching parents blended communication and behavior support strategies. *Behavioral Disorders, 26*(2), 93–116.

Dunlap, G., Strain, P. S., Fox, L., Carta, J. J., Conroy, M., Smith, B. J., Kern, L., Hemmeter, M. L., Timm, M. A., McCart, A., Sailor, W., Markey, U., Markey, D. J., Lardieri, S., & Sowell, C. (2006). Prevention and intervention with young children's challenging behavior: Perspectives regarding current knowledge. *Behavior Disorders, 32*(1), 29–45.

Dunst, C. J., McWilliam, R. A., & Holbert, K. (1986). Assessment of preschool classroom environments. *Diagnostique, 11*, 212–232.

Enders, J., Montgomery, J., & Welch, P. (2002). Lead poison prevention. *Journal of Environmental Health, 64*(6), 20–26.

Ensher, G. L., & Clark, D. A. (1986). *Newborns at risk*. Rockville, MD: Aspen.

Evans, G. W. (2001). Environmental stress and health. In A. Baum, T. Revenson, & J. Singer (Eds.), *Handbooks of health* (Vol. 4, pp. 365–385). Hillsdale, NJ: Erlbaum.

Farver, J. M., Xu, Y., Eppe, S., Fernandez, A., & Schwartz, D. (2005). Community violence, family conflict, and preschoolers' socioemotional functioning. *Developmental Psychology, 41*(1), 160–170.

Federal Interagency Forum on Child and Family Statistics. (2009). *American's children: Key national indicators of well-being*. Washington, DC: U.S. Government Printing Office.

Federal Interagency Forum on Child and Family Statistics. (2013). *America's Children: Key National Indicators of Well-Being*. Washington, DC: Author.

Hancock, T. B., Kaiser, A. P., & Delaney, E. M. (2002). Teaching parents of preschoolers at high risk: Strategies to support language and positive behavior. *Topics in Early Childhood Education, 22*(4), 191–212.

Hendrick, J. (1990). *Total learning: Developmental curriculum for the young child*. Upper Saddle River, NJ: Merrill/Pearson Education.

Hetherington, E. M., & Martin, B. (1986). Family factors and psychopathology in children. In H. C. Quay, & J. S. Werry (Eds.), *Psychopathological disorders of childhood*. New York, NY: Wiley.

Illinois State Board of Education. (2001). *Predicting the school percentage of ISAT scores that are below state standards*. Washington, DC: U.S. Department of Education.

Kauffman, J. M. (2001). *Characteristics of behavior disorders of children and youth* (7th ed.). Upper Saddle River, NJ: Merrill/Pearson Education.

Keijsers, L., Branje, S., Hawk, S. T., Schwartz, S. J., Frijns, T., Koot, H. M., Van Lier, P., & Meeus, W. (2012). Forbidden friends as forbidden fruit: Parental supervision of friendships, contact with deviant peers, and adolescent delinquency. *Child Development, 83*(2), 651–666.

KidsHealth.org. (2012). *Lead poisoning*. Author. Retrieved from http://kidshealth.org/parent/question/safety/lead_testing.html

Kilgore, K., Snyder, J., & Lentz, C. (2000). The contribution of parental discipline, parental monitoring, and school risk to early-onset conduct. *Developmental Psychology, 36*(6), 835–845.

LaBrie, J. W., & Cail, J. (2011). Parental interaction with college students: The moderating effect of parental contact on the influence of perceived peer norms on drinking during the transition to college. *Journal of College Student Development, 52*(5), 610–621.

Legendre, A. (2003). Environmental features influencing toddlers' bioemotional reactions in day care centers. *Environmental and Behavior, 35*, 523–549.

Lewis, T. J., Colvin, G., & Sugai, G. (2000). The effects of precorrection and active supervision on the recess behavior of elementary students. *Education and Treatment of Children, 23*(2), 109–121.

Love, J. M., Kisker, E. E., Ross, C., Raikes, H., Constantine, J., Boller, K., et. al. (2005). The effectiveness of Early Head Start

Kilgore, K., Snyder, J., & Lentz, C. (2000). The contribution of parental discipline, parental monitoring, and school risk to early-onset conduct. *Developmental Psychology, 36*(6), 835–845.

LaBrie, J. W., & Cail, J. (2011). Parental interaction with college students: The moderating effect of parental contact on the influence of perceived peer norms on drinking during the transition to college. *Journal of College Student Development, 52*(5), 610–621.

Legendre, A. (2003). Environmental features influencing toddlers' bioemotional reactions in day care centers. *Environmental and Behavior, 35,* 523–549.

Lewis, T. J., Colvin, G., & Sugai, G. (2000). The effects of precorrection and active supervision on the recess behavior of elementary students. *Education and Treatment of Children, 23*(2), 109–121.

Love, J. M., Kisker, E. E., Ross, C., Raikes, H., Constantine, J., Boller, K., et. al. (2005). The effectiveness of Early Head Start for 3-year-old children and their parents: Lessons for policy and programs. *Developmental Psychology, 41,* 885–901.

March of Dimes Foundation. (2013). *Annual report card 2011.* White Plains, NY: Author.

Maughan, D., & Moore, S. C. (2010). Dimensions of child neglect: An exploration of parental neglect and its relationships with delinquency. *Child Welfare, 89*(4), 47–65.

May, P. A., & Gossage, J. P. (2005). *Estimating the prevalence of fetal alcohol syndrome: A summary.* Washington, DC: National Institute on Alcohol Abuse and Alcoholism.

Mayo Foundation for Medical Education and Research. (2011). Fetal alcohol syndrome. Rochester, MN: Author.

McEvoy, M. A., & Brady, M. P. (1988). Contingent access to play materials as an academic motivator for autistic and behavior disordered children. *Education and Treatment of Children, 11,* 5–18.

McEvoy, M. A., Fox, J. J., & Rosenberg, M. S. (1991). Organizing preschool environments: Suggestions for enhancing the development/learning of preschool children with handicaps. *Topics in Early Childhood Special Education, 11,* 18–28.

Michigan Education Association. (2005). *MEA voice today.* East Lansing, MI: Author.

National Association for the Education of Young Children. (2013). *Accreditation criteria: Teacher-child ratios within group size.* Washington, DC: Author.

Nordquist, V. M., & Twardosz, S. (1990). Preventing behavior problems in early childhood special education classrooms through environmental organization. *Education and Treat-*

ment of Children, 13, 274–287.

Rimm-Kaufman, S. E., LaParo, K. M., Downer, J. T., & Pianta, R. C. (2005). The contribution of classroom setting and quality of instruction to children's behavior in kindergarten classrooms. *Elementary School Journal, 105*(4), 377–394.

Schilling, D. L., & Schwartz, I. S. (2004). Alternative seating for young children with autism spectrum disorder: Effects on classroom behavior. *Journal of Autism and Developmental Disorders, 34*(4), 423–432.

Schorr, L. B., & Schorr, D. (1989). *Within our reach: Breaking the cycle of disadvantage.* New York, NY: Anchor Books.

U.S. Census Bureau. (2011). *Families and living arrangements.* Washington, DC: Author.

U.S. Department of Health and Human Services. (2008). *Long-term consequences of child abuse and neglect.* Washington, DC: Author.

U.S. Department of Health and Human Services. (2010). *Child maltreatment.* Washington, DC: Author.

U.S. Department of Health and Human Services. (2011). *Child abuse and neglect.* Washington, DC, Author.

Wang, W., Parker, K., & Taylor, P. (2013). *Breadwinner moms: Social and demographic trends.* Washington, DC: Pew Research.

Zirpoli, S. B. (1995). Designing environments for optimal behavior. In T. J. Zirpoli (Ed.), *Understanding and affecting the behavior of young children* (pp. 122–151). Upper Saddle River, NJ: Merrill/Pearson Education.

Zirpoli, T. J. (1990). Physical abuse: Are children with disabilities at greater risk? *Intervention in School and Clinic, 26,* 6–11.

Zirpoli, T. J. (2006). *Cures for parental wimp syndrome: Top ten list for effective parenting.* Stahlstown, PA: Silverbear Graphics.

Zirpoli, T. J., & Bell, R. Q. (1987). Unresponsiveness in children with severe disabilities: Potential effects on parent–child interactions. *Exceptional Child, 34,* 31–40.

Erik Isakson/Tetra Images/Alamy

청소년 행동의 쟁점

05

Stephanie D. Madsen

학습목표

이 장을 학습한 후 학생들은

청소년들의 변화하는 행동에 대해 이해할 수 있다.

청소년들에 대한 긍정적인 성과를 예측하는 요인들을 규명할 수 있다.

청소년들을 위한 행동중재를 이해할 수 있다.

청소년들을 대상으로 한 행동중재에 특정적인 쟁점들을 가려낼 수 있다.

교사들이 청소년들과 함께 한다는 것을 설명할 때 사람들은 때때로 그들의 용기에 대해 언급한다. 10대들과 함께하는 것이 보람 있는 일일 수 있는 반면, 청소년기(보통 12세에서 18세까지로 정의되는)에 발생하는 정상적인 그리고 놀라운 발달이 여러 가지 도전을 만들어 낼 수 있다는 것 또한 사실이다. 이들은 종종 더 많은 자유와 책임감을 요구하지만 빈약한 의사결정 기술을 보일 것이다. 청소년 발달에 대한 탄탄한 이해를 갖는 것은 청소년 행동을 수정하기 위한 계획을 세우는 데 도움이 될 수 있다.

청소년들의 변화하는 행동에 대한 이해

사람들은 전 생애에 걸쳐 발달하지만 삶의 두 번째 10여 년 동안 일어나는 변화는 정말로 충격적인 것이다. 신체적, 인지적, 그리고 사회적 변화는 청소년들이 자신의 환경에서의 변화(새 학교로의 전환과 같은)를 겪는 것과 동시에 발생한다. 청소년들의 행동을 이해하는 데 있어 청소년들이 여전히 어느 정도 성장하고 있는 영역들은 물론 이러한 영역들 각각에서 이들이 어떻게 진전하는지 알아두는 것은 유용할 것이다.

신체적 변화

청소년기에 신체가 겪게 되는 신체적 변화는 유아기 이래로 가장 빠르다. 주요 신체변화와 그것이 행동에 영향을 미치는 방식 중 몇 가지가 다음에서 개략적으로 설명될 것이다.

사춘기 청소년기의 가장 두드러진 신체적 변화는 사춘기이다. 사춘기는 생식능력이 시작되었음을 표시하지만 이는 단일한 사건이 아니라 하나의 과정으로 간주된다. 미국에서 소녀들이 생리를 시작하는 평균연령은 12.5세이고 유럽계 미국 소녀들은 보통 아프리카계 미국 소녀들보다 약간 늦게 시작한다(Brooks-Gunn & Reiter, 1990). 소년들이 성적 성숙에 이르는 평균 연령은 14세이다. 대다수의 소녀들(전체의 95% 정도)은 9세에서 16세 사이에 사춘기에 접어든다. 대다수의 소년들(전체의 95% 정도)은 10세에서 19세 사이에 사춘기에 접어든다(Brooks-Gunn & Reiter, 1990).

사춘기 변화에 대한 다른 사람들의 반응은 청소년들의 행동에 영향을 줄 수 있다. 일단 어떤 아동이 신체적으로 성숙해 보이면 그 아동은, 그것이 사실이든 아니든 관계없이 정신적으로 그리고 정서적으로 더 많이 성숙해 있다고 가정하게 된다. 또래들에 비해 일찍 성숙하든, 더 늦게 성숙하든 아니면 비슷하게 성숙하든 사춘기에 접어드는 시기는 사춘기의 변화가 청소년들의 삶에 긍정적인 힘으로 작용할지 아니면 부정적인 힘으로 작용할지에 있어 중요한 역할을 한다. 또래들보다 더 일찍 혹은 더 늦게 발달하는 것은 10대들을 우울하게 하고 행동문제를 갖게 할 더 큰 위험에 처하게 한다(Marceau, Ram, Houts, Grimm, & Susman, 2011; Negriff & Susman, 2011). 그리고 사춘기가 일찍 오는 것은 위험한 성적 행동의 위험인자이기도 하다. 사춘기가 시작되는 시기에 덧붙여 이러한 변화의 속도도 문제가 된다. 더 일찍 그리고 더 빨리 성숙한 소녀들은 청소년기에 외현적 행동을 보일 위험이 증가한다(Marceau et al., 2011).

역사적으로 말해서 사춘기에 도달하는 평균연령은 낮아지고 있다(Pierce & Hardy, 2012). 이러한 일반적인 경향은 더 나은 영양공급, 위생, 그리고 전염병의 통제 등에서 기인할 것이다. 비록 소녀들이 생리를 시작하는 평균연령이 12세보다 훨씬 아래로 내려갈 가능성은 낮다 하더라도, 낮지만 의미 있는 수의 소녀들은 7세경 한두 가지 징후들을 보일 수 있다(Kaplowitz, 2004). 그러므로 사춘기의 영향은 청소년기보다 훨씬 전에 시작될 수 있고, 종종 부모들을, 교사들을, 또래들을, 그리고 아동 자신을 놀라

▶ 두뇌는 그 어느 발달기에서보다 청소년기에 더 많은 변화를 겪는다.
http://www.youtube.com/watch?v=Bhv3bA_qG24

게 한다.

두뇌발달 두뇌는 5세경에 성인 뇌 용적의 95% 정도에 이르기는 하지만 청소년기에도 심지어는 초기 성인기에도 두뇌는 계속해서 실질적인 발달을 보인다. 이 시기 동안 일어나는 몇몇 변화들은 두뇌를 더 효율적으로 만들어 준다.

- 뇌세포들 사이의 불필요한 연결이 제거된다.
- 신경섬유 주위에 수초막(myelin sheaths) 형성이 완결되어 메시지들이 두뇌에서 더 빨리 이동할 수 있게 해 준다.
- 두뇌의 기능이 대뇌 피질의 우반구 혹은 좌반구에 더 국소화된다.
- 뇌량(corpus callosum, 즉 두뇌의 반구들을 연결해 주는 신경다발)이 두꺼워진다.

이러한 변화는 청소년들의 더 높은 기억능력 및 문제해결 능력에 반영된다. 하지만 뇌의 효율성이 증가하면서 두뇌는 쉽게 새로운 기능을 취하는 능력을 잃게 된다. 두뇌는 외상으로부터 쉽게 회복되지 않고, 만약 어떤 경험이 청소년기 이전에 일어나지 않았다면 그 경험과 연계된 기술들은 습득하기가 더 어려워진다. 예를 들어, 비록 대다수의 제2언어 교수가 청소년기에 주어지지만 우리의 두뇌는 사실 더 이른 시기에 이러한 자료들을 학습하는 데 더 반응적이다.

대뇌변연계(limbic system)의 몇몇 신경전달물질들(예 : 도파민과 세로토닌 등)의 수준 변화는 청소년들이 정서적 사건에 반응하고 이를 해석하는 방식에 영향을 준다(Spear, 2000). 이러한 변화들은 청소년들을 더 감정적으로 만들고, 스트레스에는 더 반응하게 그리고 보상에는 덜 반응하도록 한다. 그 결과 청소년들은 지루함을 더 흔하게 느끼는 것으로 보고하고 있으며(사실 이는 학교에서 보고되는 가장 일반적인 감정이다) 새로운 것을 찾고 위험부담을 떠안으려는 가능성이 더 높아진다.

두뇌의 이 영역에서 생기는 극적인 변화는 청소년들의 행동에 있어서의 급격한 변화를 설명해 줄 수 있다(Spear, 2000). 두뇌에 있어 발달이 가장 늦게 완성되는 부분들 중한 가지는 우리의 행동을 계획하고 그 행동의 결과를 예측하는 전두엽 피질(prefrontal cortex) 혹은 두뇌의 앞부분에 있는 영역이다. 청소년들은 아직 이 신경 능력을 발달시키고 있기 때문에 그들의 위험한 행동이 갖는 장기적인 영향을 스스로 생각하는 데 어려움

추천 웹사이트 : http://www.pbs.org/wgbh/
pages/frontline/shows/teenbrain/
http://www.ted.com/talks/sarah_jayne_
blakemore_the_mysterious_workings_of_
the_adolescent_brain

이 있다. 전두엽 피질이 아직 충분히 발달하지 않은 것을 보충하기 위해 청소년들의 뇌는 두뇌의 감정 중추, 즉 편도(amygdala)에 과도하게 의존하는 것으로 보이고, 이는 본능에 따라 반응하고 충동적으로 행동하는 경향으로 귀결된다(Spear, 2000).

심리상태의 변화 청소년들은 기분의 빠른 변화와 일반적인 변덕스러움으로 유명하다. 이러한 감정 변화는 특히 초기 청소년기 아동들에게서는 일정 부분 호르몬 때문인 것으로 생각된다. 사춘기 과정 초기 호르몬 체계가 극적인 방식으로 변화할 때 호르몬은 급속도로 요동치고 이는 기분의 빠른 변동으로 귀결된다. 그 결과 초기 청소년기에 소년들은 짜증을 더 잘 내고, 공격적이며, 충동적으로 되는 경향이 있고 반면 소녀들은 더 우울한 기분으로 반응하는 경향을 보인다.

여러 연구자들은 청소년들의 변덕스러움은 그들이 충분히 수면을 취하지 못하는 것과 연결되어 있을 수도 있다는 것을 발견하였다(Baum, Desai, Field, Miller, Rausch, & Beebe, 2014). 대다수의 청소년들(그리고 많은 성인들)은 수면박탈 상태에서 움직이고 청소년들은 등교해야 하는 날 밤에 잠을 점점 덜 잔다고 보고하고 있다(Short, Gradisar, Lack, & Wright, 2013). 소녀들은 몸치장을 할 시간을 더 갖기 위해 더 일찍 일어나기 때문에 소년들보다 잠을 덜 자는 경향이 있다(Fredriksen, Rhodes, Reddy, & Way, 2004). 하나의 집단으로서의 청소년들은 오전 8시부터 오전 9시 사이에 가장 졸려 하고 오후 3시 이후에 정신이 가장 초롱초롱하며, 이는 수업이 진행되는 동안 이들의 주의집중을 유지하게 하려는 사람들을 어렵게 만드는 것임이 분명하다! 또 다른 우려사항은 수면 손실은 청소년기 전반에 걸친 우울의 증가 및 자아존중감의 감소와 연계되어 있다는 점이다.

청소년들이 늦게까지 깨어 있다가 잠자는 것을 좋아하는 것은 사실 생물학적 변화와 관련되어 있다. 언제 잘 것인지를 결정할 수 있을 때 대다수의 청소년들은 새벽 1시가 되어서야 자기 시작해서 오전 10시까지, 꼬박 아홉 시간을 잔다. 그러나 학교 일정은 종종 청소년들에게 아동들이나 성인들에게 더 잘 맞을 수면 시간을 고수할 것을 강요하여 청소년들을 학교에 있는 동안 졸린 상태로 있게 한다. 학교들이 시작 시간을 늦췄던 중재들은 학생들의 학업수행에 있어서의 향상을 보여 주고 있다(Kirby, Maggi, & D'Anguiulli, 2011).

인지적 변화

중학교와 고등학교는 초등학생들에게는 통용되지 않는 많은 교과들을 제공한다. 청소년들은 이제 더 높은 수준의 수학(예 : 기하, 대수 등), 외국어, 과학, 그리고 국민윤리 등과 같은 영역에서 수업을 들을 수 있다. 이러한 교과들 각각은 청소년들의 확대되어 가는 인지능력을 이용한다. 초등학생들에 비해 청소년들은 체계적으로 사고하고, 자신의 기억력 및 주의집중 능력을 사용하며, 추상적 개념을 고려하는 등의 더 많은 능력을 갖고 있다.

가설-연역적 추론 과학적 방법은 일련의 가설이나 예측을 전개하고, 그러고 나서 적절한 변인들을 분리해 내고 부적절한 변인들을 제거함으로써 조직적인 방식으로 그 가설이나 예측을 검증하는 것을 포함한다. Jean Piaget는 자신의 고전적인 추 문제에서 아동들에게 서로 다른 길이의 줄과 서로 다른 무게의 물체를 주고 추의 속도에 영향을 주는 요인들을 결정할 것을 요청했다(Piaget & Inhelder, 1969). 중기 아동기 아동들은 서로 다른 조합을 무작위로 검증하였고 모든 가능성을 철저하게 조사하기 전에 검증을 끝냈기 때문에 보통 이 과제에 실패하였다. 청소년들은 서로 다른 요인들을 체계적으로 검증하고 줄의 길이만이 차이를 만들어 낸다는 것을 결정할 수 있었다. 청소년들의 인지발달의 특징으로 간주되는 이 체계적으로 추론하는 능력은 가설-연역적 추론(hypothetico-deductive reasoning)이라고 불린다. 더 나이가 든 청소년들은 형식적 추론을 일관성 있게 활용하는 데 더 능숙한 반면, 더 나이가 어린 청소년들은 어떤 상황에서는 이 능력을 사용하지만 다른 상황에서는 그렇지 못한 것으로 보인다. 형식적 추론의 활용은 모든 문화에 보편적으로 존재하는 것으로 보이지 않는다. 그 대신 형식적 추론의 활용은 이러한 유형의 사고를 촉진하는 학교교육 체제에 참여하는 것과 밀접하게 연계되어 있다.

추론 능력에 있어 청소년들의 진전은 교사들에게 새로운 도전을 제기할 수도 있다. 이제 청소년들은 자신이 선호하는 것을 지지하는 더 세련된 주장을 전개할 수 있게 된 것이다. '왜냐하면'에 대한 표준적인 성인의 반응 혹은 다른 약한 주장을 더 이상 의심 없이 받아들여지게 될 가능성은 낮다. 하지만 청소년들의 인지적 추론 기술들은 사회적 문제를 해결하는 데 유용할 수 있다. 예를 들어, 어떤 교사가 과제를 완성하지 못한 것에 대한 후속결과를 결정하는 데 있어 자신이 담당하는 수업의 학생들에게 도움을 요청한다면, 청소년들은 결론을 내리기 전에 그 상황의 모든 측면들을 비교하고 여러 가지 관점들을 고려할 것 같다.

추상적 사고 청소년들은 추상적인 개념이나 사고(예 : 정의, 평화, 환경 등)에 대해 추론할 수 있는 반면, 나이 어린 아동들은 구체적 세계(즉 그들이 보고 만질 수 있는 것들)에 대해 추론하는 것이 가장 쉽다는 것을 발견한다. 이러한 능력은 청소년들이 생각해 보게 될 더 복잡한 세상을 만들어 낸다. 예를 들어, 아만다(9세)와 엘리너(17세) 자매가 모두 오염 문제에 대한 과학 단원들을 막 마쳤다고 하자. 이 단원들은 둘 모두에게 환경을 돕기 위해 자신의 역할을 하는 데 관심을 갖게 하고 걱정하게 했다. 구체적인 세계에 초점을 맞춘 아만다는 친구들을 설득하여 동네에 있는 공원을 청소하는 데 돕게 한다. 엘리너는 오염의 장기적인 의미와 열악한 환경 실제에 대한 단체들의 윤리적 의무, 그리고 모든 제조업을 금지하는 것과 같은 간단하고 분명해 보이는 해결책에 관련된 어려움 등을 고려할 수 있는 진전된 인지능력을 갖추고 있다. 신중하게 생각한 끝에 엘리너는 친구들을 조직하여 제조업 개혁을 지지하는 지역 정치가 후보자의 정치 캠페인을 돕기로 했다. 아만다와 엘리너 모두 환경에 대해 추론하고 있지만 엘리너는 그 문제를 더 추상적인 방식으로 개념화하여 더 깊은 수준에서 이 문제를 다룰 수 있다.

사회인지적 신념 인지발달은 사회성 발달과 교차하고 청소년들이 자신에 대해서 그리고 자신의 주위에 있는 사람들에 대해서 생각하는 방식을 바꿔 놓는다. 청소년들은 때때로 마치 자신이 모든 사람들의 주의의 초점이 되는 것처럼 느껴, 그들 자신을 바라보며 일거수일투족에 주목하는 **상상 속의 청중**(imaginary audience)을 만든다(Elkind & Bowen, 1979). 비록 청소년들이 또래들의 행동에 주의를 기울이지만 청소년들은 종종 다른 사람들의 주의에 대한 염려를 근거 없는 극단까지 몰아가고는 한다. 예를 들어, 학생식당에서 점심을 엎지른 한 10대는 그 장면을 '모든 사람들'이 봤기 때문에 새 학교로의 전학을 요청하는 것이 합리적이라고 생각할 수 있다.

개인적 신화(personal fable)는 청소년들이 자신의 경험, 생각, 그리고 감정이 완전히 독특한 것이라고 믿는 것을 말한다. 이는 청소년들이 자신은 상처를 입을 수 없는 존재라는 느낌에 반영되고 성인들에게는 어리석어 보이는 행동들로 귀결된다(예 : 과속, 과도한 음주 등). 개인적 신화는 부분적으로 청소년들이 그들의 변화하는 세상에 그리고 자신의 변화에 상대적으로 익숙하지 않음으로 인해 생긴다. 예를 들어, 어떤 청소년이 처음으로 사랑에 빠졌을 때, 이러한 감정은 자신이 이전에 경험했던 그 어떤 감정보다 더 강할 수 있다. 이러한 압도적인 감정을 고려해 볼 때, 해당 청소년은 이와 같은 사랑이

복도에서 학생들 붙잡기

둘란 선생님은 9학년부터 12학년까지 고등학생들을 맡고 있는 경험 많은 교사이다. 둘란 선생님은 서로 존중하는 환경을 일구어 학급 질서를 유지할 수 있는 반면 때때로 계속해서 수업에 지장을 주는 행동을 하는 학생을 만나게 된다. 이러한 경우 둘란 선생님은 학생들이 개별적으로 혹은 소집단으로 공부하는 시간을 이용하여 수업에 지장을 주는 행동을 하는 학생에게 옆 반 구드 선생님에게 봉투 하나를 갖다 드리라고 요청한다. 그러면 구드 선생님이 비어 있다는 것을 알고 있는 봉투를 받고 해당 학생을 둘란 선생님 반으로 돌려보낸다. 하지만 둘란 선생님은 복도에서 기다리다가, 학급환경과 급우들이 볼 수 있는 곳에서

멀리 떨어진 이 조용한 순간을 이용하여 해당 학생의 수업에 지장을 주는 행동에 대해 논의하고 학급에서의 행동에 대한 기대를 분명하게 한다.

생각해 보기

둘란 선생님이 학생에게 빈 봉투를 전해 주게 한 이유는 무엇인가? 왜 학생을 직접적인 학급환경에서 배제하는 것이 문제행동을 다루는 데 더 효과적인가? 그 대신 만일 둘란 선생님이 급우들이 있는 곳에서 문제행동을 다뤘다면 어떤 잠재적인 원치 않는 결과가 생길 것인가?

이전에는 전혀 없었고, 그 상황으로 인해 위험한 행동들(예 : 안전하지 않은 성행위 등)이 옳다는 결론을 내리는 것이 합당하다고 느낄 수 있다. 독특함과 상처받을 수 없음이라는 감정은 청소년들로 하여금 자신이 임신이나 질병 등과 같은 원치 않는 결과의 영향을 받지 않을 것이라는 믿음을 갖게 할 수 있다. 학급에서 이와 같은 감정은 10대들로 하여금 자신에게 해당되지 않는 행동으로 처신하게 할 수 있다(Schwartz, Maynard, & Uzelac, 2008). 교실적용 5.1은 자신이 담당한 학생들의 발달적 요구에 민감한 한 교사가 특권이 부여된 행동을 다루는 데 있어서의 반응을 보여 주고 있다.

사회적 변화

정체성 자신에 대해서 설명해 보라는 요청을 받았을 때, 매우 어린 아동들은 그들의 소유물("난 빨간색 세발자전거가 있어.")이나 외모("난 키가 커.") 등을 언급하는 경향이 있다. 초등학생이 되면 아동들은 그 설명에 사회적 집단의 구성원("난 보이 스카웃이야.")임을, 관계("난 말리카의 친구야.")를, 그리고 어떤 심리학적 특질("난 친절해.") 등을 포함시킨다(Livesley & Bromley, 1973). 청소년기에 이르면 설명은 더 복잡해진다. 청소년들은 자신이 누구인지가 서로 다른 상황이나 관계에서 변할 수 있음을 깨닫게 될("난 학교에서는 얌전한 편이지만 친구들하고 있을 때는 활달해져.") 뿐 아니라 그들이 될 수도 있는 것을 상상할 수 있다("열심히 연습하면 더 나은 선수가 될 거야."). 중학교에 다니

는 아동들에 비해 청소년들은 그들을 또래들과 다르게 혹은 독특하게 만드는 것의 관점에서 스스로를 본다. 청소년들은 또한 스스로에 대해 숙고하고 스스로를 평가할 수 있으며, 이는 그들로 하여금 스스로 결정을 내릴 수 있어야 하고 자신의 가치체계를 만들어야 한다고 믿게 한다.

자신에 대한 생각에 있어서의 이러한 변화는 정체성을 발달시킨다는 더 넓은 문제와 연결되어 있고, 여기에는 자신에 대한 서로 다른 측면들을 모두 통합시키는 것이 포함된다. 청소년들은 서로 다른 생각과 외관, 행동, 그리고 관계를 시도함으로써 자신의 정체성을 형성한다. 성인들은 때때로 다른 종교에서 제공하는 서비스에 참석하거나, 전통적이지 않은 방식으로 옷을 입으며, 혹은 자신과는 다른 친구들과 어울리기를 원하는 청소년들로 인해 좌절하게 된다. 비록 청소년들이 여전히 성인들의 지도를 필요로 한다고 하더라도, 자신의 다른 가능성을 탐색하는 것은 건강한 정체성을 확립하는 데 있어 핵심적인 것으로 간주된다. 일단 정체성이 확립되면 그 정체성은 개인이 앞으로 할 행동을 안내하는 데 활용될 수 있다.

자율성　심리학자들은 한때 청소년들이 정서적으로 건강해지기 위해서 성인들과는 별개로 특징지어지고 성인의 가치로부터 완전히 분리되어야 한다고 믿은 적이 있었다. 이제

자신의 삶에 있어 중요한 누군가로부터 지원을 받는 청소년들은 일상적인 도전에 맞닥뜨리는 데 있어 더 나은 기회를 갖게 된다.

Blend Images/Hill Street Studios/Getty Images

이들은 청소년들을 위한 더 적절한 목적은 그들의 생각 및 행동에 대해 주인의식을 갖는 방향으로 자율성을 갖추지만 다른 사람들과는 정서적으로 연계된 상태를 유지하는 데 있다는 것을 깨닫게 되었다(Ryan & Lynch, 1989). 여전히 성인들과 청소년들은 이러한 독립성의 시기 및 정도를 협상을 통해 결정해야 한다.

자율성에 대한 청소년들의 욕구는 가족의 영향권을 벗어나 교실 안으로까지 확장되고 있다. 고등학생들이 자신이 속한 학급이 자율성의 표현을 허용하고 권장하도록 구조화되어 있다(예 : 과제에 대한 선택권 제공하기, 수업을 이끄는 것을 돕기 등)고 느낄 때, 이들은 시간이 지날수록 학교에 더 많이 참여한다는 것을 보여 주고 있다(Hafen, Allen, Mikami, Gregory, Hamre, & Pianta, 2012). 교실적용 5.2는 어떤 교사가 자율성에 대한

교실적용 5.2

청소년들에게는 발달적으로 핵심적인 보상 활용하기

데그넌 선생님은 7학년 학생들에게 영어를 가르친다. 그녀의 수업은 대부분 유연하게 진행되고 그녀는 자신의 수업을 계획한 대로 할 수 있다. 그러나 데그넌 선생님은 8교시 수업에서 학생들이 과제를 제 시간에 끝내지 못한다는 것을 발견하였다. 이 수업에서는 다른 수업에 비해 잡담으로 시간을 더 많이 보내고 더 천천히 이동한다.

데그넌 선생님은 이 수업의 속도를 올리고자 했다. 그녀는 행동적 접근방식이 청소년들의 삶에 이미 작용하고 있는 발달과 관련된 문제들을 어떻게 활용하고 있는지 곰곰이 생각해 보았다. 그녀는 청소년기는 더 많은 자율성을 확보하기 위해 노력하는 시기이고, 학급에서 주어지는 약간의 자율성은 이 학생들에게 강력한 동기를 부여해 주는 요소가 될 것이라는 점을 알게 되었다. 그녀는 또한 자신이 담당한 학생들이 그들의 향상된 초인지적 기술을 활용하는 방법을 배우고 있으며, 장기 목적을 세우고 이러한 목적들을 충족시키기 위해 어떻게 시간을 운영해야 하는지에 대한 계획을 할 수 있다는 것도 알게 되었다.

이러한 정보를 이용하여 데그넌 선생님은 8교시 수업을 듣는 학생들에게, 자신이 게시판에 매주의 의제를 붙여 놓을 것이라고 알렸다. 학생들은 그 주의 목적을 충족하기 위해 매일 그들이 완수해야 할 필요가 있는 것을 정확히 볼 수 있다. 완수되지 않는 의제 항목들은 숙제로 배정될

것이다. 그녀는 수업과정에서 학생들에게 더 많은 자율성을 부여하면서, 그들이 수업을 일정대로 유지할 책임을 지고 있다고 말해 주었다. 수업은 또한 시간관리 문제를 논의할 것이다.

이러한 새로운 체제 하에서 학생들은 과제를 제 시간에 완수하도록 서로를 격려하였다. 데그넌 선생님은 현재 과제에 집중할 수 있도록 수업을 부적으로 강화하기 위해(즉 숙제를 안 하게 해 줌으로써) 다룰 수 있는 의제들을 신중하게 게시하였다. 금요일이 되어 만일 수업이 해당 수업을 위해 게시된 의제들을 충족한다면 학생들은 그 수업에서 다음에 할 것을 데그넌 선생님이 만들어 놓은 목록에서 선택할 수 있게 되고, 따라서 학생들의 성취에 대해 그들을 정적으로 강화하게 된다. 학생들에게 더 많은 책임을 부여하고 증가되는 인지능력을 활용할 수 있도록 허용함으로써 데그넌 선생님은 자신의 수업을 본궤도로 돌려놓을 수 있다.

생각해 보기

청소년들이 최근에 겪게 된 발달에 있어서의 변화를 가정해 볼 때 이들에게 특히 동기를 부여할 수 있는 몇 가지 다른 보상들로는 어떤 것들이 있는가? 부적절한 교실 내 행동을 줄이기 위해 이러한 보상들을 학급 상황에서 어떻게 활용할 것인가?

청소년들의 욕구를 어떻게 변화의 긍정적인 원천으로 활용하였는지 보여 주고 있다.

또래관계 10대가 되면 청소년들은 가족보다는 친구들과 더 많은 시간을 보내기 시작한다. 우정은 종종 상호 이해와 친밀감, 그리고 헌신의 원천이 된다.

비록 우정이 청소년의 삶에 있어 긍정적인 힘이 될 수 있지만 또래 압력(peer pressure)은 걱정거리가 될 수도 있다. 여러 연구들에 따르면 또래에 대한 순응은 청소년기의 초기 및 중기에 최고조에 이르며 후기로 가면 급격하게 감소된다고 한다(Berndt, 1979). 청소년기 전반에 걸쳐 청소년들의 친구가 누구인가는 중요하다(Hartup & Stevens, 1997). 비행을 저지르는 친구들이 있는 청소년들은 그렇지 않은 청소년들에 비해 비행에 가담할 가능성이 높다. 비행을 저지르는 청소년들은 서로를 친구로 선택할 뿐 아니라 비행을 저지르는 방법에 대해 서로를 훈련시키며 이는 장기적 문제행동으로 이어진다(Piehler & Dishion, 2014). 사실 반사회적 행동을 단념할 것이라는 것을 가장 잘 예측하게 하는 요

교실적용 5.3

학생이 사용하는 장비를 학교에 가져오게 하기

정보통신 운용 예산을 줄이고, 온라인 자원들을 활용하며, 학생들이 학교 바깥에서 학습하는 것을 권장하기 위해 많은 학교들은 학생이 사용하는 장비를 가져오게 하는(Bring Your Own Device, BYOD) 정책의 채택을 고려하고 있다. 이러한 학교들은 학생들이 교육 앱을 활용하고, 연구를 수행하며, 그리고 수업을 위한 자원에 접근할 수 있도록 이들에게 자신의 이동통신 장비를 학교에 가져오도록 요청한다. 놀랍지 않게 학생들은 자신의 스마트폰과 태블릿, 전자책 리더(e-reader), 그리고 노트북 컴퓨터를 압수당하는 것보다는 사용하도록 요청받는 것을 정말로 좋아한다(Bullock, 2012). BYOD 프로그램을 채택한 학교들은 학생들이 자신의 장비를 사용할 수 있는 장소와 시간을 구체화한 인정 가능한 사용(acceptable-use) 정책을 따르도록 요청한다. 이러한 학교의 무선 네트워크는 부적절한 웹사이트에의 접근을 제한한다. 교사들은 학생들이 그들의 충분한 주의가 요구된다는 것을 알게 하거나(http://www.k12blueprint.com/byod) 혹은 다른 시간에 문자를 보내고자 하는 유혹을 최소화하기 위해 수업에서 문자가 허용되는 시간들을 구체화하는 주요 문장(예 : 장비 정지)을 결정할 것이다. 그럼에도 불구하고 학생들에게 자신이 사용하는 장비들을 학교에 가져오게 하는 것은 행동관리와 관련된 새로운, 많은 걱정거리들이 생기게 할 것은 확실하다.

생각해 보기

BYOD 정책을 채택한 학급의 교사들이 직면할 새로운 학급관리 문제들로는 어떤 것들이 있는가? 학급에서의 행동을 관리하는 데 있어 교사들이 유리한 방향으로 이러한 장비들의 존재를 교사들이 활용할 수 있는 창의적인 방법이 있는가? 학급에서 장비 사용을 허용하는 것이 과제에 집중하지 못하는 행동을 감소시켜 줄 수 있는가? 이동통신 장비들이 특히 청소년들에게 매력적인 이유를 설명하는 데 도움이 되는 청소년들의 행동에 대해 알게 된 것은 무엇인가?

인들 중 한 가지는 그러한 행동에 역시 가담하고 있는 친구들과 분리시켜 놓는 것이다 (Dishion, Andrews, & Crosby, 1995). 다른 한편으로 학업을 가치 있는 것으로 생각하는 친구들 집단은 어떤 청소년으로 하여금 자신의 학업수행을 향상시키게 할 수 있다.

낭만적 또래관계는 청소년들의 삶에 있어 중요해진다. 대다수의 청소년들은 지난 18개월 동안 낭만적 관계를 맺었다고 보고하고 있다(Carver, Joyner, & Udry, 2003). 15세에서의 이러한 관계는 평균 4개월 정도 지속되는 짧은 경향이 있다(Feiring, 1996). 남자 친구나 여자 친구가 있는 청소년들은 보통 낭만적인 관계가 없는 청소년들보다 기분의 변화가 더 심해 기분이 좋을 때는 더 좋고 좋지 않을 때는 더 좋지 않다고 보고하고 있다(Larson, Clore, & Wood, 1999). 새로운 사랑이 동반할 수 있는 긍정적 감정에도 불구하고 낭만적 관계에 있는 청소년들은 우울 증후군에 빠질 위험성이 증가한다 (Davilla, 2008).

> 추천 웹사이트 : http://www.npr.org/blogs/alltechconsidered/2012/10/03/ 162148883/someschools-actually-want-students-to-play-with-theirsmartphones-in-class

맥락의 변화

청소년들의 내부에서 일어나는 모든 변화들에 덧붙여 청소년들의 환경 또한 중요한 방식으로 변화해간다. 맥락의 변화와 관련된 다음과 같은 예들과 그 맥락들이 어떻게 청소년의 행동에 영향을 주는지 고려하라.

- **학교 전환**(school transition) : 중 · 고등학교는 초등학교에 비해 구조화 및 지원이 훨씬 덜하다.
- **법적지위의 변화** : 청소년들은 어떤 영역들(예 : 운전, 선거 등)에서는 성인의 지위를 보장받지만 어떤 영역들(예 : 음주 등)에서는 그렇지 않다.
- **고용으로의 진입** : 거의 모든 청소년들은 고등학교에 다니는 동안 어떤 시점에서 취업을 하게 되어, 더 많은 책임이 주어지고 어쩌면 더 성숙한 또래들이 있을 수 있는 맥락을 경험하게 된다.
- **더 넓어진 사회문화적 요인들** : 고정관념에 의해 자극된 가정들은 일반 대중이 청소년들의 행동에 반응하는 방식에 영향을 미친다.

변화의 누적된 영향

청소년기는 변화로 특징지어지지만 한 번에 경험하는 변화의 수 또한 문제가 된다. Simmons와 동료들(1979)은 초등학교에서 중학교로 전환하는 시기에 있는 아동들을 추적하였고 같은 해에 생리와 데이트를 시작하고 학교가 바뀐 소녀들은 중학교로의 전환기 전반에 걸쳐 자아존중감이 가장 큰 폭으로 떨어지는 것을 발견하였다. 청소년들의 삶에서 발생하는 스트레스를 주는 사건들의 수가 스트레스를 주는 어떤 특정 사건 한 가지보다 더 중요할 수 있는 것으로 보인다(Simmons, Burgeson, Carlton-Ford, & Blythe, 1987). 다른 연구자들은 여러 가지 변화들을 한 번에 경험하는 청소년들에게 가장 관심을 가져야 하고, 이 모든 변화들을 동시에 다루기 위한 자원이 부족한 청소년들에게 특히 더 관심을 가져야 한다고 하면서 이 아이디어를 지지해 왔다.

청소년들을 위한 긍정적 성과 예측하기

행동에 있어 최적의 성과들을 촉진하는, 청소년들의 삶과 관련된 요인들에 대해서 우리가 알고 있는 것은 무엇인가? 비록 높은 자아존중감과 받아들여진다는 느낌, 그리고 교육과정 외 활동에의 참여가 이러한 요인들에 도움이 된다고 일반적으로 가정되지만 사실 이러한 요인들은 청소년기의 더 적은 문제행동들을 예측하지 못한다(Gottfredson, 2001). 그 대신 연구 결과에 따르면 다양한 내적 그리고 외적 자산 모두가 긍정적 성과와 관련되어 있고, 이 자산들은 위험성이 높은 행동들로부터 청소년들을 보호해 주고 긍정적인 행동을 할 가능성을 높여 주며, 역경에 처했을 때 회복성을 촉진한다. 어떤 청소년이 자신을 위해 작동하는 보호적 요인들을 많이 지니고 있으면 있을수록 해당 청소년이 문제행동을 피할 가능성은 높아진다. 이러한 보호적 요인들의 혜택을 보지 못하는 청소년들이 빈약한 성과를 보일 운명이 되는 것은 아니지만 이들은 더 커다란 어려움에 처할 수 있다.

내적 자산

젊은이들에게 가장 중요한 자산 중 몇 가지는 이들이 자신의 내부에 가지고 있는 것들이다. Minneapolis Search Institute에서 규명해 낸 네 가지 주요 내적 자산에는 다음과 같은 것들이 포함된다.

- 평생학습 및 교육에의 전념
- 미래의 선택을 안내하는 긍정적 가치
- 관계를 수립하고 현명한 결정을 내리기 위한 사회적 능력
- 강력한 자긍심의 형태를 띤 긍정적 정체성(Benson, Sclaes, & Roehlkepartain, 2011)

이러한 내적 자산은 어디에서 오는가? 가족, 학교, 대중매체, 종교단체, 그리고 이웃이 협력할 때 젊은이들은 이러한 지원적 특질들로부터 이득을 볼 가장 큰 기회를 갖게 된다.

외적 자산

외적 자산은 청소년의 외부에 존재하고 지지감, 권한 부여, 경계, 그리고 높은 기대 등을 제공한다.

지원 관계 또래들과 친구들은 자기확인, 협동, 상호존중, 그리고 안전 등의 중요한 원천을 제공한다(Newcomb & Bagwell, 1996). 이러한 관계들은 그 구성원들이 인지발달 및 사회적 힘에 관해 동등한 수준에 있는 자발적인 관계를 나타내기 때문에 청소년들의 삶에 있어 특히 중요하다. 이는 상호지원을 제공하기 위한 그리고 안전한 환경 내에서 중요한 갈등해결 기술들을 발달시키기 위한 이상적인 맥락이다. 요즘 알려지고 있는 연구들은 온라인에서 수행되는 우정이 소속감 및 자기노출을 지지할 가능성이 있고, 이는 역으로 청소년들의 정체성 발달을 지원한다고 제안한다(Davis, 2012).

부모들 또한 청소년들에게는 발달적 자산이 될 수 있다. 광범위한 연구에 따르면 권위 있는 양육 혹은 구조 및 규칙과 따뜻함이 결합된 양육은 청소년들이 보이는 최선의 성과와 관련되어 있다고 한다(Steinberg, 2001). 권위 있는 부모들이 있는 청소년들은 약물 및 알코올 섭취 그리고 비행 등이 포함된 문제행동을 할 가능성이 낮다. 이 청소년들은 또한 높은 자아존중감, 더 낮은 수준의 불안 및 우울 등을 포함한 더 나은 정신건강을 누린다. 이들은 또한 따뜻함과 구조가 결합된 양육을 하지 않는 부모들과 함께 사는 청소년들보다 학교에서 더 많은 것을 성취한다.

가족 및 이웃이 청소년에게 지원적 맥락을 제공할 수 없을 때 발달적 자산으로서의 교사들의 역할은 특히 중요하다(Eccles & Roeser, 2011). 학생들의 학교에서의 소속감은 물

론 교사–학생 관계의 질은 학업동기와 참여, 그리고 학습의 변화를 예측한다. 교사가 열정적이고 학급에서의 경험을 즐긴다고 학생들이 인식할 때, 이들은 이러한 긍정적인 감정을 공유하며, 이는 성취에 긍정적인 영향을 미친다(Frenzel, Pekrun, & Goetz, 2007). 불행하게도 학생들은 종종 이들이 초등학교에서 전환할 때 자신의 교사가 정서적으로 지원적이라는 인식이 줄어든다고 보고하고 있다.

청소년들의 삶에 있어 그 밖의 성인들 또한 발달적 자산으로 작용할 수 있다. 조부모나 멘토, 코치, 그리고 이웃 등은 모두 청소년들에게 안내를 제공할 수 있다. 그러한 안내는 강력한 부모–청소년 관계가 존재하지 않는 상황에서 특히 중요하다. 그럼에도 불구하고 적응과 자기가치, 그리고 학교 성적을 예측하는 데 있어 가장 문제가 되는 것은 어떤 하나의 관계보다는 해당 청소년의 사회적 네트워크의 전반적인 질이다.

학교에서의 역할과 직장에서의 역할의 균형 맞추기　대다수의 미국 청소년들이 고등학교에 다니는 동안 어떤 시점에서 취업을 한다는 점을 생각해 볼 때(U. S. Bureau of Labor Statistics, 2014), 청소년기의 근로경험은 긍정적인 성과에 어떠한 기여를 할 것인가? 자신이 한 취업의 영향에 대한 청소년들의 인식은 압도적으로 긍정적이다(Mortimer, Harley, & Aronson, 1999). 청소년들은 주요 이득으로 책임감과 금전관리에 있어서의 개선, 그리고 사회성 기술 습득을 언급하고 있다.

주당 근로시간은 숙제를 하는 데 소요되는 시간에 심각한 영향을 미치지는 않는데(Mortimer et al., 1999), 이는 많은 부분 일을 하는 청소년들이 TV 시청에 시간을 훨씬 덜 사용하기 때문이다. 청소년들은 시간제 근로로 한정된 고용으로부터 가장 많은 이득을 얻는 것 같다. 사소한 비행은 시간제로 일하는 청소년들보다 오랜 시간 일을 하거나 일을 전혀 하지 않는 청소년들이 더 많이 저지른다(Osilla et al., 2013). 시간제 근로가 청소년들로 하여금 학생으로서 그리고 피고용인으로서 자신의 역할에 균형을 맞추게 하는 반면, 지나치게 오랜 시간 일하는 것은 교육적 성과를 제한한다(Mortimer et al., 1999). 비록 아프리카계 미국 청소년들과 중남미계 청소년들이 더 오랜 시간 일을 하는 것 같다 하더라도, 오랜 시간 일하는 것의 대가는 부모의 교육 수준이 높은 백인 및 아시아계 미국 고등학생들이 가장 크게 치르고 있다는 것이 밝혀졌다. 이 청소년들은 학교에 다니는 동안 유급고용 상태에 있을 때 평균 성적이 가장 많이 떨어지고 약물 사용이 가장 크게 증가한다(Bachman, Staff, O'Malley, & Freedman-Doan, 2013).

근로시간 이상으로 일의 수준이 해당 청소년의 능력에 적절한 것인지가 중요하다. 자율성이 많이 주어지고 역할이 분명하게 정의된 일을 하는 청소년들은 자아존중감이 향상되는 것을 경험하는(Barling, Rogers, & Kelloway, 1995) 반면, 스트레스 수준이 높은 일을 하는 청소년들은 우울을 경험할 가능성이 더 높다(Shanahan, Finch, Mortimer, & Ryu, 1991).

지역사회 요인　종종 간과되지만 청소년들에게 중요한 발달적 자산들 중 한 가지는 지역사회가 젊은이들에게 부과하는 가치이다. 불행하게도 다섯 명의 청소년들 중 한 명만이 자신이 속한 지역사회가 젊은이들을 소중하게 여긴다고 느끼고 있다(Benson et al., 2011). 청소년들의 60%가 자신들이 애정 어린 이웃의 일원이라고 느끼고 있지만 25%만이 그들이 다니는 학교가 애정 어린 환경을 제공하고 있다고 생각하고, 애정을 인식하고 있다는 청소년의 보고는 중학교에서 고등학교로 진학하면서 줄어들고 있다. 학교에의 참여가 감소하는 청소년들은 시간이 지날수록 비행과 약물 사용을 보일 가능성이 더 높다(Wang & Fredericks, 2014). 관계 수립을 통하여 학교 공동체에 대한 학생의 참여를 향상시키고자 적극적으로 노력하는 Check and Connect(www.checkandconnect.umn.edu)와 같은 프로그램들은 학생들의 학업 수행을 개선하고 훈육을 위한 위탁의 수를 감소시키는 결과를 보여 왔다(Maynard, Kjellstrand, & Thompson, 2013). 지역사회 요인들은 직접적인 가족 이상의 관계에 대한 영향으로 대표되기 때문에 특히 중요하다. 이와 같은 관계는 자아존중감을 확립하고, 문화적 관습을 전달하며, 사회적 능력을 계발하고, 부정적 가족관계를 보충해 주는 데(아마도 가장 중요한 것일 것이다) 있어 중요한 역할을 한다.

발달에 있어서의 결손 피하기

6학년에서 12학년에 이르는 청소년들 99,462명을 대상으로 한 연구에서 Minneapolis Search Institute는 청소년들의 빈약한 성과와 상관관계에 있는 다섯 가지 주요 요인들을 밝혀냈다.

- 집에 혼자 있음
- 술을 마실 수 있는 파티에 참석함
- 폭력의 희생자가 됨

- TV를 너무 많이 시청함
- 신체적 학대를 경험함

비록 이러한 요인들이 필연적으로 빈약한 발달적 성과를 가져오는 것은 아니라 하더라도 이러한 행동들을 하거나 경험하는 것은 음주, 도박, 약물 이용, 그리고 폭력행위 자행 등과 같은 기타 위험성이 높은 행동들에 상응하는 것이다. 평균적으로 한 청소년은 이 다섯 가지 결손들 중 거의 두 가지 정도를 경험하게 될 것이다(Benson et al., 2011). 청소년들을 도와 이러한 결손들을 피하게 하는 수단들(예 : 청소년들의 활동을 부모들이 더 많이 감독하기, 청년센터들이 구조화된 방과 후 활동들을 제공하기, 폭력방지 프로그램 제공하기 등)은 청소년들을 위해 긍정적인 발달적 성과를 촉진할 가능성이 높다.

청소년들을 위한 행동중재

사회는 우리의 아이들이 유능한 시민이 되고 사회적 능력을 갖춘 사람이 될 수 있도록 이들을 사회화하는 데 중대한 관심을 가지고 있다. 이 과정의 일부에는 학생들에게 그들이 문제행동들을 피하고 학교 안과 바깥 모두에서 긍정적인 사회적 관계를 촉진하는 데 필요한 사회성 기술들을 갖추게 하는 것이 포함된다. 학교라는 환경은 두 가지 주요 이유로 이러한 기술들을 가르치는 데 있어 최적의 장소로 보인다. 첫째, 학교는 의무적으로 다녀야 하는 곳이고, 따라서 대다수의 젊은이들에게 즉시 영향을 미치는 것이 가능하다. 16세와 17세 청소년들의 93%는 고등학교에 다니고 있으며, 85%는 졸업할 때까지 학교에 다닌다(U. S. Census Bureau, 2014). 둘째, 학교 환경에서 수행된 중재들은 아동들이 형성기를 거치는 동안 영향을 미치고 부적절한 행동이 학습되기 전에 적절한 행동들을 가장 잘 가르칠 수 있다.

비록 학교가 오랫동안 학생들을 형성하는 데 관심을 가져 왔다고 하더라도 행동적 접근방식의 기여는 비교적 최근의 일이다. 초기의 접근방식들은 항상 매우 효과적인 것은 아니었고 혹은 심지어 해롭기조차 했다(Lilienfeld, 2007). 1950년대와 1960년대 학교들은 종종 청소년들의 문제행동을 예방하기 위해 겁을 주는 전략에 의존하였다(예 : 청소년들에게 책임감을 갖고 운전하도록 설득하기 위해 끔찍한 사고 장면이 담긴 필름 보여 주기 등). 때때로 학교들은 학생들에게 문제행동의 기초를 이루는 이유들을 가르쳤다(예 : 청소년들은 또래압력을 받기가 더 쉽고, 따라서 또래들의 부정적 영향을 피하는 데 신경 쓸 필요가 있다고 이들에게 알려 주기 등). 그러나 이 두 접근방식 중 어떤 것도 효과를 보이지 못했다(Forman & Neal, 1987). 1970년대 중반부터 후반까지 인간주의적 접근방식이 인기를 끌었다. 이 접근방식은 학생들의 자아존중감을 끌어올리고 스트레스 관리방법을 가르치는 데 초점을 맞추고 있었다. 하지만 이러한 노력들은 잘못 지도되었을 수 있다. 연구 결과 긍정적인 학교 분위기에서 높은 자아존중감이 낮은 수준의 괴롭히기를 예측하지만 부정적인 학교 분위기에서는 높은 자아존중감이 더 많은 괴롭히기를 예측하고 있음이 나타났다(Gendron, Williams, & Guerra, 2011). 1980년대 사회적 영향 모델로부터 파생된 프로그램들이 등장하였고 이 프로그램들은 또래의 영향을 피하기 위해 학생들에게 '그냥 아니라고 말하도록' 가르쳤다. 초기의 접근방식들처럼 이 프로그램들도 청소년들을 도와 문제행동을 피하게 하는 데 있어 그리 효과적이지 않았다(Herrmann & McWhirter, 1997). 사실 유명한 D. A. R. E(Drug Abuse Resistance Education) 프로그램을 마친 학생들은 알코올 및 담배와 같은 다른 약물의 섭취가 증가했음을 보여 주었는데, 이는 이 프로그램이 피하게 하려 했던 바로 그 결과였다(Werch & Owen, 2002).

더 최근의 행동수정을 기반으로 하는 프로그램들은 매우 중요한 사회성 기술들을 가르치고 유지하는 데 있어 더 커다란 성공을 거뒀다. 그러나 이와 같은 프로그램들은 청소년들을 대상으로 하는 경우 세심한 주의를 기울이며 실행될 필요가 있다. 어떤 프로그램들은 청소년들을 도와 학급을 혼란스럽게 만들거나 부정적인 학교 분위기의 원인이 되지 않을 행동들을 선택하게 한다. 다른 수정 프로그램들은 (a) 청소년들의 저항 및 거절기술을 향상시키고(시키거나) (b) 이들의 사회성 기술을 강화함으로써 일반적인 위험 행동들(예 : 불안전한 섹스, 마약, 도박, 폭력, 흡연 등)을 줄이는 데 초점을 맞추고 있다.

긍정적 행동중재 및 지원

긍정적 행동중재 및 지원(Positive Behavioral Interventions and Supports, PBIS) 프로그램은 최근 점점 더 인기를 끌게 되었고 이제는 학생들의 수업에 지장을 주는 행동들을 줄이는 데 도움이 되도록 수많은 학교에서 사용되고 있다(Bradshaw, Koth, Thornton, & Leaf, 2009). 과제에 집중하지 못하거나 수업을 따라오지 못하는, 혹은 무례한 행동을 하는 등 수업에 지장을 주는 행동들은 수업 시간을 좀먹으며 교사들과 학생들에게 스트레스를 주는 분위기를 만들어 낸다. 긍정적 행동중재 및 지원 프로그램을 옹호하는 사람들은 다른 핵심 교육과정 교과목을 가르치는 것과 동일한 방식으로 행동에 대한 기대를 가르쳐야 한다고 강조한다(Positive Behavioral Intervention and Supports, 2014). 행동에 대한 기대를 가르침으로써 이 프로그램들은 부정적이고 반응적이기보다는 긍정적이고 사전적인 접근방식을 취한다(Taylor-Greene & Kartub, 2000). 긍정적 행동중재 및 지원을 활용하는 학교들은 의뢰서를 작성하거나 무관용 입장을 취함으로써 학생들의 수업에 지장을 주는 행동들에 가혹한 방식으로 반응하는 대신, 학생들에게 적절한 행동을 가르치고 학생들이 적절한 선택을 했을 때 이를 강화한다. 만일 어떤 학생이 계속해서 수업에 지장을 주는 선택을 한다면, 교사들은 후속결과의 분명한 연속체를 따르게 된다.

긍정적 행동중재 및 지원은 학교 전체 수준에서 실행될 수 있거나 문제행동을 보일 위험이 있는 학생들을 대상으로 할 수 있다. 학교 전체 1차 예방 프로그램으로 도입될 때 학교 대표자들로 구성된 팀들은 우선 긍정적 행동중재 및 지원에 대한 특별 훈련시간에 참석한다. 이러한 팀들에는 보통 몇 명의 교사들과 학교 행정가들, 그리고 학교 심리학자들이나 상담가들이 포함된다. 그리고 나서 이 팀은 긍정적으로 진술되고 기억하기 쉬운 행동에 대한 기대를 세 개에서 다섯 개 정도 개발한다(예 : '안전하게 행동하라', '책임감을 가져라', '존중하라' 등). 중요한 점은 이러한 기대들이 학생들에게 하지 말아야 할 것보다는 해야 할 것을 말해 줘야 한다는 것이다. 이것이 왜 그렇게 중요한가? 이는 원치 않는 행동을 처벌하기보다는 원하는 행동을 강화하는 것이 더 효과적이기 때문이다. 그리고 나서 이 팀은 행동에 대한 기대가 학급에 대해 그리고 학생식당이나 통학버스, 혹은 체육관 등 비학급 영역들에 대해 의미하는 것을 정확하게 설명하도록 작업한다. 예를 들어, '책임감을 가져라'에는 수업 중 자신이 해야 할 일을 하는 것, 점심시간에 쓰레기와 재활용을 처리하는 것, 통학버스에서 적절한 언어를 사용하는 것, 그리고 체육관에서 장비를 공유하는 것 등이 포함될 수 있다. 이러한 기대들이 하지 말아야 할 것(예 : 부정행위를 저지르지 마라, 쓰레기를 버리지 마라, 욕하지 마라, 장비를 독차지하지 마라 등)보다는 해야 할 것에 관하여 진술된다는 점에 다시 한 번 주의하라. 이 팀은 각각의 상황을 위해 긍정적으로 진술된 대략 세 가지 예들을 생각한다.

이 팀은 자신의 학교로 돌아간 후 프로그램에 참여한 동료들에게 훈련을 제공한다. 학년도가 시작될 때, 다른 어떤 중요한 수업계획을 가르치는 것처럼 행동에 대한 이러한 기대들을 적극적으로 가르친다. 학교는 행동에 대한 기대들에 맞춰 조정된 적절한 선택을 하는 학생들을 '포착하기' 위해 '잡았다'(gotcha) 프로그램을 이용한다. 이러한 학생들에게는 보통 어떤 행동에 대한 기대를 따랐는지 그리고 어떤 상황이었는지를 진술한 일종의 카드나 메모가 주어진다. 이 카드의 복사본을 행동에 대한 기대를 충족한 학생들에게 보상을 제공하기 위해 주간 차트를 그리는 집과 교무실로 보낸다. 카드들은 또한 학생들이 그것들을 보상과 교환할 수 있는 토큰 경제(token economy)에서 사용될 수도 있다. 어느 시나리오든 이 프로그램이 효과를 보이기 위해서는 학생들이 그 보상이 매우 가치 있는 것임을 발견해야만 한다.

긍정적 행동중재 및 지원의 일부로 학교는 반드시 행동에 대한 기대를 충족하지 못한 것에 대한 매우 분명한 후속결과의 연속체를 제시해야 한다. 예를 들어, 학생들은 우선 경고를 받을 수 있다. 그리고 나서 특권을 상실하며, 그다음에는 만일 위반 행위가 심각할 경우 교무실에 위탁될 수 있다. 각각의 행동에 어떤 후속결과가 수반되는지에 대해 일관성이 있어야 함은 중요한 일이다. 그러한 방식으로 수업에 지장을 주는 행동을 선택한 학생들은 사실상 그들이 어떤 후속결과를 선택하고 있는 것인지 인식하게 된다. 이러한 일관성은 또한 긍정적 행동중재 및 지원의 또 다른 중요한 측면인 사정을 돕게 된다.

긍정적 행동중재 및 지원을 이용하는 학교들은 실생활 상황에서 그들이 실행하는 프로그램의 효과를 사정할 수 있도록 이 프로그램의 일부로 자료들을 수집한다(Molley, Moore, Trail, Epps, & Hopher, 2013). 이 학교들은 교무실에 위탁된 건수와 어떠한 종류의 행동에 대한 기대가 위반되었는지, 그리고 이러한 위반 행위가 어떤 상황에서 발생했는지 등을 추적한다. 이 학교들은 또한 이 프로그램에 대해 교직원들과 학생들을 대상으로 설문을 실시해 이를 수집한다. 이러한 자료들은 이 프로그램의 효과에 대한 정보를 제공할 뿐 아니라 이 프로그램을 강화하는 방법에 대해 정보가 있는 상태에서 결정할 수 있도록 돕는다. 예를 들어, 만약 위반 행동이 수업과 수업 사이에 복도에서 더 빈번하게 발생한다면 규칙이나 일과 혹은 환경의 변화가 도입될 수 있다.

중·고등학교에서 긍정적 행동중재 및 지원 프로그램은 긍정적인 학교 환경을 촉진시키는 데 매우 효과적일 수 있다. 이러한 프로그램들은 안전하고 생산적인 학습 환경을 창출함으로써 훈육을 위한 위탁을 줄여 줄 뿐 아니라 학업에 있어서의 성공 및 사회적 성공을 증가시킨다(McIntosh, Chard, Boland, & Horner, 2006). 교실적용 5.4는 중학교

교실적용 5.4 | 다른 사람들이 칭찬하는 행동들 : 긍정적 행동중재 및 지원을 더 작은 규모로 수정하기

하워드 선생님은 자신이 재직 중인 중학교의 팀 리더로, 과학과 사회, 그리고 영어와 수학교사들의 노력을 조정한다. 하워드 선생님의 팀 구성원들은 그들이 종종 학생들의 단순한 무례와 경솔함으로 인해 소중한 수업시간을 잃게 되어 낙담하고 있었다. 이 팀은 행동적 접근방식에 익숙해 있었고 학생들의 나쁜 선택을 벌하기보다는 좋은 선택을 보상하고자 하였다. 이들이 재직 중인 학교에는 아직 학교 전체 긍정적 행동중재 및 지원 프로그램을 적용하고 있지 않고 있었으므로 이들은 긍정적 행동중재 및 지원의 요소들을 수정하여 학년 전체 프로그램을 만들기로 결정하였다.

이를 위해 하워드 선생님의 교사팀은 다른 사람들이 칭찬하는 행동을 보이는 학생들이 더 많아지기를 원했고 자신들의 아이디어에 '다른 사람들이 칭찬하는 행동'(Behaviors Others Admire, BOA) 프로그램이라는 별칭을 붙이기로 결정하였다. 이들은 학생들에게 수업시간에 계속해서 과제에 집중하기, 다른 사람들을 돕기, 그리고 양식이나 서명받은 성적표를 바로 다음 날 제출하기 등과 같은 칭찬할 만한 행동들을 보임으로써 '다른 사람들이 칭찬하는 행동' 카드를 받을 수 있다고 학생들에게 설명하였다. 이 교사팀은 함께 긴밀히 협력하였기 때문에 이들은 자신들이 과학시간에 있든 사회시간에 있든 긍정적인 행동에 대한 기대들이 이 학생들에게 일관성 있음을 확인하였다. 어떤 학생이 '다른 사람들이 칭찬하는 행동' 카드를 받았을 때, 해당 학생의 이름과 받게 된 이유를 카드에 적었다. 매주 금요일 이 팀은 추첨을 하였고 당첨자는 영화표와 같은 작은 상을 받았다.

게다가 학생들은 킥볼 시간이나 아이스크림 파티, 혹은 영화 등과 같은 분기 말 팀 활동 자격을 따내기 위해 노력할 수 있었다. 학생들은 이러한 행사들에 참여하기 위해 매우 의욕적이었다. 이들은 그들의 친구 모두가 참여하게 되는 활동을 놓치고 싶지 않았다. 참가 자격을 얻기 위해 학생들은 최소한 10장의 '다른 사람들이 칭찬하는 행동' 카드를 받아야 했고, 모든 과제를 제출해야 했으며, 묵독을 위한 책을 항상 가지고 다녀야 했고, 교무실에 위탁

되지 않아야 했다. 이 팀 구성원들은 자신들의 프로그램을 개선하는 데 도움이 되도록 이 중요한 자료들을 추적하였다. 시간이 지날수록 이들은 학생들의 행동이 개선됨을 주목하게 되었다. 분기 말에, 학생들 중 약 90%가 팀 활동에 참가할 수 있게 되었다. 그럼에도 불구하고 이 팀은 이 프로그램이 각 분기 초에 더 효과적이고 분기 말로 갈수록 어느 정도 힘을 잃는 것 같다는 점을 알게 되었다.

이 혁신적인 팀의 성공을 보면서 하워드 선생님이 재직 중인 중학교는 결국 학교 전체 긍정적 행동중재 및 지원 프로그램을 실행하게 되었다. 학생들이 예의를 갖추고 책임감을 가지며, 안전 등과 같은 긍정적 행동중재 및 지원 프로그램의 특정 행동에 대한 기대들 중 많은 부분은 이미 '다른 사람들이 칭찬하는 행동' 프로그램의 일부였다. 학교는 이 팀의 경험으로부터 이득을 보았는데, 이는 그러한 경험들이 긍정적 기대 프로그램의 효과에 관한 통찰을 제공할 수 있었기 때문이었다.

▶ 중학생들이 자신의 또래 및 교사와 성공적으로 상호작용하는 것을 돕는 사회성 기술 훈련을 어떻게 실행하는지 보라.
http://www.youtube.com/watch?v=6NGrzKLu6rI

생각해 보기
하워드 선생님의 팀 구성원들은 그들이 어떤 수업에 있든 상관없이 이 학생들을 위한 일반적인 일련의 기대들을 만들기 위해 함께 일했다. 이것이 이 프로그램의 중요한 요소인 이유는 무엇인가? 왜 교사 개개인이 자신의 학급에서 어떤 행동이 '다른 사람들이 칭찬하는 행동' 카드를 받을 수 있는지 결정하게 하지 않았는가? 하워드 선생님의 팀 구성원들은 그들의 프로그램이 분기 초에 가장 효과적이며 분기가 진행되어 감에 따라 학생들이 덜 의욕적임을 알게 되었다. 이러한 일이 일어난 이유는 무엇인가? 학생들이 해당 분기 내내 동기가 부여된 상태를 유지하도록 하워드 선생님의 팀 구성원들은 어떤 시도를 할 수 있는가?

교사들로 구성된 한 팀이 그들이 함께 담당하는 학생들의 긍정
적 행동을 촉진하기 위해 긍정적 행동중재 및 지원 프로그램을
어떻게 수정하였는지를 보여 주는 예를 제공하고 있다.

추천 웹사이트 : www.pbis.org

저항 및 거절 기술

저항 및 거절 기술에 초점을 맞춘 중재들은 학생들이 문제행동을 피하게 하는 데 관심이
있다. 저항 및 거절 기술을 제공하는 중재들은 보통 일반적인 계획을 따르게 된다. 첫째,
학생들은 사회적 압력의 형태를 규명한다. 예를 들어 학생들은 술을 마시고 싶은 유혹
을 느끼게 되는 상황들에 대해 토론한다. 둘째, 녹화된 삽화나 실연 등을 활용하여 다양
하고 효과적인 저항 및 거절 행동들이 제시된다. 셋째, 학생들은 다른 학생들이나 강사
와 역할놀이를 함으로써 거절을 연습한다(Rohrbach, Graham, Hansen, Flay, & Johnson,
1987).

전형적인 저항 및 거절 기술들의 한 가지 예로 'Say It Straight' 프로그램을 들 수 있는
데, 이 프로그램은 청소년들의 알코올 및 약물 이용을 예방할 목적으로 만들어진 것이다
(Englander-Golden, Elconin, & Miller, 1985). 이 프로그램은 학생들에게 그들이 약물을
할 것을 종용하는 친구들과 만나게 되는 상황을 역할놀이해 볼 것을 요청한다. 이 역할
놀이들은 청소년들이 다양한 서로 다른 의사소통 형식들을 연습하면서 해당 시나리오를
몇 차례에 걸쳐 다시 할 때 녹화된다. 예를 들어, 첫 장면에서 어떤 청소년은 수동적으
로, 두 번째 장면에서는 공격적으로, 그리고 세 번째 장면에서는 단호하게 행동할 수 있
다. 그리고 나서 역할놀이를 하는 학생의 일군의 또래들은 녹화된 것을 보고 각각의 상
호작용 후 전달되는 언어적 그리고 비언어적 메시지에 대해 피드백을 제공한다. 일단 가
장 효과적인 접근방식이 결정되면 해당 청소년은 그 접근방식을 연습함으로써 역할놀이
를 반복한다.

물론 저항 기술을 갖는다는 것이 청소년이 실제 상황에 직면했을 때 자동적으로 저항
할 수 있게 된다는 것을 의미하지는 않는다(Hovell et al., 2001). 이러한 기술들을 획득한
다는 것은 단지 첫 단계일 뿐이다. 어떤 중재 프로그램의 효과에 대한 진정한 판단기준
은 청소년들의 행동에 있어 변화의 정도인 것이다.

사회성 기술 훈련

사회성 기술 훈련 프로그램들은 청소년의 문제행동들이 사실상 사회성 기술이 결핍된 결과라는 관점을 취한다. 그렇다면 문제행동을 다루는 논리적인 방식은 적절한 사회성 기술들에 대한 훈련을 제공하는 것이다. 특히 사회성 기술 훈련 프로그램들은 의사결정 기술, 주장기술(assertiveness skills), 관계 수립, 그리고 효과적인 갈등해결 등을 목표로 하고 있다.

저항 및 거절 기술 프로그램들처럼 사회성 기술 훈련은 종종 또래집단에서 실행된다. 청소년들은 우선 자신의 목표를 규명하거나 정의하도록 요청받는다. 예를 들어, 부끄러움을 많이 타는 청소년은 점심을 다른 학생들과 함께 먹는다는 목표를 세울 수 있다. 둘째, 청소년들은 그 목표를 달성하기 위해 대안적 해결책들을 만들어 보도록 요청받는다. 해당 학생은 단순히 다른 여러 학생들과 함께 앉거나 기존의 집단과 사전에 점심모임을 준비하려 하고 혹은 몇몇 학생들에게 점심을 같이 먹자고 요청할 수 있다. 셋째, 각각의 대안들이 평가된다. 더 나이가 어린 청소년들이 보이는 추상적 사고에서의 한계는 때때로 외부로부터의 어떤 안내가 없다면 이 단계로 진행하는 것을 가로막을 수 있다(Halford, 1989). 마지막으로 실행을 위한 계획이 수립되고, 해당 청소년은 어떠한 행동을 취할 것인지 결정한다(D'Zurilla & Goldfried, 1971).

사회성 기술 훈련 프로그램들은 이상적으로 (a) 사회성 기술들을 훈련 상황 외의 상황들로 일반화시키고, (b) 이 기술들을 오랫동안 유지하는 것을 촉진하기 위해 이 기술들의 기본적인 제공을 넘어서는 것이다(Christopher, Nangle, & Hansen, 1993). 게다가 대다수의 사회성 기술 프로그램들은 하나의 기술에서 중단하는 것이 아니라 그 프로그램이 목표로 하는 것에 대해 상당히 많은 기술들을 청소년들에게 제공하고자 한다.

이러한 목표들을 구체화하고 있는 사회성 기술 훈련 프로그램의 한 가지 예로는 Social-Competence Promotion Program for Young Adolescents(Weissberg, Barton, & Shriver, 1997)를 들 수 있다. 이 45회기의 포괄적인 프로그램은 청소년들이 사회적 과제를 효과적으로 다룰 수 있도록 이들의 인지적, 정서적, 그리고 행동적 기술들을 향상시킨다. 이 프로그램의 첫 단계에서 학생들은 방금 약술한 것과 매우 유사한 문제해결 과정을 활용하는 방법을 배우게 된다. 두 번째 단계에서 학생들은 특별히 약물 이용을 목표로 한 정보를 접하게 된다. 예를 들어, 학생들에게는 약물 이용의 결과에 대한 정확한 정보가 주어지고, 약물 이용에 대한 사회적 영향과 대중매체의 영향에 대해 배우며, 그리고 이를 예방하려는 노력에 학생들 및 더 넓은 지역사회를 참여시킬 방식을 토론한다. 세 번째 이자 마지막 단계에서 학생들은 사회적 관계 및 성 등을 포함한 상황에 문제해결 기술을 적용해 보도록 권유받는다. 교사들은 학급에서 기회들이 주어질 때 자발적으로 문제해결 기술들을 시범 보여 청소년들이 이러한 기술들을 중재노력 이외의 상황으로 전이할 가능성을 높일 수 있도록 요청받는다.

청소년들을 대상으로 한 행동중재의 특정적 쟁점

중재하기에 너무 늦은 것인가?

1997년에 백악관은 조기중재가 장기적인 변화에 영향을 미칠 것이라는 희망을 갖고 0세에서 3세 사이의 아동들의 삶에 개입할 방식을 논의하기 위해 회의를 개최하였다. Head Start와 같은 프로그램들은 아동들이 학교에 들어가기 전에도 이들을 우수한 발달경로에 올려놓는 것을 목표로 하고 있다(www.acf.hhs.gove/programs/ohs). 이와 동시에 우리의 법체계에서 더 많은 청소년들을 성인들처럼 재판받게 하려는 노력은, 사회가 소년법의 적용을 받고 있는 젊은이들의 재활에 거의 희망을 걸고 있지 않음을 암시하는 것이다(Steinberg & Scott, 2003). 생애 초기의 중재에 초점을 맞추는 이러한 경향을 고려해 볼 때, 학생들이 청소년기에 도달했을 때는 이미 이들의 행동을 변화시키기에는 너무 늦었을 수도 있는 것인가?

다행히도 그 대답은 그렇지 않다는 것이다. 비록 어린 아동들에게 효과가 있는 기법들이 항상 청소년들에게도 최적의 것은 아니라 하더라도, 행동은 어느 시점에서나 교정이 가능하다. 중학교와 고등학교는 학생들이 문제행동을 보일 위험성이 가장 크고 빈약한 결정의 부정적인 결과가 더 심각해질 때이기 때문에 중재 프로그램들을 이때까지 계속해서 적용하는 것은 특히 중요하다. 예를 들어, 청소년들에게는 약물과 알코올을 거부하고 안전한 섹스를 연습할 기술들을 제공할 필요가 있다. 비록 어린 아동들이 갈등해결 기술들을 배울 것이라 하더라도 청소년들의 더 큰 폭력적 성향 및 또래의 영향을 점점 더 받기 쉬워지는 점 등은 이러한 기술들이 요구되는 새로운 응급상황을 만들어 낸다.

누가 중재를 이끌어야 하는가? 교사들 아니면 또래들?

대다수의 중재들은 집단으로 실행되지만 교사가 그 중재를 이끄느냐 아니면 또래가 하느냐에 대해서는 매우 다양한 모습을 보인다. 청소년들에게는 누가 가장 효과적일 것인가, 교사들인가 아니면 또래들인가? 그 답은 중재의 목표에 달려 있다. 만일 중재의 목표가 교사들과 상호작용할 때 학생들의 행동을 변화시키기 위한 것이라면, 교사로 하여금 훈련을 주도하도록 하는 것이 최선이다. 예를 들어, Pentz(1980)는 교사들, 부모들, 그리고 또래들 모두 학생들의 자기보고 및 관찰을 통해 알아본 주장기술을 증가시키는 데 효과적이었다는 점을 발견하였다. 그러나 학생들이 실생활 상황에서 실제로 교사들과 상호작용할 때 주장을 산출하는 데 있어서는 교사 주도 집단이 가장 효과적이었다. 중재의 목표가 학생들의 또래들과의 상호작용을 바꾸는 데 있다면 해당 중재에 또래를 포함시키는 것이 중요하다. 비록 교사들이 또래들보다는 더 믿을 만한 사실적 정보의 원천이라 하더라도, 또래들은 학생들 사이에서 더 큰 사회적 신뢰를 지니고 있다. 또래들은 또한 훈련하는 과정에서 새로운 기술들을 연습할 더 많은 기회들을 제공하고, 훈련 상황 바깥에서 적절한 행동의 모델이 될 수 있다(Perry & Murray, 1989).

행동중재에서 또래들을 활용하는 현상은 점점 더 확산되어 가고 있다. 이러한 현상의 주요 이점으로는 훈련을 촉진하고 학생들을 도와 이들이 지닌 기술들을 훈련 이상의 상황에 일반화하게 해 준다는 점인 것으로 보인다. 하지만 세 가지 경고를 염두에 두어야 한다. 첫째, 훈련 경험이 또래 훈련자 자신에게 어떠한 영향을 미치는지에 대해서는, 이를 알아볼 수 있는 연구가 거의 없다. 둘째, 또래들이 훈련에 참여할 때 비밀보장에 대한 학생들의 권리를 존중하기가 더 어렵다. 셋째, 또래들은 효과적인 모델 및 교사가 될 수 있는 반면, 모든 또래들이 이 과제에 똑같이 적합한 것은 아니다. 참여한 성인들이 해당 프로그램의 목표를 유념하고, 청소년들이 지닌 요구의 민감성에 대해 발생할 문제들에 반응하며, 청소년들이 해당 프로그램에 강력한 주인의식을 갖도록 허용하는 접근방식들이 가장 성공할 것 같다(Larson, Walker, & Pearce, 2005).

중재가 의도하지 않은 해로운 효과를 낳을 수 있는가?

교육자들은 청소년들의 삶을 개선시키고자 하는 의도를 가지고 중재를 시작한다. 그러나 몇몇 상황에서는 행동중재가 이롭기보다는 해로울 수 있다. 의원효과(iatrogenic effects)로 알려진, 의도하지 않은 해로운 결과는 아무런 중재도 받지 않는 통제집단이 중재에 참여한 집단들보다 더 나은 기능을 보일 때 발생한다. 청소년들에게 제공되는 중재들에서 의원효과는 언제 그리고 어떻게 발생하는가?

최선의 의도에도 불구하고 단순히 집중적인 중재노력을 시작하는 것은 어떤 경우 의도치 않은 문제행동의 증가로 이어질 수 있다. 어떤 고등학교가 미성년 음주에 대해 전면적 대처를 하기로 결정했다고 생각해 보라. 이 학교는 특별 집회들을 주최하고 복도에 미성년 음주에 대한 포스터들을 줄지어 걸어 놓으며, 수업에 음주에 저항하는 단원들을 포함한다. 이러한 집중적인 중재에 직면하여 학생들은 미성년 음주가 자신이 다니는 학교에 매우 널리 퍼져 있다는 (잘못된) 결론에 이를 수 있다. 왜 다른 사람들이 그것을 문제 삼는 것인가? 자신의 또래들 대다수가 술을 마신다고 믿는 학생들은 그 자신도 술을 마시기 시작할 가능성이 더 높다. 따라서 중재는 교육자들이 감소하길 원했던 바로 그 행동을 증가시킬 수 있는 것이다.

기술 훈련 없이 순전히 교육적인 접근방식에 의존하는 덜 집중적인 중재 또한 어떤 경우에는 해로운 것으로 입증되었다. 예를 들어, 약물 사용을 줄이는 데 목표를 둔 교육 프로그램은 청소년들로 하여금 약물이나 알코올에 익숙해지게 돕지만, 이들이 이러한 약물들을 피하는 방법에 대한 자원들은 제공하지 않는다. 최종 결과는 중재에 참여한 청소년들의 약물 사용이 증가될 수 있다(Arnold & Hughes, 1999).

온전히 저항 기술(예 : 그냥 아니라고 말하라 등)에만 초점을 맞추는 프로그램들 역시 역효과를 낳을 수 있다. 이와 같은 프로그램들은 청소년들로 하여금 친구들에게 아니라고 말하는 것의 어려움을 느끼기 쉽게 할 수 있는데, 이들이 이전에는 그렇게 하는 것을 걱정하지 않았을 수 있다. 이러한 유형의 의원효과들을 피하는 최선의 접근방식은 문제행동의 진짜 발생빈도에 대한 교육(예 : 해당 학교의, 술을 마시는 학생들의 수)과 저항 기술(예 : 어떤 학생이 친구들로부터 따돌림을 당하지 않으면서 술 마시기를 거절하는 방법을 연습한다)을 결합하는 것이다(Donaldson, Graham, Piccinin, & Hansen, 1995).

중재 시 일탈행위를 한 또래들로 집단을 구성하는 것은 행동중재에 있어 또 다른 잠재적인 문제로 경고되어 왔다(Arnold & Hughes, 1999; Dishion, McCord, & Poulin, 1999). 거짓말하기나 부정행위하기, 혹은 훔치기 등과 같은 반사회적인 행동을 하는 청소년들은 이미 또래들의 영향을 받기에 매우 쉬운 상태일 수 있다. 이러한 청소년이 다른 반사회적인 행동을 하는 청소년들에게 쉽게 접근할 수 있게 한다는 것은 우정을 부추긴다. 그러면 이러한 친구들은 일탈 행동들을 서로에게 '훈련시키게' 된다(Dishion, Andrews, & Crosby, 1995). 한 가지 가능한 해결책은 중재 노력에 문제행동을 가지고 있는 청소년들만 참여시키기보다는 다양한 집단의 청소년 집단을 포함시키는 것이다. 이러한 접근

방식은 중재가 끝난 후 더 다양한 친구관계를 촉진할 수 있다.

어떤 중재가 좋은 점보다 해로운 점을 더 많이 산출하는지에 대해 알 수 있는 유일한 방식은 통제집단을 연구하는 것이다. 통제집단은 중재에 참여하지 않는다는 것만을 제외하고, 모든 면에서 중재집단과 동일해야 한다. 학생들은 자신의 집단(통제집단 대 중재집단)에 무선으로 배정되어야 한다. 불행하게도 많은 연구자들과 프로그램 개발자들은 자신의 중재연구에 통제집단을 포함하지 못한다. 비록 해당 중재가 이로운 것으로 보인다 하더라도, 그와 같은 중재에 의한 주장의 타당성은 의심스러운 것이다. 중재가 아무런 효과가 없는데 시간이 지나면서 혹은 중재와는 관계없는 환경의 변화로 인해 청소년들의 문제행동이 줄어드는 것은 가능한 일이다. 최악의 경우에는 중재가 감소시키고자 한 바로 그 행동들을 무심코 강화함으로써 해당 중재가 사실상 문제행동들을 증가시킬 수 있다. 중재집단과 비교할 통제집단 없이는 확실히 아는 것은 그저 불가능한 일일 뿐이다.

중재를 어떻게 실행할 수 있으며 그 과정에서 요구되는 자료들은 어떻게 다룰 수 있는가?

한때 행동중재는 가장 심한 문제행동을 보이는 청소년들만을 대상으로 하는 임상가들에게 맡겨졌었다. 오늘날 우리는 모든 청소년들이 사회성 기술과 학업에 있어서의 성공에 적절한 행동들을 선택하는 수업의 혜택을 볼 수 있음을 깨닫고 있다. 그러므로 이러한 형태의 중재들은 우리의 학교들 내에서 일반적으로 실행되고 있다. 그러나 학교들은 고등학교 졸업에 필요한 조건을 갖추도록 학생들을 준비시킬 책임 또한 지고 있다. 학생들이 사회적 영역에서 성공하도록 돕기 위해 학교들은 어떻게 학업과 관련된 계획에서 시간을 가져올 수 있을까? 아마도 학교들은 교육적 검정 기준을 충족해야 한다는 압력 때문에 영어나 사회 등과 같은 정규교과들과는 별개의 혹은 성취를 향상시키지 않는 특별 프로그램들을 도입하고 유지할 가능성은 낮을 것이다.

비록 그와 같은 접근방식이 드물기는 하더라도 Stevahn과 동료들은 학업과 사회적 목표 모두를 성취할 수 있는 한 가지 유망한 방식을 제공하고 있다(Stevahn et al., 1997). 이들의 연구에서 9학년 학생들로 구성된 한 집단은 문학 수업에 통합된 갈등해결 기술을 9시간 이상 훈련받았다. 학생들은 자신이 읽은 것에서 갈등을 가려내어(예 : 셰익스피어의 희곡 로미오와 줄리엣의 캐퓰렛 가와 몬테규 가 사이의 갈등), 그 갈등에 대해 쓰고,

갈등을 줄이기 위해 새롭게 배운 협상절차를 활용하여 등장인물들은 각각 어떻게 말할 것인지를 대본으로 쓴 후 그 대본으로 역할놀이를 하도록 요구받았다. 통제집단은 어떠한 갈등해결 기법도 배우지 않은 채 동일한 문학작품을 같은 시간만큼 공부하였다. 연구가 끝났을 때 첫 번째 집단은 통제집단에 비해 갈등해결 절차에 대한 더 나은 지식을 갖게 되었고 이를 더 기꺼이 사용하려 하였을 뿐 아니라 해당 문학작품을 더 잘 알고 있음을 보여 주었다. 통제집단이 그들이 사용한 시간을 갈등해결 기술과 해당 문학작품 학습으로 나누지 않고 해당 문학작품을 학습하는 데 모두 썼기 때문에 이러한 결과는 특히 인상적인 것이었다. 이러한 유형의 중재는 교재를 더 깊이 있게 처리하도록 촉진하고 이는 해당 정보를 나중에 회상하는 데 있어 더 큰 성공으로 이어진다(Craik & Tulving, 1975). 청소년들의 복지를 위한 학업 계획 및 행동 계획 모두의 중요성을 고려해 볼 때 교육과정에 행동중재를 성공적으로 통합하는 더 많은 프로그램들이 개발될 필요가 있다.

요약

청소년들의 변화하는 행동에 대해 이해하기

- 청소년들의 변화하는 행동들은 이들이 적응해야 하는 급속한 신체적, 인지적, 사회적, 맥락적 발달을 반영한다.
- 주어진 시간에 청소년들이 맞닥뜨려야 하는 변화의 수는 어떤 특정 변화보다 더 중요할 수 있다.

청소년들을 위한 긍정적 성과를 예측하는 요인 규명하기

- 평생학습 및 교육에의 전념, 미래의 선택을 안내하는 긍정적 가치, 관계를 수립하고 현명한 결정을 내리기 위한 사회적 능력, 그리고 강력한 자긍심의 형태를 띤 긍정적 정체성 등 더 많은 내적 자산들을 계발하는 것은 청소년들을 문제행동으로부터 보호하는 데 도움이 된다(Benson, Sclaes, & Roehlkepartain, 2011).
- 지원 관계, 학교에서의 역할과 직장에서의 역할의 균형 맞추기, 청소년들을 가치 있게 여기는 지역사회, 그리고 청소년들을 도와 발달적 결손을 피하게 하는 요인(즉 집에 혼자 있음, 술을 마실 수 있는 파티에 참석함, 폭력의 희생자가 됨, TV를 너무 많이 시청함, 신체적 학대를 경험함 등) 등을 포함하는 외적 자산들은 청소년들에게 지지감, 권한 부여, 경계, 그리고 높은 기대 등을 제공한다.

청소년들을 위한 행동중재 이해하기

- 청소년들을 위한 행동중재는 긍정적이고 사전적인 방식으로 행동에 대한 기대를 가르치고 청소년들의 저항 및 거절 기술을 강화하며, 이들의 사회성 기술을 개선함으로써 행동을 수정하려 한다.
- 이러한 프로그램들은 문제행동이 기술 결함을 반영하고 청소년들에게 적절한 기술을 제공하는 것이 이들로 하여금 원치 않는 혹은 위험한 행동을 피하게 해 줄 수 있다고 가정한다.

청소년들을 대상으로 한 행동중재의 특정적 쟁점 규명하기

- 청소년들에게 변화를 기대하는 것은 너무 늦은 것이 아니다. 행동은 어느 시점에서나 교정이 가능하다.
- 비록 가장 효과적인 리더는 중재의 목표에 달려 있다 하더라도 교사들 혹은 또래들이 효과적인 중재를 이끌 수 있다.
- 중재들은 해를 끼칠 가능성이 있다. 학생들을 중재집단이나 통제집단에 무선으로 배치하고, 그 후 관심의 대상이 되는 결과에 대해 두 집단을 비교하는 것은 어떤 중재가 긍정적인 효과를 지니고 있는지 혹은 역효과를 보이는지, 아니면 아무런 효과가 없는지를 결정하는 유일한 방법이다.
- 학교는 교재에 성공적으로 통합되는 중재들을 채택할 가능성이 더 높으며, 이러한 중재들은 교과 내용을 더 잘 학습하게 해 준다.

논의사항

1. 위험한 행동을 많이 한다고 알고 있는 어떤 청소년에 대해 그리고 위험한 행동을 비교적 적게 하는 어떤 청소년에 대해 생각해 보라. 이 청소년들 개개인에게 내적 그리고 외적 발달적 자산의 균형이란 어떤 모습을 띠고 있는가?

2. 성인들에게는 절망스러운 것이지만 사실상 이 발달기 동안 나타나는 신체적, 인지적, 사회적 전환의 자연스러운 결과일 청소년들의 전형적인 행동들로는 어떤 것들이 있는가?

3. 당신이 재직 중인 학교의 교장이 당신에게 학교 폭력을 줄이기 위한 중재/예방 프로그램을 설계해 달라고 요청하였다. 당신이 그 프로그램에 넣기를 가장 원하는 특징들은 어떤 것들인가? 당신이 프로그램을 설계하는 데 있어 피하기 위해 신중을 기하는 측면들은 어떤 것들인가?

참고문헌

Arnold, M. E., & Hughes, J. N. (1999). First do no harm: Adverse effects of grouping deviant youth for skills training. *Journal of School Psychology, 37*, 99–115.

Bachman, J. G., Staff, J., O'Malley, P. M., & Freedman-Doan, P. (2013). Adolescent work intensity, school performance, and substance use: Links vary by race/ethnicity and socioeconomic status. *Developmental Psychology, 49*, 2125–2134.

Barling, J., Rogers, K. A., & Kelloway, E. K. (1995). Some effects of teenagers' part-time employment: The quantity and quality of work makes the difference. *Journal of Organizational Behavior, 16*, 143–154.

Baum, K. T., Desai, A., Field, J., Miller, L. E., Rausch, J., & Beebe, D. W. (2014). Sleep restriction worsens mood and emotion regulation in adolescents. *Journal of Child Psychology and Psychiatry, 55*, 180–190.

Benson, P. L., Scales, P. C., & Roehlkepartain, E. C. (2011). *A fragile foundation: The state of developmental assets among American youth* (2nd ed.). Minneapolis, MN: Search Institute.

Berndt, T. J. (1979). Developmental changes in conformity to peers and parents. *Developmental Psychology, 15*, 608–616.

Bradshaw, C. P., Koth, C. W., Thornton, L. A., & Leaf, P. J. (2009). Altering school climate through school-wide positive behavioral interventions and supports: Findings from a group-randomized effectiveness trial. *Prevention Science, 10*, 100–115.

Brooks-Gunn, J., & Reiter, E. O. (1990). The role of pubertal processes. In S. Feldman & G. Elliot (Eds.), *At the threshold: The developing adolescent* (pp. 16–53). Cambridge, MA: Harvard University Press.

Bullock, B. (2012). Infusing technology in schools: Oak Hills Local embraces 21st century learning. *Ohio School Boards Association Journal, 56*, 10–15.

Carver, K., Joyner, K., & Udry, J. R. (2003). National estimates of adolescent romantic relationships. In P. Florsheim (Ed.), *Adolescent romantic relation and sexual behavior: Theory research and practical implications* (pp. 23–56). Mahwah, NJ: Lawrence Erlbaum.

Christopher, J. S., Nangle, D. W., & Hansen, D. J. (1993). Social-skills interventions with adolescents: Current issues and procedures. *Behavior Modification, 17*, 314–338.

Collins, W. A. (1997). Relationships and development during adolescence: Interpersonal adaptation to individual change.

Personal Relationships, 4, 1–14.

Craik, F. I. M., & Tulving, E. (1975). Depth of processing and retention of words in episodic memory. *Journal of Experimental Psychology, 104,* 268–294.

Davilla, J. (2008). Depressive symptoms and adolescent romance: Theory, research and implications. *Child Development Perspectives, 2,* 26–31.

Davis, K. (2012). Friendship 2.0: Adolescents' experiences of belonging and self-disclosure online. *Journal of Adolescence, 35,* 1527–1536.

Dishion, T. J., Andrews, D. W., & Crosby, L. (1995). Antisocial boys and their friends in early adolescence: Relationship characteristics, quality, and interactional process. *Child Development, 66,* 139–151.

Dishion, T. J., McCord, J., & Poulin, F. (1999). When interventions harm: Peer groups and problem behavior. *American Psychologist, 54,* 755–764.

Donaldson, S. I., Graham, J. W., Piccinin, A. M., & Hansen, W. B. (1995). Resistance-skills training and onset of alcohol use: Evidence for beneficial and potentially harmful effects in public schools and in private Catholic schools. *Health Psychology, 14,* 291–300.

D'Zurilla, T. J., & Goldfried, M. R. (1971). Problem solving and behavior modification. *Journal of Abnormal Psychology, 78,* 107–126.

Eccles, J. S., & Roeser, R. Q. (2011). Schools as developmental contexts during adolescence. *Journal of Research on Adolescence, 21,* 225–241.

Elkind, D., & Bowen, R. (1979). Imaginary audience behavior in children and adolescents. *Developmental Psychology, 15,* 38–44.

Englander-Golden, P., Elconin, J., & Miller, K. J. (1985). Say It Straight: Adolescent substance abuse prevention training. *Academic Psychology Bulletin, 7,* 65–79.

Feiring, C. (1996). Concepts of romance in 15-year-old adolescents. *Journal of Research on Adolescence, 6,* 181–200.

Forman, S. G., & Neal, J. A. (1987). School-based substance abuse prevention programs. *Special Services in the Schools, 3,* 89–103.

Fredriksen, K., Rhodes, J., Reddy, R., & Way, N. (2004). Sleepless in Chicago: Tracking the effects of adolescent sleep loss during the middle school years. *Child Development, 75,* 84–95.

Frenzel, A. C., Pekrun, R., & Goetz, T. (2007). Perceived learning environments and students' emotional experiences. *Learning and Instruction, 17,* 478–493.

Gendron, B. P., Williams, K. R., & Guerra, N. G. (2011). An analysis of bullying among students within schools: Estimating the effects of individual normative beliefs, self-esteem, and school climate. *Journal of School Violence, 10,* 150–164.

Gottfredson, D. C. (2001). *Schools and delinquency.* New York, NY: Cambridge University Press.

Hafen, C. A., Allen, J. P., Mikami, A. Y., Gregory, A., Hamre, B., & Pianta, R. C. (2012). The pivotal role of adolescent autonomy in secondary school classrooms. *Journal of Youth and Adolescence, 41,* 245–255.

Halford, G. S. (1989). Reflections on 25 years of Piagetian cognitive developmental psychology: 1963–1988. *Human Development, 32,* 325–357.

Hartup, W. W., & Stevens, N. (1997). Friendships and adaptation in the life course. *Psychological Bulletin, 121,* 355–370.

Herrmann, D. S., & McWhirter, J. J. (1997). Refusal and resistance skills for children and adolescents: A selected review. *Journal of Counseling & Development, 75,* 177–187.

Hovell, M. F., Blumberg, E. J., Liles, S., Powell, L., & Morrison, T. C. (2001). Training AIDS and anger prevention social skills in at-risk adolescents. *Journal of Counselling and Development, 79,* 347–355.

Kaplowitz, P. (2004). *Early puberty in girls: The essential guide to coping with this common problem.* New York, NY: Ballantine Books.

Kirby, M., Maggi, S., & D'Angiulli, A. (2011). School start times and the sleep-wake cycle of adolescents—A review and critical evaluation of available evidence. *Educational Researcher, 40,* 56–61.

Larson, R. W., Clore, G. L., & Wood, G. A. (1999). The emotions of romantic relationships: Do they wreak havoc on adolescents? In W. Furman, B. B. Brown, & C. Feiring (Eds.), *The development of romantic relationships in adolescence* (pp. 19–49). New York, NY: Cambridge University Press.

Larson, R., Walker, K., & Pearce, N. (2005). A comparison of youth-driven and adult-driven youth programs: Balancing inputs from youth and adults. *Journal of Community Psychology, 33,* 57–74.

Laursen, B., & Mooney, K. S. (2008). Relationship network quality: Adolescent adjustment and perceptions of relationships with parents and friends. *American Journal of Orthopsychiatry, 78,* 47–53.

Lilienfeld, S. O. (2007). Psychological treatments that cause harm. *Perspectives on Psychological Science, 2,* 53–70.

Livesley, W. J., & Bromley, D. B. (1973). *Person perception in childhood and adolescence.* Hoboken, NJ: Wiley.

Marceau, K., Ram, N., Houts, R. M., Grimm, K. J., & Susman, E. J. (2011). Individual differences in boys' and girls' timing and tempo of puberty: Modeling development with nonlinear growth models. *Developmental Psychology, 47,* 1389–1409.

Maynard, B. R., Kjellstrand, E. K., & Thompson, A. M. (2013). Effects of Check and Connect on attendance, behavior, and academics: A randomized effectiveness trial. *Research on Social Work Practice,* 1–14.

McIntosh, K., Chard, D., Boland, J., & Horner, R. H. (2006). A demonstration of combined efforts in school-wide academic and behavioral systems and incidence of reading and behavior challenges in early elementary grades. *Journal of Positive Behavior Interventions, 8,* 146–154.

Molloy, L., Moore, J., Trail, J., Epps, J., & Hofper, S. (2013). Understanding real-world implementation quality and "active ingredients" of PBIS. *Prevention Science, 14,* 593–605.

Mortimer, J. T., Harley, C., & Aronson, P. J. (1999). How do prior experiences in the workplace set the stage for transitions to adulthood? In A. Booth, A. C. Crouter, & M. J. Shanahan (Eds.), *Transitions to adulthood in a changing economy: No work, no family, no future?* (pp. 131–159). Westport, CT: Praeger.

Negriff, S., & Susman, E. J. (2011). Pubertal timing, depression, and externalizing problems: A framework, review, and examination of gender differences. *Journal of Research on Adolescence, 21,* 717–746.

Newcomb, A. F., & Bagwell, C. L. (1996). The developmental significance of children's friendships. In W. M. Bukowski,

A. F. Newcomb, & W. W. Hartup (Eds.), *The company they keep: Friendship in childhood and adolescence*. New York, NY: Cambridge University Press.

Osilla, K. C., Hunter, S. B., Ewing, B. A., Ramchand, R., Miles, J. M. V., & S'Amico, E. J. (2013). The effects of employment among adolescents at-risk for future substance use. *Addictive Behaviors, 38*, 1616–1619.

Pentz, M. A. (1980). Assertion training and trainer effects on unassertive and aggressive adolescents. *Journal of Counseling Psychology, 27*, 76–83.

Perry, C., & Murray, D. (1989). Prevention of alcohol use and abuse in adolescence: Teacher- vs. peer-led intervention. *Crisis, 10*, 52–61.

Piaget, J., & Inhelder, B. (1969). *The psychology of the child*. New York, NY: Basic Books.

Piehler, T. F., & Dishion, T. J. (2014). Dyadic coregulation and deviant talk in adolescent friendships: Interaction patterns associated with problematic substance use in early adulthood. *Developmental Psychology 50*, 1160–1169.

Pierce, M., & Hardy, R. (2012). Commentary: The decreasing age of puberty—as much a psychosocial as biological problem? *International Journal of Epidemiology, 41*, 300–302.

Positive Behavioral Interventions and Supports. (2014). Retrieved April 18, 2014, from www.pbis.org

Rohrbach, L. A., Graham, J. W., Hansen, W. B., Flay, B. R., & Johnson, C. A. (1987). Evaluation of resistance skills training using multitrait-multimethod role play skill assessment. *Health Education Research, 2*, 401–407.

Ryan, R. M., & Lynch, J. H. (1989). Emotional autonomy versus detachment: Revisiting the vicissitudes of adolescence and young adulthood. *Child Development, 60*, 340–356.

Schwartz, P. D., Maynard, A. M., & Uzelac, S. M. (2008). Adolescent egocentrism: A contemporary view. *Adolescence, 43*, 441–448.

Shanahan, M. J., Finch, M. D., Mortimer, J. T., & Ryu, S. (1991). Adolescent work experiences and depressive affect. *Social Psychology Quarterly, 54*, 299–317.

Short, M. A., Gradisar, M., Lack, L. C., & Wright, H. R. (2013). The impact of sleep on adolescent depressed mood, alertness and academic performance. *Journal of Adolescence, 36*, 1025–1033.

Simmons, R., Burgeson, R., Carlton-Ford, S., & Blyth, D. A. (1987). The impact of cumulative change in early adolescence. *Child Development, 58*, 1220–1234.

Spear, L. P. (2000). Neurobehavioral changes in adolescence. *Current Directions in Psychological Science, 9*, 111–114.

Steinberg, L. (2001). We know some things: Parent–adolescent relationships in retrospect and prospect. *Journal of Research on Adolescence, 11*, 1–19.

Steinberg, L., & Scott, E. S. (2003). Less guilty by reason of adolescence: Developmental immaturity, diminished responsibility, and the juvenile death penalty. *American Psychologist, 58*, 1009–1018.

Stevahn, L., Johnson, D. W., Johnson, R. T., Green, K., & Laginski, A. M. (1997) Effects on high school students of conflict resolution training integrated into English literature. *Journal of Social Psychology, 137*, 302–315.

Taylor-Greene, S. J., & Kartub, D. T. (2000). Durable implementation of school-wide behavior support. *Journal of Positive Behavior Interventions, 2*, 233–235.

U.S. Bureau of Labor Statistics. (2014). *Employment and unemployment among youth summary*. Retrieved from http://www.bls.gov/news.release/youth.nr0.htm

U.S. Census Bureau. (2014). *Educational attainment in the United States: 2013—Detailed tables*. Retrieved from http://factfinder.census.gov

Wang, M., & Fredricks, J. A. (2014). The reciprocal links between school engagement, youth problem behaviors, and school dropout during adolescence. *Child Development, 85*, 722–737.

Weissberg, R. P., Barton, H. A., & Shriver, T. P. (1997). The social competence promotion program for young adolescents. In G. W. Albee & T. P. Gullotta (Eds.), *Primary prevention works* (pp. 268–290). Thousand Oaks, CA: Sage.

Werch, C. E., & Owen, S. (2002). Iatrogenic effects of alcohol and drug prevention programs. *Journal of Studies on Alcohol, 63*, 581–590.

행동 측정과 시각화

자료 수집 기법

Thomas Zirpoli와 Daria Buese
맥다니엘대학

06

학습목표

이 장을 학습한 후 학생들은

표적행동을 확인하고 정의 내릴 수 있다.

표적행동의 여러 가지 차원을 확인할 수 있다.

표적행동을 측정하고 기록할 수 있다.

행동 관찰과 측정의 정확성을 평가할 수 있다.

관찰의 신뢰도를 검증할 수 있다.

행동을 관찰 기록할 수 있다.

그래프를 이용하여 관찰 자료를 제시할 수 있다.

이 장은 교사들이 행동을 직접 관찰하고, 측정하고, 관찰과 측정한 행동에 관한 문서화의 중요성을 이해하는 데 있다. 이 장을 읽고 나면 교사들은 위와 같은 중요한 과제를 완성할 수 있는 기술적인 능력을 갖게 될 것이다.

> 이 짧은 영상은 자료 수집의 중요성에 대해서 훌륭하게 설명하고 있다.
> http://www.youtube.com/watch?v=aJ0yNBcYYYI

표적행동

표적행동(target behavior)은 어떤 행동을 관찰, 측정, 사정, 수정하려고 표적으로 삼은 행동이다. 교사들은 표적행동을 학생들이 학습해야 하거나, 증가시키거나, 감소시켜 나가야 할 필요가 있는 행동으로 정의하고 있다. 종종 문제행동 때문에 훈련이 필요한 학생을 만나게 된다. 그러한 상황에서 교사는 학생의 문제행동 교정에 대한 심각성에 따라 우선순위를 정해야 할 필요가 있다. 수정하거나 없애야 하는 표적행동을 확인하거나 우선순위를 정하기 위해 다음의 사항을 점검해 볼 필요가 있다(Barlow & Hersen, 1984;

Kazdin, 1982).

- 학생이 있는 환경에서 그가 행하는 행동이 학생 자신이나 다른 학생에게 위험한가?
- 학생의 학업 수행이나 배치를 방해하는가?
- 사회적 통합을 방해하거나 사회적으로 고립시키는 원인으로 작용하는가?
- 학생의 행동으로 인해 부모와 효과적으로 상호작용(예 : 긴밀한 유대관계나 의사소통)하는 데 방해가 되는가?
- 표적행동을 변화시키면 학생의 학업 성취나 사회적 수용 영역에서 긍정적 결과를 만들어 낼 수 있는가?

일단 표적행동을 확인하고 나면, 표적행동을 객관적으로 관찰하고 측정할 수 있도록 명확하게 정의해야 한다. 이것은 표적행동을 정확하고 신뢰할 수 있는 방법으로 관찰하거나 측정할 수 있게 하는 가장 중요한 과정이다.

표적행동 정의하기

어떤 행동을 해석하는 데 있어 두 관찰자 간의 의견을 최소화하기 위해서 표적행동은 정확하게 정의되어야 한다. 명확하게 정의된 행동은 관찰과 측정이라는 조건을 만족시켜야 한다. 관찰할 수 있다는 것(observable)은 행동이 발생했을 때 볼 수 있다는 것을 의미한다. 측정할 수 있다는 것(measurable)은 행동 빈도수, 지속시간, 또는 다른 차원으로 양화할 수 있다는 것을 의미한다(행동의 차원에 대해서는 이 장의 뒷부분에 언급하고 있다). 예를 들어, 존의 '적절한' 행동의 증가와 존의 '부적절한' 행동의 감소라고 하는 기술은 관찰 가능하고 측정 가능한 용어로 진술된 표적행동이라고 말할 수 없다. 왜냐하면 관찰자가 관찰해야 할 명확한 행동에 대한 정의를 내리지 않았으므로 행동을 직접 관찰할 수 없기 때문이다.

'영어 수업 시간에 존의 출석 빈도를 증가시키기'로 정의한 표적행동은 정확하게 작성되었으므로 쉽게 관찰하고 측정할 수 있다. 존의 영어시간 출석 빈도를 측정할 때 무엇을 헤아려야 하는지를 모르는 사람은 없을 것이다. 관찰할 수 있는 표적행동과 관찰할 수 없는 표적행동에 대한 예시자료를 다음에 제시하고 있다.

관찰할 수 있는 표적행동의 예

크리스는 수학시간에 과제를 완성한다.

애덤은 식사시간에 음식을 먹기 위해 포크를 사용한다.

줄리아는 운동장에서 다른 아동에게 말을 건다.

존은 화가 날 때 휴식을 요청할 것이다.

토미는 집에 가기 전에 학교 과제를 모두 마친다.

제레미는 자유놀이 시간에 다른 아동들과 장난감을 나눠 가진다.

질은 하루 한 시간 동안 피아노 연습을 한다.

잭슨은 생일날 선물을 받고 "감사합니다."라고 말한다.

마이크는 집에서 다른 사람의 앞을 지나갈 때 "미안합니다."라고 말한다.

저스틴은 길을 건너기 전에 길 양쪽을 모두 살핀다.

엘리사는 학교에서 집단 활동을 하는 동안 차례를 기다린다.

관찰할 수 없는 표적행동의 예

크리스는 수학시간에 말 잘 듣는 아동이 된다.

애덤은 식사시간에 예의 바르게 행동한다.

줄리아는 운동장에서 잘 협력한다.

존은 화가 났을 때 어떤 행동을 하기 전에 먼저 생각한다.

토미는 해야 할 학교 과제를 기억한다.

제레미는 자유놀이 시간에 다른 아동들에게 잘한다.

질은 피아노 연습을 하는 동안 열중한다.

잭슨은 "감사합니다."라는 말의 중요성을 이해한다.

마이크는 다른 아이들과 적절하게 어울리는 행동을 한다.

저스틴은 길을 건널 때 조심한다.

멜리사는 집단놀이를 하는 동안 다른 아동들과 잘 어울린다.

표적행동은 긍정적인 용어로 제시되어야 하는데, 아동이 어떻게 행동하면 안 된다라고 기술하기보다는 어떻게 행동해야 한다라는 전제하에 긍정적으로 제시되어야 한다. 이러한 기술 방법은 교사가 수용하기 어려운 방해행동 대신에 긍정적인 학생 행동에 초점을 맞추는 데 도움이 된다.

표적행동은 어떤 행동인지 이해가 되고 그 행동이 지속적으로 평가될 수 있도록 가능한 한 정확하게 정의되어야 한다(Chafouleas et al., 2007). Hawkins와 Dobes(1977)는 표적행동의 정의가 객관적이고 **명확하며 완전**해야 한다고 주장하고 있다. 표적행동은 관찰자가 행동을 볼 수 있거나 외현적인 행동으로 나타났을 때 객관적일 수 있다. 내면적인 정서나 상태는 객관적이지 못하다. 예를 들면 '다른 아동이 때리는 것'은 외현적으로 나타나고, 관찰할 수 있고, 측정할 수 있는 것이다. 다른 아동에게 '화난 느낌'은 정확하게 정의 내리거나 관찰하거나 또는 측정하기 어려운 진술방식이다. 표적행동의 정의가 모호하지 않고 쉽게 이해할 수 있을 때 분명하게 규정지을 수 있다(Barlow & Hersen, 1984 p. 111). 예를 들어, 집단 활동에서 학생이 "행동을 할 것이다."라고 말하는 것은 **명확**하게 정의된 표적행동이라고 할 수 없다. 학생이 자리를 지키거나 책상 위에 계속 손을 두는 행동은 표적행동이 될 수 있다. 표적행동에 대한 완벽한 정의는 행동의 범위가 규정되어야 하며, 관찰자가 다른 행동이나 관련 행동들로부터 표적행동을 변별해 낼 수 있어야 한다(Barlow & Hersen, 1984, p. 111). 앞에서 제시한 예에서처럼 "행동을 할 것이다." 라는 표적행동은 다른 행동(예 : 자리에 앉아 있을 것이다)과는 변별이 되지 않을 수 있는데, 이는 "행동을 할 것이다."(예 : 책상 위에 손을 두고 있을 것이다)라는 것은 관찰되기를 바라는 행동이기 때문이다. 표적행동을 변별해 낼 수 있도록 정의 내린 후에 교사는 반드시 목표행동을 수립해야 한다.

목표행동 수립하기

목표행동(behavioral objective)은 행동변화 프로그램을 마쳤을 때 기대되는 행동, 현재 행동과는 새로운 또는 수정된 행동을 의미한다. 다음에 제시된 예들 중 첫 번째로 나타난 표적행동은 몇 가지 기본 요소들을 포함하고 있다. 바라는 **도착점 행동**(terminal behavior; 착석행동), 그 행동이 일어날 수 있는 **조건**(수학 수업시간 45분 동안), 수행 또는 **행동 기준**(behavioral criteria; 45분 내내), 그리고 구체화된 일관된 **관찰 횟수 규정**(3회의 수학시간) 등 행동 기준이 반드시 제시되어야 한다. 도착점 행동은 프로그램을 마친 후에 학생이 행할 행동이다. 표적행동이 가르치거나 수정되기를 바라는 행동이라면, 도착점 행동은 목표행동이 성취되었을 때의 학생 행동으로 정의할 수 있다. 예를 들어, 학생이 수학시간에 의자에 앉아 있는 것이 문제가 될 수도 있다. '의자에 앉아 있는 것' 또는 '자리를 이탈하는 것'은 표적행동이 된다. '수학시간 45분 내내 자리에 앉아 있는 것'은 도착점 행동으로 교사가 행동변화 프로그램을 마쳤을 때 관찰되기를 바라는 행동이다. 적절한 목표행동은 다음과 같이 기술될 수 있다.

> 교사가 자리에서 일어나도 좋다는 허락이 있을 때까지 톰은 연속 3회의 수학시간 45분 내내 자신의 자리에 앉아 있는다.

수학시간의 행동 기준은 여러 면에서 주위의 기대와 행동에 따라 달라질 수 있다. 앞의 예에서처럼, 톰의 착석행동에 대한 목표행동은 다음과 같은 조건에서 진술될 수 있다. 조건이란 어떤 행동이 나타나는지(의자에 앉아 있기), 언제 행동이 나타나는지(수학 수업시간 45분 동안), 그리고 수학시간(세 시간 연속되는) 동안 얼마나 많이 그 행동이 일어났는지 하는 것이다. 행동 기준은 적합한 반응이 나타날 때 비율의 형태로 언급될 수 있다. 예를 들면,

> 톰은 4일 이상 연속하여 교사의 말에 90% 순종했고,

또는

> 5일 연속적으로 수업 과제를 80% 능숙하게 할 수 있다.

행동변화를 위한 프로그램 과정에서 학생의 행동은 목표행동으로 정한 행동 기준에 근거해서 평가받게 될 것이다. 목표행동으로 윤곽을 잡은 기준은 현재 수행 수준(기초선 자료를 검토하여 결정된), 학업적 필요성, 그리고 사회적 규준을 기초로 한 현실적 기대를 반영해야 한다.

교사가 목표행동을 수립하기 전에, 기본적인 관찰과 자료 수집은 반드시 수행되어야 한다(이 장의 뒷부분에서 설명함). 기초선 관찰은 설정된 목표행동에 대한 현재 수행 수준의 정보를 제공할 뿐만 아니라, 표적행동이 수용될 수 있는 문제인지 아닌지를 결정하는 데 도움을 준다. 이러한 정보를 바탕으로 교사는 도전적이지만 현실적인 목표를 세울 수 있다. 표 6.1은 목표행동을 기술하는 데 사용되는 용어들과 정의에 대한 재검토 결과를 보여 주고 있다.

표 6.1 쓰기활동 목표에 대한 정의와 실례

용어	정의	실례
표적행동	교사가 가르치거나 수정하고 싶은 행동. 새로운 행동을 가르칠 때 표적행동이나 도착점 행동이 같을 수도 있음	식품점에서 갑작스런 분노 표출 혹은 요청할 때 '제발'이라고 하는 것
도착점 행동	바람직한 행동	분노 표출이 없음
행동 기준	도착점 행동이 바람직한 수준으로 이루어짐. 장애 아동이 성취 수준에 도달했을 때 프로그램을 종료함	5회 연속 식료품점을 다녀도 더 이상의 분노 표출이 일어나지 않음
목표행동	도착점 행동과 행동 기준을 포함해 설명함	존은 5회 연속 식료품점을 다녀도 전혀 분노를 표출하지 않음

일상생활 관찰

일상생활 관찰의 목적은 자연스러운 환경이나 상황에서 행동 유형을 관찰하여 기록하고, 특정 표적행동의 차원을 측정하고, 특정 표적행동과 연합된 변인이 무엇인지 규정하기 위함이다. 이러한 모든 정보는 특별한 표적행동의 기능을 이해하는 데 유용하다. 게다가 행동변화 계획을 세운 경우라면, 관찰 자료는 행동중재의 효과성과 프로그램 수정에 유익한 정보를 제공한다.

Green(1990)은 표적행동의 발생기록과 관련하여 고려해야 할 사항을 다음과 같이 제안하고 있다.

- 하루 중 언제
- 공간, 소음, 온도, 빛과 사물 같은 물리적 환경 요소
- 문제행동이 일어나기 전후에 다른 사람들의 행동(ABC 분석에 관한 다음 장을 참고)
- 과제 요구
- 학생의 의사소통 기술
- 문제행동이 발생하지 않는 조건

이와 같은 요소들은 어떤 조건하에서 표적행동이 일어났을 때 교사가 이해하는 것을 돕는다. 덧붙여, 기능 분석은 표적행동의 목적을 다양하게 증명해 낼 수 있는 다른 선행사건과 결과를 체계적으로 제시해야 한다. 이러한 절차는 다음에 다루게 될 ABC 분석에서

개략적으로 설명하고 있다.

일화 관찰 : ABC 분석

표적행동의 목표를 확인하고 정의하기 위한 시작은 행동의 선
행사건과 후속결과를 관찰하고 기록하는 것에서 시작된다. 이
는 ABC 분석을 통해 가장 잘 실행될 수 있다.

> IRIS(Include, Respect, I Self-Direct) 활동을 완
> 수하여 ABC 분석 경험을 갖는다.

　　A＝선행사건

　　B＝행동

　　C＝후속결과

일화 관찰(anecdotal observation)로 언급되는 ABC 분석은 Bijou, Peterson과 Ault(1968)에
의해 최초로 사용되었다. 일화 관찰에 참여하는 관찰자는 본 사실 그대로 개인의 행동을
기록한다. 15분간의 자유시간에 조시의 행동을 관찰했다면 관찰자는 조시의 행동을 모
두 기록해야 한다. 즉 조시가 누구와 놀았으며, 무엇을 가지고 놀았으며, 어떤 말을 했는
지 등을 기록한 일화 관찰의 결과물은 15분간의 조시의 행동을 서술적으로 기술한 것이
다. 여기서 얻은 정보로부터 행동수정을 위해 특정 표적행동을 확인할 수 있다. ABC 기
록은 실제 행동을 해석하는 것이 아니라 객관적인 설명으로 제시하는 것이 중요하다. 예
를 들어 "조시가 화가 났다."라고 기록하는 것이 아니라 "마이크를 때렸다."와 같이 객
관적인 사실을 기록하는 것이다.

　행동관찰과 자료 수집에 덧붙여 일화 기록은 관찰된 환경에서 일어난 선행사건과 후
속결과에 대한 분석을 포함하고 있어야 한다. Lennox와 Miltenberger(1989)가 설명하듯
이, 어떤 행동을 이해한다는 것은 '표적행동을 둘러싸고 있는 사건과 그 사건의 결과로
서, 특정한 사건과 행동이 발생한 것과의 관계에 대한 내용'을 이해하지 못하고는 이를
수행하기 어렵다(p. 306). ABC 분석은 '행동에 영향을 미치고 있는 것으로 보이는 외적
인 사건'에 초점을 맞추고 있고(Snell & Grigg, 1987, p. 78), ABC 분석은 또한 '중재를
설정할 때 중요하게 작용하는 아동 외부 변수를 명확하게 확인하는 방법을 제시하는 사
정 방법 중 하나이다'(Merrell, 2001, p. 16).

　학생이 처한 환경 안에서 ABC 분석 혹은 선행사건, 행동, 그리고 후속결과에 대한 일

화 기록을 하려면 전문가는 관찰기간 동안 기록을 용이하게 할 수 있는 관찰양식을 마련해야 한다. 관찰양식은 선행사건, 관찰된 행동, 후속결과의 세 부분으로 나뉜 종이 한 장만 있으면 된다. ABC 분석에 적합한 일화 기록 양식의 예는 그림 6.1에 제시한 바와 같다.

'학생이 있는 곳에서 벌어지고 있는 일이 무엇인가에 대한 정보를 제공'해 주는 직접적인 관찰 도구인 ABC 분석은 기능적 행동사정을 할 때 중요한 중요하다(제9장에서 논의할 것이다)(Robinson & Smith, 2005, p. 2). ABC 분석을 통해 교사들은 다음과 같은 정보를 얻을 수 있다.

- **특정 관찰기간 동안 학생 행동에 대한 서술 기록** : 관찰기간은 특별히 문제를 일으켰던 학생의 행동을 활동이나 상황(환경)과 일치시켜 본다.
- **학생의 환경에 대한 서술 기록** : 학생 주변에 있는 중요한 사람, 그 사람들과 학생의 상호작용, 그리고 학생이 처한 환경에서 발생할 수 있는 활동 등을 포함하여 기록한다.
- **학생이 행동하기 전에 있었던 선행사건에 대한 정보 제공** : 교사가 문제행동을 변별

학생이름 : 마이클	관찰자 : 교사 그리스
환경 : 운동장	날짜 : 2010. 11. 6
관찰 시작시간 : 오후 12 : 30	종료시간 : 오후 12 : 45

선행사건	관찰행동	후속결과
12 : 36 학생들이 원을 그리며 뛰고 있다.	마이클이 팀을 뒤에서 밀었다.	팀이 뒤를 돌아보고 마이클에게 "그만해."라며 소리쳤다.
12 : 42 학생들이 원 안에 서서 말하고 있다.	마이클이 팀에게 "넌 멍청이야."라고 말하며 머리를 한 대 때렸다.	팀은 아무 말도 하지 않고 어떤 행동도 하지 않았다. 마이클이 깔깔 웃었다.
12 : 45 수업을 마치는 종이 울리자 학생들은 교실로 들어가고 있다.	두 학생이 교실로 뛰어가면서 마이클이 팀의 등을 때렸다.	"팀은 교실을 향해 계속해서 달려갔다. 마이클에게 어떤 반응도 보이지 않았다. 마이클이 깔깔 웃었다.

그림 6.1 ABC 분석을 위한 기록 양식 사례

해 내거나 특정 행동에 대한 단계를 설정하는 데 도움이 된다. 예를 들면, 학생이 어떤 특정한 행동을 하기 전에 발생했던 어른이나 동료들의 행동(요청, 요구, 접근)이 무엇인지를 살핀다.

- **학생이 어떤 행동을 하고 난 후에 일어난 후속 사건에 대한 정보 제공** : 교사가 특정 행동을 유지할 것인지, 강화할 것인지, 아니면 처벌할 것인지 결정하는 데 도움이 된다. 예를 들어, 학생이 어떤 행동을 한 후에 다른 사람이 어떻게 생각할 것인지 혹은 다른 학생이 어떻게 반응할 것인지에 대해 서술한다.

위와 같은 정보는 문제행동이나 사건, 배울 필요가 있는 대안적인 사회기술과 학생의 요구에 부응하여 행동수정에 필요한 환경적 조건을 확인하는 데 도움이 된다.

면접 사정

ABC 분석에서 설명했던 것처럼 구조화된 관찰과 함께 활용할 수 있도록 Umbreit와 Blair(1997, p.77)는 면접 사정(assessment interview)을 개발하였다. 관찰 대상 학생들과 많은 시간을 보내는 교사, 부모, 다른 중요한 사람의 관점에서 '어떤 조건에 놓여 있을 때 표적행동이 잘 발생하는지에 대한 조건'을 구분해 내고, 표적행동과 관련된 행동 유형을 관찰하기 위해 면접 사정을 사용해 오고 있다. 학생에게 영향력을 미치고 있는 사람을 통해 면접 사정을 할 때 다음에 제시한 내용을 확인하면 도움이 된다.

- 문제행동을 언제 그리고 얼마나 자주 하는가?
- 문제행동을 얼마 동안 지속하는가?
- 문제행동을 줄이기 위해 그동안 사용해 왔던 절차는 무엇인가?
- 그 행동이 다른 행동의 사전 신호인가 혹은 표적행동과 동시에 일어나는 것인가?
- 표적행동이 일어나는 원인이 특정 기술결함의 문제, 알레르기, 약물치료, 배고픔이나 갈증 등의 다른 불편함과 관련이 있는가?

행동의 차원

표적행동을 확인하고, 표적행동을 정의한 후에 행동 기준을 세우기 위해 두 가지 부가적인 질문을 할 필요가 있다(Tawney & Gast, 1984, p. 112). 학생 행동을 관찰하고 측정하게 되는 차원 혹은 '특성'은 무엇인지, 그리고 그것을 어떻게 관찰하고 측정할 것인가? 이 장에서는 기본적인 행동의 다섯 가지 차원인 빈도, 지속시간, 비율, 지연시간, 강도에 대하여 정의하고 소개하고자 한다.

빈도

빈도(frequency) 혹은 수(number)는 정해진 특정 시간 동안에 일어난 행동의 수를 말한다. 빈도수를 초단위로 산출하고자 한다면 관찰기간을 일정하게 잡아야 한다. 예를 들어, 크리스가 첫날 다섯 번의 분노를 표출하고, 둘째날에 열 번의 분노를 표출하였다면, 양일에 걸친 관찰시간은 표적행동을 직접 비교하기 쉽도록 같아야 한다. 다시 말하면, 두 번째 날에 크리스가 열 번의 분노 표출행동을 보인 것이 전날보다 더 긴 관찰시간 때문이라고는 가정할 수 없다. 그러므로 교사는 매일 일정하게 학생 행동을 관찰할 수 없기 때문에 교사 혼자서 빈도수를 헤아리라고 할 수 없다.

지속적인 관찰기간이 수립되면 표적행동의 시작과 종료시점이 분명해지므로, 빈도수는 최선의 방법이 사용될 수 있다(Foster, Bell-Dolan, & Burge, 1988). 예를 들어, 한 학생이 다른 학생을 때렸던 횟수를 세는 것은 쉽게 할 수 있다. 그렇지만 한 학생이 다른 학생에게 말을 건 횟수를 세는 것은 훨씬 복잡할 수 있다. 대화를 할 때는 시작과 종료시점이 명확하지 않기 때문이다.

Kazdin(1989)은 '비교적 지속적으로 일정량의 시간을 차지하며 일어나는' 표적행동이 발생되는 경우에 빈도를 사용할 수 있다고 제안하고 있다. 앞서 기술했던 예에서 때리는 행동이 발생하는 시간은 일정하게 유지할 수 있지만, 말을 거는 행동 같은 것이 어떤 특정 행동을 유지하는지를 관찰하기 쉽지 않다. 한 학생이 다른 학생에게 말을 걸 때는 약 1초도 안 걸릴 수 있고(안녕!), 어떤 학생과는 5분 이상 대화를 할 수 있다. 단순하게 빈도를 셀 경우는 이 두 가지 대화하는 행동은 서로 다른 것으로 구별되어 기록되는 것이 아니다. 하지만 이 두 가지 행동에 대해 지속시간을 기록하는 것은 다른 문제이다. 이와 같은 구분은 교사가 빈도와 지속시간을 측정하는 데 도움이 될 것이다.

빈도수를 단독으로 사용하는 것과 관련하여 반응 기회의 수에 대해 주의를 기울일 필요가 있다. 예를 들어, 수학시간에 한 학생이 다섯 문제를 풀었다고 교사가 기록했다면, 학생이 풀어야 할 문제의 총수를 모르는 경우에는 이와 같은 정보는 충분한 정보로서의 가치를 지니지 못한다. 수학 문제 다섯 문항을 제시했을 때 다섯 문제를 푼 것과, 열 문제를 제시했을 때 다섯 문제를 풀었다는 것을 알았을 때 학생의 과제 완성에 대해 훨씬 많은 논의점을 줄 수 있다. 하나의 예를 더 들면, 수락 기준에 대한 측정과도 연관이 있다. 만약 교사가 하루 동안 학생의 학교 일과 중에 여덟 번 지시 따르기를 했다고 그 빈도만을 기록했다면 이 역시 충분한 정보로서의 역할을 다하지 못하는 결과라 할 수 있다. 열 번 지시 따르기 과제를 주었을 때 여덟 번 수행했다고 하는 빈도수를 기록하는 것은 스무 번의 지시 따르기 요구에 학생이 여덟 번 수행했다고 하는 것과는 그 수행 수준이 다르다고 해석할 수 있다.

지속시간

지속시간 자료(duration data)는 일단 행동이 시작되었을 때 그 행동이 얼마나 지속되는가, 혹은 행동이 이루어질 때까지 소모된 시간의 양에 대해 교사가 고려해야 할 사항과 관련이 있다. 지속시간은 학생이 어떤 행동을 하는 시간이나 활동에 참여해야 할 시간의 양을 교사가 증가시키거나 줄이고자 하는 목적으로 측정한다. 특정 행동이 얼마나 자주 발생하는지 알아 두는 것 외에도 울기, 울화행동, 경청하기, 과제 수행하기 같은 행동에 대한 지속시간을 측정하는 것은 매우 중요하다. 예를 들어 학생이 하루 60분 동안 울화행동을 보이고 다음 날에는 5분 동안 울화행동을 보였다면, 학생이 하루에 한 번 울화행동을 했다고 하는 빈도에 대한 정보로는 학생의 행동에 대한 정확한 정보를 얻기 힘들다. 앞의 예에서 보면, 이틀 동안 울화행동의 지속시간은 많이 줄어든 것을 볼 수 있다. 이와 같이 행동의 지속시간을 측정하지 않는다면 학생의 울화행동 변화를 관찰하기 어렵다.

지속시간에는 두 가지 유형이 있다. 전체 지속시간(total duration; Tawney & Gast, 1984)과 반응지속시간(response duration; Kazdin, 1989)이다. 전체 지속시간은 관찰기간 동안 발생한 행동의 지속시간을 모두 합한 시간을 말한다. 한 시간 관찰하는 동안 어떤 학생이 5분씩 두 번 울화행동을 보였다면 전체 지속시간은 10분이 된다. 교사가 학생의 특정 기간 동안 활동에 참여하는 시간을 감소 또는 증가시키려고 할 때 전체 지속시간을 측정한다. 예를 들면, 읽기시간에 주어진 과제를 수행해 내는 시간을 증가시키고자 한다면 전체 관찰시간에 대한 학생의 과제 수행시간을 백분율로 나타내 전체 지속시간을 산출할 수 있다. 즉 한 학생이 45분 수업시간에 30분 동안 과제를 수행했다면 66.6%의 수행률을 보였다고 말할 수 있다.

$$(30/45 = 0.666 \times 100 = 66.6\%)$$

반응지속시간이란 한 학생이 개인별 표적행동을 나타낸 시간의 양을 말한다. 앞서 제시한 예에서와 같이, 첫 번째와 두 번째 울화행동의 반응시간은 5분이었다. 학생이 보인 특정한 행동의 전체 시간을 증가시키거나 감소시키려 한다면 교사는 반응시간을 측정하는 데 관심을 두어야 한다. 앞서 언급한 학생의 울화행동을 줄이고 싶다면 울화행동 시간, 즉 각각의 반응시간을 아는 것이 전체 지속시간을 아는 것보다 더 유용하다. 게다가 교사는 학생이 보이는 각각의 반응시간으로 울화행동의 지속시간을 평균 낼 수 있다.

비율

비율(rate)은 표적행동의 빈도를 관찰한 시간, 즉 분이나 시간으로 나눈 것을 말한다. 이 것은 분당 비율(rate-per-minute)이나 시간당 비율(rate-per-hour)로 측정해 나타낸다.

행동 빈도/전체 관찰시간=비율

예를 들어, 존이 다섯 시간 동안 열 번 불복종행동을 나타냈다면, 존은 한 시간당 두 번 불복종행동을 했다는 것을 의미한다. 이것은 불복종행동 빈도(10회)를 관찰한 시간 (다섯 시간)으로 나누어 산출해 낸 수이다(10/5=2).

불복종행동 빈도/전체 관찰시간=시간당 불복종행동 비율

비율은 주로 분단위로 표시된다. 교사가 사회시간 30분 동안에 줄리아가 책상을 여섯 번 차는 것을 관찰했다면, 줄리아가 분당 책상을 차는 비율은 0.20이 된다. 이는 발로 찬 빈도(6)를 관찰시간(30)으로 나누어 계산한다(6/30=0.20).

발로 찬 빈도/전체 관찰시간=1분당 발로 찬 비율

비율은 관찰기간이 일정치 않고 지속시간이 다양할 때 유용하게 사용된다. 비율 측정은 매일의 관찰기간이 서로 다르더라도 관찰하는 동안 행동 빈도를 비교할 수 있다.

예를 들어 줄리아가 30분이 아니라 한 시간 동안 책상을 12번 찼다면, 분당 발로 책상을 찬 비율은 0.20이 된다(12/60＝0.20). 비율을 계산할 때 관찰한 기간 동안 지속시간이 각각 다를 수 있기 때문에 여기서는 관찰 첫날 분당 발로 찬 비율(0.20)과 둘째날 분당 발로 찬 비율(0.20)이 같다는 것을 비교하여 알 수 있다. 이러한 경우에 이틀 동안의 줄리아 행동을 요약하면, 발로 차는 행동은 일관적이라고 할 수 있다(0.20/분). 만일 교사가 단순히 빈도만 기록했다면(1일째 6번, 2일째 12번과 같이) 관찰자는 줄리아의 발로 차는 행동이 2일째에 두 배로 증가했다고 잘못된 결론을 내릴 수도 있다.

　일정치 않은 관찰시간 동안 어떤 행동이 일어난 빈도를 기록해야 할 때 교사는 비율을 사용하는 것이 유용하다. 학교와 가정에서 바쁘게 생활하는 속에서 학생의 행동을 관찰하는 시간을 일정하게 유지하기란 어려운 일이므로 행동 자료를 기록해야 할 때는 비율을 사용하는 것이 바람직하다.

지연시간

지연시간(latency)은 주어진 과제나 지시사항을 학생이 실제로 시작하거나 행동을 수정하는 데까지 소요되는 전체 시간을 뜻한다. 지연시간은 학생이 지시사항을 따르거나, 그와 관련된 행동 혹은 학생의 복종에 대해 관심을 가질 때 가장 유용하게 활용할 수 있다. 예를 들어, 교사가 쉬는 시간 후에 학생에게 장난감 치우는 것을 도와 달라고 했을 때, 지연시간은 처음으로 치워 달라고 요청했을 때부터 학생이 실제로 장난감을 줍기 시작할 때까지의 몇 초 혹은 몇 분간이 된다. 말을 잘 듣지 않은 학생의 경우라면 적정한 수준(5~10초)까지 지연시간을 줄이는 것이 목표가 될 수 있다. 이 목표는 적정한 시간 안에 바르게 반응할 때 학생을 강화함으로써 지연시간을 줄여 나갈 수 있다.

　때때로 지연시간을 늘려야 하는 경우도 있다. 예를 들면 교사의 설명이 끝나기도 전에 행동하여 지시사항과는 다르게 반응하는 학생이 해당된다. 교사의 질문이 채 끝나기도 전에 생각도 해 보지 않고 대답하는 학생들은, 생각 없이 즉시 대답함으로써 많은 실수를 범할 수도 있다. 이러한 문제가 생기면 학생들이 손을 들어 대답하려 하기 전에 특정한 지연시간(생각할 시간)을 줄 필요가 있다.

강도 및 정도

강도(intensity)는 행동의 힘이나 세기를 의미한다. 행동의 강도는 공격적이거나 울화행동, 구어적 반응 혹은 다른 괴성과 몸부림 같은 행동을 파악하는 데 유용한 측정 방법이다. 예를 들어, 우는 행동은 변화가 크기 때문에 교사는 학생의 우는 횟수와 지속시간뿐만 아니라 얼마나 심하게 우는지 그 정도를 관찰할 필요가 있다. 매일 아침 5분 정도 우는 학생을 단순히 횟수와 지속시간만 측정하여 교육계획을 세우는 경우, 학생이 학교생활에 더디게 적응할 수 있다. 강도 측정은 학생의 우는 행동을 '크게 소리 지르기'부터 '칭얼대기'까지 나눠 그 유의미한 차이를 기록할 수 있다.

강도 측정은 미리 결정한 질적 척도를 근거로 한 추정치나 조금 더 객관적인 측정방법으로 행동 강도를 측정할 수 있는 자동화 장비를 사용하는 방법이 있을 수 있다. 예를 들어, Greene, Bailey와 Barber(1981)는 학교 버스 안에서 파괴적인 행동을 보이는 학생의 문제행동을 감소시키기 위한 행동관리 프로그램을 실시하는 동안 학생이 지르는 소리의 수준을 측정하기 위해 기계적 장비를 사용했다. 하지만 대부분의 교사는 그러한 장비를 활용하지 못한다. 더욱이 강도에 대한 질적인 평가는 대부분의 교사나 부모의 요구를 만족시킬 수 있다. 표적행동에 대한 강도를 객관적으로 측정하기 힘들다면, 교실적용 6.1에서 조시의 때리는 행동의 강도를 측정한 것처럼 행동에 따라 다음과 같은 예시를 사용할 수 있다.

교실적용 6.1

때리는 행동

초등학교 상담가인 제니퍼는 유치원 교사인 주디로부터 도움을 요청받았다. 문제는 조시라는 남학생이 다른 학생을 때리는 행동이었다. 개학한 지 며칠 지나지 않아 주디는 조시의 공격적인 행동을 가능한 한 빨리 없애고 싶어 했다. 그러나 제니퍼는 주디에게 우선 기초선 자료를 수집하고 조시의 때리는 행동에 대한 기능적 행동평가인 ABC 분석을 해야 한다고 말하고, 주디에게 학교에 나온 닷새 동안 조시가 때리는 행동을 얼마나 하는지 기록하게 하였다. 기초선 수립 5일 동안에 각각 5, 2, 8, 6, 5번 때리는 행동을 보였고, 때리는 행동의 강도를 '보통', '세게', '매우 세게'로 구분하여 기록하였다. 그리고 환경적인 영향과 학생

행동의 기능을 알아내기 위해 때리는 행동에 대한 ABC 분석을 하였다.

생각해 보기
주디의 사례에서 하루에 조시가 보이는 때리는 행동의 일당 비율은 어떻게 되는가? 왜 주디는 지속시간 기록을 하지 않았을까? 조시의 때리는 행동에 대한 강도를 측정하는 데 필요한 다른 요소들은 무엇이 있을까? 만약 내가 제니퍼였다면, 기초선 작성기간 5일 동안 주디가 조시의 때리는 행동에 대해 어떤 반응행동을 가르쳤을까?

- 매우 강한, 강한, 약한, 매우 약한
- 경도, 중증도, 중도, 최중도
- 매우 시끄러운, 시끄러운, 조용한, 매우 조용한
- 매우 빠른, 빠른, 느린, 매우 느린

그러나 강조해야 할 것은 이러한 '평정'이 행동에 대한 주관적인 측정 방법이라는 것이다. 이러한 평정척도를 사용하고자 할 때는 각 평정에 대한 정확한 기준을 마련하고 독립적인 관찰자의 신뢰도가 수반되어야 한다.

행동 측정

불행히도 많은 교사들은 자료 수집을 하는 것을 매우 부담스럽게 여기는 경향이 있어서 행동관찰, 측정, 그리고 문서화 등으로 이득을 보지 못하는 경우가 많다. 그러므로 교사에게 자료 수집, 문서화, 나아가 자료를 시각화하는 것은 매우 중요하고, 일반교실 상황에서 시간을 투자할 만한 의미 있는 작업이라는 것을 알게 하는 것이 필요하다.

Wacker(1989)는 교사가 행동을 측정해야 하는 중요한 이유를 두 가지로 제시하고 있다. 하나는 어떤 일이 일어났는지를 문서화하는 것이고, 다른 하나는 사건을 유발시키는 변인을 확인하는 것이다. 결론적으로 '측정'이란 다음에 무엇을 해야 하는지에 대한 지침을 제공하는 것이다(p. 254). 덧붙여, 행동 측정에 대한 체계적인 과정은 다음과 같다.

- 교사가 학습과 행동문제를 변별하는 것을 도와준다.
- 프로그램 효과성에 관한 정보를 제공해 준다.
- 프로그램 수정이 필요한지에 대한 정보를 준다.
- 부모, 행정가, 다른 교사, 지원인력과의 의사소통을 원활하게 해 준다.

Tawney와 Gast(1984, p. 84)는 행동을 측정하고 평가하는 것에 대한 몇 가지 지침을 마련하였다.

- 측정 가능하고 관찰 가능한 용어로 표적행동을 정의해야 한다.
- 프로그램을 결정하기 위해 필요한 정보를 제공할 수 있도록 충분한 자료를 수집해야 한다.
- 각 학생과 행동에 대한 가장 효과적인 측정 방법이 어떤 것인지 현명한 결정을 내릴 수 있도록 자료 수집 및 대안들과 친숙해져야 한다.
- 실질적으로 자료를 수집할 수 있는 방법을 선택해야 한다. 즉 물리적 제약에도 불구하고 지속적이고 일관성 있게 사용할 수 있는 방법을 선택해야만 한다. 무리한 요구로 자료를 수집하는 것보다는 간단한 자료 수집 체계를 사용하는 것이 좋다.
- 일상생활에 통합시켜 자료 수집을 해야 한다. 다시 말하면 자료 수집에 교사가 많은 시간을 할애하여 특별히 많은 노력을 들일 필요는 없다.
- 정기적으로 자료를 검토 및 평가하고, 프로그램을 결정하는 데 수집한 자료를 활용해야 한다.

자료 수집의 중요한 목적은 제공된 프로그램을 결정하는 데 필요한 객관적인 정보를 제공하기 위함이다. 하지만 유감스럽게도 교사는 유기적인 구조를 지닌 요구를 충족시키기 위한 자료 수집을 하기 위해 학생 행동을 관찰하지만, 관찰 자료는 파일로 보관만 할 뿐 프로그램 평가에는 활용하지 않고 있다.

행동관찰을 위해 자료 수집 방법이나 관찰 기록을 체계적으로 적용해야 한다. 다양한 방법에 대한 고려는 가장 단순하고 유익한 자료 수집 절차를 선택하는 데 도움이 될 수 있다. 행동의 관찰과 측정 방법에 대한 기본적인 유형은 다음과 같다.

빈도 기록 방법 및 사건 기록 방법

표적행동을 관찰할 때 표적행동을 측정하기 위한 쉬운 방법은 단순히 어떤 특정 기간 동안 사건이 발생할 때마다 행동을 헤아리는 것이다. 이러한 자료 수집 방법은 **빈도 기록법**(frequency recording) 또는 **사건 기록법**(event recording)이라 한다. 빈도 기록의 결과는 관찰기간에 발생하는 빈도수 또는 빈도율이다. 예를 들어, 30분 쉬는 시간 동안 어떤 학생이 다른 학생을 몇 번 때렸는지 헤아리려는 경우에 사건 기록 방법을 사용할 수 있다. Koorland, Monda와 Vail(1988)은 사건 기록법에 관하여 다음과 같은 제안을 하였다.

- 사건 기록법은 단순히 표적행동이 '뚜렷이 구별되고, 지속시간 동안 규칙적이고, 간결하고, 반복적'일 때만 사용한다(p. 59).
- 하루에 관찰기간은 고정적이거나 가변적일 수도 있다. 그러므로 하루에 한 번, 하루에 두 번 또는 그날의 일정을 고려하여 쉽게 표적행동을 측정한다.
- 관찰기간의 지속시간은 다양하다. 관찰기간이 일정할 때 빈도수는 각 관찰기간마다 기록한다. 그러나 관찰기간이 일정치 않을 경우 각각의 관찰기간마다 행동 발생 빈도를 발생시간(분)으로 나눠 기록한다.

그림 6.2는 때리기 행동을 헤아리기 위해 사용한 사건 기록 형식이다. 자료에는 때리는 행동이 관찰된 빈도, 관찰기간의 길이, 1분당 때리는 행동 비율이 기록되어 있다. 관찰기간이 서로 다른 경우에는 관찰된 자료를 서로 비교할 수 있도록 분당 비율로 산출한다. 분당 표적행동의 비율은 그림 6.2의 그래프로 나타낼 수 있다.

지속시간 기록 방법

학생이 표적행동을 보인 시간 양에 관심이 있다면 그 행동의 지속시간을 기록하는 것은 중요하다. 교사는 학생이 표적행동을 시작하고 끝나는 시간을 메모함으로써 빈도수와 함께 지속시간을 기록해야 한다. 지속시간은 그때그때 계산된다. 예를 들어 어떤 학생이 오전 10시 15분에 울화행동을 시작하여 10시 25분에 마쳤다면 지속시간은 10분이다.

지속시간은 두 가지 방법으로 기록할 수 있다. 첫째, 교사는 특정 기간에 대한 행동의 **평균 지속시간**(average duration)에 관심을 가질 수 있다. 예를 들어, 어떤 학생이 한 시간 수업을 하는 동안 10, 5, 3분간 지속된 세 번의 울화행동을 보였다면 평균 지속시간은 6분이다.

$$10 + 5 + 3 = 18/3 = 6$$

둘째, 교사는 목표행동의 **전체 지속시간**(total duration)에 관심이 있을지도 모른다. 같은 예로 울화행동의 전체 지속시간은 18분이다.

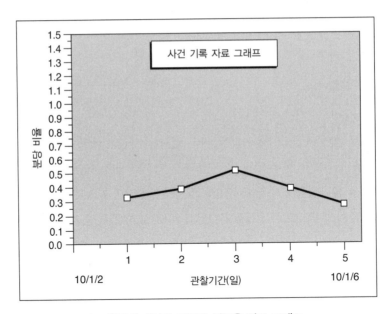

그림 6.2 사건 기록 자료 형식의 예시와 기록된 새로운 자료 그래프

간격 기록

간격 기록(interval recording)은 특정한 관찰기간을 동일한 작은 시간 간격으로 나누는 것이다. 관찰자는 각 구간 시간대에 표적행동이 발생했는지(+), 발생하지 않았는지(−) 표시한다. 각 간격 동안 표적행동의 빈도수를 기록하는 것이 아니라는 점을 명심해야 하는데, 이것이 간격 기록의 첫 번째 제한점이다. 두 번째 제한점은 간격의 길이가 표적행동

의 비율(간격의 퍼센트)을 부분적으로 결정한다는 것이다. 만약 시간 간격이 지나치게 길면 실제로 표적행동이 줄었더라도 기록 결과는 표적행동이 늘 100% 나타난 것으로 표시될 가능성이 있다. 예를 들어, 한 학생의 때리는 행동 빈도수가 간격당 10회에서 5회로 감소되었다 하더라도 관찰자는 빈도수와는 관계없이 표적행동이 그 시간 간격 안에서 발생했다는 '+' 표시 하나만을 기록할 뿐이다. 결과적으로 관찰자는 한 간격 내에서 학생이 때리는 행동은 100% 보이고 있다고 기록한 꼴이다. 비록 기록은 정확했지만, 실제 때리는 행동의 빈도수가 감소되었다는 기록은 어디에서도 찾아볼 수 없다. 한편 너무 짧은 간격은 결과적으로 행동의 인위적으로 낮은 행동비율 기록을 초래한다(그림 6.3에 제시됨. 예를 들어, 결과 백분율이 각 간격의 지속시간 변화로 조작될 수 있다).

전체 관찰기간 내의 각 시간 간격의 크기는 5초부터 30초까지 정할 수 있다. Trudel과 Cote(1996)는 게임하는 동안 아이스하키 코치들의 행동을 관찰하고 기록하기 위해서 6초 간격을 사용했다. 코치 행동을 16가지 카테고리로 나누었고 누구에게 지시하는 것인가를 서술하는 여덟 가지 카테고리를 가지고 관찰했기 때문에, Trudel과 Cote는 '주어진 시간 간격 안에 너무 많은 행동이 발생할 가능성을 줄이기 위해서' 6초 간격을 사용했다 (p. 50).

Kazdin(1989)은 10~15초 간격을 추천하기도 했다. Cooper, Heron과 Heward(1987)는 6~15초 간격을 제안했고, Alberto와 Troutman(2009)은 간격이 30초 이상 되어서는 안

학생이름 : _____	관찰자 : _____
환경 : _____	날짜 : _____
표적행동 : _____	
시작시간 : <u>오전 9 : 00</u>	종료시간 : <u>오전 9 : 10</u>

10분 관찰 기간 : 30초 간격

9:00		9:01		9:02		9:03		9:04		9:05		9:06		9:07		9:08		9:09	
1	2	3	4	5	6	7	8	9	10	11	12	13	14	15	16	17	18	19	20

방법 : 표적행동이 발생한다면 각 칸에 '+'로 표시, 발생하지 않는다면 각 칸에 '−'로 표시

그림 6.3 10분 관찰을 위한 30초 간격 기록 양식 예시 자료

된다고 주장하고 있다. Repp, Nieminen, Olinger와 Brusca(1988)은 짧은 시간 간격이 긴 시간 간격보다 더 정확한 자료를 산출해 낼 수 있다고 했다. 시간 간격 기록을 하기 위한 전체 관찰기간은 교사의 계획에 따라 달라질 수 있지만 10~60분 동안의 범위가 적절하다. 간격 기록 형식의 예시 자료는 그림 6.3에 제시되어 있다.

10분의 관찰기간을 30초 간격으로 나누면 관찰기간은 20개의 간격으로 나뉜다. 그러므로 간격의 전체 수는 전체 관찰시간과 간격 간의 시간 길이에 달려 있다.

전체 관찰기간의 길이와 급 간의 크기가 결정되고 나면 다음 단계에서 학생을 관찰하고, 그 표적행동이 각각의 구간에서 발생했는지 표시한다. 표적행동이 각 구간 안에서 얼마나 자주 발생되었는지는 중요하지 않다. 표적행동이 나누어진 각 구간 안에서 발생했다면 '+'로 기록하고, 발생하지 않는다면 '−'로 기록한다(그림 6.4). 그 구간의 끝에서 교사는 표적행동이 발생했는지 발생하지 않았는지 구간의 수를 백분율로 나타낸다. '+'인 간격의 수를 전체 간격수로 나누어 산출해 낸다. 그림 6.4의 자료를 바탕으로 살

학생이름 : <u>크리스</u>　　　　　관찰자 : <u>호킨스</u>

환경 : <u>과학</u>　　　　　　　　날짜 : <u>2006. 3. 2</u>

표적행동 : <u>과제 수행</u>

시작시간 : <u>오전 9 : 00</u>　　　종료시간 : <u>오전 9 : 10</u>

10분 관찰 기간 : 30초 간격

9:00		9:01		9:02		9:03		9:04		9:05		9:06		9:07		9:08		9:09	
1	2	3	4	5	6	7	8	9	10	11	12	13	14	15	16	17	18	19	20
−	+	+	+	−	+	+	−	+	+	+	−	−	+	+	+	+	−	+	+

방법 : + = 행동이 간격 동안 발생했음
　　　 − = 행동이 간격 동안 발생하지 않았음

간격 기록 관찰의 요약

간격의 전체 수	20
표적행동이 발생된 간격	14
행동이 발생한 간격 비율	70%
표적행동이 발생하지 않은 간격	6
행동이 발생하지 않은 간격 비율	30%

그림 6.4 10분 관찰을 위한 30초 간격 기록 양식의 단순한 예시 자료

펴보면, 20개 구간 중 표적행동이 발생한 구간이 14번이었다면, 14를 20으로 나눠 표적 행동이 전체 구간 중 70% 발생했음을 알 수 있다.

간격기록은 부분 간격 기록과 전체 간격 기록으로 구분지을 수 있다. **부분 간격 기록**은 관찰자가 구간 관찰을 하는 동안 어느 시점에 관계없이 표적행동이 일어났는지를 기록 하는 것이다. 부분 간격 기록을 할 때는 행동 빈도나 지속시간은 기록하지 않는다. 하지 만 **전체 간격 기록**은 관찰자가 관찰하는 구간 내내 표적행동이 나타났을 때만 행동이 발 생되었다고 기록하게 되므로 표적행동의 지속시간을 기록하게 된다.

부분 간격 기록과 전체 간격 기록 중 어느 관찰기록 방법을 선택할지 결정하는 것은 관찰할 행동에 달려 있다. 부분 간격 기록은 지속시간이 짧은 행동(때리기, 만지기)을 관 찰할 때 적합하고, 전체 간격 기록은 지속시간이 짧지 않은 행동(과제 이외의 것에 집중 하기, 대화하기)을 관찰할 때 적합하다. Repp 등(1988)은 연속 측정치를 비교할 때, 부분 간격 기록은 어떤 행동에 대해 과대평가되는 경향이 있고, 전체 간격 기록은 과소평가되 는 경향이 있다고 지적했다.

교사가 동시에 여러 명의 학생 행동을 관찰해야 할 때 간격기록법을 사용하곤 한다. 하지만 네 명 이상의 학생 또는 그 이상의 행동을 한꺼번에 관찰시간 동안 관찰해 내기 는 어렵다. 그림 6.5는 5분 관찰기간을 30초 단위로 10칸으로 나눠 세 명의 학생이 이야

| 학생이름 : 멜리사, 질, 줄리아 |
| 표적행동 : 대화하기 |
| 장소 : _____   날짜 : _____ |
| 시작시간 : _____   종료시간 : _____ |

5분 관찰 기간 : 30초 간격

이름		1		2		3		4		5
멜리사										
질										
줄리아										

방법 : 간격 동안 행동이 일어났으면 '+'를 기록하고, 행동이 일어나지 않았으면 '−'를 기록한다.

그림 6.5 세 명의 학생을 위한 5분 관찰기간의 30초 시간간격 기록 양식

기하는 행동을 관찰한 기록 양식을 보여 주고 있다. 그리고 한 학생의 세 가지 서로 다른 행동을 관찰하기 위해서 이와 유사한 양식을 사용하였다.

시간표집법

순간시간표집법(momentary time sampling)이라고도 하는 **시간표집법**(time sampling)은 행동을 측정하는 일반적인 방법 중 하나이다. 시간표집법도 간격 기록과 마찬가지로 관찰자가 전체 관찰시간을 작은 시간단위로 나눈다. 하지만 시간 구간 내내 행동 발생 여부를 관찰했다가 기록하는 간격 기록과는 달리 시간표집법은 시간 구간 범위 내에서 마지막 미리 정한 시간 시점에 표적행동의 발생 여부를 기록한다. 예를 들어, 줄리아가 하는 과제 수행과정을 관찰하는 것이라면 관찰 구간 내내 학생을 보고 있는 것이 아니라 정해진 시점에 순간적으로 줄리아를 보고, 과제를 수행하고 있었으면 '+'로 기록하고, 수행하지 않고 있었으면 '−'로 기록한다. 따라서 시간표집법은 순간적인 행동을 관찰할 때 가장 적절하다. 과제를 수행하는 것 또는 과제 수행을 하지 않는 것, 착석 또는 이석, 잡담 등의 행동은 시간표집법으로 관찰할 수 있는 예들이다.

시간표집법의 전체 관찰시간은 각 관찰시간 구간의 마지막 순간에 학생 행동을 보아야 하기 때문에 간격 기록보다 길다. 더구나 간격 기록에서의 간격은 초 단위로 이루어져 있는 반면, 시간표집법은 대부분 분 단위로 구성된다. 예를 들어, 60분 관찰시간은 5분 간격으로 12칸으로 나누어진다. 간격 기록처럼 표적행동이 기록된 '+'의 개수를 전체 간격의 개수로 나누어 계산하여 백분율을 기록한다. 관찰을 하기 위한 기록 양식은 그림 6.6에 제시하고 있다.

시간표집법을 사용할 때 두 가지 주의사항을 염두에 두어야 한다. 첫째, 시간 간격이 길어지면 관찰 또는 표집되는 행동량이 줄어든다. 관찰행동의 감소는 수집된 자료가 실질적인 표적행동 발생에 일관적이지 않다고 볼 수 있다. 따라서 시간표집법을 사용하기 위한 시간 간격은 5분을 넘지 않는 곳이 바람직하다. 둘째, 특정 시간대에 교사가 관찰하고 있다는 것을 학생이 알게 되는 경우, 학생이 행동을 교정하여 마지막 시점에 표적행동을 보이지 않을 수도 있다. 이러한 잠재적인 사항이 우려된다면 교사는 다음의 세 가지 방법을 활용할 수 있다. ⓐ 시간 간격을 비밀로 하거나, ⓑ 시간표집법 대신 간격 기록을 사용하거나, ⓒ 시간 간격을 수정하는 방법이 있다. 간격 길이를 다양하게 하더라도 실제 시간 간격의 범위를 약 2분에서 8분 정도의 범위를 두는 등, 교사는 평균 시간

학생이름 : _____ 　　관찰자 : _____

환경 : _____ 　　　　날짜 : _____

표적행동 : _____

시작시간 : <u>오전 9 : 00</u> 　　　　종료시간 : <u>오전 9 : 10</u>

60분 관찰기간 : 5분 간격

| 9:00 | | | | 9:15 | | | | 9:30 | | | 9:45 | 10:00 |

1	2	3	4	5	6	7	8	9	10	11	12

방법 : 간격의 마지막에 표적행동이 관찰되었다면 '＋'를, 관찰되지 않았다면 '－'를 기록한다.

그림 6.6　60분 관찰기간 동안 5분 간격 12개 구간으로 나눈 시간표집 형식

간격을 일정 수준(예 : 5분)으로 유지해야 한다.

Murphy와 Harrop(1994)은 10분짜리 비디오 녹화영상 두 개를 가지고 단과대학 학생 60명을 대상으로 순간시간표집법(MTS)과 부분시간표집법(PIR)을 적용하는 비교 연구를 실시하였다. 관찰자는 부분시간표집법에 비하여 순간시간표집법을 기록하는 데서의 실수가 적었으며, 순간시간표집법을 더 선호하는 것으로 나타났다.

간격 기록법과 같이 시간표집법은 전체 관찰 간격 수에 대한 행동이 관찰된 간격의 백분율을 산출한다. 예컨대, 전체 12칸의 시간 간격 중 6칸의 시간 간격에서 행동이 관찰되었다면 전체의 50%에서 행동이 관찰되었다고 볼 수 있다.

행동관찰과 측정의 정확성

Repp 등(1988, p. 29)은 직접 관찰을 하는 동안 수집된 자료의 정확성에 잠재적으로 영향을 미치는 몇 가지 요인들에 대하여 언급했는데, 그 요인은 반응성, 관찰자 표류, 기록 절차, 관찰 장소, 관찰자 기대, 대상자의 특성, 관찰자, 상황 등 여덟 가지이다. 개인적 가치관 또한 편견은 관찰자 오류의 부수적인 원인으로 작용한다. 이에 대한 자세한 설명은 다음에 기술하고 있다.

반응성

반응성(reactivity)이란 관찰된 결과로서 학생 행동의 변화를 의미한다. 예를 들어, 얼마나 자주 자리이석을 하는지를 교사가 세고 있다는 사실을 학생이 안다면 학생은 그 사실에 대한 반응으로 표적행동을 더 많이 하거나 줄일 것이다. 학생 행동에 미치는 영향은 학생, 행동, 관찰자, 그리고 수많은 상황적 변인에 의해 달라질 수 있다. 관찰자가 있다는 것이 학생 행동에 어느 정도 영향을 미치는지 알 수 없기 때문에 관찰 사실을 학생이 알지 못하도록 주의를 기울이는 것이 바람직하다.

이 장의 후반부에서 논의하겠지만 기초 자료를 수집하는 경우라면 학생을 주의 깊게 관찰해야 한다.

관찰자 표류

관찰자 표류(observer drift)란 관찰되고 측정되는 아동의 행동에 대한 이해가 관찰자의 주관적 관점에 의해 점진적으로 변화되는 것을 말한다. 예를 들어, 학생의 자리이석 빈도를 세는 교사가 관찰 시작시점에 정의한 자리이석에 대한 정의와는 달리 관찰 종료시점에는 다른 정의를 가지게 되는 경우도 있다. 이러한 경우 매일 관찰되고 기록된 오차가 학생의 행동에서 비롯된 실제적인 변화라기보다는 관찰자의 관점 변화에 의한 오류가 포함되었다고 할 수 있다.

Elizabeth Crews/The Image Works

직접 관찰은 행동사정을 하는 데 있어 필요하고 의미 있는 요소이다.

관찰자 표류를 조절하기 위해 표적행동은 프로그램이 실시되는 동안 매우 명확하게 정의되어야 한다. 어떠한 관찰을 하기 전에 행동 표본(그 행동이 무엇처럼 보이는지)에 대한 내용을 상세하게 정의해야 한다. 따라서 자리이석 행동을 관찰하고자 할 때 교사는 자리이석 행동이 무엇을 의미하는지에 대해 정확하게 정의해야 한다. 예를 들어, 가장 적절하게 표현한 자리이석에 대한 기술은 "폴의 엉덩이가 그의 의자에서 최소한 12인치 이상 떨어지면 그것을 자리이탈로 간주한다."와 같이 진술하는 것이다. 명확하게 자리이석을 정의함으로써 교사는 언제 어느 때에 표적행동이 발생하더라도 이를 셀 수 있다. 표적행동이 모호하게 정의된 경우에 관찰자 표류는 더 두드러지게 나타난다.

기록절차

기록절차(recording procedure)는 행동의 수(예 : 빈도, 지속시간)를 측정하기 위해 선택한 절차를 의미한다. 행동을 측정하기 위한 우선적인 방법은 사건 기록, 간격 기록 및 시간 표집법을 들 수 있다. 앞서 논의했던 것처럼 몇 가지 절차는 측정할 행동의 차원에 의존한 다른 행동들보다 그 행동에 대한 좀 더 정확한 장면을 만들기도 한다.

관찰 장소

이 장의 앞부분에서 자연스러운 상황에서 실시하는 직접 관찰의 중요성에 대해 논의하였다. 즉 어떤 한 학생이 교실에서 받아들여지기 어려운 행동을 한다면 그 학생의 행동을 교실 내에서 관찰하고 측정하는 것은 매우 중요한 일이다. 자연스러운 상황에서 직접 관찰함으로써 학생이 보이는 전형적인 행동을 더욱더 정확히 묘사할 수 있다. 자연스러운 환경에서의 관찰은 또한 관찰자가 교사의 행동, 같은 학생의 행동 및 받아들일 수 없는 행동과 관련된 환경적 요인들을 점검할 수 있다. 이러한 고려사항은 받아들일 수 없는 행동이 전혀 다른 환경에서 나타나더라도 동일하게 적용된다.

관찰자 기대

관찰자 기대(observer expectancy)는 교사가 관찰 대상 학생에 대해 갖게 되는 기대를 지칭한다. 예컨대, 어떤 교사가 한 학생의 행동에 관하여 다른 교사에게서 '여러 가지 이야기'를 들었을 때 교사는 그 학생에 대하여 어떤 기대를 갖게 된다. 이러한 기대는 학생을 관찰할 때 교사가 편향된 관점을 갖게 될 수 있다. 이러한 교사의 기대는 학생이 행동하는 것에 영향을 미칠 수도 있다. 관찰자에 대한 기대는 관찰할 표적행동을 명확하게 정의함으로써 관찰 자료에 영향을 덜 미치게 할 수 있다. 신뢰도 점검을 위해 독립된 관찰자들을 주기적으로 활용하는 것도 교사 관찰에 미치는 영향력을 점검하는 데 도움이 된다.

대상, 관찰자 및 환경 특성

대상, 관찰자 및 환경 특성(characteristics of subjects, observers, and settings)은 성별, 관찰행동의 복합성 및 유사한 상황에서의 아동 관찰과 같은 변수들을 지칭한다. 많은 연구에서 학생 및 관찰자의 성별이 직접 관찰에 따른 자료에 영향을 미칠 수도 있음을 시사하고 있다(Repp et al., 1988). 아동 행동을 관찰하고 측정할 때 남성과 여성 관찰자를 모두 활용하면 관찰자 성별로 인한 영향력을 최소화할 수 있는 해결책이 된다. 그러나 학교에는 여성 교사들의 비율이 압도적이라는 점을 감안할 때 학교 환경 내에서는 실효성이 떨어질 수 있다.

환경과 관련한 여러 연구에서는 '친근한 환경에서 관찰하는 것이 더욱 용이하고 관찰의 정확성을 증진시킬 수 있음'을 밝히고 있다(Repp et al., 1988, p. 32). 학교나 가정 상황에서 행동을 관찰하고 측정하는 데 관심을 가지는 교사와 학부모에게 이러한 연구 결과는 분명 긍정적이다.

개인의 가치와 편견

개인의 가치(personal value)란 아동의 행동에 대한 교사 인식에 영향을 미치는 사회적, 문화적, 종교적 가치를 말한다. 예를 들어, 행동과 관련하여 서로 다른 개인의 가치는 '적절한' 또는 '부적절한' 행동에 대해 교사가 정의를 내릴 때 영향을 미친다. 관찰자의 편견(bias)은 개별 아동에 대한 관찰자의 신념이나 정서적인 느낌을 말한다. 예컨대, 같은 행동을 관찰해야 하는 교사들은 학부모와는 다른 관찰 결과를 보고할 수 있다. 어떤 교사가 어떤 학생을 좋아하는지의 여부, 외모, 교양 수준과 성별 등은 교사의 인식과 관찰을 왜곡시키는 변수가 되기도 한다(Bell & Harper, 1977; Grossman, 1995; Reppt et al., 1988; Zirpoli & Bell, 1987).

이와 같은 많은 변수들은 직접 관찰 중에 수집된 자료의 정확성을 위협하기도 한다. 그러나 이러한 위협은 쉽게 극복될 수 있다. 첫째, 교사는 구체적인 상황과 이용 가능한 자원에 주어진 잠재적 위협 요소를 알아야만 한다. 둘째, 앞에서 언급한 바와 같이, 표적

행동이 관찰 가능하고 측정 가능한 면에서 진술되어야 한다. 이것은 정확한 행동 측정을 위해 가장 중요한 변수이다. 표적행동에 관한 명백하고 간결한 정의는 어떤 행동이 표적행동인지 아닌지에 관한 오해를 없애는 데 도움이 된다. 셋째, 교사의 자료 수집 방법을 활용하여 전면적인 실행에 앞서 어떠한 '실행 오류'를 수정할 때 활용할 수 있다. 넷째, 교사 간에 자료의 신뢰성을 점검하기 위해 믿을 만한 자료를 주기적으로 완성해야 한다. 신뢰성 검증은 뒷부분에서 논의될 것이다. Repp 등(1988, p. 33)은 직접 관찰 중에 수집된 자료의 정확성을 증진시키기 위한 다섯 가지 부가적인 권고사항을 다음과 같이 기술하고 있다.

- **표적행동의 정의와 측정에 대해 관찰자 훈련을 충분히 한다.** 많은 교사들이 자료 수집에 관여하고 있는 교육환경에서 교사에게는 특히 중요하다.
- **교사와 아동 모두에게 적응기간을 둔다.** 교사가 낯선 사람이거나 반응성이 잠재적 문제가 될 때 특히 필요하다. 교실 안에서 자료를 수집하고 있는 학부모나 교사에게는 문제가 되지 않는다.
- **남의 눈에 띄지 않게 관찰한다.** 교수 상황에 자료 수집과정을 통합시킬 수 있도록 노력한다.
- **영구적인 기록 매체를 사용한다(예 : 비디오녹화영상, 오디오녹화음성 등).** 가정에서 아동을 지도하거나 돌볼 때 언제나 가능하거나 실행할 수 있는 것은 아니다. 그러나 가끔 교사는 다른 사람들에게 보여 주기 위해 또는 여러 가지 제시나 다른 지원을 받기 위해 학생의 행동을 영상에 담을 필요가 있다.
- **자주 그리고 체계적으로 관찰한다.** 명백히 보다 장기간에 걸친 관찰은 어떤 학생의 전형적인 행동을 단기간 동안 관찰하는 경우보다 더욱 정확하게 '설명'할 수 있다. 그러나 자료 수집의 체계적인 접근이라 해서 교사에게 엄청난 양의 시간을 소비하게 할 수는 없다.

자료 수집 보조기구

교사들이 자료를 수집할 때 정교하거나 값비싼 기구를 구입할 필요는 없다. 교사는 사건을 기록할 때 간단한 손목시계형 카운터기나 골프 카운터기를 사용하여 빈도를 측정할 수 있다. 또한 교사들은 초침이 있는 손목시계나 지속시간을 모니터하기 위한 스톱워치를 사용할 수 있다. 덜 기계적이면서도 집에서 쉽게 만들 수 있는 기타 기록 보조물이나 기법에 관한 것을 기술하면 다음과 같다.

호주머니 수 세기 기법 호주머니 수 세기 기법(pocket counting)이란 표적행동이 관찰될 때마다 한쪽 주머니에 든 동전들이나 작은 물건을 다른 호주머니로 옮기는 것이다. 관찰이 끝난 후에 교사는 표적행동의 빈도수를 측정하기 위하여 옮겨 넣은 호주머니 안의 동전이나 물건의 수를 센다. 그러면 빈도 계산이 적절한 자료 수집 형태로 기록될 수 있다.

빈병 기법 표적행동이 일어날 때마다 병에 동전이나 작은 물건을 넣는다. 관찰기간이 끝난 후 병 안에 있는 물건의 수를 계산하여 표적행동 빈도를 측정한다. 교사는 적절한 행동이 관찰될 때마다 학생들 책상 위에 놓여 있는 병에 동전이나 물건을 떨어뜨린 그날 공부가 끝난 후, 가장 많은 동전이나 물건을 받은 학생에게는 특별 보상이 주어진다. 동전이나 물건은 개별 또는 소집단 학생들이 보인 적절한 행동의 빈도수를 나타낸다.

손목에 마스킹테이프를 붙이는 기법 손목에 마스킹테이프를 붙이는 방법도 있다. 학생의 이름과 표적행동을 마스킹테이프 위에 적어서 손목에 붙여 두고 학생이 적절한 행동을 할 때마다 사선을 그어 표시한다. 수업이 끝난 후 교사는 표적행동의 빈도수 표시인 사선을 헤아린다. 자료 수집을 위해 클립보드도 같은 목적으로 사용할 수 있다. 교사가 행동 빈도와 지속시간 모두를 측정하기 위하여 클립보드에 시계나 스톱워치를 붙여 놓을 수 있다. 그러나 일부 교사는 다른 교사들이 책임을 다하거나, 가르치면서 클립보드를 가지고 다니기 어렵다고 느끼기도 하고, 남의 눈에 띈다고 생각해 회피하곤 한다.

기록 도구는 관찰 기록의 정확성과 신뢰성을 증진시킬 뿐만 아니라 자료 수집을 수월하게 해 준다. 교사가 자료 수집의 방법과 절차를 계획할 때 그들의 상상력과 창의력을 활용해야 한다. 가장 효과적인 방법은 다음의 목표로 성취할 수 있다.

- 도구를 사용하지 않는 것보다는 더 쉬운 자료 수집 방법을 만든다.
- 가르치는 일이나 교사의 다른 업무를 방해하지 않는다.
- 사용 방법을 단순화한다.
- 표적행동에 대해 정확하게 모니터링한다.

관찰의 신뢰도

표적행동을 측정할 때 주로 신뢰도(reliability)는 관찰자 간에 수집된 자료의 정확성을 언급한다. 이런 종류의 신뢰도는 가장 일반적으로는 상호 간 신뢰도(interrater reli-ability)라고 부른다. 다른 용어로 관찰자 간 신뢰도(interobserver reliability) 또는 관찰자 간 일치도(interobserver agreement)라고도 한다(예, Hintze, 2005). 예를 들면, 한 학생이 자리에서 일어나는 행동을 두 명의 관찰자가 관찰할 때 그 학생이 자리를 뜨는 행동의 빈도수를 똑같이 관찰하고 기록했을 때는 완벽한(100%) 상호평가자 신뢰도를 가졌다고 할 수 있다. 그러나 한 교사는 행동 빈도를 다섯 번 일어났다고 표시하고 다른 교사는 열 번이라고 기록했다면, 두 관찰자 간의 상호 신뢰도는 50%에 불과하다(5/10＝0.5×100＝50%). 또 다른 종류의 신뢰도인 **관찰자 내 신뢰도**는 한 명의 관찰자가 수집한 데이터의 정확성을 확인한다(Hintze, 2005).

Kazdin(1989)은 왜 신뢰도가 중요한지에 관한 세 가지 이유를 제시하고 있다. 첫째, 한 개인 행동에 관한 평가는 개인의 마음에서 우러나는 행동을 하는 기능이지 일관성 없는 자료 수집의 기능이 되어서는 안 된다. 만약 교사가 어떠한 중재 프로그램의 효율성을 평가하려고 직접 관찰했다면 수집된 자료는 믿을 만해야 한다. 둘째, 신뢰도를 감시·통제하는 것은 개인 관찰자들에게 있을 수 있는 편견을 확인하고 최소화하려는 것이다. 주기적으로 다른 관찰자가 동일한 표적행동을 감시·통제하도록 하는 것은 첫 번째 관찰자의 관찰과 기록된 자료에 대한 견제와 균형을 제공하는 것이다. 끝으로, 신뢰도는 표적행동이 잘 정의되고 있는지에 관한 증거를 제공해 준다. 높은 신뢰도는 표적행동이 잘 정의되었음을 반영한다. 낮은 신뢰도는 표적행동이 명백하게 확인되지 않았다는 것을 반영하는 것일 수도 있고, 중재계획이 일관성 없이 적용한 결과일 수도 있다. 일관성이 없다는 것은 기본적으로 행동관리 프로그램의 허점으로 드러날 수 있다.

교사가 표적행동을 정확하게 정의하고 모든 관찰자가 충분한 훈련을 받았을 때 만족스러운 신뢰도 측정치를 얻을 수 있다. 관찰자 훈련은 프로그램의 개요, 관찰될 표적행동의 윤곽 및 관찰하는 동안에 이용될 측정기법을 포함한다. 물론 신뢰도가 100%에 가까우면 가까울수록 좋지만 70~80% 이상의 신뢰도를 흔히 적절한 것으로 여긴다. 신뢰도가 70%보다 낮을 때는 수집된 자료의 정확도에 관해서 심각한 문제가 제기될 수 있다.

빈도 측정의 신뢰도

어떤 빈도 측정이나 사건 기록절차가 이용될 때 관찰자 간 신뢰도는 더욱 높은 빈도에 의해 낮은 빈도를 나눈다. 앞서 제시한 예로 다시 돌아가 보면, 한 관찰자는 자리이탈 행동을 다섯 번으로 기록하고 다른 관찰자는 열 번으로 기록하였다. 그런데 보다 낮은 빈도수(5)를 많은 빈도수(10)로 나누면 0.5이다. 이 몫(0.5)에 100을 곱해서 50%라는 평가자 간 신뢰도가 산출되고, 다음에 제시되는 바와 같이 계산된다. 즉

5 = 첫 번째 관찰자가 기록한 빈도수

10 = 두 번째 관찰자가 기록한 빈도수

관찰자 간 신뢰도 = 5/10 = 0.5 × 100 = 50%

지속시간과 지연시간 측정의 신뢰도

두 명의 관찰자들이 어떤 표적행동의 지속기간이나 지연시간을 측정하고자 할 때 평가자 간 신뢰도를 계산하기 위해서 유사한 절차가 사용된다. 이 측정은 빈도가 아닌 시간을 측정한다. 두 시간 간에 신뢰도를 찾기 위해 더 짧은 지속시간 및 지연시간 동안의 관찰과 더 긴 지속기간 및 지연시간 관찰로 나누어진다. 예를 들어, 한 관찰자가 학생이 10분 동안 과제 수행하는 것을 기록하고, 두 번째 관찰자가 같은 학생이 15분 동안 과제 수행하는 것을 기록했다면, 관찰자 간 신뢰도는 다음에서 보는 것처럼 66.6% 또는 67%일 것이다.

10분 = 첫 번째 관찰자에 의한 지속시간

15분 = 두 번째 관찰자에 의한 지속시간

관찰자 간 신뢰도 = 10/15 = 0.666 × 100 = 약 67%

시간 간격 기록과 시간표집에 대한 신뢰도

시간표집과 간격에 대한 신뢰도를 계산하기 위해서는 약간 더 복잡한 방법이 요구된다. 언급했던 바와 같이, 시간 간격 기록과 시간표집은 모두 관찰기간을 더 작은 시간 간격으로 나누는 것을 의미한다. 이런 절차에 따르면 수집된 정보의 신뢰도와 관련하여 두 가지 문제가 발생할 수 있다. 첫째, 관찰자는 두 명의 관찰자 간에 기록된 표적행동의 간

격 횟수가 믿을 만한지 알고 싶어 한다. 이것을 빈도 신뢰도(frequency reliability)라고 하며, 이는 사건 기록 신뢰도와 같은 방법으로 산출한다. 즉 한 교사가 7칸에 행동을 관찰했다고 표시하고 다른 교사가 12칸에 행동을 관찰한 것으로 표시했다면 빈도 신뢰도는 다음과 같이 계산된다.

$$7/12 = 0.58 \times 100 = 58\%$$

두 번째 신뢰도는 시간 간격 기록이나 시간표집을 하는 동안과 관련된 일치 신뢰도(agreement reliability)에 관한 것이다. 이 측정이 빈도 신뢰도보다 더 중요한데, 왜냐하면 이 측정은 두 관찰자 사이의 관찰자 간 신뢰도를 보다 더 정확하게 나타내기 때문이다. 그림 6.7을 보면, 두 교사는 10칸의 시간 간격 동안 학생이 다섯 번의 과제를 성공했다고 기록하였다. 따라서 빈도 신뢰도는 100%(5/5=1×100=100%)이다. 그러나 두 관찰자는 10칸의 시간 간격 중에서 단 2칸만 일치하였다. 즉 학생이 과제를 수행하고 있을 때 두 관찰자들은 세 번째와 일곱 번째에서만 학생이 과제를 수행하고 있다고 평가하고 있는 것이다. 즉 두 관찰자는 세 번째 칸에는 학생들이 과제를 수행하지 않았다고 '−'로 표시했고, 일곱 번째 칸에는 학생들이 과제를 수행했다는 표시로 '+'로 나타냈다. 두 관찰자 모두 학생이 열 번의 관찰 간격 중에 다섯 번의 과업을 수행했다고 기록하고 있어 100% 빈도 신뢰도를 받았다 할지라도 관찰자 간의 관찰 기록은 거의 일치하지 않았다는 것이다.

시간 간격 기록과 시간표집에 대한 일치 신뢰도를 계산하기 위해 다음의 공식을 사용하고 있다.

일치 구간 수/전체 구간 수×100 = 일치된 %

교실적용 6.2에서 증명된 것처럼, 관찰하는 동안 모든 자료에 대해 평가자 간 신뢰도를 측정해야 하는 것은 아니다. 사실, 대부분 교사와 부모는 특별한 요구가 없는 경우라면 신뢰도 자료를 수집하는 데 그다지 큰 관심을 보이지 않는다. 신뢰도 정보를 요구한다면, 주 1회의 신뢰도 점검(관찰기간의 1/5 또는 20%)으로 충분하다. 즉 정보를 수집하는 기간이 5일 정도 이루어졌다면 하루의 독립된 관찰을 통해 자료를 기록하고 교사가

간격

관찰자 1

1	2	3	4	5	6	7	8	9	10
+	+	−	+	−	−	+	−	+	−

관찰자 2

1	2	3	4	5	6	7	8	9	10
−	−	−	−	+	+	+	+	−	+

관찰자 1과 2 사이의 일치도

1	2	3	4	5	6	7	8	9	10
×	×	○	×	×	×	○	×	×	×

방법 : + = 관찰된 과제 수행 행동
　　　 − = 관찰되지 않은 과제 수행 행동

요약
　　동의(일치) = 2
　　전체 주기 = 10
　　2/10 = 0.20 × 100 = 20% 일치

　　빈도 신뢰도 = 100%
　　일치 신뢰도 = 20%

그림 6.7 행동관찰 기록에 대한 관찰자 간 신뢰도(빈도와 일치도)

수집한 자료와 비교하게 될 것이다. 오랜 기간의 중재에 대해서는 2주에 한 번 정도 자료 수집을 할 수 있다.

관찰 기록하기

행동을 관찰하고 측정하는 방법에 대해 논의했으므로 몇 가지 기록하는 방법을 살펴보고자 한다. 관찰 기록(recording observation)은 관찰과정을 단순화시키고 믿을 수 있는 측정 정보를 용이하게 수집하려는 것이다. 행동관찰을 기록하는 방법은 영구적인 행동 기록 매체, 다양한 자료 수집 형태, 코딩 체계를 포함한다. 게다가 여러 가지 자료 수집의

교실적용 6.2

닉은 얼마나 자주 자리이석을 하나?

교사 매리는 7학년 과학 수업에서 많은 과학실험을 계획하였고, 학생들은 과학 수업에 재미를 느끼고 관심을 가지게 되었다. 매리 선생님이 가르치는 학생들 중 닉은 과학과목에 별 흥미를 갖지 못했고 대부분 자리에서 일어나 교실 주변을 돌아다녔다. 매리 선생님은 닉이 과학 수업에 관심과 열정을 가지고 참여하면 만족스럽고 흐뭇하기도 하겠지만 한편으로는 학생들의 안전이 염려되었다. 4년 동안 수업 중에 단 한 명도 다치지 않은 것에 대한 자부심을 가질 정도였지만 과학 수업시간에 사용하는 많은 유리그릇, 화학약품 때문에 닉은 매리 선생님의 안전 기록을 위협하고 있었다. 그래서 매리 선생님은 닉에게 허락 없이 자리에서 일어나는 행동을 줄이기 위한 중재계획에 대해서 이야기하기로 결심했다. 매리 선생님은 닉의 자리이탈 행동에 대한 기초선 자료를 수집해야만 했다. 그래서 매리 선생님은 닉의 행동에 대한 현재 상황을 알려 주고 나서 닉과 함께 몇 가지 단기 목표와 장기 목표를 세웠다.

매리 선생님은 보조교사에게 교실 뒤에 앉아서 5일간의 과학 수업 50분 동안 닉이 허락 없이 자리에서 몇 번이나 일어나는지 세어 보라고 부탁했다. 신뢰성 확보를 위해서 매리 선생님도 보조교사와는 별도로 5일간의 수업 동안 닉의 행동을 기록하기로 결심했다. 5일의 수업 동안 닉의 이탈행동에 대한 보조교사의 자료는 16, 14, 10, 8, 12이다. 같은 5일 동안 매리 선생님의 자료는 12, 12, 8, 10, 12이다. 첫날 그들의 자료를 비교했을 때 평가자 간 신뢰도가 낮은 것에 놀랐다. 그러나 '이탈행동'의 명확한 정의가 이뤄지면서 관찰 주간이 끝날 무렵에는 평가자 간 신뢰도 자료는 눈에 띄게 향상되었다.

생각해 보기

관찰 첫날 매리 선생님과 보조교사 간의 평가자 간 신뢰도는 무엇인가? 마지막 날은 어떠한가? 자리이탈 행동은 수월하게 셀 수 있을 만큼 간단해 보이지만, '자리이탈'을 몇 가지로 정의할 수 있을까? 다른 사람과 당신이 같은 행동을 관찰하지 못할 수도 있지 않은가?

보조기구는 교사가 수집하는 자료의 정확성을 높일 수 있는 데 이용할 수 있다.

실질적이고 구체적인 행동 결과물

영구적 결과물(permanent product)은 행동의 결과로 산출된 자료이다. 교사는 행동을 측정하고 평가할 수 있을 것이다. 예를 들어, 교사가 학생에게 수학 필기시험을 치르도록 할 때 시험은 학생의 수학 수준에 대한 영구적 결과물이 된다. 교사는 학생이 수학시험에서 얼마나 성취했는지 결과를 알아볼 수 있는 수행 정도를 평가하고 측정하기 위해 필기시험을 사용할 수 있다. 학업 기술 이외에도 영구적 결과물은 다양한 행동들을 측정하는 데 사용될 수도 있다. 예를 들면, 유치원에 다니는 학생에게 교사가 바닥에 떨어져 있는 책을 주워 책장에 다시 올려놓도록 했을 때 영구적인 행동 결과는 바닥에 놓여 있는 책의 수가 될 것이다.

영구적 결과물의 또 다른 예는 과제, 수공예, 쓰기, 만들기 등이 포함된다. 보통 학생의 수행이나 행동은 수행하는(예 : 시험 치기, 책 정리하기) 동안에는 측정하지 않지만 수행

교사는 직접 관찰을 통해 학생의 수행 수준과 행동을 측정하고 평가할 수 있다.

과정을 모두 완료된 후에 측정하고 평가하게 되는데, 학생이 행동하는 동안은 관찰할 필요가 없기 때문이다. "교사는 매일 활동과 책임, 의무를 크게 변화시키지 않아도 영구적인 행동 기록 전략을 사용할 수 있다"(Robinson & Smith, 2005, p. 1).

아동은 자신의 행동을 관찰하고 자료를 기록하는 방법을 배울 수 있다. 이러한 자기 점검의 결과는 아동이 생산해 내는 영구적 결과물을 만들어 낼 수도 있으며, 교사들이 학생의 행동을 평가하는 데 사용할 수도 있다. 자기점검은 종종 학생의 교실에서 학생들의 행동을 개선시키기 위해 자기조절 방법의 한 부분으로 사용될 수 있다(Shapiro, DuPaul, & Bradley-Klug, 1998 참조).

아동들의 행동을 직접 관찰하기 위해 오디오 또는 비디오 녹음 기록을 사용할 때, 녹화된 테이프는 궁극적으로 영구적 행동 기록물의 역할을 한다. 기록된 행동은 앞으로 있을 특정한 표적행동 관찰을 위해 즉각적으로 관찰되거나 저장될 수 있다. 이것은 교사가 편리할 때 측정하고 재측정할 수 있다.

자료 수집 양식

자료 수집 양식(data collection form)은 행동관찰 동안 수집된 원자료를 기록하기 위해 준비한 한 장의 서류이다. 때때로 원자료(raw data sheet)로 취급하는 자료 수집 양식은 자료를 효과적이고 정확하게 기록할 수 있게 관찰자에게 도움을 준다. 이 장에서는 다양한

학생이름 : _____   관찰자 : _____

환경 : _____   날짜 : _____

표적행동 : _____

기록코드 _____

5분 관찰 기간 : 30초 간격

날짜/시간	행동 빈도	시작 시간	종료 시간	전체 빈도	전체 지속시간

관찰자 의견 :

그림 6.8 사건 또는 지속시간 기록을 위한 자료 수집 양식

자료 수집 양식을 제시하고 있다. 다음의 양식은 간단한 형태로, 교사가 개인적인 필요에 맞게 자료 수집 양식을 바꿀 수도 있다.

그림 6.8은 교사가 사건 기록이나 지속시간을 측정하는 데 사용할 수 있는 부가적인 양식 예시를 제공하고 있다. 자료 수집 양식에는 최소한 학생이름, 표적행동, 관찰되었던 상황이나 환경, 관찰자의 이름, 그리고 관찰 날짜 기록란이 있어야 한다. 자료 수집 양식은 관찰자의 의견을 위한 기록도 할 수 있도록 하는 것이 좋다.

코딩 체계

코딩 체계(cording system)는 자료 수집 양식에 부호 목록을 첨가하는 것을 의미하며, 관찰된 행동을 기록하는 데 도움을 준다. 코딩 체계는 동시에 관찰해야 할 표적행동이 많을 때 특히 유용하다. 코딩 체계에 따라서 각각의 표적행동은 코드가 부여되므로 가능한 단순화된 코딩 체계를 따르는 것이 좋다. 관찰하는 동안 관찰자는 관찰된 표적행동에 해

학생이름 : 제레미, 제이슨, 저스틴

표적행동 : 코딩 체계 보기

코딩 체계 :   T = 다른 학생에게 적당히 말하기
　　　　　　 C = 컴퓨터 작업하기
　　　　　　 D = 책상에서 과제하기
　　　　　　 G = 다른 친구들과 게임하기
　　　　　　 A = 혼자 놀기

장소 : 교실에서의 자유시간　　　　　날짜 : ＿＿＿＿＿＿＿＿＿＿

시작시간 : ＿＿＿＿＿＿＿＿＿＿　　　종료시간 : ＿＿＿＿＿＿＿＿＿＿

5분 관찰기간 : 30초 간격

이름		1	2	3	4	5
제레미						
제이슨						
저스틴						

주 : 실제 학생이름 옆에 각각 30초 간격으로 관찰된 표적행동들을 지시한 순서나 타당한 순서를 기록하라. 관찰된 표적행동이 없을 시 '－'로 기록하라.

그림 6.9 코딩 체계를 사용한 간단한 간격 기록 양식(5분 관찰기간을 30초 간격 10칸으로 나눔)

당하는 코드 번호를 부여하면 된다.

　코딩 체계는 교사가 일화 관찰이나 간격 기록을 할 때 사용할 수 있다. 간격 기록을 할 때 관찰자는 간격 내에서 관찰된 표적행동을 그 간격 내에 표시한다. 그림 6.9는 코딩 체계를 사용한 간격 기록 양식의 예를 보여 주고 있다. 관찰된 표적행동이 기록된 코드 수를 세어서 간격 전체 수로 나누어 간격 비율을 구한다.

　다른 선택은 각 간격 내에 이미 코드가 기록된 양식을 사용하여 관찰자는 각 간격 내에서 관찰된 행동과 일치될 만한 적절한 코드에 표시를 하는 방법도 있다. 학교 실무자가 사용하도록 상업적으로 개발된 다른 코딩 체계들처럼 컴퓨터 기반 코딩 체계(예 : 친환경 행동 사정 소프트웨어 시스템)를 사용할 수도 있는데, 대부분의 것들이 교육심리학자의 도움 없이 선생님 혼자 사용하기 힘든 것이거나 사용 전에 사용방법과 관련된 실질적인 교육을 필요로 한다(Volpe, DiPerna, Hintze, & Shapiro, 2005).

관찰 자료 제시하기

일단 관찰 자료가 자료 수집 양식에 기록되면, 원자료를 그래프화하는 것은 자료를 그림으로 정리하는 것이다. 궁극적으로 그래프는 자료 수집을 통해 규칙적이고 지속적으로 구성되어야 한다. 그래프는 교사에게 시간의 흐름에 따른 행동변화 경향과 중재 효과 비교에 관한 중요한 정보를 제공해 준다. 원자료가 기록된 조사지 목록표를 보고 쉽게 자료를 해석해 내기는 어렵다. 그러나 다른 교사에게 학생의 발전 정도를 보고할 때 그래프를 사용하는 것은 교사와 효과적으로 의사소통할 수 있는 유형이 된다. 예를 들어, 학기 초 교사와 부모가 만나 교육상담을 할 때 학생의 행동을 반영한 간단한 그래프를 보면서 이야기한다면 학생의 발전 과정을 시각적으로 나타냄으로써 효과적으로 대화를 나눌 수 있다. 교사는 간단한 그래프를 교육장면에 활용함으로써 학생 수행을 증진시킬 것인지, 감소시킬 것인지 또는 유지할 것인지 아닌지를 결정할 수 있다.

Kerr와 Nelson(1989, p. 91)은 그래프 사용에 대한 세 가지 중요한 이유를 제시하고 있다.

- 일상적인 의사결정을 하기 위해 편리한 방식으로 자료를 요약하고자 사용한다.
- 프로그램의 효과를 전달하기 위해 사용한다.
- 프로그램에 참여한 교사에게 피드백을 제공하기 위해 사용한다.

그래프는 목표에 대한 수행과 진전과정에 대해 학생에게 피드백을 제공해 준다. 학생들은 그래프를 봄으로써 자신의 진전과정을 시각적으로 확인할 수 있다. 많은 학생들은 자신이 나아지고 있는 발전과정을 그래프에서 확인할 수 있다. 학생이 그래프에 나타난 상승곡선 때문에 시각적으로 강화를 받음으로써 이러한 효과로 인해 처치 프로그램의 일부가 되기도 한다. 학생들은 그래프 상의 자기 수행 자료를 도표로 만드는 방법을 배울 수도 있다. 그래프를 학교 게시판이나 가정의 냉장고에 붙여 둘 수 있고, 자신의 발전과정을 점검함으로써 재미를 느낄 수 있다.

선 그래프

선 그래프(line graphy)는 시간의 흐름에 따라 학생의 수행능력을 도표로 만들 수 있도록

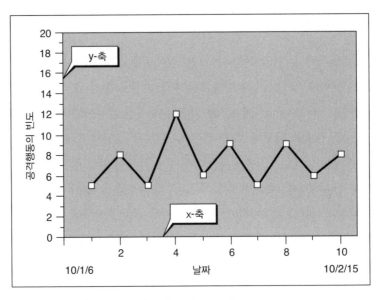

그림 6.10 10일간 관찰된 공격행동 빈도에 대한 선 그래프의 예

사용된 가장 보편화된 그래프이다. 선 그래프는 그림 6.10에서 보여 주는 것처럼 **수평축**(horizontal axis)과 수직축(vertical axis)으로 구성되어 있다. 수평축은 가로축 또는 x축으로 나타낸다. x축은 중재 프로그램 기간에 대한 시간의 경과와 중재 변화 혹은 중재 단계를 나타내기 위해 사용된다. 그림 6.10에서 동일한 시간 간격을 표시한 것을 주목하면 쉽게 알 수 있다. x축은 학기, 날, 주 등으로 구성되었다. 그림 6.10에서처럼 x축은 도표화하여 나타낼 수 있다. 예를 들어, x축은 공격성이 관측되었던 날 수를 알려 주고 있다. x축에 관측된 날을 기록하는 것은 좋은 방법이다.

수직축은 세로 좌표나 y축으로 언급된다. y축은 x축의 좌측면에 그려지고 행동 차원의 가치로 나타내곤 한다(예 : 빈도, 비율, 기간). 그래서 y축은 빈도, 비율, 지속 또는 행동 측정의 백분율로 나타낼 수 있다. 한 예로 y축은 공격적인 행동의 빈도를 제시한다. x축처럼 y축은 어떤 행동의 차원이 도표화되는 것을 표로 나타내고 영점에서 시작하여 동일 간격으로 x축과 y축이 교차한 곳에 점을 표시한다. y축이 움직임으로써 빈도, 비율 등의 가치가 증가한다. x축이 왼쪽에서 오른쪽으로 움직임으로써 시간 경과를 알 수 있다.

그래프 각각에 나타난 자료 꼭지점은 x축의 시간과 y축의 가치 사이에 교차점을 나타낸다. 예를 들어 그림 6.10은 관찰 대상 학생이 첫날은 다섯 번, 두 번째 날은 여덟 번 그리고 세 번째 날은 다섯 번 공격적인 행동을 했음을 나타내고 있다. 자료 꼭지점이 그래프로 도표화되었을 때 점은 네 개의 패턴(가속화, 감속화, 안정성 또는 변동성) 중에서 하나의 양식이나 방향성을 보여 준다. 이들 모든 자료들의 경향성은 예에서 제시하는 바와 같이, 이 장의 기초선과 간격 측정에 대한 논의에서 재검토할 수 있다.

누적 그래프

그림 6.11에서 설명되는 것처럼, 교사는 그림 6.10에서 도표화된 같은 자료를 누적 그래프로 제시할 수 있다. 누적 그래프에서는 그날 일어난 공격행동의 빈도를 전날 자료에 누가해서 그린다.

예시 자료에서도 알 수 있듯이, 학생은 첫날은 다섯 번 그리고 둘째날은 여덟 번 공격적인 행동을 했다. 일반적인 선 그래프에서 각 자료 꼭지점은 개별적으로 도표화시킬 수 있다. 누적 그래프에서는 첫 번째 자료 꼭지점은 첫날 관찰된 다섯 번 공격행동이 나타났음을 반영하고, 두 번째 자료점은 둘째날 관찰된 여덟 번의 공격행동을 첫날 자료에 누가해서 기록한다. 그러므로 두 번째 자료점은 첫 이틀 동안 관찰된 공격적 행동들을 총 13회로 기록하고 있다. 각각 덧붙여진 자료점은 관찰된 행동의 수를 나타내고, 이는 프로그램의 전날 관찰되었던 행동들의 수에 당일에 발생한 행동의 수를 포함하는 것을 말한다.

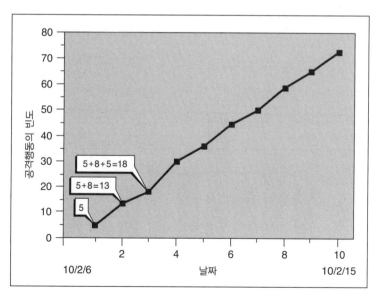

그림 6.11 그림 6.10에서 보여 준 동일한 데이터의 누적 그래프의 예

누적 그래프는 날마다 관찰된 행동의 전체 수가 필요할 때 사용된다. 가령 교사 감독 기관에서 특정 기간의 관찰된 표적행동에 대한 전체 행동 빈도를 요구할 수 있다. 누적 그래프는 특정 기간 동안 습득한 기술을 보고할 때도 사용된다. 예를 들어 읽기 교사는 개개 학생들이 습득한 새 단어의 총계를 누적 기록해야 할 필요도 있다.

그림 6.11에서 보여 주는 바와 같이, 누적 그래프는 표적행동(공격성)의 빈도가 급격하게 늘어나는 효과를 주고 있다. 누적 그래프의 성질을 이해하지 못하는 교사들에게는 잘못된 개념을 심어 줄 수 있다. 따라서 학생의 행동을 그래프로 나타내고자 하는 대부분의 교사들에게는 비누적 그래프를 사용하도록 권한다.

막대 그래프

원자료를 보여 주기 위한 다른 방법으로 막대 그래프(bar graphy)나 히스토그램(histogram)이 있다. 선 그래프와 같이 막대 그래프도 x축과 y축을 가지고 있다. 그러나 표적행동의 지속시간, 비율, 빈도수를 나타내는 자료 수 대신 막대 그래프는 수직 막대를 사용한다. 각각의 막대는 하나의 관찰기간을 나타낸다. 막대의 높이는 y축의 값에 해당한다.

그림 6.12는 그림 6.10에서 보여 준 선 그래프에서 사용된 원본 자료를 보여 주는 것이다. 다섯 번의 공격행동이 첫날 관찰되었으므로 그림 6.12의 첫 번째 막대의 y축에 5

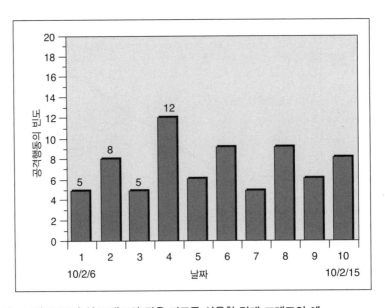

그림 6.12   그림 6.10의 선 그래프와 같은 자료를 사용한 막대 그래프의 예

라는 값을 기입하였다. 둘째날은 여덟 번의 공격행동이 관찰되었기에 두 번째 막대에는 y축에 8이라는 값을 기입한다. 상응하는 빈도수를 예시 그래프에서는 첫 번째부터 네 번째 막대까지 각각의 막대 그래프 위에 기록한다.

교사에게 막대 그래프는 학생의 행동을 통찰해 보는 데 좋은 기회로 작용한다. 더욱이 막대의 끝부분에 수를 표시할 수 있고(빈도수 등), 학생에게 0부터 해당 빈도수까지를 막대로 그려 넣을 수 있게 할 수 있다. 또한 교사들은 '비어 있는' 막대를 제시할 수 있으며, 어린 학생은 막대에 색을 칠할 수 있다. 이러한 활동을 통한 피드백은 학생들에게 자신의 행동에 대한 정보를 제공해 주며, 행동의 증가나 감소에 대한 강화제로 작용할 수 있다.

기초선과 중재 측정

기초선 자료란 중재계획에 의한 행동수정을 실시하기 전에 표적행동을 측정한 결과이다. 교실적용 6.3에서 마이크의 표적행동(과제하기)에 대한 기초선 측정은 마이크가 과제를 완성한 관찰기간(예 : 5일간)의 날수를 센 것이다. 기초선 관찰을 하는 동안, 교사는 단순한 관찰과 과제 완성 비율을 측정했다. 또한 교사는 완성된 과제의 양만을 골라서 측정했을 것이다. 가령 마이크가 월요일에 관심 있는 열 개의 주제문을 골랐지만 다섯 개만

교실적용 6.3   **행동의 기초선 수집**

마이크는 고등학교 신입생으로 과제 완성에 어려움을 겪고 있다.

어느 날 담임교사는 상담교사에게 "마이크는 한 번도 과제를 해 온 적이 없어요!"라며 좌절감을 토로했다. "'한 번도'라는 것은 무슨 의미이지요?" 상담교사가 물었다. "나에게 있어서, '한 번도'라는 것은 1년 내내 마이크가 과제를 완성해 오지 않았다는 것을 의미합니다. 당신도 그런 의미로 제게 말하는 것입니까?"

"음, 때때로 그는 과제를 합니다."라고 교사는 말했다.

"'때때로'란 어느 정도를 의미하죠?" 상담교사는 물었다.

"모르겠어요. 나는 학생들에게 그들이 관심 있는 열 개의 정치기사 목록을 만들어서 매일 읽으라고 합니다. 마이크는 1주일에 한두 개의 기사만을 읽지요."

"음." 상담교사는 말했다. "그것보다 더 좋은 행동들을 이끌어 내야 합니다. 제가 완벽하게 기초선을 측정하는 방법을 당신에게 알려드리겠습니다."

생각해 보기
교사는 마이크가 역사 과제를 하지 않아 낙담했다. 그는 마이크의 행동을 측정하지 않았기 때문에 문제의 심각성에 대해 통제할 수 없었다. 마이크의 행동에 대한 기초선 자료는 프로그램 계획과 교사의 좌절감을 줄이는 데 어떻게 도움을 줄 수 있을까?

을 완성했다면 교사는 월요일 과제 완성률을 50%라고 기록한다.

기초선 자료는 실제 표적행동의 진전과정을 보기 위해서 필수적이다. 예시 자료에서 교사가 마이크의 현재 수행 수준에 관한 기초선 자료 없이 이상적인 목표나 목적을 수립하기는 어렵다는 것을 알 수 있다.

기초선 자료는 교사에게 미래 수행 목표의 기본적인 틀을 확립할 수 있는 벤치마크를 제공해 준다. 기초선 자료 없이 마이크의 현재 수행능력을 고려하여 목표를 세우는 것은 비현실적이고 도전할 수 없는 목표를 수립할 가능성도 있다.

교사는 표적행동에 대한 기초선을 측정하기 위해서 몇 단계를 밟아야 한다. 기초선 자료를 수집하고 목표행동을 세우는 것은 중요한 관계를 수립하는 것이다. 이번 장에서 논의된 각 단계는 다음과 같다.

1. 표적행동을 확인한다.
2. 표적행동을 측정하고 관찰할 기간을 정한다.
3. 표적행동을 관찰한다.
4. 표적행동 자료를 수집한다.
5. 자료를 검토한다.
6. 기초선 자료를 바탕으로 현행 수행 수준 측정치에 근거를 둔 목표행동을 세운다.

기초선 자료는 몇 가지 목적이 있다. 교사는 다음의 목적을 달성하기 위해 마이크의 과제 수행에 대한 기초선 자료를 사용할 수 있다.

- 마이크의 현재 과제 수행능력을 기록하고 문서로 남긴다. 그렇게 함으로써 교사는 마이크의 과제에 대해 학교 상담교사, 마이크의 부모, 그리고 다른 사람들과 좀 더 효율적으로 대화를 나눌 수 있다.
- 마이크의 과제 수행능력에 수정이 필요한지 아닌지를 결정하는 것을 돕는다.
- 과제 수행 프로그램의 적용을 정당화하기 위해 부모와 담당 교사에게 마이크의 과제 수행능력에 관한 객관적인 자료를 제공한다.
- 향후 중재 프로그램 적용 후 효과를 비교하여 검증하기 위함이다. 교사가 마이크에게 행동관리 프로그램을 적용했다면, 기초선 자료를 중재 프로그램 적용 이후의 자

료와 비교하기 위해 가지고 있어야 한다.

기초선 자료에 대한 핵심 질문은 신뢰할 수 있는 기초선 측정을 위해 충분한 관찰기간을 확보해야 한다. 즉 중재계획을 하기 전에 표적행동을 얼마나 관찰하는 것이 적절한 것인가? 일반적으로 안정적인 기초선 자료(대개는 네 번 내지 다섯 번)가 될 때까지 자료를 수집해야 한다. 이미 설명했듯이 **자료점**(data point)은 단일 관찰기간 동안 나타난 자료를 그래프에 점으로 나타낸다. 5일 동안 마이크의 과제 완성을 관찰하고 측정했다면 다섯 개의 기초선 자료점을 갖게 된다. 이 자료점은 마이크의 과제 완성능력을 그래프로 전환함으로써 '경향성'으로 나타낼 수 있다.

그림 6.13은 마이크의 과제 완성 기초선 자료의 가설적 예시 자료와 5일간의 기초선 관찰로 수집된 자료는 같은 그래프이다. 예시 자료에서의 y축은 매일의 과제 완성률(percentage)을 나타내고 있다. 따라서 월요일에 교사가 자료점에 50%를 기입한 것은 마이크가 그날 할당된 과제의 절반을 했다는 것을 의미한다. 또한 기초선 기간 동안 매일 마이크가 과제를 아주 조금이라도 했다는 것을 보여 주고 있다. 이 정보는 교사가 처음에 불만 삼았던 마이크의 과제를 수행함에 있어 '전혀'나 '때때로'보다 좀 더 특별한 문제가 있음을 알려 준다.

이미 설명했던 것처럼 기초선 자료는 4일 내지 5일이나 자료가 **안정될**(stable) 때까지 수집되어야 한다. 자료는 아래쪽 또는 위쪽으로 향하는 경향을 보이지 않거나 자료점이 더 이상 들쑥날쑥하지 않고 안정적인 것을 의미한다. **가속 경향성**(accelerating)은 x축의 왼쪽에서 오른쪽으로 이동하면서 시간에 따른 자료점 값이 증가하는 양상을 보인다. **감속 경향성**(decelerating)은 시간이 지나가면서 자료점들이 줄어드는 양상을 보인다. 만약 기초선 자료점이 가속이나 감속 경향성을 보이면 교사는 보다 안정적인 측정값을 얻기 위해서 일반적으로 4~5번 이상 관찰기간을 연장하여 기초선 자료 수집을 요구하게 된다.

예를 들어, 기초선 자료가 가속 경향성을 보인다면 좀 더 지켜보면서 기다려야 하는데, 이러한 가속 경향성은 중재 없이도 마이크의 과제 완성능력이 향상되고 있음을 보여 준다. 마이크는 과제를 수행하는 과정에 교사가 관심을 가지고 있다는 것을 알아차릴 수 있으며, 결과적으로는 과제 완성이 개선된다. 그러한 경향성이 지속된다면, 교사는 효과적인 중재 방법으로 마이크의 과제 수행과정을 지켜보는 것이라고 생각할 수 있다. 만약 기초선 자료의 경향성이 감속된다면, 중재 프로그램 적용을 위한 추가적인 징후를 기다

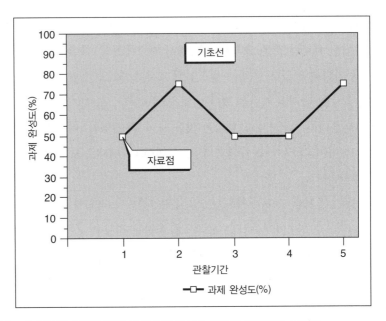

학생이름 : 마이크

표적행동 : 과제 완성

관찰기간	과제 완성 비율
월요일	50%
화요일	75%
수요일	50%
목요일	50%
금요일	75%

그림 6.13 과제 완성 수행에 대한 마이크의 가상의 기초선 원자료와 그래프

리지 않을 것이며, 이런 경우 감속 경향성을 마이크의 과제 완성능력이 줄어드는 것으로 해석할 수 있다. 그러나 부적절한 행동(예 : 공격성 행동)에서의 감속 경향성은 오히려 환영할 만한 일이고, 중재계획을 하기 전에 그 양상을 지켜보면서 기다리는 것이 현명하다.

변화(variable) 경향성은 자료점 양상에 대한 것으로, 매일매일 변화하는 가속 경향성과 감속 경향성으로 명확하게 나타나지는 않는다. Tawney와 Gast(1984)에 따르면 "안정성 수준과 현재의 추세를 결정하기 위해서는 최소한 세 번의 개별적이고 연속적인 관찰 기간이 필요하다"(p. 160). 그림 6.14는 가속 경향성, 감속 경향성, 안정성, 그리고 변화 경향성을 지닌 가설 자료를 보여 주고 있다.

일단 기초선 자료가 수집되고 중재 프로그램이 필요하다고 결정되면 자료 수집이 이루어져야 한다. 여기서 기초선은 중재가 시작되기 전(prior)의 자료를 의미하고 **중재 자료**(intervention data)는 중재 단계, 혹은 행동변화 프로그램으로 중재 중(during)의 표적행동을 측정한 자료를 의미한다. 앞에서 제시된 예시 자료에서 교사가 마이크에게 언어적 자극을 주는 것을 포함하고(예 : 마이크, 과제하는 거 잊지마!), 마이크가 과제를 60% 이상 마쳤을 때 좀 더 관심을 표현하는 '과제 완성 프로그램'을 마이크가 하교하기 전에 시작하기로 결정했다고 생각해 보자. 중재 자료는 과제 완수 프로그램의 첫날부터 프로그램의 행동조건이 만족될 때까지 매일 마이크가 과제를 얼마나 잘 마쳤는지를 측정하여 자료에 포함하게 된다.

중재 자료는 그래프에서 두 개의 자료 사이에 세로선을 아래로 내려 그어 기초선 자료와 분리한다. 그림 6.15에서 그래프의 왼편에 '기초선'이라는 단어가 삽입되어 있는 것에 주목하라. 같은 방식으로 **중재**(intervention) 혹은 **처치**(treatment)라는 단어가 중재 자료를 나타내는 점들이 있는 그래프의 오른편에 삽입되어야 한다. 예를 들면, 교사가 학교에서 연속 5일 동안 과제 완성 프로그램(전에 윤곽을 잡은)을 적용하기로 결정하고 좋은 결과가 보이면, 교사는 중재 프로그램을 계속하고자 할 것이다. 중재하는 5일 동안 기준 자료를 수집했던 것과 같은 방법으로 마이크의 과제 완성의 수행과정에 대한 관찰과 측정을 계속해 나간다. 그림 6.15는 수집한 5일간의 중재기간 동안 다섯 개의 가상 자료와 이에 대한 그래프를 보여 주고 있다. 중재 자료는 이전에 그래프에 기록된 기존 자료에 추가되어 기록된다. 기초선 자료와 중재 자료 사이의 선에 주의를 기울여라. 중재 자료와 기초선 자료를 비교하고 마이크의 과제 성취도가 '과제 완성 프로그램'을 시작한 이후로부터 향상되었는지 아닌지를 볼 수 있을 것이다.

기초선과 마찬가지로 그래프에 그려진 중재 자료도 가속 경향성, 감속 경향성, 안정성, 혹은 변화하는 경향성을 나타낸다. 예를 들어, 기초선에서 변화 경향성을 나타내던 것과 달리 마이크의 중재 자료는 프로그램 시작 첫날에 완성률 50%에서 둘째날 70%, 그리고 나머지 세 번째, 네 번째, 다섯 번째 날 100%로 증가되는 경향을 보이고 있다. 이 경우에는, 마이크의 과제 완성이 증가하기를 바랐으므로 효과를 보여 주는 그래프 상의

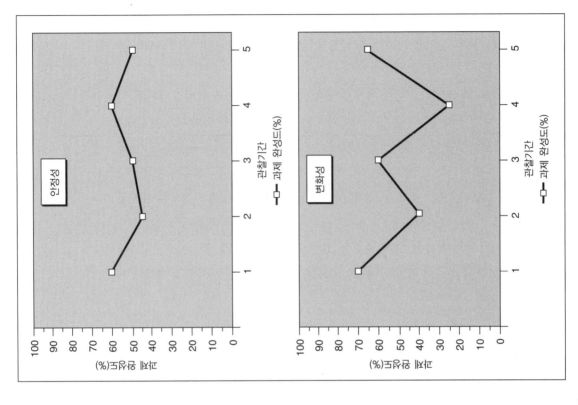

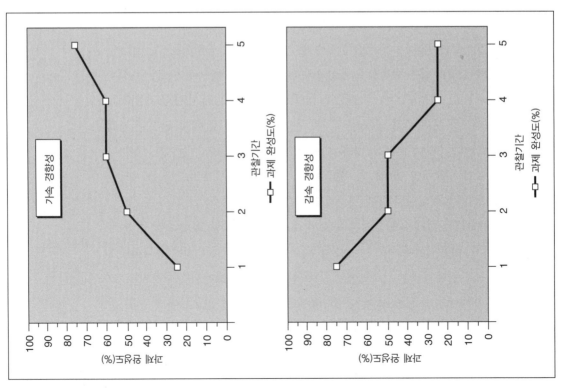

그림 6.14 가속 경향성, 감속 경향성, 안정성, 그리고 변화성에 대한 자료의 예

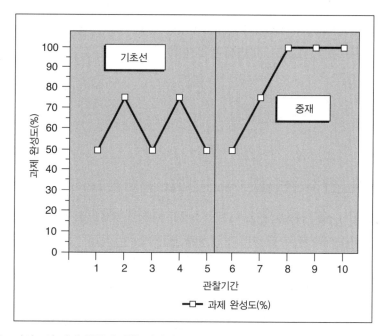

그림 6.15 마이크의 과제 완성에 대한 가설적 중재 자료와 그래프

가속 경향성은 역사과제 완성률이 증가함을 의미하고, 역사 교사는 현재 프로그램을 지속적으로 해 나가려 할 것이다. 만약 기초선 자료가 가속 또는 감속 경향성을 나타냈다면 교사는 안정된 기초선 자료 조사를 위해 4~5회 관찰을 해야 한다.

중재 프로그램에 수정사항이 발생한다면, 다른 기초선과 중재계획을 구분하는 선과 같이 첫 번째 중재계획과 두 번째 중재계획을 분리하는 두 번째 선을 그래프에 그려야 한다. 두 번째 중재계획은 첫 번째 계획에 대한 단순 수정 프로그램이거나 완전히 다른 중재 프로그램이 될 수 있다. 어떤 수정사항이 발생했든지 간에, 새로 나오는 중재 프로그램의 계획이나 단계는 서로 개별적으로 분리가 되어야만 하며, 순차적으로 명명되어야 한다. 교사들은 수집된 자료를 검토하고 중재 간에 도표로 만들어 각 중재의 효과성을 비교해야 한다. 중다 중재 프로그램 예제들은 하나의 그래프와 도표로 만들어져야 하는데, 이에 대해서는 7장 단일대상 설계에서 논의할 것이다.

다시 한 번 언급하자면, 자료 수집과 그래프 작성의 목적은 현재 프로그램에 대한 피드백을 제공하고 교사가 효율적인 중재와 비효과적인 중재를 구별할 수 있도록 하는 데 있다. 중재 프로그램의 자료를 기초선 자료와 비교하고 중재 자료의 변화 경향성을 살펴봄으로써 중재 프로그램의 효과를 검증하고, 결과에 따라 프로그램을 수정할 수 있어야 한다. 또한 중재 자료에 대한 그래프는 교사가 중재 결과를 가지고 다른 사람들과 의사소통할 수 있는 가장 효율적인 방법이 될 수 있다.

요약

표적행동을 확인하고 정의하기
- **표적행동** : 관찰, 측정, 평가 및 수정을 목표로 하는 행동이다.
- **목표행동** : 완성된 행동수정 계획을 적용하였을 때, 수정되거나 새롭게 나타날 것이라고 예상되는 행동이다.
- **일상생활 관찰** : 일상생활 환경이나 상황 속에서 행동 패턴을 관찰하고 기록한다.
- **일화 관찰** : 관찰자는 행동의 선행사건과 후속결과를 포함하여 관찰대상자의 행동에 대한 모든 것을 기록한다.
- **면접 사정** : 표적행동이 발생하거나 발생하지 않는 상황이나 조건이 무엇인지 확인하기 위해 한다.

표적행동의 여러 가지 차원 확인하기
- **빈도** : 빈도는 행동이 발생한 횟수를 세는 것이다.
- **지속 시간** : 한 번 시작된 동작이 지속되는 시간을 말한다.

- **비율** : 표적행동의 빈도를 관찰 시간으로 나눈 값이다.
- **지연 시간** : 과제나 지시사항이 주어졌을 때, 학생이 시작하거나 행동을 수정하는 데까지 소요되는 시간을 말한다.
- **강도** : 행동의 힘 또는 강도를 말한다.

표적행동을 측정하고 기록하기
- **빈도 기록** : 특정 시간 동안 표적행동이 발생하는 횟수를 센다.
- **지속 시간 기록** : 표적행동의 시작 및 종료 시간을 기록한다.
- **간격 기록** : 특정한 관찰기간을 균일한 작은 시간 간격으로 나누는 것이다. 관찰자는 언제든지 각 간격 동안에 발생하는 모든 표적행동을 기록한다.
- **시간 표집법** : 간격 기록과 마찬가지로 관찰자가 전체 관찰시간을 작은 시간단위로 나누지만 시간 구간 내내 행동 발생 여부를 관찰했다가 기록하

는 간격 기록과는 달리 시간 구간 범위 내에서 마지막에 미리 정한 시간 시점에 표적행동의 발생 여부를 기록한다.

행동 관찰과 측정의 정확성을 평가하기

- 반응성 : 관찰 결과 변화한 학생의 행동을 나타낸다.
- 관찰자 표류 : 관찰되고 측정되는 아동의 행동에 대한 이해가 관찰자의 주관적 관점에 의해 점진적으로 변화되는 것을 말한다.
- 기록 절차 : 표적행동의 수를 측정하기 위해 선택한 절차를 말한다.
- 관찰 장소 : 표적행동이 발생하는 자연스러운 환경 내에서 행동을 관찰하고 측정하는 것이 중요하다.
- 관찰자 기대 : 교사가 관찰 대상 학생에 대해 갖게 되는 기대를 지칭한다. 이러한 기대는 학생을 관찰할 때 교사가 편향된 관점을 갖게 될 수 있다.
- 대상, 관찰자 및 환경특성 : 성별, 관찰행동의 복합성 및 유사한 상황에서의 아동 관찰과 같은 변수들을 지칭하며, 이러한 변수들은 자료 수집에 영향을 미칠 수 있다.
- 개인의 가치와 편견 : 관찰자의 관찰 및 행동 측정에 영향을 줄 수 있는 사회적, 문화적, 종교적 가치를 말한다.
- 자료 수집 보조기구 : 행동 빈도를 기록하기 위한 간단한 기록 방법이나 손목 시계 같은 보조기구이다.

관찰의 신뢰도를 검증하기

- 빈도 측정의 신뢰도 : 관찰자 간의 빈도 자료의 정확도를 나타낸다.
- 지속 시간 및 지연 시간 측정의 신뢰도 : 관찰자 간의 지속 시간 및 지연 시간 자료의 정확도를 나타낸다.
- 시간 간격 기록과 시간표집에 대한 신뢰도 : 관찰자 간의 시간 간격 기록 및 시간 표집 자료의 정확도를 나타낸다.

행동을 관찰 기록하기

- 영구적 결과물 기록 : 디지털 기록과 같이 표적 행동에 대한 영구적인 기록을 생성해 낸다.
- 자료 수집 양식 : 행동 관찰 동안 수집된 원자료(raw data)를 기록하기 위해 준비한 한 장의 서류이다.
- 코딩 체계 : 자료 수집 양식에 부호 목록을 첨가하는 것을 의미하며, 관찰된 행동을 기록하는 데 도움을 준다. 코딩 체계는 동시에 관찰해야 할 표적행동이 많을 때 특히 유용하다.

그래프를 이용하여 관찰 자료를 제시하기

- 선 그래프 : 시간의 흐름에 따라 학생의 수행능력을 도표로 만들 수 있도록 사용된 가장 보편화된 그래프이다. 선 그래프는 수평축과 수직축으로 구성되어 있다.
- 누적 그래프 : 누적 그래프에서는 그날 일어난 표적행동의 빈도를 전날 자료에 누가해서 그린다. 따라서 각 자료점은 해당 시점까지의 표적행동의 누적 개수를 나타낸다.
- 막대 그래프 : 표적행동의 지속시간, 비율, 빈도수를 나타내는 자료 점 대신 막대 그래프는 수직 막대를 사용한다. 각각의 막대는 하나의 관찰기간을 나타낸다.
- 기초선과 중재 자료 : 기초선 자료란 중재계획에 의한 행동수정을 실시하기 전에 표적행동을 측정한 결과이다. 중재 자료란 행동수정을 위한 중재가 실시되는 중에 수집된 자료를 말한다. 두 자료를 비교해 보면 중재계획의 효과를 알 수 있다.

논의사항

1. 표적행동을 관찰 가능하고 측정 가능한 방법으로 기술하는 것이 왜 중요한지에 대하여 생각해 보자. 관찰 가능한 것, 그리고 관찰 불가능한 것으로 기술된 행동 양식에 대한 사례에는 어떤 것이 있을지 기술하라.

2. 잘 기술된 표적행동들의 네 가지 요소들을 교실과 집에서 관찰할 수 있는 행동들은 어떤 것이 있는지 기술하라.

3. 행동의 차원이란 무엇인가? 각 차원에 대해 교실에서의 사례를 찾아 기술하라.

4. 다양한 자료 수집 방법 및 각 방법이 사용될 수 있는 행동이나 상황에 대하여 토의하라.

5. 어떠한 변인들이 행동관찰의 정확성에 영향을 미치는가? 이러한 영향을 최소화하기 위하여 어떤 방법들을 사용할 수 있는가?

6. 교사와 부모, 그리고 학생을 위하여 자료를 그래프화하는 경우가 있는데, 이것의 장점에 대하여 논의하라. 교사-부모 상담에서 이 그래프 정보들을 어떻게 이용할 수 있는가?

7. 자료 수집 과정에 학생을 어떻게 참여시킬 수 있는가?

참고문헌

Alberto, P. A., & Troutman, A. C. (2009). *Applied behavior analysis for teachers* (8th ed.). Upper Saddle River, NJ: Pearson Education.

Barlow, D. H., & Hersen, M. (1984). *Single case experimental designs: Strategies for studying behavior change.* New York, NY: Pergamon.

Bell, R. Q., & Harper, L. V. (1977). *Child effects on adults.* Hillsdale, NJ: Erlbaum.

Bijou, S. W., Peterson, R. F., & Ault, M. H. (1968). A method to integrate descriptive and experimental field studies at the level of data and empirical concepts. *Journal of Applied Behavior Analysis, 1,* 175–191.

Chafouleas, S. M., Christ, T. H., Riley-Tillman, T. C., Briesch, A. M., & Chanese, J. A. M. (2007). Generalizability and dependability of direct behavior ratings (DBRs) to assess social behavior of preschoolers. *School Psychology Review, 36,* 63–69.

Cooper, J. O., Heron, T. E., & Heward, W. L. (2007). *Applied behavior analysis* (2nd ed.). Upper Saddle River, NJ: Merrill/Pearson Education.

Foster, S. L., Bell-Dolan, D. J., & Burge, D. A. (1988). Behavioral observation. In A. S. Bellack & M. Hersen (Eds.), *Behavioral assessment: A practical handbook* (pp. 79–103). New York, NY: Pergamon.

Green, G. (l990). Least restrictive use of reductive procedures: Guidelines and competencies. In A. C. Repp & N. N. Singh (Eds.), *Perspectives on the use of nonaversive and aversive interventions for persons with developmental disabilities* (pp. 479–493). Sycamore, IL: Sycamore.

Greene, B. F., Bailey, J. S., & Barber, F. (1981). An analysis and reduction of disruptive behavior on school buses. *Journal of Applied Behavior Analysis, 14,* 177–192.

Grossman, H. (1995). *Special education in a diverse society.* Boston, MA: Allyn & Bacon.

Hawkins, R. P., & Dobes, R. W. (1977). Behavioral definitions in applied behavior analysis: Explicit or implicit. In B. C. Etzel, J. M. LeBlanc, & D. M. Baer (Eds.), *New directions in behavioral research: Theory, methods, and applications* (pp. 167–188). Hillsdale, NJ: Erlbaum.

Hintze, J. M. (2005). Psychometrics of direct observation. *School Psychology Review, (34)4,* 507–519.

Kazdin, A. E. (1982). *Single-case research designs: Methods for clinical and applied settings.* New York, NY: Oxford University Press.

Kazdin, A. E. (1989). *Behavior modification in applied settings.* Pacific Grove, CA: Brooks/Cole.

Kerr, M. M., & Nelson, M. C. (1989). *Strategies for managing behavior in the classroom.* Upper Saddle River, NJ: Merrill/Pearson Education.

Koorland, M. A., Monda, L. E., & Vail, C. O. (1988). Recording behavior with ease. *Teaching Exceptional Children, 21,* 59–61.

Lennox, D. B., & Miltenberger, R. G. (1989). Conducting a functional assessment of problem behavior in applied settings. *Journal of the Association for Persons with Severe Handicaps, 14,* 304–311.

Merrell, K. W. (2001). Assessment of children's social skills: Recent developments, best practices, and new directions. *Exceptionality, 9*(1 & 2), 3–18.

Murphy, M., & Harrop, A. (1994). Observer error in the use of momentary time sampling and partial interval recording. *British Journal of Psychology, 85*(2), 169–180.

Repp, A. C., Nieminen, G. S., Olinger, E., & Brusca, R. (1988). Direct observation: Factors affecting the accuracy of observers. *Exceptional Children, 55,* 29–36.

Robinson, S. M., & Smith, S. J. (2005). *Special connections.* Unpublished manuscript, University of Kansas, Lawrence.

Shapiro, E. S., DuPaul, G. J., & Bradley-Klug, K. (1998). Self-management as a strategy to improve the classroom behavior of adolescents with ADHD. *Journal of Learning Disabilities, 31*(6), 545–556.

Snell, M. E., & Grigg, N. C. (1987). Instructional assessment and curriculum development. In M. E. Snell (Ed.), *Systematic instruction of persons with severe handicaps.* Upper Saddle River, NJ: Merrill/Pearson Education.

Tawney, J. W., & Gast, D. L. (1984). *Single subject research in special education.* Upper Saddle River, NJ: Merrill/Pearson Education.

Trudel, P., & Cote, J. (1996). Systematic observation of youth ice hockey coaches during games. *Journal of Sport Behavior, 19*(1), 50–66.

Umbreit, J., & Blair, K. S. (1997). Using structural analysis to facilitate treatment of aggression and noncompliance in a young child at risk for behavioral disorders. *Behavior Disorders, 22*(2), 75–86.

Volpe, R. J., DiPerna, J. C., Hintze, J. M., & Shapiro, E. S. (2005). Observing students in classroom settings: A review of seven coding schemes. *School Psychology Review, 34*(4), 454–474.

Wacker, D. P. (1989). Introduction to special feature on measurement issues in supported education: Why measure anything? *Journal of the Association for Persons with Severe Handicaps, 14,* 254.

Zirpoli, T. J., & Bell, R. Q. (1987). Unresponsiveness in children with severe disabilities: Potential effects on parent-child interactions. *The Exceptional Child, 34,* 31–40.

Hero Images/Getty Images

단일대상설계

Thomas J. Zirpoli

학습목표

이 장을 학습한 후 학생들은

단일대상설계의 목적에 대해서 논의할 수 있다.

단일대상설계의 유형을 열거하고 설명할 수 있다.

단 일대상설계는 문제행동을 가진 학생들의 중재 연구에 가장 보편적으로 사용되었던 연구 설계이지만(Mooney, Epstein, Reid, & Nelson, 2003), 많은 교사들이 학생의 행동변화 프로그램의 효과성을 제시하기 위해 단일대상설계를 그다지 선호하지는 않는다. 그러나 앞 장에서 행동 관찰과 측정, 그리고 기록절차에 대해 언급하면서 논의하였던 것처럼, 교사가 이 연구 방법을 적용하여 놀라운 연구 결과를 도출하는 데는 그다지 큰 어려움이 없다. 여기에서는 단일대상설계에 대해 상세히 다루지는 않고 기본적인 개관만을 다룰 것이며, 단일대상설계의 중요성과 적용을 중심으로 논의하고자 한다. 따라서 단일대상설계(SSD)나 행동변화를 측정하는 평가도구(예, Swaminathan, Horner, Rogers, & Sugai, 2012; Wendt, & Miller, 2012) 등에 대해 보다 상세한 내용을 원할 경우는 전문서적이나 자료를 살펴보기 바란다(Barlow & Hersen, 1984; Campbell, 2005; Olive & Smith, 2005).

단일대상설계

실험에 참여하는 두 집단(실험집단과 통제집단)의 '연구 대상'을 고려할 때 사람들은 많은 피험자 사례수를 떠올린다. 대부분 연구자는 '처치' 또는 중재(독립 변인)를 제공하는 실험집단(experimental group)과 중재가 가해지지 않는 통제집단(control group)으로 구분한다. **집단설계**(group design)를 할 때는 연구 대상의 사례수를 많이 하고, **실험통제** (experimental control)를 평가집단의 평균 성취(종속 변인)와 비교하여 연구의 효과성을 검증한다.

최상의 연구 상황(연구가 적합하게 이루어진 상황)에서 교사는 중재의 적용 여부에 따라 실험집단과 통제집단의 성취 정도의 차이를 설명할 수 있어야 한다. 그 결과는 **중재 효과**(intervention effect) 또는 **처치 효과**(treatment effect)에서 기인한 것으로 해석되어야 한다. 연구자는 연구 설계를 적용하여 중재의 효과성을 보여 줄 수 있고(예 : 교수 형태, 행동변화 프로그램, 새 교육과정), 여러 사람들과 연구 결과에 관한 의견을 나눌 수 있게 된다.

단일대상설계의 1차적인 목적은 실험통제와 중재의 효과성을 설명하기 위함이다. 교사나 연구자들은 그동안 집단 실험설계를 주로 사용하였으나, 이제는 단일대상설계 (SSD)를 적용하여 '한 명의 대상자 또는 한 집단을 단일대상'으로 중재의 효과성을 검증하고 있다(Foster, Watson, Meeks, & Young, 2002). Tankersley, Harjusola-Webb과 Landrum(2008, p. 84)은 '단일대상설계'라는 이름을 갖고 있지만, 실제로 단 한 명을 대상으로 한 단일대상설계는 거의 없다고 하였다. 심지어 대상을 한 명으로 설정했더라도, 대상의 개인 내적인 차이에 기준을 두고 자료를 조직하고 분석한다. 즉 "연구 대상의 행동 또는 수행 결과가 여러 조건에서의 자신의 행동이나 수행 정도와 비교된다."고 했다.

단일대상설계의 최초 제안자 중 한 명인 Sidman(1960)은 집단 연구설계(group research designs)는 집단 수행의 평균을 측정하기 때문에 개별 학생의 수행 정도가 의미 있게 전달되지 못하는 점을 지적하였다. 또한 많은 연구 결과의 분석을 통해 개별 아동의 성취와 집단 성취의 평균을 직접 비교하는 것의 한계를 지적했다. 예를 들어, 학생에게 특정 행동 감소(때리는 행동 감소) 프로그램을 적용했을 때, 학급의 평균 수행점수를 개별 학생에게 적용하여 프로그램의 효과성을 설명하기에는 무리라는 것이다.

단일대상설계는 한 명의 학생 또는 소집단 학생에게 적용한 프로그램과 행동변화 사이의 관계를 밝히는 데 적합하다. 예를 들어, 교사가 학급 내에서 소집단 학생들에게 적용할 행동 프로그램을 개발하여 다른 학생들에게도 효과적일 것이라고 판단될 때 적용해 볼 수 있다. 단일대상설계 그래프에 표시된 각각의 자료점은 한 학급, 또는 중재를 받지 않은 학생 집단의 수행을 보여 준다. 각각의 자료점은 전체 집단 점수 또는 평균 점수를 나타낸다. 예를 들어, 교실에서 적절한 행동을 증가시키기 위한 프로그램을 한 학생 또는 전체 학급을 대상으로 개발하여 단일대상설계를 적용할 수 있다. 한 학생에 대한 행동 빈도를 도표화했을 때 그래프의 자료점은 한 학생의 성취를 나타낸다. 반면 전체 학급을 대상으로 적절한 행동빈도를 도표화했을 때의 그래프 자료점은 집단 전체의 수행을 나타낸다. 후자의 예는 교실적용 7.1에 제시되어 있다.

단일대상설계는 다양한 영역의 학생에게 사용할 수 있고, 행동의 변화를 측정할 때 제한받을 것이 없다는 유용성을 가지고 있다. 예를 들어, 단일대상설계는 영재교육(Walsh & Kemp, 2013)과 언어병리학 연구(Byiers, Reichle, & Symons, 2012)에서도 사용되고 있다. 또한 단일대상설계는 학업 및 행동을 중재하거나 해석할 때 사용하기 간편하다는 장점이 있어서 학교 선생님들과 교육학자들이 실용적인 설계도구로 사용하고 있다.

교실적용 7.1

새로운 자리 배치가 학생 상호작용에 미치는 효과성 연구를 위한 기초선과 중재 시작

1학년 담임인 매티는 28명 학생의 자리 배치를 계획하고 있다. 학생 책상은 네 명씩 일곱 줄로 배열되었다. 매티가 새로운 자리 배치를 계획한 후에 학생들은 작은 원으로 서로 얼굴을 마주볼 수 있도록 하고 네 명씩 일곱 집단으로 나누었다. 매티는 새로운 자리 배치가 학생들에게 적절한 상호작용을 증가시키고, 적절치 않은 상호작용을 감소시킬 것(예 : 다른 학생의 뒤를 건드리거나 뒤의 학생에게 물어보기 위해 교사로부터 등을 돌리는 행동 등)으로 믿고 있었다.

매티는 교실의 자리를 재배열하기 전에 교실에서 알맞은 학생들의 상호작용 유형과 횟수에 대한 기초선 자료를 수집하기로 결정했다. 매티는 세 가지 표적행동을 선택했다. 매티의 입장에서 학생들 간의 적절한 상호작용은 다음의 세 개를 선택하여 표적행동으로 결정하였다.

- 도움 요청을 위해 다른 아동에게 묻기
- 다른 아동이 한 일에 대해 칭찬하기
- 다른 아동들과 함께 학급 과제를 협력하여 수행하기

매티는 오전 10시에서 11시까지 각 표적행동에 대한 빈도 자료를 수집했다. 그리고 수집된 자료를 가지고 그래프에 기록했다.

다음 월요일에 매티는 새롭게 자리 배치를 시작했다. 학생들은 새로운 계획에 따라 자리에 앉았다. 새 자리 배열에 대한 효과를 측정하기 위해 매티는 오전 10시부터 11시까지 같은 표적행동에 대한 자료 수집을 했다. 매티는 기초선 자료와 같은 그래프 위에 중재 자료를 기록했다. 매티는 다섯 번의 기초선과 다섯 번의 중재 자료 사이에 수직선을 그렸다. 그리고 그래프의 왼쪽, 오른쪽에 각각 기초선과 중재 조건이라고 기록했다.

매티는 그래프를 통해 새 자리 배치계획을 시작한 후, 표적행동의 빈도가 의미 있게 증가했음을 알 수 있었다. 비록 다른 요인들이 학생들의 행동에 차이점을 만들 수 있다는 것도 가능하겠지만 매티는 새 자리 배치계획이 의미 있는 요소였음을 확신했으며, 행동변화에 대한 독립 변인임을 확인했다.

생각해 보기

매티의 학급을 위한 새 자리 배치계획에 대한 당신의 생각은 어떠한가? 이 세 가지 표적행동의 빈도를 증가시키기 위한 새로운 자리 배치계획에 대한 효과를 측정하기 위한 전략으로 어떤 것이 있을 것이라 생각하는가? 당신은 교사가 측정한 방법이 목적에 타당하다고 생각하는가?

행동변화를 효율적으로 측정하기 위해서 단일대상설계를 사용하는 것은 다양한 학문적 혹은 교수 방법의 효율성을 측정하기에 적합하다. 예를 들어 Patrick, Mozzoni와 Patrick(2000)은 단일대상설계가 초기 중재 프로그램들 중 근거 기반 실제를 수립하기 위한 효과적인 방법이라고 언급하였다. 다른 연구자들은 단일대상설계를 적용하여 자폐성장애 아동의 언어발달(Bellon, Ogletree, & Harn, 2000)과 학습장애 학생의 읽기와 수학 교수의 효율성을 검증(Swanson & Sachse-Lee, 2000)하였다. 실제로, 단일대상설계는 개별 학생이나 소집단 학생을 가르치는 특수 교사에게 중요하고 유용하다(Tankersley, Harjusola-Webb, & Landrum, 2008). 그러나 대부분의 교사들은 단일대상설계가 특수교육 대상 학생들에게만 유용하게 적용되고 있는 것으로 여기고 있다. 다음은 일반 학급에서 적용할 수 있는 단일대상설계와 관련한 내용이다.

기초선과 중재 조건

단일대상설계에서 비교는 행동변화 프로그램의 적용과 관련한 조건들(conditions)에 의해 이루어진다. 조건은 기초선 양상과 개인의 행동을 변화시키기 위한 다양한 중재 국면을 의미한다. 이들을 각각 **기초선 조건**과 **중재 조건**이라 명명한다.

- **기초선 조건** : 단일대상설계에서 기초선 조건은 보통 조건 A로 언급된다. 이 조건 동안에는 중재 전략이 실시되기 전의 특정 표적행동에 대한 기초선 자료가 수집된다.
- **중재 조건** : 보통 조건 B로 언급된다. 자료 수집은 중재 조건 전체에 걸쳐서 계속된다.

교실적용 7.1에서 매티가 학생들이 좌석을 재배치하지 않고 유지한 것 자체가 기초선 조건이 된다. 매티가 새로운 좌석 배치를 계획했을 때 중재 조건은 시작된다. 매티의 그래프에 있는 각 자료점은 학생들 간의 적절한 상호작용에 대한 전체 수를 나타내고 있다.

교사가 채택한 중재 조건이 다양하거나 혹은 새로운 중재 조건을 다시 시작해야 한다면 이들은 각각 새로운 조건으로 간주된다(예 : 조건 C, D, E). 예를 들어, 매티의 첫 번째 중재는 조건 B로 명명할 수 있다. 그것은 기초선(조건 A) 후에 매티가 시작한 첫 번째 중재다. 몇 주가 지난 후 만약 매티가 새로운 좌석 배치를 하기로 결심하고 좌석 배치를 수정했다면 이 중재는 조건 C가 된다. 기본 기초선과 중재 설계의 이러한 변화는 이 장의 후반부에서 논의된다.

조건 간의 자료 비교는 교사에게 가장 효율적인 중재를 결정하도록 한다. 예를 들어, 매티가 자료를 살펴보고, 조건 C보다 조건 B를 적용했을 때 적절한 학생 상호작용 비율이 높게 나타났다면 조건 B에 적용되었던 좌석 배치를 다시 할 것이고, 조건 C에서 진행되던 좌석 배치는 더 이상 사용하지 않게 될 것이다.

단일대상설계의 유형

단일대상설계의 유형은 기초선과 중재 조건의 순서에 따라 달라진다. 몇몇 설계에서 기초선은 중재 단계에 의해 결정된다. 다른 설계 방법에서 기초선 기간은 중재 조건이 철회되면서 반복되기도 한다. 또한 교사들은 대상자, 환경, 그리고 다른 조건들에 걸쳐 중재 효과를 설명하기 위해 설계 방법을 개발할 수 있다. 이번 장에서는 설계 방법인 A–B, A–B–A, A–B–A–B, 교대중재, 기준변동, 중다기초선설계 등을 요약하여 정리했으며 예제를 통해 각 설계 방법을 논의하고자 한다.

A–B 설계

가장 간단한 단일대상설계인 A–B 설계는 오직 두 가지 조건, 즉 기초선(A) 그리고 중재(B)만 사용한다. 이미 A–B 설계의 사례를 제6장에서 다루었으며, 그림 6.1과 교실적용 7.1에서 보았다. 자료 경향성과 함께 A–B 설계는 각 조건을 변별해 내는 것과 첫 조건(기초선)에서 다음 조건(중재)에 기록된 자료의 변화를 발견해 내는 것이 가장 중요한 변인이 된다. 조건들 간에 기록된 자료의 작은 변화는 중재 효과가 미약함을 의미한다. 즉 중재를 마쳤음에도 불구하고 기록된 자료에 의하면 아동 행동은 적게 변화했음을 의미한다. 중재 효과가 크다는 것은 기초선과 중재 조건 동안 기록된 자료의 변화가 큰 것으로 확인할 수 있다. 교실적용 7.1에서 매티는 새로운 좌석 배치계획에 따라 자료 변화의 경향을 관찰함으로써 중재 효과를 결정하였다(기존 좌석 배치인 조건 A, 그리고 새로운 좌석 배치인 조건 B).

교사들은 간단한 시각적인 분석만으로도 명백한 차이를 나타내는 그래프를 살펴봄으로써 자료의 변화 여부를 확인할 수 있다. "그래프화한 자료의 시각적 해석은 분석의 가

단일대상설계는 한 아동이나 소집단의 아동 행동을 변화시키고자 할 때 사용할 수 있다.

장 일반적인 방법 중 하나다"(Odom, 1988, p. 14). 예를 들어, 그림 7.1은 두 개의 A-B 설계를 제시하고 있는데, 두 고등학생의 학교 출석률을 증가시키기 위해 개발된 각 프로그램을 설명하고 있다. 첫 번째 학생(그래프 1)에게는 특정한 활동(예 : 산책, 컴퓨터 시간, 다른 좋아하는 활동들)을 허가함으로써 출석률을 강화하고자 하였다. 두 번째 학생(그래프 2)에게는 학교에 결석할 때마다 학교에서 일일 정학을 주었다. 기초선 자료는 중재를 실시하기 7주 전에 연속 4주간 수집하였다. 1주일 동안 수집된 학생 출석률을 기초선과 중재 조건으로 구분하여 그래프로 그렸다. 각각 그래프에서 조건 A와 조건 B 간의 차이점을 관찰해 볼 때 교사는 학생 출석률에 대한 중재 효과에 관해 어떤 결론을 내릴 수 있을까? 당신은 어떤 프로그램이 학생의 학교 출석률에 더 큰 영향을 미칠 것이라 생각하는가?

그래프 1에서는 중재 효과가 나타나는 것으로 보인다. 중재 단계 동안에 수집된 자료는 기초선 조건 동안에 수집된 자료와 비교해 볼 때 강화 프로그램 적용으로 학교 출석률이 더 높아졌음을 알 수 있다. 그래프 2에서 기초선과 중재 자료 사이에서 중재 효과로 보이는 중요한 변화는 시각적으로도 명백하지 않다. 결론적으로 두 가지 출석률 향상 프로그램을 사용한 교사는 활동강화 프로그램이 학교 내 정학 프로그램보다 효율적이라는 결과를 얻었다.

비록 단일대상설계 자료를 시각적으로 분석하는 것이 많은 교사와 학부모의 요구를

그래프 1

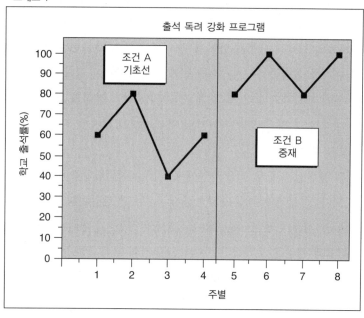

그래프 2

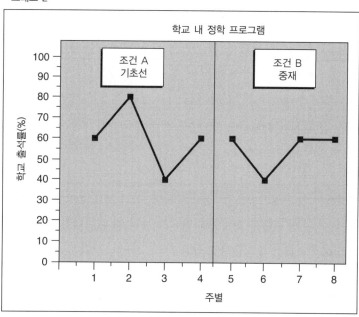

그림 7.1 학교 출석률에 효과를 보인 중재(그래프 1)와 효과가 없는 중재(그래프 2)의
A-B 설계

중족시키고는 있지만, '몇몇 연구자들은 시각 분석과 관련하여 취약한 관찰자 간 신뢰도
가 단일대상설계의 제한점'이라 주장하고 있다(Ottenbacher & Cusick, 1991, p. 48). 단
일대상설계 자료의 시각적 분석을 넘어서 좀 더 형식적인 측정으로 안정성 결정이나 경
향선의 방향 변화를 설명할 수 있는 수리적 계산이 포함되어 있다. 이와 같은 방법들은
이 책의 뒷부분에 제시하고 있다. 단일대상설계의 시각적 분석과 효과 크기를 평가하기
위한 방법에 대해서 더 많은 정보를 얻기 위해 Campbell (2005), Olive와 Smith(2005)의
연구를 살펴보기 바란다.

A-B 설계의 제한점은 중재 조건 동안에 관찰되는 행동변화가 중재 효과라고 가정할
수 없다는 것이다. 즉 관찰된 행동변화가 중재 프로그램 때문이라고만 주장하기는 어렵
다(Foster, Waton, Meeks, & Young, 2002). 교사의 행동, 가정에서의 영향 그리고 다른
환경적인 조건들과 관련된 부가적인 변인이 행동강화 프로그램을 적용한 4일간의 중재
기간보다 더 큰 영향력을 행사했을 수도 있다. 예를 들어, 그래프 1에서 부모가 자녀의
출석률에 문제가 있다는 것을 듣게 되었고, 매일 자녀를 학교에 차로 데려다 주었다고
가정해 보자. 출석률의 변화는 학교에서 마련한 출석 독려 프로그램의 효과라기보다는
부모 행동의 변화와 더욱 밀접한 관련이 있다고 할 수 있다.

따라서 A-B 설계는 다양한 내적·외적 타당성의 문제를 가지고 있기 때문에
(Campbell & Stenley, 1966), '중요한 단서' 없이 그 효과를 입증하기 어려워 **준실험설계**
(quasi-experimental design)라고 부른다. 많은 교사들은 학생의 학교 출석 증가가 출석 독
려 프로그램의 직접적인 결과라고 생각하고, 다른 유동적인 요인들에 의한 영향에 대해
서는 간과할 수 있다. Gay(1996, p. 296)는 이러한 현상과 관련하여 다음과 같이 진술하
였다.

단일대상설계는 연구에 기반을 둔 것이 아니라, 초기 치료 효과를 강조한 임상 상황에
서 자주 적용된다. 독립변인과 종속변인 간의 기능적 관계를 밝힐 수 있는 더욱 강력한
연구설계에 대해서는 다음에 기술하고 있다.

A-B-A 설계

A-B-A 설계의 특징은 중재를 철회하거나 또는 최종적인 중재 조건 이후에 2차 기초선
조건을 적용하는 데 있다. 이에 반해 A-B 설계는 기초선 조건과 중재 조건만을 사용한
다. A-B-A 설계는 기초선, 중재, 그리고 2차 기초선 조건의 형태를 갖는다.

조건 A : 초기 기초선

조건 B : 초기 중재

조건 A : 중재 철회와 기초선 재도입

교실적용 7.1에서 매티가 새로운 좌석 배치(B 조건)에서 효과를 보지 못해 원래 좌석 배치(A 조건)로 되돌아갔다면 A-B-A 설계가 된다. 교사는 조건 A로 회귀한 후 적절한 학생의 상호작용 빈도를 지속적으로 수집하고 도표화해야 한다. 첫 번째와 두 번째 기초 선 기간에 수집된 자료를 중재기간(조건 B)의 자료를 도표화하여 비교함으로써 매티의 새로운 좌석 배치를 평가하였다.

중재 철회와 기초선 조건의 재설정은 **철회설계**(withdrawal design)나 때로는 **반전설계** (reversal design)로 언급되기도 한다. 그러나 Gay(1996)는 A-B-A 설계에서 연구자는 기 초선 조건으로 다시 돌아오기 때문에 A-B-A 설계가 진정한 반전설계는 아니라고 주 장하였다. 반전설계는 한 가지 중재를 철회하고 첫 번째 중재와는 반대되는 개념으로 두 번째 중재를 제공하면서 실행될 수 있다. 이를 A-B-C **설계**(A-B-C design)라 한다. 조 건 B와 C는 중재이지만 이들은 상호 반대의 개념을 가진다. 예를 들어, 조건 B가 착석행 동 강화라면, 반전인 조건 C는 의자에서 일어서는 **이석행동**을 강화하는 것이다. 이와 같 은 예시에서, 반전설계라 함은 교사의 강화 제공과 학생들의 이석 · 착석행동과의 관계 를 설명하는 것이다.

A-B-A 반전설계의 목표는 학생의 행동과 중재 사이의 관계를 더욱 명확하게 설명하 는 것이다. 예컨대, Swan(2011)은 A-B-A 설계를 사용하여 아동의 문제행동에 대한 놀 이치료의 효과를 입증했다. 2주간 기초선 자료(조건 A)를 수집한 후에, 5주 동안 놀이치 료(조건 B)를 적용하였고, 또 2주 동안은 놀이치료법(조건 A)을 적용하지 않았다. 조건 A 와 조건 C를 비교해 보았더니, 놀이치료법을 적용하는 동안(조건 B) 부적절한 행동이 감 소한 것을 볼 수 있었다.

앞서 언급한 것과 같이, A-B 설계에서와 같이 조건 A와 조건 B에서의 학생 수행 변화 는 동시에 일어날 수 있다. 하지만 학생 수행이 두 **번째** 기초선 조건으로 회귀하게 되면 교사는 중재의 제거와 대치에 기인하여 학생 행동이 변했다고 생각할 수 있다. 그러나 기초선으로 회귀한다는 것이 첫 번째 기초선 조건인 자료점의 결과와 동일하게 될 수 없 다. 몇몇 학생들은 지속된 중재 조건 동안 학습을 했을 수 있으므로 두 번째 기초선 조건을 유지해야 한다.

A-B 설계는 학생 행동과 중재 실행 간의 관계를 입증하기 위해 노력하는 반면, A-B-A 설계는 학생 행동과 중재 실행, 그리고 철회 간의 관계에 관심을 갖는다. 그러므로 A-B-A 설계는 단순한 A-B 설계보다 더욱 강력한 중재 효과를 입증해 낼 수 있는 가능성이 있다. "A-B 설계는 중재 효과가 모호한 경우도 있지만 A-B-A 설계는 중재와 부가적인 철회 등의 방법을 적용하고 분석하여 중재 효과를 통제할 수 있다"(Barlow & Hersen, 1984, p. 152).

그림 7.1의 예에서 볼 수 있듯이, 4주간 학교 출석강화 프로그램을 종결짓고 이후 4주간 학생의 출석률을 계속 측정한다. 교사는 중재 프로그램 없이 수집된 출석률에 대한 자료를 가지고 기초선 조건으로 회귀하고자 결정한다. A-B-A 설계는 다음과 같이 세 가지 조건을 만족시켜야 한다.

조건 A : 처음 기초선 자료는 연속 4주간 수집한다.
조건 B : 중재계획은 연속 4주간 이루어진다. 학생은 출석 시 강화를 한다. 출석에 대한 자료는 계속해서 수집하고 기록한다.
조건 A : 중재계획을 철회한다. 그리고 기초선 자료 수집조건은 계속해서 연속 4주간 유지한다.

그림 7.2에서는 학교 출석강화 프로그램을 세 가지 조건으로 적용한 A-B-A 설계의 사례를 보여 주고 있다.

중재 조건 동안 학교 출석률이 증가하고, 중재 철회 이후 학교 출석률이 감소하는 결과를 보인 경우, 학교 출석률 향상에 대한 중재 효과성이 입증됐다 할 수 있다. 당신이라면 출석강화 프로그램을 다시 적용하겠는가? 만약 "다시 적용하겠다."고 말한다면 다른 사람들과 동일한 생각을 하고 있는 것이다. 또한 중재 조건으로의 회귀는 A-B-A-B 설계와 같은 다른 형태의 단일대상설계 유형을 소개할 수 있다.

A-B-A-B 설계

A-B-A-B 설계에서 중재 조건이 두 번째 기초선 조건 이후에 재도입되는 것이다. A-B-A-B 설계의 네 가지 조건은 다음을 충족시켜야 한다.

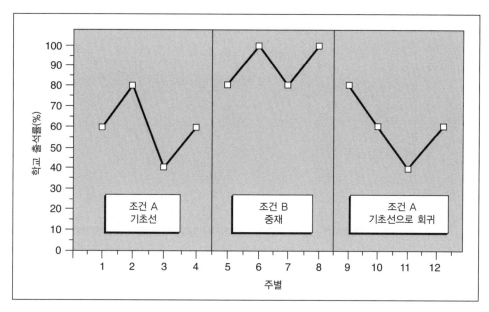

그림 7.2 중재 적용과 중재 철회 시 학생 출석률 변화를 설명한 A-B-A 설계

조건 A : 처음 기초선 자료가 수집되고 기록된다.

조건 B : 중재가 시작된다. 예를 들어, 학생은 출석강화 프로그램에 따라 출석에 대한 강화를 한다. 출석 자료는 중재 조건 전체 기간 동안 지속적으로 관찰하고 기록된다.

조건 A : 중재가 철회되고 기초선 조건이 재도입된다.

조건 B : 기초선 조건을 철회하고 중재를 다시 적용한다. 학생은 학교 출석에 대해 다시 강화를 받는다. 출석 자료는 지속적으로 관찰되고 기록된다.

A-B-A-B 설계는 A-B-A 설계보다 몇 가지 장점이 있다. 첫째로, A-B-A-B 설계는 기초선 조건 동안에 마무리되는 A-B-A 설계와는 달리 중재 조건 동안에 마무리하게 된다. 아동에게 나타나는 자해행동 감소에 대한 중재 효과를 증명하기 위해 효과적인 중재계획을 철회하고 기초선으로 돌아가라고 명령하는 것은 비윤리적인 행동이 된다.

둘째, A-B-A-B 설계는 중재 또는 중재 철회에 대해 학생 행동변화를 관찰할 수 있는 세 번의 비교 또는 기회를 갖게 된다(조건 A에서 B로, 조건 B에서 A로, 조건 A에서 B로). 셋째, A-B-A-B 설계는 첫 A-B 계열의 반복 또는 중재 도입을 반복한다. A와 B 조건 둘 다 철회되고 두 번째 중재가 도입되기 때문에, 기초선 조건 이후 도입된 중재 효

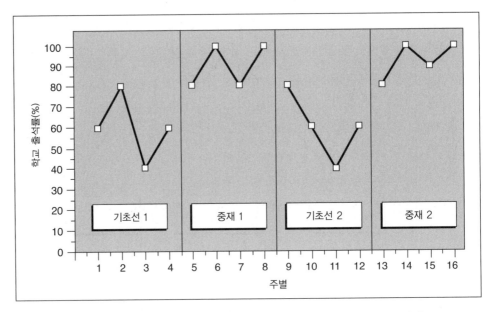

그림 7.3 학생 강화 중재의 재도입 이후 학생 출석률 변화를 설명한 A-B-A-B 설계

과에 대한 두 가지 경우를 설명해야 한다(Barlow & Hersen, 1984). 이러한 반복 적용은 완벽하지 않지만, 첫 A-B 실험에서 얻은 결과는 두 번째 A-B 실험에서 지속적으로 유지되어야 한다. A-B-A 설계(그림 7.3 참조)가 A-B 설계의 연장이라면 A-B-A-B 설계는 A-B-A 설계의 연장으로 볼 수 있다. 강화 프로그램(중재 조건)이 재도입되었을 때, 학생의 출석률은 처음 중재 조건 때 그랬던 것처럼 증가했다는 사실에 주목해야 한다.

A-B-A-B 설계는 다양한 변형이 가능하지만 여기에서 논의하기에는 내용이 너무 많다. 수정된 A-B-A-B 설계의 예는 Christensen, Young과 Marchant(2004)의 또래 중재 프로그램이 학급 행동에 미친 효과 연구, 그리고 Trolinder, Choi와 Proctor(2004)의 직접적 칭찬이 학생 과제 행동에 미친 효과 연구에서 찾아볼 수 있다.

교대중재설계

교대 또는 변동조건설계(alternating or changing conditions design), 중다계획설계(multiple-schedule design; Hersen & Barlow, 1976)와 중다요인기초선설계(multiple-element baseline design; Ulman & Sulzer-Azaroff, 1975)로도 언급되는 교대중재설계(alternating treatment design)는 단일대상에 대한 비교적 빠른 교대중재를 한다. "교대중재설계의 목적은 두 가

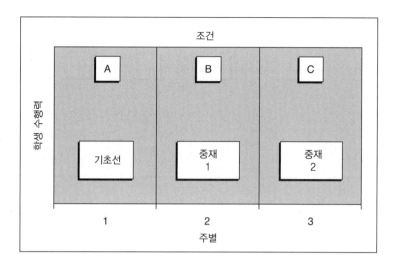

그림 7.4 A-B-C 설계의 세 조건

지(또는 그 이상) 처치조건의 상대적 효과를 사정하는 것이다"(Gay, 1996, p. 299).

이 설계 역시 기본 A–B 설계의 확장이라 할 수 있지만 중재의 철회와 기초선의 재도입 대신 연구자들은 지속적으로 학생 수행을 관찰하면서 다른(different) 중재 전략을 도입한다는 점에서 구분된다. 조건 A와 B 이후 후속되는 두 번째 중재를 조건 C라고 한다. 교대중재설계에 추가되는 다른 중재 조건(D, E 등)의 수는 교사나 연구자가 관심을 가진 실험 중재의 수에 달려 있다.

조건 A : 표적행동에 대한 기초선 자료를 수집한다.
조건 B : 첫 번째 중재 전략을 정해진 기간 동안 적용한다.
조건 C : 첫 번째 중재 전략이 종료하고, 특정 기간 동안 두 번째 중재 전략을 적용한다.

간혹 교대중재설계에 적용된 각각의 새로운 중재는 이전 중재의 수정과 관련이 있다. 예를 들어, 학급회의 시간 동안 적절한 행동을 증가시키고자 한다면, 조건 B의 중재는 수업시간이 끝날 무렵에 적절한 행동을 했을 때 말로 강화를 한다. 조건 C에서는 동일한 강화 프로그램을 적용하면서 칭찬 글을 집으로 보낸다. 조건 D에서는 강화하기, 칭찬 글을 집으로 보내는 것과 함께, 학생의 잘한 행동에 대하여 상장을 수여한다.

각 중재 조건 동안 수집된 학생 행동 자료를 재검토하면서 교사들은 각 중재 결과를

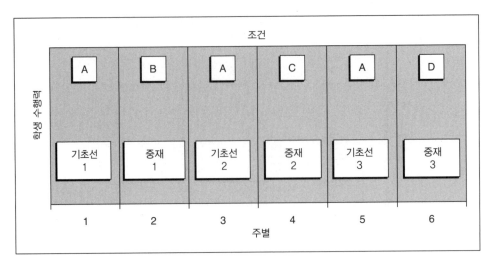

그림 7.5 각각 다른 중재 조건 간에 적용된 기초선 조건의 교대중재설계

비교해 보고, 어떤 프로그램이 가장 효과적인 것인지를 결정할 수 있다. 하지만 기본적인 A-B 설계에 따른 단일 기초선 설정을 하는 교대중재설계는 중재와 행동 간의 인과관계를 구성하지 못한다. 각 중재기간 동안 수집된 자료는 어떤 한 가지 중재의 영향이라기보다 누적된 중재의 영향이 반영되었다고 해석할 수 있다.

또 다른 변형은 기초선-반복 교대중재설계이다. 이 설계는 각기 다른 중재 조건을 적용하기 전에 기초선 조건으로 회귀하기 위한 결정이 필요하다. 앞서 설명한 바대로 A-B-A-C나 A-B-A-C-A-D 설계를 할 수 있다(그림 7.5 참조).

조건 A : 표적행동에 대한 기초선 자료를 수집한다.
조건 B : 특정한 기간 동안 첫 번째 중재 전략은 실시한다.
조건 A : 중재를 철회하고, 기초선 조건으로 회귀한다.
조건 C : 기초선 조건은 철회하고, 특정한 기간 동안 두 번째 중재를 실시한다.
조건 A : 두 번째 중재를 철회하고, 세 번째 기초선 조건으로 들어간다.
조건 D : 기초선 조건을 철회하고, 특정한 기간 동안 세 번째 중재를 실시한다.

기초선-반복 교대중재설계는 각각의 중재 검증을 위하여 아동 수행을 변화시킨 중재와 기초선을 비교할 기회를 제공한다. 이 연구 방법은 각 중재 사이에 기초선 기간 없이

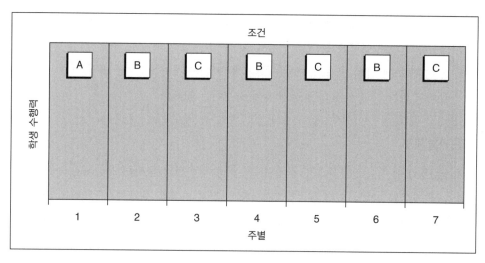

그림 7.6 A-B-C-B-C-B-C 교대중재설계

연속적으로 처치가 실시됨으로써 발생할 수 있는 누적된 처치 효과를 줄여 준다.

교대중재설계의 다른 변형은 반복되거나 순환하는 설계라는 점이다. 예를 들어, A-B-C-B-C-B-C 설계에서 중재 B와 C가 세 번 반복 순환한다(그림 7.6 참조).

이전에 제시되었던 여러 가지 예시 자료에서도 볼 수 있듯이, 각 조건의 지속시간은 1주일이다. 하지만 이 장에서 논의한 모든 설계 방법은 각 조건의 실제적인 지속시간이 다양하다. 예를 들면, 하루 또는 여러 날 동안 각 개인에게 중재를 할 수 있다. 각 중재의 지속시간은 동일할 필요는 없다. 조건 B를 단 하루만 수행할 수 있고 조건 C는 한 달간 지속할 수 있다.

이처럼 다양하게 해석되고 복합적인 설계는 기본 설계에서 설명했던 것처럼 동일한 변인에 달려 있다. 각 조건 간에서 수집된 자료와 관련하여 다음과 같은 점에 주의를 기울여야 한다.

- 각 조건 내의 자료 경향성은 어떠한가?
- 자료 경향의 방향을 고려해 볼 때, 중재 조건의 자료 경향선이 기초선과 어떻게 다른가? 기초선과 중재 조건의 자료 변화의 방향성은 중재 효과를 나타내는 것이다.
- 기초선 수행과 중재 수행 간의 차이는 무엇인가? 두 조건 간의 큰 차이는 중재와 아동 행동 사이에 강력한 관계성을 보이는 것이다.

- 기초선과 중재 조건 사이에 얼마나 빠른 변화가 있었는가? 행동변화 속도는 중재 효과의 강도와 관계된다.
- 각 중재 조건 간의 자료 경향성은 어떻게 다양화할 수 있는가? 중재 조건 간의 큰 차이는 조건 간의 서로 다른 중재 효과를 보이는 것이다.

기준변동설계

Sidman(1960)이 처음 설명하고 Hall(1971)에 의해 명명된 기준변동설계(changing criterion design)는 강화를 간헐적으로 할 때 점진적으로 준거 기준을 증가시킴으로써 단일 행동의 수행을 증가시키거나 감소시키고자 할 때 사용된다. Gay(1996)는 기준변동설계를 다음과 같이 설명하였다.

> 이 설계에서 한 기초선 단계(baseline phase)는 성공적인 처치 단계(treatment phase)의 뒤에 따라온다. 각 조건은 수용 가능한 행동 수준에 좀 더 엄격한 기준을 가지고 있다. 따라서 각각의 처치 단계는 다음에 따라오는 처치 단계의 기초선 단계가 된다. 이 절차는 지속적으로 도착점 행동의 수행 수준에 이를 때까지 지속된다.(p. 303)

A-B 설계처럼 기준변동설계는 두 개의 중요한 단계를 가지고 있다. 기초선 조건 후에 중재가 시작된다. 그렇지만 중재 조건은 다시 하위 단계로 분류된다. 중재 조건의 하위 단계에서 아동이 강화를 받기 위해서는 미리 설정된 수행 수준에 이르러야 한다. 성취준거 수준(criterion level)을 지속적으로 성취하면 새로운 준거가 수립된다. 수행 기준까지 행동이 증가하면 학생은 프로그램의 목표에 더 다가가게 된다. Hartmann과 Hall(1976)에 따르면, "표적행동의 비율은 기준 내에서 각각의 단계가 바뀔 때 변하며, 처치 단계의 변화는 반복적으로 이루어지고, 실험적 통제가 실시된다"(p. 527).

예를 들어, 학급에서 저스틴이 한 시간 수업당 열 번 학급토론에 참여하는 것을 가정했을 때, 기준변동설계의 첫 단계는 표적행동(학급토론)에 대한 현행 수행 수준(기초선)을 평가하는 것이다. 4일 연속 기초선 자료를 수집한 결과 0으로 기록되었다고 했을 때, 교사는 학생의 수업 참여 목표를 한 시간 수업당 10회 참여하는 것으로 정하기 위해서 다음의 사항을 고려할 수 있다.

- 현재 수행 수준(0회)과 도착점 기준 또는 프로그램 목표 수준(10회) 사이의 실행 가능한 단계의 수를 계획한다.
- 수립된 기준에 적합한 수행 수준이나 그 이상의 행동을 보이는 아동에게 강화를 제공할 계획을 수립한다.
- 각 단계에 맞는 특정한 강화 기준을 마련한다.

저스틴의 교사는 프로그램을 다섯 단계로 나누었고, 강화제로는 교실 컴퓨터를 15분간 사용할 수 있게 하였으며, 단계별 기준을 2회씩 증가시키기로 했다.

1단계 기준 : 수업시간마다 2회 학급토론에 참여하기

2단계 기준 : 수업시간마다 4회 학급토론에 참여하기

3단계 기준 : 수업시간마다 6회 학급토론에 참여하기

4단계 기준 : 수업시간마다 8회 학급토론에 참여하기

5단계 기준 : 수업시간마다 10회 학급토론에 참여하기

기초선 이후에 중재 조건을 시작한다. 교사는 저스틴에게 수업 중 2회 비율로 토론에 참여를 하면 자유시간에 15분 동안 컴퓨터를 할 수 있다는 것을 알려 주고 중재 조건을 시작한다. 안정되게 수행이 이루어지고 기준이 성취되는 것이 관찰되면, 한 시간 수업당 4회 토론 참여로 기준을 바꾼다. 기준에 도달하여 성취 수준을 충족시키게 되면 위와 같은 과정을 반복한다. 저스틴의 성취 기준은 다음 중재의 하위 단계 충족 전에 바뀔 수 있다는 점을 말해 주어야 한다. 그림 7.7은 토론 참여(자료점 참조) 기준(하위 단계별로 수직선으로 나타난 기준)을 개략적으로 보여 주고 있다. 저스틴의 수행이 증가되었다는 점과 학생 수행의 증가와 강화 기준 변동과의 관계를 살펴보면 자료점이 급격하게 상승하고 있다는 것을 알 수 있다. 이러한 자료는 강화 프로그램과 학급토론 참여 비율과의 관계를 명확하게 입증해 줄 수 있다.

중다기초선설계

현실적이고 윤리적인 이유로 중재를 철회하는 것과 기초선 상태로 되돌려 놓는 것이 불가능한 경우도 있다. 예를 들어, 중재가 교과 지도의 유형을 포함하는 경우 학생이 기억

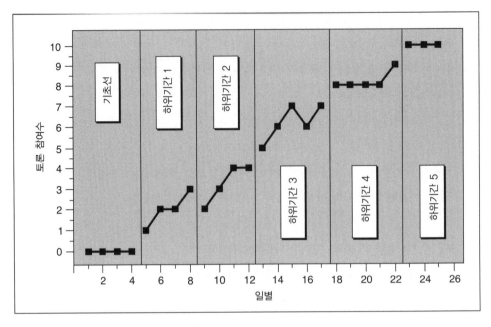

그림 7.7 26일 이상의 기준변동설계

하고 있는 상황에서 중재기간 동안 익힌 정보를 교사가 없앨 수 없으므로, 진정한 기초선 상황으로 돌이키는 것은 불가능하다. 이런 상태에서 A−B 설계가 유일한 대안인 양 잘못 판단할 수도 있다.

인과관계(cause-and-effect relationship)가 분명하고 단순한 A−B 설계로 단일대상연구를 확장하기 어려운 경우에 중다기초선설계를 고려해야만 한다. 중다기초선설계는 문제행동을 하는 학생들을 지도해야 할 때 형식적인 중재를 적용시킬 수 있는 단일대상설계 중 일반적으로 사용된다(Mooney, Epstein, Reid, & Nelson, 2003).

사실 중다기초선설계는 A−B 설계의 확장이기는 하나 다른 방법이다. 중다기초선설계는 단일대상설계 이상의 원리를 확장하여 A−B 설계의 기본 개념을 포함하고 있다. 중재 효과의 반복 검증(replication)을 제공하는 단일대상설계를 대신하여, 반복 검증을 소집단의 대상자, 행동, 또는 상황 간에도 적용할 수 있다. 이러한 접근을 통해 중재와 행동변화 간의 인과관계를 증명해 낼 수 있다.

중다기초선설계의 세 가지 기본적인 유형은 대상자 간(across subjects), 행동 간(across behaviors), 상황 간(across settings)으로 나눠 볼 수 있다. 각각의 경우에 A−B 설계는 대상자 간(예, Babyak, Koorland, & Mathes, 2000; Gumpel & David, 2000), 행동 간(예,

Penno, Frank, & Wacker, 2000) 또는 상황 간(예, Fabiano & Pelham, 2003; Kennedy & Jolivette, 2008)으로 나눌 수 있다. 비록 여기서는 논의되지 않았지만, 처치 간 중다기초선설계는 다양한 중재의 효과성을 검증하는 또 다른 선택이 될 수 있다(예, DiGennaro, Martens, & McIntyre, 2005).

대상자 간 중다기초선설계 대상자 간 중다기초선설계는 같은 중재 방법을 세 명의 아동에게 적용하는 것이다. 그러나 교실적용 7.2에서 중재의 시작은 세 명의 대상자에게 상호 교차적으로 적용하였다.

교실적용 7.2에 기술된 바와 같이, 마거릿이 세 명의 학생이 보여 주는 때리기 행동을 관찰하여 수집한 자료는 그림 7.8에 제시되었다. 이 장에서 보는 것과 같이, 기초선 조건 이후에 세 아동에게 동일한 중재 조건을 각기 다른 기간에 적용하였다. 기초선 자료는 4일 동안 세 아동에게서 수집한다. 존에게는 5일째부터 중재를 적용하였다.

존에 대한 중재 적용기간 동안에도 마거릿은 마이크와 줄리아의 기초선 자료 수집을 계속한다. 마이크의 중재는 기초선 조사를 시작한 8일 이후 아홉 번째 날에 시작되었다.

교실적용 7.2 ⎯ 대상자 간 중다기초선설계

초등학교 방과 후 프로그램 교사인 마거릿은 때리는 행동을 보이는 세 아동(8세 존, 8세 마이크, 9세 줄리아)을 맡게 되었다. 마거릿은 이들의 때리기 행동을 감소시키기 위해 때리는 행동이 없는 특정한 기간에 강화를 하는 행동변화 프로그램을 적용하기로 결정했다.

마거릿은 첫 번째 단계에 세 아이의 때리기 행동 빈도에 대한 기초선 자료를 4일 동안 수집하였다. 수집된 기초선 자료를 가지고 교사는 중재계획을 준비하였다. 마거릿이 두 아동의 기초선 자료를 계속 수집하는 동안 존에게만 중재계획을 먼저 시도하였다. 마거릿은 매일 존의 때리기 행동을 관찰하여 그래프로 그렸다. 중재가 시작된 4후에 마거릿은 존의 때리기 행동이 현저하게 감소하는 것을 관찰하였다. 그때 줄리아의 때리기 행동에 대한 기초선 자료 수집은 계속하면서 마이크에게 존에게 실시한 중재 프로그램을 적용하기 시작하였다. 마이크에게 중재를 실시한 4일

후에, 마거릿은 줄리아에게도 같은 중재 프로그램을 시작하였다. 결국 이와 같은 절차를 통하여 세 아동 모두 마거릿의 중재 프로그램에 참여하게 되었다.

마거릿은 세 아동의 때리기 행동 빈도가 현저하게 감소된 시점은 강화 프로그램을 시작한 직후라는 것을 발견하였다. 강화 프로그램이 때리기 행동을 감소시키는 데 효과적이었다고 생각하고, 유사한 행동을 하는 다른 학생에게도 이 프로그램을 적용하면 효과가 있을 것이라고 확신하게 되었다.

생각해 보기
마거릿은 세 명의 아동에서 얻은 결과로 유사한 행동을 하는 다른 학생들에게 그 프로그램이 적용할 것임을 확신하였다. 마거릿의 주장은 타당한가? 왜 그렇다고 생각하는가? 왜 아니라고 생각하는가?

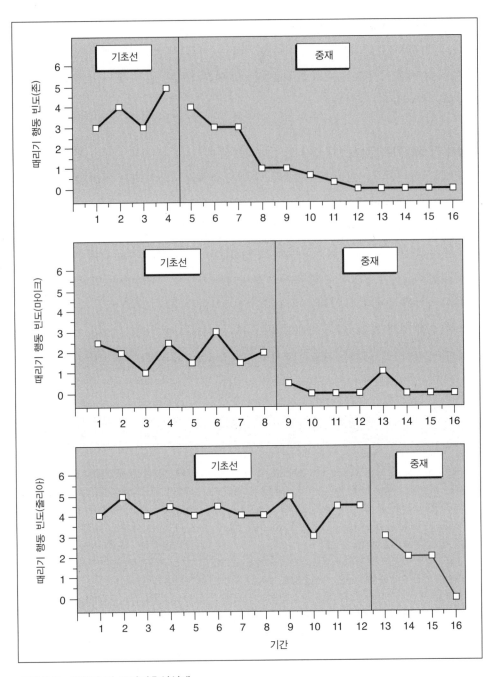

그림 7.8 대상자 간 중다기초선설계

존에게 중재를 지속하고 있는 동안에도 줄리아의 기초선 조건은 지속해서 적용되다가, 중재 13일째에서야 줄리아에게 중재가 적용되기 시작하였다. 세 아동 모두 중재 조건에 포함된다.

행동 간 중다기초선설계 행동 간 중다기초선설계에서는 동일한 중재를 세 가지 다른 행동을 보이는 단일대상에게 적용한다. 서로 다른 중다기초선설계에 따라 중재의 시작은 상호교차 방식으로 실시된다. 중재의 시작은 교실적용 7.3에서 입증되었던 바처럼 세 가지 행동에 대해 적용하였다.

행동 간 중다기초선설계에서 그레그가 그래프로 만든 자료는 그림 7.9에서 보는 바와 같다. 서로 다른 간격으로 세 가지 행동에 대해 같은 중재프로그램을 적용했을 때 그레그는 세 가지 행동의 감소와 중재 방법 사이의 관계를 입증하는 데 성공했다. 이 경우 교실적용 7.3에서처럼 기초선 조건과 중재 조건은 4일이었다. 그러나 아동의 행동과 상황에 따라 실제 적용하는 횟수는 달리 조정될 수 있다.

상황 간 중다기초선설계 상황 간 중다기초선설계는 한 아동에게 같은 중재를 세 가지 다른 환경과 상황에서 적용하는 것이다. 다른 중다기초선설계처럼 중재 시작은 교실적용 7.4에서 설명하고 있는 것과 같이 서로 다른 세 가지 상황에서 실시되었다.

교실적용 7.4에서와 같은 행동변화 중재 프로그램이 세 가지 다른 상황에서 세 명의 다른 교사에 의해 시작되었다. 다른 상황 간, 다른 시간 간격으로 같은 과제 수행 프로그램을 실행하기 위해 교사들은 중재계획과 토미의 과제 수행 사이의 관계에 대한 설명을 들어야 한다. 세 교사가 수집한 그래프 자료는 그림 7.10에 제시되어 있다. 중재계획이 시작될 때까지 토미의 과제 수행 행동이 세 가지 상황에서 낮게 유지되고 있음을 볼 수 있다. 중재가 시작되었을 때 각 상황 속에서 토미의 과제 수행이 증가되면서 과제 수행과 중재 사이의 인과관계를 입증하게 된다.

세 가지 수준의 대상자, 행동 혹은 상황 간에 교차되어 실시된 중재 상황에서 중재 조건이 제공된다. 이러한 접근이 가장 일반적인 중다기초선설계의 적용이다. 중다기초선설계의 다른 변인은 3단계 이상으로 적용될 수 있다. 최소 두 개 수준을 요구할 수 있으며, 이러한 설계 방법의 다른 변인은 모든 예에서 적용되었던 것처럼 각 조건마다 4일 정도 소요될 수 있고, 최소 4회기 이상이거나 또는 그 이하로 수행할 수 있게 계획해야 한

행동 간 중다기초선설계

그레그는 중학교 체육교사다. 크리스토퍼는 3학년 체육 수업에 참여하는 학생 중 가장 몸집과 키가 크다. 그러나 크리스토퍼는 게임과 활동시간에 자주 화를 내고, 누군가 가까이 다가오면 손으로 치거나 소리치고 심지어 발로 차기도 한다. 다른 학생들은 크리스토퍼의 덩치가 너무 커 그를 무서워했다. 그레그는 크리스토퍼의 행동에 대한 기능 사정을 마친 후 체육 활동에 참여한 그를 관찰했다. 그는 친구들과 사이좋게 지내는 데 더 큰 문제가 있었다. 크리스토퍼는 좌절하게 되었을 때 주로 공격적인 태도를 보였다.

그레그는 크리스토퍼의 부적절한 행동을 줄이기 위해 두 부분에서 프로그램을 시작하기로 했다. 그레그는 크리스토퍼가 친구들과 적절하게 상호작용하는 것을 돕기 위해 특별한 언어적 강화를 적용하였다. 그레그는 크리스토퍼가 다른 아동들을 관찰하여 친구들의 적절한 행동을 모방하게 했다. 그러나 크리스토퍼의 부적절한 행동에 대한 두 번째 프로그램을 시작하기 전에, 그레그는 크리스토퍼가 보이는 부적절한 행동에 대해서 반응을 보이지 않기로 했다. 대신 그레그는 어떤 행동이 가장 큰 문제행동인지를 결정하기 위해 세 가지 행동에 대한 기초선 관찰을 4일 동안 실시하기로 했다. 그리고 한 행동에 대해 한 번씩 타임아웃 프로그램을 시작하기로 했다.

기초선 자료를 수집한 후 가장 심각한 문제행동인 때리는 행위에 대해 중재를 하기 시작했다. 4일간의 기초선 관찰과 자료 수집 후에, 그레그는 중재 프로그램의 두 번째 부분을 시작했다. 학생들 간의 적절한 상호작용이 있을 땐 언어적으로 칭찬을 해 주는 동시에 다른 아동을 때리면 크리스토퍼를 5분간 체육 활동에서 제외시켰다. 반면, 그레그는 크리스토퍼의 다른 두 가지 문제점(소리 지르는 행동과 발로 차기)에 대한 기초선 자료를 지속적으로 수집하였다. 크리스토퍼의 때리는 빈도를 그래프화하면서 그레그는 크리스토퍼의 때리기 빈도가 극적으로 감소하였지만 소리 지르고 발로 차는 빈도는 변하지 않았음을 확인하였다.

4일이 더 지난 후에 그레그는 크리스토퍼의 소리 지르기 행동에 대해 타임아웃 프로그램을 적용했다. 크리스토퍼가 때리고 소리 지르는 경우 어떤 활동을 하고 있든 5분간 타임아웃이 뒤따랐다. 그러는 동안 그레그는 크리스토퍼의 발로 차는 행동에 대한 기초선 자료를 수집하였다.

프로그램 시행 12일째 그레그는 발로 차는 행동을 프로그램에 넣었다. 이제 크리스토퍼의 부적절한 세 가지 행위 모두 5분간의 타임아웃이 적용되었다. 모든 기간 동안 적절한 상호작용을 한 경우에는 칭찬을 해 주었다.

그레그는 나머지 학기 동안 자신의 프로그램을 지속시켰는데, 그는 언어적인 강화가 학급에 도움이 된다고 생각했기 때문이다. 크리스토퍼의 공격적 행동은 간헐적으로 발생했으며, 5분간의 타임아웃은 공격성에 대한 결과적 조치로서 효과가 있었다.

생각해 보기

그레그는 강화와 타임아웃 프로그램을 크리스토퍼의 공격적 행위와 결합시켰다. 이러한 연구 설계에서 프로그램 적용으로 얻을 수 있는 이득은 무엇인가? 4일간의 기초선 기간 동안 크리스토퍼가 심하게 때리고 소리치고 발로 차는 행동을 하는 경우 많은 교사들은 이를 무시하기가 쉽지 않다. 그레그에게 적용한 프로그램 혹은 전략설계를 교사들이 무시하거나 배척하지 않도록 어떻게 조언을 하겠는가?

다. 그러나 4회기는 최소한의 기준이며, 4회기 정도의 수행은 중재의 효과성이 입증될 수 있거나 안정된 자료의 경향을 파악하는 데 필수적으로 요구되는 기간이다.

중다기초선설계를 실시함에 있어 기록된 자료에 대한 미심쩍은 부분이 있다면, 그것은 원인과 결과의 인과관계를 연구 결과가 산출하기 이전에 평가해야 한다는 점이다.

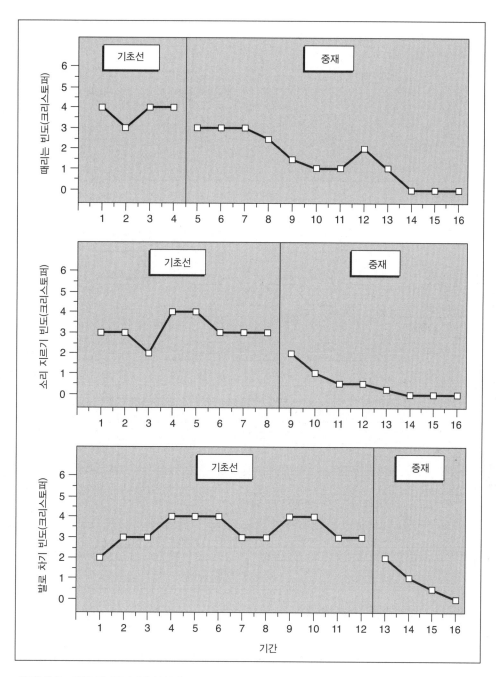

그림 7.9 행동 간 중다기초선설계

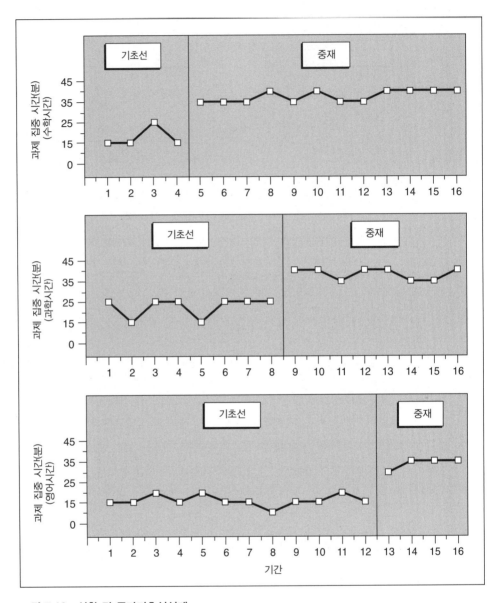

그림 7.10 상황 간 중다기초선설계

- 대상자, 행동, 상황 간 개별적인 A–B 설계에 있어 기초선과 중재 조건 간에 중대한 변화가 있는가? 그림 7.8, 7.9, 7.10에서 이러한 차이를 볼 수 있다.
- 대상자, 행동, 상황 간 중다기초선설계에서 기초선 조건과 비교하여 중재 조건의 자료 경향성 또는 자료 방향성은 어떠한가?

교실적용 7.4

상황 간 중다기초선설계

학교에서 특수교육 상담사로 있는 브렌다는 10학년 교사 몇 명과 토미라는 학생에 대한 회의를 개최했다. 토미는 주의력 결핍 학생으로 고등학교 수학, 과학, 영어시간에 상당 부분 과제 이외의 행동에 집중했다.

기초선 측정 결과에 의하면 45분의 수업 중에서 평균 30분을 과제 이외의 행동을 보였다. 브렌다는 인지적 행동 조절 프로그램을 실시할 것을 조언하였다.

- 토미에게 과제 수행 행동을 점검하는 방법을 지도하기
- 과제 수행을 기록하는 방법을 가르치기
- 교사에 의해 설정된 기준에 따라 과제 수행을 평가하는 방법을 가르치기
- 과제 수행 행동들을 위한 적절한 강화 프로그램을 개발하기

브렌다는 프로그램 효과를 평가하기 위해 상황 간 중다기초선설계 사용을 권했다. 다른 세 수업시간에 토미의 과제 수행 행동이 증가하는 것에 흥미를 가지고 있었기 때문에 이 연구 설계 방법이 추천되었다.

중재 프로그램은 수학시간부터 시작된다. 수학 교사는 토미에게 프로그램에 대해 설명하기 시작했다. 그리고 과학과 영어 교사는 과학과 영어시간에 토미의 과제 수행 지속기간에 대한 기초선 자료 수집을 계속한다.

5일째, 과학 교사는 같은 중재 프로그램을 실시하고 영어 교사는 자료 수집을 계속한다. 마지막으로 9일째, 영어 교사는 똑같은 중재 프로그램이 영어시간에도 실시될 것을 토미에게 알려야 한다. 과제 수행 프로그램이 토미의 세 수업에 모두 적용된다. 세 교사는 매일 적절하게 프로그램이 운영되고 있는지 서로 이야기를 나눈다.

생각해 보기

여러 상황에서 토미의 과제행동을 그래프화하기 위해 사용된 상황 간 중다기초선설계는 여러 교사 간의 대화와 협력이 필요하다. 수업시간마다 학생들이 바뀌고 매 수업시간 다른 교사에게 다른 태도를 취하는 학생이 있는 중·고등학교 상황에서는 상당히 어려운 일이다. 실제 학교에서 이와 같은 연구를 수행하기 위해 어떤 어려움들이 발생될까? 그리고 이를 해결하기 위해 어떠한 노력을 조화롭게 수행해 낼 수 있을까?

- 대상자, 행동, 상황 간의 자료가 중재 조건이 적용된 후 향상되었는가? 대상자, 행동, 상황 간에 시작된 기초선 자료가 어떻게 중재 조건까지 안정되게 남았는지는 그림 7.8, 7.9, 7.10에서 볼 수 있다.

- 중재 조건이 시작되면서 자료가 얼마나 빠르게 변화하고 있는가?

- 그림 7.8에서의 예처럼 각 대상자, 행동, 상황에 대해 중재 조건 전에 기초선 자료가 안정되었음을 확인하였는가? 존에게 중재가 적용되었을 때 마이크와 줄리아의 기초선 조건 동안 때리기 행동의 빈도는 얼마나 자주 나타나고 있는지에 주의를 기울인다.

- 중재 조건 동안 수집된 자료는 대상자, 행동, 상황 간에 안정적인가? 그림 7.8에서 볼 수 있듯이 존의 때리기 행동 비율은 마이크와 줄리아의 자료와는 독립적으로 중재 조건 동안에 낮은 비율을 보였다.

표 7.1 단일대상설계

설계	요소
A-B	가장 단순하고 일반적인 단일대상설계로, 기초선 조건에 뒤이어 하나의 중재 조건이 온다. 기초선과 중재 조건의 자료를 단순하게 비교하는 데 사용된다.
A-B-A	기초선 조건에 뒤이어 중재 조건이 오고, 이후에 다시 기초선 조건으로 돌아간다. 두 번째 기초선 조건의 적용으로 중재 효과를 확인할 수 있다.
A-B-A-B	기초선 조건에 뒤이어 중재 조건이 오고, 이후에 다시 기초선 조건 그리고 같은 중재 조건이 적용된다. 간단한 A-B 설계가 되풀이되어 적용되며, 중재 조건에서의 행동변화를 확인하기 위해 사용된다.
교대중재설계	기초선 조건 다음에 중재 조건 다음에 두 번째와 세 번째는 서로 다른 중재가 적용된다. 한 명의 대상에게 각기 다른 중재 효과를 검증하는 데 사용된다.
기준변동설계	시간이 지나면서 강화 기준을 점진적으로 증가시킴으로써 학생 행동을 증가 또는 감소시키는 데 사용한다. 강화에 대한 기준변동조건에 따라 행동변화를 문서화하고 중재의 효과성을 설명해 준다.
대상자 간 중다기초선설계	같은 표적행동을 나타내고 서로 다른 학생 간에 중재의 효과성을 증명하기 위해 사용한다.
행동 간 중다기초선설계	서로 다른 표적행동 간 중재의 효과성을 설명하기 위해 사용한다.
상황 간 중다기초선설계	서로 다른 상황 간의 행동변화에 대한 중재의 효과성을 설명하기 위해 사용한다.

중다기초선설계는 교사가 단순한 실험적 설계에 따라서 대상자, 행동, 상황 간의 중재 효과를 검증할 수 있도록 해 준다. A-B-A-B 설계와 같이, 중다기초선설계는 단일 대상의 아동, 행동, 상황 간의 중재 효과를 반복적으로 보여 준다. 이 설계 방법은 중재가 적용된 후 행동이 변화 과정을 통해 행동과 중재 간의 명백한 인과관계를 검증해 낸다.

표 7.1은 이 장에서 소개된 단일대상설계에 대한 목록과 간단한 정의를 제시하고 있다.

단일대상설계의 질적 평가

앞에서 말했던 것처럼, 단일대상설계를 사용하는 대부분의 교육자들은 단순히 기초선과 중재조건의 자료 점이나 이를 연결한 자료선의 경사 변화 등 가시적으로 보고 판단할 수 있는 자료들만을 바탕으로 적용했던 중재의 효과를 판단한다. 그러나 몇몇 연구자들은 자료선의 기울기를 측정하는 등의 방법을 사용하여 중재 효과를 정량화하기 위해서 노력하고 있다(Swaminathan et al., 2012). 교실 상황의 교육자들이 아동의 부적절한 행동을 줄이고 아동의 행동변화를 측정하기 위해서 단일대상설계를 알아보고 적용하는 수준에서는 이러한 유형의 분석이 필요하지 않을 수도 있다. 하지만 일부 연구자들(Tate,

McDonald, Perdices, Togher, Schultz, & Savage, 2008)은 단일대상설계의 방법론적인 품질을 평가하기 위해서 평가 척도를 개발했다. Tate 등(2008, p. 385)은 '단일대상사례실험설계(SCED) 척도'를 개발했는데 이 척도는 단일대상설계의 방법론적인 품질을 간단하고 유효하게 평가할 수 있도록 했고, 단일대상설계의 평가 기준을 개선했다.

척도에 포함되어 있는 일부 항목은 다음과 같다. 표적행동(정확하고 반복 가능하게 정의되었는가?), 설계(원인과 결과의 기능적 관계를 규명할 수 있는가?), 기초선의 수준(정확한 기초선 측정을 위해 충분하게 행동의 예시가 제공되었는가?), 관찰자 간 신뢰도(행동 측정이 신뢰할 수 있고 일관된 방법으로 수집되었는가?), 평가자의 독립성(자료를 수집할 때 평가자의 편향성을 줄였는가?), 복제(하나 이상의 학생(소집단)에게 중재의 효과를 입증했는가?), 일반화(다른 환경에서도 중재의 효과를 입증했는가?)

이번 장에서 단일대상설계와 관련하여 요약한 사항들을 이용하여, 교육자 및 기타 보호자들은 교실 상황의 중재를 효과적으로 평가하고, 그 중재 효과를 다른 사람들에게 알릴 수 있을 것이다.

요약

단일대상설계의 목적에 대해서 논의하기

- 단일대상설계의 목적은 교사에게 한 명의 아동 또는 소집단 아동에게 적용된 실험적 통제와 중재의 효과를 설명하는 데 있다. 그러므로 이 설계 방법은 아동의 문제행동 감소 전략의 효과를 입증하고자 하는 학급교사, 부모, 혹은 다른 교사들에게 도움이 될 수 있다.
- 기초선과 중재 조건 : 단일대상설계에서 기초선 자료(조건 A)는 중재 전략을 실시하기 전에 행동을 관찰한 자료를 말하고, 중재 자료(조건 B)는 행동 중재 전략 동안에 행동을 관찰한 자료를 말한다.

단일대상설계의 유형을 열거하고 설명하기

- A-B 설계 : A-B 설계는 가장 단순하며 하나의 기초선과 하나의 중재 조건과 관련된 자료를 반영한다.

- A-B-A 설계 : A-B-A 설계의 중요한 특징은 중재를 철회하거나 또는 최종적인 중재 조건 이후에 2차 기초선 조건을 적용하는 데 있다.
- A-B-A-B 설계 : 중재 조건이 두 번째 기초선 조건 이후에 재도입되는 것이다. 이 설계 방법은 이전의 두 설계 방법보다 여러 가지 장점이 있다.
- 교대중재설계 : 이 설계 역시 기본 A-B 설계의 확장이라 할 수 있지만 중재의 철회와 기초선의 재도입 대신 연구자들은 지속적으로 학생 수행을 관찰하면서 다른(different) 중재 전략을 도입한다는 점에서 구분된다. 조건 A와 B 이후 후속되는 두 번째 중재를 조건 C라고 한다.
- 기준변동설계 : 강화를 할 때 점진적으로 준거 기준을 증가시킴으로써 단일 행동의 수행을 증가시키거나 감소시키고자 할 때 사용된다.
- 중다기초선설계 : 중다기초선설계는 단일대상설

계 이상의 원리를 확장하여 A-B 설계의 기본 개념을 포함하고 있다. 중재효과의 반복 검증 (replication)을 제공하는 단일대상설계를 대신하여, 반복 검증을 소집단의 대상자, 행동, 또는 상황 간에도 적용할 수 있다. 이러한 접근을 통해 중재와 행동변화 간의 인과관계를 증명해 낸다.

- 단일대상설계의 질적 평가 : 이번 장에서 단일대상설계와 관련하여 요약한 사항들을 이용하여, 교육자 및 기타 보호자들은 교실 상황의 중재를 효과적으로 평가하고, 그 중재 효과를 다른 사람들에게 알릴 수 있을 것이다.

논의사항

1. 단일대상설계의 목적과 이를 학급에서 어떻게 사용할 수 있는지 논하라.
2. A-B, A-B-A, A-B-A-B 설계에서 설명된 또는 설명되지 않은 중재의 효과성에는 어떠한 것들이 있다고 생각하는가?
3. 중다기초선설계를 적용하고자 할 때 중재의 효과를

어떻게 입증해 낼 것인지를 설명하라. 그리고 대상자 간, 상황 간, 행동 간 중다기초선설계가 학급 내에서 어떻게 적용될 수 있는지 중다기초선설계의 예를 들어 보라.

4. 왜 A-B-A-B 설계가 단순한 A-B 설계보다 효과적인지 논하라.

참고문헌

Alberto, P. A., & Troutman, A. C. (1995). *Applied behavior analysis for teachers*. Upper Saddle River, NJ: Merrill/Pearson Education.

Babyak, A. E., Koorland, M., & Mathes, P. G. (2000). The effects of story mapping instruction on the reading comprehension of students with behavioral disorders. *Behavioral Disorders, 25*(3), 239–258.

Barlow, D. H., & Hersen, M. (1984). *Single case experimental designs: Strategies for studying behavior change* (2nd ed.). New York, NY: Pergamon.

Bellon, M. L., Ogletree, B. T., & Harn, W. E. (2000). Repeated storybook reading as a language intervention for children with autism. *Focus on Autism and Other Developmental Disabilities, 15*(1), 52–58.

Byiers, B. J., Reichle, J., & Symons, F. J. (2012). Single-subject experimental design for evidence-based practice. *American Journal of Speech-Language Pathology, 21*(4), 397–414.

Campbell, D. T., & Stanley, J. C. (1966). *Experimental and quasi-experimental designs for research*. Boston, MA: Houghton-Mifflin.

Campbell, J. M. (2005). Statistical comparison of four effect sizes for single-subject designs. *Behavior Modification, 28*(2), 234–246.

Christensen, L., Young, K. R., & Marchant, M. (2004). The effects of a peer-mediated positive behavior support program on socially appropriate classroom behavior. *Education and Treatment of Children, 27*(3), 199–234.

DiGennaro, F. D., Martens, B. K., & McIntyre, L. L. (2005). Increasing treatment integrity through negative reinforcement:

Effects on teacher and student behavior. *School Psychology Review, 34*(2), 220–231.

Fabiano, G. A., & Pelham, W. E. (2003). *Journal of Emotional and Behavioral Disorders, 11*(2), 122–128.

Foster, L. H., Watson, T. S., Meeks, C., & Young, S. J. (2002). Single-subject research design for school counselors: Becoming an applied researcher. *Professional School Counseling, 6*(2), 146–155.

Gay, L. R. (1996). *Educational research: Competencies for analysis and application*. Upper Saddle River, NJ: Merrill/Pearson Education.

Gumpel, T. P., & David, S. (2000). Exploring the efficacy of self-regulation training as a possible alternative to social skills training. *Behavioral Disorders, 25*(2), 131–141.

Hall, R. V. (1971). *Managing behavior—Behavior modification: The measure of behavior*. Lawrence, KS: H & H Enterprises.

Hartmann, D. P., & Hall, R. V. (1976). The changing criterion design. *Journal of Applied Behavior Analysis, 9*, 527–532.

Hersen, M., & Barlow, D. H. (1976). *Single-case experimental designs: Strategies for studying behavior change*. New York, NY: Pergamon.

Kennedy, C., & Jolivette, K. (2008). The effects of positive verbal reinforcement on the time spent outside the classroom for students with emotional and behavioral disorders in a residential setting. *Behavior Disorders, 33*(4), 211–221.

Mooney, P., Epstein, M. H., Reid, R., & Nelson, R. (2003). Status of and trends in academic intervention research for students with emotional disturbance. *Remedial and special education, designs: Strategies for studying behavior change.* New York, NY: Pergamon.

Kennedy, C., & Jolivette, K. (2008). The effects of positive verbal reinforcement on the time spent outside the classroom for students with emotional and behavioral disorders in a residential setting. *Behavior Disorders, 33*(4), 211–221.

Mooney, P., Epstein, M. H., Reid, R., & Nelson, R. (2003). Status of and trends in academic intervention research for students with emotional disturbance. *Remedial and special education, 24*(5), 273–287.

Odom, S. L. (1988). Research in early childhood special education. In S. L. Odom & M. B. Karnes (Eds.), *Early intervention for infants and children with handicaps* (pp. 1–22). Baltimore, MD: Brookes.

Olive, M. L., & Smith, B. W. (2005). Effect size calculations and single subject designs. *Educational Psychology, 25*(2), 313–333.

Ottenbacher, K. J., & Cusick, A. (1991). An empirical investigation of interrater agreement for single-subject data using graphs with and without trend lines. *Journal of the Association for Persons with Severe Handicaps, 16,* 48–55.

Patrick, P. D., Mozzoni, M., & Patrick, S. T. (2000). Evidence-based care and the single subject design. *Infants and Young Children, 13*(1), 60–73.

Penno, D. A., Frank, A. R., & Wacker, D. P. (2000). Instructional accommodations for adolescent students with severe emotional or behavioral disorders. *Behavioral Disorders, 25*(4), 325–343.

Sidman, M. (1960). *Tactics of scientific research: Evaluating experimental data in psychology.* New York, NY: Basic Books.

Swaminathan, H., Horner, R. H., Rogers, H. J., & Sugai, G. (2012). Effect size measure and analysis of single subject designs.

Society for Research on Educational Effectiveness, Evanston, IL: Conference Abstract.

Swan, K. L. (2011). *Effectiveness of play therapy on problem behavior of children with intellectual disabilities: A single subject design.* Ph.D. Dissertation, University of North Texas.

Swanson, H. L., & Sachse-Lee, C. (2000). A meta-analysis of single subject design intervention research for students with LD. *Journal of Learning Disabilities, 33*(2), 114–137.

Tankersley, M., Harjusola-Webb, S., & Landrum, T. J. (2008). Using single-subject research to establish the evidence base of special education. *Intervention in School and Clinic, 44*(2), 83–90.

Tate, R., McDonald, S., Perdices, M., Togher, L., Schultz, R., & Savage, S. (2008). Rating the methodological quality of single-subject designs and *n*-of-1 trials: Introducing the Single-Case Experimental Design (SCED) Scale. *Neuropsychological Rehabilitation, 18(4),* 385–401.

Trolinder, D. M., Choi, H. S., & Proctor, T. B. (2004). Use of delayed praise as a directive and its effectiveness on on-task behavior. *Journal of Applied School Psychology, 20*(2), 61–83.

Ulman, J. D., & Sulzer-Azaroff, B. (1975). Multi-element baseline design in educational research. In E. Ramp & G. Semb (Eds.), *Behavior analysis: Areas of research and application* (pp. 377–391). Upper Saddle River, NJ: Prentice Hall.

Walsh, R. L., & Kemp, C. (2013). Evaluating interventions for young gifted children using single-subject methodology: A preliminary study. *Gifted Child Quarterly, 57*(2), 110–120.

Wendt, O., & Miller, B. (2012). Quality appraisal of single subject experimental designs: An overview and comparison of different appraisal tools. *Education and Treatment of Children, 35*(2), 235–268.

행동사정 전략

형식적 행동사정

Victoria K. Russell, 교육학 박사
매리워싱턴대학교

08

학습목표

이 장을 학습한 후 학생들은

행동중재가 필요한 개인이나 집단을 선별할 수 있는 도구 및 형식적 사정 전략을 확인할 수 있다.

형식적 사정 전략과 중재가 필요한 특정 행동을 선택하는 도구를 알 수 있다.

중재가 필요한 특정 행동의 순위를 정하는 의사결정 과정을 기술할 수 있다.

'**행**동관리(behavior management)' 하면 우리는 학교나 기타 환경에서 학생들이 나타내는 문제행동을 떠올리게 된다. 교사나 보호자들에게는 행동관리를 통해 얼마나 적절한 행동을 증진시킬 수 있으며, 얼마나 부적절한 행동을 감소시킬 수 있는지가 중요하다. 이에 교사는 학생들이 학교에서 보이는 행동에 대하여 많은 정보를 지니고 있어야 한다. 학생들이 말하고자 하는 바를 귀담아 듣는 것, 학생들이 요구하는 바를 눈여겨보는 것이 우리의 임무이다. 사실 학생들은 행동을 통해서 자신의 강점이나 자신의 요구를 정확하게 표현하고 있다. 오히려 그것을 정확하게 알아차려 최적의 교수·학습 기회를 제공하는 창조적인 교실을 만들어 내는 것이 우리의 도전이자 미지의 영역일 수 있다.

이 장은 교육자들이 행동에 대한 측정(제6장과 제7장)과 사정(제9장)을 이해하고 수행할 수 있도록 돕고자 기획한 네 개의 장 중 한 장이다. 제9장에서는 (a) 학생의 행동과 관련하여 강점과 요구를 확인하는 것, (b) 학생의 행동을 유지시키는 환경적 선행사건과 후속결과를 확인하는 것, (c) 학급 내 변인(교육과정 포함)과 학생의 행동 간의 관련성을 평가하는 것, (d) 학생이 사회적·교육적 행동을 변화시키거나 유지시킬 수 있도록 교육적 중재를 계획하는 것, (e) 단일대상설계를 통하여 기초선과 중재기의 자료를 기록하는 것, (f) 중재 효과를 평가하는 것 등, 전체적으로 사정과 관련된 내용을 제시할 것이다.

이 장은 중재가 필요한 행동을 선별하고 확인하는 데 사용되는 형식적 사정 전략과 기술에 중점을 두고 있다. 우리는 릭의 사례를 들어 이 방법을 적용하는 과정을 설명하고 자 한다. 이 책에서는 제시된 모든 방법들을 관리하고 운용하는 내용까지 자세히 다루지 는 않을 것이다. 보다 자세한 내용을 알고 싶은 독자는 참고문헌을 활용하기 바란다.

중재행동 선별을 위해 형식적 사정 활용하기

교사나 관계자들은 학생이 하나 혹은 그 이상의 환경에서 학업적 · 사회적 문제를 일으 키거나 그러한 위험이 있을 때 행동문제가 있다고 판단한다. 행동문제는 행동의 범주 나 수업에 대한 반응으로 설명할 수 있으며, 여기에는 과제수행의 불규칙성, 공격성, 산만성, 규칙위반, 우울, 위축행동 등이 포함된다. 또래나 주변 사람들은 "심술궂다", "폭력적이야", "수줍음이 많군" 또는 "아무것도 안 하네" 같은 말로 행동문제를 표현하 기도 한다. 일반적인 행동문제의 특징은 제14장에 보다 자세히 설명되어 있다.

대다수 학교들이 장애로 보이는 행동을 하는 학생을 선별해 내는 시스템은 갖추고 있 지만 정서장애나 행동장애에 대해서는 측정할 수 있는 시스템을 갖추고 있지 못하다. 왜냐하면 정서행동장애의 경우 그 측정방법이 대다수 아동들의 자기 확인을 필요로 하 기 때문이다(Heward, 2009). 하지만 중재반응모델(RTI)이 확산됨에 따라 학교 시스템에 서 이를 확인할 수 있는 틀이 제공되었고, 사회적 · 학업적 실패가 누적될 때까지 기다리 기보다는 보다 적극적인 조기의 행동지원이 가능해지고 있다(Sprague, Cook, Wright, & Sadler, 2008). 행동관리는 모든 학생들에게 잠재적으로 유익한데, 행동사정, 특히 선별 이 보다 광범위하게 이루어짐으로써 교사가 모든 학생들을 보다 적극적으로 도울 수 있 는 감각을 갖추게 되기 때문이다.

외현화 행동문제(예 : 공격적, 표출행동, 반항)나 **내면화** 행동문제(예 : 사회적 위축, 불 안, 공포)를 보이는 학생을 조기에 판별해 내는 것이 중요하다. 외현화 행동문제가 있는 학생들은 중퇴, 비행, 약물남용, 긍정적 관계 형성에서의 어려움에 빠지기 쉽다(Sprague, n.d.; Walker, Ramsey, & Gresham, 2004). 내면화 행동문제가 있는 학생들은 일반적으 로 수업 방해 같은 행동을 보이지 않기 때문에 지원이나 중재를 위한 판별도 쉽지 않다 (Friend, 2008; Lane & Menzies, 2005). 그러나 행동문제를 조기에 발견하고 중재하는 것은 대다수 학생들의 교육적 · 사회적 성취에 긍정적 결과를 가져온다(Friend, 2008; Morris, 2004). 일반적으로 **조기중재**(early intervention)라는 말을 들으면, 어린 나이에 실시하는 중재라고 여기기 십상이다. 그러나 행동문제는 어느 연령대에서나 발생할 수 있는 것이기 때문에, 교사들은 조기중재를 '문제의 초기'에 실시하는 중재라는 의미로 생각할 필요가 있다.

선별하고 자료를 수집하는 과정은 가능한 빠른 방법으로, 대집단의 학생 또는 개인에게 효과적으로 적용되도록 설계되어야 한다. 사정 팀은 행동문제를 선별하기 위하여 체크리스트 및 평정척도, 교사의 순위 평정, 사회관계망 기법, 인터뷰, 관찰 등 다양한 전략과 기술을 사용할 수 있다.

평정척도와 교사의 순위 평정

평정척도는 학생에 대해서 잘 아는 사람이 그 학생의 행동에 대하여 정성적인 방식으로 평가를 수행하는 도구이다. 일반적으로 평정자는 일련의 행동 목록을 제공받게 되고, 리커트 방식의 척도를 사용하여 해당 학생이 각 행동을 얼마나 나타내는지 혹은 나타내지 않는지 그 정도에 대하여 평가하게 된다. 평정척도에는 여러 가지 척도점이 있는데, 일반적으로 '매우 그렇다', '그렇다', '불확실하다', '그렇지 않다', '전혀 그렇지 않다' 등으로 표현된다. 평정척도에는 전체 평정체계의 일부로 학생이 스스로 작성하는 자기 보고서도 포함될 수 있다. 학생들은 행동에 대한 질문에 응답하게 되며, 행동에 대한 기술을 보고 자기 자신과 얼마나 일치하는지에 대하여 응답하게 된다.

평정척도는 관리가 용이하고 행동에 대한 사정을 빠르게 할 수 있어 널리 사용된다. 대부분의 평정척도가 10분 또는 20분 사이에 학생에 대한 평가를 마칠 수 있게 구성되어 있다. 관리가 용이한 반면, 평정척도는 어떤 개인의 행동에 대한 인식이 반영되기 때문에 평정자가 누구냐에 따라 동일한 행동에 대해서 서로 다른 평가가 이루어질 수 있다는 단점이 있다. 따라서 평정척도와 더불어 추가적인 행동사정을 실시하여 자료를 보충할 필요가 있다(Salvia & Ysseldyke, 2007).

교사의 순위평정은 검사 제작자가 마련한 행동 기준에 따라 교사가 자기 학생들의 순위를 평정하는 것이다(Melloy, Davis, Wehby, Murry, & Leiber, 1998). 바람직하지 못한 행동을 많이 하는 학생들은 장애 여부를 확인하기 위한 좀 더 확장된 평가에 의뢰될 가능성이 크다. 교사의 순위 평정은 학생의 행동을 평가하는 단일한 수단으로 사용되어서는 안 된다. 다양한 교사들이 다양한 학습 환경에서 행동적 기대치 또한 다양하게 지니고 있기 때문에 교사의 순위평정 자료를 해석할 때 이러한 측면을 반드시 고려해야 한다

(McLoughlin & Lewis, 2008).

선별 과정에서 평정척도와 교사의 순위평정이 어떻게 자료에 활용될 수 있는지, 대표적인 다섯 가지 도구에 대하여 간략하게 설명하면 다음과 같다. 다음에는 행동 및 정서적 고려사항과 관련하여 집단이나 개인을 선별해 내는 데 유용한 도구와 그 사례를 제시하고 있다.

체계적 행동장애 선별 체계적 행동장애 선별(Systematic Screening for Behavior Disorder, SSBD)은 Walker와 Severson(1999)이 개발한 것으로, 행동문제를 보이는 초등학생들(1~5학년)을 판별하기 위해 다관문 절차를 활용한 사정 시스템이다. 첫 번째 선별 단계에서 교사는 외현화 및 내면화 행동문제 혹은 장애에 관한 행동 기준에 따라 자기반 모든 학생들의 순위를 매긴다. 이때 상위에 기록된 학생들은 두 번째 사정단계의 행동평정 척도를 통해 보다 심도 깊은 사정이 요구되는 학생들이다. 마지막 3단계에서는 2단계 사정에서 행동장애의 준거를 충족시킨 학생들을 교실과 운동장 등의 환경에서 좀 더 관찰함으로써, 그들의 학업적 · 사회적 행동이 또래에 비하여 의미 있게 이탈되어 있는지를 확인하게 된다.

체계적 행동장애 선별도구의 신뢰도와 타당도에 관한 연구 결과를 보면, 이 도구가 모든 초등학생들을 대상으로 장애나 행동문제가 유지 혹은 악화될 위험이 있는지의 여부를 판별할 수 있게 해 주는 매우 유용한 도구임을 알 수 있다(Walker, Severson, & Feil, 1995). 또한, '다관문 절차는 가장 심각한 문제들에 관하여 시간이 많이 걸리는 사정 방법을 활용할 수 있게 해 주고, 발견되지 않는 문제의 수를 제한'하는 데 도움이 된다(Salvia & Ysseldyke, 2007, p. 519).

아동 행동 체크리스트 시스템 아동 행동 체크리스트 시스템(Child Behavior Checklist System, CBCL; Achenbach, 2001)은 18개월에서 30세용으로, 정서 혹은 행동문제를 확인하는 데 활용할 수 있는 다양한 정보제공자에 의한 평정척도이다. CBCL에서는 18개월~5세, 6~18세, 18세 이후의 3단계로 연령대를 구분한다. 18개월~5세 척도는 부모/주양육자용과 아동보호 제공자나 유아교사용의 두 가지로 구성된다. 각 척도에는 99개의 문항이 있으며, 부모/주양육자용 양식에는 언어발달조사지(Language Development Survey, LDS)가 포함되어 있어서 인식된 행동문제 이면에 숨겨진 언어 지연의 문제를 확인할 수 있다. 6~18세용에는 부모/주양육자용 양식, 교사보고 양식, 청소년 자기보고 양식(5학년 읽기수준 이상의 11세 아동용)의 세 가지 평정척도가 있다. 이 세 가지 평정 척도 외에 5~14세 아동을 위한 직접관찰양식, 아동 및 청소년을 위한 반구조화된 임상 적 인터뷰 양식 등이 제공되어 자료를 추가 보완할 수 있도록 구성되어 있다. 18~30세 사이의 성인용 CBCL에는 청년을 잘 아는 개인이나 부모용 양식과 청소년 자기보고 양식의 두 가지 평정척도가 들어 있다.

CBCL은 선별용으로 적절한 신뢰도와 타당도를 지니고 있다(Cohen & Spenciner, 2007). CBCL의 핵심 가치는 아동을 포함하여 다양한 정보제공자와 다양한 관점을 통해 행동을 측정할 수 있다는 적절성에 있다. CBCL은 단지 학습 환경뿐만 아니라 다양한 환 경적 맥락에서의 행동을 고려한다. CBCL은 스페인어를 비롯하여 약 60개가 넘는 언어 로 번역되어 사용되고 있다. 그림 8.1과 8.2에는 부모 및 교사용 평정양식의 문항이 샘플 로 제시되어 있다.

행동 및 정서 평정척도 2판　행동 및 정서 평정척도(Behavioral and Emotional Rating Scale, BERS-2; Epstein, 2004)는 교사용, 부모용, 청소년용의 세 가지 관점에서 학생의 행동에

다음은 아동이나 청소년에 대하여 기술한 문항입니다. 귀하의 자녀가 현재 혹은 지난 6개월간, 아래 각 문항에 기술된 내용과 같은 행동을 보였다면, '매우 그렇다' 혹은 '자주 그렇다'일 경우 2점, '가끔 혹은 약간 그렇다'면 1점에 동그라미를 하십시오. 만약 '전혀 그렇지 않다'면 0에 동그라미를 하십시 오. 일부 문항이 자녀에게 해당되지 않더라도 가능하면 모든 문항에 답변해 주시기 바랍니다.			
1. 나이보다 너무 어리게 행동한다.	0	1	2
2. 학교에서 말을 듣지 않는다.	0	1	2
3. 너무 수줍어하거나 겁이 많다.	0	1	2
4. 사람들을 위협한다.	0	1	2
5. 집에서 도둑질을 한다.	0	1	2
6. 타인과의 일에 전혀 관여하지 않고 기피하는 경향이 있다.	0	1	2
7. 다른 아이들이 좋아하지 않는다.	0	1	2
8. 기분이나 감정이 급격히 변한다.	0	1	2
9. 자기 물건을 숨기는 경향이 있다.	0	1	2
10. 낮이나 밤에 다른 아이들보다 더 많이 잔다.	0	1	2

그림 8.1 부모용 평정척도의 문항 샘플

출처 : 6~18세용 아동행동체크리스트(pp.3-4), T. M. Achenbach, 2001. 버몬트대학교.

다음은 아동에 대하여 기술한 문항입니다. 아동이 현재 혹은 지난 2개월간, 아래 각 문항에 기술된 내용과 같은 행동을 보였다면, '매우 그렇다'. 혹은 '자주 그렇다'일 경우 2점, '가끔 혹은 약간 그렇다'면 1점에 동그라미를 하십시오. 만약 '전혀 그렇지 않다'면 0에 동그라미를 하십시오. 일부 문항이 아동에게 해당되지 않더라도 가능하면 모든 문항에 답변해 주시기 바랍니다.

1. 논쟁을 많이 한다.	0	1	2
2. 다른 사람의 소유물을 부순다.	0	1	2
3. 다른 학생들과 어울리지 않는다.	0	1	2
4. 쉽게 질투한다.	0	1	2
5. 학교에 가는 것을 무서워한다.	0	1	2
6. 공부를 힘들어한다.	0	1	2
7. 순서를 기다려 말하지 않는다.	0	1	2
8. 사람들을 위협한다.	0	1	2
9. 편안한 상황에서도 지나치게 불안해한다.	0	1	2
10. 타인과의 일에 전혀 관여하지 않고 기피하는 경향이 있다.	0	1	2

그림 8.2 교사용 타인 평정척도 문항 샘플

출처 : 교사용 보고 양식(pp.3-4), T. M. Achenbach, 2001. 버몬트대학교.

대한 평가가 가능하다. BERS-2는 5~18세까지의 아동에게 사용할 수 있다. 각 평정척도에는 다섯 개 범주 혹은 하위 척도(대인 간 강점, 가족 참여, 개인 내적 강점, 학교 기능, 정서적 강점)로 구분된 52개 문항이 제시되어 있다. 또한, 부모용과 청소년용 평정척도에는 진로 강점에 관련된 질문도 포함되어 있다.

BERS-2는 개별 학생의 행동적 · 정서적 고려사항에 대한 선별을 지원할 뿐만 아니라 개별 학생의 행동적 강점에 대한 짧은 견해가 제공되기 때문에 기술적으로도 괜찮은 도구라 할 수 있다. 이 도구는 다학문적 사정 계획의 일환으로 활용할 수 있는 강점중심의 평정척도 시스템이다.

사회적 의사소통 질문지 사회적 의사소통 질문지(Social Communication Questionnaire, SCQ; Rutter, Bailey, & Lord, 2003)는 의사소통 기술과 사회적 기능을 평가하며, 특히 자폐성 장애와 관련된 행동들을 선별해 낼 수 있는 도구이다. 이 도구는 부모 또는 주양육자가 40개 항목의 설문지에 '예' 또는 '아니요'라고 응답하도록 구성되어 있으며, 적용 대상 아동의 연령은 적어도 4세, 최소 정신연령 2세 이상이다. SCQ는 현재 양식과 생애 양식 두 가지로 구성된다. 현재 양식은 최근 3개월간, 생애 양식은 개별 아동의 발달사 및 평가점수를 비교하기 위해 특정 시점 이후의 시기를 설정하여 평가할 수 있도록 되어 있다.

SCQ는 비싸지 않고, 검사 실행을 위한 특별한 훈련이 필요하지 않아 빠른 선별이 가능한 도구이다. 또한, 스페인어를 비롯하여 여러 가지 언어를 사용할 수 있다. 이 도구는 좀 더 평가가 필요한 학생을 판별할 수 있는 신뢰성 있는 도구이며, 동시에 자폐성 장애의 지표로도 사용할 수 있다(Ozonoff, Goodlin-Jones, & Solomon, 2005).

자폐성 장애 선별 질문지 자폐성 장애 선별 질문지(Autism Spectrum Screening Questionnaire, ASSQ; Ehlers, Gillberg, & Wing, 1999)는 SCQ와 비슷하며, 자폐성 장애의 특성인 의사소통 및 사회적 기능을 선별하는 데 사용된다. 다만, ASSQ는 좀 더 표적이 명확해서 아스퍼거 증후군이나 기타 고기능의 자폐성 장애를 선별하는 데 사용된다. ASSQ의 대상 연령은 7~16세이며, 부모, 교사, 혹은 선별에 대한 지식을 지닌 정보제공자가 평가할 수 있는 도구이다. 질문지는 27개 문항으로 구성되어 있으며, 동일 연령대의 아동들과 비교할 때 특히 눈에 띄는지에 대하여 '예', '어느 정도', '아니요'로 응답할 수 있다(Ehlers, Gillberg, & Wing, 1999, p. 139).

ASSQ는 아스퍼거 증후군이나 기타 고기능 자폐성 장애를 선별하는 데 있어 신뢰도와 타당도를 확보하고 있는 도구이다(Ehlers, Gillberg, & Wing, 1999). ASSQ 점수가 높은 학생은 사회적 상호작용과 의사소통 영역에서 자폐성 장애나 행동중재에 관련된 보다 심도 깊은 평가가 필요할 수 있다.

사회관계망 측정 기법

사회관계망 측정 기법은 어떤 학생에 대하여 또래들이 지각하는 수용도, 선호도, 사회적 지위에 관한 일반적인 정보를 제공한다. 사회관계망 측정 기법은 또래들 사이에서의 수용도 증진을 위해 사회적 기술 훈련이 필요한 학생을 선별하거나, 학급 내에서의 사회적 구조를 도식화하여 제공하기 위한 목적으로 널리 사용되어 온 방법이다(Downing, 2007). 가장 인기 있는 사회관계망 측정 기법은 **또래지명** 및 **또래 평정**이다.

또래 지명 또래 지명은 가장 많이 사용되는 사회관계망 측정 기법이다(McLoughlin & Lewis, 2008). 학생들에게 자기 학급에서 어떤 활동(예 : 함께 놀기, 사귀기, 함께 공부하기)을 함께 하고 싶거나, 함께 하고 싶지 않은 학생 한 명 혹은 그 이상 선택하도록 하는 방법이다. 학생들은 함께 놀고 싶거나 놀고 싶지 않은 누군가를 선택하게 되고, 여기서 각 학생이 다른 또래에 의해 선택된 횟수를 합하여 점수를 매기면 사회적 지위 점수가 된다. 이러한 방식으로 추출된 점수는 학급에서의 인기도나 수용도를 나타낸다.

Perry(1979)는 사회적 영향력과 사회적 선호도라는 두 가지 차원에서 사회적 위치를 기술하고 있다. 그의 분류 범주는 다음과 같다.

- 인기 : 높은 사회적 영향력, 긍정적인 사회적 선호
- 거부 : 높은 사회적 영향력, 부정적인 사회적 선호
- 고립 : 낮은 사회적 영향력, 부정적인 사회적 선호
- 온화 : 낮은 사회적 영향력, 긍정적인 사회적 선호

교실적용 8.1의 사례를 보면, 교장 선생님인 라미레즈 선생님은 자기 학교에서 사회적 기술 훈련이 필요한 학생을 선별하고자 한다. 이 학교의 3학년 한 학급의 소시오그램이 그림 8.3에 제시되어 있다.

또래 지명을 통한 계산 결과가 나오면, 소시오그램을 사용하여 그림으로 표현할 수 있

학생들은 행동문제의 위험이 있는 또래를 확인하기 위해 행동사정 방법의 하나인 또래 지명을 실시하고 있다.

'또래 지명' 사회관계망 측정 기법 사용하기

라미레즈 선생님은 중학교 교장 선생님이다. 교장 선생님은 6~8학년 학생 중 사회적 기술 훈련이 필요한 학생을 선발하기 위해 교육과정 위원회를 개최했다. 위원회에서는 또래 지명을 이용하여 사회관계망 측정을 실시하고, 이를 통해 훈련이 필요한 예비학생을 선발하기로 하였다. 이에 따라 위원회에서는 학부모에게 관련 정보를 제공하였고, 원하지 않는 학생은 참가하지 않아도 된다는 점을 사전에 공지하였다. 해당 학년의 교사들은 또래 지명에 사용할 세 개의 질문목록을 작성하였다.

생각해 보기

교사들이 세 개의 질문목록을 개발하는 데 어떤 도움을 줄 수 있을까? 소시오그램이 완성되면, 교사들은 Perry(1979)의 정의에 따라 각 학생들을 판별할 수 있을 것이다. 각 학생을 어떻게 명명할 것인가? Perry의 정의에 따라 사회적 기술 훈련이 필요하다고 여겨질 '위험에 처한' 학생은 누구인가?

다. 소시오그램은 "시각적으로 학생의 관계를 나타내고 관찰을 통해 얻어진 사회적 선택과 고립을 나타낸다"(Downing, 2007, p. 27). 또래 지명을 통해 측정된 결과는 과녁형 도해 등의 방식을 이용하여 시각적으로 표현할 수 있다. 교사들은 판별 기준에 따라 손쉽

아동명	긍정적/부정적 선택 질문에 대한 학생들의 반응률		
	가장 놀고 싶은 친구는?	함께 공부하고 싶은 친구는?	가장 같이 공부하고 싶지 않은 친구는?
코너	45	30	0
엘리자베스	4	5	0[a]
리안	90	95	0
트레볼	79	87	0
엘리에	50	45	0
낸시	39	56	0
히설	76	67	0
제이콥	67	85	0
엘리엇	98	96	0
조지	0	1	8[b]
제니퍼	0	0	50[c]
티모시	1	3	0[a]
체릴	0	5	45[c]

그림 8.3 3학년 한 학급의 또래 지명에 따른 소시오그램

[a] '온화'에 해당하는 학생을 의미함
[b] '고립'에 해당하는 학생을 의미함
[c] '거부'에 해당하는 학생을 의미함

게 학급 내 학생들의 위치를 표시할 수 있다. 먼저 Perry(1979)의 범주에 따라 목록을 작성한 다음, 네 개의 원을 그려 과녁형 도해를 제작한다. 각 띠는 중앙의 인기군 분류부터 사회적 선호도에 따라 온화군, 고립군, 거부군으로 한 단계씩 표현된다. 중앙에서부터 바깥쪽으로 퍼져 가는 각 띠는 중앙에서부터 점점 사회적 지위가 좋지 않은 범주를 향해 나아가는 모양새가 된다. 또래들이 지명한 점수에 따라 각 띠에 학생들의 이름을 적는다. 과녁의 가장 바깥쪽에 위치한 학생들은 또래들에게 수용 받지 못하는 편이라고 볼 수 있고, 행동문제가 많을 것으로 예측할 수 있다. 그림 8.4의 과녁형 도해는 3학년 한 학급에서 측정한 점수 결과를 이용하여 제작된 것이다.

또래 평정　사회관계망 사정에서 또래 평정 방법은 행동이나 특성에 대한 목록에 근거하여, 학생들에게 또래의 순위를 매기거나 평정을 하게 하는 방법이다(Downing, 2007). 평정자에게 자기 학급 학생의 명단을 준 다음, 각 친구들에 대해서 자기가 얼마나 그 친구와 함께 놀거나 공부하고 싶은지, 혹은 그렇게 하기 싫은지를 평가하게 한다. 또래 평정 도구의 예는 그림 8.5에 제시되어 있다.

그림 8.4 또래 지명 소시오그램 과녁형 도해

또래 평정척도

이름 _____ 학년 _____ 날짜 _____

목록에 제시된 이름을 잘 읽어 보시오. 그다음 친구들의 이름을 보면서 자기가 그 친구와 얼마나 함께 놀고 싶은지를 생각하면서 해당하는 문항에 동그라미를 표시하세요.

학생명	평가하기			
	나는 이 친구와 항상 같이 놀고 싶다.	나는 이 친구와 가끔 놀고 싶다.	나는 이 친구와 별로 놀고 싶지 않다.	나는 이 친구가 누구인지 모른다.
애슐리	1	2	3	4
크리사	1	2	3	4
켈리	1	2	3	4
매튜	1	2	3	4
제이클린	1	2	3	4
앨리슨	1	2	3	4
타일러	1	2	3	4
재클리	1	2	3	4
알렉스	1	2	3	4
카시에	1	2	3	4
클리프트	1	2	3	4
클린트	1	2	3	4
콜렌	1	2	3	4
맥켄지에	1	2	3	4
세레사	1	2	3	4

그림 8.5 또래 평정 질문지

출처 : *Attitudes and Behavior of Non-Disabled Elementary-Aged Children toward Their Peers with Disabilities in Integrated Settings: An Examination of the Effects of Treatment on Quality of Attitude, Social Status and Critical Social Skills,* by K. J. Melloy, 1990, doctoral dissertation, University of Iowa, Iowa City.

또래 평정 기법을 사용하는 것은 또래 지명을 사용하는 것에 비하여 첫째, 학급의 모든 학생들이 평가에 참여한다는 점, 둘째, 시간의 흐름에 따른 검사−재검사 신뢰도가 높다는 점, 셋째, 사용된 준거에 따라 사회적 지위의 미세한 변화를 포착해 낼 수 있을 만큼 민감하다는 점이 장점이다(McConnell & Odom, 1986; McLoughlin & Lewis, 2008). 또래 평정법의 약점은 어린 학생일수록 대부분의 친구들에 대해 중간 정도의 평정을 하거나, 학급 친구 모두를 동일하게 평정하는 경향이 있다는 점이다(McConnell & Odom, 1986).

부모, 대상 학생, 기타 학생을 잘 아는 사람과 실시하는 면접

선별 면접은 일반적으로 행동 사정의 마지막 단계에서 실시하는 면접보다는 덜 형식적 형태로 진행된다. 예를 들어, 선별 면접은 행동문제가 있다고 의심되는 학생에 대해 교사들 간의 토론 방식으로 이루어지기도 하고, 교사와 학부모 간 전화 통화나 학부모 간 담회에서 학생의 행동에 대한 토론을 통해 이루어지기도 한다. 교사는 연락 일지, 생활 기록 또는 이메일 등을 통해 자료를 수집하고 이 자료를 선별과정에 사용한다.

선별은 교사나 기타 관계자가 학생의 행동이 문제인지 아닌지를 확인하는 것이다. 선별을 위한 자료 수집 전략으로는 행동 체크리스트, 질문지, 평정척도, 교사의 순위 평정, 사회관계망 측정 기법, 비형식적 면접, 일화적 보고에 의한 행동관찰 등이 사용된다. 그림 8.6은 릭이라는 5학년 아동을 대상으로 선별 전략을 수행한 결과를 정리해 놓은 것이다. 완료된 선별 결과는 릭이 문제행동을 보이고 있음을 나타낸다. 릭의 선생님과 여러 사람들은 릭의 문제행동이 개별화된 행동관리 계획을 수립해야 할 만큼 충분히 심각한 것인지의 여부를 결정하기 위해 사정 절차를 계속 진행할 것을 결정하였다.

학생명 : 릭 나이 : 11세 학년 : 5학년
일 시 : 10/9/10 사정 관리 담당자 : M. 콘 학생과의 관계 : 행동 상담가

사정 전략	사정에 참여한 사람	결과 요약
SSBD 교사 평정	P. 노르네스(교사)	내면화 행동장애 문제를 지닌 학생 중 상위 3위
SSBD 교사 평정	P. 노르네스(교사)	내면화 행동문제가 정상 준거보다 심각하게 낮음
SSBD 수업 및 놀이터 관찰	M. 콘(행동 전문가)	읽기와 수학시간에 과제에 참여함, 쉬는 시간에는 스스로 고립되는 것으로 관찰됨
사회성 또래 지명	P. 노르네스	전체 25명의 학급 학생 중, 단 1명만 이 학생과 놀고 싶거나 공부하고 싶다고 지명함

그림 8.6 행동 선별을 위한 완성된 행동 사정의 예

형식적 사정을 통해 중재가 필요한 특정 행동 확인하기

선별 완료 이후, 일부 학생에 대해서는 행동문제에 대한 보다 심도 깊은 사정이 필요할 수 있다. RTI 모델에서는 학생의 행동이 초기의 학급 중심 중재로 반응하지 않을 때, 그 단계에서 사정을 실시하기도 한다. 행동사정의 다음 단계 목표는 행동문제가 무엇인지 정확히 설명하고 행동중재의 필요성에 관한 정보를 제공하는 것이다. 여기서는 문제행동과 요구되는 중재가 어떤 것인지를 판별하기 위한 절차를 다루고자 한다.

선별 이후의 행동사정을 위해서는 여러 환경에 걸쳐서 자연스럽게 나타나는 학생의 어려움을 평가할 수 있도록 여러 명의 정보제공자에 의한 여러 가지 사정 방법이 결합되어야 한다. 정보제공자에는 부모, 교사, 다른 교육자, 또래, 학생 등이 포함될 수 있다. 정보제공자는 체크리스트나 평정척도에 응답하는 방법으로 학생에 대한 정보를 제공한다. 또한 정보제공자는 학생과 함께하면서 직접관찰을 통해 참여할 수도 있다. 다양한 정보제공 자원을 통해서 도출된 데이터가 사정 팀에 전달되어야 현재의 문제에 대한 중재 혹은 더 심각해질 수 있는 문제를 예방하는 데 필요한 행동관리 중재를 결정할 수 있다. 또한 이러한 과정에서 수집된 데이터는 학생의 행동적 강점을 나타내 주기도 한다. 행동적 강점은 효과적인 중재의 토대를 마련하는 데 활용될 수 있다.

규준참조 평정척도와 체크리스트

교사나 기타 관계자들은 행동 체크리스트나 평정척도를 통해 학생의 행동에 대한 전체적인 인식을 제공해 주는 질문을 받게 된다. 이 단계에서 사용하는 평정척도는 선별 단계에서 사용하는 척도보다 좀 더 포괄적이다. 판별단계의 체크리스트나 평정척도는 보다 구체적인 행동적 고려사항에 대한 정보를 얻기 위해 고안된 것이어서, 선별단계에서 사용하는 도구들에 비하여 본질적으로 포괄적이고 일반적인 특성을 지닌다. 또한 이 단계에서 사용하는 체크리스트와 평정척도는 관련 인구의 하위 구성이나 전체적인 인구집단의 표준을 사용하기 때문에, 또래들과의 연령기반 비교가 가능하다. 평정척도의 구체성과 표준이 사정과정에서 유용하긴 하지만, 이러한 도구가 행동을 평가하는 데 있어 유일한 수단으로 사용되어서는 안 된다.

체크리스트와 평정척도는 학령 전 연령대부터 청소년기의 학생 연령대까지 모두 사용할 수 있다. 이러한 유형의 도구는 여러 환경에서 다양한 사람들에 의해 쉽게 활용될 수

있으며, 학생의 행동에 대한 중재의 타당성을 결정하는 데 정보를 제공해 주는 역할을
한다. 이 장에서 제시하고 있는 도구들은 행동문제의 다양성을 사정하는 데 있어서 매우
널리 활용되고 신뢰할 만하며 타당도가 높은 도구들이다. 도구 실행에 관한 구체적인 방
법에 대해서는 개별적인 검사도구 매뉴얼을 참고할 필요가 있으며, 해당 도구가 사정의
목적이나 학생에게 적절한 도구인지를 확인하기 위해 관련 정보를 참고할 필요가 있다.

사회적 기술 개선 시스템 사회적 기술 개선 시스템(Social Skills improvement System, SSIS)
은 Gresham과 Elliott(1990)이 이전에 개발했던 사회적 기술 평정 시스템(Social Skills Rating
System, SSRS)을 개정한 도구이다. SSIS는 3~18세까지 평가할 수 있는 도구이다. 교사
용과 부모용 모두 유용하며 8~18세 학생을 위한 자기보고 양식도 제공된다. 다양한 정
보 척도를 통해서 사회적 기술, 경쟁 문제행동, 학업 능력의 세 가지 행동 영역을 측정할
수 있다. 각 영역마다 강조되는 특정 행동의 특성이나 반응을 구분해 주는 다음과 같은
하위 척도가 제시되어 있다.

사회적 기술

- 의사소통
- 협동
- 주장
- 책임감
- 공감
- 참여
- 자기통제

경쟁적 문제행동

- 외현화 행동
- 괴롭힘
- 과잉행동/부주의
- 내면화 행동
- 자폐증 스펙트럼

학업 능력

- 읽기 성취
- 수학 성취
- 학습 동기

SSRS와 마찬가지로 SSIS는 사회적 기술의 강점과 약점을 보여 준다. SSIS에는 최신 표준, 특히 취학 전 아동을 위한 국가 표준이 반영되었고, 신뢰도와 타당도가 강화되었다. 이 도구는 교사, 학부모, 학생 정보 제공자에 의한 평정척도의 조합을 통해, 여러 환경에 걸쳐 다양한 맥락 내에서 나타나는 행동 양상에 대한 정보를 제공해 준다.

워커-맥코넬 사회적 능력 및 학교 적응 척도   이 도구는 유치원에서 12학년까지의 학생들을 대상으로 사회적 기술의 결함을 판별할 수 있도록 설계되었다. 워커-맥코넬 사회적 능력 및 학교 적응 척도(Walker-McConnell Scale of Social Competence and School Adjustment, WMS; Walker & McConnell, 1995)는 사회적 기술에 대한 긍정적인 진술문으로 구성되어 있으며, 학교 환경의 두 가지 주요 적응 분야인 적응 행동과 사회적 능력을 표본으로 삼아 설계되었다. 초등 WMS(유치원~6학년)는 교사 선호 사회적 행동, 또래 선호 사회적 행동, 학교 적응의 세 가지 하위 척도가 있다. 청소년 WMS(7~12학년)는 자기 통제, 또래 관계, 학교 적응, 공감 등 네 가지 하위 척도가 있다. WMS는 교사가 '전혀 나타나지 않음'에서 '자주 나타남'까지의 5단계 리커트 척도로 평가한다. WMS의 제한점은 교사가 도구를 작성하는 유일한 정보원이라는 것이다. 따라서 중재가 필요한 행동을 종합적으로 판단하기 위해서는 학생의 행동에 친숙한 사람들로부터의 추가적인 정보가 요구된다.

코너스 포괄적 행동 평정척도   코너스 포괄적 행동 평정척도(Conners Comprehensive Behavior Rating Scales, CBRS; Conners, 2008b)는 학부모, 교사, 학생이 제공한 정보를 사용하여 포괄적인 범위의 문제행동을 평가한다. 간편용(코너스 임상 지수, *Conners Clinical Index* [*Conners CI*])이 유용한데, 이는 선별 목적으로만 사용할 수 있다.

CBRS에서 수집한 학생 행동은 주의력결핍과잉행동장애(ADHD) 지수뿐만 아니라 반항 행동, 과잉 행동, 부주의, 학업 곤란, 사회적 문제, 완벽주의, 불안장애 및 폭력 가능성 차원의 지수도 포함된다. 부모용과 교사용 양식은 6~18세의 학생용 데이터 수집에 적절하며 학생용 자기보고 양식은 8~18세용이다. 교사용, 부모용, 학생용 모두 4점 평정척도를 사용하여 학생의 행동에 순위를 매기도록 되어 있다. 각각의 문항에는 해당 행동에 대하여 '전혀 그렇지 않다'에서부터 '매우 그렇다'까지로 평정하도록 되어 있다. CBRS는 광범위한 평정척도이며, 정보제공자는 179문항(자기보고용), 203문항(부모용), 204문항(교사용)에 응답해야 한다. 또한 CBRS는 체크리스트 결과에 근거하여 학생에 적절한 중재를 제안한다.

Conners(2008a)는 코너스 평정척도 개정판(Conners Rating Scales-Revised, CRS-R; 1997)의 개정판인 코너스 3(Conners 3)라는 또 다른 도구를 만들었다. CBRS와 비슷하게 코너스 3도 6~18세 학생을 대상으로 행동을 평가하는 여러 정보제공자용(부모용, 교사용, 학생용)이 있다. 코너스 3에는 간편용(41~45 문항)과 정식용(99~115문항)이 있다. 또한 두 가지 간편용 양식으로 코너스 3 ADHD 지수(Conners 3AI)와 코너스 3 글로벌 지수(Conners 3GI)가 있다. 코너스 3AI는 코너스 3의 지수들 중 가장 판별력이 높은 문항 10가지를 골라 구성한 것으로 ADHD로 진단받지 않은 학생들을 판별하는 데 사용할 수 있으며, 코너스 3GI에는 일반적인 정신병리학에서 추출한 열 가지 예측 문항들이 포함되어 있다.

아동용 행동사정시스템 2판 아동용 행동사정시스템 2판(Behavior Assessment System for Children, Second Edition, BASC-2; Reynolds & Kamphaus, 2005)은 학생의 행동에 관한 정확한 데이터를 수집하기 위하여 교사용, 부모용, 학생용으로 구성되어 있다. 교사용과 부모용 양식에는 열 가지 문제와 여섯 가지 적응행동 차원에 대한 심층 정보가 제공된다.

문제행동 차원
- 공격성
- 불안
- 주의 문제
- 비전형성
- 품행 문제
- 우울증

- 과잉행동
- 학습 문제
- 신체화
- 위축

적응행동 차원

- 일상생활 활동
- 적응력
- 기능적 의사소통
- 리더십
- 사회적 기술
- 학업 기술

학생용 자기보고 양식은 알코올 남용, 부모와 학교에 대한 태도, 사회적 스트레스, 대인관계 및 부모와의 관계, 학교 부적응, 자기효능감, 자립 등의 행동에 관한 정보도 제공한다.

　교사용과 부모용 양식은 2~21세 학생까지 사용할 수 있고, 학생용 자기보고 양식은 8세부터 사용할 수 있다. BASC-2는 문제행동뿐만 아니라 긍정적인 적응행동까지 측정할 수 있도록 설계되었다는 점에서 다른 평정척도와 비교되는 고유함을 지니고 있다. 학생의 강점과 행동적 문제를 동시에 알 수 있게 해 줌으로써 적절한 사정과 중재 전략을 산출하는 데 있어 좀 더 타당한 정보를 제공해 주기 때문이다.

　요약하면, BASC-2, WMS, SSIS, CBRS 같은 평정척도는 학생이 학교라는 환경에서 나타내는 행동적 강점과 결핍에 관한 정보를 제공한다. 필요한 정보에 따라서 체크리스트와 평정척도를 선택함으로써 어떤 중재가 요구되는지를 결정할 수 있다. 이 도구들 모두 다양한 사람과 환경에 따라 운용될 수 있기 때문에, 행동중재의 타당성을 결정하는 데 유용한 정보를 제공해 줄 수 있을 것이다.

관찰 자료

자연적인 관찰을 통한 행동사정에 대해서는 제6장과 제9장에 자세하게 기술되어 있다.

ADHD, 품행장애, 우울증과 같은 특정한 행동문제에 대한 평가는 임상적 환경에서 평가를 실시하는 것이 일반적이지만, 학교나 가정 환경에서 사정 팀의 구성원들이 행동을 관찰하는 것도 필수적인 사항이다. 또한 여러 번의 관찰이 권장되는데, 여러 환경에 걸쳐서 다양한 정보제공자에 의해 관찰된 행동이라고 확신할 수 있도록 최소한 세 번 이상의 관찰이 이루어져야 한다. 평정척도나 체크리스트는 학생의 행동에 대한 정보제공자의 인식에 근거해야 하며, 학생의 행동에 대한 종합 사정에는 반드시 여러 환경에 걸쳐서 나타나는 행동인지에 대한 평가가 포함되어야 한다(McLoughlin & Lewis, 2008).

의료 자료

중재 아이디어를 도출하기 전에, 정신건강 및 의료 전문가에 의하여 학생의 행동 원인이 의료적 문제에 기인하는 것은 아닌지 확인할 필요가 있다. 이는 미처 알아차리지 못했거나 치료되지 못한 의료적 조건으로 인해 행동적 문제가 발생할 수 있기 때문이다. 예를 들어, 진단은 받지 않았지만 청각이나 시각에 문제가 있는 학생이 있다면, 이 학생은 교실 환경에서 또래들처럼 쉽게 교육적 정보에 접근할 수 없거나 당황할 수 있으며, 특정 행동을 표출하거나 위축될 수도 있다. 또한 이러한 사정정보는 해당 학생에게 특수교육이나 기타 관련 서비스가 필요한 것은 아닌지 그 적격성을 결정하는 데 도움이 될 수 있다.

치료 가능한 질병이나 알레르기를 배제하려면, 행동사정의 일환으로 의사에 의한 신체검진을 포함시킬 필요가 있다. 보통 부모들은 정기적인 신체검진 과정에서 의사에게 자녀의 행동문제를 처음으로 보고하게 될 것이다. 의사들은 부모에게 적절한 사정과 중재를 위한 후속 권고에 적절한 전문가에 대하여 언급할 수 있다. 또한, 의사는 행동중재에 대한 권고를 하기 전에 행동전문가와 협력할 필요가 있다.

학교 환경에서 행동사정을 위한 의료 자료는 학교 간호사에 의해 수집될 수도 있다. 대부분의 미국 학교들은 일상적으로 간편 의료 선별 검사를 실시한다. 예를 들어, 매 학년도마다 초등학교 학생들은 시각 및 청력에 문제가 없는지 검사를 받게 된다. 선별 정보에서 문제가 발견되면, 좀 더 심층적인 검사나 사정을 위한 임상환경에서 살펴볼 것을 권고받게 된다.

학교 간호사나 의사 이외에도 학교 심리학자나 임상심리학자, 정신과의사, 정신건강 전문가 등이 학교관련 행동문제에 대한 정보를 제공해 줄 수 있다. 정신건강 전문가는 평정척도, 행동 인터뷰, 자연적 및 임상적 환경에서의 관찰, 심리 측정, 실험실 측정 등의 방법을 활용하여 데이터를 수집한다. 정신건강 전문가는 우울증이나 양극성 장애와 같은 교실행동의 근본적 원인을 진단할 수 있는 유일한 전문가이며, 중재계획에 필요한 가치 있는 지원과 전략을 제공해 줄 수 있다.

부모는 학생의 행동문제를 이해할 수 있도록 교사에게 의료적 정보를 공유할 수 있다. 하지만 부모는 특정한 의료적 조건이 자녀의 교육에 영향을 미치는 것이 아니라면 의료 정보를 공유하지 않는 경우가 많다. 의료 정보가 유용하고 적절하다면 행동사정 과정에 포함시켜 고려하는 것이 바람직하다. 그러나 그 정보가 관련성이 없거나 유용하지 않은 것이라면 행동사정 절차를 계속해 나가면 된다.

그림 8.7은 문제행동에 영향을 미치는 의료적 · 심리적 이유의 존재 여부를 결정하는 데 도움이 될 만한 의료정보 요약 양식의 사례이다.

심리 측정

평가 팀은 학생의 학업 성취도 및 학습에 미치는 행동문제의 영향에 대한 정보를 파악할 필요가 있다. 장애가 의심되는 경우, 학생에 대한 전반적인 정보 및 학업 성취에 대한 심리 측정을 통해 지적 기능에 관한 추가 정보가 필요하다. 여러 저자들이 이러한 구성 개념을 평가하는 데 사용할 수 있는 사정도구 및 절차에 대하여 기술하고 있다[예, McLoughlin & Lewis(2008), Cohen & Spenciner(2007) 참조]. 이 장에서 설명하지는 않겠지만 이러한 도구들은 행동문제와 연관된 학생의 학습문제에 대하여 정확한 결정을 내리는 데 도움이 된다.

중재를 위한 표적행동 순위 매기기

일단 선별 및 추가 사정 정보에 근거하여 표적행동이 판별되면, 사정 팀은 어떤 행동을 가장 우선적으로 다루어야 할지 결정해야 한다. 이러한 행동은 일련의 문항에 따라 그 순위를 매길 수 있다(Wolery, Bailey, & Sugai, 1988). 이 문항들에 대한 응답은 교사나 기타 관계자들이 어떠한 중재가 필요한지 선택할 수 있는 첫걸음이 된다. 교사들은 행동관리 계획을 위해 하나 이상의 표적행동을 선택하는 경우가 많다. 교실적용 8.2에 제시된 것과 비슷한 하나의 시나리오를 경험하기 쉽다.

학생명 :   일 시 :

검토 양식 기록 담당자의 이름과 직책 :

정보제공을 위해 면접에 응해 준 사람의 이름과 학생과의 관계 :

검토한 기록의 자료 출처

1. 확인된 신체 및 정신건강 관련 조건
   - 의료적 진단 :

     신체건강 :

     정신건강 :

     진단과 관련된 행동적 특징이 있는가?   예   아니요

     '예' 라면, 학생이 현재 환경에서 보이는 특징에 대해서 기술하시오.
   - 시력과 청력검사 검토

	최근 검사 일시, 출처	문제가 되는 특성	요구되는 조정
시력			
청력			

2. 약물 치료 요약

약물치료/용량	예상되는 이익	행동 및 기타 부수 효과	정보 출처

   - 약물치료에 의해 일어난 최근의 변화를 기록하시오 :
   - 행동에 대한 약물치료의 잠재적 영향 :
   - 약물치료가 필요했거나 행동에 영향을 주었던 시기 조사 :

3. 수면 주기와 다이어트에 대해서 기술하시오.
   - 현재의 수면 패턴 :
   - 음식 알레르기나 금지 음식 :
   - 다이어트/수면의 변화를 위한 요구 :

4. 환경적 자극에 대한 비정상적 반응이나 민감성에 대해서 기술하시오.
   - 촉각 :
   - 청각 :
   - 시각 :
   - 이동 :
   - 진동 :
   - 후각이나 미각 :

5. 주기적인 촉진요인 목록
   - 주기적으로 문제행동의 증가를 촉발시킬 만한 사건의 발생에 대해서 기록한다 :

6. 이 학생에게 장애가 있는가?
   - 특수교육(IDEA 1997) :
   - DSM IV 진단 :
   - 장애와 관련하여 알려진 행동적 특징이 있는가?   예   아니요   해당사항 없음

     '예'라면 이 환경에서 학생이 나타내는 행동적 특징에 대해서 기술하시오 :

그림 8.7 행동사정 모델의 3단계에서 사용된 의료적 검토 양식의 사례

출처 : N. Kurtzman (1997). Nancy Kurtzman is an educator in the area of special education in MN. She works in public schools and as adjunct faculty at St. Mary's University. *Best practices in functional assessment*. Stillwater, MN: Stillwater Public Schools.

행동 자료가 수집되면 전문가는 팀 회의를 하기 전에 행동에 대해 점수를 매기고 해석한다.

우선순위 질문하기

이런 난처한 상황에 수반될 수 있는 주먹구구식 해결방안을 지양하려면, 우선순위에 대한 질문을 해 볼 필요가 있으며, 학생과 가장 자주 접촉하는 사람들과 이에 대하여 공유할 필요가 있다. 중재를 위한 표적행동을 평가하고자 할 때 다음과 같은 질문 문항을 활용할 수 있다.

교실적용 8.2

표적행동의 우선순위 정하기

데스몬드는 서니뷰중학교 8학년이다. 학교 기록에 의하면, 데스몬드는 8학년 수준의 학업을 수행할 수 있으며, 수학 기술은 전형적인 10학년 수준의 능력을 갖추고 있다. 선생님들은 학교에서 데스몬드가 보이는 행동에 당혹스러워한다. 데스몬드는 혼자 과제를 수행하는 시간에 거의 과제를 완성하지 못한다. 데스몬드는 선생님이 질문을 해도 거의 손을 들지 않으며, 또래와 함께 과업을 할 때도 또래들과 이야기를 나누지 않는다.

최근 데스몬드는 수업시간이나 토론시간에 분열적인 행동을 나타냈는데, 자리를 이탈하거나 교실을 돌아다니는 행동, 교실에서 나가 복도를 배회하는 행동 등을 보였다.

담임교사는 성적이 낮아서 혹은 또래들의 불평 때문에 이러한 문제로 보이는 행동을 하는 것 같다고 걱정하고 있다. 교사들이 모여 행동 전문가가 제안한 사정도구들을 수행해 보았지만, 아직까지는 어떤 행동부터 적용해야 할지 판단을 내리지 못하고 있다.

생각해 보기

데스몬드의 사례에 순위 매기기 질문을 적용해 보자. 사정 데이터에 근거하여 팀이 우선적으로 중재를 적용해야 할 행동은 무엇일까?

1. 그 행동은 본인이나 다른 학생들을 다치게 하는가?
2. 그 행동은 본인이나 다른 학생들의 학습을 방해하는가?
3. 그 행동은 본인이나 다른 학생들을 위험에 빠뜨리는가?
4. 그 행동은 연령에 적절한가? 혹은 일시적인 것인가?
5. 그 행동의 빈도는 또래들과 비슷한 수준인가?
6. 그 행동은 다른 영역에서의 기술 결함에 의한 것인가?
7. 그 행동은 다른 사람들로 하여금 학생과의 상호작용을 피하게 만드는가?

1~3번까지의 질문에 '예'라면, 그 행동은 상해나 학습 손실을 가져올 수 있는 잠재적 요인이기 때문에, 즉각적 중재가 요구되는 표적행동이 된다. 4번에 '예'라면, 그 행동은 아마도 학생이 성장함에 따라 사라지거나, 선행사건이나 후속결과를 변화시킴으로써 없앨 수 있는 행동일 것이다. 웬만한 행동은 저절로 사라지는 경우가 많으며, 복잡한 행동관리 중재가 아니더라도 간단한 중재에 의해서 사라지는 경우가 많다. 그 행동이 또래들과 비슷한 수준이고 1~3번까지의 질문에 '예'라고 대답할 정도의 행동만 아니라면 대부분 별도의 중재가 필요 없다. 이 경우 오히려 학급 전체차원의 행동관리가 더 적절할 수 있다. 6번 질문에 '예'라면, 그 행동은 다른 영역에서의 기술 결함에 기인하는 경우일 것이므로 표적행동은 다른 것으로 교체되어야 할 것이다. 표적행동을 교체한다는 것은 새로운 표적행동 선택을 위해 순위 정하기 질문을 다시 해 볼 필요가 있다는 것을 의미한다. 또한 한 행동이 다른 행동들에 영향을 미칠 수 있으므로 어떻게 교체해야 할 것인가를 고려하는 것이 중요하다. 예를 들어, 데스몬드가 사회적 기술 훈련을 통해서 분열행동이 변화되고 좀 더 적절한 학급 내 행동을 배울 수 있게 된다면, 과제 수행도 잘하고 과제 제출도 더 잘하게 되지 않을까? 실제로 데스몬드가 배회 행동에 대한 대체 행동을 배워 자리에 착석하게 된다면, 과제제출 행동에 대한 중재는 불필요해진다. 마지막으로, 7번 질문에 '예'라면, 성인이나 또래들과의 관계와 관련하여 문제가 더 심각해질 수 있음이 예측 가능하다. 그렇다면 이 문제행동을 다룬다는 것은 향후 발생할 문제행동을 미리 예방하는 조치가 된다.

행동의 맥락과 중재의 편의성 평가하기

사정 팀의 첫 번째 충동은 아마도 각각의 표적행동에 대한 질문에서 나타난 '예', '아니요'의 수를 세어 보고, 그에 따라 가장 '예'가 많이 나온 문항이 가장 두드러지는 문제이기 때문에 가장 먼저 중재를 해야 한다고 선언하고 싶은 것일 것이다. 하지만 중재의 우선순위를 좀 더 신중하게 결정하기 위해서, 팀은 표적행동과 관련된 각 질문의 의미, 그리고 대상 학생이나 타인의 행동에 미칠 영향에 대하여 심사숙고할 필요가 있다. 학교중심 중재에 대한 행동의 편의성 역시 의사결정을 내리는 데 중요하게 고려해야 할 요소이다. 그 행동이 학교 환경만으로 다루어질 수 있는 행동인지, 더 여러 가지 중재가 요구되지는 않는지 살펴보아야 한다. 예를 들어, 데스몬드의 분열행동이 의사나 치료사와의 상담을 통해 전략을 설계해야 할 필요가 있는 의료적 원인 혹은 정신건강과 관련된 원인을 지니고 있을 수도 있기 때문이다.

그림 8.8은 릭에게 적용 가능한 중재를 평가하기 위해 수행된 사정 전략의 결과를 보여 준다. 사정 정보를 검토한 이후, 담임교사는 분열행동과 과제물 제출이라는 두 가지 표적행동 중 한 가지를 선택하기 위해 순위 정하기 질문 문항을 사용하기로 결정하였다. 그림 8.9는 교사들의 노력을 돕기 위해 적용된 교사용 평정 양식의 사례이다.

그림 8.8에 나타난 결과는 교사에게 두 가지 표적행동 모두를 위한 중재가 필요하다는 것을 명백하게 보여 준다. 비록 표적행동이 상해의 원인이 되지는 않지만(질문 1), 두 가지 행동 모두 대상 학생의 학습을 방해한다(질문 2). 또래와 비교했을 때 릭은 성적에 영향을 미칠 수 있는 과제물을 거의 제출하지 않는 것으로 관찰되었다. 이런 행동은 연령에 적절한 행동도 아니며 중재 없이 사라질 것 같지도 않다(질문 4). 실제로 교사들은 릭에 대한 토론에서 이전에 시도해 보았던 몇 가지 간단한 중재에 대하여 언급했었다. 그러나 그 중재들은 릭의 부적절한 행동을 감소시키거나 적절한 행동을 증가시키는 데 효과적이지 않았다.

분열행동은 다른 학생들의 학습을 방해하고 대상 학생과 다른 학생들의 안전을 위험에 빠뜨릴 소지가 있다(질문 3). 관찰 및 기타 사정 정보에 의하면 릭은 또래보다 훨씬 자주 분열행동을 보이며(질문 5), 그러한 행동으로 인해 성인이나 또래들과의 관계에 문제가 발생한다(질문 7). 교사들은 릭의 부적절한 행동이 어떤 다른 영역에서의 기술 결함과 관련성이 있는지에 대해서는 명확하게 확인되지 않았다고 하였다(질문 6). 하지만 교사들은 릭의 행동이 1/4분기에 비해서 현저하게 변화되었다고 하였다. 여기에 의료적 혹은 심리학적 원인은 없는 것으로 확인되었다. 교사들은 제9장에서 설명할 기능적 사정을 실행하여 교실 변인이 릭의 행동에 어떠한 영향을 미치는지를 고찰해 보고, 선행사건

학생명 : 릭 나이 : 11세 학년 : 5학년
일 시 : 05/9/30 사정 관리 담당자 : M. 콘 학생과의 관계 : 행동 전문가

사정 전략	사정에 참여한 사람	결과 요약
체크리스트 : W-M 사회적 수행능력 및 학교적응 평정 척도	P. 노르네스(언어, 미술 교사) T. 밴더쿡(수학, 과학 교사)	릭의 W-M 점수를 보면, 릭은 교사 선호 행동 및 학교 적응 영역에서 규준집단에 비하여 상당한 차이가 나는 요인 점수를 보였음. 또래 선호 행동영역에서 나타난 점수를 보면, 규준 집단과 비교했을 때 정상 점수 범위 이내임. 이 점수는 두 교사 모두의 평가에서 일관성 있게 나타남
평정척도 : BASC-2	P. 노르네스(교사), T. 밴더쿡(교사), 림머레즈(릭의 어머니)	BASC-2의 점수는 외현화 행동과 내면화 영역 모두에서 정상 범주임. 이 점수는 세 명의 정보 제공자 모두 일관성 있게 나타남
자연적 관찰 : 대상 학생과 또래, 학급 환경, 간격 기록법, 표적행동에 대한 지필 측정. '과제 제출하기' 표적행동에 대한 지속적인 산출 기록	M. 콘(행동 전문가)	릭과 또래들은 과제 수행 중이나 그 외 시간, 참여적이거나 분열적일 때, 교사의 관심을 적절하게 받을 때나 받지 못했을 때 등, 15분씩 3회에 걸쳐 각 상황을 관찰했을 때 다음과 같은 행동을 보였음. 릭은 자율학습시간에 또래들과 비슷한 비율로 과제에 참여한 것으로 관찰됨. 그러나 수업시간과 토론시간에는 또래에 비해 훨씬 분열적인 행동을 많이 보임. 이런 행동은 결과적으로 또래들을 산만하게 만들고 전체 학생의 수업 참여율을 떨어뜨리는 요인이 됨. 교사의 과제 기록집을 살펴본 결과 릭은 또래에 비해 매주 과제 제출을 적게 하였음. 릭의 성적(C 등급)은 2/4분기와 3/4분기에 C등급이었으며, 이는 1/4분기에 A등급을 받은 것에 비하면 심각하게 낮은 점수임

그림 8.8   2단계 행동사정에 사용된 사정 전략의 사례 : 중재개발의 필요성 확인하기

표적행동(바람직하지 않은 행동) :
1. '분열적'이란 자리에서 이탈하기, 허락 없이 교실에서 돌아다니기, 돌아다니는 동안 또래에게 말 걸기 등을 말한다.
2. '과제 미제출'이란 정해진 기일까지 교사에게 과제물을 제출하지 않는 것을 말한다.

	질문 1	질문 2	질문 3	질문 4	질문 5	질문 6	질문 7
분열행동	아니요	예	예	아니요	아니요	?	예
과제행동	아니요	예	아니요	아니요	아니요	?	아니요

그림 8.9   릭의 표적행동 순위 정하기 사례

출처 : N. Kurtzman (1997). *Best practices in functional assessment*. Stillwater, MN: Stillwater Public Schools.

과 후속결과가 어떻게 행동을 유지시키는지 관련 자료를 지속적으로 수집하기로 하였다
(제6장, 7장 참조).

요약

개인 및 집단의 중재 필요행동 선별을 위한 형식적 사정 전략 및 도구 확인하기

- 평정척도 및 교사의 순위 평정 : 학부모, 교사 또는 학생에게 행동의 정도 및 빈도에 대한 질적 평가를 요구한다. 이 도구들은 실시가 용이하지만, 반드시 신뢰도가 높은 다른 형식적 사정도구를 통해 자료를 보완해야 한다.
- 사회관계망 측정 기법 : 또래가 지각하는 해당 학생에 대한 수용도, 선호도, 사회적 지위 등 일반적인 정보를 제공한다. 또래 지명 과정에서 학생들은 어떤 활동을 함께 하고 싶거나 함께 하고 싶지 않은 친구를 한 명 혹은 그 이상 선택해야 한다. 또래 지명 과정의 결과는 소시오그램으로 표현할 수 있다. 또래 평정법에서는 일련의 행동이나 특성 목록에 근거하여 자기 또래의 순위를 매기거나 평정하도록 한다.
- 학부모, 학생, 기타 정보제공자와의 면접 : 비형식적 면접 자료는 면대면 대화, 전화, 이메일 교환, 학부모 간담회 등을 통해서 자료를 수집할 수 있다. 이 자료 수집은 연락 일지, 일화 보고서, 이메일 파일 등으로 기록될 수 있다.

중재할 특정 행동 선택을 위한 형식적 사정 전략 및 도구 확인하기

- 규준참조 평정척도 및 체크리스트 : 이 도구들은 연령에 기반하여 또래들과의 비교가 가능하고 표적으로 삼은 특정 행동에 대하여 살펴볼 수 있도록 설계되었다. 신뢰도와 타당도를 갖춘 다양한 도구들이 학령 전기에서 청소년 연령대까지 적용할 수 있도록 개발되어 있다. 도구의 선택은 사정의 목적과 대상 학생에 맞게 이루어져야 한다.
- 관찰 자료 : 학교 및 가정 환경에 걸쳐 자연스러운 관찰이 여러 차례 이루어져야 한다. 학생의 행동에 대한 정확한 결정을 위해서 그 행동이 여러 환경에 걸쳐서 나타나는지 평가해야 한다.
- 의료 자료 : 의사, 학교 간호사, 정신건강 전문가, 부모 등을 통해 얻어진 자료를 갖고 의료적 문제가 행동의 원인이 되는지 여부를 확인할 수 있다. 의료 자료는 또한 효과적인 중재를 제안해 줄 수 있다.
- 심리 측정 : 평가 팀은 학생의 학업 성취도 및 학습에 미치는 행동문제의 영향에 대한 정보를 파악할 필요가 있다.

중재할 특정 행동의 순위에 대한 의사결정 과정 설명하기

- 우선순위 질문하기 : 중재행동의 우선순위를 결정할 때는 반드시 안전, 학습, 발달 적절성, 사회적 관계 및 기술 결함에 중점을 둔 질문을 고려해야 한다. 이러한 질문에는 그 행동이 학생과 다른 사람들에게 미치는 영향이 포함되어 있다.
- 행동의 맥락과 중재의 편의성 평가 : 각 행동의 독특한 맥락과 중재의 편의성이 중재계획을 고려할 때 비중 있게 다루어져야 한다. 복잡한 행동일수록 교실 이외의 환경에서의 추가적인 중재와 전략이 요구되기도 한다.

표 8.1은 이 장에서 설명된 여러 가지 사정도구의 이름과 목적에 대한 설명이다.

표 8.1 사정도구 요약

도구명	약칭	도구 형태와 사용법
자폐성 장애 선별 질문지(Rutter, Bailey, & Lord, 2003)	ASSQ	학부모, 교사, 또는 정보제공자에 의한 사회적 기능과 의사소통 평정 척도
아동용 행동사정시스템, 2판(Reynolds & Kamphaus, 2004)	BASC-2	교사용, 부모용, 학생용 자기 평정, 구조화된 발달력 및 학생관찰 체계
행동 및 정서 평정척도, 2판(Epstein, 2004)	BERS-2	행동적 강점에 대한 학생용 자기평정, 부모용, 교사용
아동 행동 체크리스트 시스템(Achenbach, 2001)	CBCL	교사 평정, 학부모 평정, 학생 자기 평정, 구조화된 발달력, 학생 관찰 시스템
코너스 3(Conners, 2008a)	Conners 3	교사 평정, 학부모 평정, ADHD에 중점을 둔 학생 행동의 자기 평정, 정식용과 간편용
사회적 의사소통 질문지(Ehlers, Gillberg, & Wing, 1999)	SCQ	의사소통 및 사회적 기능의 학부모 평정, 현재와 전 생애를 위한 양식
체계적 행동장애 선별(Walker & Severson, 1999)	SSBD	다관문 도구(교사 순위 평정, 순위 매기기, 관찰) 행동문제 및 장애 선별(1～5학년)
사회적 기술 개선 시스템(Gresham & Elliott, 2008)	SSIS	개별 학생의 사회적 기술에 대한 교사 평정
워커-맥코넬 사회적 능력 및 학교 적응 척도(Walker & McConnell, 1993, 1988, 1993).	WMS	초등학생 및 청소년 수준의 사회적 수행능력에 대한 교사 평정

논의사항

1. 행동사정이란 무엇인가? 행동사정의 목록과 일반적인 특징을 설명하라.
2. 이 장에서 설명한 사정도구 또는 기법 중 하나를 선택하라. 평가도구를 구해서 실행, 채점 및 해석을 위한 안내서를 학습하라. 이 도구의 실행을 연습하라.
3. 데스몬드와 릭에 대한 예제에서 주어진 분열행동의 정의를 비교하라. 이러한 행동을 분열행동이라고 부르지만, 학생들이 각자 학교 환경에서 행동을 보여주는 방식은 어떻게 다른가?
4. 내면화 행동을 사정하는 것은 왜 어려울까? 이 장에서 언급한 사정도구와 기법을 검토하라. 내면화 행동을 선별하고 확인하는 데 있어 어떤 도구나 기법이 더 좋을까?
5. 중재를 위한 행동의 우선순위에 영향을 미칠 수 있는 다른 요인은 무엇이 있을까? 왜 그럴까?

참고문헌

Achenbach, T. M. (2001). *Child behavior checklist system*. Burlington, VT: University of Vermont.

Cohen, L. G., & Spenciner, L. J. (2007). *Assessment of children and youth with special needs* (3rd ed). Boston, MA: Pearson Education.

Conners, C. K. (1997). *Conners Rating Scales–Revised*. North Tonawanda, NY: Multi-Health Systems.

Conners, C. K. (2008a). *Conners 3*. North Tonawanda, NY: Multi-Health Systems.

Conners, C. K. (2008b). *Conners Comprehensive Behavior Rating Scale*. North Tonawanda, NY: Multi-Health Systems.

Downing, J. A. (2007). *Students with emotional and behavioral problems: Assessment, management, and intervention strategies*. Upper Saddle River, NJ: Pearson Education.

Ehlers, S., Gillberg, C., & Wing, L. (1999). A screening questionnaire for Asperger syndrome and other high-functioning autism spectrum disorders in school age children. *Journal of Autism and Developmental Disorders, 29*(2), 129–141.

Epstein, M. H. (2004). *Behavioral and emotional rating scale* (2nd ed.). Austin, TX: Pro-Ed.

Friend, M. (2008). *Special education: Contemporary perspectives for school professionals* (2nd ed.). Boston, MA: Pearson Education.

Gresham, F., & Elliott, S. N. (2008). *Social Skills Improvement Rating Scales*. Minneapolis, MN: NCS Pearson.

Heward, W. L. (2009). *Exceptional children: An introduction to special education* (9th ed.). Upper Saddle River, NJ: Pearson Education.

Kurtzman, N. (1997). *Best practices in functional assessment*. Stillwater, MN: Stillwater Public Schools.

Lane, K. L., & Menzies, H. M. (2005). Teacher-identified students with and without academic and behavioral concerns: Characteristics and responsiveness. *Behavioral Disorders, 31*, 65–83.

McConnell, S. R., & Odom, S. L. (1986). Sociometrics: Peer referenced measures and the assessment of social competence. In P. S. Strain, M. J. Guralnick, & H. M. Walker (Eds.), *Children's social behavior, development, assessment, and modification* (pp. 215–284). New York, NY: Academic Press.

McLoughlin, J. A., & Lewis, R. B. (2008). *Assessing students with special needs* (7th ed.). Upper Saddle River, NJ: Pearson Education.

Melloy, K. J. (1990). *Attitudes and behavior of non-disabled elementary-aged children toward their peers with disabilities in integrated settings: An examination of the effects of treatment on quality of attitude, social status and critical social skills*. Unpublished doctoral dissertation, University of Iowa, Iowa City.

Melloy, K. J., Davis, C. A., Wehby, J. H., Murry, F. R., & Leiber, J. (1998). *Developing social competence in children and youth with challenging behavior*. Reston, VA: CCBD Mini Library Series, Successful Interventions for the 21st Century.

Morris, T. L. (2004). Treatment of social phobia in children and adolescents. In P. M. Barrett & T. H. Ollendick (Eds.), *Handbook of interventions that work with children and adolescents: Prevention and treatment* (pp. 171–186). London: Wiley.

Ozonoff, S., Goodlin-Jones, B.L., & Solomon, M. (2005). Evidence-based assessment of autism spectrum disorders in children and adolescents. *Journal of Clinical Child and Adolescent Psychology, 34*(3), 523–540.

Perry, J. C. (1979). Popular, amiable, isolated, rejected: A reconceptualization of sociometric status in preschool children. *Child Development, 50*, 1231–1234.

Reynolds, C. R., & Kamphaus, R. W. (2005). *Behavior Assessment System for Children* (2nd ed.). Circle Pines, MN: AGS.

Rutter, M., Bailey, A., & Lord, C. (2003). *Social Communication Questionnaire (SCQ)*. Los Angeles, CA: Western Psychological Services.

Salvia, J., & Ysseldyke, J. E., with Bolt, S. (2007). *Assessment in special and inclusive education* (10th ed.). Boston, MA: Houghton-Mifflin.

Sprague, J. (n.d.). *RTI for behavior: Applying the RTI logic to implementing three tiers of support in SWPBS and ED eligibility and supports* [PowerPoint slides]. Retrieved from http://pages.uoregon.edu/ivdb/Presentations/SpragueRTI_us.pdf

Sprague, J., Cook, C. R., Wright, D.B., & Sadler, C. (2008). *RTI and behavior: A guide to integrating behavioral and academic supports*. Palm Beach Gardens, FL: LRP Publications.

Walker, H. M., & McConnell, S. R. (1988). *Walker-McConnell Scale of Social Competence and School Adjustment*. Austin, TX: Pro-Ed.

Walker, H. M., & McConnell, S. R. (1993). *Walker-McConnell Scale of Social Competence and School Adjustment* (2nd. ed.). Austin, TX: Pro-Ed.

Walker, H. M., & McConnell, S. R. (1995). *Walker-McConnell Scale of Social Competence and School Adjustment* (rev. ed.). Austin, TX: Pro-Ed.

Walker, H. M., Ramsey, E., & Gresham, F. M. (2004). *Antisocial behavior in school: Strategies and best practices* (2nd ed.). Pacific Grove, CA: Brooks/Cole.

Walker, H. M., & Severson, H. H. (1999). *Systematic Screening for Behavior Disorders (SSBD): A multiple gating procedure* (2nd ed.). Longmont, CO: Sopris West.

Walker, H. M., Severson, H. H., & Feil, E. G. (1995). *Early Screening Project (ESP)*. Longmont, CO: Sopris West.

Wolery, M., Bailey, D. B., & Sugai, G. M. (1988). *Effective teaching: Principles and procedures of applied behavior analysis with exceptional students*. Boston, MA: Allyn & Bacon.

Bill Aron/PhotoEdit

기능적 사정과 교육과정중심 사정

09

Thomas Zirpoli와 Joel Macht

학습목표

이 장을 학습한 후 학생들은

기능적 행동사정의 구성요소를 확인할 수 있다.

교육과정중심 사정의 구성요소를 확인할 수 있다.

교육과정 프로브의 사용방법을 설명할 수 있다.

오류 분석 방법을 설명할 수 있다.

학급 환경에서의 교육과정중심 사정방법을 설명할 수 있다.

특별한 학습자를 위한 교육과정중심 사정방법에 대하여 논의할 수 있다.

어떤 학생의 교실 행동이 (a) 스스로의 학습을 지속적으로 방해하고, (b) 다른 학생의 학습을 지속적으로 방해하며, (c) 교사의 수업진행을 지속적으로 방해한다면, 어떠한 형태로든 행동중재 계획(behavioral intervention plan, BIP)을 세워야 한다(제 12장 참조). 그러나 행동중재 계획을 수립하려면 **기능적 행동사정**(functional behavioral assessment, FBA)을 실시하여 부적절한 행동의 기능이 무엇인지 알아내는 것이 중요하다. 이 장의 핵심 주제는 기능적 행동사정이다. 실제로 행동중재 계획은 기능적 행동사정의 결과에 따라 수립되어야 한다.

FBA는 '프로그램을 계획하기 위한 선제적 접근이자 현재 환경에서 학생 행동의 목적이 무엇인지에 근거하여 중재를 연결시킬 수 있게 해 주는 매우 중요한 단계'이다 (Barnhill, 2005, p. 132). 행동의 기능을 이해한다는 것은 학생의 행동이 단독적으로 발생하는 것이 아니며, 행동에 선행하는 혹은 후속하는 어떤 사건이 반드시 주의 깊게 분석되어야 함을 이해하는 일이다. 분열행동은 언제나 학생의 어떤 의도를 충족시켜 주는 역할을 하기 때문에, 효과적인 중재계획을 수립하려면 무엇보다도 먼저 그 행동의 목적을 확인해야 한다.

교사들은 (a) 학생들이 하루아침에 분열행동을 습득한 것이 아니라는 점과 그런 난해한 행동에 대한 해법을 찾는 데는 어느 정도 시간이 소요된다는 점, 그리고 (b) 성급한 결론은 결코 효과적인 중재 방안을 낳지 못한다는 점을 염두에 두어야 한다. 바람직하지 않은 행동과 연관된 것으로 밝혀진 조건들을 세심하게 분석하지 않거나 환경이 제공하는 후속자극의 영향을 정확하게 파악하지 않은 채 중재계획을 수립하면, 학생이나 교사 모두에게 오히려 문제를 악화시키는 결과를 낳을 수 있다는 점을 염두에 두어야 한다.

FBA에서 가장 중요한 구성요소는 **교육과정중심 사정**(curriculum-based assessment, CBA)이다. 이 장의 후반부에서 논의하겠지만, 행동의 기능이 학업 과제를 회피하기 위한 것이라면 교육과정중심 사정을 실시할 필요가 있고, 그 결과는 교사들이 학생에게 추가적인 교수를 제공할 필요가 있는지를 확인하는 데 도움을 줄 수 있다. 교사들은 CBA를 통해서 교육과정의 불일치가 교실에서의 도전적 행동에 어떤 영향을 미치는지를 확인할 수 있다(Macht, 1998). 교육과정의 불일치는 학생의 현재 수행 수준에 비해 교육과정이 너무 쉽거나 너무 어렵게 구성된 데 그 원인이 있다. 이러한 불일치는 과제가 너무 지겹거나 너무 어려워서 나타나는 회피기능을 지닌 행동을 만듦으로써, 부적절한 교실 행동의 선행사건이 될 수 있다. 따라서 학생의 행동이 학급의 교육과정과 관련되어 있다는 포괄적인 FBA의 결과가 나타난다면, CBA가 특정한 선행사건에 대한 고려사항을 결정하는 데 도움을 줄 수 있다.

기능적 행동사정의 정의와 간략한 역사

FBA는 '학생의 행동과 그것이 발생하는 환경 조건 사이의 예측 가능한 관계를 확인함으로써 학생이 부적절한 행동을 하는 이유가 무엇인지 혹은 그런 이유를 확인하는 과정'이라고 정의할 수 있다(Scott, Alter, & McQuillan, 2010, p. 87). 또한, "행동이 확대되기 전에 그 원인을 제거하는 방법에 대한 아이디어를 제공할 뿐만 아니라, 아동의 행동이 어떤 원인에서 비롯되었는지 이해할 수 있게 해 준다"(Szymanski, 2012, p. 26). Gresham, Watson과 Skinner(2001, p. 158)에 따르면, 행동의 기능 또는 목적은 대개 다음의 다섯 가지 범주 중 하나로 분류된다.

- 사회적 관심이나 사회적 강화

- 원하는 것(물건이나 활동)에 대한 접근
- 과제나 활동으로부터의 도피 혹은 회피
- 타인으로부터의 도피 혹은 회피
- 내적 자극

행동에 대한 기능적 사정의 역사는 John Watson(1924)의 연구가 진행되던 1920년대부터 Edward Thorndike(1932)의 1930년대 연구, B. F. Skinner(1953)의 1940년대와 1950년대의 연구로 이어져 왔다. 1950년대 후반과 1960년대 초반에는 인간 행동에 관한 세 권의 책 시리즈의 초판으로 두 개의 독창적인 연구물(Ayllon & Michael, 1959; Michael & Meyerson, 1962)이 출판되었는데(Ulrich, Stachnik, & Mabry, 1966), 여기에 기능적 사정의 선구자격이라 할 수 있는 응용행동 분석에 대한 관점을 소개해 놓고 있다. Iwata, Dorsey, Slifer, Bauman과 Richman(1982)은 네 가지 조건(사회적 비난, 학업적 요구, 비구조적 놀이, 혼자만의 시간)과 관련된 자해행동의 빈도를 연구하면서 포괄적 기능사정을 처음으로 사용하였다.

학생의 도전적 행동이 학급 환경에서의 선행사건과 무관한 독립적인 행동이라고 생각하던 많은 사람들에게, 도전적 행동의 기능을 파악한다는 것은 매우 당황스러운 반응을 불러일으켰지만, 표준화된 사정과 비효과적인 중재방법을 적용한 것이 결과적으로는 시간과 자원을 낭비한 것으로 나타났다. 1997년 장애인교육법(IDEA) 개정안에 따르면 "아동의 행동으로 인해 배치 장소에 변화가 생기거나 정학을 당하는 경우, 혹은 대안적인 교육장소로 이동하게 되는 경우에는 기능적 행동사정과 행동중재 전략을 개발해야 한다."고 명시하고 있다(Murdick, Gartin, & Stockall, 2003, p. 25). 이러한 요구사항은 2004년 IDEA의 개정안에서도 강화되었다.

오늘날 모든 교사는 교육환경에 관계없이 선행사건 요인(예 : 과제 난이도)과 맥락적 요인(예 : 교실 좌석 배치)을 평가하여 학생 행동에 대한 기능적 분석을 수행할 것을 권장하고 있다. Scott과 동료들(2004)은 다음과 같이 주장하였다.

> 의심의 여지없이, FBA는 학습 및 행동관리를 위한 전체 체계적 접근에서 가장 필수적인 부분이 되어야 하며, 본질적으로 선제적인 조치이며, 아동의 작은 문제행동이 더 심각한 도전으로 발전되기 전에 지도될 수 있도록 실행되어야 한다.(p. 194)

실제로 많은 연구에서 훈련을 받고 나면 교사들은 학급 환경에서 기능적 행동사정을 효과적으로 실행할 수 있음이 보고되고 있다(예, Bloom, Lambert, Dayton, & Samaha, 2013).

특수교육 최상의 실제로서 FBA의 실행이 권장되고 있지만, "IDEA나 어떤 주의 특수교육 법률에서도 장애 아동의 행동이 자신이나 타인의 학습을 방해할 때, FBA나 행동중재 계획을 모두 적용하라고 요구하지는 않는다"(Zirkel, 2011). 하지만 지금부터 제공할 기본적인 전략들이 교사들로 하여금 FBA를 실행하고 좀 더 효과적인 중재 전략을 개발하는 데 도움이 되기를 희망한다. Delfs와 Campbell(2010)에 의하면, FBA를 실행하는 것은 사용된 사정 절차보다도 처치의 효과성 측면이 더 중요하다고 한다.

이 장에서 제시할 수 있는 내용은 일정 정도 한계가 있다. 이에 포괄적인 FBA 실행에 도움이 될 만한 다른 자료들도 함께 읽어 볼 것을 권장한다. 예를 들어, O'Neill과 동료들(1997)은 포괄적이면서도 매우 실용적인 기능적 사정 핸드북을 발행하였으며, 학생 초심자 혹은 이 영역에 대해 새로운 연수가 필요한 사람들을 위해 매우 이상적인 훈련 내용들을 담고 있다. Scott과 동료들(2004)은 '일반교육 교실 환경에서 부분통합 또는 완전통합 교육을 받는 행동문제를 보이는 학생들에게 사용할 수 있는 선제적인 절차로서 FBA의 중요한 약속'을 고찰하고 있다(p. 189). FBA를 살펴본 연구로는 일반교실(Roberts, Marshall, Nelson, & Albers, 2001), 조기교육실(Greer, Neidert, Dozier, Payne, Zonneveld, & Harper, 2013), 주의력결핍과잉행동장애 아동(ADHD; DuPaul et al., 2013), 자폐성 장애 아동 및 성인(ASDs; Healy, Brett, & Leader, 2013; Manente, Maraventano, LaRue, Delmolino, & Sloan, 2010), 정서·행동장애 학생이나 위험 학생(Gage, Lewis, & Stichter, 2012) 등 다양한 학생집단에 대한 연구가 수행되었다. 지금부터 이러한 여러 자료들에서 제안하고 있는 내용을 살펴보도록 하자.

기능적 행동사정의 구성요소

학생 행동에 대한 철저한 기능평가를 통해 다음과 같은 가치 있는 정보를 얻을 수 있다.

- 표적행동에 대한 기술
- 표적행동의 빈도, 지속시간, 강도

- 바람직하지 않은 행동의 발생을 촉발하는 학교 내외의 배경사건 발견
- 문제행동을 유지시키고 있을지 모르는 교사나 교직원에 의한 후속결과의 확인
- 행동중재 계획을 통해 강화되고 유지될 수 있는 적절한 대체행동을 확인하기 위한 전략

Gresham 등(2001), 그리고 Herzinger와 Campbell(2007)은 포괄적인 FBA 실시를 위해, 다음과 같은 세 가지 방법을 제시하였다.

- **간접적 사정 방법**은 목표행동에 대한 정보수집 방법으로, 학생과 함께 살거나 학생에게 서비스를 제공하고 있는 사람을 대상으로 한 면접, 학생의 행동에 대한 기록물 분석, 교사가 학생에 대해 평가한 체크리스트와 행동평정척도 등을 활용한다.
- **기술적 혹은 직접적 사정 방법**으로는 A–B–C 분석이나 반영구적 기록물(예 : 녹화물, 그림첩, 학습 과제에 대한 기록복사) 등 자연적 환경에서 행동에 대한 체계적 관찰을 수행하는 방법을 사용한다.
- **실험적 혹은 전통적 분석 방법**은 실험실이나 기타 통제된 환경에서 행동에 대한 체계적 관찰을 통해 행동의 기능을 검증해 보거나 타당성을 확인하는 방법을 주로 사용한다.

Murdick과 동료들(2003)은 대다수 교사들에게는 FBA의 방법 중 직접 관찰법이 '가장 친숙하고 수행하기 쉬운' 방법일 것이라고 하였다(p. 25). 또한 담임교사들은 실험적 통제를 통한 인위적 실험 환경보다는 목표행동을 관찰할 수 있는 교실 환경 내에서의 FBA 실행을 원할 것이다(Rispoli, Davis, Goodwyn, & Camargo, 2012).

행동에 대한 기본적 이해

기능평가에서 중요한 것은 학생의 행동이 결코 고립적으로 발생하지 않는다는 것을 이해하는 것이다. 교사가 학생의 부적절한 행동이 전적으로 학생의 장애, 성격특성, 또는 기타 내적 변인의 결과라는 철학을 갖고 있다면, FBA는 시간과 자원을 낭비하는 것처럼 보일 수 있다. 보다 정확하고 기능적인 철학은 그것이 일어나는 폭넓은 환경적 맥락에서 학생의 행동을 바라보는 것이다. 맥락 차원에서 행동을 바라보지 않으면, 어떤 행동이

학생 고유의 행동이라고(예 : 행동장애가 있음) 생각하기 쉽고, 교사의 행위는 중요하지 않게 된다. 이러한 편견은 어떤 행동에 대하여 환경적 결함보다 학생의 내적 장애에 의한 것으로 판별하려는 경향을 갖게 만든다. 그렇게 되면 행동의 기능이 이해되지도 않고 다루어지지도 않기 때문에 매우 비효과적인 중재가 될 수밖에 없다.

표적행동 확인하기

기능적 행동사정의 초기 구성요소는 후속 단계를 위한 리듬을 설정하는 것이다. 따라서 학생이 하고 있는 것이 무엇인지(예 : 표적행동) 정확하게 정의할 필요가 있다. 표적행동은 반드시 직접적으로 관찰 가능하고 측정 가능해야 하며, 행동의 빈도, 지속시간, 강도 등이 기초선과 중재 시기 동안 측정되어야 하고 신뢰도 높은 측정방법에 의해 기록되어야 한다. 그래서 부사나 형용사보다는 동사로 기록하는 것이 바람직하다. 예를 들어, 공격성은 때리기, 주먹질하기, 밀기로, 과제이탈 행동은 활동영역 이탈하기, 책상에 드러눕기 등으로 표현된다(Blakeley-Smith, Carr, Cale, & Owen-DeSchryver, 2009). 이러한 조작적 행동은 해당 행동의 진전도나 부재 등을 측정하기 위한 기회를 제공해 주고 행동중재 계획에 따라 수정되거나 기록될 수 있다. 표적행동 확인에 대한 고찰을 좀 더 살펴보려면 제6장을 참조하기 바란다.

표적행동에 대한 관찰 및 기초선 데이터 수집하기

표적행동이 확인되면 행동의 빈도, 기간 또는 강도에 관한 데이터를 수집해야 한다. 이 정보는 교사에게 (a) 문제의 심각성에 대한 정보(실제로 문제가 되는가?), (b) 행동중재 계획 실행 이후 중재 데이터와 비교할 수 있는 정보를 제공한다. 데이터 수집은 중재의 효과성 및 행동중재 계획의 수정 필요성을 판단하는 데 반드시 필요한 절차이다. 데이터 수집 및 평가 방법에 대한 포괄적인 고찰은 제6장과 제7장을 참고하라.

표적행동의 배경사건 또는 선행사건 확인하기

학생의 표적행동을 정의하고 데이터를 수집한 다음에는 그 행동들이 가장 자주(또는 가장 적게) 나타나는 때가 언제인지를 파악할 필요가 있다. 용어가 의미하는 대로, 배경사건(혹은 선행사건)이라는 것은 문제행동 발생의 직접 원인은 아니지만 그 행동이 나타날 만한 무대 역할을 한다고 보면 된다. 빨간색 신호등이 익숙한 사례이다. 교통 신호등은 그것이 바로 그렇게 행동하게 만드는 것은 아니지만 차를 멈추게 할 무대장치와 같다. 빨간색 신호등이 존재한다는 확실성이 예측되면 대부분의 사람들은 거의 브레이크 페달을 밟고 멈춘다. 여기서 예측이라는 용어에 주목해 보자. 예측성은 기능적 사정에서 매우 중요한 역할을 한다. 교실적용 9.1에서 대니얼의 표적행동에 대한 선행사건은 무엇인가?

FBA의 중요한 구성요소는 교사, 학부모 및 학생과 접촉하는 사람들을 인터뷰하여 학생의 표적행동에 대한 정보를 수집하는 것이다. Barnhill(2005)과 Miltenberger(2001)는 표적행동을 확인한 다음, 가능성 있는 배경사건의 파악에 도움이 될 수 있도록 다음과 같은 면담질문 목록을 개발하였다.

- 표적행동이 자주 나타나는 시간은 언제인가?
- 표적행동이 자주 나타나는 장소는 어디인가?
- 표적행동이 나타날 때 누가 있는가?
- 표적행동에 선행하는 활동이나 사건은 무엇인가?

교실적용 9.1 **문제의 악화**

대니얼은 새로운 고등학교에 입학한 지 단 3주 만에 자신에 대한 우호적 분위기를 잠재우고야 말았다. 톰슨 선생님이 1학년 미국문학시간에 "00쪽을 펴세요."라고 말씀하셨을 때다. 대니얼은 교과서를 책상에 내리치더니, 의자를 뒤로 젖히고 앉아서 아주 건방진 자세로 팔짱을 꼈다. 선생님이 부드럽게 다시 지시를 했지만, 대니얼은 반항조로 "바보 같고 지겨워."라고 말했다. 선생님은 대니얼을 '차분해지는 방'이라 완곡하게 표현되는 교내 학습센터로 보내기 전에 다시 한 번 기회를 주려고 여러 번 노력했지만, 그때마다 매번 분위기만 썰렁해졌다. 이럴 때 누군가 교실을 자세히 살펴본다면, 교실은 점점 관찰용 타임아웃실에서 대충의 만남과 교제를 즐기는 곳이 되어 가고 있으며, 이런 일에 아주 익숙하다 못해 마치 놀러온 것 같은 학생들이 모인 지극히 썰렁한 집합장소로 변해가고 있다는 것을 알 수 있을 것이다. 또한 학생들은 학급에서 이루어지는 여러 가지 활동을 피하는 데 점점 능숙해질 것이며, 장차 힘든 학교 공부는 아예 하지 않으려 할 것이다. 대니얼이 도전적인 행동 때문에 격리되어 있는 동안 교사는 행동 프로그램에 대해서 그다지 열정을 갖지 않게 될 것이고, 그 결과 대니얼은 점점 더 분열적인 아이로 변해갈지도 모른다.

생각해 보기
톰슨 선생님은 대니얼의 행동이 유지되는 선행사건과 후속결과에 대해서 좀 더 이해를 함으로써, 대니얼의 분열성에 대해 완전히 다른 행동적 접근을 해 볼 수 있지 않았을까? 대니얼의 불복종 행동에 대한 기능적 사정은 무엇을 보여 줄 수 있을까? 며칠 후 톰슨 선생님이 읽기 과제와 관련된 영화를 보여 주었을 때, 대니얼은 굉장히 빠르게 순응적으로 변했다. 심지어 옆 친구에게 선생님 말씀을 잘 들으라며 꾸짖기도 하였다. 대니얼의 행동이 이처럼 빠르게 변화하게 된 까닭은 무엇일까? 톰슨 선생님에게 대니얼의 행동을 다루는 어떤 방법을 추천할 수 있을까?

교사들은 학생들의 행동이 변화되기 전에 그 행동의 기능이 무엇인지 혹은 왜 그러한 행동을 하는지에 대해서 생각해 보아야 한다.

- 표적행동이 발생하기 바로 직전에 누가 어떤 말이나 행동을 하였는가?
- 표적행동이 나타나기 전에 아동이 보여 준 다른 어떤 행동이 있는가?
- 표적행동이 가장 적게 발생하는 시간, 장소, 사람, 조건은 어떠한가?

근접 배경사건　배경사건은 학생의 분열행동과 매우 근접해 있을 수 있다. 이러한 사건은 주로 학급 내부에 존재하는 경우가 많다. 일과 중의 어떤 시간, 일주일의 어떤 날, 학급 활동 중 하나이거나 혹은 그러한 활동의 취소, 교단에 있는 성인(예 : 보결수업 교사) 등이 근접 배경사건에 해당되는 사례이다. 다음은 즉각적인 선행사건 혹은 근접 배경사건을 확인하는 데 도움이 될 만한 질문이다.

- 학생의 문제행동과 관련성이 높아 보이는 일과 중 학습활동이나 비교과 활동은 무엇인가?

- 문제행동의 단계로 작용할 만한 어떤 일과 상의 변화가 있었는가?
- 문제행동의 무대가 될 만한 일과 상의 변화는 무엇이 있었는가?
- 문제행동이 증가할 가능성이 높은 시간은 일과 중 어떤 시간인가?
- 분열행동이 더 자주 발생할 것 같은 특정 교실이나 특정 학습과제, 혹은 특정 선생님이 있는가?

원격 배경사건 원격 배경사건은 보통 가정에서 발생하는 경우가 많은데, 학교수업이 시작하기 전이나 학교로 이동하는 과정에서 발생하기도 한다. 원격 배경사건은 학교에 도착하기 전에, 학생을 흥분시키는 일이나 행동에 영향을 주는 신체적 혹은 정신적 갈등과 관련되어 있는 경우가 많다. 학부모가 학교 관계자에게 미리 통보를 해 주면, 학생이 학교에 도착해서 동요하려 할 때에도 적절한 대처가 가능해진다. 질병, 형제자매나 학부모와의 말다툼, 예상치 않았던 일상에서의 변화 등이 이러한 관련사항에 포함된다. 학부모에게 학생의 표적행동에 관련하여 인터뷰를 실시하면 학생의 교실 행동에 대한 중요한 정보를 얻을 수 있다. 예를 들어, 대부분의 행동은 집에서 배우는 경우가 많으며 이후에 학교에 와서도 동일한 기능을 얻기 위해 같은 행동을 하곤 한다.

행동 발생 가능성이 가장 낮은 장소는 어디인가? 학생의 바람직하지 못한 행동의 무대가 되는 것으로 보이는 근접 및 원격 사건을 확인함과 동시에, 그보다 더 중요하다고 볼 수는 없지만 반드시 확인해야 할 부가적인 사항들이 있다. 바람직하지 않은 행동이 관찰되었을 때, 가능하면 바람직하지 않은 행동을 가장 적게 보이는 곳은 어디인지도 확인해 볼 필요가 있다. 예를 들어, 스미스 선생님 교실에서는 잘못된 행동을 많이 하지만 존스 선생님의 교실에서는 협력적이고 참여도 잘한다고 하자. 이런 경우 스미스 선생님은 존스 선생님의 교실에 가볼 필요가 있다. 그곳에 가보면 그 학생이 무엇을 하고 싶어 하는지 확인할 수 있을지도 모른다.

표적행동을 유지시키는 후속결과 확인하기

다음은 표적행동을 유지시키는 후속결과를 확인하는 데 도움이 될 만한 질문이다.

- 표적행동이 나타난 다음에 어떤 일이 벌어지는가?

- 표적행동이 나타났을 때 당신은(혹은 누군가) 무엇을 하고 있는가?
- 표적행동이 나타났을 때 학생이 얻게 되는 것은 무엇인가?
- 표적행동을 하는 동안 혹은 그 이후에 학생이 피하게 되는 것은 무엇인가?

표적행동을 유지시키는 후속결과를 확인했을 때, 교사는 그 후속결과가 강화로 작용하는지 벌로 작용하는지에 대해서 섣불리 판단해서는 안 된다. 예를 들어, 어떤 교사가 읽기 시간에 나타난 학생의 분열행동에 대하여 타임아웃을 실시한 것이 실제로는 강화와 유지시키는 기능을 했음을 알고 놀랄 수도 있다. 그러나 학생이 자신의 읽기 기술이 빈약해서 그 활동을 회피하고 있는 것이라면, 이 학생에게 타임아웃은 매우 중요한 기능(또래 앞에서의 읽기에 대한 회피)을 하게 된다. 제10장에서 우리는 행동을 유지시키는 강화의 역할에 대하여 논의할 것이다. 물론 교사의 목적은 적절한 행동을 유지시키는 것이다. 그러나 FBA는 교사가 부정적인 반응(얼굴 찡그리기, 소리치기, 타임아웃)을 보이는 것이 학생에게는 자기가 원하는 것을(교사의 관심 획득 혹은 어려운 과제 회피) 제공해 줄 수 있는 신호로 인식될 수도 있음을 보여 준다. 위에서 제시한 면접 질문 목록은 표적행동을 유지시키거나 강화하는 후속결과가 무엇인지 잘 드러나게 해 주는 역할을 한다. 누가 이 질문에 대답할 것인가? 학생의 표적행동을 관찰할 수 있는 사람이라면 누구라도 이 질문들에 중요한 단서를 제공해 줄 수 있다. 교실적용 9.1에서 대니엘의 표적행동을 유지시키는 후속결과는 무엇인가?

표적행동의 기능 또는 목적 확인하기

이제 표적행동을 확인하고 문서화했으며, 표적행동이 가장 많이 혹은 가장 적게 일어나는 것을 예측할 수 있는 선행사건 또는 배경사건을 알게 되었다고 하자. 그리고 표적행동을 유지시키는 후속결과 또한 확인했다고 하자. 그렇다면 이제 다음 두 가지 질문에 주의를 기울일 필요가 있다.

- 분열행동의 목적은 무엇인가?
- 바람직하지 않은 행동을 통해 학생이 얻거나 피하게 된 것은 무엇인가?

기능적 사정의 철학적 근거는 어떤 행동이 학생이 발견한 어떤 가치를 창출해 내거나(예 : 관심 혹은 활동), 학생이 회피하고 싶은 불쾌하거나 당혹스러운 무엇인가(수학 학습지)를 피할 수 있게(혹은 제거) 해 주기 때문에 발생한다는 것이다. 예를 들어, Boyajian, DuPaul, Handler, Eckert와 McGoey(2001)는 공격행동을 자주 보이는 4~5세인 세 명의 유치원생에 대하여 기능적 행동분석을 실시하였다. 세 아동 모두 ADHD 위험이 있었다. 그러나 기능적 행동분석의 결과는 의학적 장애가 아니라 유관 강화에 의해 "공격행동이 유지되고 있음을 보여주었다"(p. 278). 또한 Scott과 Kamps(2007, p. 151)는 "중재는 행동에 근거한 것이 아니라 행동의 기능에 근거해야 한다."고 하였다.

　행동이 기능으로 작동한다는 것을 보여 주는 두 번째 사례는 Kearney(2004), Kearney와 Albano(2004)의 연구에서 살펴볼 수 있는데, 이 연구에서는 등교를 필사적으로 거부하는 학생들의 기능적 프로파일에 대해 보고하고 있다. Kearney(2004, p.276)는 등교를 거부하는 학생들에게 다음과 같은 '기능적 조건'이 하나 혹은 그 이상 존재함을 발견하였다.

- 불안과 우울을 유발하는 학교 기반의 자극 회피하기
- 혐오적인 학교 기반의 사회적 상황에서 벗어나기
- 중요한 타인(예 : 학부모)으로부터 관심 받기
- 학교 밖 유형의 강화물 추구하기

학생 면접　O'Neill과 동료들(1997)은 학생과 함께하는 교사나 기타 관계자들과의 면접과 더불어, 학생에게 직접 자신의 분열행동에 대해 물어보는 방법도 유익한 방법이라고 하였다. 학생에게 왜 잘못된 행동을 하는지 물어봄으로써 매우 흥미로운 정보를 얻을 수 있다. 특히 학생이 면접자와 긍정적이고 신뢰하는 관계라면 더욱 효과적이다. 섬세하고 세련된 질문을 통해 학생 자신이 바람직하지 않은 행위를 통해서 무엇을 얻고자 하는지 알아낼 수 있다. 예를 들어, "존!, 그렇게 하면 뭘 얻을 수 있지?", 혹은 "존! 너 선생님이나 다른 친구들이 네가 한 행동에 그렇게 반응하는 게 재미있나 보구나?"

　Hoff, Ervin과 Friman(2005, p. 45)은 일반학급에서 교육받는 12세의 ADHD/ODD(주의력결핍과잉행동장애/기타 발달장애) 학생들을 대상으로 학생면접, 교사면접, 직접관찰 등을 실시하여 '학급 환경의 조건과 분열행동 발생 간의 관계'에 관한 가설을 일반화하고자 하였다. 이 연구자들은 학생 및 교사와의 면접을 통해서 '분열행동이 더 자주 일

> 벤더빌트대학교의 IRIS 센터에서는 예비교사와 현직교사를 위한 훈련촉진교재를 개발하였다. 기능적 행동사정의 구성요소를 이해한 후, 통합(Include), 존중(Respect), 자기 결정(I Self-Direct) 모듈을 실행해 보도록 하자.

어나거나 더 적게 일어날 것 같은 상황과 조건'을 확인하고자 하였다(p. 49).

교사들이 표적행동의 선행사건이나 후속결과를 확인하는 데 도움을 주기 위하여 좀 더 형식적이고 구조화된 설문지가 출판되긴 했지만(Cunningham & O'Neill, 2007 참조), 이러한 도구들이 반드시 필요한 것은 아니며, 가급적 이 장에서 소개하는 보다 간편한 문항과 지침들을 사용할 것을 권장한다.

대체행동 확인하기

표적행동을 확인하는 것과 더불어 그 행동을 변화시키고자 한다면, 표적으로 삼은 도전적 행동이 일어나는 장소에서 학생이 어떤 행동을 보였으면 좋겠는지 그 표적행동을 결정할 필요가 있다. 이것을 소위 대체행동이라고 부른다. 예를 들어, 크게 소리를 질러 대답하는 학생이 있다면, 교사는 그 학생이 손을 들고 호명을 기다릴 수 있도록 가르치고 싶을 것이다. 손들기와 호명할 때까지 기다리기는 소리를 지르는 표적행동을 대신하거나 대체할 행동으로서 가르치고 강화할 필요가 있다. 이런 전략은 학생의 행동중재 계획(손들기 행동 교수 및 강화)의 중요한 구성요소가 된다. 두 번째 사례로, 표적행동(자리에서 넘어짐)을 통해 많은 관심을 받고 싶어 하는 학생이 있다면, (a) 표적행동의 목적인 관심을 제거하거나, (b) 학생에게 똑같은 기능(관심)을 제공하면서도 사회적으로 적절하고 교실에서 덜 분열적인 행동인 대체행동(착석 행동)이 무엇인지 확인할 필요가 있다.

이 두 가지 사례에서 대체행동을 확인하기 위하여 교사는 "관심을 받기 위해 표적행동을 보이는 대신에 우리 교실에서 관심을 받기 위해 보여 줬으면 하는 보다 적절한 행동은 무엇이 있을까?"라는 질문을 해 볼 필요가 있다. 그리고 그 행동의 기능이 학업 과제나 기타 선호하지 않는 활동을 피하기 위한 기능을 지닌 것이라면, "어떻게 하면 이 학생이 활동을 피하기 위해 표적행동을 하는 대신에, 좀 더 강화를 받거나 스트레스를 덜 받는 활동을 구성할 수 있을까?"라는 질문을 해 볼 필요가 있다. 예를 들어, 교사는 분열 행동을 보이지 않고 활동에 참여하는 지속시간이 증가할 때마다(새로운 행동의 형성 및 연쇄, 제10장 참조), 강화 메뉴(제10장의 강화 메뉴에 관한 논의 참조)에서 원하는 항목을 선택할 기회를 제공하는 행동계획을 작성할 수 있다.

제10장에서 설명하겠지만, 일단 대체행동이 확인되면 강화 프로그램이 이 새로운 대

체행동을 강화하고 유지시키는 데 통합되어야 한다. 이러한 전략은 학생의 행동중재 계획에 중요한 부분이 된다.

Park(2007)은 ERASE라는 약자로 포괄적인 FBA의 전체 구성요소를 다음과 같이 설명한다.

E=설명(Explain) : 표적행동은 무엇이며, 그 행동의 사전 사후에 어떠한 일이 발생하는가?

R=이유(Reason) : 이 행동을 통해서 학생이 얻거나 피하게 되는 것은 무엇인가?

A=적절성(Appropriate) : 표적행동 대신에 학생이 어떤 행동을 했으면 좋겠는가?

S=지원(Support) : 적절성 영역에서 확인된 대체행동을 지원하고 강화한다.

E=평가(Evaluate) : 성공의 기준을 정의하고 학생의 진전도를 점검한다.

교육과정중심 사정

앞서 FBA에 대하여 살펴본 것처럼, 어떤 행동의 정상이나 기대치로부터의 일탈보다 그 행동의 목적이나 이익이 무엇인지를 알아보려면 교실 환경에서 뭔가 평가를 실시해야 할 것이다. 이러한 평가에는 학생의 행동과 관련된 교실 환경에 대하여 크게 두 가지 구성요소가 포함된다. 하나는 행동에 대한 일반적인 선행사건이나 후속결과이며(이 장의 주제로 깊이 살펴보았던), 다른 하나는 교사가 가르치고자 하는 학급 교육과정이나 학습 자료의 내용이다. 첫 번째 구성요소는 환경적 이슈와 관련하여 어떻게 자료를 제시할 것인가와 관련되어 있다(학급 규칙, 학생이 앉는 곳, 교사와 학생의 상호작용 방법 등), 두 번째 구성요소는 학급에서 가르치게 될 실제적인 내용이나 자료를 다루는 것이다(수학이나 과학 등의 특정 학습단계 등). Scott과 Kamps(2007, p. 151)는 "학생들은 하루의 대부분을 학급에서 지내며, 학급의 초점이 학업에 맞추어져 있기 때문에, 학습과 사회적 행동 간의 관계를 절대 무시해서는 안 된다."고 하였다.

FBA는 학생의 현재 수행수준에 맞는 교육과정의 내용을 고려해야 한다. 이 장의 개관에서 언급하였듯이, 교육과정의 불일치는 너무 어렵거나 지겨운 활동과제를 피하려는 도전행동의 기능이 발생할 때, 그 부적절한 행동의 선행사건으로 작용한다. 학급 교육과정과 각 학생의 학습 준비도를 적절히 일치시키는 것은 학급관리와 교수에서 매우 중요한 부분이다. 교사의 교육과정이 모든 학생에게 똑같다면 교사와 학생 모두 성공으로부터 멀어질 것이며, 일부 학생의 행동은 우려할 만한 이슈로 점점 커지게 될 것이다.

CBA : 정의 및 간략한 역사

교육과정중심 사정(curriculum-based assessment, CBA)은 학생의 요구와 능력에 맞는 학급 수준 교육과정을 적용하기 위해서 학생의 교수적 요구를 확인하기 위한 전략이다. CBA 의 주요 목적은 학생의 기술과 교사의 과제 및 기대치 사이에서 발생하는 교육과정상의 불일치를 감소시키는 데 있으며, 학생의 수행능력을 증진시키고 도전적인 행동을 감소시키는 데 있다.

Shapiro와 Derr(1990)은 CBA는 학생의 교수적 요구를 확인할 수 있는 방법이며, 의도했던 만큼의 수행이 이루어지지 않았을 때 자신의 교육과정을 보다 신속하게 적합화하기 위한 전략이라고 간단명료하게 정의하였다. 예를 들어 교실적용 9.2를 보면, 사라가 글쓰기 과제에 대해 덜 불안해하고 수업시간에 부적절한 행동을 하지 않도록 약간의 교수적 수정이 제공된다. CBA는 교사가 (a) 학생이 어려움을 느끼는 특정한 영역, (b) 분열행동의 선행사건 등을 정확하게 알 수 있게 해 준다.

이러한 CBA 모델 안에서의 변형에 대해서는 여러 전문서적에 명확하게 기술되어 있다(Howell, Fox, & Morehead, 1993; King-Sears, 1994; Shapiro & Derr, 1990). 이 문헌들을 살펴보면 CBA의 역사와 모델에 대하여 좀 더 깊이 있게 파악할 수 있다.

CBA : 모든 학생들에게 적합하다

교육과정중심 사정은 단지 특수교육 서비스를 받는 학생이나 개별화교육계획이 필요한 학생뿐만 아니라, 모든 학생에게 유효적절한 방법이다. Roberts 등(2001, p.264)은 일반교육환경에서 "교육과정중심 사정 절차는 선행사건을 확인하기 위한 기능적 행동사정과 함께 통합될 수 있다."고 하였으며, 자신의 기술 수준과 관련하여 '너무 어려운 학업활동에 대한 회피'의 동기로 작용할 수 있다고 하였다. Macht(1998)에 의하면, CBA가 명칭붙임(labeling)을 예방할 수 있음을 강조하면서, 얼마나 많은 학생들이 '학습장애'나 '정서장애'로 명명된 채, 유치원 같은 어린 시절부터 줄곧 맞지 않는 교육과정을 적용받고 있는지 모른다고 하였다. CBA에서는 교사가 학생의 수행능력을 사정할 때, 학생들이

교실적용 9.2

전문가의 눈

4학년인 사라는 자기가 싫어하는 창작 글짓기 과제를 받을 때마다, 멜리사 선생님이 빈 종이를 건네주었지만, 금세 "잊어버렸어요."라고 말한다. 사라는 선생님이 건넨 종이를 눈 뭉치처럼 뭉쳐서 책상에 구겨놓고는 교실을 배회한다. 모나게 말하거나 감언이설을 하거나 아첨을 하는 등 반항적이고 거친 표현을 한다. 사라가 "안 해."라고 말하면 어쩔 수 없이 학교 자료실의 제인 선생님을 모셔 함께 하도록 하고 사라의 과제를 도와주도록 한다. 이 문제에 대한 중재 요청을 받은 학교 행동심리학자 제이슨은 사라, 제인, 멜리사를 각각 따로따로 여러 차례에 걸쳐 만났다. 인터뷰를 하면서, 제이슨은 멜리사에게 사라의 행동에 대해서 2주 동안 기초선 데이터를 수집할 것을 요구하였고, 그 자료를 이용하여 ABC 분석을 실시하였다(제6장 참조). 그리고 학급 환경의 맥락에서 사라의 행동을 관찰하기 위해서 교실 관찰을 허락해 줄 것을 요청하였다. 또한 사라와의 면접에서 사라의 기본적인 쓰기 기술에 대한 CBA를 실시하였다. 제이슨은 멜리사와 함께 자신의 관찰 결과를 공유하는 모임을 가졌다.

제이슨은 "쓰기 수업이 단서가 되고 있습니다. 빈 종이를 주는 건 거절을 촉발시키는 일입니다. 빈 종이는 (a) 과제를 회피하고, (b) 제인 선생님과 시간을 보낼 수 있다는 신호가 되는 셈입니다."라고 설명하였다. 제이슨은 사라의 쓰기를 관찰한 것에 근거하여 사라가 쓰기를 꽤나 잘하는 편이라고 하였다. 그는 멜리사에게 사라가 좀 더 협력적으로 임하게 하려면 빈 종이만 제시해서 표적행동의 선행사건으로 작용하게 할 것이 아니라 좀 더 구조화된 쓰기 과제를 제시할 필요가 있다고 하였다. "내가 사라에게 배가 고픈 상태인 하얀 점이 있는 빨간 강아지에 대해서 글을 써 보라 하고 사라가 글을 쓸 위치에 경계선을 그려 줬어요. 그리고 전체 빈 종이보다는 다룰 수 있는 단서들을 제공했죠. 그렇게 가르쳤더니 아주 잘하더라구요." 제이슨은 멜리사에게 사라가 글을 썼으면 하는 공간의 양만큼 선을 그려 줄 것을 요청하였고 무엇을 써야 할지에 대한 구체적인 지시를 해 줄 것을 조언하였다. 사라는 과제를 완수했을 때 강화를 얻을 수 있게 되었고 지난 시간보다 조금씩 더 많이 쓰기 과제를 요구받게 되었다. 제이슨은 또한 사라가 자료실의 제인 선생님을 방문하는 것은 반드시 강화 프로그램의 하나로 사용할 필요가 있음을 제안하였다. 회를 거듭할수록 사라의 쓰기 기술이 좋아지고 스스로 빈 종이를 채울 능력이 향상되자 제이슨은 추가적인 교수를 점차 줄여 나갔다.

생각해 보기

사라의 표적행동을 정의한다. 사라의 표적행동에 대한 선행사건과 후속결과는 무엇인가? 멜리사와 제인은 사라의 행동에 어떤 역할을 하고 있는가? 사라에게 쓰기 과제를 제시할 때, 멜리사가 쓰기 촉진을 천천히 줄여 나갈 수 있도록 하려면 어떤 조언을 할 수 있겠는가? 사라의 거절 행동 표현이 계속된다면, 제인 선생님이 있는 자료실로 계속 보내야 할 것인가? 아니라면 어떻게 해야 할 것인가?

할 수 없는 것을 기술하기보다 학생들이 할 수 있는 것에 초점을 둘 것을 강조한다. 그래서 '이 학생은 읽을 수 없음'이 아니라 그 학생이 읽을 수 있는 무엇인가에 대해서 적어야 한다. 유능한 선생님이란 학생이 할 수 있는 그 무엇인가에 희망을 거는 사람이다.

'실패는 없다'는 접근법

어떤 학생이 교사가 제시한 교육과정에 따라 향상되지 못했다면, 이는 필시 교사의 교수 전략이 성공적이지 못했거나 그 전략에 수정이 필요하다는 반증일 수 있다. 이는 특수교육 대상 학생에게도 동일하게 적용되는 진리이다. 책임 전가(예 : 실력 없는 교사, 관심

없는 학부모, 뇌의 장애, 잘못된 신경체계 등)로는 구체적인 목표를 만들 수 없다.

학습에 문제가 없는 학생은 없다. 더구나 교사라는 존재는 교실 이외의 공간에서 관련 변인들을 효과적으로 변화시킬 수 있는 사람들이 아니다. 우리가 주목해야 할 사항은 학급 내에서 교사들이 사용하는 전략에 관한 것이다. 어떤 학생이 지닌 특유의 강점이나 약점이 중요한 것이 아니라 교사의 융통성 있고, 유효적절하며, 충분히 효과적인 학급운영 전략이 성공을 보증하는 지름길이다.

다양한 학생과 광범위한 교육과정의 필요성

교사라는 존재는 자기 학급의 학생들이 다양한 만큼, 그에 상응하는 다양한 욕구를 충족시킬 수 있는 교육과정과 교수기술을 모두 지니고 있어야 한다. 광범위한 교육과정이 준비된 교사가 되어야 학생들과 함께 할 때 무엇인가 유익한 내용을 전달할 수 있을 것이다.

한 학급 안에도 천차만별한 학생들이 있지만, 교사는 가르칠 내용이든 가르치는 속도든 그들 모두를 위해서 동일한 열정을 기울여야 한다. 일부 교사들이 "나는 3학년 담임이야! 어떤 애들은 3학년 과정을 공부할 준비가 되어 있지 않다니깐, 그건 내 문제가 아니야."라고 말하기도 하는데, 이는 다분히 비생산적인 태도이며 최상의 실제와는 너무도 거리가 먼 발언이다. 학년은 3학년이지만 기술 수준은 1학년이나 4학년인 학생이 있을 수 있다. 어떤 학급에는 학년은 7학년이지만 수준은 10학년인 학생이 있을 수도 있다. 근본적인 차이점은 교사의 도전정신에 있다. 교사가 당면한 도전적 과제를 어떻게 처리하느냐에 따라, 학생들의 학습적 성취나 학급 내 행동은 커다란 영향을 받는다.

교육과정 프로브 : CBA의 가장 주요한 수단

교육과정 프로브(probes)는 CBA 모델에서 가장 중요한 수단이며, 학생의 현재 기술 수준을 알아보는 데 사용된다. 프로브 검사지는 일반적으로 교사가 작성하며, 실용적이고 준거 참조적인 형태의 검사(criterion-referenced tests, CRTs)로 제작하게 된다. 이때 교사는 자기 학급 학생들에게 적용하기 위해 만든 교육과정(예 : 수학 문제, 철자 쓰기, 읽기 과제, 쓰기 숙제 등)을 활용한다.

이런 프로브 검사지에는 몇 가지 관련 질문이나 연습문제, 혹은 그와 관련된 합계 등이 포함되며, 매우 포괄적인 성격을 지닌다. 예를 들어, 전략적으로 몇 개의 수학문제를 선택한 다음 이를 프로브 검사지로 제작했다면 그것이 바로 교육과정 프로브 검사지가 된다. 한 단락에서 한 줄이나 두 줄을 해석해 보게 함으로써 해석능력을 프로브로 사용해 볼 수도 있다. 이야기의 배경이나 장소에 대해서 이야기해 보도록 하는 것도 좋은 프로브가 될 수 있다. 같은 학생에게 몇 가지 문장 이해에 관한 질문, 혹은 직역이나 의역을 시켜보는 것도 좋은 프로브 방법이 될 수 있다. 학생에게 한두 문장을 써보도록 했다면, 그것도 좋은 쓰기 프로브를 본 셈이 된다.

프로브를 통해서 학생이 할 수 있는 것은 무엇이며, 교육과정을 가르치기 시작할 때 무엇을 강조해야 할 것인지 등에 관한 정보를 얻을 수 있다. 월요일에 실시한 프로브 검사지와 같은 프로브 검사지로 그다음 주 화요일이나 수요일에 본 프로브 결과를 비교해 본다면, 교수 전략의 성공 여부를 판가름할 수도 있다. 또한 다음 단계로 계속 진도를 나가야 할지 혹은 좀 더 연습을 시켜야 할지 등도 알 수 있을 것이다.

프로브 검사지 제작

자신만의 프로브 검사지를 제작하기 위해서는 다음 사항을 고려해야 한다.

1. 학생에게 사용할 교육과정을 지속적으로 분석한다.
2. 교육과정에서 질문이나 문제를 추출하되, 가능하면 가르치고자 하는 기술이 폭넓게 망라될 수 있도록 제작한다(3개 학년 정도의 수준을 망라하는 정도).
3. 질문이나 문제를 난이도에 따라 배열한다. 쉬운 난이도로 분류되는 문항이란 학생이 이미 답을 알고 있을 것으로 예측되는 문항을 말한다. 다양한 양식으로 비슷한 난이도의 문항을 만든 다음 난이도의 증가에 따라 목록을 만든다.
4. 개발한 문항으로 프로브를 본다.
5. 정답과 오답으로 점수를 매기고, 맨 뒤에는 오류에 대해 기술한다.
6. 학생별로 폴더를 만들어서 사용하고, 가르칠 기술에 근접한 기술에 대해 기록한다.
7. 학생의 성취 수준을 나타내는 간단한 그래프를 개발한다(제6장 참조).

프로브 검사지의 사례

프로브 검사지를 제작할 때 사용할 수 있는 틀은 다음과 같다. 교사가 자신만의 고유한 프로브 검사지를 제작하려면 먼저 자신의 교육과정, 교육 목적, 선호도를 고려해야 한다. 또한 프로브를 보는 목적이 교사 스스로가 보다 나은 교수를 위해서 학생의 학습 형태를 알아보는 데 있다는 점을 명심해야 한다.

쓰기 프로브 쓰기 프로브의 목적은 읽기 실력에 대한 표본을 구하는 데 있으므로 가급적 쉽게 만들어야 한다. 쓰기 프로브를 실시할 때는 다음과 같은 방법으로 표본을 수집한다.

- 학생에게 구체적인 주제와 질문을 던지고 그 주제에 대하여 써보도록 한다.
- 동일한 내용을 요구하기보다는 다양한 주제를 선택할 수 있도록 하고, 그 주제에 대하여 써보도록 한다.

쓰기 프로브를 실시할 때는 시간제한을 두는 것이 좋다. 가능하면 수업시간 이내에 마칠 수 있도록 제작한다. 만약 교사가 특정한 부분에 관심이 있다면 그러한 관점에 따라 프로브를 실시할 수 있다. 즉 글의 내용, 구두점의 사용, 음성의 사용, 창조성, 철자의 정확성, 의미의 상통, 이야기의 적절성, 논리적 흐름에 맞게 표현하기 등이 교사가 호기심을 가질 만한 평가관점이 될 수 있을 것이다. 쓰기 프로브는 개별적으로 실시할 수도 있고 집단적으로 실시할 수도 있다. 성적 향상을 도식으로 나타내 보면 특정한 학생에게 가르칠 학습 방법이나 과제의 형태를 결정하는 데 도움이 될 것이다.

수학 프로브 수학 프로브 검사지를 제작할 때는 어떤 특정 영역의 기술을 사정할 것인지를 먼저 결정할 필요가 있다. 만약 그 특정 영역이 덧셈이라면 우선순위는 덧셈이 될 것이고, 수학 프로브 검사지에 그와 관련된 광범위한 유형의 문제를 만들면 된다(예 : 수에 대한 인식, $3 > 2$와 $2 > 3$ 중 무엇이 맞는가, $23 + 45 =$, $327 - 1867 =$, $54 \times 30 =$, 144를 6으로 나누면, $1/2 \times 3^{1}/6 =$ 등).

수학 프로브 검사지를 만들 때는 학생의 현재 수행 수준에서 그 상하 급간을 잘 고려해야 한다. 학생의 숙달 정도나 난이도를 확인해 보고 확실히 오류가 생기기 시작하는 수준을 확인한다. 보다 확실한 확인을 위해서 예전에 그 학생을 가르쳤던 교사들이 사용했던 프로브 검사지를 확보하는 것도 도움이 된다. 보통은 교무실 같은 곳에 프로브 검사지가 보관되어 있으므로 쉽게 찾을 수 있을 것이다.

수학 프로브에서는 전형적인 산수보다 수학적 개념에 대한 프로브를 보는 것이 좋다. 다음에 제시된(향후 프로브 검사지로 사용될) 문제를 학급에 적용해 보면, 학생들이 구체적인 산수부터 추상적인 사고나 개념에 대한 이해, 그리고 응용이나 통합 및 일반화로 향상될 준비가 얼마나 되어 있는지에 대해서 많은 정보를 얻을 수 있을 것이다.

> 빌리는 캔디바의 1/4을 먹었다. 매리는 캔디바의 다른 부분을 1/4만큼 먹었다. 스미스
> 선생님은 캔디바의 1/2을 먹었다.
> (a) 캔디바는 얼마나 남았습니까?
> (b) 스미스 선생님은 빌리보다 캔디바를 얼마나 더 많이 먹었습니까?

읽기 프로브   Ardoin 등(2013)은 구두 읽기 유창성에 대한 교육과정중심 측정 관련 문헌을 고찰한 결과, 대부분 유창성을 검증해 보고 지원하기보다는 단지 전문가의 의견에 따라 의사결정을 하는 경우가 많다는 것을 발견하였다. 이로 인해 많은 수의 학생들이 읽기 기술이 부족하다는 이유로 특수교육 서비스 대상자로 의뢰되는 결과를 낳고 있다. 구두 읽기에 관한 교육과정중심 측정 및 진전도 점검에 관해서는 Christ 등(2013)의 자료를 참고하기 바란다.

읽기 프로브 검사지를 제작하는 것은 쉽지 않은 일이기 때문에 가급적이면 교내의 읽기 전문가에게 자문을 받아 보아야 한다. 또한 읽기 프로브를 집단적으로 실시할 수 있기는 하지만 개별적으로 프로브를 보는 것이 훨씬 더 많은 정보를 얻을 수 있다. 학생과 마주 앉아 어느 정도의 수준이 편안하고 부드러운 수준인지를 확인하면서 즉각적으로 잘못이 나타나는 단서나 실수에 대해서 분석할 기회를 갖는 것이 좋다. 이를 통해 그 학생이 제시된 제재를 잘못 해석하지는 않는지 혹은 포괄적인 추론 능력이 있는지 등을 측정해 보기도 하고, 읽기 능력을 측정할 수 있는 최상의 방법을 구상해 본다. 또한 이러한 과정을 반복해서 실시해 보도록 한다.

집단 프로브를 실시하려면 여러 개의 단락을 만들어서(3~5문장이나 그 이상) 초급부터 고급 수준까지의 제재를 구성한다. 이 단락들을 학생들에게 제시하고 처음부터 각 단락별로 읽어 보도록 한다. 시작은 교사가 정한 난이도 수준에 따르면 되고, 제재별로 2~3개의 질문에 답할 수 있도록 한다. 짧은 읽기과제와 답하기 과제는 제재가 모두 끝날 때까지, 혹은 더 이상 해석을 하지 못할 때까지 계속 실시한다. 학생들이 어릴 경우에

는 아는 단어만 골라서 동그라미를 그리도록 하거나 '*p*'자로 시작되는 단어에만 동그라미를 하도록 하는 방식을 선택하여, 대략적으로 학생들의 현재 읽기 기술과 가르쳐야 할 기술이 무엇인지 확인한다.

프로브를 누가 실시할 것인가?

교사들은 누가 하위 영역별 프로브를 관리 감독할 것이지를 결정해야 한다. 이상적으로는 담임교사가 프로브의 주체가 되는 것이 좋다. 왜냐하면 담임교사가 자기 학급 학생들의 학습 성취도나 난이도에 대해서 가장 최근의 정보까지 가장 정확하게 알고 있는 사람이기 때문이다. 또한 필요한 경우에는 교내의 자원 팀을 활용하여 보조 감독관으로 활용할 수 있다. 교내 자원 팀은 전체 학생에 대한 프로브를 책임질 수 있도록 교내의 여러 구성원들이 참여하도록 한다.

프로브를 언제 실시할 것인가?

CBA 프로브는 수업 전, 수업 중, 수업 후에 모두 실시할 필요가 있다. 수업 전에 프로브를 실시하면, 학생에게 가르칠 교육과정의 수준과 내용을 결정하는 데 필요한 자료를 수집할 수 있다. 수업 전 프로브 결과를 반영하면 교육과정의 잘못된 적용이나 그와 관련된 행동문제 등을 감소시킬 수 있다. 또한, 초기 프로브의 결과를 분석하면 학생이 어느 정도의 제재와 연습문제를 숙달하고 있는지 파악할 수 있다.

수업 중에 실시하는 프로브는 현재 교사의 수업이 학생에게 어떠한 영향을 미치는지에 관한 정보를 얻을 수 있고, 여기서 얻은 자료는 교수 전략 조절을 위한 근거로 활용할 수 있다. 이처럼 '수업 현장(on-the-spot)'에서 진행된 프로브 결과를 활용하면, 학생들이 다양함에도 불구하고 효과적이지 못한 수업방법을 계속해서 사용할 가능성을 줄일 수 있다.

수업 직후에 실시하는 프로브나 연중에 주기적으로 프로브를 실시하면 학생들의 학습 정도를 확인할 수 있다. 사후검사(post-test) 프로브는 초기 프로브와 동일한 내용으로 구성할 수 있고, 약간의 수정을 거쳐 실시할 수도 있다. 연중 실시하는 프로브를 통해서 학생들의 장기적인 기억력에 관한 유용한 정보를 얻을 수 있으며, 여기서 얻어진 정보는 학부모나 학교 관계자들과 학생의 진보에 대해 의사소통할 때 도움이 된다.

프로브를 어디에서 실시할 것인가?

CBA 주창자들의 궁극적인 목적은 모든 일반 교사들이 매일 혹은 매시간마다 프로브를 실시하는 것이다. 실제로 이러한 목적은 달성이 가능하다. 다만 학급 운영을 위해 CBA 모델을 채택하고자 한다면, 프로브를 설계하고 실시하는 데 있어 학교 구성원들의 지지와 특수교육 교사의 특별한 도움을 받아야 할 것이다. 먼저 한 명이나 두 명의 학생을 대상으로 실시해 본 다음 자신감이 생기면 좀 더 확장하는 방식으로 추진하는 것도 좋은 방법이다.

일반적으로 학교마다 실험실이나 학습실과 같은 공간이 있고, 그러한 장소를 활용해서 학생들은 다양한 형태의 수업지원을 받을 수 있다. 또한, 학습과정에서 어려워하는 특정 영역이 있다면 관리자가 지정한 전문가로부터 학습지원을 받을 수 있다. 간이 프로브를 실시하는 데 적합한 장소로 자료실, 한적한 복도, 도서실 모퉁이 등을 활용할 수 있으며, 프로브를 통해서 학생의 현재 수행 수준이나 오류, 교사가 사용하는 전략의 효과성 등을 측정할 수 있다. 기타 고려사항은 다음과 같다.

- **자주 사정한다.** 특정한 기술이나 학습관련 행동에 대해서 알고 싶다면 간이 프로브를 자주 실시하는 것이 좋다. 반복적인 사정을 실시하면 교수 전략 수정의 필요성을 신속하게 파악할 수 있다.
- **다양하게 사정한다.** 프로브의 반응양식을 다양하게 하여 얼마나 정확히 알고 있는지, 얼마나 잘 이해하고 있는지 측정한다. 즉 지필 프로브나 구두 프로브, 철자 쓰기나 문법 등의 정답과 오답을 판별하는 문제처럼 정답과 오답을 구분하는 문제, 빈칸 채우기, 객관식 선다 문항, 잘못된 문항을 고르는 문제 등이 있다.
- **일반화 점검.** 학급에서 제작한 것 이외에 객관적인 사정 도구를 사용해서 기술 습득이 일반화되었는지 점검해 본다.
- **우선순위를 정한다.** 가장 자주 발생하는 혹은 가장 중요하게 여겨지는 결정적인 학습관련 행동에 대해 사정한다. 어떤 행동을 가장 먼저 변화시켜야 하는지 결정하고 그 행동에 대한 자료를 최대한 많이 수집한다.
- **자료를 지속적으로 관리한다.** 비공식적인 만남 혹은 학습 성취에 대한 회의가 있을 때, 다른 교사나 학부모들과 자료를 공유할 수 있도록 시기별 성장 차트나 관련 인

쇄물 등을 잘 보관한다. 회의 시에는 가급적 모든 관계자들이 학생이 잘하는 분야에 관심을 기울일 수 있도록 유도한다.

진전도에 대한 기록 : 시기별 성장 차트

CBA 프로브를 실시한 다음에는 시기별 성장 차트(Growth-over-Time Charts)를 이용하여 학생의 진전도에 대해 기록한다(제7장의 단일대상설계에 관한 정보 참조). 자료 점에 기록할 내용은 정확하게 푼 문제의 수를 합산한 점수이거나, 정확하게 읽은 단어의 숫자, 혹은 명사와 동사의 일치를 정확하게 사용한 숫자 등이 될 수 있다. 산포된 자료선의 증가 경향이나 감소 경향을 살펴보면 교사의 교수 전략이 어떻게 작용하고 있는지 가늠할 수 있다(제6장의 그림 6.14 참조).

자료선이 평평한 경우는 교수 전략에 수정이 필요한 경우이다. 특히 학습장애가 있는 것으로 예측되는 학생의 경우에는 이러한 자료선이 아주 중요한 역할을 한다. 학습상의 문제는 전략이 훌륭하면 의외로 쉽게 해결되기도 한다. 어떤 학생이 특정 과목에서 전혀 향상되지 않는 경향을 보인다면(혹은 극히 미미하게 향상되거나), 그때는 반드시 교수 전략을 재평가해 보아야 한다. 이러한 상황이 반복적으로 발생하면 교내의 지원 팀에게 도움을 요청해야 할 것이다.

프로브에서는 두 가지를 꼭 유념해야 한다. 첫째, 프로브는 성적을 결정하기 위해서 실시하는 것이 아니며 다른 학생들과 비교하기 위해서 실시하는 것도 아니라는 점이다. 프로브를 실시하는 근본적인 이유는 개별 학생들에게 요구되는 교수 전략이 무엇이고 어떠한 훈련이 필요한지를 파악하는 데 있다. 둘째, 교사는 이를 통해서 자신의 교육과정을 수정하고 향상시킬 수 있다.

오류 분석

프로브를 통해서 우리는 학생의 오류를 즉시(혹은 쉽게) 분석할 수 있게 된다. 어떤 학생에게 왜 그런 답변을 했는지 물어봄으로써 학생이 현재 곤란함을 겪고 있는 부분을 어떻게 극복할 수 있게 해 줄 것인지, 혹은 어떤 혁신적인 방법을 개발해야 할 것인지 확인할 수 있다. 학생에게 할 수 있는 질문은 다음과 같다.

"어떻게 풀어서 이런 답이 나왔나요?"

"이 문제를 풀 때 네가 어떻게 생각하면서 풀었는지 말해 줄래?"

"문제를 어떻게 풀었는지 단계별로 차근차근 얘기해 볼까?"

위와 같은 질문을 통하여 학생의 현재 수행 기술이나 개념, 혹은 아직 획득하지 못한 기술이나 개념을 명확하게 확인할 수 있다. 교실적용 9.3에 나오는 킴의 사례에서 킴의 오류는 알고 있는 것과 모르는 것이 무엇인지를 확인하는 수단으로 활용되었다.

오류의 가치

실제로 학생의 오류는 그들의 생각과 문제해결 기술을 들여다볼 수 있는 창이다. 오류란 효과적인 교수와 학습을 위해서 반드시 필요한 또 하나의 기회이다.

교실적용 9.3 — 오류는 새로운 경험을 유도한다

3학년인 킴은 선생님이 채점한 철자 쓰기 프로브 검사지를 받아들었다. 이내 킴의 표정이 어두워졌다. 빨간색 볼펜으로 쓰여 있는 '-2'라는 글씨와 9번과 10번 문항에 표시된 두 개의 'X'표시 때문이다.

저녁식사 시간에, 엄마는 딸이 평소답지 않게 우울해하자 왜 그러는지 물어보았다. 킴은 마지못해 일어나더니 가방에서 구겨진 프로브 검사지를 들고 왔다. 엄마는 아빠에게 눈치를 주자, 아빠는 곧 "밥 먹고 나서 아빠가 도와줄게."라고 말씀하셨다.

프로브 문제로 열 개의 단어와 열 개의 문장이 제시되었고, 각 문장마다 빈칸이 있어서 프로브 검사지 상단에 있는 단어 중에 하나를 골라서 써 넣는 방식이었다. 선생님들은 보통 킴 같은 저학년 학생들에게는 새로 나온 단어를 많이 제시하지는 않는다. 9번째 문장은 "낚시꾼은 고기를 잡으려고 _____를 사용했다."이다. 킴이 고를 수 있는 남은 단어는 '미끼'와 '얼룩말' 두 개였다. 킴은 미끼라는 단어의 뜻을 몰랐기 때문에 얼룩말을 선택했다. 킴의 설명에 의하면, TV에서 본 알래스카의 곰처럼 얼룩말이 강물에서 헤엄을 치면서 물고기를 잡아준다는 것이다(아빠가 생각해 보니 그도 그럴 듯했다).

선생님이 프로브를 본 것은 성적을 주기 위한 것이 아니었다. 선생님은 프로브를 통해서 킴과 일부 학생들이 미끼라는 단어에 대해 잘 모른다는 것을 확인한 셈이다. 선생님은 학생들의 오류를 다음과 같은 생산적인 방식으로 활용할 생각이다. ① 새로운 단어 학습하기, ② 낚시를 해 본 친구에게 경험담 듣기, ③ 다양한 물고기 사진을 보여 주고 작은 물고기가 큰 물고기의 미끼가 될 수 있음을 설명하기, ④ 곰의 발톱과 얼룩말의 말굽은 어떻게 다른지 토론하기, ⑤ 기타 심화학습문제 풀어 보기

프로브를 본 다음에는 반드시 학생에게 자세한 설명을 해 주어야 한다. 이는 학생을 제대로 가르칠 기회를 갖는 일임과 동시에 교수 전략 수정의 필요성을 확인하는 과정이기도 하다.

생각해 보기

교육에서 프로브와 검사 사이에 뚜렷한 차이점이 있는가? 학생을 가르친 다음 얼마나 향상했는지를 평가하고자 할 때, 프로브와 검사를 어떻게 활용할 것인가? 프로브에 적절한 시기는 언제이며, 검사에 적절한 시기는 언제인가?

교실적용 9.4

어떻게 푸는지 모르세요?

잭은 숫자도 좋아하고 수학도 좋아한다. 그래서 수를 더하고 문제를 푸는 것도 좋아한다. 그러나 잭의 답이 항상 정답은 아니라는 데 안타까움이 있다. 잭은 자리 수 이동에서 계속 오류를 범하는 것 같다. 선생님은 오류분석을 위해서 간이 프로브를 실시했으며, 다음과 같은 문제를 냈다.

9	14	24	16	24	34
+7	+3	+11	+8	+27	+18

문제를 받아본 잭은 만면에 미소를 지으며 "어떻게 푸는지 모르세요?"라고 말했다. 선생님은 웃으면서 잭이 도와주면 좋겠다고 말했고, 잭은 생각보다 빨리 문제를 풀었다.

9	14	24	16	24	34
+7	+3	+11	+8	+27	+18
16	17	35	114	411	412

잭의 문제풀이 과정을 지켜 본 결과, 십의 자리인 왼쪽에서부터 일의 자리인 오른쪽으로 덧셈을 해나간다는 것을 알 수 있었다. 이는 잭이 덧셈의 전체적인 개념을 명확하게 이해하지 못하고 있다는 증거이다. 잭이 문제를 다 풀고 아주 만족스러워하자, 선생님은 어떻게 그런 답에 도달했는지 물어보았다. 잭은 의심스러운 눈초리로 선생님을 쳐다보며 "선생님! 위에 있는 숫자에 아래에 있는 숫자를 더하는 거예요. 간단하죠?"하고 말하면서, 마지막 문제를 가리켰다. "자! 3에다 1을 더하면 4죠. 4에다 8을 더하면 12잖아요." 잭은 웃음과 함께 확신에 찬 표정을 지었다.

생각해 보기
교사는 덧셈 문제에 직면한 잭의 사고 과정을 이해하기 위해서 수학 문제를 어떻게 사용했는가? 잭의 기본적인 수학 개념에 대한 이해 정도를 알아보기 위해서 채택할 수 있는 다른 수학 프로브는 없겠는가?

한편, 학생의 오류에 대해서 다음과 같은 점을 유념할 필요가 있다.

- 오류를 범해도 안심할 수 있고, 어렵거나 혼동되는 내용이 있으면 교사에게 편안하게 물어볼 수 있도록 분위기를 조성해 주어야 한다.
- 학생들에게 오류를 범한다는 것은 충분히 있을 수 있는 일이며 오히려 환영받고 격려받을 수 있는 일이라는 것을 인식시킨다.
- 설사 틀린 답이라 할지라도 모든 답은 그만한 가치가 있다는 사실을 상기시킨다.

대다수 학생들은 오류가 나쁜 것이라고 생각하며(학생들은 오류를 범한다는 것은 성적이 나빠지는 것이고, 비난과 과제를 불러오는 신호라고 생각한다), 어려운 문제나 실수할 것 같은 문제는 아예 피하고 싶어 한다. 따라서 교사는 학생들에게 오류도 무척 중요하다는 개념을 미리 알려 주어야 하며, 수업이나 과제의 내용을 전부 다 이해할 수는 없다는 점도 충분히 설명해 줄 필요가 있다.

교사는 학생의 오류를 놓치지 말아야 한다. 교실적용 9.4에 나타난 일관성 있고 지속적으로 나타나는 오류에 유의할 필요가 있다. 빈번한 학습적 오류가 간과될 수 있다. 계속해서 오류가 나타나는 부분에 대해서 항상 관심을 가지고 지켜 봐야 한다. 일시적인 오류는 눈감아 줄 수 있지만 지속적인 오류, 혹은 명백한 오류나 반복되는 패턴 등은 반드시 기록하고 조사해 보아야 한다. 노트북을 활용하면 편리하다. 노트북에는 학생의 응답을 기록해 놓을 수 있을 만큼 저장 공간의 여유가 있는 것이 좋고, 학생별로 폴더를 만들어 관리하는 것이 좋다. 교사가 오류에 대해서 기록하는 모습을 보여 주는 것도 좋은 방법이며, 더불어 왜 기록을 하는지에 대해서 설명해 주고 안심시킨다. 오류에 대한 기록을 관리하면 다양한 교수 전략을 개발하는 데 도움이 된다. 학생이 성적에 대한 질문을 한다고 해서 놀랄 필요는 없다.

오류분석이란 어떤 학생이 과제의 어떤 요소를 어려워하는지 확인하는 매우 간단한 과정이다. 교사는 "이 답은 어떻게 나온 거니?"와 같은 간단한 질문을 통해 학생의 문제에 대해 폭넓게 통찰할 수 있으며, 학생에게 제공할 새로운 접근방식에 대한 아이디어를 얻을 수 있다. 학생의 오류에 관한 세 가지 주요 관점은 다음과 같다.

- 대다수의 오류는 기본적으로 개념과 관련되어 있다. 학생이 한 가지 혹은 두 가지의 중요한 구성요소를 빠뜨린다거나 제시된 문제의 전체 개념을 놓치는 경우, 게다가 그런 지식의 결함이나 혼동이 수정되지 않을 경우, 이러한 문제는 계속해서 일어날 것이며 결국 다른 제재에도 영향을 미치게 된다.
- 답변을 제대로 못했을 때 (혹은 어떤 답도 못할 때) 자칫 동기의 문제가 아닌가 하고 오해할 수 있다. 그럴 가능성이 있긴 하지만 동기 문제는 예상보다 크지 않다. 오히려 개념적인 문제가 지속되고 있다는 것이 더 문제이다. 동기 부족으로는 학생의 학습 성취가 왜 낮은지 충분히 설명할 수 없다. 학생에게 몇 가지 전략적인 질문을 해 보면 문제의 실체를 파악할 수 있다. 실상은 개념적 구성요소를 놓치고 있는 경우가 대부분일 것이다.
- 미리 오류 분석을 한 다음에 오답을 한 학생을 돕는 것이 좋다. "어떻게 풀었는지 말해 줄래?" 하면서 반사적으로 학생의 오류에 반응해선 안 된다. 어떤 부분이 부족하고 무엇을 혼동하고 있는지를 파악하고 나서 학생을 지도해야 반복적인 오류를 줄여 줄 수 있다.

CBA와 교실 행동

우리가 이 장에서 CBA를 논하는 핵심적인 이유는 학급 교육과정과 학생 행동과의 관계를 이해하는 데 있다. 이 책에서는 앞서 행동을 측정하고 차트를 만드는 기술적인 방법을 제시한 바 있다. 그러나 학생을 둘러싼 환경적 측면, 즉 현재 학생과 학급 교육과정과의 관계적 측면에 대한 이해 없이 단순히 목표행동의 차원만 측정하려 한다면 자칫 실제적인 문제를 잘못 이해할 수 있다.

교육자들은 학생의 도전적인 행동에 직면했을 때 다음과 같은 질문에 해답을 구해 보아야 한다.

- 교육과정이 너무 쉽거나 어려워서 잘못된 행동을 하게 된 것은 아닌가?
- 학습할 내용의 개념을 이해하지 못해서 잘못된 행동을 하게 되는 것은 아닌가?
- 교사가 직접적으로 통제하는 요인 이외의 학급 내 요소로 인해 잘못된 행동을 하게 되는 것은 아닌가? 그래서 그러한 요인에 대한 수정이 필요하지는 않은가?
- 잘못된 행동을 하는 것이 개별화교육계획에서 제시된 적절한 학급 내 조정 및 수정이 실시되지 못해서가 아니라 학습장애로 판별된 것과 관련된 것은 아닌가?

학습 문제의 신호로 나타나는 행동문제

불행히도 대부분의 심리학자들은 학급 교육과정이 문제행동의 선행사건이 될 수 있다는 사실을 염두에 두지 않는다. 오히려 어떤 문제가 있는지에만 관심이 있거나 혹시 '장애'(예 : ADD/ADHD)가 있는 것은 아닌지에만 초점을 두고 그런 행동을 설명하려고 한다.

늘 그런 것은 아니지만 행동이나 주의에 문제가 있는 학생 대부분은 학습 과제에서도 어려움을 겪는다. 많은 연구자들이 이러한 관련성을 주장해 왔다. 예를 들어, Center, Dietz와 Kaufman(1982)은 학습 제재를 잘못 적용하면 학생들의 성취 수준이 낮아지고 그로 인해 고도의 방해적인 행동이 나타날 수 있다고 하였다. 이런 상황은 많은 학생들에게서 흔히 나타나는 현상이기 때문에 그리 놀랄 만한 일이 아니다. 분열행동은 특정 상황에서 더 민감하게 나타날 수 있으며, 특히 선호하는 활동 대신에 선호하지 않는 활동에 참여받기를 강요받았을 때 더 자주 발생하게 된다.

교수의 난이도 조절하기

도전적인 행동에 대한 연구 중에는 선호과제에 참여했을 때와 비선호과제에 참여했을 때의 차이를 밝힌 연구들은 굉장히 많다. 실제로 Cole, Davenport와 Bambara(1997)는 학생이 직접 과제를 선택했을 때 바람직한 행동이 증가하기는 하지만, 선택이라는 변인 때문이 아니라 선호하는 활동에 참여하는 것 자체가 행동에 미치는 영향이 더 큰 것 같다고 하였다. 예를 들어, 과제를 읽는다고 생각할 때, 교사가 선택한 책 대신에 학생 스스로 자신이 선호하는 책을 선택할 때 더 집중하는 것이 당연하다(Carey, Howard, & Leftwich, 2013). 다른 연구들에서도 선택과 선호하는 활동의 힘은 여러 분야에 걸쳐 다양하게 나타난다(Martin & Pickett, 2013).

학생들은 자기가 좋아하는 활동을 하면 더 성공적으로 활동을 수행할 수 있다. 선호하는 활동은 존의 예에서 보았던 당황스럽고 절망스러워서 계속 오류가 발생할 것 같은 과제에 비해 훨씬 더 강한 강화인을 지닌다. "제가 읽고 싶어요."라고 말하는 학생이라면 그 학생은 아주 성공적으로 읽기과제를 수행할 수 있을 것이다. 학생들은 일반적으로 자신들이 좋아하는 활동을 선택하는 경향이 있으며, 자신이 선택한 활동에서는 성취 수준도 높아진다. 또한 행동적인 측면도 매우 긍정적으로 나타난다.

공립학교 교사들이 교육과정 내에서 학생들이 좋아하는 활동으로 하루 종일을 보낼 수 있도록 기회를 제공하기는 매우 어렵다. 그러나 학생들이 실수를 줄여가고 당황스러워하지 않으면서 보다 많은 성취를 이룰 수 있게 하려면, 교사들이 교육과정을 융통성 있게 조절할 필요가 있다.

학생들이 학습 목표를 달성할 수 있게 하려면 제재의 제시 수준이 중요하다. 좌절할 만큼의 높은 수준이 아니라 현재 가르치고 학습할 수 있는 수준부터 제시해야 할 것이다. 그래서 교사의 교수적 요구는 집단적 목표나 자기가 학급에서 가르치고 싶은 교육과정의 목적에 맞추는 것이 아니라 개별 학생의 요구에 맞는 학생별 도입 수준에 맞춰야 한다. 교수적 요구는 반드시 학생의 현재 수행 수준에 근거해야 한다. 3학년 수준의 읽기를 수행할 수 있는 학생에게 6~7학년 수준의 읽기 제재를 제시하고 읽고 이해하도록 요구한다면, 그러한 교사의 교수적 요구는 반드시 물의를 일으키게 된다.

교육과정중심 사정은 바람직하지 않은 행동의 원인이 될 수도 있는 교육적 요소들을 줄여 주는 역할을 한다. 결론적으로 교육과정중심 사정은 교사들의 행동관리 포트폴리오에서 매우 강력한 도구가 될 수 있을 것이다.

학습자를 위한 보편적 설계

학습자를 위한 보편적 설계(Universal Design for Learners, UDL)는 모든 학생을 위해 학습 목표, 평가, 방법, 자료 등 학습을 방해하는 장벽을 제거하는 학습 환경에 대한 설계를 말한다. 보편적 학습설계의 목표는 능력이나 장애에 상관없이 모든 학습자가 학습 환경에 접근할 수 있게 하는 데 있다. 교육과정의 각 과정에 보편적 학습설계의 철학을 접목함으로써 교사는 학생에 적절한 교육과정을 더 잘 찾아 줄 수 있다. 보편적 학습설계를 통해 교사들은 "이 학생은 무엇이 부족한가?"라는 의문 대신에 "이 교육과정은 무엇이 부족한가?"라고 묻게 된다.

보편적 학습설계를 사용하는 교사는 학생들이 다양한 방식으로 학습한다는 것을 이해하게 되며, 이를 이해한 교사는 교육과정의 목표를 성취시킬 수 있는 여러 가지 경로를 채용할 필요가 있음을 알게 된다. 이는 명칭붙임을 줄여 주고 특수교육 서비스에 대한 의뢰를 줄여 주며, 학생을 더 행복하게 해 준다. 또한 보편적 학습설계는 교사가 자신의 수업을 계획함에 있어 좀 더 창조적일 것과 융통성을 가질 것, 다양한 방법을 사용할 것, 누적적인 비계를 설정할 것, 그리고 교실에서 요구되는 학생을 위한 지원과 서비스를 제공할 것 등을 요구한다.

보조공학은 학급 환경을 최대한 융통성 있고 조정할 수 있게 만들기 위한 교사의 전략 중 일부가 될 수 있다. 보조공학은 학습과 관련된 특정한 장벽을 없애거나 낮춰 주는 데 도움이 된다. 예를 들어, 다양한 크기의 연필을 사용하면 뇌성마비 학생의 쓰기에 도움이 될 수 있으며, 디지털 리더기를 사용하면 읽지 못하는 학생이 쉽게 읽을 수 있게 된다. 보조공학이 신체적 장벽을 제거하고 보편적 학습설계가 인지적 장벽을 제거함으로써, 보편적 학습설계와 보조공학 둘 다 학생의 접근성, 참여, 진전도를 확장시키는 역할

링크 : www.udlcenter.org
www.cast.org

을 하게 된다. 두 가지 다 학급에서의 학생의 참여와 성취를 돕고 교실 내에서의 신체적 · 인지적 장벽과 관련된 행동문제들을 감소시킬 수 있다.

CBA와 특수 학생

특수(exceptional)라는 용어는 그 수가 몇이든 일반적인 교육 대상자의 표준에서 많이 일탈된 모든 학생을 지칭하고자 의도적으로 선택한 용어이다. 여기에 속하는 학생들은 학

습에 어려움이 많을 수도 있고 예상 외로 탁월할 수도 있다. 이들에게는 전통적인 학교교육을 방해하는 신체적 문제나 이동 문제가 있을 수 있으며, 온화하고 점진적인 학습과 지속적인 반복이 요구되는 인지적 문제가 있을 수도 있다.

교육과정중심 사정은 이런 문제를 지니고 있지 않은 학생들의 IEP를 작성하는 데 있어서 매우 결정적인 역할을 한다. 동시에 지난 100년 동안 학습장애, 지적장애, 주의력결핍장애, 그리고 기타 무수히 많은 영역에 특수교육이라는 이름을 붙여 왔음에도 불구하고 정작 그들을 위한 학습 방법에 관한 정보는 찾아보기 어렵다. 특수 교과서라는 책마다 동일한 명칭붙임으로 학생들을 집단화하고 있지만, 기능적인 관점에서 볼 때 학생들은 저마다 독특한 특성을 지니고 있기 때문에 동일한 학습적 특성 혹은 사회/행동적 특성으로 집단화할 수 없다. 뇌성마비로 명명된 두 명의 학생이 있다고 하자. 이들은 다른 10세 아동들 모두가 서로 다른 차이가 있는 것처럼 저마다 다양한 특성을 지니고 있다. 어떤 학급에 학습장애라고 명명된 학생이 있다고 해서, 그것이 그 학생을 위한 교육과정과 전략의 개발에 도움이 되는 정보가 되는 것은 아니다. 이는 유행처럼 번지는 또 다른 명칭붙임 현상에 대해서도 동일하게 생각해 볼 문제이다.

특수 학생이 학습적 측면에서 어느 정도의 능력을 지니고 있는지 알고 싶다면, 그래서 그 학생들에게 가르쳐야 할 기술과 교사의 교육과정을 잘 맞춰 보고 싶다면, 반드시 진단명, 나이, 배치된 학년 수준, 지능검사 지수, 학생이 달성하기 어려울 것이라고 사전에 다른 전문가들이 예시해 놓은 진술문 등을 모두 제쳐놓고 생각해야 할 것이다. 이러한 사항들 대신에, 이 장에서 논의했던 동일한 체계적 접근을 따르면 된다.

1. 학급의 교육과정을 다시 검사해 보고 그 교육과정의 기초가 되는 학생의 기술을 고려한다.

2. 논리적인 순서로 해당 기술의 목록을 만든다. 목록에 있는 각 기술의 목표를 적는다. 나는 이 학생이 무엇을 하기 원하는지에 대해 질문해 본다.

3. 목록에 적힌 각각의 목표를 사정하기 위해서 현재 자기 학급의 교육과정 중에서 문제지(프로브 검사지)를 준비한다. 각 문항은 난이도에 따라 쉬운 것부터 어려운 순서대로 배치한다. 실제 프로브를 통해서 관리할 수 있을 만큼 문항의 수를 줄인다. 무작위로 문항을 배열하거나 난이도에 따라 쉬운 것에서 어려운 순으로 문항을 제시하다가, 학생이 더 이상 정확하게 답하지 못하면 멈춘다.

4. 학생이 자신의 지식을 표현하게 할 방법을 결정한다(구두, 수화, 컴퓨터 중심, 지필, 가리키기 등)

5. 교육과정에서 선택한 기술 중에서 학생에게 가르칠 도입 기술이나 현재 수행 수준을 반영한 기술을 확인한다.

6. 학생이 일관되게 학습상의 오류를 보이기 시작하는 교육과정의 특정 지점을 확인한다.

7. 오류분석을 통해 학생의 오류에서 나타나는 개념적 근거를 확인한다.

8. 학생이 오류를 넘어서서 향상을 보일 수 있도록 학습 과제와 연습문제를 만든다.

9. 학생이 새로운 교육과정을 학습할 수 있도록 새로운 전략을 개발하고 공급한다.

10. 새로운 교육과정에서 학생이 어떤 오류를 보이는지 확인한다.

11. 학생의 진전도에 대한 타당한 척도를 선택한다(어떤 특정 기술-정확한 진술-학생이 배웠으면 하는 것). 시기별 성장 그래프를 개발하고 곡선의 기울기를 점검한다.

12. 적절성이 확인되면 교육과정 전략을 재평가하고 변경한다.

13. 이 목록의 5번부터 반복해서 5~8까지의 항목들을 지속적인 순환선처럼 반복한다.

요약

기능적 행동사정의 주요 구성요소 확인하기

- 기능적 행동사정 정의하기 : 표적행동의 기능이나 목적을 확인하는 데 사용되는 절차를 언급한다.
- 표적행동 확인하기 : 관찰 가능하고 측정 가능한 용어로 학생이 무엇을 하고 있는지 정확하게 정의한다.
- 표적행동의 선행사건 확인하기 : 표적행동을 유발하거나 예측할 수 있게 해 주는 행동 이전에 발생한 사건을 확인한다.
- 표적행동을 유지시키는 후속결과 확인하기 : 표적행동을 유지시킬 것 같은 행동 이후에 발생하는 사건 확인하기
- 표적행동의 기능이나 목적 확인하기 : 표적행동을 통해서 학생이 무엇을 얻게 되거나 피하게 되는지

확인하기
- 대체행동 확인하기 : 표적행동과 그 기능이나 목적이 동일하게 작용할 수 있으면서 대체 가능하고 사회적으로 수용 가능한 행동 확인하기

교육과정중심 사정의 구성요소 확인하기

- 교육과정중심 사정 정의하기 : 학생의 성취를 증진시키고 도전적 행동을 감소시키기 위하여, 학급 교육과정을 학생의 요구와 능력에 적합하게 맞추기 위한 노력의 일환으로 학생의 교수적 요구를 확인하기 위한 전략
- 실패는 없다 : CBA의 목적은 교사와 학생의 실패를 확인하기 위함이 아니라 학생과 교육과정의 불일치를 확인하는 데 있다.

- 다양한 학생을 위한 광범위한 교육과정의 필요성 : 학생들은 다양한 요구와 능력을 지니고 있다. 하나의 교육과정을 하나의 방법으로 제시하는 것, 그리고 모든 학생에게 동일한 속도로 제공하는 것은 현실적이지도 않고 학생에게 지겨움과 좌절감을 갖게 하여 문제행동을 유발시키는 요인이 된다.

교육과정 프로브의 사용방법 설명하기

- 프로브를 개발한다 : 프로브는 수학이나 읽기 같은 특정 학습 영역에 대한 학생의 현재 기술 수준을 사정하는 데 사용된다.
- 프로브는 누가 실행할 것인가? 어떤 교육자든 프로브를 운영할 수 있지만, 자신의 교육과정과 학생의 성취에 대한 지식이 가장 많은 사람이 담임교사이기 때문에 프로브의 대부분은 담임교사가 실시한다.
- 프로브를 언제 사용할 것인가? 프로브는 학생의 학습 제제에 대한 학습을 사정하기 위하여 수업 전, 수업 중, 수업 후에 모두 실행할 수 있다.
- 진전도 기록하기 : 제6장과 제7장에서 소개했던 데이터 수집과 그래프 작성 기법이 프로브에 대한 진전도를 기록하는 데 도움이 될 것이다. 어떠한 행동변화 절차를 사용하든지, 신뢰할 수 있는 학습평가를 위하여 변화를 측정하는 것이 중요하다.

오류 분석 사용 방법 설명하기

- 학생 오류의 가치 : 학생의 오류는 교사에게 무엇을 가르쳐야 하고 학생이 교육과정에서 어떤 지원과 연습을 요구하는지를 알 수 있게 해 준다.

교실 환경에서 교육과정중심 사정의 사용법 설명하기

- 학습 문제의 신호로 나타나는 행동문제 : 학생과 학급 교육과정 사이의 불일치는 학생의 도전적인 학급행동의 선행사건이 될 수 있다. 이는 교육과정이 너무 쉽거나 너무 어려운 것이 원인이 될 수 있음을 의미한다.
- 교수 난이도의 조절 : 학습 프로브의 평가나 학생의 오류는 교사에게 학생의 행동문제를 줄이는 방법으로써 학업과제의 난이도를 적절하게 설정할 필요가 있다는 피드백을 제공해 준다.
- 학습자를 위한 보편적 설계 : 보편적 학습설계는 교수목표, 사정, 방법, 자료 등 모든 학생의 학습을 위해 장애물을 제거하는 학습 환경에 대한 설계를 의미한다. 보편적 학습설계의 목적은 모든 학습자들이 그들의 능력이나 장애와 관계없이 학습 환경에 접근할 수 있도록 만들어 주자는 데 있다.

특수 학습자의 교육과정중심 사정 방법에 관하여 논의하기

논의사항

1. 다음 세 문장을 읽고 각 내용에서 선행사건이나 배경사건, 목표행동, 후속결과를 확인해 보자.
   a. 미구엘은 집단 활동 중에 교사의 관심을 받지 못하면, 큰 소리로 외설적인 이야기를 함으로써 교사가 외설적인 이야기를 하지 말라는 지시를 하게 만든다.
   b. 탄야는 어려운 읽기 과제가 주어지면 그 과제를 회피하기 위해 책을 덮고 책상에 엎드린다. 탄야가 엎드려 있는 것을 보고 선생님은 읽기를 시키지 않는다.
   c. 폴은 리 선생님의 언어시간에는 언제나 질문에 답할 만반의 준비를 하고 있으며, 선생님이 지시만 하면 교과서를 읽을 준비가 되어 있다. 리 선생님은 폴에게 자주 질문을 하게 된다.
2. 학생의 도전행동에 대한 기능적 사정과 표준화된 행동사정의 차이점에 대해서 논하라. 이러한 검사의 결과는 담임교사에게 어떤 유익한 결과를 가져다줄 것인가?

3. "행동이란 결코 고립적으로 발생하는 것이 아니다."
   라는 말은 어떤 의미인가?

4. 표적행동에 대한 기능적 사정을 수행할 때 학생의
   환경에 대해서 수집해야 할 정보에는 어떤 종류가
   있는가?

5. 교사가 기능적 분석을 수행하는 데 사용할 수 있는
   자료수집 도구에 대한 개요와 진술이 제3장에 제시
   되어 있다. 이에 대하여 논의하라.

6. 학생의 행동에 대한 사전관찰에 근거하여 학생이 표
   출한 바람직하지 않은 행동의 사례를 생각하면서
   그 행동이 어떤 기능적 의도를 지녔는지 토론하라.
   그러한 상황들은 어떻게 분석할 수 있겠는가?

7. 당신 학교에 바람직하지 않은 행동을 통해 어떤 이
   익을 얻는 학생에 관한 사례가 있는가? 그렇다면 그
   내용은 어떻게 분석할 수 있겠는가?

8. 표준화된 사정과 비교했을 때 교육과정중심 사정의
   장점은 무엇인가? 다음 변인을 고려해 보자. (a) 교
   사에게 제공되는 정보의 질, (b) 직접적으로 교수적
   활용에 제공될 정보의 질, (c) 학생의 피드백, (d) 교
   사-학부모 간의 의사소통

9. 학생의 학습 성취를 평가한다는 관점에서 볼 때 교
   육과정중심 사정이 담임교사에게 주는 유익함은 무
   엇인가?

10. 이 장에서 논의했던 프로브와 전형적으로 학급에
    서 수행하는 검사의 차이점은 무엇인가?

참고문헌

Ardoin, S. P., Christ, T. J., Morena, L. S., Cormier, D. C., & Kling-beil, D. A. (2013). A systematic review and summarization of the recommendations and research surrounding curriculum-based measurement of oral reading fluency. *Journal of School Psychology, 51*(1), 1–18.

Ayllon, T., & Michael, J. (1959). The psychiatric nurse as a behavior engineer. *Journal of Experimental Analysis of Behavior, 2,* 323–334.

Barnhill, G. P. (2005). Functional behavioral assessment in schools. *Intervention in School and Clinic, 40*(3), 131–143.

Blakeley-Smith, A., Carr, E. G., Cale, S. I., & Owen-DeSchryver, J. S. (2009). Environmental fit: A model for assessing and treating problem behavior associated with curricular difficulties in children with autism spectrum disorders. *Focus on Autism and Other Developmental Disorders, 24*(3), 131–145.

Bloom, S. E., Lambert, J. M., Dayton, E., Samaha, A. L. (2013). Teacher-conducted trial-based functional analyses as the basis for intervention. *Journal of Applied Behavior Analysis, 46*(1), 208–219.

Boyajian, A. E., DuPaul, G. J., Handler, M. W., Eckert, T. L., & McGoey, K. E. (2001). The use of classroom based brief functional analyses with preschools at-risk for Attention Deficit Hyperactivity Disorder. *School Psychology Review, 30*(2), 278–294.

Carey, J. L., Howard, C. C., & Leftwich, R. J. (2013). Improving elementary students' engagement during independent reading through teacher conferencing, teacher modeling, and student choice. *Master of Arts Action Research Project, Saint Xavier University* (112 pp.). Eric Database Accession Number ED541338.

Center, D. B., Dietz, S. M., & Kaufman, M. E. (1982). Student ability, task difficulty and inappropriate classroom behavior. *Behavior Modification, 6,* 355–375.

Christ, T. J., Zopluoglu, C., Monaghen, B. D., & Van Norman, E. R. (2013). Curriculum-based measurement of oral reading: Multi-study evaluation of schedule, duration, and dataset quality on progress monitoring outcomes. *Journal of School Psychology, 51*(1), 19–57.

Cole, C. L., Davenport, T. A., & Bambara, L. M. (1997). Effects of choice and task preference on the work performance of students with behavior problems. *Behavior Disorders, 22,* 65–74.

Cunningham, E. M., & O'Neill, R. E. (2007). Agreement of functional behavioral assessment and analysis methods with students with EBD. *Behavioral Disorders, 32*(3), 211–221.

Delfs, C. H., & Campbell, J. M. (2010). A quantitative synthesis of developmental disability research: The impact of functional assessment methodology on treatment effectiveness. *Behavior Analyst Today, 11,* 4–19.

DuPaul, G., Kern, L., Volpe, R., Caskie, G., Sokol, N, Arbolino, L., Van Brakle, J., & Pipan, M. (2013). Comparison of parent education and functional assessment–based intervention across 24 months for young children with attention deficit hyperactivity disorder. *School Psychology Review, 42*(1), 56–75.

Gage, N.A., Lewis, T. J., & Stichter, J. P. (2012). Functional behavioral assessment–based interventions for students with or at risk for emotional and/or behavioral disorders at school: A hierarchical linear modeling meta-analysis. *Behavioral Disorders, 37*(2), 55–77.

Greer, B., Neidert, P., Dozier, C., Payne, S., Zonneveld, K., & Harper, A. (2013). Functional analysis and treatment of problem behavior in early education classrooms. *Journal of Applied Behavior Analysis, 46*(1), 289–295.

Gresham, F. M., Watson, T. S., & Skinner, C. H. (2001). Functional behavioral assessments: Principles, procedures, and future directions. *School Psychology Review, 30*(2), 156–172.

Healy, O., Brett, D., & Leader, G. (2013). A comparison of experimental functional analysis and the questions about behavioral function in the assessment of challenging behavior of individuals with autism. *Research in Autism Spectrum Disorders, 7*(1), 66–81.

Herzinger, C. V., & Campbell, J. M. (2007). Comparing functional assessment methodologies: A quantitative synthesis. *Journal of Autism and Developmental Disorders, 37*, 1430–1445.

Hoff, K. E., Ervin, R. A., & Friman, P. C. (2005). Refining functional behavioral assessment: Analyzing the separate and combined effects of hypothesized controlling variables during ongoing classroom routines. *School Psychology Review, 34*(1), 45–57.

Howell, K. W., Fox, S. L., & Morehead, M. K. (1993). *Curriculum-based evaluation: Teaching and decision making*. Pacific Grove, CA: Brooks/Cole.

Iwata, B. A., Dorsey, M. F., Slifer, K. J., Bauman, K. E., & Richman, G. S. (1982). Toward a functional analysis of self-injury. *Analysis and Intervention in Developmental Disabilities, 2*, 3–20.

Kearney, C. A. (2004). The functional assessment of school refusal behavior. *Behavior Analysis Today, 5*(3), 275–283.

Kearney, C. A., & Albano, A. M. (2004). The functional profiles of school refusal behavior: Diagnostic aspects. *Behavior Modification, 28*, 147–161.

King-Sears, M. E. (1994). *Curriculum-based assessment in special education*. San Diego, CA: Singular.

Macht, J. E. (1998). *Special education's failed system: A question of eligibility*. Westport, CT: Bergin & Garvey.

Manente, C. J., Maraventano, J. C., LaRue, R. H., Delmolino, L., & Sloan, D. (2010). Effective behavioral intervention for adults on the autism spectrum: Best practices in functional assessment and treatment development. *Behavior Analyst Today, 11*(1), 36–48.

Martin, M. R., & Pickett, M. T. (2013). The effects of differentiated instruction on motivation and engagement in fifth-grade gifted math and music students. *Master of Arts Research Project, Saint Xavier University* (92 pp). Eric Database Accession Number ED 541341.

Michael, J., & Meyerson, L. (1962). A behavioral approach to human control. *Harvard Educational Review, 32*, 382–402.

Miltenberger, R. G. (2001). *Behavior modification: Principles and procedures*. Belmont, CA: Wadsworth.

Murdick, N. L., Gartin, B. C., & Stockall, N. (2003). Step by step: How to meet the functional assessment of behavior requirements of IDEA. *Beyond Behavior, 12*(2), 25–30.

O'Neill, R. E., Horner, R. H., Albin, R. W., Sprague, J. R., Storey, K., & Newton, J. S. (1997). *Functional assessment and program development for problem behavior: A practical handbook* (2nd ed.). Pacific Grove, CA: Brooks/Cole.

Park, K. L. (2007). Facilitating effective team-based functional behavioral assessment in typical school settings. *Beyond Behavior, 17*(Fall), 21–31.

Rispoli, M. J., Davis, H. S., Goodwyn, F. D., & Camargo, S. (2012). The use of trial-based functional analysis in public school classrooms for two students with developmental disabilities. *Journal of Positive Behavior Interventions, 15*(3), 180–189.

Roberts, M., Marshall, J., Nelson, J. R., & Albers, C. A. (2001). Curriculum-based assessment procedures embedded within functional behavioral assessments: Identifying escape-motivated behaviors in a general education classroom. *School Psychology Review, 30*(2), 264–278.

Scott, T. M., Alter, P. J., & McQuillan, K. (2010). Functional behavioral assessment in classroom settings: Scaling down to scale up. *Intervention in School and Clinic, 46*(2), 87–94.

Scott, T. M., Bucalos, A., Liaupsin, C., Nelson, C. M., Jolivette, K., & DeShea, L. (2004). Using functional behavioral assessment in general education settings: Making a case for effectiveness and efficiency. *Behavioral Disorders, 29*(2), 189–201.

Scott, T. M., & Kamps, D. M. (2007). The future of functional behavioral assessment in school settings. *Behavioral Disorders, 32*(3), 146–157.

Shapiro, E. S., & Derr, T. F. (1990). Curriculum-based assessment. In T. B. Gutkin & C. R. Reynolds (Eds.), *The handbook of school psychology* (2nd ed., pp. 365–387). New York, NY: Wiley.

Skinner, B. F. (1953). *Science and human behavior*. New York, NY: MacMillan.

Szymanski, C. A. (2012). Managing behavior by managing the classroom: Making learning accessible for deaf and hard of hearing students with autism spectrum disorders. *Odyssey: New Directions in Deaf Education, 13*, 26–31.

Thorndike, E. L. (1932). *The fundamentals of learning*. New York, NY: Teachers College Press.

Ulrich, R., Stachnik, T., & Mabry, J. (1966). *Control of human behavior*. Glenview, IL: Scott, Foresman.

Watson, J. (1924). *Behaviorism*. New York, NY: Norton.

Zirkel, P. A. (2011). State special education laws for functional behavioral assessments and behavior intervention plans. *Behavioral Disorders, 36*(4), 262–278.

긍정적 행동지원
증진 전략

· · · · · · · · ·

긍정적 행동지원 : 강화 전략

10

Meagan K. Gregory와 Thomas J. Zirpoli

학습목표

이 장을 학습한 후 학생들은

강화의 유형을 정의하고 판별할 수 있다.

효과적인 강화 프로그램을 설정할 수 있다.

다양한 강화계획을 정의하고 판별할 수 있다.

새로운 행동의 형성 및 연쇄 방법의 개요를 설명할 수 있다.

토큰 경제 강화 프로그램을 개발할 수 있다.

행동계약서를 작성할 수 있다.

자극 및 반응 일반화에 대한 요구를 이해할 수 있다.

표적행동의 유지에 대한 요구를 이해할 수 있다.

긍정적 행동지원(positive behavioral support, PBS)과 응용행동 분석(applied behavior analysis, ABA) 전문가들은 강화 전략의 사용이 행동변화에 있어서 중요한 방법이 되어야 한다는 것에 동의한다. 특히, 정적 강화는 행동변화를 위한 가장 기본적이고 필수적인 방법으로 고려되어야 한다(Carr & Sidener, 2002).

모든 학생은 매일의 일상에서 적어도 어느 정도의 적절한 행동을 보인다. 선행 연구에서는, 학생이 적절한 행동에 대해 강화를 받으면 그러한 행동을 보다 더 자주 보이며(Skinner, 1938, 1969; Thorne & Kamps, 2008) 문제행동을 보다 적게 보인다(Beare, Severson, & Brandt, 2004)고 한다. 교사의 행동은 강화 전략에도 영향을 미칠 수 있다(DiGennaro, Martens, & McIntyre, 2005). 이러한 증거에도 불구하고, 교사들은 부적절한 행동에 보다 더 주의를 기울이고 적절한 행동을 무시하기도 한다는 것이 연구를 통해 반복적으로 확인되고 있다(Lannie & McCurdy, 2007; McKerchar & Thompson, 2004; Sazak-Pinar & Güner-Yildiz, 2013). 안타깝게도, 교사는 부적절한 행동에 주의를 두기 쉽고 학생은 교사의 주의를 얻기 위해 문제행동을 보인다(Bandura, 1973; Beaman &

Wheldall, 2000; Maag, 2001).

교사가 간단한 강화 전략의 실행을 통해 긍정적 행동지원을 개발하고 이를 학급 수준에 맞게 활용하면, 학교 전체의 사회적 분위기를 긍정적으로 바꿀 수 있다(Willert & Willert, 2000). 또한 긍정적 행동지원을 통해 학급에서 필요한 사회적 기술의 교수·학습 활동에 교사와 학생 모두 즐겁게 참여할 수 있다(Thorne & Kamps, 2008).

강화

정의

강화(reinforcement)는 반응에 뒤따라 자극 변화가 일어나고 그 반응의 미래 발생 가능성을 증가시킨다(Cooper, Heron, & Heward, 2007). 자극의 변화는 행동에 뒤이어 자극이 주어지거나 제거되는 것을 의미한다. 이는 정적강화와 부적강화에 대한 기술에서 구체적으로 살펴보고자 한다. 행동의 발생에 뒤이은 자극이 행동을 증가(현재의 비율, 지속시간, 또는 강도로부터 증가) 또는 유지(현재의 비율, 지속시간, 또는 강도로 유지)시킬 수 있음이 입증될 때에만 강화제로서의 가치가 있음을 이해하는 것이 중요하다. 행동의 비율, 지속시간 또는 강도가 자극이 제시 또는 제거 후에 유지 및 향상되지 않으면, 그 자극은 강화제로 인정될 수 없다.

예를 들면, 담임교사가 학교 식당에서 학급 학생의 바람직한 행동에 대해 즉시 사회적 칭찬을 하면, 이 사회적 칭찬은 잠재적으로 강화자극이 될 수 있으며, 이는 칭찬이 앞으로 식당에서 학생의 바람직한 행동 유지 및 증가에 효과적인 강화제로 판별될 수 있다. 그러나 식당에서 바람직한 행동이 유지 또는 향상되지 않으면 교사의 사회적 칭찬은 더 이상 강화제가 될 수 없다. 교사는 보다 강력한 다른 잠재적 강화제를 찾거나 자신이 제공하는 사회적 칭찬의 변화를 모색해야 한다(Kodak, Northup, & Kelly, 2007). 교사는 하나의 항목, 활동 또는 자극이 한 학생에게 강화로 기능할 수 있음을 확신하기 어렵다. 이는 학생의 행동에 관한 잠재적 강화제(potential reinforcer), 즉 강화제가 될 수 있는 자극의 효과에 대한 검증을 통해서만이 확인할 수 있다.

또한 하나의 자극이 하나의 행동에 대해서는 강화제로서 역할을 하는 반면에 다른 행동에 대해서는 그렇지 않을 수도 있다. 심지어는 한 학생이 강화제에 반응하는 행동과 그렇지 않은 행동을 모두 보일 수도 있다. 예를 들면, 한 학생은 사회적 칭찬에 반응하여 교실 내에서 바람직한 행동을 지속하는 반면에 다른 학생은 토큰 경제 프로그램(token economy program)이나 가정에 보내는 긍정적인 짧은 편지와 같은 보다 강력한 강화제에 반응할 수 있다. 또한 한 학생에게 강화제로 고려되었던 항목과 활동이 동일 연령 및 학년의 다른 학생에게는 전혀 효과가 없을 수도 있다.

강화제 유형

학생을 직접 관찰하지 않고 교사가 자신의 생각과 상상만으로 학생에게 적용 가능한 강화제의 목록을 작성하는 데는 제한이 있다. 구어적 진술, 음식, 음료, 사물, 선호 활동에의 참여시간 등이 강화제가 될 수 있다. 교사는 사탕 주는 것을 강화제로 한정하여 이해해서는 안 된다. 어린 학생은 특히 사탕과 같은 음식 강화제를 받으면 보다 빠르게 행동변화를 보일 수 있다. 포만(satiation)은 현재 사용되는 강화제가 강화의 가치를 상실한 상태를 의미한다. 즉 강화제가 더 이상 표적행동을 유지시키지 못함을 의미한다. 개인이 특정 강화제를 과도하게 받게 되면 일반적으로 포만이 발생한다. 그러므로 교사는 음식물을 강화제로 주기 전에 다른 유형의 강화제를 먼저 고려해 보아야 하다. 특히 교사들은 칭찬과 같은 이차적이거나 조건화된 강화제(Lampi, Fenty, & Beaunae, 2005; Musti -Rao & Haydon, 2011), 활동 또는 토큰에 초점을 맞출 수 있다. 이차 강화제에 대해서는 이 후에 보다 상세히 다루고자 한다. 학교에서 사용되는 강화제에 관한 연구에서, Gottfredson과 Gottfredson(2001)은 96%의 학교가 비형식적인 인정을, 95%가 형식적인 인정(증명서 등)을, 87%가 임무 또는 특권을, 84%가 활동을, 82%가 사회적 보상을, 81%가 물질 보상을, 61%가 토큰 강화제를, 8%가 돈을 사용하였다고 한다.

강화에는 정적 강화 또는 부적 강화가 있다. 정적 강화(positive reinforcement)와 부적 강화(negative reinforcement) 모두 행동을 증가시키는 것이다. 정적이라는 말은 행동 이후에 주어지는 자극의 본질을 의미하는 것이 아니라 행동에 뒤이어 자극이 제시(presentation)됨을 의미한다. 부적이라는 말도 자극의 질을 의미하는 것이 아니라 행동 이후에 자극이 제거(removal)됨을 의미한다(즉 부적 강화제는 나쁜 것이 아니다). 또한 이후에 논의되겠지만, 강화제에는 일차 또는 이차 강화제가 있다. 일차 강화(primary reinforcement)와 이차 강화(secondary reinforcement) 모두 표적행동을 증가 및 유지시키는 것이다.

정적 강화 정적 강화는 표적행동이 나타나면 행동 발생에 수반하여 자극(사물, 활동 등)

을 제시하는 것으로, 이는 표적행동의 빈도, 지속시간, 강도의 증가 및 유지를 가져온다 (Skinner, 1938, 1969). 정적이란 말은 그 행동 발생 후 뒤이어 자극이 주어지는 것을 의미한다. 예를 들면, 학생이 학급에서 특정 과제를 완성하면(반응) 교실 내에 있는 컴퓨터를 가지고 일정시간 동안 놀 수 있도록 하는 것(자극)은 정적 강화가 될 수 있다. 이는 표적행동(학급에서 특정 과제를 완성하는 것)이 미래에 나타날 가능성을 증가 또는 유지시키는 것이다. 정적 강화는 새로운 행동을 가르치거나, 바람직한 행동을 증가시키거나, 바람직하지 않은 행동을 감소시키고자 할 때 가장 먼저 적용될 수 있다. 많은 연구자들이 학업 성취를 향상시키고 교실에서의 행동문제를 감소시키기 위해 언어적 칭찬을 정적 강화의 간단한 방법으로 사용해 왔다(Gresham, Ramsey, & Walker, 2003; Kennedy & Jolivette, 2008).

> ▶ 이 영상은 정적 강화와 부적 강화의 구체적인 많은 예를 보여 준다.
> http://www.youtube.com/watch?v=wfraBsz9gX4

부적 강화   부적 강화는 표적행동 발생에 뒤이어 자극을 제거하는 것으로, 이는 표적행동의 빈도, 지속시간, 강도의 증가 및 유지를 가져온다(Mayer, Sulzer-Azaroff, & Wallace, 2012). 일반적으로, 제거되는 자극은 혐오자극(aversive stimulus)이다. 부적 강화는 처벌(punishment)이 아니다. 다시 말하면, 부적 강화의 효과는 표적행동의 **증가**인 반면에, 처벌의 효과는 표적행동의 감소이다. 안타깝게도, 일반적인 상황에서 부적 강화는 음식거절부터(LaRue, Stewart, Piazza, Volkert, Patel, & Zeleny, 2011) 자해행동에 이르기까지(Iwata et al., 1994; Rooker, Jessel, Kurtz, & Hagopian, 2013) 많은 문제행동을 강화시키는 결정적인 역할을 하고 있다. 사실상, Mueller, Nkosi와 Hine(2011)은 학교 현장에서 학생의 90%에서 보이는 문제행동의 가장 공통적인 기능은 부적 강화(과제로부터의 회피)였다고 한다.

목표가 행동 증가일 때 부적 강화는 두 가지 응용이 가능하다. 부적 강화의 첫 번째 응용은 도피학습으로, 학생이 제시되고 있는 혐오자극에서 도피(escape)하기 위해 표적행동을 하는 것이다(Iwata, 1987). 예를 들면, 교사가 학생에게 자유시간을 갖기 위해서는 과제를 끝마쳐야 한다고 말을 하면, 교사는 부적 강화를 사용한 것이다. 여기서 목적은 혐오자극(과제 자체)이 제거되도록 학생이 표적행동(과제 완수)을 하는 것이다. 두 번째는 회피학습으로, 잠재적인 또는 가능하다고 생각되는 혐오자극을 회피(avoid)하기 위해 표적행동을 하는 것이다. 예를 들면, 임박한 혐오자극(낮은 점수 획득)을 회피하기 위해 표적행동(역사 공부를 하는 것)을 하면, 표적행동은 부적 강화에 의해 유지되는 것이다.

학생들이 무엇을 도피하기 위해(부적 강화) 행동을 하더라도, 도피를 위해 문제행동을 보일 수 있는 상황에서도 이러한 행동들은 과제 완수를 위한 정적 강화 제공을 통해 감소될 수 있다고 선행연구에서 보고하고 있다. 과제 완성에 대한 정적 강화제 획득과 문제행동에 대한 부적 강화(휴식) 사이에 선택의 기회가 주어졌을 때, 휴식을 원해 문제행동을 보였던 학생들도 정적 강화제를 위해 계속적인 과제 수행을 선택하였다고 한다(DeLeon, Neidert, Anders, & Rodriquez-Catter, 2001; Fisher, Adelinis, Volkert, Keeney, Neidert, & Hovanetz, 2005; Kodak, Lerman, Volkert, & Trosclair, 2007; Lalli et al., 1999). 정적 강화제 제공에 중점을 두는 것은 장점이 있다. 첫째, 칭찬, 음식물, 토큰은 수업이나 다른 활동을 방해하지 않고 제공될 수 있다. 반면에 부적 강화는 수업의 지속을 중단시킬 수 있다. 둘째, 정적 강화제의 제공은 덜 혐오적인 환경을 만들어 도피하고자 하는 학생들의 욕구를 감소시킬 수 있다.

강화 유형, 자극, 그리고 표적행동에 대한 성과 간의 관계는 다음과 같다.

강화	자극	표적행동
정적	제시	증가
부적	제거	증가

일차 강화제 일차 강화제(primary reinforcer)는 음식, 음료, 잠, 감각 등과 같이 생물학적으로 중요한 선천적으로 동기 부여되는 자극이다. 이는 학습되지 않은 또는 무조건적인 자극을 의미한다. 사람은 맛있는 음식을 먹고 갈증 해소를 위해 음료수를 마시는 것이 기분을 좋게 만든다는 것을 학습할 필요가 없다.

이차 강화제 이차 강화제(secondary reinforcer)는 자연적으로 강화되지 않는 자극이다. 일차 강화제와의 연합(association) 또는 짝짓기(pairing)를 통해 조건화되는 것에 이차 강화제의 가치가 있다. 예를 들면, 유치원 교사가 칭찬의 말(잠재적 이차 강화제)을 유아가 좋아하는 주스를 주는 것(일차 강화제)과 함께 짝 지어 제공하면, 칭찬의 말은 주스와 연합된 강화제로 역할을 하게 된다. 여기서 목적은 일차 강화제인 주스의 사용은 점진적으로 줄이면서 이차 강화제인 칭찬의 가치는 점진적으로 증대시키는 것에 있다. 이러한 목적이 이루어지면, 칭찬의 말은 표적행동을 유지 및 증가시킬 수 있는 이차 강화제가 된다.

일반화된 조건 강화제 일반화된 조건 강화제는 다양한 다른 강화제와 짝 지어지는 조건화된(이차) 강화제이다(Miltenberger, 2011). 가장 일반적인 예는 돈이다. 돈은 음식, 집 그리고 여가 용품과 같은 다양한 다른 강화제로 바꿀 수 있기 때문에 가치가 있는 것이다. 교실에서 활용되는 토큰도 다양한 교환 강화제(backup reinforcers)와 맞바꿀 수 있는 일반화된 조건 강화제의 예이다. 일반화된 조건 강화제 사용의 일차적인 이점은 다양한 다른 강화제에 접근할 수 있기 때문에 강화제에 대한 포만 또는 싫증을 예방할 수 있다는 점이다.

사회적 강화제 사회적 강화제는 사회적으로 타당한 강화제(social valid reinforcer)를 의미하며, 이는 강화제가 학생이 속한 사회적 상황의 규준에 적합할 때 사회적으로 타당하다고 여겨지게 된다. 사회적으로 타당함을 결정하는 변인으로는 문화, 환경, 학생의 연령, 특정 상황, 교사와 학생 간의 관계를 들 수 있다. 예를 들면, 학생의 엉덩이를 가볍게 두드리는 것은 운동장(상황)에서 축구를 하는 학생에게는 사회적으로 수용 가능한 강화의 형태라 할 수 있으나, 다른 상황(교실)에서는 사회적으로 적절하지 않은 강화가 된다. 교사는 사회적 기술 훈련과 강화 시에 또래의 영향력을 기억해야 한다(예, Blake, Wang, Cartledge, & Gardner, 2000). 따라서 강화제를 선정하고 강화 목록을 개발할 때 이러한 모든 변인들을 고려하는 것이 중요하다.

앞서 언급한 바와 같이, 강화제는 학생이 속한 사회적 상황의 규준에 맞을 때 사회적으로 타당하게 여겨진다. 그러나 때때로 일시적으로는 상황에 적절하거나 전형적인 사회적 행동에 맞지 않는 강화제의 사용이 효과적일 수도 있다. 예를 들면, 과제를 완성한 학생에게 점수를 주는 것은 자연스러운 성과도 아니며 실생활에서 사회적으로 적합한 것도 아니다. 그러나 행동관리의 초기 단계에 일차적으로 사용하고, 궁극적으로 이를 점진적으로 없애고, 보다 자연스러운 또는 전형적인 사회적 강화(칭찬의 말)를 사용하기 위한 목적으로 사용하는 외적 강화는 확실한 가치가 있다.

외적 강화와 내적 강화 외적 보상은 관찰 가능하다(예 : 과제에 성적 부여, 또는 30분의 읽기 과제 완성 후 교실에서 컴퓨터를 사용할 수 있는 추가적인 시간 제공). 외적 보상은 다른 사람에 의해 제공되기 때문에 사회적 강화제라고도 한다. 내적 보상은 내적인 동기이다(예 : 과제 완성 시 학생이 느끼는 성취감, 그 자체가 즐거워 책을 읽는 것, 과제를 완성하기 위해 외적 강화가 필요하지 않은 것). 내적 보상은 강화제를 제공하는 사람 없이도 행동을 하는 것이 자동적으로 강화제를 만들어 내므로 자동 강화라고도 한다.

외적 강화의 사용과 관련하여 외적 강화제가 과제를 수행하거나 특정한 방식으로 행동하도록 학생의 내적 동기에 영향을 미친다는 점에 관해 지속적으로 논쟁이 되고 있다. 이외에도 외적 강화제가 학생의 창의성, 자존감, 능력을 감소시키고 학생의 학습을 방해한다는 견해도 있다. 이와 관련하여 많은 선행연구가 이루어져 왔다. 기본적인 실험 구성은 과제에 대한 보상을 제공한 후 보상이 제거되고 나면 참여자들이 얼마나 많은 시간 동안 과제에 참여하는지를 보는 것이다(이를 자유 선택 동기라고 한다). 일반적으로 연구에서는 보상이 과제 수행을 위한 동기에 부정적인 영향을 미치지 않는 것으로 나타났다(Akin-Little, Eckert, Lovett, & Little, 2004; Cameron, 2001). 흥미가 낮은 과제(학생이 원하지 않는 과제)에 대한 보상은 자유 선택 내적 동기를 강화한다(보상이 지속되지 않더라도 학생들은 보상을 받기 전보다 과제 수행을 선택한다). 흥미가 높은 과제에서는 언어적 보상이 자유 선택 동기와 자기 보고식 과제 흥미에 긍정적인 영향을 미친다. 보상이 만질 수 있는 유형의 것이고 이전부터 제공되어 예상되거나 수행의 수준과 무관할 때는 높은 흥미 과제 수행에 부정적 영향을 미친다. 보상이 수행 수준과 관련이 있으면, 보상을 받고자 하는 내적 동기는 증가할 수도 있고 보상받지 않는 통제집단과 비교하였을 때 차이가 나타나지 않을 수도 있다(Cameron, Banko, & Pierce, 2001).

선호 강화제의 판별

컴퓨터 게임, 자유시간, 쉬는 시간 등과 같은 선호 활동(high-preferenced activity)은 이차 강화제로서 뛰어난 효과를 가지고 있다. Premack(1959)은 "선호도가 높은 활동이 선호도가 낮은 활동을 수행하는 데 강화제로 활용될 수 있다고 한다."(이를 일명 'Premack 원리'라고 한다)고 한다. 선호가 낮은 활동 다음에 선호가 높은 활동을 제시하여 선호가 낮은 활동을 완수하면 선호가 높은 활동이 자연스럽게 제시되어 강화제로서 역할을 하게 된다. Romjue, McLaughlin과 Derby(2011)는 일견 단어 교수(sight word instruction) 동안 과제 참여 행동에 수반하여 선호 활동 참여 기회를 제공하는 'Premack 원리'를 사용하였다.

선행 연구에서는 선호하는 사물과 활동이 행동관리 프로그램에서 가장 효과적인 강화제라고 하며(DeLeon, Frank, Gregory, & Allman, 2009; Lee, Yu, Martin, & Martin, 2010), 연구자들은 선호 강화제를 판별하는 몇 가지 방법을 제시하고 있다. 학생이나 학부모에게 학생이 강화제로 선호하는 것이 무엇인지 물어보는 방법은 간단하지만 이러한 정보는 종종 정확하지 않을 수 있다(Cote, Thompson, Hanley, & McKerchar, 2007; Northup, 2000). 잠재적인 강화제를 선택할 때 직접 관찰은 필수적이다. 수고를 최소화한 방법으로, 교사들은 학생들이 무엇을 선호하는지 알기 위해 수업과 휴식 시간 동안 학생들이 하는 것을 간단하게 관찰하고 기록할 수 있다.

선호도 평가(preference assessment)는 효과적인 강화제의 목록을 개발하는 체계적인 방법이다. 체계적인 평가는 직접 관찰을 통해 시행되며, 이는 선호 강화제와 행동에 대한 강화제의 영향력을 평가하는 것이다. 이러한 평가를 통해 영향력이 있는 강화제 목록을 만들어 낼 수 있다. 선호도 평가 방법에는 몇 가지 유형이 있고, 각 유형은 장점과 단점을 가지고 있다(Piazza, Roane, & Karsten, 2011; Karsten, Carr, & Lepper, 2011 참조). 보다 일반적인 두 가지 평가 방법은 짝 자극 선호도 평가(짝 자극 제시 선택이라고도 함)와 자극 교체를 적용하지 않는 다중 자극 제시 선호도 평가 방법이다.

짝 자극 선호도 평가(paired stimulus preference assessment)는 Fisher 등(1992)에 의해 소개되었다. 기본 절차는 대상자가 선호할 만한 많은 항목(일반적으로 8개에서 16개 항목)을 판별하는 것이다. 하나의 항목이 다른 모든 항목들과 짝지어 학생들에게 제시된다. 짝지어 제시된 항목(자극) 중에서 학생이 하나의 항목을 선택하고 선택된 항목은 짧은 시간 동안 학생에게 제공되어 상호작용을 하거나(인형이나 활동의 경우) 음식물의 경우 먹을 수 있다. 하나의 항목이 선택된 횟수를 항목이 제시된 전체 수로 나누고 100을 곱하여 각 항목의 선택률을 산출한다. 가장 높은 선택률을 보이는 항목이 가장 선호하는 항목이 된다.

자극 교체를 적용하지 않는 다중 자극 제시(multiple stimulus without replacement, MSWO) 선호도 평가는 DeLeon과 Iwata(1996)에 의해 소개되었다. 이 방법에서는 항목들이 일렬 또는 반원형으로 동시에 제시된다. 학생이 선호하는 항목을 선택하면 짧게 해당 항목과 상호작용하거나 먹게 한다. 학생이 선택한 항목을 제거하고 새로운 항목의 교체 없이 나머지 항목들의 배치를 재배열한 후에 선호 항목을 선택하도록 한다. 선택률은 앞서 언급된 방법으로 각 항목에 대해 산출된다.

교사들은 교실에서 이러한 평가 방법을 실시하도록 훈련받았고 평가를 매우 우수하게 잘 시행하였다. Lerman, Tetreault, Hovanetz, Strobel과 Garro(2008)는 짝 자극 선호도 평가, MSWOs, 자유조작평가(free operant assessment)라고도 하는 세 번째 유형의 평가 (Roane, Vollmer, Ringdahl, & Marcus, 1998)를 교사를 대상으로 훈련하였다. 훈련 종료 후 3개월을 주기로 2회 추후검사를 실시한 결과, 아홉 명의 교사들 중 여덟 명의 교사들 이 학생 중 한 명을 대상으로 훈련받은 평가 방법 중 적어도 한 가지 방법을 적용하여 학 급에서 평가를 시행한 것으로 나타났다. Pence, Peter와 Tetreault(2012)는 다섯 명의 교사 들을 대상으로 평가 방법을 훈련하였고, 대상 교사들은 18명 이상의 다른 교사들을 대상 으로 학급에서 정확하게 선호도 평가를 시행할 수 있도록 훈련할 수 있었다. 이러한 연 구들은 교사들이 학급에서 선호도 평가 기법을 쉽게 적용할 수 있으며 다른 교사들에게 도 방법을 가르칠 수 있음을 시사한다.

선호도 평가에서 선호 자극이 판별되면, 이러한 높은 선호 자극의 강화 가치가 평가 되어야 한다. 즉 항목이나 활동이 다른 항목들보다 더 선호되는 것일지라도 그 항목이나 활동이 강화 수단으로 행동을 증가시킬 수 있는지를 결정하는 실제 검사가 이루어져야 한다는 것이다. 예를 들면, 선호도 평가에서 채소가 배열되어 제시된다면 내가 가장 선 호하는 것으로 나는 리마콩(그것은 내가 좋아하는 채소이다!)을 선택할 것이다. 하지만 나는 리마콩이 행동 증가를 위한 강화제인지 아닌지 생각하고 선택한 것은 아니다. 강화 제 평가(reinforcer assessment)를 시행하는 가장 간단한 방법은 기초선(행동에 대한 후속결 과가 없는 상황)에서 행동의 발생률을 산출하고, 행동 발생에 대한 후속결과로 선호 항 목이 제공되었을 때 행동의 발생률을 산출하여 비교하는 것이다. 선호 항목이 제공되었 을 때 행동이 발생한다면, 해당 선호 항목은 강화제로서의 기능을 하는 것이다. 행동이 증가하지 않는다면, 선호 항목은 강화제로서의 가치가 없는 것이다.

강화제가 될 수 있는 자극에 대한 체계적인 시행착오 사정(trial-and-error assessment) 을 통해 단순히 교사가 예측하는 것보다 훨씬 정확하고 효과적인 강화제 목록을 만들 수 있다(Cote, Thompson, Hanley, & McKerchar, 2007). 개별적으로 선호하는 것이 종종 바 뀔 수 있으므로(Hanley, Iwata, & Roscoe, 2006) 교사들은 중재가 지속적으로 효과적일 수 있도록 선호도와 강화제 평가를 자주 시행해야 한다.

강화제로 제안되는 목록은 다음과 같다.

모형 및 형태가 있는 것	사회적 강화제	활동
별스티커	언어적 인정	인정선택시간
도장	언어적 칭찬	교사와 점심식사
체크 표시	오늘의 학생	책 읽기
점수	첫줄에 배치	과제 면제
장난감	오늘의 반장	학급 애완동물 먹이 주기
음식물	집에 전화	컴퓨터 쓰기
잡지	가정통신 편지	심부름 하기
퍼즐	활동 책임자	테이프 듣기 또는 짧은 동영상 시청하기

효과적인 강화 프로그램 설정

강화 체계 시행이 교실 내 진행 중인 프로그램의 변화에 영향을 미쳐서는 안 된다. 교실 내 프로그램의 큰 변화 없이 적용할 수 있는 교실 강화 전략으로는 활동 계획표에 간단한 변화를 주거나 바람직한 행동에 대한 학생의 집중을 높일 수 있도록 교사들 중 한 명에게 간단한 책임을 부여하는 것을 들 수 있다. 교사는 교육 상황에서 학생이 참여할 수 있는 활동이 무엇인지를 알아보기 위해 일반적인 활동 계획표를 검토해 보고 다음과 같은 질문을 해 보아야 한다.

- 활동 중에서 학생에게 강화제로 알려진 것은 무엇이며, 이 활동이 바람직한 행동을 강화하기 위해 어떻게 사용될 수 있는가?
- 바람직한 행동의 결과로, 어떻게 하면 학생이 교육 상황 내에서 선호 활동에의 접근을 보다 용이하게 할 수 있는가?
- 선호도가 높은 활동이 선호도가 낮은 과제 다음에 이루어지도록 학생의 시간표를 어떻게 조절할 수 있는가?

앞서 언급한 바와 같이, 교사는 바람직한 행동을 습관적으로 쉽게 무시할 수 있으며 대신에 바람직하지 않은 행동에 주의를 둘 수 있다. 강화 프로그램의 개발은 교사가 학생의 바람직한 행동에 주의를 집중하는 데 도움이 된다.

개별 학생에 대해 개별화되고 표적행동에 수반하여 제공될 때, 강화는 표적행동을 매우 효과적으로 유지 및 증가시킬 수 있다(DeLeon, Gregory, Frank-Crawford, Allman, Wilke, Carreau-Webster, & Triggs, 2011). 앞서 강화의 질에 대한 중요성을 강조하였다 (강화의 질은 개인의 독특한 선호도에 의해 결정된다는 것을 기억해야 한다). 다음 요인들이 강화의 효과적인 사용과 관련이 있다.

- **강화의 즉시성** : 행동과 강화의 간격이 크면 클수록, 강화제의 상대적인 효과는 낮아진다. 효과적인 강화 프로그램에서는 표적행동 후 강화제를 즉각적으로 제공한다. 강화제가 즉시 제공될 수 없다면, 교사들은 즉각적으로 토큰을 제공하고 나중에 토큰을 교환 강화제로 바꿀 수 있도록 할 것이다(이 전략은 뒤에서 다루어진다). 또는 교사들은 복합 계획을 사용하여 매 반응마다 즉시 강화를 제공하는 기간과 반응에 강화를 제공하지 않는 소거의 기간을 번갈아 적용할 수 있다(Sidener, Shabani, Carr, & Roland, 2006). 강화의 기간과 소거의 기간임을 학생들에게 명확하게 알려주어야 한다. 예를 들면, 교사가 교통 신호등처럼 화이트보드에 초록색 표시를 하면, 이는 개별적인 주의집중이나 도움을 위한 요청을 들어줄 것이라는 신호이다(교사는 주의집중과 도움을 제공할 것이다). 교사가 빨간색 표시를 하면, 학생들의 요청은 강화되지 않는다. 이러한 두 번째 전략은 자폐성 장애 또는 지적장애 학생들이 요청하기를 처음 학습하고 교사가 이 새로운 기술을 촉진하기 위해 즉각적인 강화를 제공할 때는 유용하지만, 강화제가 항상 즉각적으로 제공될 수는 없다(예 : 학생이 교사의 관심을 요청하거나 수업시간에 운동장에 가기를 원하는 경우).
- **강화의 양(정도)** : 교사는 제공하는 강화제의 적당한 양을 결정할 필요가 있다. 학생이 만족할 수 있을 정도로, 너무 많지 않으면서도 관심을 끌기에 충분해야 한다. 양은 강화 계획과 상호작용한다(Trosclair-Lasserre, Lerman, Call, Addison, & Kodak, 2008). 특히 기회가 많은 강화 계획(매 반응에 대해 강화제 제공)을 사용할 때는 포만의 가능성을 줄이기 위해서 강화의 적은 양을 사용하는 것이 좋다. 기회가 적은 강화 계획(어떤 반응에 대해서만 강화제 제공)을 사용할 때는 보다 많은 양을 사용하는 것이 좋다.
- **강화 계획** : 강화 계획의 초기 단계에서는 학생이 표적행동을 보일 때마다 강화를 한다. 그 행동이 확립되면, 연속 강화 계획에서 간헐 강화 계획으로 점차 변화시켜

야 한다(Betz, Fisher, Roane, Mintz, & Owen, 2013; Kuhn, Chirighin, & Zelenka, 2010). 이러한 강화 계획은 뒤에서 자세히 다루어진다.

- **일관성** : 강화 프로그램을 일관성 있게 시행한다. 뿐만 아니라 학생과 관련이 있는 모든 교사들이 프로그램을 이해하고 이 프로그램을 일관되게 시행해야 한다.

- **행동에 대한 구체적 칭찬** : 언어적 칭찬을 제공할 때, 강화받는 행동이 무엇인지 구체적으로 말해야 한다(Fullerton, Conroy, & Correa, 2009; Stormont & Reinke, 2009). 예를 들면, 존에게 손을 든 것에 대해 언어적 칭찬을 할 때 교사는 "존, 손을 들어줘서 고마워."라고 말할 수 있다. 선행연구에서는 표적행동에 대한 강화제로서 일반적인 칭찬이나 주의집중 제공과 관련하여 행동에 대한 구체적 칭찬의 필요성에 대한 일치된 결과를 제시하지 않고 있다. 그러나 구체적인 서술적 칭찬은 실시하기 쉽고 주의집중을 좋아하는 학생들에게 부정적인 효과가 나타나지 않았으므로, 많은 연구자들은 계속해서 이러한 실행을 제안하고 있다(Cooper, Heron, & Heward, 2007).

- **유형(사물) 강화제와 행동에 대한 구체적 칭찬과의 연합** : 강화제를 줄 때, 바람직한 행동과 강화제 간의 관련성을 알 수 있도록 학생에게 강화제를 받는 행동이 무엇인지를 분명하게 설명한다. 강화제와 함께 언어적 칭찬을 주어 강화제와 언어적 칭찬의 연합이 학습되면 언어적 칭찬이 갖는 강화의 가치가 높아질 수 있다. 처음에 칭찬이 강화제로 기능하지 않는 학생들을 위해 Dozier, Iwata, Thomason-Sassi, Worsdell과 Wilson(2012)은 특정 과제의 완성에 수반하여 음식물을 함께 칭찬을 강화제로 제공하였더니 여덟 명 중 네 명의 학생에게 강화제로서 칭찬이 효과적으로 조건 형성되었다(음식물이 제거되었을 때도 반응이 유지)고 한다. Dozier 등의 연구에서는 칭찬과 유형 강화제의 연합이 모든 대상들에게 효과적이지는 않았지만, 간단한 중재로 교사들이 자신의 학생들 중 일부에게서 효과를 확인할 수 있었다. 그러므로 유형 강화제와 함께 칭찬을 제공하는 것을 제안한다.

- **강화 제공자** : 일부 연구에서 학생들은 좋아하는 사람이 있는 상황에서 과제를 더욱 열심히 하고(Jerome & Sturmey, 2008), 과제를 수행하는 동안에 문제행동을 덜 보인다(McLaughlin & Carr, 2005)고 한다. 가능하면 좋아하는 사람에 의해 강화제가 제공되는 것이 효과적일 것이다.

컴퓨터 시간을 추가로 주거나 교실 내 다른 바람직한 활동을 제공하는 것이 효과적이고 기능적인 강화제가 될 수 있다.

다음에서는 효과적인 강화 프로그램 개발을 위한 중요한 요소들에 대해 살펴보고자 한다.

분명하고 일관된 기대의 설정

교사는 학교의 다양한 상황에서 수용될 수 있는 행동과 그렇지 않은 행동을 직접 분명하게 판별해야 한다(Hardman & Smith, 1999). 바람직한 행동에 대한 기대는 구체적이고 관찰 가능한 용어로 기술되어야 한다. 예를 들면, '다른 사람을 존중하기'라는 규칙은 모든 사람에게 가치 있는 목적이며 의미가 있다. 그러나 이러한 규칙은 다른 사람을 존중하고 있음을 입증하는 구체적인 행동을 나타내지 못하며 이러한 규칙을 위반하는 정확한 행동이 무엇인지를 설명하지 못한다. 따라서 교사는 보다 상세한 기술을 해야 한다. 구체적이며 관찰 가능한 기대행동의 예를 들면 다음과 같다. 다른 친구들을 때리지 않는다, 다른 사람을 방해하기 전에 '실례합니다'라고 말한다, '제발'과 '감사합니다'라는 말을 한다.

행동에 대한 규칙(rule)과 기대(expectation)는 가능한 한 긍정적인 용어로 기술되어야 한다. "허락을 받지 않고는 말하지 않는다."고 기술하는 대신에 "무엇인가를 하기 전에는 허락을 구한다."고 하는 것이 좋다. 이와 같은 차이는 학생의 환경을 긍정적이고 분명한 분위기로 만드는 데 영향을 미친다. 대부분의 규칙은 학생이 해서는 안 되는 것을 진술한다. 그러면 성인의 주된 관심은 긍정적인 행동지원을 해 주는 것이 아닌 바람직하지 않은 행동에 대해 처벌을 하는 것에 있을 수 있다. 규칙이 학생이 할 수 있는 것으로 진술되면, 교사는 바람직한 행동의 강화에 중점을 두게 된다. 그러나 때리기와 같은 바람직하지 않은 행동에 관한 규칙은 그대로 직접적으로 진술될 필요가 있다. 바람직하지 않은 행동 규칙에 대해 적어도 세 가지 바람직한 행동을 계획하는 것이 좋다.

규칙과 기대는 직접적인 지도를 통해 학습된다. 학년 초에 며칠 동안 규칙과 기대를 교수하는 데 추가적인 시간을 할당하는 것은 매우 중요하다(Cameron, Connor, & Morrison, 2005). 또한 기대가 지속적으로 시행된다면 규칙이 더욱 잘 지켜질 것이다(Strout, 2005).

좋은 모범을 보이는 교사

규칙과 기대가 설정되면, 교사는 바람직한 행동의 시범을 보이면서 이러한 규칙과 기대를 일관되게 적용해야 한다. 교사가 학생에게 '제발' 그리고 '고맙습니다'라고 말하도록 하려면, 교사도 학생에게 '제발' 그리고 '고맙다'를 사용해야 한다. 규칙이 '소리 지르지 않기'라면, 교사도 소리 지르지 않는 좋은 모범을 보여야 한다. 학생은 부모와 교사 같은, 특히 자신에게 의미 있는 사람의 행동을 지켜보고 그것을 학습한다는 것을 반드시 기억해야 한다.

강화제의 전달

규칙과 기대가 설정되고 학생과 함께 그 규칙과 기대에 관해 이야기를 나누고 개략적인 강화 목록이 만들어지면, 다음 단계로 강화 전달 프로그램을 개발한다. 행동 증가에 보다 효과적인 강화제 전달 방법은 다음과 같다.

- 증가시키고자 하는 행동이 나타나면 즉시 강화제를 준다.
- 학생이 포만을 보이지 않는 새로운 강화제를 준다.
- 학생이 좋아하는 의미 있는 성인이 강화제를 준다.

학생에게 강화제를 전달하는 방법은 강화제의 선택만큼이나 다양하며 끝이 없다. 즉 교사는 자신의 상상력을 맘껏 발휘해야 한다. 여기서 중요한 점은, 교사가 **일관되게** 강화제를 전달하고 강화제의 전달을 **재미있게** 해야 한다는 것이다. 강화 프로그램을 학급 전체 학생을 대상으로 할 경우, 교사는 토큰 경제 프로그램(이 장의 후반부에서 기술될 것임)을 활용하는 것이 좋다. 강화 프로그램이 한 학생의 특정한 행동을 변화시키는 것을 목표로 한다면, 다음에 기술되는 단계가 도움이 될 것이다.

첫째, 앞서 언급한 바와 같이 긍정적인 용어로 표적행동을 기술한다. 예를 들어, 로버트가 몇 초 이상 자신의 자리에 앉지 않는다면, 로버트의 자리착석 행동을 증가시키는 것에 관한 표적행동을 진술할 수 있다. 여기서 교사는 바람직하지 않은 행동(자리이탈 행동) 대신에 바람직한 행동(자리착석 행동)을 강화하는 데 중점을 둔다.

둘째, 학생이 현재 얼마 동안 착석하고 있는지에 관한 기초선 자료를 수집한다. 제6장에 기술된 기초선 자료는 행동변화 프로그램을 적용하기 전에 학생의 행동을 측정하는 것이다. 자료를 하루 종일 수집할 필요가 없다. 대신에 교사는 로버트가 얼마나 많은 시간 착석하는지에 대한 자료를 수집하기 위해 며칠 동안 매일 착석행동의 표본을 추출할 수 있다. 예를 들면, 로버트의 교사는 5일 동안 매일 한 시간씩 자료를 수집한다. 한 시간가량 관찰하는 동안 착석행동을 기록하기 위해 순간 시간 표집법(momentary time sampling)이 사용될 수 있다. 로버트의 교사는 매 분마다 진동이 울리도록 타이머를 맞춘다. 타이머의 진동이 울리면 교사는 로버트가 앉아 있는지 아닌지를 확인한다. 로버트가 그의 자리에 앉아 있으면, 교사는 기록지에 (+)로 기입하고 다음 간격(interval)으로 넘어간다. 로버트가 해당 간격에서 45초 동안 앉아 있었는지는 상관하지 않는다. 타이머가 울리는 순간에 로버트가 무엇을 하는지가 중요하다. 관찰 시간 종류 후 교사는 로버트가 착석하였던 간격(+표시된 간격)의 비율을 산출한다. 이러한 자료는 로버트가 기초선 동안 착석한 시간의 평균 비율을 산출하기 위해 5일에 걸쳐 평균을 낸다. 교사는 로버트가 5일에 걸쳐 전체 간격의 평균 25% 정도 착석한다는 것을 확인한다.

셋째, 교사는 적절한 **프로그램 목표**를 설정한다. 즉 학생의 연령과 프로그램 요구에 따라 합리적인 착석시간이 어느 정도인지를 판단해야 한다. 앞서 언급한 로버트의 예에서, 로버트가 전체 간격의 85% 동안 착석할 수 있도록 지도하는 것을 프로그램의 목표로 설정할 수 있다.

넷째, 기초선 또는 현재 수행 수준(착석행동에 대해 간격기록법으로 자료를 수집하여 25%의 발생률을 보임)과 프로그램의 목표(85%의 발생률) 간의 차이에 근거하여, 교사는 학생이 프로그램 목표에 도달할 수 있도록 행동(보다 긴 시간 동안의 착석행동)을 강화하기 위한 강화 계획(reinforcement schedule)을 결정한다. 로버트의 예에서, 강화 계획의 1단계에서 로버트가 관찰 간격의 35% 동안 착석을 하면(착석행동의 발생률이 35%이면) 강화를 제공한다. 2단계에서는 착석행동의 발생률이 50%이면 강화를 한다. 3단계에서는 로버트가 착석행동의 발생률을 70% 보이면 강화를 한다. 강화 계획의 마지막 단계에서는 프로그램 목표인 관찰 간격의 85% 동안 착석을 하면(착석행동의 발생률이 85%이면) 강화를 하는 것으로 설정한다.

교사는 기초선 자료, 프로그램 목표 그리고 전체적인 행동변화 프로그램에 관해 로버트와 함께 이야기를 나누어야 한다. 교사는 왜 착석행동이 증가되어야 하는지와 프로그램의 각 단계에서 어떻게 강화를 받을 것인지에 대해도 학생에게 설명해야 한다. 한 단계에서 다음 단계로 강화 계획을 바꾸어 나가는 진행 속도는 각 단계별 학생의 진보에 따라 결정된다. 강화 계획의 한 단계에서 다음 단계로 옮겨가는 수행 준거(performance criterion)를 설정한다. 예를 들면, 1단계에서 2단계로 강화 계획을 바꾸는 준거로 "로버트는 연속적인 3회기의 관찰기간 동안 1단계 목표에 도달해야 한다."를 설정한다. 이 준거에 도달하면, 강화 계획을 2단계로 변경한다. 로버트가 새로운 단계에서 계속적으로 어려움을 보이면, 교사는 로버트가 성공을 경험할 수 있도록 이전 단계로 돌아가고(2단계에서 어려움을 보이면 1단계로 돌아감) 그런 다음 다시 다음 단계로 옮겨갈 수 있다. 또는 교사는 전체 단계가 아닌 단계 내에서 기준을 일부 조정할 수 있다(50%의 발생률을 보이는 데 어려워하면, 교사는 35% 발생률의 단계로 돌아가는 대신에 기준을 40%로 낮출 수 있다).

다양한 강화 계획이 있다. 이러한 다양한 강화 전달 계획을 이해하면, 교사 및 부모는 효과적이고 개별화된 강화 전달 계획을 개발할 수 있다.

강화 포만의 예방

단일한 강화제로는 강화의 가치가 빠르게 상실될 수 있기 때문에 다양한 강화제를 선택할 수 있는 강화 목록이 있어야 한다. 동일한 강화제를 너무 자주 받게 되면 그 강화제에 대한 물림 현상이 나타날 수 있다(Peters & Vollmer, 2014). 아동에게 강화제로 제공한 것을 다음 날에는 강화제로 제공하지 않을 수 있다. 다양한 강화제를 활용하면 교사는 강화 프로그램을 지속할 수 있으며, 교사와 학생 모두에게 강화 프로그램이 새롭고 흥미롭게 여겨질 수 있다(Egel, 1981).

선택된 강화제의 효과를 평가하지 않고 강화 프로그램을 적용해서는 안 된다. Egel (1981)은 동일한 강화제가 제시되면 정확한 반응과 과제 참여행동은 점차 감소하지만 다양한 강화제를 사용하면 반응이 유의미하게 증가하고 일관된 반응을 보인다고 한다. 이러한 결과들은 높은 수준의 반응을 유지하기 위해 다양한 강화제 판별 및 제공의 중요성을 강조한다.

North와 Iwata(2005)는 다음과 같은 방법을 통해 강화 포만으로 인한 반응의 감소를 예방할 수 있다고 제안한다.

- 다양한 강화제를 제공한다.
- 학생에게 새로운 강화제를 선정하기 위한 기회를 자주 제공한다.
- 제공하는 강화의 양을 모니터하고 표적행동을 유지하기에 충분한 양만을 사용한다.
- 연속 강화 계획에서 간헐 강화 계획으로 변경한다.
- 일차 강화제에서 이차 강화제(예 : 칭찬, 토큰)로 바꾼다.

강화 계획

강화 계획은 어떤 반응이 강화를 받는지를 명확하게 한다(Miltenberger, 2011). 강화 전달의 구체적인 계획은 표적행동에 대한 의미 있는 효과가 있을 때 이루어진다(자세한 설명은 DeLeon, Bullock, & Catania, 2013 참조). 예를 들면, Cuvo, Lerch, Leurquin, Gaffaney 와 Poppen(1998)은 유아들이 최소한의 활동에 대한 최대한의 강화를 선택하는 경향이 있다고 하였다. 연구자들은 강화를 받기 위해 보다 많은 활동을 해야만 하도록 강화의 비율을 늘렸다. 유아들은 보다 풍부한 강화 계획과 연계된 많은 수고를 요하는 활동에 자발적으로 참여하고자 하였다.

강화제는 연속 계획 또는 간헐 계획에 따라 전달된다. 학생이 표적행동을 보일 때마다 매번 강화를 받는다면 이는 연속 강화 계획이 적용되는 것이다. 예외가 있기도 하지만 연속 강화 계획은 새로운 기술 지도 시 새로운 기술이 확립될 때까지는 최선의 방법이다 (Love, Carr, Almason, & Petursdottir, 2009). 예를 들면, Wilder, Atwell과 Wine(2006)은 수업시간에 지시 따르기 행동을 가르치는 데 연속 강화 계획이 더 효과적이었다고 한다.

앞서 언급한 대로 연속 강화 계획은 점진적으로 간헐 계획으로 바꾸거나 보다 자연스럽
고 사회적으로 수용 가능한 계획으로 전환되어야 한다.

특정 표적행동을 보일 때 매번 강화가 주어지지 않는 경우는 간헐 강화 계획이 적용되
고 있는 것이다. 학생이 표적행동과 강화제 간에 연합이 있음을 학습하였고 교사가 보다
자연스러운 강화 계획으로 변화시키고자 할 때 간헐 계획이 적용된다. 여기서는 강화의
연속 계획과 간헐 계획의 유형을 살펴보고자 한다.

비율 강화 계획

비율 강화 계획(ratio reinforcement schedule)은 사전에 설정된 표적행동의 **발생 횟수**(빈
도)에 수반하여 강화가 주어지는 것이다. 강화를 받는 행동의 발생 횟수의 유형은 고정
(fixed) 또는 변동(variable)으로 구분되지만, 비율 계획은 설정된 행동의 발생 횟수에 근거
하여 시행된다. 예를 들면, 특정 과제의 수를 완성한 후에 강화가 제공되는 것은 비율 강
화 계획이 시행되고 있음을 의미하는 것이다.

고정 비율 계획　학생이 표적행동을 보일 때마다 매번 강화를 받는 것은 강화가 주어지
는 행동의 발생 횟수가 1로 설정된(FR1) 고정 비율 강화 계획(fixed ratio schedule, FR)이
된다(여기서 FR1은 연속 강화 계획이라고도 한다). 그러나 교사가 표적행동이 두 번 나
타날 때마다 학생에게 강화를 하면, 이는 행동의 발생 횟수가 2로 설정된 고정 비율 강화
계획(FR2)이 적용되고 있는 것이다. 학생이 표적행동을 세 번 보일 때마다 강화를 받는
것은 FR3가 시행되는 것이다. 고정 비율 계획의 장점은 체계적인 강화 계획을 제공하며
행동의 고정된 발생 횟수에 근거하여 표적행동을 언제 강화해야 하는지를 정확하게 알
수 있다는 점이다. 고정 비율 계획에서는 강화를 받기 위해 높은 반응률이 나타나고 강
화 제공에 뒤따라 반응이 나타나지 않는 강화 후 휴지(post-reinforcement pause, PRP)가
발생한다.

변동 비율 계획　변동 비율 계획(variable ratio schedule, VR)이 적용되면, 강화는 행동의
평균 발생 횟수에 따라 제시된다. 예를 들면, 학생이 '제발'이라는 말을 평균 세 번 할 때
마다 강화를 받는 경우에 제공되는 강화 계획은 VR3라 표시한다. 변동 비율 계획은 일
반적으로 학생이 강화를 받기 위해 얼마나 많은 행동을 해야 하는지 예측할 수 없기 때

문에 강화 후 휴지 기간 없이 높고 안정된 반응이 나타난다. 일부 교사들은 행동의 평균 발생 횟수에 따른 강화의 전달을 모니터하는 것이 어렵다고 한다. 고정 비율 계획이 모니터하기가 보다 쉽기 때문에 강화 프로그램의 일관된 적용이 가능할 수 있다.

간격 강화 계획

간격 강화 계획(interval reinforcement schedule)에서는 설정된 시간 간격이 경과한 후에 발생한 첫 번째 반응에 대해 강화를 제공한다. 강화제가 주어지는 시간 간격이 고정 또는 변동이 될 수 있지만, 간격 계획은 항상 시간의 경과에 근거하고 강화 제공을 위해 시간의 경과에 따라 반응의 발생이 요구된다. 간격 강화 계획은 바쁜 교사가 학생이 잘하고 있는지를 알아챌 수 있는 전략을 시도할 때 사용될 수 있다. 간격의 지속시간으로 타이머를 맞춘다. 타이머가 울리면 교사는 학생에게 표적행동이 보일 때까지 계속 관찰한다. 교실적용 10.1에서 이러한 전략의 예가 제시되어 있다.

고정 간격 계획 고정된 특정 시간의 간격 이후 첫 번째 반응에 대해 강화가 주어지면(예 : 10분이 경과한 후 첫 번째 반응) 이는 10분간 고정 간격 계획(fixed interval schedule)이 적용된 것이다(예 : FI10). 5분이 경과한 후 발생한 첫 번째 반응에 대해 강화가 주어지면 FI5가 되는 것이다. 고정 간격 계획은 불안정한 발생률을 만들어 내는 경향이 있다. 강화제가 제공된 후 다음 강화까지 일관되고 고정된 시간이 지속되기 때문에 학생은 그 시간 동안에는 반응을 보이지 않는다. 강화를 받을 시간에 가까워오면 초반에는 느리게 반응하지만 점차 빠르게 반응한다. 강화를 받자마자 학생은 강화 후 휴지 기간을 가질 것이다. 고정 비율 계획과 마찬가지로, 고정 간격 계획을 통해 교사와 학부모는 체계적인 강화 계획을 적용할 수 있다. 그래서 표적행동을 언제 강화해야 하는지를 알 수 있다. 이 계획에서는 앞서 언급한 예측 가능한 행동 패턴이 발생하기 쉬우므로 교사들은 심사숙고해서 실시해야 한다.

변동 간격 계획 변동 간격 계획(variable interval schedule, VI)에서는 시간의 평균 간격 이후에 발생한 첫 번째 반응에 대해 강화가 주어진다. 교실적용 10.1의 예에서 교사 앤은 평균 5분 또는 10분의 시간 간격 후에 폴의 수행을 보고 폴이 보인 첫 번째 과제

> ▶ 이 영상은 강화 계획의 예를 보여준다.
> http://www.youtube.com/watch?v=GLx5yl0sxeM

교실적용 10.1

간격 강화 계획 사용의 예

중학교 교사인 앤의 학급에는 매일 2시 30분부터 3시까지 자습시간 30분 동안 자리에서 이탈하여 교실을 수시로 돌아다니는 폴이라는 학생이 있다. 공부에 집중하려는 학생이나 집에 가기 전에 과제를 미리 하려는 학생에게 폴의 이러한 행동은 방해가 된다. 앤은 폴의 행동을 관찰하여 기초선 자료를 수집한 결과, 폴이 자리를 이탈하기 전 평균 5분간은 일관되게 착석을 유지하고 있음을 알게 된다. 앤은 폴이 자리에 앉아서 과제하기를 원하기 때문에, 과제 참여 행동을 표적행동으로 선정한다. 교사는 이전에 폴에게 (이 장 후반부에서 다루게 될) 토큰 프로그램을 이미 적용하고 있기 때문에 변동 간격 강화 계획을 사용하여 폴의 과제 참여 행동을 강화할 것이다. 교사는 자습시간 동안에 폴이 자리에 착석하여 과제를 수행하는 것을 목표로 하였다(단, 폴이 자리를 일어나도 되는지 미리 허락을 구하는 경우는 제외한다).

앤은 폴에게 자습시간 동안 과제를 수행하면 토큰을 받게 될 것이라고 말한다. 또한 이 새로운 프로그램에서 과제를 수행하는지 확인하기 위해 평균 5분마다 폴의 행동을 점검할 것이라고 설명한다. 과제를 수행하면 추가의 토큰을 받게 될 것이고 첫 번째 단계 동안에는 하루에 대략 여섯 개의 토큰을 추가로 받을 수 있다고 설명한다. 앤은 점검 시간을 놓치지 않기 위해 교실에 있는 시계를 활용한다.

프로그램을 시작하고 한 주가 지난 후에, 앤은 폴이 매우 잘하고 있다고 칭찬해 주며 앞으로는 평균 10분간 착석을 유지하면 토큰을 획득할 수 있다는 것도 알려 준다. 또한 폴이 획득할 수 있는 토큰의 수를 한 개에서 세 개로 높인다. 이제 폴은 아홉 개의 토큰을 추가로 받을 수 있다.

폴은 이 프로그램을 매우 잘 따라갔으며 자습시간 30분 동안 추가 토큰을 모두 획득하였다. 프로그램이 진행되는 동안 앤은 폴에게 토큰과 함께 사회적 칭찬을 제공한다.

생각해 보기

교사가 강화 프로그램을 적용하면서 일반적으로 하는 실수는 학생이 강화제를 획득하는 기준을 너무 높게 설정한다는 점이다. 특히 프로그램을 시작하는 시점에서는 그러한 경우가 더욱 많다. 그 결과, 학생은 적절한 행동과 강화제 간의 관계를 결코 알지 못한다. 앤이 폴에게 적용한 프로그램의 첫 번째 단계를 살펴보면, 폴이 토큰을 획득하기 위해 초기엔 단지 5분만 앉아 있으면 된다. 그렇다면 폴을 위한 프로그램에서 앤이 처음에 5분 간격으로 설정한 이유가 무엇이라고 생각하는가?

참여 행동에 대해 강화를 한다. 변동 간격 계획은 변동 계획의 예측 불가능성으로 인해 적당하면서 꾸준한 반응을 만들어 내는 경향이 있다. 이러한 이유로 앤은 고정 간격보다는 변동 간격 계획을 실시한다. 교사가 평균 시간 간격에 근거하여 강화 전달을 모니터하고 일관되게 강화를 전달하는 것이 쉬운 일이 아니다. 강화 계획의 요약이 표 10.1에 제시되어 있다.

표 10.1 강화 계획의 요약

	고정	변동
비율	표적행동의 고정된 발생 횟수에 수반하여 강화가 제공된다.	표적행동의 평균 발생 횟수에 수반하여 강화가 제공된다.
간격	고정된 시간 간격이 경과한 후 첫 번째 표적행동의 발생에 수반하여 강화가 제공된다.	평균 시간 간격이 경과한 후 첫 번째 표적행동의 발생에 수반하여 강화가 제공된다.

새로운 행동의 형성과 연쇄

행동 형성

행동 형성(shaping)은 최종 행동의 형태를 점진적 근사치(successive approximation)에 따라 강화하는 것이다. 일반적으로 행동 형성은 새로운 행동과 기술, 즉 학생의 행동 목록에 없는 행동을 가르치기 위해 사용된다. 최종 행동에 대한 점진적 근사치는 중간 행동으로, 최종 목표가 되는 표적행동에 점진적으로 근접하는 행동을 의미한다. 각 단계 또는 점진적 근사치 내에서 각 단계의 준거에 부합하는 반응만 강화를 받고 다른 반응들은 강화를 받지 않는다(이는 차별 강화로 제12장에서 보다 심도 있게 다루어질 것이다). 한 단계에서 다음 단계로 옮겨 가게 되면 강화를 위한 기준도 기대가 증가되는 만큼 변화한다. 행동 형성 과정의 각 단계는 학생의 행동이 표적행동인 최종 행동에 보다 가깝게 만든다. 교실적용 10.2는 행동 형성을 통해 학급에서 자료실까지 학생이 독립적으로 걸어가는 방법을 지도한 사례를 보여 주고 있다.

행동 형성 과정은 다음의 단계로 구성된다.

1. 최종 행동(즉 목표행동)을 설정한다.
2. 최종 행동을 수행하는 데 필요한 점진적 근사치 또는 단계들을 결정한다.
3. 출발점 행동을 판별한다. 이 출발점 행동은 학생이 현재 수행하는 행동이거나 최종 행동을 향한 점진적 근사치 중 첫 단계가 된다. (교실적용 10.2에서 앨디는 학급 또래들과 함께 B지점에 해당하는 화장실까지 걸어가기는 이미 할 수 있다. 이 행동이 출발점 행동이 될 수 있다.)
4. 각 점진적 근사치 또는 단계에 대한 행동 기준에 도달할 때까지 최종 행동의 근사치를 강화한다.
5. 최종 행동이 학습 또는 형성될 때까지 한 단계에서 다음 단계로 진행한다. (이미 숙달된 이전 단계에 대해서는 강화를 철회한다.)

행동 형성은 일반적으로 새로운 행동이나 기술을 가르치는 방법으로 알려져 있다. 그러나 이는 현재 행동의 비율, 지속시간, 또는 강도를 수정하고자 할 때도 사용된다. 따라서 행동의 기본적인 형태는 동일하면서 형태의 차원을 점진적으로 수정하는 것이다. 이

교실적용 10.2 ▤ **학급 교실에서 자료실까지 독립적으로 가는 것을 지도하기 위한 행동 형성 적용 사례**

앨디는 루크초등학교 1학년 학생이다. 앨디는 인도네시아에서 태어나 자랐으며 미국으로 이주하여 처음으로 초등학교에 다니게 되었다. 영어를 잘하지 못하는 앨디는 학교 자료실에서 매일 ESL 수업을 받고 있다. 루크초등학교는 규모가 큰 학교이며, 자료실은 앨디의 교실에서 좀 떨어진 거리에 있다. 큰 학교에 다녀 본 경험이 없는 앨디는 길을 잃을지도 모른다는 생각에 두려워한다. 담임교사인 마리에는 앨디가 교실부터(A지점) 자료실(D지점)까지 혼자 다닐 수 있도록 행동 형성 전략을 사용하기로 하였다.

마리에는 자료실로 가는 길을 적는다. 교실에서 자료실로 가기 위해서는 화장실(B지점)과 학교 식당(C지점)을 지나야만 한다. 앨디가 A지점에서부터 D지점까지 혼자 갈 수 있도록 지도하기 위해 마리에는 다음과 같은 점진적 근사치를 설정하였다.

• A지점에서부터 B지점까지 교사의 감독을 받으며 걸어간다.
• A지점에서부터 B지점까지 교사의 감독 없이 걸어간다.

• A지점에서부터 C지점까지 교사의 감독을 받으며 걸어간다.
• A지점에서부터 C지점까지 교사의 감독 없이 걸어간다.
• A지점에서부터 D지점까지 교사의 감독을 받으며 걸어간다.
• A지점에서부터 D지점까지 교사의 감독 없이 걸어간다.

각 단계에서 정확한 행동을 하면 강화를 받았다. 앨디는 현재 수준에서 연속적인 3일간 정확한 수행을 보여 다음 단계로 넘어갔다. 3주 반 이내에 앨디는 교실에서 자료실까지 독립적으로 갈 수 있게 되었다.

생각해 보기
A지점에서 D지점까지 갈 수 있는 방법을 가르치는 것 이외에도 학교에서 행동 형성을 적용할 수 있는 다른 행동에 대해 생각해 보자. 교실 내에서 나타나는 다양한 문제행동의 감소를 위해 행동 형성 전략을 어떻게 적용하겠는가?

러한 행동 형성 응용의 예로 운동 활동, 착석행동, 특정한 시간 간격당 정확한 반응의 수 등을 향상시키는 것을 들 수 있다.

행동 형성은 현재 행동의 비율, 지속시간, 또는 강도를 감소시키고자 할 때도 사용된다. 이 경우에 학생은 새로운 반응을 학습하는 것이 아니라 현재 반응의 새로운 형태를 학습하는 것이다. 예를 들면, 교실 내에서 말하는 음성의 감소를 강화할 때 행동 형성은 보다 사회적으로 수용 가능한 수행 수준으로 현재 행동(너무 크게 말하는 행동)을 수정하기 위해 사용될 수 있다.

행동 형성의 장점 중 하나는 새로운 또는 수정된 행동을 가르치기 위한 전략으로서 바람직한 행동(점진적 근사치)의 강화를 강조한다는 점이다. 새로운 행동의 형성 과정은 교사가 학생의 현재 수행(기초선)을 평가하고, 적절한 최종 수행 행동을 결정하고, 강화 전달을 위한 체계적인 프로그램을 개발하는 데 중점을 둔다.

행동 연쇄

행동 연쇄(behavior chain)는 최종 강화제를 얻기 위해 완수해야 하는 구체적인 일련의 단위 행동(반응)을 의미한다. 연쇄(chaining)는 단위 행동들을 연결하여 수행하는 것을 지도하는 다양한 방법이다(Cooper, Heron, & Heward, 2007). 예를 들면, 학급 교사가 학생이 (a) 교실에 걸어 들어가서, (b) 외투를 벗어 걸고, (c) 도시락 가방을 사물함에 넣고, (d) 자리에 앉기를 원하면, 이 네 가지 단위 행동은 하나의 행동 연쇄로서 별개로 또는 함께 지도될 수 있다. 네 가지 행동은 행동 연쇄에서 연결 고리에 따라 연결된다. 각 연결 고리는 다음 연결의 수행 또는 반응에 대한 **변별 자극**(discriminative stimulus, S^D)의 역할을 하며 또한 이전 연결 수행에 대한 조건화된 강화제로 역할을 한다. 첫 번째 연결 또는 1단계(연결 2에 대한 변별 자극이지만 어떠한 것에 대한 강화제는 아니다), 그리고 마지막 연결 또는 4단계(자리에 앉기는 최종 강화제이지만 어떠한 것에도 변별 자극의 역할을 하지 않는다)는 예외이다.

1단계 : 교실로 걸어 들어간다.
2단계 : 외투를 벗어 건다.
3단계 : 도시락 가방을 사물함에 넣는다.
4단계 : 자신의 자리에 앉는다.

이 예에서 외투를 벗어 거는 행동은 도시락 가방을 사물함에 넣는 행동에 대해서는 변별 자극(S^D)의 역할을 하고 교실로 걸어 들어가는 행동에 대해서는 조건화된 강화제의 역할을 한다.

행동 연쇄를 시행하기 위해서는 **과제 분석**(task analysis)이 이루어져야 한다. 앞선 예에서, 네 가지 행동의 연결은 학생이 교실에 들어왔을 때 수행하기를 원하는 교사의 기대에 대한 과제 분석에 근거한 것이다. 또 다른 과제 분석의 예로 후진형 연쇄의 설명에서 제시된 '웹사이트에 접속하기'를 들 수 있다. 교사의 기대에 대한 과제 분석에 비해 웹사이트에 접속하기의 과제 분석은 매우 상세하게 되어 있음을 볼 수 있다. 행동 연쇄에 포함되는 상세한 하위 행동의 양은 행동의 복잡성과 학생의 특성에 따라 결정된다. 보다 어려운 과제와 행동은 보다 상세한 과제 분석을 필요로 한다.

행동 연쇄지도 방법에는 전진형 연쇄(forward chaining)와 후진형 연쇄(backward

chaining)가 있다. 다음에 두 가지 방법에 대한 설명이 제시되어 있다.

전진형 연쇄　전진형 연쇄는 과제 분석된 하위 행동의 첫 번째 단계의 단위 행동에서 출발하여 다음 단위 행동으로 진행하며 모든 단위 행동들이 연쇄적으로 학습되고 바람직한 계열로 수행할 수 있을 때까지 각 단위 행동 연결을 가르치는 것이다. 전진형 연쇄의 장점 중 하나는 단위 행동들을 자연스러운 순서로 가르칠 수 있기 때문에 교사가 사용하기 쉽다는 것이다(Cooper, Heron, & Heward, 2007; Noell, Call, & Ardoin, 2011). 한 연구에서 계열적 전진형 연쇄(아래에 설명)를 통해 지도된 행동이 유지가 가장 잘되었다고 한다(Watters, 1992). 전진형 연쇄의 적용에 관한 기본적인 결정은 계열적 훈련, 동시발생 과제 훈련, 또는 전체 과제 훈련 중에서 어떠한 것을 사용하느냐에 있다.

계열적 훈련(serial training)은 다음 행동의 추가 및 학습 전에 행동이 준거에 맞을 때까지 한 번에 하나씩 순서대로 지도하는 것이다. 예를 들면, 학생에게 교실에 들어오는 행동의 계열을 가르칠 때, 2단계(외투를 벗어 건다)를 지도하기 전에 1단계(교실로 걸어 들어간다)가 구체적인 수행 준거에 도달할 때까지 1단계를 학습하도록 하는 것이다.

동시발생 과제 훈련(concurrent task training)은 행동 연쇄 내의 둘 또는 세 가지 행동을 동시에 지도하는 것이다(Snell & Zirpoli, 1987). 즉 행동 연쇄의 1단계와 2단계를 동시에 지도하는 것이다. 동시발생 훈련은 계열적 훈련보다 더 효과적이며(Waldo, Guess, & Flanagan, 1982), 학생과 교사 모두에게 보다 흥미와 동기를 유발할 수 있다.

전체 과제 훈련(total task training)은 행동 연쇄의 모든 단계를 동시에 가르치는 것이다. 전체 과제 훈련은 실제적으로 동시발생 훈련의 연장으로, 동시발생 훈련과 동일한 장점을 가지고 있으며 보다 간단한 행동 연쇄에 대해 가장 효과적인 방법으로 여겨지고 있다(Johnson & Cuvo, 1981; Spooner & Spooner, 1984). 또한 전체 과제 훈련은 상급 수준의 학생이나 훈련 전에 그 행동 연결 중 일부 단위 행동들은 어느 정도 수행할 수 있는 학습자에게 적절하다.

후진형 연쇄　후진형 연쇄는 과제 분석된 하위 행동의 마지막 단계 행동에서 출발하여 모든 행동들이 연쇄적으로 학습되고 바람직한 계열로 수행될 수 있을 때까지 각 행동 연결을 가르치는 것이다. 즉 마지막 단계 행동 이전의 계열은 교사가 모두 완성해 놓은 상태에서 마지막 단계 행동을 학생이 학습하는 것이다. 예를 들면 교사가 어린 지적장애 학생에게 학생 자신이 선택한 웹사이트에 접속하는 방법을 지도하고자 한다면 Jerome, Frantino와 Sturmey(2007)에 의해 개발된 아래의 과제 분석을 사용할 수 있다. 먼저 교사는 학생을 컴퓨터 앞에 데려가서 단위 행동의 12단계를 완성하고 학생이 마지막 단계(13 단계인 학생이 선택한 웹사이트에 한 번 클릭하기)를 수행할 수 있도록 촉진한다. 교사는 학생이 독립적으로 수행할 때까지 이 단계를 지속적으로 지도한다. 13단계의 수행 준거가 달성되면 교사는 끝에서 두 번째 단계(12단계인 선택한 웹사이트로 마우스 커서를 옮기기) 교수를 순서대로 시작한다. 여기서 교사는 앞선 모든 단계(1에서 11단계)를 완성하고, 12단계에 대한 교수를 제공하며 학생이 마지막 단계를 독립적으로 수행할 수 있게 해 준다.

자극 : 교사는 컴퓨터 시간이라고 말한다.

1단계 : 컴퓨터 전원 버튼을 누른다.

2단계 : 모니터 전원 버튼을 누른다.

3단계 : 마우스를 잡는다.

4단계 : 인터넷 익스플로러 아이콘을 가리키도록 마우스 커서를 옮긴다.

5단계 : 인터넷 익스플로러 아이콘을 더블클릭한다.

6단계 : 구글 검색창에 마우스 커서를 옮긴다.

7단계 : 검색창에 왼쪽 클릭한다.

8단계 : 관심 있는 주제를 입력한다.

9단계 : 마우스를 잡는다.

10단계 : '찾기'가 적힌 상자로 마우스 커서를 옮긴다.

11단계 : 상자를 한 번 클릭한다.

12단계 : 선택한 웹사이트로 마우스 커서를 옮긴다.

13단계 : 선택한 웹사이트를 한 번 클릭한다.

후진형 연쇄의 장점은 각 교수 회기가 행동 연쇄를 위한 자연스러운 강화제 제공으로 이어진다는 것이다. 위의 예에서 후진형 연쇄는 연쇄의 시작부터 원하는 웹사이트에 접근하기의 결과로 이어진다. 자연스러운 강화제는 다른 어떤 것보다 더욱 강력하다(Noell, Call, & Ardoin, 2011). 선호하는 웹사이트에 접근하기는 가장 강력한 강화제가 되지만 수업을 위해 자신의 자리에 착석하는 것은 그렇지 않으므로 앞서 언급한 예에서 마지막 행동은 강력한 강화제가 아닐 수도 있다.

전진형 연쇄와 후진형 연쇄 중에서 어떤 것이 더 효과적인 방법인지에 관한 선행 연구 결과는 혼재되어 나타난다. Weiss(1978)는 후진형 연쇄가 더욱 적은 오류와 빠른 습득의 결과를 보인다고 한다. 반면에 Walls, Zane과 Ellis(1981) 그리고 Hur와 Osbourne(1993)는 연쇄의 두 가지 절차에 오류나 습득률에 있어서 차이가 없다고 한다. Spooner와 Spooner(1984)는 어떤 절차가 가장 효과적인지는 학습자와 과제에 따라서 다르다고 한다. Slocum과 Tiger(2011)는 지적장애 학생이 길이가 다양한 행동을 연쇄할 수 있도록 전진형 연쇄와 후진형 연쇄 모두를 사용하였다. 연구 대상자 누구에게서도 전진형 연쇄나 후진형 연쇄 사용에서 오류 수나 습득률의 차이가 일관되게 나타나지 않았다. 연쇄 절차의 두 가지 유형에 대한 학생들의 선호도를 평가하였다. 연쇄는 촉진이 없는 환경에서 더욱 선호되지만 이 연구에서는 전진형 연쇄나 후진형 연쇄에 대한 선호도가 일관되게 나타나지 않았다. 전진형 연쇄를 할 것인지 또는 후진형 연쇄를 할 것인지를 결정하고, 계열적 훈련, 동시발생 과제 훈련, 또는 전체 과제 훈련을 할 것인지를 결정할 때 교사는 행동 연쇄의 복잡성, 즉 과제의 난이도, 학생의 지적 능력, 과제 완수에 대한 자연스러운 강화제의 특징을 고려해야 한다.

> ▶ 이 영상은 과제 완수를 위해 행동 연쇄를 사용하는 방법의 좋은 예를 몇 가지 보여 준다.
> http://www.youtube.com/watch?v=wMVZQlCUhAk

토큰 경제 강화 프로그램

토큰 경제 프로그램(token economy program)은 조작 가능하거나(예 : 포커 칩) 조작 가능하지 않은(예 : 체크 표시) 토큰의 형태로 조건화된 강화제를 제공하는 것과 관련이 있다. 이러한 토큰은 나중에 강화 항목이나 활동과 교환된다. 이는 화폐 체계에 기초하며, 토큰의 가장 보편적인 형태로 화폐를 사용하기 때문에 경제 체계라고도 한다. 직업을 가진 사람이 특정한 과제를 완수한 것에 대해 화폐를 받고, 이를 음식, 주택, 다양한 사물로 바꿀 수 있는 것과 마찬가지로, 토큰 경제 강화 프로그램에도 동일한 원리가 적용된다. 학생은 특정한 바람직한 행동 수행에 대해 토큰을 받고 이를 강화제가 되는 사물 또는 활동과 교환할 수 있다. 학생이 토큰과 강화제의 구입과의 연계를 학습하면, 가치 있고 바람직한 토큰이 된다. Gottfredson과 Gottfredson(2001, p. 330)은 61%의 학교들이 강화제로 교환할 수 있는 쿠폰, 토큰, 스크립트와 같은 토큰 강화제를 사용한다고 한다.

토큰 경제 강화 프로그램은 학령 전기 유치원생(Beaulieu & Hanley, 2014; Conyers, Miltenberger, Romaniuk, Kopp, & Himle, 2003), 청각장애 학생(Buisson, Murdock, Reynolds, & Cronin, 1995), 학습장애 학생(Higgins, Williams & McLaughlin, 2001), 정신장애인(Corrigan, 1995), 약물 의존 또는 남용이라고도 하는 물질사용 장애 학생(Silverman, 2004), 후천적 뇌손상 학생(Maki, Rudrud, Schulze, & Rapp, 2008), 일반학급에서 다양한 행동문제를 보이는 학생(Donaldson, DeLeon, Fisher, & Kahng, 2014), 지적장애 학생(Moher, Gould, Hegg, & Mahoney, 2008)을 포함하여 다양한 연령과 대상자들에게 성공적으로 적용되고 있다.

대집단 학생과 일을 하는 학급 교사 또는 보육 프로그램 제공자가 활용하기에 좋은 방법인 토큰 경제 프로그램은 다음과 같은 장점을 가지고 있다.

- 최소한의 수고로 소집단 또는 대집단 학생에게 토큰을 제공할 수 있다(Lloyd, Eberhardt, & Drake, 1996).
- 토큰을 사용하면 교사가 바쁜 날에 강화제를 주는 것을 미루는 것이 가능하다.
- 다양한 강화 선호를 가진 많은 학생에게 동일한 강화제(토큰)를 제공할 수 있다. 학생은 토큰을 모으면 이후에 자신이 선호하는 강화제를 구입할 수 있음을 학습한다.
- 토큰을 가지고 다양한 강화제와 교환할 수 있기 때문에 포만 현상이 토큰에 대해서는 거의 나타나지 않는다.
- 수업과 다른 활동에 대한 방해 없이 학생에게 토큰을 제공할 수 있으므로 더욱 효율적인 수업과 과제 완수를 이끌 수 있다(DeLeon, Chase, Frank-Crawford, Carreau-Webster, Triggs, Bullock, & Jennett, 2014).
- 교실 행동의 개선을 위해 토큰을 사용하면 교사는 학생에게 가격, 저축, 인플레이션(통화팽창, 물가 상승), 임대 등의 경제 개념을 가르칠 수 있다(Hail, 2000).

토큰의 특성

토큰은 칠판에 표시하는 득점 또는 점수가 될 수 있고 학생의 책상에 붙인 종이 위에 기록하는 체크 표시가 될 수도 있다. 또한 토큰은 플라스틱 조각, 점수, 스마일 얼굴 표시, 스티커, 별표시, 동전, 색종이, 색테이프, 리본, 공기돌, 또는 기타 작고 학생이 좋아하는 사물이 될 수 있다. 토큰은 학생이 볼 수 있고, 만질 수 있고, 셀 수 있는 것이어야 한다. 어린 학생에게는 점수나 체크 표시를 사용하지 않는 것이 좋으며, 학생이 다룰 수 있고 보관할 수 있으며 이후에 강화제와 교환하기 위해 저축할 수 있는 정도의 크기로 된 토큰을 사용한다. 또한 교사는 절도 또는 위조와 같은 다른 출처를 통해 학생이 토큰을 얻을 수 없도록 해야 한다.

가장 중요한 것은 학생이 토큰을 가지고 다양한 강화제와 바꿀 수 있으며 각 강화제를 구입하기 위해서 어느 정도의 토큰이 필요한지를 이해해야만 한다. 어린 학생을 대상으로 토큰 경제를 처음 적용할 때는 교사가 직접 교환 체계를 학생에게 안내하여 토큰 경제 프로그램이 어떻게 시행되는지를 보여 주어야 한다.

토큰 경제 프로그램 설정

토큰 경제 프로그램을 설정하기 위해 몇 가지 중요 단계가 필요하다. 이러한 단계가 교실적용 10.3에 기술되어 있다.

토큰 경제를 통한 바람직한 행동의 효과적인 향상을 위해, 학생이 토큰과 강화제를 교환하는 시기에 토큰이 하나도 없어서 교환을 하지 못하는 경험을 해서는 안 된다. 교사는 문제행동을 가장 많이 보이는 학생을 대상으로 적어도 하나의 바람직한 행동을 판별하고자 노력해야 한다. 그래서 학생이 토큰 경제 프로그램에 참여할 수 있도록 해야 한다. 마지막으로 학생은 자신이 획득한 토큰이 단지 하나뿐이더라도 작은 것을 구입할 수 있는 기회를 가져야 한다. 교실적용 10.3의 마지의 프로그램에서는 토큰 한 개로도 살 수 있는 물품이 여러 개 준비되어 있다. 효과적인 토큰 경제 프로그램은 다음과 같은 특성을 가지고 있다.

- 토큰은 학생이 볼 수 있고, 만질 수 있고, 셀 수 있는 것이어야 한다.
- 토큰은 학생이 보관할 수 없고, 다룰 수 없고, 셀 수 없을 정도로 너무 작거나 커서도 안 된다. 점수 표시는 특히 연령이 높은 학생에게 효과적이다.
- 학생은 토큰을 가지고 실제 강화제로 바꿀 수 있어야 한다.
- 학생은 담임교사가 아닌 다른 출처를 통해 토큰을 얻을 수 있어서는 안 된다. 또래의 토큰 절도의 가능성이 있는 경우에 학생이 받은 토큰을 교사가 별도 보관 및 관리한다.

토큰 경제 프로그램 적용 사례

5학년 담임교사인 마지의 학급에는 30명의 학생이 있다. 학생 중에는 반항을 하거나 교실 내에서 뛰어다니거나, 친구를 때리고 다른 학생을 방해하거나 소리를 지르는 문제행동을 보이는 학생이 있다. 마지는 이 '문제 학생'을 위한 '개별 문제행동 감소 프로그램'을 시작하는 것에 대해 생각하다가 개별 학생에게 적용하는 프로그램보다는 교실의 학생 전체를 대상으로 하는 토큰 프로그램을 적용하기로 결정한다. 이 프로그램을 통해 학생의 긍정적인 행동을 강화하는 데 자신의 에너지와 신경을 집중할 수 있으며, 동시에 교실 내에서의 부적절한 행동을 간접적으로 감소시킬 수 있을 것이라고 생각한다.

첫 번째 단계로, 마지는 향상시키고자 하는 표적행동과 표적행동에 대한 토큰 전달 계획을 결정한다. 학생이 보이는 다양한 문제행동과 관련이 있는 행동 범위 내에서 적절한 행동을 찾고자 하였다. 마지는 토큰 프로그램을 적용하여 강화를 하고자 하는 표적행동 다섯 가지를 목록화한다.

- 선생님 지시 따르기
- 교실 내에서 걸어다니기
- 다른 친구 때리지 않기
- 말하기 전에 손을 들어 표시하기
- 조용한 목소리로 말하기

토큰 경제 프로그램의 초반에는 연속 강화 계획(FR1)에 따라 이러한 각각의 행동 수행에 대해 토큰을 제공한다. 학생들이 토큰 획득과 교환에 성공하면 마지는 변동 비율 계획으로 강화 계획을 약화시킨다.

두 번째 단계는 강화제와 교환할 수 있는 매개물 또는 토큰으로 기능할 수 있는 것이 무엇인지를 판별하는 것이다. 마지는 반복적인 제공과 교환을 위해 내구성을 더하여 코팅된 직사각형 모양의 색 판지 조각(2.5cm×12.5cm)을 토큰으로 사용하기로 한다.

세 번째 단계는 학생들이 획득한 토큰으로 구입할 수 있는 강화제를 결정하는 것이다. 강화제 목록을 개발하기 위해 마지는 프로그램에 대해 학생들과 함께 이야기를 나누고 강화제로서의 가치가 있을 만한 것을 말하도록 한다. 학생들이 제안한 강화제 중에는 수용 가능하지 않은 것들

도 있었으나 대체로 학생들은 다양하고 좋은 아이디어를 제시한다. 마지는 강화제에 다양한 활동도 포함시킨다. 학생들과 함께 마지는 다음과 같은 15개의 강화제 목록을 만든다. 컴퓨터를 할 수 있는 5분의 추가시간, 5분의 추가 휴식시간, 하루 동안 맨 앞에 앉기, 일일 반장하기, 편지지 묶음 받기, 야구 카드 받기, 볼펜 받기, 체육시간 중 게임 선택권, 가정통신문에 칭찬 써 주기, 학급 내 게임에서 심판 보기, show-and-tell의 추가시간 갖기(역자 주 : show-and-tell 시간은 학생이 자신이 가져온 물건을 또래와 선생님 앞에서 다른 사람의 참견 없이 이야기하는 시간이다), 일일 자리 선택권, 냉수기에 갔다 올 수 있는 기회권, 반 친구들에게 책을 골라 읽어 주는 기회권, 도서관 이용권 등이 그 목록이다.

마지는 큰 종이 두 장에 5개의 표적행동과 15개의 강화제 목록을 적어 모두가 볼 수 있도록 교실 앞에 붙여 놓는다. 마지는 학생이 표적행동을 보일 때마다 한 개의 토큰을 주기로 한다. 또한 마지는 강화제 목록에 있는 강화제를 교환하기 위해 필요한 토큰의 수 또는 가격을 결정한다. 이를 위해 다음과 같은 간단한 지침을 따른다.

- 학생이 가장 많이 교환하기를 원하는 인기가 많은 강화제의 가격을 높게 책정한다(즉 이 강화제를 얻기 위해서는 보다 많은 토큰이 요구된다). 예를 들면, 많은 학생들이 컴퓨터 추가시간 획득을 가장 선호하였다. 그래서 마지는 이 활동에 열 개의 토큰 값을 책정하였다.
- 가장 인기가 없는 강화제는 낮은 가격으로 책정한다. 예를 들면, 많은 학생들이 친구들에게 책을 읽어 주는 활동에 대해서는 별로 흥미를 보이지 않았다. 이 강화제는 마지가 책 읽기를 장려하기 위해 만든 활동이었으며 이 강화제는 토큰 한 개의 가격으로 책정되었다.
- 오랜 시간이 소요되는 강화제(활동 영역)에는 높은 가격을 책정하였다. 추가 휴식시간을 위해서는 수업 시간이 종료되기 5분 전부터 휴식을 취하는 것으로 이 강화제는 15개의 토큰이 책정되었다.
- 시간이 거의 걸리지 않는 강화제에는 낮은 가격을 책

정하였다. 예를 들면, 칭찬을 쓴 가정통신문 등은 시간이 거의 걸리지 않을 뿐만 아니라 선생님과 부모 간의 긍정적인 관계를 형성하기 위한 효과적인 전략이므로 이 강화제는 토큰 하나만으로도 교환이 가능했다.

마지막 단계로, 마지는 학생이 획득한 토큰으로 강화제와 교환할 수 있는 적절한 시기를 결정한다. 토큰 경제 프로그램의 초반에는 교환을 할 수 있는 기회를 자주 제공하는 것이 좋다. 마지는 점심시간 직전과 하루 일과가 끝날 때 토큰을 교환하기로 결정한다. 마지의 최종 목표는 매주 금요일 점심시간 후에 한 번의 교환 시간을 갖는 것이다. 토큰 제공을 시작하기 전에 마지는 교환하는 방법에 대해 설명한다. 마지는 반드시 매번 토큰을 교환할 필요는 없으며 원한다면 토큰을 모아 두어도 된다고 학생들에게 설명한다. 또한 매 교환시기 이후에 수요와 공급에 기초하여 각 강화제의 가격을 수정한다. 이러한 가격 변경은 프로그램이 진행되는 중간에는 시행하지 않는다.

생각해 보기
마지는 교환하고 싶은 강화제 목록에 어떤 것이 포함되면 좋을지에 대해 학생들의 의견을 물었다. 이러한 전략에 대해 어떻게 생각하는가? 마지는 표적행동을 결정하는 데 학생들의 정보를 어떻게 획득할 수 있는가? 얼마나 많은 수의 토큰을 학생들이 획득할 수 있는가? 강화제의 가치는 어느 정도이며, 토큰 프로그램에 대한 다른 견해가 있다면 무엇인가? 마지의 프로그램은 유용한가?

- 학생은 자신이 획득한 토큰으로 다양한 강화제와 교환할 수 있음을 이해해야 한다. 토큰 경제 체계를 효과적으로 학습하기 위해, 특히 연령이 낮은 학생은 토큰을 획득한 후에 즉시 교환과정을 수행해 보아야 한다.
- 교사는 학생의 소비 습관의 차이를 존중해야 한다. 일부 학생은 자신의 토큰을 모아 두는 것을 좋아할 수 있고, 다른 학생은 교환할 때마다 자신의 모든 토큰을 사용하는 것을 선호할 수 있다.
- 모든 학생이 교환시기에 최소한 하나의 토큰을 얻을 수 있는 기회를 가져야 한다. 또한 한 학생이 받을 수 있는 토큰의 최대 한도를 정해서는 안 된다. 학생들이 '너무 많은' 토큰을 얻는다면 교환 강화제로 바꿀 수 있는 토큰의 수를 늘려 교환 강화제의 가치를 높여야 한다.
- 매우 적거나, 단지 하나의 토큰만을 얻은 학생도 자신의 토큰으로 작은 강화제와 교환할 수 있는 기회를 가져야 한다.

행동계약

유관계약(contingency contracting)이라고도 하는 행동계약은 구체적인 표적행동의 수행과 특정한 강화제의 교환에 관해 교사와 학생 간에 '서면 행동계약'을 맺는 것이다. 개별 학생을 대상으로 사용될 수 있고, 학생집단을 대상으로도 활용될 수 있는 서면 계약은 학급 환경에서 긍정적 행동지원을 개발하기에 용이한 방법이다.

계약은 다양한 기술을 가르치기 위해 다양한 상황에서 적용할 수 있는 유용한 도구이다. 행동계약은 학교 출석(Din, Isack, & Rietveld, 2003), 교실 행동(Roberts, White, & McLaughlin, 1997), 과제 참여행동(Allen, Howard, Sweeney, & McLaughlin, 1993; Miller & Kelley, 1994), 숙제 수행(Miller & Kelley, 1994), 숙제의 정확성(Miller & Kelley, 1994)을 향상시키는 데, 그리고 파괴 및 공격 행동을 감소시키고(Mruzek, Cohen, & Smith, 2007; Wilkinson, 2003) 개인 위생과 몸단장 행동을 개선하는 데 효과적이다(Allen & Kramer, 1990).

DeRisi와 Butz(1975, p. 7)는 행동계약의 실시 단계를 제시하였는데, 여기서는 이를 다소 수정 및 보완하여 제시하고자 한다.

교사와 학생은 행동계약을 통해 기대되는 행동, 강화제, 후속결과에 관한 서면 계약을 할 수 있다.

- 증가시키고자 하는 표적행동을 선정한다. 표적행동의 수는 둘 또는 셋으로 한정한다.
- 학생의 진보를 효과적으로 점검할 수 있도록 표적행동을 측정 가능하고 관찰 가능한 용어로 기술한다.
- 학생이 선호하는 강화제를 판별한다.
- 누가 무엇을 할 것인지 그리고 행동의 결과는 무엇인지에 관한 계약의 명확한 지침과 기한을 설정한다.
- 참여자 전원이 이해할 수 있도록 계약서의 내용을 작성한다. 특히 학생의 연령에 적합한 어휘를 사용한다.
- 계약 참여자가 계약서에 서명한다. 이는 계약서에 쓰인 용어를 이해하고 동의함을 의미한다.
- 계약에 따라 표적행동을 수행하면 일관되게 강화를 한다.
- 표적행동의 수행을 점검하고 자료를 수집한다.
- 자료를 검토하여 표적행동의 수행에서 향상이 나타나지 않으면 논의를 거쳐 계약서를 다시 작성한다. 모든 참여자들이 계약 수정에 서명해야 한다.

Cooper, Heron과 Heward(2007)는 보상의 크기가 행동의 노력에 상응해야 한다고 제안한다. 수고를 요하거나 길게 지속되는 행동들에 대해서는 많은 보상이 제공되어야 한다. 계약서에 기술되는 용어들은 명확해야 한다. 예를 들면, 적절한 행동은 정확하게 무엇을 의미하는가? 보상이 구체적인 활동이라면 활동에 참여하는 시간은 어느 정도인지?

행동계약의 장점

행동계약은 몇 가지 장점을 가지고 있다. 행동계약을 통해 교사는 자신의 기대를 분명하게 의사소통할 수 있으며, 학생은 표적행동 수행에 대한 보상과 결과를 잘 이해할 수 있다. 교사는 행동계약을 개발하는 데 자신의 상상력을 활용할 수 있고, 학생의 행동을 변화시키기 위한 긍정적인 도구로 교사 자신을 사용할 수 있다. 행동계약의 또 다른 장점은 다음과 같다.

- 행동계약은 자연스러운 환경에서 사용하기 쉬우며 일반적인 교육 활동에 학생이 참여하는 것을 제한 또는 방해하지 않는다(Hawkins et al., 2011).
- 교사는 계약에서 동의된 체계적인 방식으로 바람직한 행동에 대한 정적 강화에 중점을 둔다.
- 학생과 교사 모두의 행동적 기대가 서면으로 분명하게 표시된다. 결과적으로 학생과 교사는 표적행동 발생에 대한 후속결과를 구체적이고 명확하게 이해한다.
- 현재의 요구에 부응하기 위해 필요에 따라 계약이 수정되고 재작성될 수 있다.
- 개별 학생을 대상으로, 소집단을 대상으로, 또는 학급을 대상으로 계약을 적용할 수 있다.

교육 상황에서 사용할 수 있는 간단한 행동계약의 예가 그림 10.1~10.4에 제시되어 있다.

계약서

나는 ＿＿＿＿＿＿＿＿＿(학생 이름)＿＿＿＿＿＿＿＿＿ 입니다.

나는 앞으로 ＿＿＿＿＿＿＿＿＿＿＿＿＿＿＿＿＿＿＿

＿＿＿＿＿＿＿＿＿＿＿＿＿＿＿＿＿＿＿＿＿＿＿＿＿

＿＿＿＿＿＿＿＿＿＿＿＿＿＿＿＿＿＿＿＿＿＿＿＿＿

＿＿＿＿＿＿＿＿＿＿＿＿＿＿＿＿＿＿＿ 하겠습니다.

＿＿＿＿＿＿＿＿＿(교사 이름)＿＿＿＿＿＿＿＿＿ 입니다.

나는 앞으로 ＿＿＿＿＿＿＿＿＿＿＿＿＿＿＿＿＿＿＿

＿＿＿＿＿＿＿＿＿＿＿＿＿＿＿＿＿＿＿＿＿＿＿＿＿

＿＿＿＿＿＿＿＿＿＿＿＿＿＿＿＿＿＿＿＿＿＿＿＿＿

＿＿＿＿＿＿＿＿＿＿＿＿＿＿＿＿＿＿＿ 하겠습니다.

(학생 서명) ＿＿＿＿＿＿＿＿＿＿ (교사 서명) ＿＿＿＿＿＿＿＿＿＿

날짜 ＿＿＿ 년 ＿＿ 월 ＿＿ 일

그림 10.1 교사와 학생 간의 계약 견본

계약서

이것은 _____(학생 이름)_____ 와 _____(교사 이름)_____ 와의 계약서이다.

(학생이름)는 _____

_____

_____ 한다.

그렇게 한다면 (교사 이름)는 _____

_____

_____ 할 수 있다.

(학생 서명) _____ (교사 서명) _____

날짜 _____ 년 __ 월 __ 일

그림 10.2 교사와 학생 간의 계약 견본

계약서

이것은 _____(학생 이름)_____ 와 _____(교사 이름)_____ 와의 계약서이다.

본 계약은 _____ 부터 시작하여 _____ 에 종료된다.

계약 기간 동안 다음과 같이 할 것을 약속한다.

학생은 _____

_____

_____ 할 것이다.

교사는 _____

_____

_____ 할 것이다.

학생이 계약한 것을 이행하면, 교사는 계약서 상기에 기술된 강화제를 학생에게 제공할 것이다. 그러나 학생이 계약한 것을 이행하지 않으면, 교사는 강화제를 회수할 것이다.

(학생 서명) _____ (교사 서명) _____

날짜 _____ 년 __ 월 __ 일

그림 10.3 교사와 학생 간의 계약 견본

계약서

(학생 이름) _____ 는 교실에서 다음과 같이 행동할 것이다.

1. 지각하지 않고 등교시간에 맞춰 학교에 온다.
2. 집에서 숙제를 모두 해 온다.
3. 촉진이나 격려를 받지 않아도 학교에서 과제를 모두 완수한다.
4. 도움이 필요할 때는 손을 들어 교사에게 알린다.

(교사 이름) _____ 는 다음과 같은 강화제를 제공할 것이다.

1. 학생이 위의 네 가지 사항을 이행하면 10개의 토큰을 제공한다. 위의 1번과 2번에 해당하는 행동에 대한 토큰은 모든 숙제 검사를 한 후 수업 시작 전 조회시간에 제공한다. 3번과 4번에 해당하는 행동에 대한 토큰은 학교에서의 하루일과가 끝나는 종례시간에 제공한다.
2. 토큰은 금요일 오후에 강화제 목록에 있는 것과 교환할 수 있다.

(학생 서명) _____   (교사 서명) _____

날짜 _____ 년 ___ 월 ___ 일

그림 10.4   교사와 학생 간의 계약 견본

일반화

일반화(generalization)는 행동변화가 행동지도 프로그램에 포함되었던 장면, 상황 또는 표적행동뿐만 아니라 이와 유사한 다른 장면, 상황 또는 행동으로 전이되는 정도를 의미한다(Bear, Wolf, & Risley, 1968). 일반화에는 자극 일반화와 반응 일반화 두 가지 유형이 있다.

자극 일반화

자극 일반화(stimulus generalization)는 훈련 상황이 아닌 다른 대상 또는 상황에서의, 심지어는 새로운 상황에서 훈련이 시행되지 않은 때에 행동변화의 정도를 의미한다(Luczynski, Hanley, & Rodriguez, 2014). 과학시간에 질문을 하기 전에 글로 제시된 지시를 학생이 읽었을 때 교사가 강화를 준다. 수학시간에 대상 학생이 질문을 하기 전에 지시를 읽기 시작한다. 이는 새로이 획득된 행동(질문을 하기 전에 지시를 읽는다)이 과학 수업에서 수학 수업으로 일반화된 것이다.

반응 일반화

반응 일반화(response generalization)는 행동지도 프로그램이 표적행동뿐만 아니라 다른 행동에까지 영향을 미친 정도를 의미한다(Geller, 2002). 예를 들면, 교사는 학생의 '제발'이라는 말의 사용을 향상시키기 위해 강화 프로그램을 개발하고 시행한다. 학생은 '제발'이라는 말뿐만 아니라 '고맙다'는 말의 향상도 보인다. 이는 행동지도 프로그램이 반응 일반화를 보이는 것이다. 또 다른 예를 들면, 교사가 신체적 공격행동(표적행동)을 감소시키는 행동지도 프로그램을 개발하여 시행한다. 학생은 언어적 공격행동(표적으로 하지 않은 행동)에서도 감소를 보인다. 이는 반응 일반화를 보이는 것이다.

반응 일반화는 표적행동뿐만 아니라 표적행동과 동일한 경향(반응의 증가 또는 감소)으로 다른 행동의 변화를 가져오는 것이다. 그러나 반응 일반화가 표적행동의 경향과는 반대로 행동을 변화시킬 수도 있다. 예를 들면, 자해행동의 감소를 가져온 프로그램이 다른 친사회적 행동의 증가를 가져올 수도 있다. 또한 과제 참여행동의 증가는 방해행동의 감소를 초래할 수 있다. 선행 연구 결과는 이러한 행동의 변화가 반응 일반화에 기인함을 시사하지만(Kazdin, 1989), 이러한 행동변화가 중재 효과의 일부가 영향을 미쳐 나타난 것일 수도 있다는 것에 대해서는 일치된 견해를 보이지 않는다.

행동변화의 일반화 촉진

Haring(1988)은 '일반화는 학습의 가장 중요한 단계'(p. 5)라고 한다. 그러나 대부분의 경우에 일반화가 동시에 일어나지는 않는다. 새로운 행동이 자연스러운 환경에서 사용되는지를 확인하기 위해서는 일반화를 위한 프로그램이 교수의 획득 단계에 포함되어야 한다. 일반화를 이루기 위해 몇 가지 방법이 활용된다. 여기서 간략히 소개된 방법과 다른 방법들에 대한 보다 자세한 설명은 Stroke와 Baer(1977)의 논문을 참고하기 바란다.

자연스러운 환경에서 교수하기 자연스러운 환경(natural setting)이라는 용어는 그 행동이 가장 많이 나타날 것 같은 또는 반드시 보여져야만 하는 환경을 의미한다(Gaylord-Ross & Halvoet, 1985). 예를 들어 유치원 교사가 학생의 '함께 나누는' 행동을 증가시키는 강화 프로그램을 시행하고자 하면, 이러한 행동을 가르치는 최상의 장소는 학생이 나누는 행동을 보여야 하는(나누는 행동의 수행이 기대되는) 환경이다. 자연스러운 환경이 아닌 실험실 상황에서 학습된 행동은 교실이나 다른 일상적인 환경에서 자동적으로 일반화되지 않는다. 행동 치료사, 교사와 부모는 기술 획득과 일반화가 학생의 일상적인 자연스러운 환경(예 : 교실, 놀이터, 운동장, 가정 등)으로 성공적으로 통합될 수 있도록 협력해야 한다. 이 목표를 달성하기 위한 한 가지 방법은 필요하다면 처음에는 교수 상황에서 반응을 훈련시키고 그런 다음 자연스러운 환경에서 현장 '보충시간'을 갖는 것이다. 많은 연구에서 이러한 통합이 다양한 기술에 효과적이었다고 한다(Vanselow & Hanley, 2014).

훈련에 다양한 자극 상황을 결합하기　목표가 새로운 행동이 다양한 관련 자극 상황에서 발생하는 것이라면, Stokes와 Baer(1977)는 자극 예시(stimulus exemplars)라고 하는 다양한 자극 상황을 훈련에서 학생들에게 제시할 것을 제안한다(Miltenberger, 2011 참조). 학생이 많은 자극에 대해 반응하는 행동을 학습하면, 모든 관련 자극이 제시되는 상황(훈련에서 예시로 사용되지 않은 것을 포함)에서 그러한 행동을 보일 가능성이 보다 많아질 것이다.

　예를 들면, Himle, Miltenberger, Flessner와 Gatheridge(2004)는 4~5세 유치원생에게 고장 난 소화기가 있는 다양한 상황을 제시하여 화기 안전 기술(만지지 말기, 방을 떠나기, 어른에게 이야기하기)을 지도하였다. 지도 후에 고장 난 소화기를 새로운 장소로 옮겨 놓았고, 학생들이 훈련받은 안전 기술을 사용하는지 알아보기 위하여 몰래 카메라로 관찰하였다. 세 명의 학생들은 훈련받은 행동의 일반화를 보였다. 다른 다섯 명의 학생들은 추가적인 현장 훈련 후에 이어진 몰래 카메라 평가에서 기술의 일반화를 보였다.

강화제로서 자연스러운 후속 자극 선정하기　자연스러운 환경에서의 교수와 훈련에 다양한 자극 상황을 결합시키는 것뿐만 아니라 교사들은 행동에 대한 자연스러운 후속결과를 이용해야 한다(Mayer, Sulzer-Azaroff, & Wallace, 2012). 토큰 경제 프로그램 또는 인위적 강화제를 사용하는 것이 많은 학생에게 적합하고 필요할 수 있지만, 강화 프로그램 목적 중에 하나는 인위적 강화제를 점진적으로 줄이고(예 : 토큰에서 칭찬으로) 강화 스케줄을 바꾸고(예 : 연속에서 간헐 강화로) 학생에게 자연스러운 강화제에 반응하도록 가르치는 것이다. 교실에서 활용할 수 있는 자연스러운 강화제로는 교사나 또래들이 긍정적인 말을 하는 것, 학급 게시판에 학생이 완성한 작품 또는 숙제를 전시하는 것, 숙제에 대해 좋은 점수를 주는 것이 있다. 이러한 강화가 모든 학습 상황에서 가능한 것은 아니다. 일부 학생에게는 인위적 강화제(예 : 토큰, 부가적인 관심)를 장기간 사용하는 것이 바람직한 행동을 유지하는 데 필요할 수 있다. 자연스러운 강화제를 선택하는 것뿐만 아니라 자기 관리(self-management) 기법을 가르치는 것이 일반교육 상황에서 바람직한 행동의 일반화와 유지를 촉진할 수 있다(Gregory, Kehle, & McLoughlin, 1997).

일반화를 강화하기　일반화가 체계적으로 강화되면 하나의 자극, 환경 또는 상황에서 학습된 행동의 일반화는 증가할 수 있다. 학생이 훈련 환경 또는 상황이 아닌 다른 환경 또는 상황에서 표적행동을 보였을 때 강화를 주면, 즉 일반화에 대한 훈련을 하면 일반화가 증가된다. 계열적 수정(sequential modification)이라 언급되는 절차에서(Stokes & Baer, 1977), 하나의 상황 또는 환경에서 기술 또는 행동이 학습되면 일반화가 모든 표적 상황 또는 환경에서 이루어질 때까지 다른 환경 또는 상황을 훈련 프로그램에 체계적으로 추가한다. 예를 들면, 행동지도 프로그램을 시작하고 특정한 상황 내에서 표적행동이 이루어질 때까지 이 프로그램을 지속할 수 있다. 그런 다음 교사는 학교 내에서 완전한 일반화가 이루어질 때까지 학교 내 모든 다른 상황(예 : 식당, 체육관)으로 프로그램을 점진적으로 확대시킨다.

유지

유지(maintenance)는 행동지도 프로그램이 종료되고 시간이 지난 후에 행동변화가 유지되는 정도를 의미한다. 예를 들면, 첫 번째 장소에서 착석행동을 증가시키기 위해 사용한 행동지도 프로그램을 종료한 후에도 착석행동이 그 첫 번째 장소에서 여전히 적절한 수준으로 지속적으로 나타나면 교사는 착석행동이 유지되고 있는 것으로 여긴다. 행동지도 프로그램의 마지막에 착석행동의 지속시간이 받아들이기 어려운 수준으로 감소한다면, 행동지도가 유지되지 않았으므로 프로그램이 재적용되어야 한다.

행동변화의 유지 촉진

유지를 촉진하는 방법은 일반화 촉진을 위해 사용하는 방법과 유사하다. 자연스러운 환경에서 자연스러운 선행 자극과 후속 자극을 가지고 훈련이 시행되고, 인위적 자극과 후속 자극(또는 다른 훈련조건)이 점진적으로 없어진 후에는 행동변화가 유지될 수 있다.

학습된 행동의 일반화와 유지를 촉진할 수 있는 방법은 다음과 같다.

- **다양한 환경에서 다양한 교사들이 행동지도 프로그램을 실시한다.** 학생과 관련 있는 모든 교사들이 행동지도 프로그램을 일관되게 따라야만 한다.
- **교수 환경과 그 행동이 일반화되기를 바라는 다른 환경 간의 보편적이며 공통된 요소를 판별한다.** 이는 학생이 학교 내에서 교실을 바꿀 때(예 : 학급 교실에서 미술실로, 또는 음악실로) 특히 중요하다. 다양한 학교 구성원들과 학교 내 다양한 환경에서 효과적인 행동의 일반화와 유지를 위해서는 구성원의 협력, 협동, 일관성이 중요하다.
- **인위적인 자극 통제에서 학생의 자연스러운 환경에서 일어나는 자연적인 자극 통제로 점진적으로 변화시킨다.** 그러나 개별 학생의 요구에 따라 유연성 있게 적용해야 한다.
- **가능한 한 연속 강화 계획에서 간헐 강화 계획으로 바꾼다.** 이러한 결정은 프로그램 자료에 나타나는 학생의 진보에 근거해야 한다.
- **자연스러운 환경 내에서 제공되는 자연적인 강화제 및 후속 자극(사회적 칭찬)과 인위적 강화제(예 : 토큰)를 짝 지운다.**
- **자연스러운 환경에서 제공될 가능성이 없는 강화제는 활용하지 않는다.**
- **자연스러운 환경에서 나타날 수 있는 강화 제시의 지연을 시도해 본다.** 예를 들면, 처음에는 학생이 매일 마지막 시간에 토큰을 바꾸다가 다음에는 일주일에 한 번 교환을 하게 되면 학생은 미래의 후속 자극에 대한 계획을 하고 저축하는 것을 학습할 수 있다. 그러나 교사는 학생과 일을 하는 데 민감해야 하며 필요한 경우 행동지도 계획을 수정 및 보완할 수 있도록 융통성을 가지고 있어야 한다.
- **일반화와 유지를 강화한다.** 교사는 획득된 기술이 다양한 환경으로 일반화하는 것에 주목하고 있다는 것을 학생에게 말해 주어야 한다. 또한 형식적인 프로그램이 완료된 후에 바람직한 행동이 유지되면 언어적으로 학생에게 강화를 주어야 한다.

요약

강화의 유형을 정의하고 판별하기

- **강화의 정의** : 강화는 행동에 뒤따르는 후속결과로, 행동이 다시 발생하거나 적어도 현재의 비율, 지속시간, 또는 강도로 유지될 가능성을 증가시키는 것이다.
- **강화제의 유형** : 강화제는 정적 또는 부적, 유형이거나 사회적 또는 신체적(활동)인 것일 수 있다. 일차 강화제는 자연스러운 강화이다. 반면에 이차 강화제는 일차 강화제와의 연합을 통해 학습되거나 조건화된다.
- **선호 강화제 판별** : 교사가 선호도와 강화 평가를 통해 효과적인 강화제를 판별하는 것이 중요하다.

효과적인 강화 프로그램 설정하기

- **분명하고 일관된 기대 설정** : 교사는 학교의 다양한 상황에서 수용될 수 있는 행동과 그렇지 않은 행동을 직접 분명하게 판별해야 한다. 행동에 관한 규칙과 기대들은 가능하면 긍정적인 용어로 진술되어야 한다.
- **좋은 모범을 보이는 교사** : 교사들은 적절한 행동의 모델로서 수립된 규칙과 기대를 일관되게 따라야 한다.
- **강화제의 전달** : 강화제는 바람직한 행동에 뒤따라 즉시 제공되어야 하고, 교사들은 학생이 강화제를 얻으려는 동기가 있음(즉 포만이 발생하지 않음)을 확인해야 한다.
- **강화 포만의 예방** : 학생들은 선호도 높은 다양한 항목들을 접할 수 있어야 하고, 새로운 강화제를 선택할 수 있는 기회를 가져야 한다.

다양한 강화 계획을 정의하고 판별하기

- **비율 강화 계획** : 비율 강화 계획은 표적행동의 정해진 발생 횟수에 수반하여 강화가 주어지는 것이다. 고정 비율 강화 계획에서는 표적행동이 정해진 수, 즉 고정된 횟수만큼 발생했을 때 강화가 주어진다. 변동 비율 강화 계획에서는 표적행동이 정해진 평균 발생 횟수만큼 나타날 때 강화가 주어진다.
- **간격 강화 계획** : 간격 강화 계획은 정해진 시간 간격이 경과한 후 발생하는 첫 번째 반응에 대해 강화를 제공하는 것이다. 간격 강화 계획에는 고정 간격 강화 계획과 변동 간격 강화 계획이 있다.

새로운 행동의 형성 및 연쇄 방법의 개요 설명하기

- **행동 형성** : 최종 행동의 점진적인 근사치를 강화하는 것으로, 일반적으로 새로운 행동과 기술을 가르칠 때 사용된다.
- **행동 연쇄** : 독립적으로 하나의 행동을 수행하는 것이 아닌 일련의 단위 행동들을 계열적으로(즉 계열화되어 있는 단위 행동들을) 수행하는 것으로, 전진형 연쇄와 후진형 연쇄로 구분된다.

토큰 경제 강화 프로그램 개발하기

- **토큰의 특성** : 토큰 경제 프로그램은 조작 가능하거나(예 : 포커 칩) 조작 가능하지 않은(예 : 체크 표시) 토큰의 형태로 조건화된 강화제 제공과 관련이 있다. 토큰은 명확하게 정의된 관찰 가능한 행동에 수반하여 제공되고, 사전에 수립된 강화 계획에 따라 제공된다. 이러한 토큰은 나중에 사물이나 활동과 교환할 수 있다. 다양한 형태의 토큰은 교사들이 바쁜 날에 제공하여 강화제 주는 것을 미룰 수 있고, 개별 학생이나 대집단에 효과적이다.
- **토큰 경제 프로그램 설정** : 토큰 경제 프로그램 시행을 위해서는 표적행동의 판별, 토큰과 강화제 교환 수단 설정, 강화 목록에서 각 항목의 가치 판별, 그리고 학생이 토큰과 강화제를 교환하는 시간에 대한 결정이 필요하다.

행동 계약서를 작성하기

- 행동 계약의 장점 : 교사와 학생 간에 표적행동 수행과 구체적인 후속 자극의 교환에 관한 서면 동의서를 개발하는 것이다. 서면 계약 내용이 자연스러운 환경에서 쉽게 활용될 수 있고, 학생이 교육 활동에 쉽게 참여할 수 있는 내용이며, 바람직한 행동 강화에 중점을 두고, 행동 기대의 구체적인 진술이 가능하며, 개별 학생 또는 학생집단을 대상으로 사용될 수 있고, 다양한 학생과 상황의 요구에 맞게 수정될 수 있을 때 행동 계약의 적용이 적극 추천된다.

자극 및 반응 일반화에 대한 요구 이해하기

- 자극 일반화 : 자극 일반화는 훈련을 통해 이루어진 행동이 훈련 상황에서 다른 상황 또는 다른 자극의 제시(예 : 새로운 교사)로 변화되는 정도를 의미한다.
- 반응 일반화 : 반응 일반화는 행동지도 프로그램의 효과가 다른 행동으로까지 일반화된 정도를 의미한다.

표적행동의 유지에 대한 요구 이해하기

- 표적행동의 유지 : 유지는 행동지도 프로그램 종료 후에 행동변화가 오랫동안 지속되는 정도를 의미한다.
- 행동변화의 일반화와 유지 촉진 : 교사가 일반화와 유지를 촉진할 수 있는 방법은 자연스러운 환경에서 가르치고, 훈련에 관련 자극 상황을 병합하며, 강화제로서 자연스러운 후속 자극을 선정하고, 강화 계획은 연속에서 간헐로 바꾸며, 자연스러운 환경과 유사한 강화의 지연을 실시하고 일반화를 강화하는 것이다.

논의사항

1. 교사가 다양한 환경(학교, 가정 등)에서 학생의 바람직한 행동을 증가시킬 수 있는 다양한 강화 유형을 기술하라.
2. 강화의 효과적인 사용과 관련이 있는 요인들을 기술하라.
3. 강화 계획의 유형을 나열하라. 교실 환경에서의 각 강화 계획 활용의 예를 제시하라.
4. 새로운 행동 형성의 과정을 논의하라. 교실 상황에서 일련의 행동을 형성하는 예를 제시하라.
5. 효과적인 행동 계약 프로그램의 중요한 요소를 기술하고, 교실 상황에서 행동 계약이 효과적인 예를 제시하라.
6. 프로그램의 일반화와 유지의 의미를 기술하라. 행동지도 프로그램을 시행하는 동안 그리고 프로그램 종료 후에 일반화와 유지를 촉진할 수 있는 방법을 제시하라.

참고문헌

Akin-Little, K. A., Eckert, T. L., Lovett, B. J., & Little, S. G. (2004). Extrinsic reinforcement in the classroom: Bribery or best practice. *School Psychology Review, 33*, 344–362.

Allen, L. J., Howard, V. F., Sweeney, W. J., & McLaughlin, T. F. (1993). Use of contingency contracting to increase on-task behavior with primary students. *Psychological Reports, 72*, 905–906.

Allen, S., & Kramer, J. (1990). Modification of personal hygiene and grooming behaviors with contingency contracting: A brief review and case study. *Psychology in the Schools, 27*, 244–251.

Baer, D. M., Wolf, M. M., & Risley, T. R. (1968). Some current dimensions of applied behavior analysis. *Journal of Applied Behavior Analysis, 1,* 91–97.

Beaman, R., & Wheldall, K. (2000). Teachers' use of approval and disapproval in the classroom. *Educational Psychology, 20,* 431–447.

Beare, P. L., Severson, S., & Brandt, P. (2004). The use of a positive procedure to increase engagement on-task and decrease challenging behavior. *Behavior Modification, 28,* 28.

Beaulieu, L., & Hanley, G. P. (2014). Effects of a classwide teacher-implemented program to promote preschooler compliance. *Journal of Applied Behavior Analysis, 47*, 344–359. doi: 10.1002/jaba.138

Betz, A. M., Fisher, W. W., Roane, H. S., Mintz, J. C., & Owen, T. M. (2013). A component analysis of schedule thinning during functional communication training. *Journal of Applied Behavior Analysis, 46*, 219–241.

Blake, C., Wang, W., Cartledge, G., & Gardner, R. (2000). Middle school students with serious emotional disturbances serve as social skills trainers and reinforcers for peers with SED. *Behavioral Disorders, 25*, 280–298.

Cameron, C. E., Connor, C. M., & Morrison, F. J. (2005). Effects of variation in teacher organization on classroom functioning. *Journal of School Psychology, 43*, 61–85.

Cameron, J. (2001). Negative effects of reward on intrinsic motivation—a limited phenomenon. *Review of Educational Research, 71*, 29–42.

Cameron, J., Banko, K. M., & Pierce, W. D. (2001). Pervasive negative effects of reward on intrinsic motivation: The myth continues. *The Behavior Analyst, 24*, 1–44.

Carr, J. E., & Sidener, T. M. (2002). On the relation between applied behavior analysis and positive behavioral support. *The Behavior Analyst, 25*, 245–253.

Conyers, C., Miltenberger, R., Romaniuk, C., Kopp, B., & Himle, M. (2003). Evaluation of DRO schedules to reduce disruptive behavior in a preschool classroom. *Child and Family Behavior Therapy, 25*, 106.

Cooper, J. O., Heron, T. E., & Heward, W. L. (2007). *Applied behavior analysis* (2nd ed.). Upper Saddle River, NJ: Pearson Education.

Corrigan, P. W. (1995). Use of a token economy with seriously mentally ill patients: Criticisms and misconceptions. *Psychiatric Services, 46*, 1258–1262.

Cote, C. A., Thompson, R. H., Hanley, G. P., & McKerchar, P. (2007). Teacher report and direct assessment of preferences for identifying reinforcers for young children. *Journal of Applied Behavior Analysis, 40*, 157–166.

Cuvo, A. J., Lerch, L. J., Leurquin, D. A., Gaffaney, T. J., & Poppen, R. L. (1998). Response allocation to concurrent fixed-ratio reinforcement schedules with work requirements by adults with mental retardation and typical preschool children. *Journal of Applied Behavior Analysis, 31*, 43–63.

DeLeon, I. G., Bullock, C. E., & Catania, A. C. (2013). Arranging reinforcement contingencies in applied settings: Fundamentals and implications of recent basic and applied research. In G. Madden, W. V. Dube, G. Hanley, T. Hackenberg, and K. A. Lattal (Eds.) *American Psychological Association handbook of behavior analysis*. Washington, DC: American Psychological Association.

DeLeon, I. G., Chase, J. A., Frank-Crawford, M. A., Carreau-Webster, A. B., Triggs, M. M., Bullock, C. E., & Jennett, H. K. (2014). Distributed and accumulated reinforcement arrangements: Evaluations of efficacy and preference. *Journal of Applied Behavior Analysis, 47*, 293–313. doi: 10.1002/jaba.116

DeLeon, I. G., Frank, M. A., Gregory, M. K., & Allman, M. J. (2009). On the correspondence between preference assessment outcomes and progressive-ratio schedule assessments of stimulus value. *Journal of Applied Behavior Analysis, 42*, 729–733.

DeLeon, I. G., Gregory, M. K., Frank-Crawford, M. A., Allman, M. J., Wilke, A. E., Carreau-Webster, A. B., & Triggs, M. M. (2011). Examination of the influence of contingency on changes in reinforcer value. *Journal of Applied Behavior Analysis, 44*, 543–558.

DeLeon, I. G., & Iwata, B. A. (1996). Evaluation of a multiple-stimulus presentation format for assessing reinforcer preferences. *Journal of Applied Behavior Analysis, 29*, 519–532.

DeLeon, I. G., Neidert, P. L., Anders, B. M., Rodriquez-Catter, V. (2001). Choices between positive and negative reinforcement during treatment for escape-maintained behavior. *Journal of Applied Behavior Analysis, 34*, 521–525.

DeRisi, W. J., & Butz, G. (1975). *Writing behavioral contracts*. Champaign, IL: Research Press.

DiGennaro, F. D., Martens, B. K., & McIntyre, L. L. (2005). Increasing treatment integrity through negative reinforcement: Effects on teacher and student behavior. *School Psychology Review, 34*, 220–231.

Din, F. S., Isack, L. R., & Rietveld, J. (2003, February 26). *Effects of contingency contracting on decreasing student tardiness*. Paper presented at the 26th Annual Conference of the Eastern Educational Research Association, Hilton Head Island, SC.

Donaldson, J. M., DeLeon, I. G., Fisher, A. B., Kahng, S. (2014). Effects and preference for conditions of token earn versus token loss. *Journal of Applied Behavior Analysis, 47*, 101–112. doi: 10.1002/jaba.135

Dozier, C. L., Iwata, B. A., Thomason-Sassi, J., Worsdell, A. S., & Wilson, D. M. (2012). A comparison of two pairing procedures to establish praise as a reinforcer. *Journal of Applied Behavior Analysis, 45*, 721–735.

Egel, A. L. (1981). Reinforcer variation: Implications for motivating developmentally disabled children. *Journal of Applied Behavior Analysis, 14*, 345–350.

Fisher, W. W., Adelinis, J. D., Volkert, V. M., Keeney, K. M., Neidert, P. L., & Hovanetz, A. (2005). Assessing preferences for positive and negative reinforcement during treatment of destructive behavior with functional communication training. *Research in Developmental Disabilities, 26*, 153–168.

Fisher, W. W., Piazza, C. C., Bowman, L. G., Hagopian, L. P., Owens, J. C., & Slevin, I. (1992). A comparison of two approaches for identifying reinforcers for persons with severe and profound disabilities. *Journal of Applied Behavior Analysis, 25*, 491–498.

Fullerton, E. K., Conroy, M. A., & Correa, V. I. (2009). Early childhood teachers' use of specific praise statements with young children at risk for behavioral disorders. *Behavioral Disorders, 34*, 118–135.

Gaylord-Ross, R. J., & Holvoet, J. F. (1985). *Strategies for educating students with severe handicaps*. Boston, MA: Little, Brown.

Geller, E. S. (2002). From ecological behaviorism to response generalization. *Journal of Organizational Behavior Management, 21*, 55–73.

Gottfredson, G. D., & Gottfredson, D. C. (2001). What schools do to prevent problem behavior and promote safe environments. *Journal of Educational & Psychological Consultation, 12*, 313–344.

Gregory, K. M., Kehle, T. J., & McLoughlin, C. S. (1997). Generalization and maintenance of treatment gains using self-management procedures with behaviorally disordered adolescents. *Psychological Reports, 80*, 683–690.

Gresham, R. M., Ramsey, E., & Walker, H. M. (2003). Sometimes, practice makes perfect: Overcoming the automaticity of challenging behavior by linking intervention to thoughts, feelings, and actions. *Education and Treatment of Children, 27*, 476–489.

Hail, J. M. (2000). Take a break: A token economy in the fifth grade. *Social Education, 64*, 5–7.

Hanley, G. P., Iwata, B. A., & Roscoe, E. M. (2006). Some determinants in changes in preference over time. *Journal of Applied Behavior Analysis, 39*, 189–202.

Haring, N. G. (1988). *Generalization for students with severe handicaps: Strategies and solutions.* Seattle, WA: University of Washington Press.

Hawkins, E., Kingsdorf, S., Charnock, J., Szabo, M., Middleton, E., Phillips, J., & Gautreaux, G. (2011). Using behaviour contracts to decrease antisocial behaviour in four boys with an autistic spectrum disorder at home and at school. *British Journal of Special Education, 38*, 201–208.

Higgins, J. W., Williams, R. L., & McLaughlin, T. F. (2001). The effects of a token economy employing instructional consequences for a third-grade student with learning disabilities: A data-based case study. *Education and Treatment of Children, 24*, 99–107.

Himle, M. B., Miltenberger, R. G., Flessner, C., & Gatheridge, B. (2004). Teaching safety skills to children to prevent gun play. *Journal of Applied Behavior Analysis, 37*, 1–9.

Hur, J., & Osborne, S. (1993). A comparison of forward and backward chaining methods used in teaching corsage making skills to mentally retarded adults. *British Journal of Developmental Disabilities, 39*, 108–117.

Iwata, B. A. (1987). Negative reinforcement in applied behavior analysis: An emerging technology. *Journal of Applied Behavior Analysis, 20*, 361–378.

Iwata, B. A., Pace, G. M., Dorsey, M. F., Zarcone, J. R., Vollmer, T. R., Smith, R. G., et al. (1994). The functions of self-injurious behavior: An experimental-epidemiological analysis. *Journal of Applied Behavior Analysis, 27*, 215–240.

Jerome, J., Frantino, E. P., & Sturmey, P. (2007). The effects of errorless learning and backward chaining on the acquisition of Internet skills in adults with developmental disabilities. *Journal of Applied Behavior Analysis, 40*, 185–189.

Jerome, J., & Sturmey, P. (2008). Reinforcing efficacy of interactions with preferred and nonpreferred staff under progressive-ratio schedules. *Journal of Applied Behavior Analysis, 41*, 221–225.

Johnson, B. F., & Cuvo, A. J. (1981). Teaching mentally retarded adults to cook. *Behavior Modification, 5*, 187–202.

Karsten, A. M., Carr, J. E., & Lepper, T. L. (2011). Description of a practitioner model for identifying preferred stimuli for individuals with autism spectrum disorders. *Behavior Modification, 35*, 347–369.

Kazdin, A. E. (1989). *Behavior modification in applied settings.* Pacific Grove, CA: Brooks/Cole.

Kennedy, C., & Jolivette, K. (2008). The effects of positive verbal reinforcement on the time spent outside the classroom for students with emotional and behavioral disorders in a residential setting. *Behavior Disorders, 33*, 211–221.

Kodak, T., Lerman, D. C., Volkert, V. M., & Trosclair, N. (2007). Further examination of factors that influence preference for positive versus negative reinforcement. *Journal of Applied Behavior Analysis, 40*, 25–44.

Kodak, T., Northup, J., & Kelley, M. E. (2007). An evaluation of the types of attention that maintain problem behavior. *Journal of Applied Behavior Analysis, 40*, 167–171.

Kuhn, D. E., Chirighin, A. E., & Zelenka, K. (2010). Discriminated functional communication: A procedural extension of functional communication training. *Journal of Applied Behavior Analysis, 43*, 249–264.

Lalli, J. S., Vollmer, T. R., Progar, P. R., Wright, C., Borrero, J., Daniel, D., et al. (1999). Competition between positive and negative reinforcement in the treatment of escape behavior. *Journal of Applied Behavior Analysis, 32*, 285–296.

Lampi, A. R., Fenty, N. S., & Beaunae, C. (2005). Making the three Ps easier: Praise, proximity, and precorrection. *Beyond Behavior, 15*, 8–12.

Lannie, A. L., & McCurdy, B. L. (2007). Preventing disruptive behavior in the urban classroom: Effects of the Good Behavior Game on student and teacher behavior. *Education and Treatment of Children, 30*, 85–98.

LaRue, R. H., Stewart, V., Piazza, C. C., Volkert, V. M., Patel, M. R., & Zeleny, J. (2011). Escape as reinforcement and escape extinction in the treatment of feeding problems. *Journal of Applied Behavior Analysis, 44*, 719–735.

Lee, M. S., Yu, C. T., Martin, T. L., & Martin, G. L. (2010). On the relation between reinforcer efficacy and preference. *Journal of Applied Behavior Analysis, 43*, 95–100.

Lerman, D. C., Tetreault, A., Hovanetz, A., Strobel, M., & Garro, J. (2008). Further evaluation of a brief, intensive teacher-training model. *Journal of Applied Behavior Analysis, 41*, 243–248.

Lloyd, J. W., Eberhardt, M. J., & Drake, G. P. (1996). Group versus individual reinforcement contingencies within the context of group study conditions. *Journal of Applied Behavioral Analysis, 29*, 189–200.

Love, J. R., Carr, J. E., Almason, S. M., & Petursdottir, A. I. (2009). Early and intensive behavioral intervention for autism: A survey of clinical practices. *Research in Autism Spectrum Disorders, 3*, 421–428.

Luczynski, K. C., Hanley, G. P., & Rodriguez, N. M. (2014). An evaluation of the generalization and maintenance of functional communication and self-control skills with preschoolers. *Journal of Applied Behavior Analysis, 47*, 246–263. doi: 10.1002/jaba.128

Maag, J. W. (2001). Rewarded by punishment: Reflections on the disuse of positive reinforcement in education. *Exceptional Children, 67*, 173–186.

Maki, A. L., Rudrud, E. H., Schulze, K. A., & Rapp, J. T. (2008). Increasing therapeutic exercise participation by individuals with acquired brain injury using self-recording and reinforcement. *Behavioral Interventions, 23*, 75–86.

Mayer, G. R., Sulzer-Azaroff, B., & Wallace, M. (2012). *Behavior analysis for lasting change* (2nd ed.). Cornwall-on-Hudson, NY: Sloan Publishing.

McKerchar, P. M., & Thompson, R. H. (2004). A descriptive analysis of potential reinforcement contingencies in the preschool classroom. *Journal of Applied Behavior Analysis, 37*, 431–444.

McLaughlin, D. M., & Carr, E. G. (2005). Quality of rapport as a setting event for problem behavior: Assessment and intervention. *Journal of Positive Behavior Interventions, 7*, 68–91.

Miller, D. L., & Kelley, M. L. (1994). The use of goal setting and contingency contracting for improving children's homework performance. *Journal of Applied Behavior Analysis, 27*, 73–84.

Miltenberger, R. (2011). *Behavior modification: Principles and procedures.* Boston, MA: Cengage Learning.

Moher, C. A., Gould, D. D., Hegg, E., and Mahoney, A. M. (2008). Non-generalized and generalized conditioned reinforcers: Establishment and validation. *Behavioral Interventions, 23*, 13–38.

Mruzek, D. W., Cohen, C., & Smith, T. (2007). Contingency contracting with students with autism spectrum disorders in a public school setting. *Journal of Developmental and Physical Disabilities, 19*, 103–114.

Mueller, M. M., Nkosi, A., & Hine, J. F. (2011). Functional analysis in public schools: A summary of 90 functional analyses. *Journal of Applied Behavior Analysis, 44*, 807–818.

Musti-Rao, S., & Haydon, T. (2011). Strategies to increase behavior-specific teacher praise in an inclusive environment. *Intervention in School and Clinic, 47*, 91–97.

Noell, G. H., Call, N. A., & Ardoin, S. P. (2011). Building complex repertoires from discrete behaviors by establishing stimulus control, behavioral chains, and strategic behavior. In W. W. Fisher, C. M. Piazza, & H. S. Roane (Eds.), *Handbook of applied behavior analysis* (pp. 250–269). New York, NY: Guilford.

North, S. T., & Iwata, B. A. (2005). Motivational influences on performance maintained by food reinforcement. *Journal of Applied Behavior Analysis, 38*, 317–333.

Northrup, J. (2000). Further evaluation of the accuracy of reinforcer surveys: A systematic replication. *Journal of Applied Behavior Analysis, 33*, 335–339.

Oliver, R. M., & Reschly, D. J. (2014). Special education teacher preparation in classroom organization and behavior management. In P. T. Sindelar, E. D. McCray, M. T. Brownell, & B. Lignugaris (Eds.), *Handbook of research on special education teacher preparation.* New York, NY: Routledge.

Pence, S. T., St. Peter, C. C., & Tetreault, A. S. (2012). Increasing accurate preference assessment implementation through pyramidal training. *Journal of Applied Behavior Analysis, 45*, 345–359.

Peters, K. P., & Vollmer, T. R. (2014). Evaluations of the overjustification effect. *Journal of Behavioral Education, 23*, 201–220.

Piazza, C. C., Roane, H. S., & Karsten, A. (2011). Identifying and enhancing the effectiveness of positive reinforcement. In W. W. Fisher, C. M. Piazza, & H. S. Roane (Eds.), *Handbook of applied behavior analysis* (pp. 151–164). New York, NY: Guilford.

Premack, D. (1959). Toward empirical behavior laws: I. Positive reinforcement. *Psychological Review, 66*, 219–233.

Rathel, J. M., Drasgow, E., Brown, W. H., & Marshall, K. J. (2013). Increasing induction-level teachers' positive-to-negative communication ratio and use of behavior-specific praise through emailed performance feedback and its effect on students' task engagement. Journal of Positive Behavior Interventions, 21, 80–93. doi: 10.1177/1098300713492856

Roane, H. S., Vollmer, T. R., Ringdahl, J. E., & Marcus, B. A. (1998). Evaluation of a brief stimulus preference assessment. *Journal of Applied Behavior Analysis, 31*, 605–620.

Roberts, M., White, R., & McLaughlin, T. F. (1997). Useful classroom accommodations for teaching children with ADD and ADHD. *Journal of Special Education, 21*, 71–84.

Romjue, H. R., McLaughlin, T. F., & Derby, K. M. (2011). The effects of reading racetracks and flashcards for teaching of sight words. *Reading, 1*, 134–146.

Rooker, G. W., Jessel, J., Kurtz, P. F., & Hagopian, L. P. (2013). Functional communication training with and without alternative reinforcement and punishment: An analysis of 58 applications. *Journal of Applied Behavior Analysis, 46*, 708–722.

Sazak-Pinar, E., & Güner-Yildiz, N. (2013). Investigating teachers' approval and disapproval behaviors towards academic and social behaviors of students with and without special needs. *Educational Sciences: Theory & Practice, 13*, 551–556.

Sidener, T. M., Shabani, D. B., Carr, J. E., & Roland, J. P. (2006). An evaluation of strategies to maintain mands at practical levels. *Research in Developmental Disabilities, 27*, 632–644.

Silverman, K. (2004). Exploring the limits and utility of operant conditioning in the treatment of drug addiction. *The Behavior Analyst, 27*, 209–230.

Skinner, B. F. (1938). *The behavior of organisms.* New York, NY: Appleton-Century-Crofts.

Skinner, B. F. (1969). *Contingencies of reinforcement: A theoretical analysis.* New York, NY: Appleton-Century-Crofts.

Slocum, S. K., & Tiger, J. H. (2011). An assessment of the efficiency of and child preference for forward and backward chaining. *Journal of Applied Behavior Analysis, 44*, 793–805.

Snell, M. E., & Zirpoli, T. J. (1987). Intervention strategies. In M. E. Snell (Ed.), *Systematic instruction of persons with severe handicaps.* Upper Saddle River, NJ: Merrill/Pearson Education.

Spooner, S. B., & Spooner, D. (1984). A review of chaining techniques: Implications for future research and practice. *Education and Training of the Mentally Retarded, 10*, 114–124.

Stokes, T. F., & Baer, D. B. (1977). An implicit technology of generalization. *Journal of Applied Behavior Analysis, 10*, 349–367.

Stormont, M., & Reinke, W. (2009). The importance of pre-corrective statements and behavior-specific praise and strategies to increase their use. *Beyond Behavior, 18*, 26–32.

Strout, M. (2005). Positive behavioral support at the classroom level. *Beyond Behavior, 14*, 13–18.

Thorne, S., & Kamps, D. (2008). The effects of a group contingency intervention on academic engagement and problem behavior of at-risk students. *Behavior Analysis in Practice, 1*, 12–18.

Troslair-Lasserre, N. M., Lerman, D. C., Call, N. A., Addison, L. R., & Kodak, T. (2008). Reinforcement magnitude: An evaluation of preference and reinforcer efficacy. *Journal of Applied Behavior Analysis, 41*, 203–220.

Vanselow, N. R., & Hanley, G. P. (2014). An evaluation of computerized behavioral skills training to teach safety skills to young children. *Journal of Applied Behavior Analysis, 47*, 51–69.

Waldo, L., Guess, D., & Flanagan, B. (1982). Effects of concurrent and serial training on receptive labeling by severely retarded individuals. *Journal of the Association for the Severely Handicapped, 6*, 56–65.

Walls, R. T., Zane, T., & Ellis, W. D. (1981). Forward and backward chaining and whole task methods. *Behavior Modification, 5*, 61–74.

Watters, J. K. (1992). Retention of human sequenced behavior following forward chaining, backward chaining, and whole task training procedures. *Journal of Human Movement Studies, 18*, 25–35.

Weiss, K. M. (1978). A comparison of forward and backward procedures for the acquisition of response chains in humans. *Journal of the Experimental Analysis of Behavior, 29*, 255–259.

Wilder, D. A., Atwell, J., & Wine, B. (2006). The effects of varying levels of treatment integrity on child compliance during treatment with a three-step prompting procedure. *Journal of Applied Behavior Analysis, 39*, 369–373.

Wilkinson, L. A. (2003). Using behavioral consultation to reduce challenging behavior in the classroom. *Preventing School Failure, 47*, 100–105.

Willert, J., & Willert, R. (2000). An ignored antidote to school violence: Classrooms that reinforce positive social habits. *American Secondary Education, 29*, 27–33.

인지적 행동수정

Mitchell L. Yell
사우스캐롤라이나대학교
Todd Busch
세인트토마스대학교(미네폴리스)
Erik Drasgow
사우스캐롤라이나대학교

학습목표

이 장을 학습한 후 학생들은

인지적 행동수정을 정의할 수 있다.

인지적 행동수정의 기원을 기술할 수 있다.

인지적 행동수정에서 사용되는 절차를 기술할 수 있다.

자기교수 훈련을 정의할 수 있다.

문제해결 훈련을 정의할 수 있다.

분노조절 훈련을 정의할 수 있다.

대안 반응 훈련을 정의할 수 있다.

귀인 재훈련을 정의할 수 있다.

인지적 행동수정 프로그램 개발 방법과 프로그램의 일반화 효과를
　　확신할 수 있는 방법을 기술할 수 있다.

인지적 행동수정(cognitive behavior modification, CBM)은 다양한 중재 중에서 특정한 중재를 가리키는 말이 아니다. 이는 관련 중재를 언급하는 용어로, 인지적 행동수정의 항목에는 문제해결, 분노조절, 자기교수, 대안 반응, 자기조절, 자기관리, 자기감독, 자기평가, 자기강화 훈련과 같은 중재들이 포함된다.

　이 장에서는 인지적 행동수정의 기본 개념, 목적, 특성, 기원 등을 살펴보고, 인지적 행동수정에 포함되는 구체적인 중재를 고찰하고 각 중재의 정의, 관련 연구, 중재 활용 지침을 살펴보고자 한다.

인지적 행동수정의 정의

인지적 행동수정을 적용한 모든 중재는 다음 세 가지 기본 가정을 가지고 있다(Hughes, 1988).

- 행동은 인지적 사상(예 : 사고, 신념)에 의해 수정된다.
- 인지적 사상의 변화는 행동의 변화를 가져온다.
- 모든 사람은 자신의 학습에 능동적인 참여자이다.

CBM은 생각과 행동 간의 상호 호혜적 관계에 기초한다. CBM을 적용하는 중재는 행동을 변화시키기 위해 사고와 신념을 수정하고자 하는 것이므로, CBM의 목적은 학생이 인지적 자기조절(self-regulation)을 통해 자신의 행동을 관리할 수 있도록 지도하는 것이다. CBM 중재는 다양한 학생과 행동에 적용되고 있다.

CBM 적용의 옹호자들은 외적으로 통제된 행동중재만을 사용하면 학생은 교사에게 과도하게 의존하게 될 것이지만 교사가 학생에게 자기관리 훈련을 위해 CBM의 기법과 절차를 사용하면 학생은 교사에게 의존하는 것이 줄어들 뿐만 아니라 외부 통제 소재(역자주 : 모든 통제의 근거가 외부에 있다고 여겨 적극적인 행동을 하지 않는 경향) 또한 감소될 것이라고 주장한다(예, Alberto & Troutman, 2013; Cooper, Heron, & Heward, 2007; Maag & Swearer, 2005; Mayer, Lochman, & Van Acker, 2005; Schloss & Smith, 1998; Shapiro & Cole, 1984; Smith, Lochman, & Daunic, 2005; Smith & Daunic, 2006; Smith & Yell, 2013). 선행 연구에서 논의된 자기관리 지도의 장점은 다음과 같다.

- 자기관리(self-management)는 행동관리에 대한 반응적 접근이 아닌 주도적 접근이다. 학생에게 자신의 행동을 통제하는 것을 지도함으로써 행동문제의 발생을 예방할 수 있다.
- 자기관리 기술을 가지고 있는 학생은 학습이 가능하고 교사의 지속적인 관리감독 없이도 보다 적절하게 행동할 수 있다.
- 자기관리는 행동의 일반화를 증대시킨다. 행동이 교사에 의해 외적으로 통제되면, 교사가 없는 상황과 환경에서는 그러한 행동이 나타나지 않는다. 그러나 학생이 자

신의 행동을 관리할 수 있게 되면, 학습된 행동은 지속되며 다양한 상황과 환경에서 나타날 수 있다.

- 자기관리 절차를 통해 이루어진 행동 개선은 소거 절차가 적용되었을 때도 외부 통제 절차에 의해 이루어진 행동 개선보다 더 잘 유지될 수 있다. 외부 통제 절차에 의해 행동 개선이 이루어지면, 외적 강화제가 제거될 때 이러한 개선이 없어질 수 있다. 그러나 내부 통제된 자기관리와 강화에 의해 행동이 개선되면 이러한 문제는 훨씬 적어진다.

인지적 행동수정에 기반한 중재는 아동, 청소년, 성인들의 학업적, 행동적, 심리적 문제에 성공적으로 사용되고 있다. 예를 들면, 다양한 학업 및 행동의 문제를 중재하기 위하여, 아스퍼거 증후군 학생(Anderson & Morris, 2006), 자폐성 장애 학생(Holifield, Goodman, Hazelkorn, & Heflin, 2010), 행동장애 학생(Mayer, Lochman, & Van Acker, 2005), 학습장애 학생(Krawec & Montague, 2012), 과잉행동장애 학생(Robinson, Smith, & Brownell, 1999), 공격 및 반사회적 행동장애 학생(Smith, Lochman, & Daunic, 2005)을 포함하여 다양한 집단의 학생들을 대상으로 인지적 행동중재에 관한 연구가 이루어졌다. 인지적 행동수정에 기반한 중재는 일반불안장애 성인(Amir & Taylor, 2012), 사회적 불안을 가진 성인(Mobini, Mackintosh, Illingworth, Gega, Langdon, & Hoppitt, 2014), 우울증을 가진 성인(Gould, Coulson, & Howard, 2012)을 대상으로도 성공적으로 적용되고 있다.

인지적 행동수정의 기원

CBM은 행동수정과 인지심리학의 종합이라 할 수 있다(Mayer, Lochman, & Van Acker, 2005). Kendall과 Hollon(1979)에 따르면 CBM은 행동수정과 인지심리학의 영향을 개별적으로 적용하는 것이 아니라 연합하여 적용하는 것(p. 6)이라 한다.

> 인지-행동적 접근은 행위 중심적이고 방법론적으로 엄격한 행동주의 기법과 인지적 매개 현상의 치료 및 평가의 강력한 결합이다. 그러므로 내적 변인뿐만 아니라 환경 변인이 치료의 목표가 되며 행동변화에 영향을 미치는 요인으로서 체계적으로 평가된다.(p. 3)

많은 연구자들의 부가적인 노력이 CBM 개발에 영향을 미쳤지만 무엇보다 가장 일차적인 영향은 행동주의 심리학과 인지주의 심리학이었다. CBM 중재 발달의 기원인 행동주의와 인지주의 심리학을 간략히 살펴보고자 한다.

행동주의 심리학의 동향

전통적인 행동주의 접근은 환경 사상, 즉 선행사건(antecedent)과 후속결과(consequence)를 변화시켜 행동을 지도하는 것으로, 환경은 행동 원리를 적용하여 변화된다. 행동 원리는 강화, 처벌, 소거를 포함하며 이러한 원리는 행동을 형성시키고 유지 및 증가시키거나 행동을 제거 또는 감소시키고자 할 때 사용된다.

1970년대는 행동주의에 대한 비판이 매우 거세게 일어났던 시기였다. Kazdin(1982)은 개념적 침체(conceptual stagnation)가 행동주의 내에서 일어났다고 주장한다. 이 시기에는 새로운 이론 방식이 개발되지 않았으며 실험 연구들은 대상, 문제, 또는 상황만 달리한 채 동일한 행동중재를 적용하였다. 행동중재 절차를 적용하였으나 행동변화가 지속되지 않거나 다양한 상황, 행동, 대상으로 일반화되지 않는 점도 비판의 대상이 되었다(Meichenbaum, 1980).

개념적 침체와 행동주의 모델에 대한 비판은 인지주의에 근거한 중재로 관심을 돌리는 데 역할을 하였다(Kazdin, 1982). 행동수정에 인지적 과정이 포함되어야 하며 학습과정에도 인지가 포함되어야 한다는 생각으로 바뀌었다(Craighead, 1982).

1978년 Bandura는 환경적 · 인지적 · 행동적 변인들이 서로 상호작용함을 시사하는 호혜적 결정론(reciprocal determinism)의 개념을 발전시켰다. 뿐만 아니라 학습에서의 관찰의 중요성을 강조하였고, 능력에 대한 개인의 신념이 행동에 미치는 영향력을 강조하였다(Bandura, 1977). 이는 사회학습이론(social learning theory)의 기초가 되었으며, 이 사회학습이론은 인지-행동적 모델의 기초가 되었다(Meyers, Cohen, & Schlester, 1989).

> ▶ 이 영상에서는 Albert Bandura가 시행한 조기 실험에 관해 다루고 있다.
> https://www.youtube.com/watch?v=dmBqwWlJg8U.

자기통제(self-control)와 자기조절(self-regulation)에 관한 연구 또한 CBM에 대한 시각의 변화에 중요한 영향을 미쳤다(Harris, 1982). Homme(1965)은 인지는 다른 행동과 동일한 법칙을 필요로 하며, 이러한 인지의 변화가 행동의 변화를 가져온다고 한다. Kanfer와 Karoly(1972)는 자기점검(self-monitoring), 자기평가(self-evaluation), 자기강화(self-reinforcement)를 포함한 자기조절 모델을 개발하였다. Kanfer

와 Karoly에 따르면 학생이 자신의 행동을 관찰하고 그 행동을 어떠한 기준에 비교해 보며 자신을 강화할 때 자기조절이 일어난다고 한다. 행동주의 영역 내에서의 이러한 변화로 인해 인간의 행동 내에서 인지와 환경 사상 간의 상호작용이 인정받기 시작했다.

인지주의 심리학의 동향

인지주의 심리학자들은 인간의 행동은 우리가 생각하는 것(즉 인지)에 의해 영향을 받고 인간의 행동을 결정하는 주된 요인이 개인 내면에 있다고 믿는다. 그래서 중재는 개인의 사고, 인식, 신념, 귀인을 직접적으로 변화시키는 것을 목적으로 하며 인지적 행동수정은 인지치료의 개발에 중요한 영향을 미쳤다.

　Craighead(1982)에 따르면 Ellis와 Beck이 인지적 중재를 개발하기 시작했다고 한다. Beck(1976)은 많은 문제들이 잘못된 해석 때문이라고 보고, 잘못된 인식을 판별하고 보다 정확한 인식을 지도함으로써 문제를 가진 사람을 돕는 것이 치료의 목적이라고 하였다. Beck의 인지치료에는 다음 네 단계를 통해 대상자들이 변화를 보였다. 첫째, 대상자는 자신의 사고가 어떠한지를 확인하였다. 둘째, 사고가 부정확하다는 것을 인식했다. 셋째, 부정확한 사고를 정확한 판단으로 대체했다. 마지막 단계로 변화의 정확성에 대한 피드백을 받았다.

　Ellis는 사상(event)에 대한 부정확한 인식이 문제를 일으킨다고 믿었다. 이러한 부정확한 인식을 수정하기 위해, Ellis(1973)는 합리적 정서행동치료(rational emotive behavior therapy, REBT)를 개발하였다. REBT를 통해 대상자는 자신을 불안하게

 이 영상은 Albert Ellis의 REBT에 대한 설명을 제공한다.
https://www.youtube.com/watch?v=GCQSnuDpERA.

만들고 의도하는 것과는 반대로 행동하게 하는 일이 실제로 일어나지 않음을 학습하고 자신을 불안하게 만드는 것에 관해 생각하는 것을 학습한다.

　Beck과 Ellis의 이론은 두 가지 가정을 함께 공유하고 있다. 첫째, 역기능적 행동은 바람직하지 않은 인지적 과정(사상에 대한 개인의 사고)의 결과라는 것이고, 둘째, 중재는 이러한 바람직하지 않은 인지를 수정해야 하는 것이다(Craighead, 1982).

　사적인 말과 행동 간의 관계에 관한 이론 또한 CBM의 개발에 영향을 미쳤다. 사적인 말(private speech)은 자신을 향한 외현 또는 내현의 말을 의미한다. 사적인 말의 역할에 관한 이론은 Vygotsky와 Luria의 연구에 근거한다. Vygotsky(1962)는 학생이 자신의 행동을 조절하는 데 있어서 언어 체계의 내면화가 중요한 단계라고 제안했다. Vygotsky의 제

자였던 Luria(1961)는 학생이 자신의 행동을 조절해 나가는 정상발달 계열을 제안하였다. 이 발달 계열에서 학생의 행동이 처음에는 성인의 말에 의해 통제되고, 다음 단계에서는 학생이 자신의 외현의 말을 통해 자신의 행동을 통제하며, 마지막으로 학생이 5~6세가 되면 자신의 내현의 말을 통해 자신의 행동을 통제한다.

Jenson(1971)은 행동에 대한 언어적 통제를 언어적 매개(verbal mediation)라고 명명하며 이는 학습된 어떠한 것, 해결해야 할 문제, 또는 획득된 개념에 직면하였을 때 학습된 방식으로 자기 자신에게 말하는 것으로 정의하였다(p. 101). 이러한 발달 계열은 언어중재 능력을 점차 자동적으로 이루어지게 한다. 이 이론들은 자기진술(self-statement)을 통한 행동중재의 개발에 근거가 되었다.

인지적 행동수정의 절차

모든 CBM 중재의 공통 요소는 학생에게 자신의 행동을 관리하는 방법을 가르치는 것이다. 교사는 인지적 전략을 학생에게 교수하기 위해 학생에게 강화 등과 같은 행동 원리를 사용한다. 인지적 전략은 자기교수(self-instruction)의 형태 또는 행동을 조절하는 언어중재이다. CBM 절차는 다양하며 여러 가지 다른 유형의 언어적 매개에 집중한다. 예를 들면, 어떤 CBM 절차는 자신의 행동을 점검하고 평가하는 것을 가르치는 반면에, 다른 CBM 절차는 특정한 인지적 단계에 따라 자극에 반응하도록 가르친다. 이 절에서는 CBM에 속한 다양한 중재를 살펴보고자 한다.

자기관리 훈련

자기관리는 인지-행동적 중재이다. 자기관리 중재의 목적은 학생이 자신의 행동을 관찰하고 기록하며 강화하는 것을 학습하여 자신의 행동변화를 스스로 관리하도록 하는 것이다(Polsgrove & Smith, 2004). 자기관리 훈련(self-management training)의 일차적인 장점은 교사의 환경 조작에 대한 학생의 의존을 최소화할 수 있는 기법을 가르칠 수 있다는 점이다. 자신의 행동을 관리하는 것을 학생에게 지도하면, 학생은 자신의 문제행동을 정확하게 이해하고 자신의 행동을 관찰하고 점검하며 강화하는 데 도움이 된다. 그래서 학생은 자신의 행위를 보다 더 잘 인식하게 되어 자신의 행동에 대해 자기관리 전략을 더 많이 적용하게 될 것이다(Smith & Yell, 2013). Menzies, Lane과 Lee(2009)도 자기관리 중재가 학생의 독립성과 자신의 행동에 대한 책임 수용을 지원한다고 주장한다. 자기관리 훈련은 문제행동(Smith & Yell, 2013)과 학업적 결함(Mooney, Ryan, Uhing, Reid, & Epstein, 2005)에 대처하는 데 효과적으로 사용되고 있다. 여기서는 자기관리 훈련 중에서 가장 자주 사용되는 절차인 자기점검, 자기평가, 자기강화에 관해 살펴보고자 한다. 이들 절차를 따로 살펴보지만 실제로는 자기관리 훈련 내에서 함께 적용되는 경우가 많다.

자기점검　자기점검 또는 자기기록(self-recording) 절차에서 학생은 자신의 특정 행동의 빈도를 기록한다. 자기점검은 학생의 행동 개선(DiGangi & Maag, 1992; Polsgrove & Smith, 2004)과 학업 성취의 향상(Webber, Scheuermann, McCall, & Coleman, 1993; Mooney et al., 2005)을 위해 사용되었다. Reid(1996)는 자기점검에 관한 문헌 고찰을 통해 자기점검 절차가 다양한 대상자와 행동에 대해 효과적이고 교실 상황에서 쉽게 사용될 수 있다고 한다.

자기점검 과정에서 학생은 우선적으로 자신이 점검해야 하는 행동이 무엇인지 알고 자신이 수행한 행동을 기록해야 한다. 예를 들면, 학생은 교실 활동에 자원하기 위해 자신이 손을 든 횟수나 허락 없이 교실에서 말한 횟수를 기록하는데, 먼저 그러한 자신의 행동을 관찰하고 난 후에 종이에 이 행동의 발생 횟수를 기록한다.

학생이 자기점검을 통해 자신의 행동에 관한 자료를 수집하는 것만으로도 바람직한 행동의 증가를 가져오기도 한다. 이는 자기점검 절차가 학생으로 하여금 자신의 행동을 점검하도록 하기 때문이다. Baer(1984)는 자기점검이 특정 행동에 대한 잠재적 결과(후속결과)를 학생이 보다 잘 인식할 수 있는 단서를 제공하기 때문에 행동의 향상이 나타난다고 한다. Polsgrove와 Smith(2004)는 자기점검을 통해 학생은 외적 준거와 자신의 수행 간의 차이를 인지하고 이에 따라 행동변화를 보인다고 한다.

연구자들은 자기점검을 통해 학생이 행동 자료를 수집하기 때문에 행동이 쉽게 향상되기도 한다고 보고하였다. Broden, Hall과 Mitts(1971)는 문제행동을 보이는 두 명의 학생을 대상으로 자기점검의 효과를 조사하였다. 자신의 문제행동을 기록하는 것이 놀랍게도 문제행동의 감소를 가져왔다. 이를 반응적 효과(reactive effect)라 할 수 있다. 이는 자기점검의 기능으로서 행동이 바람직한 방향으로 변화되었음을 의미하는 것이다(Alberto & Troutman, 2013).

자기점검 교수를 통해 학생은 자신의 행동을 측정하고 평가하는 방법
을 학습한다.

자기점검의 정확성. 교사는 자기점검 과정에서 학생이 얼마나 정확하게 자신의 행동을
점검하고 있는지를 살펴보아야 한다. 학생은 정확하게 자신의 행동을 기록할 수도 있
고 그렇지 않을 수도 있으므로 교사가 이에 대한 점검을 해야 한다. 자기점검 과정에서
중요한 점은 의미 있는 변화가 얼마나 정확하게 기록되었느냐 하는 것이다. O'Leary와
Dubay(1979)는 자기점검을 통해 수집된 자료의 정확성이 학생의 행동이나 학업 수행과
는 직접적인 상관관계는 없다고 한다. 즉 바람직한 행동을 증가시키고자 할 때 학생이
수집한 자료의 정확성보다는 자신의 행동을 점검하는 행위가 보다 중요하다는 것이다.

정확한 자기점검을 위한 강화. 학생이 자기점검 자료에 근거하여 강화를 받으려면 자료의
정확성과 관련하여 강화가 적용되어야 한다. 그렇지 않으면 학생은 강화를 받기 위해 심

지어 바람직하지 않은 행동을 했을 때도 바람직한 행동을 한 것으로 자신의 행동을 기록할 수 있다(Gross & Wojnilower, 1984). 그러면 부정확한 자기점검이 강화를 받게 되는 것이다. 학생 자료의 정확성을 점검하기 위해 다른 관찰자를 통해 학생의 행동을 기록하고, 이 자료를 학생의 자료와 맞추어 볼 수 있다. 학생의 자기점검 자료가 다른 관찰자에 의해 수집된 자료와 일치하면 학생은 강화를 받는다. 예를 들면, 학생은 자신의 자기점검 자료와 교사가 기록한 자료가 일치하면 강화를 받을 수 있다. 교사는 학생에게 자기점검 자료가 교사의 기록과 맞으면 보너스 점수를 주겠다고 말할 수 있다. 자료 비교를 통해 강화를 제공하는 것뿐만 아니라, 학생은 자기점검 프로그램에서 보이는 바람직한 행동에 대해 강화를 받을 수 있다.

자기점검에 관한 문헌 고찰을 통해 Webber 등(1993)은 과제 참여행동, 긍정적인 교실 행동, 사회적 기술 증가를 위해 다양한 상황에서 다양한 연령의 특수교육 요구 학생에게 자기점검이 성공적으로 사용될 수 있다고 한다. 자기점검은 또한 바람직하지 않은 교실 행동을 감소시키는 데도 성공적이었다. 자기점검은 일반화 가능성을 높여 주며 학생에게 쉽게 절차를 가르칠 수 있다는 장점을 가지고 있다.

자기점검 방법의 지도. 교사는 학생이 자신의 행동을 점검하고 평가하는 방법을 학습하는 데 능동적인 역할을 수행해야 한다(MacMillan & Hearn, 2009). 자기점검 지도는 교사가 학생에게 학생 자신의 행동에 관한 자료를 수집하는 방법을 훈련시키는 것이다. 우선, 학생은 점검해야 하는 특정한 행동이 무엇인지를 학습한다. 학생이 대상 행동을 판별할 수 있도록 교사는 대상 행동에 대한 정확하고 구체적인 정의를 내려야 한다. 둘째로, 학생은 행동의 발생 여부를 기록하는 방법을 학습한다. 수집된 자료는 학생과 교사에게 행동의 빈도에 관한 피드백을 제공한다. 학생이 점검해야 하는 행동을 도표로 나타내는 것도 유용한 방법이다. 이러한 방법은 학생에게 대상 행동을 하려는 동기를 부여할 것이다(Workman, 1998).

교사는 학생에게 자기점검하는 방법을 가르쳐야 한다. 자기점검 전략의 사용을 지도하는 프로그램의 구성요소가 표 11.1에 제시되어 있다.

자기점검 프로그램 실행을 위해, 교사는 기록 체계(recording system)를 개발하여 학생들에게 기록 체계의 사용을 지도해야 한다(Smith & Yell, 2013). 자기점검 기록 체계로 사건중심기록 절차(event recording procedure)와 시간표집 절차(time sampling procedure)가

표 11.1 자기점검 지도 단계

지도 단계	설명
1. 표적행동 선정하기	수업이나 학생의 교육 또는 다른 학생의 교육을 방해하는 행동을 선정한다.
2. 표적행동 조작적으로 정의하기	표적행동 발생에 대해 학생과 교사 모두가 동의할 수 있도록 표적행동을 구체적으로 정확하게 정의한다.
3. 표적행동 점검하기	정확성을 확인하는 점검 체계를 설정한다(예 : 학생의 점검과 교사의 점검을 대조해 본다).
4. 진보 평가하기	교사가 학생의 진보를 점검하고 피드백을 제공하기 위해 학생과 교사가 함께 평가 모임을 갖는다.
5. 자기점검을 줄이기	학생의 행동이 목표 수준에 도달하면, 자기점검 절차를 용암시킨다(예 : 자기점검 주기의 간격을 넓히거나 자기점검 방법을 덜 사용하는 등의 방법).

활용될 수 있다. 사건중심기록에서 학생은 특정한 행동의 발생 횟수를 계산한다. 학생이 질문을 하기 위해 또는 수업과 관련하여 말을 하고자 할 때 손을 드는 횟수를 기록하는 것을 학습하였다면 이는 사건중심기록 절차가 적용된 예라 할 수 있다. 어떤 자기점검 기록 체계를 사용하더라도, 교사는 표적행동을 정의하고 훈련 초반에는 학생이 자신의 행동을 기록하고 표시하는 것을 지원해야 한다(Rafferty, 2010). 그림 11.1은 사건중심기록법을 사용하는 자기점검 양식의 한 예이다.

시간표집 절차에서 학생은 정해진 관찰기간 내에 특정 행동의 발생 여부를 기록한다. 예를 들면, 학생은 카세트 테이프에서 비퍼소리가 들리면 자신이 자리에 착석해 있는지

이름 : _____

날짜 : _____

학급 : _____

허락을 구하지 않고 이야기할 때마다 ' / ' 로 표시하시오.

그림 11.1   사건중심표집법을 이용한 자기점검 양식의 예

이름 : _____

날짜 : _____

환경 : _____

시작시간 : _____   종료시간 : _____

간격(1분 간격-총 40분)

비퍼소리가 날 때 주의집중을 하고 있으면 '+'로 표시하시오.
그렇지 않으면 '−'로 표시하시오.

그림 11.2 시간표집법을 이용한 자기점검 양식의 예

를 기록한다. 이는 행동 기록절차의 보다 복잡한 유형 중 하나이다. 학생은 자신의 행동을 정확하게 관찰할 수 있어야 하고 교사는 학생에게 비퍼소리가 녹음된 테이프를 제공해야 한다. 이 비퍼소리는 행동의 발생 여부를 학생이 기록해야 하는 단서로서 역할을 한다. 그림 11.2는 시간표집법을 활용한 자기점검 양식의 예이다. 자기점검을 적용한 예가 교실적용 11.1에 제시되어 있다.

자기평가 자기평가 또는 자기사정(self-assessment)에서 학생은 자신의 수행이 특정한 기준에 부합하는지를 결정하기 위해 사전에 선정된 준거와 자신의 행동을 비교한다(Cole, 1987). Maag(1989)는 자기평가를 행동에 대해 은밀한 평가가 뒤따르는 자기검점이라고 한다.

  선행 연구에서는 자기평가가 유용한 중재가 될 수 있다고 지적하고 있다. 예를 들면, Smith, Young, West, Morgan과 Rhode(1988)는 행동장애 남학생 네 명에게 자기평가 절차를 훈련시켰다. 표적행동은 과제에 참여하지 않는 행동과 파괴행동이었다. 훈련은 세 단계로 시행되었다. 첫 번째 단계에서 학생은 학급 규칙을 학습하였다. 학생이 얼마나 규칙을 잘 따랐는지에 따라 5점 척도로 행동이 기록되었다. 학생은 자신의 행동을 10분마

교실적용 11.1

교실 상황에서의 자기점검 적용 사례

2학년 학생인 닉은 먼저 손을 들어 표시하지 않고 답을 불쑥 말한다. 그는 자신의 행동이 수업을 방해한다는 것을 알고 있으나 행동을 조절하지 못한다. 닉의 담임교사인 큐앰은 닉에게 답을 말하기 전에 답을 말할 수 있는 기회를 얻기 위해 손을 드는 행동을 할 때마다 보상으로 점수를 주는 행동관리 체계를 적용해 보았다. 그 방법은 효과가 있는 것 같았으나 큐앰은 외부 관리 체계에 의해 행동을 조절하기보다는 닉이 스스로 자신의 행동을 조절할 수 있기를 원했다. 그녀는 강화를 이용한 자기점검 체계를 적용하기로 하였다.

큐앰은 닉을 따로 만나 교실에서 답을 무심코 말하는 닉의 행동이 수업에 방해가 되고 있다고 설명해 주고, 닉이 이러한 행동을 조절할 수 있도록 함께 도울 것임을 말해 주었다. 닉이 질문의 답을 알고 있을 때 손을 들어 표시하면 수업에 방해가 되지 않을 것이라고 말해 주고 손을 들어 표현하는 바람직한 행동을 함께 연습하였으며, 닉이 자신의 행동에 대해 스스로 점검해 보는 방법에 관해 이야기 나누었다. 또한 닉이 바람직한 행동을 인식하고 있을 때 그러한 행동을 하는 것이 보다 쉬울 수 있다고 설명하였다.

닉은 손을 드는 행동을 기록하는 기록지를 받았다. 닉이 질문에 답을 하기 위해 손을 드는 행동을 할 때마다 닉에게 기록지에 빗금을 치도록 하였다. 큐앰 또한 닉이 손을 드는 행동을 할 때마다 그녀의 책상에 있는 기록지에 기록을 하였다. 매 수업시간이 끝날 때마다 닉과 큐앰은 서로의 기록지를 대조해 보았다. 빗금의 수를 세어 비교하였으며 닉은 그 수만큼의 점수와 더불어 언어적인 칭찬을 받았다. 지속적으로 함께 기록지에 기록하는 것을 연습하였다.

큐앰은 닉이 이러한 과정을 충분히 이해했다고 판단한 후부터는 이를 교실에서 실행해 보기로 하였다. 그들은 이러한 과정이 잘 진행되어 가고 있는지를 알아보기 위해 일주일간 기록한 것을 금요일에 검토해 보았다.

이 절차는 2주 동안 성공적으로 진행되었다. 닉은 답을 말하기 위해 허락을 구하는 행동으로 손을 들었으며, 허락 없이 무심코 답을 말하는 행동을 거의 하지 않았다. 평가를 위한 만남에서 그는 자신의 새로운 행동 통제에 대해 매우 만족하고 있다고 말하였다. 이 시점에서 큐앰은 그 절차를 점진적으로 제거하기로 결정하였다. 우선 강화제로 점수를 사용하는 것을 중단하였다. 다음 월요일에 닉은 매 수업시간마다 기록하던 것을 하루에 두 번씩만 실행하였다. 일주일 후부터 닉은 월요일과 금요일에만 그의 행동에 대해 기록하였다. 손을 드는 행동은 높은 비율로 계속 나타났으며, 이에 큐앰은 가끔씩만 절차를 하도록 하였다. 프로그램을 종료한 이후 닉은 교실에서 무심결에 답을 말하는 행동이 거의 나타나지 않으며 답을 말하기 위해 허락을 구하는 손을 드는 행동이 유지되었다.

생각해 보기

닉의 자기점검 프로그램에서 사용된 강화제는 무엇인가? 사용된 자료 수집의 요소가 닉의 행동에 어떻게 그리고 왜 영향을 미쳤다고 생각하는가? 닉의 자료가 정확할 것이라고 생각하는가, 차이가 있을 것이라고 생각하는가? 성인이 자신의 행동을 조절하고자 하는 노력으로 자신의 행동을 점검하는 예를 생각해 본다.

다 평가 카드에 기록하였다. 학생은 정해진 시간 간격의 전체 시간 동안 학급 규칙을 잘 따르고 공격행동 없이 과제를 수행하면 5점 또는 '수'라 기록하였다. 학생이 정해진 시간 간격 중에서 한 번의 위반을 제외하고는 학급 규칙을 잘 따르고 공격행동 없이 과제를 수행하면 4점 또는 '우'라 기록하였다. 학생은 정해진 시간 간격 중에서 두 번의 위반을 제외하고는 학급 규칙을 잘 따르고 공격행동 없이 과제를 수행하면 3점 또는 '미'라 기록하였다. 학생은 정해진 시간 간격의 절반 정도의 시간만 학급 규칙을 잘 따르고 공격행동 없이 과제를 수행했다면 2점 또는 '양'이라 기록하였다. 학생은 정해진 시간 간격의 절반 정도의 시간만 학급 규칙을 잘 따르고 공격적인 행동 없이 집단이 아닌 개별 과제를 수행했다면 1점으로 기록하였다. 학생이 정해진 시간 간격의 전체 시간 동안 학급 규칙을 따르지 않고 어떠한 과제 수행도 하지 않았다면 0점 또는 '가'라 기록하였다. 학생은 자신의 행동을 척도에 따라 등급을 매기고 교사 또한 동일한 작업을 하였다. 교사는 특정 시간 간격의 마지막에 개별 학생의 평가 카드에 교사가 기록한 것을 표시하였다. 학생 평가와 교사 평가를 비교하여 두 평가가 일치하거나 매우 유사하면 학생은 점수를 받았다. 점수는 이후에 학생이 원하는 강화제와 교환할 수 있었다.

두 번째 단계에서 학생은 자신의 행동을 지속적으로 평가하였다. 그러나 학생은 교사와 함께 매 15분마다 대조 평가를 하였다. 세 번째 단계에서 학생은 척도에 맞게 자신의 행동을 평가하였다. 그러나 교사와 맞추어 시행하는 대조 평가는 30분에 한 번씩만 실시하였다. 3단계는 바람직하지 않은 행동을 감소시키는 데 1단계, 2단계만큼 효과적이지는 않았다. 교사의 평가와 학생의 평가를 대조하여 평가하는 자기평가 절차는 대상자들의 특수학급 내의 과제에 참여하지 않는 행동과 파괴행동을 감소시키는 데 효과적이었다. 이 절차는 외적인 행동수정 절차에 의한 통제하에서 이끌어 내기에 쉽지 않은 행동에 대해서도 효과적이었다. 그러나 일반학급에서 수집된 자료에 따르면 일반화 효과는 나타나지 않았다. 연구자의 논의에 따르면 이는 일반학급 교사가 그러한 절차를 기꺼이 실행하려 하지 않거나 할 수 없었기 때문이라고 한다. 일반학급에서는 교사보다는 또래를 대조 평가자로 활용하는 것이 좋을 것이며, 이는 교사의 부담을 줄여 줄 수 있을 것이다.

Nelson, Smith와 Colvin(1995)도 문제행동을 보이는 학생을 대상으로 쉬는 시간의 행동에 대해 자기평가 절차를 적용하여 그 효과를 알아보았다. 이 연구에서도 절차의 일반화를 높이기 위해 또래를 활용하는 것이 효과적이라 하였다. 대상 학생은 직접 교수와 역할놀이를 통해 쉬는 시간의 바람직한 행동에 대한 지침을 학습하였다. 지침을 학습한 뒤 학생은 4점 척도(매우 우수함의 3점에서부터 전혀 수용될 수 없음의 0점까지)를 사용하여 쉬는 시간의 지침에 따라 자신의 실제 행동을 기록하였다. 학생은 매일 오전 쉬는 시간에 자신의 행동 포인트 카드에 두 번씩 기록하였다. 대상 학생과 짝을 이룬 또래도 대상자의 행동을 기록하였다. 다음 쉬는 시간에 점수가 합산되고 평가 결과에 따라 강화제와의 교환이 이루어졌다. 이러한 자기평가 절차는 대상 학생의 쉬는 시간 행동에서 분명한 개선(예 : 또래에 대한 긍정적인 사회적 행동, 고립행동의 감소, 성인에 대한 긍정적인 사회적 행동, 교재 및 교구에 대한 바람직한 사용, 협력게임놀이에 보다 많이 참여 등)이 이루어졌다. 또한 개선된 행동은 오후 쉬는 시간으로 일반화되었다.

자기평가 방법의 지도. 자기평가를 지도하는 데는 학생이 자신의 수행을 비교할 수 있는 기준 또는 목표가 있어야 한다. 또한 자기평가 지도는 자기점검 지도와 함께 이루어져야 한다. 이는 자기점검이 자기평가의 선수기술이기 때문이다. 학생은 자신의 수행을 비교할 수 있는 자료가 필요하다. 자료가 있으면 학생은 자신의 수행을 평가할 수 있는 정보를 갖게 된다. 자기평가의 궁극적 결과는 학생이 자신의 행동이 원하는 수준에 도달했는지를 결정하는 것이다.

　자기평가의 가장 단순한 방법은 자기점검 용지의 가장 밑부분에 평가척도를 넣는 것이다. 먼저 학생은 표적행동을 점검 및 기록한 후에 사전에 선정된 기준에 따라 자신의 행동을 평가하는 것이다. 예를 들어 학생이 1시간의 수업시간 동안에 허락 없이 큰 소리로 말하는 것을 점검하는 것이면, 자기점검이 완료된 후에 학생은 자신이 기록한 것을 계산하여 수행 준거에 따라 이 결과를 비교한다. 그런 다음 학생은 자기점검한 행동을 평가척도로 평가한다. 평가척도는 1에서 4점까지의 범위를 가지고 있으며 각 척도점에 대한 설명이 있다(예 : 4 = 매우 우수, 3 = 우수, 2 = 보통, 1 = 못함). 평가척도를 포함한 자기점검 용지의 예가 그림 11.3에 제시되어 있다. 그림 11.4는 자기 평가척도의 한 예이다. 이 예는 학생이 형식적인 자기점검 체계 없이 오랜 시간이 지난 후에 자신의 행동을 평가할 수 있는 양식이다.

　다음의 지도 지침이 자기평가 훈련에 도움이 된다.

1. 학생은 정확하게 자신의 행동을 점검할 수 있어야 한다. 자기평가 절차 시행을 위해 학생은 행동을 점검하는 것에 익숙해야 하며, 자신이 점검한 행동을 사전에 정해진 준거와 비교하여 자신의 수행을 평가해야 한다.
2. 교사와 학생은 매일의 목표를 설정한다. 이 목표는 학생이 자기평가를 할 수 있는 준거가 된다. 목표에는 학생이 이루어야 하는 수행 수준이 기술되어 있어야 한다.
3. 교사는 학생에게 피드백을 제공한다. 학생이 목표에 도달하면 체계적인 강화를 받아야 한다. 교사가 기록의 정확성에 관심을 갖는다면 추가적인 강화를 위해 대조

이름 : _____

날짜 : _____

학급 : _____

비퍼소리가 날 때 주의집중을 하고 있으면 '+'로 표시하시오.
그렇지 않으면 '−'로 표시하시오.

나는 어떻게 하였는가?			
못함	보통	우수	매우 우수
1	2	3	4

그림 11.3 자기평가를 포함한 자기점검 양식의 예

자기평가

이름 : _____

학급 : _____

날짜 : _____

첫 번째 평가

시간 :

못함	보통	우수	매우 우수
1	2	3	4

점수_____ + 보너스 _____ = 총점_____

두 번째 평가

시간 :

못함	보통	우수	매우 우수
1	2	3	4

점수_____ + 보너스 _____ = 총점_____

그림 11.4 자기평가 양식의 예

평가 절차를 시행한다.

4. 교사는 과정이 진행되면서 점진적으로 자신의 존재를 체계적으로 용암시켜 나아가야 한다. 자기평가 훈련의 효과는 학생이 교사 없이도 독립적으로 자기평가를 할 수 있게 되는 것에 의해 평가된다.

자기강화　전통적인 행동수정 프로그램에서는 중재자가 표적행동을 구체화하고 행동수행에 대한 강화제를 제공하지만, 자기관리 프로그램에서는 학생이 강화제를 선정하고 바람직한 행동 이후에 자신에게 강화를 한다. 이를 **자기강화**라 한다. 자기강화에 관한 연구 결과는 매우 상이하다. 일부 연구자들은 자기결정 강화제가 효과적일 뿐만 아니라 교사에 의해 통제된 강화제보다 더 효과적이라고 하는 반면에(Hayes, Rosenfarb, Wulfert, Munt, Korn, & Zettle, 1985), 다른 연구자들은 자기강화의 효율성을 지지하는 경험적 증거가 거의 없다고 한다(Maag, 2004).

자기강화는 교사에 의해 제공되는 강화와 마찬가지로 체계적이며 일관된 방식으로 전달되어야 한다. 자기강화를 적용하는 초반에는 교사가 강화를 관리하고 제공하다가 학생이 어느 정도 진보를 보이면 교사의 참여를 줄이고 학생의 참여를 증가시킨다. Wolery, Bailey와 Sugai(1988)는 자기강화를 위한 다음의 지침을 제시하고 있다.

- 학생은 능숙하면서 정확하게 자기점검을 할 수 있어야 한다.
- 강화받을 준거를 설정하고 강화제를 선택하는 데 학생이 참여한다.
- 교사는 (a) 학생이 보이는 표적행동, (b) 학생과 교사 간 평가의 정확성, (c) 강화를 받는 준거에 도달했는지에 대한 학생의 정확한 판단에 대해 강화제를 제공한다.
- 학생과 교사의 대조 평가를 반복해서 실시하는 과정에서 교사 평가를 점진적으로 줄여 없앤다.
- 학생이 자신의 수행을 평가하고 강화받을 준거를 결정하고, 강화제를 선택하며, 강화를 제공하는 기회가 체계적으로 증가되어야 한다.
- 자연스럽게 일어나는 강화제를 사용한다.

바람직한 행동의 유지에 영향을 미치는 또 다른 요인으로는 지속적인 교사의 칭찬, 바람직한 행동에 대한 또래의 강화, 그리고 정확한 자기평가가 있다(Drabman, Spitalnik,

& O'Leary, 1973).

대부분의 자기관리 프로그램은 자기강화를 포함하고 있는 반면에, 일부 프로그램은 자기처벌(self-punishment)의 효과를 적용한다. 자기처벌에서 학생은 자신의 행동에 대해 강화하는 것 대신에 처벌하는 법을 학습한다. 일부 연구(Humphrey, Karoly, & Kirschenbaum, 1978; Kaufman & O'Leary, 1972)에서는 토큰 경제와 연계하여 반응대가(response cost)로 자기처벌 절차를 사용하였다. Humphrey 등(1978)은 자기처벌과 자기강화를 비교하였다. 자기강화 조건에 참여하는 학생은 읽기 숙제의 정확한 수행에 대해 자신에게 토큰으로 강화를 하였다. 자기처벌 조건에 참여하는 학생은 매일 아침 자신의 과제가 틀리거나 제시간에 과제를 완성하지 못하면 토큰을 제거하였다. 두 조건 모두에서 읽기 숙제를 시도하는 비율이 증가하였고 정확성도 유지되었다. 그러나 자기강화 조건에서 다소 나은 결과가 나타났다.

자기강화 방법의 지도. 학생에게 자기강화의 사용을 지도할 때는 다음 세 가지 중요 요소를 확인해야 한다. 첫째, 학생은 자신의 행동을 점검하고 평가할 수 있어야 한다. 학생은 자신의 수행을 평가할 수 있어야 하며 긍정적 평가에 대해 자기강화를 해야 한다. 둘째, 교사와 학생은 자기강화를 토큰, 음식물, 선호 활동 등과 같은 외적인 것으로 할지 자기 칭찬과 같은 내적인 것으로 할지를 결정해야 한다. 셋째, 교사와 학생은 학생이 자기강화를 하기 전에 도달해야 하는 준거 수준을 함께 설정해야 한다. 교사는 학생이 자기강화를 사용할 수 있도록 점진적 근사치(successive approximation)를 활용한 행동 형성의 원리를 적용한다(제5장 참조).

적용 Sugai와 Lewis(1990)에 따르면, 학생에게 자기관리 기술을 지도할 때 특정한 조건이 유지되어야 한다. 훈련의 사전중재 단계(preintervention phase)에 학생도 참여해야 한다. 교사와 학생이 함께 자기관리 프로그램의 목표를 개발하고 목표 달성을 위해 필요한 준거와 조건을 설정한다. 이때 기록 도구도 개발하며, 이 도구는 사용하기에 쉽고 간단해야 한다. 학생이 기록 절차를 사용할 수 있도록 직접 교수와 다양한 연습 기회를 통해 훈련한다. 절차를 시행하기 전에 학생은 자기점검에 가능한 한 익숙해야 한다. 자기강화의 요소가 사용될 때는 학생이 강화제 선정에 참여하고 자기강화 절차의 사용을 학습한다.

절차의 중재 단계에서 대조 평가 전략을 활용할 수 있다. 학생은 바람직한 행동과 정

표 11.2 자기관리 훈련의 효과를 높이기 위한 지침

- 자기관리가 필요한 행동은 학생이 적절한 행동과 강화를 관련지을 수 있도록 처음에는 외부 통제하에 있어야 한다.
- 자기관리를 위한 행동계약은 초기에는 구조를 제공하기 위해 사용될 수 있다.
- 학생은 즉각적인 피드백과 함께 자기관리를 연습할 수 있는 많은 기회를 가져야 한다.
- 학생은 참여하고자 하는 동기가 있어야 한다. 동기가 있어야만 학생이 초기 단계부터 자기관리 절차에 참여할 수 있다.
- 각 단계에 참여하고 동기를 향상시키기 위해 교사는 학생의 행동 수행을 기록하고 게시하여 알린다.
- 교사는 진행과정을 정기적으로 점검하고 필요하다면 '추가 치료 회기'를 제공한다.

확한 자기점검에 대해 강화를 받는다. 카세트 테이프의 비퍼소리는 학생이 자기점검을 하고 기록해야 할 때를 알려 주는 단서가 될 수 있다. 대조 평가 절차와 실질적인 자기점검 절차에서 행동의 목표 준거에 도달하면 중재를 종료한다. 중재가 종료된 후에도 교사는 학생의 행동이 바람직한 수준으로 모든 상황에서 유지되는지를 확인하기 위해 자료를 수집한다. 표적행동이 준거 아래로 낮아지면 중재를 다시 시행한다. 자기관리의 효과를 높이기 위한 지침이 표 11.2에 제시되어 있다.

자기교수 훈련

정의

자기교수 훈련에서 학생은 다양한 상황에 직면해서 자신에게 말해야 하는 공통의 진술문을 학습한다. 예를 들면, 나눗셈 숙제를 하면서 문제를 푸는 자기교수 전략을 학습한다. 또한 분노를 일으키는 상황에 직면했을 때 자신의 감정을 진정시키는 자기교수 전략을 학습한다. 자기교수는 언어적 촉진을 사용하는 것으로 자기교수를 지도하는 교사는 학생에게 이러한 촉진을 사용하여 자신의 행동을 이끌도록 지도한다.

연구의 기초

Luria(1961)의 발달 이론은 자기교수 훈련의 기초가 된다. 대부분의 학생이 자기조절 능력을 획득하는 정상 발달 계열을 따르지만, 일부 학생은 이러한 계열이 나타나지 않거나 특정한 단계만 나타나기도 한다. 이들 학생은 행동 조절을 위해 자신의 내어(internal speech)를 사용하는 능력의 결함을 가지고 있다. 조절 기술이 발달되지 않은 학생은 문제를 해결하는 데 있어서도 어려움을 보일 수 있다.

자기교수 훈련과 문제행동에 관한 연구

Meichenbaum과 Goodman(1971)은 과잉행동과 충동행동을 보이는 학생이 내어와 언어 조절 능력에서 결함을 가지고 있다고 한다. 언어 조절 문제로 인해, 이들 학생은 자신의 행동을 조절하기 위해 자신에게 말하는 방법을 사용하지 않았다. Meichenbaum과 동료들은 Luria의 발달 계열을 활용하여 학생에게 자신의 행동을 조절하기 위해 자기교수를 사용하는 것을 지도하였다(Meichenbaum, 1977; Meichenbaum & Asarnow, 1979; Meichenbaum & Goodman, 1971). 즉 학생은 자신의 충동행동을 조절하기 위해 자신에게 말하는 것을 학습하였다.

Meichenbaum과 Goodman은 충동적인 학생에게 충동행동을 유발하는 과제에 직면했을 때 자신에게 일련의 질문을 하도록 지도하였다. 학생은 다음의 네 가지 유형의 진술문 또는 의문문을 자신에게 말하는 것을 학습하였다.

- **문제 정의** : 예를 들면, "내가 무엇을 해야 하지?"
- **주의집중과 반응 안내** : 예를 들면, "내가 이 문제를 해결하기 위해 무엇을 해야 하지?"
- **자기강화** : 예를 들면, "난 참 잘했어."
- **자기평가, 대처 기술, 오류 교정** : 예를 들면, "나는 잘하지 못했지만, 그래도 괜찮아, 난 다시 시작할 수 있어."

Meichenbaum과 Goodman의 연구는 매우 성공적이었다. 충동행동을 보이는 학생을 대상으로 한 이들의 연구에 근거하여 연구자들이 개발한 자기교수 훈련 단계가 표 11.3에 제시되어 있다.

자기교수 훈련은 공격행동을 보이는 학생에게도 적용되었다. 공격적인 학생은 문제 상황에 대해 분노로 반응을 하는 경향이 있고, 자극적인 상황에 반응하여 대체행동을 생각하거나 '잠시 멈추고 생각하는' 시간을 갖지 않는다. Camp, Blom, Herbert와 Van Doornick(1977)은 공격적인 학생을 대상으로 공격적이고 자극적인 상황에 직면할 때 이에 대처하는 자기교수를 훈련하였다. 대처(coping)라 함은 부정적인 방식 대신에 건설적인 방식으로(예 : 싸우는 행동 대신에 그 자리를 떠나는 행동) 혐오 상황에 대처하는 학생의 능력을 의미한다. Camp와 동료들은 상황에 대처하기 위해 자기교수를 사용하여

표 11.3 자기교수를 사용하기 위한 학생 지도 단계

1단계 : 인지적 모델링	교사는 자기교수를 사용하는 동안 과제 수행의 시범을 보인다. 이 단계에서 교사는 큰소리로 말하면서 시범을 보인다. 학생은 이를 관찰한다.
2단계 : 외적 안내	학생은 교사의 지시에 따라 같은 과제를 수행한다. 교사는 학생이 과제를 수행하는 동안 큰소리로 자기교수에 대해 말한다.
3단계 : 외적 자기교수	학생은 큰소리로 자기교수를 말하면서 같은 과제를 수행한다. 교사는 관찰하며 피드백을 제공한다.
4단계 : 자기교수 용암	학생은 자기교수를 속삭이면서 과제를 수행한다. 교사는 관찰하고 피드백을 제공한다.
5단계 : 내적 자기교수	학생은 소리 내지 않고 내어로 자기교수를 사용하며 과제를 수행한다.

공격적인 학생을 지도하는 소리 내어 생각하기(Think Aloud) 프로그램을 개발하였다. 이 자기교수 훈련 방법은 Meichenbaum과 Goodman에 의해 개발된 것과 매우 유사하였다. 소리 내어 생각하기 프로그램은 공격적인 학생에게 문제해결 훈련 계열의 하나로 자기교수를 활용한 것이다. 학생은 (a) 문제를 판별하고, (b) 해결 방안을 만들어 내고, (c) 해결 방안을 사용하는 자신을 점검하고, (d) 자신의 수행을 평가하기 위해 교수적 촉진의 공통적 양식을 학습하였다. 교수적 촉진은 학생이 문제 상황에 직면했을 때 사용할 수 있는 질문으로 구성되었다. 학생이 자신에게 던진 질문은 다음과 같다. (a) 나의 문제가 무엇인가?, (b) 내 계획은 무엇인가?, (c) 나는 나의 계획을 사용하고 있는가?, (d) 나는 어떻게 하였는가? 자기교수 훈련을 통해 공격적인 학생은 자신의 공격적인 행동을 이끌었던 상황에 직면했을 때 자신에게 말하는 것을 학습하고 바람직한 결과를 보였다. (자기교수를 사용하도록 학생을 지도하는 단계가 표 11.3에 제시되어 있다.)

자기교수 훈련과 학업 문제에 관한 연구

자기교수 절차를 사용한 중재는 본래 학생의 문제행동을 변화시키고자 고안된 것이었으나, 학습 전략 훈련(Lloyd, 1980)과 같은 학업 문제 관련 중재로까지 확대되었다. 학업 수행에 적용할 때 자기교수 훈련은 학습자의 학업 문제해결 행동을 향상시키는 데 중점을 두어 고안된다.

많은 행동문제들이 실제로 학습 문제에 원인이 있는 경우가 많다. Torgeson(1982)은 학생의 학습 문제는 효과적인 과제 전략을 사용하여 효율적으로 기초능력을 적용하는 데 실패하기 때문이라고 한다. 이러한 실패가 지속되면 학생은 **수동적 학습자**가 된다

(Torgeson, 1982). 이러한 비효율적인 학습 전략을 중재하기 위해 교사는 특정 영역의 능력에 필요한 인지적 과제 전략을 사정해야 한다. 예를 들면, 학생이 장제법(12 이상의 수로 나누는 나눗셈 : long division)을 배운다면 교사는 학생이 장제법 문제를 풀 때 필요한 단계를 가르쳐야 한다. 이러한 단계를 학습하면 학생은 그 단계를 적절하게 사용하고, 보다 적극적인 자기조절 학습자가 될 것이다.

CBM 전략을 고안할 때 인지적 과제 분석을 실시하고 성공적인 학업 수행을 보이는 학생이 사용하는 과정이 무엇인지를 판별해야 한다. 그런 다음 이러한 과정을 잘 사용할수 있도록 훈련 절차를 개발한다(Wong, 1989). 훈련 프로그램의 목적은 학습자가 인지 중재 전략을 사용하여 학업 수행의 향상을 보이는 것이다.

이러한 많은 중재들의 기본적인 절차는 유사하다. 교사는 자기교수를 사용하면서 그 과정의 시범을 보인다. 그러면 학생은 이 과정을 처음에는 소리를 내면서 따라 하고, 다음에는 소리 없이 속으로 말하면서 따라 한다(Meichenbaum, 1977). Meichenbaum에 따르면, 교사의 시범은 사고과정의 창문 역할을 한다. 궁극적으로 학생은 시범과 자기교수를 통해 전략을 학습하여 자신의 학습을 수행하게 된다.

Rinehart, Stahl과 Erickson(1986)은 시범과 자기교수 훈련을 사용하여 학령기 학생에게 요약하기를 지도하였다. 학생은 주제와 부주제를 담고 있는 읽기 교재를 요약하는 것을 학습하였다. 연구자는 학생이 훈련받지 않은 학생에 비해서 주제를 기억하는 데 향상을 보였다고 한다.

이 연구에서 교사들은 Meichenbaum과 Goodman(1971)이 개발한 자기교수를 사용하여 학생에게 교재를 요약할 때 사용하는 언어적 촉진을 가르쳤다. 이 과정은 세 단계로 구성되었다.

1단계 : 교사는 학생에게 요약의 목적을 설명한다.
2단계 : 교사는 예시 문단의 요약문 쓰는 시범을 보인다. 요약을 하면서 과정을 큰 소리로 말하는 자기교수를 사용한다. 학생도 이와 동일한 자기교수 절차를 시행한다. 교사는 다음의 의문 및 진술문을 사용하여 요약하기의 점검과정의 시범을 보인다. " 나는 문단이나 글의 주제를 찾았는가? 주제에 관해 잘 알려 주는 가장 중요한 정보를 찾았는가? 나는 주제와 직접적으로 관련이 없는 정보를 사용하고 있는가? 나는 어떤 정보를 한 번 이상 사용하였는가?" 교사가 피드백을 제공하는 동안 학생은 요약을 수행한다.

표 11.4 자기교수

- 문제 정의 : 내가 해야 하는 일이 무엇인가? 나는 좋을 글을 써야 한다. 좋은 글은 말이 되어야 하며 다양한 행위 단어를 사용한다.
- 계획하기 : 그림을 보고 좋은 행위 단어를 쓴다. 좋은 이야기를 생각해 본다. 나의 이야기를 쓴다 ─ 말이 되고 좋은 행위 단어를 사용한다.
- 자기평가 : 나의 이야기를 읽고 스스로에게 묻는다. "좋은 글을 썼는가? 행위 단어를 사용하였는가?" 이 야기를 수정해 본다 ─ 보다 많은 행위 단어를 사용할 수 있는가?
- 자기강화 : 정말 좋은 이야기로군!

3단계 : 학생이 자기교수 전략을 사용하여 간단한 글을 요약하는 데 능숙해지면 교사는 요약해야 하는 글의 길이를 점진적으로 늘려서 학생의 요약절차를 확장시킨다.

Graham과 Harris(1985)는 학습장애 학생의 쓰기 기술 지도를 위해 자기교수 훈련 프로그램을 사용한 또 다른 예를 보고하였다. 이들은 Meichenbaum(1977)의 자기교수 훈련에 근거하여 교수 프로그램을 개발하였다. 학생에게 쓰기 프로그램을 지도하면서 학생의 수행 수준을 사정하고 학습 전략을 기술하고 자기교수를 사용하여 전략의 시범을 제공하였다(표 11.4 참조).

이야기에 대한 교사의 시범이 있은 후에, 교사와 학생은 자기교수를 사용하는 것이 얼마나 중요한지를 토론하였다. 학생은 자기교수가 무엇인지 정의하고 자기교수의 예를 자신의 말로 썼다. 학생의 수행은 기초선에 비해 자기조절 전략 훈련 단계에서 상승되었다. 연구자는 학습장애 학생이 자기조절 전략 훈련을 통해 쓰기 기술이 향상되고 유지되었다고 한다.

교과 지도와 관련하여 자기교수 훈련을 적용할 때, 교사는 학생이 형식을 정확하게 수행하는 것에 집착해서는 안 된다. 대신에 전략을 가르치기 위해 Meichenbaum과 Goodman에 의해 개발된 일반적 절차를 따르는 것이 중요하다. 학생에게 장제법을 지도하거나 집안일을 하도록 가르치든지, 교사와 부모는 과제에 대해 시범을 보이고 시범과 더불어 자기교수를 통해 인지적 행동수정를 사용할 수 있다. 자기교수를 통해 학생은 자신이 할 수 없었던 유형의 생각하기를 학습한다(Meichenbaum & Asarnow, 1979). 학생의 내부에서 이루어지는 자신과의 내적 대화는 수행을 보다 용이하게 한다.

Hoover, Kubina와 Mason(2012)은 학습장애 고등학생들을 대상으로 POW + TREE라

고 하는 자기조절 전략을 지도하였다. POW+TREE는 자기조절 전략 교수에서 사용되는 기억 전략으로 기억 전략의 첫 글자를 따서 만든 것이다. 쓸 내용에 대한 생각을 꺼내라(Pick my idea), 생각을 조직하라(Organize my notes), 쓰면서 더 생각을 꺼내라(Write and say more), 주제 문장을 제시하라(Topic sentence), 주장에 대한 근거를 제시하라(Reasons), 근거를 설명하라(Examine), 결론을 써라(Ending). 네 명의 학습장애 학생들은 쓰기 수행에서 향상을 보였다. Adkins와 Gavins(2012)은 2~3학년 정서행동장애 학생들에게 자기조절 쓰기 전략을 지도하였다. 대상자들이 작성한 글에서 양적 향상과 질적 향상 모두를 보이며 중재의 효과가 대상 학생들에게서 긍정적으로 나타났다.

적용

학생에게 기술이나 전략을 가르치고자 인지적 행동수정를 사용할 때 교사는 Meichenbaum과 Goodman(1971)의 연구에 근거한 다음의 지침을 사용해야 한다. 첫째, 교사는 학생이 알아야 하는 것과 학생의 현재 수행 수준을 결정한다. 둘째, 교사는 가르칠 전략을 기술하고, 자기교수를 사용하면서 학생에게 이 전략의 시범을 보인다. 셋째, 학생은 교사의 지도하에 자기교수를 사용하여 그 전략을 연습한다. 자기교수의 단계는 큰 소리로 말한다. 이 단계에서 중요한 것은 학생이 가능한 한 연습 기회를 많이 갖는 것이다. 넷째, 단계를 소리 내어 말하는 자기교수를 사용하는 통제된 훈련조건에서 학생이 성공적으로 그 전략을 수행하면, 소리를 내지 않고 속으로 말하는 자기교수를 사용하여 독립적으로 그 전략을 연습한다. 교사는 학생이 전략을 사용하는 자신을 점검하고 그러한 전략을 지속적으로 사용하도록 동기 부여한다. 학습하고 있는 기술이 문제행동의 감소와 학업 수행의 증가에 도움이 될 것임을 학생에게 설명해 주면 학생에게 동기 부여가 될 수 있다.

예를 들면, 학생이 장제법을 할 수 없음을 확인하면 교사는 학생에게 이 기술을 가르칠 수 있는 전략을 결정한다. 학생에게 나누기, 곱하기, 빼기, 내리기, 점검하기 단계를 사용하여 시범을 보이기로 결정하면(Burkell, Schneider, & Pressley, 1990), 교사는 시범을 설명하고 그것을 어떻게 사용하는지를 설명한다. 그런 다음 교사는 나눗셈 문제를 성공적으로 다 풀 때까지 자기교수를 사용하여("먼저 나는 나누기를 한다.", "다음 단계는 곱하기이다." 등) 전략의 시범을 보인다. 다음 단계로 교사가 자기교수를 제공하는 동안 학생은 장제법 문제를 연습한다. 학생은 전략에 익숙해질 때까지 자기교수를 사용하여

표 11.5 포괄적인 자기교수 기본 요소

1. 문제 정의 교수 : 학생은 우선 문제를 정의하는 것을 학습한다.

2. 문제 접근 교수 : 학생은 문제를 해결할 수 있는 가능성이 있는 전략을 말로 표현한다.

3. 주의집중 교수 : 학생은 자신의 전략을 사용하고 있는지를 점검하며 문제에 주의 집중한다.

4. 대처진술 사용 교수 : 실수를 하면 학생은 실수에 대처하고 다시 한 번 시도를 격려하기 위한 진술문을 사용한다.

5. 자기강화 교수 : 학생은 자신이 잘하고 있음에 대해 스스로에게 강화를 한다.

(이때도 여전히 교사의 지도하에 있다) 장제법 문제를 연습한다. 자기교수 절차에 숙달했다고 교사가 판단이 되면, 학생은 속으로 자기교수 전략을 사용하여 기술을 독립적으로 연습한다. 인지적 행동수정 절차의 성공에 대한 평가는 훈련 중간 중간에 그리고 훈련이 완료된 때에 이루져야 한다.

훈련의 목적과 내용이 무엇이든지 훈련의 방법은 유사하다. 자기교수 훈련의 유형이 무엇이든지 행동과 학습 전략 모두를 가르치는 데 포함되어야 하는 다섯 가지 기본 요소가 표 11.5에 제시되어 있다.

자기교수 훈련을 사용하여 학생에게 보다 더 반성적이며 섬세하게 문제에 반응하도록 지도할 때 다음의 지침은 교사에게 도움이 될 것이다.

첫째, 교사가 자기교수 과정의 시범을 보이는 것이 중요하다. 교사는 학생이 교사를 관찰하고 있는 동안 과제를 수행하며 언어적으로 자기교수를 시행한다. 학생이 사용할 동일한 자기교수 과정을 교사가 사용하여 시범을 보이는 것이 중요하다.

둘째, 교사는 학생의 능력을 고려한다. 학생이 과제를 수행하기 전에 연습을 필요로 하거나 과제를 수행할 수 없다면, 자기교수가 학생의 수행을 방해할 수 있다. 학생이 자신의 행동 목록 또는 학습 목록 안에 수행해야 하는 과제를 가지고 있지 않은 경우에는 자기교수를 통해 학생이 그 과제를 수행할 수 없다. 학생은 사용할 진술문을 이해할 수 있는 능력을 가지고 있어야 한다.

셋째, 교사는 자기교수 과정에서 자신의 존재를 점진적으로 줄여 간다. 자기교수 훈련이 효과적이라면, 이는 학생이 교사의 도움 없이 독립적으로 자기교수를 할 수 있음을 의미하는 것이다.

넷째, 교사는 학생이 정확하게 자기교수를 사용한 것에 대해 그리고 표적행동을 보인 것에 대해 체계적으로 강화를 한다.

문제해결 훈련

정의

학생은 갈등, 선택, 그리고 문제에 매일 직면한다. 이에 효과적으로 대처하고 독립적으로 수행하기 위해서는 성공적인 문제해결 능력이 필요하다. 문제를 성공적으로 해결하는 능력은 사회 및 정서적 적응의 중요한 요인이다. 효과적인 방식으로 문제를 해결하지 못하면 미래에 사회 및 정서적 어려움을 겪게 될 수 있다. 문제해결 기술 훈련은 분노, 공격, 반사회적 행동, 파괴적 행동의 감소에 효과적이며 친사회적 행동 향상에도 효과적이다(Daunic et al., 2012). 문제해결 훈련에서, 학생들은 문제를 분석하는 것을 학습하고 문제를 적절하게 해결하는 데 도움이 되는 해결 방안을 선택하는 것을 학습한다(Smith & Yell, 2013).

형식적인 훈련을 통해 문제해결의 어려움을 중재할 수 있다. 훈련은 대인관계 문제에 체계적으로 접근하고 평가하며 해결하기 위한 절차를 가르치기 위해 자기교수를 활용하는 것이다(Braswell & Kendall, 1988; Smith & Daunic, 2010). 문제해결 훈련은 문제행동과 공격성을 감소시키고 충동성을 조절하며 바람직한 사회적 상호작용을 증가시키는 데 효과적이다(Harris, 1982; Smith & Daunic, 2010).

이론 및 연구의 기초

Smith와 Yell(2013)은 문제해결 과정은 문제를 정의하고, 대안적인 해결 방안을 판별하며, 최상의 해결책을 선택하고, 그것을 실행하여 효과를 평가하는 일련의 단계를 가지고 있다고 하였다. Smith와 Yell(2013)은 문제해결 능력 지도의 단계를 다음과 같이 제시하고 있다.

1. **문제를 인식한다** : 학생이 문제를 인식하고 바람직한 방식으로 문제에 대처할 수 있음을 알 수 있도록 한다.
2. **문제를 정의하고 목표를 설정한다** : 문제를 명확하게 정의하고 문제와 관련된 요소들과 문제에 대한 긍정적 해결 방안 한 가지를 판별한다.
3. **가능한 해결 방안들을 많이 만든다** : 교사와 학생은 문제에 대한 해결 방안을 가능한 한 많이 생각한다.

4. **해결 방안들을 평가한다** : 교사와 학생은 이전 단계에서 만든 모든 대안적 해결 방안들을 고려하고 평가한다.

5. **문제해결 계획의 효과를 평가한다** : 계획을 실행하고 그 결과를 점검한다. 문제가 해결되지 않으면 교사와 학생은 다시 1단계부터 시작한다.

Spivak, Shure, 동료들이 1970년대 중반과 후반에 문제해결에 관한 연구를 수행하였다. Spivak과 Shure(1974)에 의해 개발된 훈련 프로그램은 대인 간 인지적 문제해결(interpersonal cognitive problem solving, ICPS)이다. 이 프로그램은 학생에게 사고해야 하는 것을 가르치기 위한 것이 아니라 사고하는 방법을 가르치기 위해 고안된 것이다(Goldstein, 1999). Spivak과 Shure는 많은 교사들이 문제해결을 효과적으로 가르치지 않는다고 보았다. 예를 들면, 다른 학생을 때리는 학생을 다룰 때 교사는 일반적으로 다음의 행동 중에 하나를 한다. 교사는 (a) 행동을 멈추기를 요구한다("내가 말하는데 그만해."), (b) 왜 그 행동이 바람직하지 않은지를 설명한다("너의 행동은 친구를 다치게 할 것이다."), (c) 학생이 그 상황의 결과를 이해할 수 있도록 돕는다("너는 친구를 다치게 했다."), (d) 학생에게 타임아웃을 시행한다("네가 바람직하게 행동할 준비가 될 때까지 복도에 서 있어."). 교사의 목표가 학생이 대인 간 문제를 다루는 효과적인 방식을 개발하는 것을 돕는 것이라면 이러한 반응은 심각한 제한을 가지고 있다. 이는 교사가 학생에 대해 그와 같은 생각을 하고 있기 때문이다.

ICPS에서 학생은 문제에 대한 해결책을 배우는 것이 아니라 문제해결 과정을 학습한다. 프로그램의 핵심은 표 11.6에서 보는 바와 같이 여섯 가지 구체적인 문제해결 기술이다.

Siegel과 Spivak(1973)도 보다 나이 많은 청소년과 성인을 위한 ICPS 훈련 프로그램을 개발하였다. 이는 기본적인 문제해결 기술을 지도하기 위해 고안되었다. 프로그램은 다음의 네 가지 문제해결 절차를 가르친다. (a) 문제를 인식한다. (b) 문제를 정의한다. (c) 문제를 해결하는 방안을 생각한다. (d) 문제를 해결하는 최상의 방안을 결정한다.

Goldstein(1999)은 예비 교육과정의 한 부분으로 Spivak과 Shure에 의해 시행된 것을 활용하여 문제해결 훈련 프로그램을 개발하였다. 예비 교육과정은 청소년과 어린 학생에게 친사회적 능력을 가르치기 위해 고안된 일련의 교과목들이다. 이는 만성적 위축, 비사회적 행동, 사회적 고립과 같은 극단의 위축행동을 보이는 학생과 만성적 공격성,

표 11.6 문제해결 전략 지도를 통해 획득되는 기술

1. 해결 방안 생각하기 : 문제해결을 위한 다양한 선택이나 가능성이 있는 해결 방안을 만들어 내는 능력이 효과적인 문제해결의 핵심이다.

2. 결과 예측하여 생각하기 : 행동이 가져올 수 있는 결과를 고려하는 능력, 이는 해결 방안을 고려하는 것을 넘어서서 잠재적 해결 방안에 대한 결과까지 고려하는 것을 말한다.

3. 원인 생각하기 : 특정 사건이 발생하거나 발생하게 될 원인과 관련하여 하나의 사상을 다른 사상에 반복해서 관련지을 수 있는 능력이다.

4. 대인관계에 민감하기 : 대인 간 문제가 존재함을 인식하는 능력이다.

5. 수단–결과 생각하기 : 주어진 목표에 도달하기 위해 행하는 단계적 계획. 수단–결과 생각하기에는 통찰, 예측, 대안적 목표를 고려하는 능력이 포함된다.

6. 관점 갖기 : 다른 사람들이 서로 다른 동기를 가지고 있고 다른 행동을 취할 수 있다는 사실을 인지하고 설명할 수 있는 능력이다.

반사회적 행동, 비행과 같은 극단의 공격행동을 보이는 학생을 위해 특별히 고안되었다. 학생은 8주간에 걸쳐서 문제해결 교과목을 학습한다. 학생은 지켜야 할 규칙과 절차에 관한 설명을 듣는다. 매 회기마다 문제해결 과정을 써 놓은 포스터를 게시한다.

> ▶ 이 영상은 스킬스트리밍(skillstreaming)에 관한 Arnold Goldstein의 워크숍이다. https://www.youtube.com/watch?v=Px_TU5E3ZEc.

프로그램에서는 학생이 작성한 문제 일지(problem log)를 사용한다. 일지는 학생이 보인 문제를 정확하게 기록하기 위한 것이다. 문제 일지의 목적은 학생이 자신의 문제 상황이 무엇인지를 알고 문제 다루는 방법에 관한 생각을 시작할 수 있도록 돕는 자료로 활용하는 것이다. Goldstein의 문제 일지와 비슷한 문제 일기(problem diary)의 견본이 그림 11.5에 제시되어 있다.

문제 일지는 역할놀이로도 활용된다. 프로그램에서 지도되는 기술은 다음과 같다.

- **멈춰 생각한다** : 프로그램에 참여하는 학생은 문제에 직면했을 때 먼저 잠시 멈추어 생각한다. 그렇지 않으면 속단을 내릴 수 있음을 학습한다.
- **문제를 판별한다** : 문제가 있음을 인식하고 잠시 멈추어 생각했으면, 학생은 그 문제를 분명하게 그리고 구체적으로 진술한다.
- **자신의 시각에서 정보를 수집한다** : 학생은 행동으로 옮기기 전에 문제를 어떻게 볼 것인지를 결정하고 문제에 관한 정보를 수집한다. 모든 정보를 이용할 수 없는 경우, 학생은 정보를 요청하는 것도 학습한다.

문제 일기

문제가 무엇인가? 문제를 정의하시오.

문제를 중단하기 위해 당신은 무엇을 하였습니까?

당신이 선택한 방법으로 문제가 해결되었나요?

당신의 해결방법에 대해 평가하시오(동그라미 표시하시오).

좋지 않다　　보통이다　　좋다　　매우 좋다

문제가 다시 발생한다면 당신은 이 문제를 어떻게 처리하시겠습니까?

그림 11.5 문제 일기

- **다른 사람의 시각에서 정보를 수집한다 :** 학생은 다른 사람의 관점에서 상황을 볼 필요가 있음을 학습한다.
- **대안을 생각한다 :** 학생은 어떠한 상황에서건 좋은 선택을 하기 위해서는 하나 이상의 해결 방안이 필요함을 학습한다.
- **후속 사건과 성과를 평가한다 :** 학생이 많은 해결 방안을 고려하는 것을 학습하면 각 대안의 결과를 고려한다. 결정이 내려지면 결과가 반드시 평가되어야 한다.

대인 간 문제해결 훈련에 관한 문헌 연구를 통해 Coleman, Wheeler와 Webber(1993)는 훈련의 결과로 인지적 획득이 나타났지만 일반화는 입증되지 못했다고 한다. 이들은 이러한 일반화의 문제가 문제해결 훈련의 기본 전제인 "학생이 훈련받은 기술을 실제 생활의 상황에 적용할 것이다."에 대한 의문을 불러일으킨다고 한다. 이들의 문헌 연구에 따르면 대인 간 문제해결 훈련을 적용한 연구자들은 교사에게 문제해결 훈련 사용 시 다음 사항을 제안하고 있다. (a) 학생이 문제해결 능력의 결함을 보일 때만 훈련의 개별화를 시도한다. (b) 훈련의 결과로 생각해 내는 해결 방안의 양과 질을 평가한다. (c) 문제해결 능력의 결함을 중재하기 위해 사회적 기술 훈련과 다른 행동중재를 연계하여 문제해결 훈련을 한다. (4) 문제해결 과제, 행동 측정, 행동관찰 등과 같은 적절한 측정을 선택하여 프로그램의 성공을 평가한다.

적용

D'Zurilla와 Goldfried(1971), Spivak과 Shure(1974), 그리고 Goldstein(1999)은 학생에게 문제해결을 가르치기 위해 교사가 활용할 수 있는 유용한 시범 방법을 제시하고 있다. 이에 근거한 다음의 지침은 학생에게 문제해결 기술 지도 시 적용되어야 한다.

첫째, 교사는 문제해결의 기본 개념을 가르치기 위해 직접 교수를 한다. 학생은 다른 사람을 관찰하는 것만으로도 이러한 중요한 기술을 학습할 수 있을 것이다. 강의, 토론, 좋은 사례와 나쁜 사례를 활용하여 중요한 개념을 제시할 수 있다. 문제해결을 포함한 역할놀이 상황을 교수에 포함시킬 수도 있다. 학생이 학급 활동에 적절하게 참여하면 강화를 제공한다.

둘째, 가능한 한 언제든지 문제 상황은 학생의 실생활 경험과 관련이 있어야 한다. 그러면 교수가 훨씬 더 사회적으로 타당하게 된다. 이는 그 상황이 학생의 사회적 상황 및 연령과 일치하기 때문에 학생에게 보다 더 의미가 있게 된다. 학급 토론의 도약대로서 문제 일기가 활용될 수 있다(그림 11.5 참조). 집단 토론을 하는 동안 학생에게 브레인스토밍을 하게 하는 것도 잠재적 문제의 목록을 만드는 데 사용될 수 있다.

셋째, 문제해결 훈련은 다음의 다섯 가지 요소를 가지고 있어야 한다. (a) 문제의 인식, (b) 문제와 목적의 정의, (c) 대안적 해결 방안의 생성, (d) 해결 방안의 평가, (e) 문제해결을 위한 계획 수립. 문제해결 훈련은 개별적으로 또는 집단 토론 중에 시행될 수 있다. 또한 학생의 삶을 위한 문제해결의 관련성을 토론하는 것도 좋다.

넷째, 학생에게 문제해결을 연습할 수 있는 많은 기회를 제공한다. 이는 교실 내에서도 이루어질 수 있고, 교실 밖(예 : 가정 상황)에서도 이루어질 수 있다.

다섯째, 효과적인 문제해결의 시범자가 된다. 문제가 발생하면 효과적인 방식으로 문제를 다루고 해결에 도달하는 교사 자신의 방법을 학생과 함께 나눈다. 또한 학생이 교실 밖 상황에서 효과적인 문제해결 전략을 사용하는 것을 보면 즉시 강화한다.

분노조절 훈련

정의

분노조절 훈련(anger control training)에서 학생은 자기교수를 통해 분노와 공격행동을 자제하거나 조절하는 것을 학습한다. 잘 알려진 세 가지 분노조절 훈련 절차는 Novaco(1979), Feindler와 그의 동료들(Feindler & Fremouw, 1983; Feindler, Marriott, & Iwata, 1984), Goldstein과 Glick(1987), 그리고 Goldstein(1999)에 의해 개발된 것이다. 이 프로그램은 분노와 공격 대신에 분노조절 절차를 가지고 내외적인 분노 및 공격 유발자극에 반응하도록 아동, 청소년, 성인을 훈련하는 것이다.

이론 및 연구의 기초

Novaco(1979)는 정서적 스트레스 반응으로서 분노 각성을 다음과 같이 정의하고 있다.

> 분노 각성은 보편적으로 혐오적인 심리사회적 사상과 같은 인지된 환경 요구에 대한 반응이다. 분노 각성은 혐오 사상에 대한 특정한 평가에 의해 나타난다. 외부 상황은 개인이 갖는 그 외부 상황의 의미에 의해 매개되었을 때만 분노를 불러일으킨다.(pp. 252-253)

Novaco는 사상에 대한 개인 평가의 중요성을 언급하고 있다. 분노가 만들어지고 영향을 미치며, 자기진술에 의해 유지된다고 믿기 때문에, Novaco는 Meichenbaum의 자기교수 훈련에 근거하여 프로그램을 고안하였다. 훈련의 목적은 스트레스 사상에 적절하게 반응하는 능력을 길러 주는 것이다. 프로그램의 목표는 (a) 부적응적 분노의 발생을 예방하고, (b) 분노자극이 일어나면 각성을 조절할 수 있으며, (c) 분노를 관리하는 기술을 갖게 하는 것이다.

분노조절 중재는 다음 세 단계로 구성된다. (a) 인지적 준비 단계, (b) 기술 습득 단계, (c) 적용 훈련 단계. 인지적 준비 단계에서 학생은 분노 각성과 분노 결정 요인, 분노를 유발하는 상황의 판별, 분노의 긍정 및 부정적 기능, 그리고 대처 전략으로 분노조절 기법에 관해 학습한다. 기술 습득 단계에서 학생은 인지 및 행동 대처 기술을 학습한다. 학생은 분노를 인식하고 대안적인 대처 전략을 사용하는 것을 배운다. 이 단계에서 자기교수 요소의 훈련이 강조된다. 마지막 단계인 적용 훈련 단계에서 학생은 역할놀이와 숙제를 통해 기술을 연습한다.

이 중재에서 자기교수 요소는 분노 계열의 네 단계별 자기진술로 구성된다. 그 네 단계는 (a) 분노에 대한 준비, (b) 영향과 대면, (c) 각성에 대한 대처, (d) 분노에 대한 반성이다. 자기교수의 예가 표 11.7에 제시되어 있다.

1970년대 후반부터 1980년 초반까지 Feindler와 동료들은 분노조절 훈련 기법에 관해

표 11.7 분노조절 훈련 프로그램을 위한 자기교수

분노에 대한 준비

이것은 어려운 상황일 수 있으나 나는 이것을 다룰 수 있는 방법을 안다.

나는 이 문제를 다루는 계획을 세울 수 있다.

너무 서두르지 말고 문제만을 보며 개인적으로 받아들이지 않는다.

논쟁할 필요가 없다. 나는 어떻게 해야 할지를 알고 있다.

영향과 대면

이성을 유지하고 있는 한 나는 이 상황을 조절할 수 있다.

나는 나를 시험할 필요가 없다.

내가 해야만 하는 것 이상을 생각하지 않는다.

화를 낼 만한 요소는 없다. 내가 무엇을 해야만 하는지를 생각한다.

긍정적으로 보고 결론으로 건너뛰지 않는다.

각성에 대한 대처

나의 근육이 경직되고 있다. 긴장을 풀고 몸의 움직임을 줄인다.

숨을 깊게 쉰다.

그는 아마도 내가 화내기를 원하고 있을 것이다. 그러나 나는 적극적으로 이것에 대처할 것이다.

해결되지 않은 갈등에 대한 생각

화를 더 나게 하는 것에 대해서는 잊는다.

나를 화나게 하는 것만을 생각한다.

그것을 없애버리도록 시도하고 긴장을 푸는 것을 잊지 않는다.

화를 내는 것보다 이것이 훨씬 좋다.

개인적으로 받아들이지 않는다.

내가 생각하는 것만큼 심각한 것이 아닐지도 모른다.

해결된 갈등에 대한 생각

나는 그것을 매우 잘 처리했다. 그것은 잘 해결되고 있다.

나는 실제로 화낼 만한 가치보다 더 많이 화가 났는지도 모른다.

나의 만족이 나를 곤경에 빠뜨리게 할 수 있으나 나는 언제나 더 잘하고 있다.

나는 화를 내지 않고 이 일을 해결했다.

연구를 하였다(Feindler & Fremouw, 1983; Feindler, Marriott, & Iwata, 1984). 일련의 연구를 통해 Novaco(1979)에 의해 개발된 분조조절 중재의 단계에 관한 시사점이 도출되었다. Novaco 훈련의 세 단계(인지적 준비, 기술 획득, 적용 훈련)는 다음의 다섯 가지 계열을 포함한다.

1. **단서**: 분노 각성의 신체적 신호
2. **촉발인**: 분노를 불러일으키는 사상과 그러한 사상과 관련된 내적 감정
3. **암시**: 분노 각성을 줄이기 위해 사용된 Novaco의 자기교수 진술문
4. **이완**: 분노 각성을 줄이는 암시문과 함께 사용될 수 있는 기법으로 심호흡과 기분 좋은 일을 생각하는 것
5. **자기평가**: 자기평가 또는 자기수정을 할 수 있는 기회

Goldstein과 Glick(1987)은 Meichenbaum, Novaco와 Feindler가 개발한 훈련 형식에 추가하여 **분노조절 훈련**의 또 다른 형식을 개발하였다. 이는 화가 나고 공격적이게 만드는 것이 무엇인지를 학생 자신이 이해하고 분노를 줄이는 기법을 익히는 것을 목표로 하였다.

> 많은 어린 학생들은 자신의 선택권이 없는 상황이 많다고 믿는다. 많은 상황에 반응하는 유일한 방법이 공격행동인 경우가 많다. 이들이 이러한 방식으로 상황을 인식하지만 분노조절 훈련의 목적은 학생이 선택을 할 수 있고, 이에 필요한 기술을 획득하는 것이다. 분노를 일으키는 것이 무엇인지를 학습하고 일련의 분노 감소 기법을 사용하는 것을 학습하면 학생은 생산적인 대안을 고려할 수 있고 공격적인 반응을 멈출 수 있게 될 것이다.(Goldstein, 1999, p. 256)

분노조절 훈련은 시범, 역할놀이, 수행 피드백으로 구성된다. 집단의 리더는 분노조절 기법과 기법이 사용될 수 있는 갈등 상황을 설명하고 시범을 보인다. 역할놀이에서 학생은 시범 보인 기법들을 연습하기 위해 역할을 맡는다. 역할놀이는 실제적인 분노 유발 상황을 경험하는 것이다. 역할놀이 회기마다 집단 리더가 학생에게 역할놀이에서 기법을 얼마나 잘 활용했는지에 관한 간략한 수행 피드백을 제공한다. 집단 리더는 역할놀이에 뒤이어 강화도 제공할 수 있다.

分노 일기

당신을 화나게 만드는 문제에 대해 기술하시오.

당신은 어떻게 하였나요?

당신의 분노가 문제를 해결하였나요?

당신의 분노조절에 대해 평가하시오(동그라미 표시하시오).

좋지 않다   보통이다   좋다   매우 좋다

다음에는 당신은 분노를 어떻게 다루시겠습니까?

그림 11.6 분노 일기

역할놀이에서는 분노 일지(hassle log)를 활용할 수 있다. 분노 일지는 구조화된 질문지로 학생이 실제적인 분노를 유발하는 요인에 관해 작성하는 것이다. 학생은 분노가 언제 일어났고, 무슨 일이 있었으며, 누가 포함되었고 그들은 무엇을 했으며, 학생 자신의 감정을 어떻게 다루고 어떻게 화를 냈는지에 관한 질문에 답을 한다. 무언가를 써야 하는 형식이 아닌 여러 사항 중에서 해당되는 것에 표시를 하는 형식을 활용하면 어린 학생도 일지를 작성할 수 있다. 학생은 자신이 분노 유발 요인을 적절하게 다룰 수 있든 없든 분노 유발 요인에 관한 양식을 완성한다. 분노 일지의 장점은 실제적인 분노 유발 요인이 일어나는 상황에 대한 정확한 설명을 제공하며, 자신을 분노하게 만드는 것이 무엇이며, 자신이 어떻게 그것에 대처해야 하는지에 관한 학습을 돕고, 역할놀이 자료를 제공한다는 것이다. 그림 11.6에 분노 일기(anger diary)의 예가 제시되어 있다.

10주간의 훈련기간 동안 집단 리더는 학생에게 다음의 내용도 지도할 수 있다. (a) 공격행동의 ABC(A : 공격행동을 이끌었던 것은 무엇인가? B : 자신은 무엇을 했는가? C : 그 결과는 어떠했는가?), (b) 분노를 일으키는 단서와 촉발요인을 판별하는 방법, (c) 암시와 분노 감소법의 사용, (d) 분노의 결과를 미리 생각해 보는 것의 중요성, (e) 분노행동 순환의 본질(분노를 불러일으키는 행동을 판별하고 그것을 바꾸는 것).

선행 연구에서 사용된 기법을 반복적으로 사용하지 않고는 분노에 대한 행동 반응을 수정하는 중재의 효과에 대한 신뢰할 수 있는 결론을 도출하기가 어렵다. Lochman과 동료들은 반복된 연구를 통해(Lochman, 1985; Lochman, 1992; Lochman, Coie, Underwood, & Terry, 1993; Lochman & Curry, 1986; Lochman, Curry, Burch, & Lampron, 1984; Lochman & Lampron, 1988; Lochman, Lampron, Gemmer, Harris, & Wyckoff, 1989) 임상가에게는 관련 프로그램의 의사결정에 기초가 되는 정보를, 연구자에게는 반복 검증에 대한 충분한 정보를 제공하고 있다.

Etscheidt(1991)는 Lochman, Nelson과 Sims(1981)에 의해 개발된 분노조절 훈련 프로그램이 30명의 행동장애 청소년의 공격행동 감소와 자기조절 향상에 미치는 영향에 관해 조사하였다. 대상 청소년은 문제 상황에서 다음의 다섯 단계 전략을 학습하였다.

1단계 : 운동 단서/충동 지연 — 행동하기 전에 멈추어 생각하고 자신에게 단서를 준다.
2단계 : 문제 정의 — 문제가 무엇인지를 정확하게 말한다.
3단계 : 대안 생성 — 자신이 할 수 있는 만큼 많은 해결 방안을 생각한다.
4단계 : 결과 고려 — 해결 방안을 적용할 경우 발생할 수 있는 일을 미리 생각한다.
5단계 : 실행 — 최선의 해결 방안을 가지고 있으면 이를 실행한다.

훈련에 참가한 학생은 통제집단에 비해 유의미하게 낮은 공격행동과 보다 높은 비율의 자기조절을 보였다. 인센티브가 제공되기는 하였지만 이것이 훈련 프로그램의 효과를 높이지는 못했다. 연구자는 이 프로그램이 학생의 행동에 긍정적인 효과를 가지고 있으며 행동변화의 유지 및 일반화가 분노조절 훈련 프로그램의 요소로 포함되어야 한다고 결론짓고 있다.

Smith, Siegel, O'Conner와 Thomas(1994)는 문제행동을 보이는 학생의 분노와 공격행동 감소를 위한 분노조절 훈련 프로그램의 효과를 조사하였다. 학생은 ZIPPER라고 불리는 인지적 행동 전략을 학습하였다. ZIPPER는 자신의 입을 다물고(Zip), 문제를 판별하며(Identify) 잠시 멈추어(Pause) 자신이 책임을 지고(Put yourself in charge) 선택(해결 방안)을 강구하고(Explore) 지속적으로 재시도(Reset)하는 것을 돕는 기억술이다. 시범, 역할놀이, 재연을 통해 학생은 직접 이 전략을 학습하였다. 또한 교사는 훈련 외의 상황에서도 이 전략을 사용한다는 학생의 동의서를 받았다. 학생은 전략을 사용할 수 있었고

표적행동이 감소하였다. 반복 측정에 의해 학생의 분노와 공격이 낮은 수준으로 유지됨
이 확인되었다. 또한 교내 식당 관찰에서 학생이 보다 적은 분노와 공격행동을 보였고,
다른 학생과 잘 지낼 수 있게 되어 학습된 행동의 일반화도 나타났다.

적용

문제행동을 보이는 학생은 자신의 분노를 조절하는 데 어려움을 가지고 있다. 이들의 장
기적인 적응을 위해 분노조절을 가르치는 것은 매우 가치 있는 일이다. Novaco(1975),
Feindler 등(1984), 그리고 Goldstein(1999)의 연구는 교사가 학생에게 분노조절을 가르치
는 데 사용할 수 있는 중요한 모델을 제시한다. 연구에 근거한 다음의 지침은 학생에게
분노조절 기술을 지도하기 위해 인지적 행동수정를 사용할 때 적용되어야 한다. 이러한
전략들은 효과적인 분노조절 훈련과 효과적인 문제해결 훈련 모두에서 동일하게 적용되
는 것이다.

첫째, 교사는 분노조절의 기초 개념을 가르치기 위해 직접 교수를 한다. 분노를 조절
하는 중요한 개념이 강의, 토론, 역할놀이 상황에서 제시되어야 한다. 또한 학생은 학습
활동에 적절하게 참여할 때 강화를 받는다.

둘째, 가능한 한 실생활에서 분노가 포함되는 상황을 학생의 경험에서 도출해 낸다.
이러한 방식이 교수를 보다 더 사회적으로 타당하게 만든다. 이는 이 상황이 학생의 사
회적 상황과 연령에 맞는 상황이므로 학생에게 보다 더 의미 있을 수 있음을 나타내는
것이다. 분노 일기의 활용은 개별적으로 또는 학급 토론을 이끌기 위해 사용될 수 있다
(그림 11.6 참조).

셋째, 분노조절 훈련에는 다음의 구성요소들이 포함되어야 한다. (1) 분노 인식하기
(예 : 단서와 촉발인), (2) 분노에 대처하기(예 : 암시법과 이완법 사용하기), (3) 분노에
대한 대안적인 해결책 만들기, (4) 자기평가하기. 분노조절 훈련은 개별적으로 시행될
수도 있고 집단 토론에서 이루어질 수도 있다. 또한 훈련에서는 학생의 일상생활과 관련
하여 분노조절에 관해 토론할 수도 있다.

넷째, 분노조절에 관해 토론할 수 있는 기회를 가능한 한 많이 제공한다. 분노조절은
학교에서뿐만 아니라 가정에서도 연습할 수 있어야 하므로, 부모가 자녀의 분노조절 프
로그램에 관해 알고 이에 참여해야 한다. 또한 부모는 효과적인 분노조절의 모델이 되어
야 한다. 분노를 유발시키는 문제 상황이 나타나면, 효과적으로 그 상황을 관리한다. 또

한 학생과 함께 교사는 자신의 문제해결 방법을 공유한다. 학생이 교실 외의 상황에서도 효과적인 분노조절 전략을 사용하는 경우 강화를 한다.

대안 반응 훈련

정의

대안 반응 훈련(alternate response training)은 학생이 바람직하지 않은 반응을 보일 수 있는 기회를 막는 대안적 반응을 학습하는 것이다(Wolery et al., 1988). 대안적 반응이 학생의 행동 목록 안에 이미 있을 경우에는 학생이 대안행동을 사용하는 것을 강화할 수 있다. 대안 반응 훈련에서 학생은 자기점검을 우선 학습해야 한다.

대안 반응 훈련으로서 스트레스를 해소하고 진정시키기 위해 고안된 이완 훈련 절차(relaxation training procedures)가 있다. 널리 사용되는 이완 훈련 절차로는 점진적 근육 이완(progressive muscle relaxation)이 있다(Maag, 2004). 점진적 근육 이완 훈련은 신체의 특정 부분의 이완에 중점을 두면서 학생으로 하여금 근육을 긴장시키고 이완시키도록 한다. 궁극적으로 학생은 몸 전체를 이완시키는 것에 초점을 둔다. 근육 이완은 방해 및 공격행동을 감소시키고 사회적 기술과 학업 수행을 향상시키기 위해 사용되는 대안 반응 훈련의 한 유형이다.

이론 및 연구의 기초

Robin, Schneider와 Dolnick(1976)은 소위 거북이 기법(turtle technique)이라 부르는 대안 반응 중재를 개발하였다. 거북이 기법은 공격적인 학생이 공격 충동을 관리할 수 있도록 지도하기 위해 개발되었다. 이 절차는 학생에게 자신의 몸 가까이로 팔과 다리를 끌어당기고, 책상 위에 머리를 놓고, 자신을 등껍질 속으로 몸을 움츠리는 거북이라고 상상하게 하는 것이다. 학생은 분노를 일으키는 상황이 막 일어나는 것을 느끼거나 분노 또는 좌절을 느끼거나 교사 또는 급우들이 '거북이'라고 외칠 때 이러한 행동을 한다. 학생은 또한 근육 이완 절차를 학습한다. 학생이 근육 이완 기법을 숙달하면, 거북이 기법을 사용하면서 이완하는 것을 학습한다. 궁극적으로 학생은 실제로 거북이 자세를 취하는 것 대신에 문제 상황에서 이완하고 거북이의 행동을 상상하는 것을 학습한다. Robin 등(1976)의 연구에서 이 절차를 학습한 학생이 공격행동을 적게 보였다. Morgan

과 Jenson(1988)은 거북이 기법과 이와 유사한 접근들이 중재로 고려될 만하다고 한다.

Knapczyk(1988)은 일반학급과 특수학급에서 학생의 공격행동을 감소시키기 위해 대안적이고 사회적인 반응 훈련을 사용하였다. 연구 대상자는 특수교육을 받고 있고, 공격행동을 보이는 두 명의 남자 중학생이었다. 공격행동의 대안으로 사회적 기술을 지도하였다. 학생은 시범과 시연을 통해 대안 반응을 학습하였다. 학생의 공격행동을 자주 이끌었던 상황을 찍은 비디오자료가 준비되었다. 이 자료에는 학교 내에서 사회성이 좋은 두 명의 남학생을 모델로 하여 공격성에 대한 대안 반응을 찍은 내용도 들어 있다. 바람직한 대안 반응의 시범을 보이는 학생에게 특정 역할이 주어졌다. 이들 중 한 명은 공격행동을 유발하는 특정 모의 상황에서 공격 반응 대신에 수용 가능한 대안 반응의 시범을 보였다. 다른 학생은 또래가 일반적으로 보일 수 있는 반응을 보였다. 비디오를 시청하고 토론을 한 후에 교사는 대상자에게 적절한 행동을 시연하고 부가적인 대안을 제시해 볼 것을 요구하였다. 훈련을 통해 대상자의 공격행동 수준의 감소와 또래 주도의 상호작용의 향상이 나타났다.

적용

분노 또는 다른 부적응행동에 대한 대안적 반응의 사용을 학생에게 지도할 때 다음의 중요 요인이 반드시 고려되어야 한다. 첫째, 학생은 자신의 행동을 점검할 수 있어야 한다. 특히 학생은 교사가 없애고자 하는 행동이 일어나고 있는 때를 인식할 수 있어야 한다. 예를 들면, 학생은 화나는 때를 인식할 수 있어야 한다(예 : 위근육이 긴장되고 주먹이 꽉 쥐어지는 때). 그래서 자기점검의 지도가 대안 반응 훈련 전에 이루어져야 하는 것이다. 둘째, 학생이 자기점검을 할 수 있게 되면 부적응행동에 대처하는 특정 기법을 학습해야 한다. 예를 들면, Robin 등(1976)은 학생이 화가 날 때 등껍질로 몸을 끌어당기는 거북이인 것으로 상상하여 방해받지 않는 법을 지도하였다. 이 기법을 학생에게 직접 지도하며 교사가 특정 기법의 시범을 보이고 이 절차를 연습할 수 있는 기회를 학생에게 충분히 제공하는 것이 중요하다. 이 기법을 학생이 적절하게 사용하면 교사는 반드시 강화를 해야 한다. 대안 반응 훈련의 예가 교실적용 11.2에 제시되어 있다.

이 영상은 Donald Meichebaum 박사가 인지적 행동수정과 거북이 기법에 대해 설명하고 있다.
https://www.youtube.com/watch?v=064A5roTHYI.

4학년인 제리는 학습장애 학생을 위한 특수학급에 있다. 제리는 기분을 조절하는 데 어려움을 보이며, 과제가 제시되면 울화행동을 빈번하게 보인다. 특수학급 교사는 그의 울화행동을 줄이기 위하여 반응대가 방법을 사용한 점수제를 적용하였다. 그 프로그램은 표적행동을 줄이는 데는 성공적이었으나 완전히 소거되지는 못하였다. 제리의 울화행동은 수업에 방해가 되었고 제리는 점차로 더 흥분을 하였기 때문에 특수학급 교사는 학교 행동 전문가인 클리버랜드에게 이 문제를 의뢰하였다.

클리버랜드는 일주일 동안 다양한 시간에 걸쳐서 제리를 관찰하였다. 제리의 울화행동은 관찰 기간 동안 두 번 관찰되었고, 제리는 울화행동 전에 점차 긴장하며 얼굴을 찡그리고 여러 차례 손톱을 물어뜯는 것이 관찰되었다. 초기의 이러한 행동은 욕을 하고, 책을 던지고 물건들을 파손하는 등의 행동으로 점차 강도가 심한 울화행동으로 변해갔다.

특수학습 교사와 클리버랜드와의 대화에서 제리는 이러한 짜증으로 인한 좌절 등을 표현하고 자신의 분노 폭발을 좋아하지 않으나 어떻게 해야 할지 모르겠다고 하였다. 또한 자신의 행동은 학습을 방해하고 또래들이 그를 두려워하게 하며 부모는 자신의 폭력적 기질에 대해 혼란스러워하고 있다고 했다. 제리 또한 자신의 이러한 행동을 조절할 수 있기를 바란다고 하였다.

제리는 행동변화에 대한 동기를 갖고 있고 울화행동이 외부의 통제 요인에 의해 조절되고 있었기 때문에 클리버랜드는 인지행동 중재가 효과적일 것이라고 판단하여 제리에게 대안 반응 훈련을 적용하기로 하였다. 우선, 제리는 신체의 긴장과 분노의 감정을 느끼면서 울화가 일어나는 때를 인식하는 것을 학습하였다. 다음 단계에서는 정신적인 긴장과 분노에 대한 대안적 반응을 학습하였다. 제리와 클리버랜드는 깊게 숨 쉬기, 자기교수, 시각 심상화의 방법을 사용하기로 함께 결정하였다. 제리는 긴장과 분노의 감정을 느꼈을 때 책상 위에 팔을 포개서 얹고, 팔에 머리를 숙이고 깊게 큰 숨을 열 번 쉰 후, 스스로에게 "멈춰, 그리고 생각해 보자."라고 조용히 말하면서 "멈춰, 그리고 생각해 보자."라고 적힌 빨간 멈춤 표지판을 생각하였다. 제리는 교사가 "멈춰, 그리고 생각해 보자."라고 말하는 것을 훈련 절차 내내 들었다. 제리가 진행절차를 올바르게 수행하고 울화행동을 보이지 않으면, 교사로부터 사회적 칭찬을 받았다. 절차에 이어, 교사는 학업 과제나 행동 지시와 같은 일반적인 지시를 다시 제공하였다. 이러한 절차를 적용하는 몇 주 동안, 제리의 울화행동은 의미 있게 감소하였고 교사가 제리에게 "멈춰, 그리고 생각해 보자."를 기억시키도록 한 경우는 거의 없어졌다. 제리는 자신의 행동을 보다 잘 조절하고 있다고 느꼈다.

생각해 보기

위의 사례에 나오는 제리는 4학년이다. 보다 어린 학생에게 대안 반응 훈련을 적용할 수 있다고 생각하는가? 보다 더 높은 학년의 학생의 경우라면 어떠한가? 제리에게 처음 적용한 교사에 의해 개발된 점수제와 행동 전문가에 의해 개발된 새로운 프로그램이 어떻게 통합되었는지에 대해 생각해 보자.

귀인 재훈련

정의

귀인 재훈련(attribution retraining)의 인지적 행동절차는 귀인 이론(attribution theory)에 근거한다. 귀인 이론에서 인간은 환경 내의 사상들에 대한 원인을 찾고 원인으로 인지된 사상들은 이후의 행동에 영향을 미친다(Palmer & Stowe, 1989). 수행 귀인은 학생의 현재 수행, 자신의 수행의 역사, 그리고 다른 사람의 수행에 의해 영향을 받을 수 있다. 학생의 귀인에 대한 반복되는 실패의 결과와 학생의 동기와 성취에 대한 후속적인 효과에 관해 많은 연구가 이루어졌다(Palmer & Stowe, 1989). 귀인 이론가들은 긍정적 귀인을 가진 학생은 성공이 자신의 노력과 능력에 의한 것이며 실패는 노력이 부족했기 때문이라고 여긴다고 한다. 그러나 이들이 실패를 반복해서 경험하게 되면, 실패는 자신의 능력의 결함 때문이고 성공은 운이 좋아서 그런 것이라고 여길 수 있다. 이러한 귀인의 결과로, 학생은 과제 완성을 시도 또는 지속하려는 노력을 적게 하게 된다. 이와 같은 보다 낮은 수준의 지속성과 노력은 지속적인 실패를 이끌 수 있다.

이론 및 연구의 기초

귀인 재훈련은 부정적 귀인을 긍정적 귀인으로 대체하여 과제 수행의 지속성을 높이고자 하는 것이다. 긍정적 귀인은 자신의 성공과 실패에 대한 노력중심의 진술이다(Maag, 2004). Dweck(1975)은 수학 문제 해결을 어려워하는 학생을 대상으로 귀인 재훈련을 실시하였다. 학생은 수학 문제를 풀 때 "실패는 너를 더 열심히 노력하게 한다."와 같은 노력중심의 진술을 하는 것을 학습했다. 학생은 수학 문제 풀이를 보다 더 오랫동안 지속하였다. Borkowski, Weyhing와 Turner(1986)는 귀인이 학생의 학습 전략 사용에도 영향을 미친다고 한다. Schunk(1983)는 귀인 재훈련은 학생이 특정 기술의 결함을 가지고 있을 때는 효과적이지 않으나 학생이 특정 기술은 가지고 있지만 자신이 가지고 있는 기술을 사용하지 않고 있을 때는 효과적이라고 한다.

적용

귀인 재훈련은 일반적으로 두 단계로 구성된다(Licht & Kistner, 1986). 첫 번째 단계에서 학생이 실패를 경험할 수 있는 상황을 설정한다. 설정 상황에서의 실패는 학생에게 너무 심각하지 않은 것으로 하며, 학생에게 너무 어려운 문제는 최소한으로 구성하는 것이 좋다. 두 번째 단계에서 학생은 불충분한 노력이 실패에 영향을 미친다고 진술을 하는 것을 학습한다.

 Licht와 Kistner(1986)에 따르면 귀인 진술문을 지도할 때 중요한 점으로 다음을 지적하고 있다. 교사는 단순히 학생이 충분히 열심히 시도하지 않기 때문(부정적인 것에 초점)이라고 지도하기보다는 더 많이 노력하는 것이 성공을 이끈다(긍정적인 것에 초점)고

지도해야 한다. 또한 귀인 재훈련에서 학생은 성공을 경험하는 것이 중요하다. 학생이 어느 정도 성공을 경험할 때 학생은 "더 많이 노력할수록 더 크게 성공할 것이다."라는 자기 진술을 하는 것을 보다 더 쉽게 받아들일 수 있다. 학생이 성공을 경험하면 자기 진술문이 유효함을 학생이 인정하게 된다. 귀인 재훈련은 학생이 이러한 전략을 사용하면 성공할 수 있을 것이라고 믿을 때 더 효과적일 수 있다.

무엇보다도 학생이 실패한 것은 자신의 노력이 부족했기 때문이라고 인식하는 것이 중요하다. Anderson과 Jennings(1980)에 따르면, 학생이 자신의 어려움은 비효과적인 과제 수행 전략으로 인한 것임을 학습할 수 있으며, 이는 자신을 비난하는 것을 줄일 수 있다. 또한 다음번 시도를 보다 긍정적이고 적응적인 반응으로 이끈다. Licht와 Kistner(1986)는 귀인 재훈련은 문제해결 및 전략 훈련과 연계하여 적용할 수 있다고 한다. 교사가 통합 접근으로써 귀인 진술문과 전략을 가르치는 것도 권장된다.

인지적 행동수정 프로그램의 개발과 일반화

인지적 행동수정(CBM) 프로그램을 개발할 때는 전략 선택뿐만 아니라 실행 프로그램이 필요하다. Harris(1982)는 인지적 행동중재의 계획 및 실행을 위한 세 단계를 제시하고 있다.

첫 단계는 과제 분석(task analysis)이다. 이 단계에서 교사는 가르치고자 하는 것이 무엇이든지 성공적 수행을 위해 필요한 인지와 전략을 결정한다. 필요한 전략을 결정하는 데 있어서, 교사는 스스로 과제를 수행해 보고 사용된 전략을 기록하거나 필요한 전략을 결정하기 위해 과제를 잘 수행하는 사람을 관찰할 수 있다. Meichenbaun(1976)에 따르면, 과제에 포함된 전략을 결정하고 적절한 전략을 만들어 내며 이러한 전략을 적용하고 점검하는 것이 중요하다.

두 번째 단계는 학습자 분석(learner analysis)이다. 학습자 분석에서 교사는 학습자의 다양한 특성을 고려한다. 예를 들면, 인지적 능력, 언어 발달, 학습 능력, 초기 인지 단계 등을 고려한다. 이러한 특성들은 훈련 절차의 개발에 영향을 미친다. 인지적 행동 훈련의 성공을 위해서는 훈련 절차 및 필요조건들이 학습자의 특성과 맞아야 한다.

세 번째 단계는 개발(development)과 실행(implementation)이다. 교사는 훈련의 목표를 설정한다. 그다음으로는 과제 분석과 학습자 분석의 결과에 맞는 인지적 행동절차를 선택한다. 중재를 계획하는 데 있어서, 교사는 바람직한 목표에 맞게 학습 활동을 구성한다(Brown, Campione, & Day, 1981). 인지적 행동 절차가 개발되면 교사는 이 훈련을 실행한다.

학생의 행동을 수정하는 데 성공적으로 사용되고 있는 행동 전략이 제10장에 제시되어 있다. 그러나 행동변화 프로그램의 효과는 다른 상황에 일반화되지 않거나 중재를 철회했을 때 중재 효과가 유지되지 않는 경우도 있다(Kerr & Nelson, 2006). Morgan과 Jenson(1988)은 자기관리 전략이 일반화를 용이하게 하는 성과가 기대되는 전략이라고 한다. 행동이 교사에 의해 외부 통제가 되면, 교사가 외부 통제 절차를 적용할 수 없는 상황에서는 그 행동이 통제되지 않는다. 학생이 자신의 행동을 관리할 수 있으면, 이러한 행동은 유지되며 다른 상황에서도 나타나고 심지어는 교사에 의한 외부 통제가 없는 상황에서도 유지될 가능성이 크다. 그러나 자기관리 전략에 관한 고찰에서 Nelson, Smith, Young과 Dodd(1991)는 자기관리 절차의 효과가 자동적으로 일반화되지는 않음을 확인하였고, 일반화가 체계적으로 프로그램화되면 중재의 일반화가 이루어질 수 있다고 한다.

Kaplan(1995)은 훈련 환경 이외에서 CBM 전략을 사용하게 할 수 있는 몇 가지 제안을 다음과 같이 제시하고 있다.

- **전략의 시범을 보인다** : 교사는 가르칠 전략을 적절하게 시범을 보인다. 학생은 전략을 실제로 관찰할 수 있어야 한다. 교사는 자신의 행동을 수정하는 데 도움이 되는 전략을 어떻게 사용하고 있는지에 관해 학생과 공유한다.
- **전략을 숙달할 수 있도록 지도한다** : 숙달을 위해 교사는 가르친 CBM 전략 내의 기술과 하위 기술들을 가르친다. 숙달이 이루어지면 학생은 이 전략을 보다 더 많이 사용할 것이다. Kaplan(1995)에 따르면, 학생이 전략을 빠르고 정확하게 사용할 수 있게 되면 전략의 숙달을 이룬 것이다.
- **전략을 적절하게 사용한 것에 대해 강화를 한다** : 학생이 훈련 맥락 외에서 CBM 전략을 사용하면 반드시 강화를 제공하는 것이 중요하다. 또한 교사는 학생의 또래를 활용하여 또래가 대상 학생의 적절한 행동을 강화하게 할 수 있다.
- **숙제를 주어 일반화를 프로그램화한다** : 훈련 맥락 외의 환경에서 CBM 전략을 사용할 수 있도록 이와 관련된 숙제를 학생에게 준다.

- **학생이 각 전략의 관련성을 토론한다** : 특정 전략이 학생 자신과 자신의 환경과 어떤 관련이 있는지를 학습한다. 이를 위한 효과적인 방법으로는 교사가 훈련 전에 이러한 전략의 관련성을 학생과 토론하는 것이다.

요약

인지적 행동수정 정의하기

- 인지적 행동수정을 적용한 모든 중재는 다음 세 가지 기본 가정을 가지고 있다. (a) 행동은 인지적 사상(예 : 사고, 신념)에 의해 수정된다, (b) 인지적 사상의 변화는 행동의 변화를 가져온다, (c) 모든 사람은 자신의 학습에 능동적인 참여자이다.
- CBM은 사고와 행동 간의 상호 호혜적 관계에 기초한다. CBM을 적용하는 중재는 행동을 변화시키기 위해 사고와 신념을 수정하고자 하는 것이므로, CBM의 목적은 학생이 인지적 자기조절을 통해 자신의 행동을 관리할 수 있도록 지도하는 것이다.

인지적 행동수정의 기원 기술하기

- **인지주의 심리학의 동향** : 인지주의 심리학자들은 인간의 행동은 우리가 생각하는 것(즉 인지)에 의해 영향을 받고 인간의 행동을 결정하는 주된 요인이 개인 내면에 있다고 믿는다. 그래서 중재는 개인의 사고, 인식, 신념, 귀인을 직접적으로 변화시키는 것을 목적으로 한다.
- **행동주의 심리학의 동향** : 행동변화에 대한 행동주의적 접근에서는, 인간의 행동은 환경 사상(즉 선행사건과 후속결과)의 변화를 통해 수정될 수 있다고 본다. 행동은 행동의 원리를 적용하여 변화된다. 행동 원리는 강화, 처벌, 소거를 포함하며, 이러한 원리는 행동을 형성시키고 유지 및 증가시키거나 행동을 제거 또는 감소시키고자 할 때 사용된다.

인지적 행동수정에서 사용되는 절차 기술하기

- **자기관리 훈련** : 자기관리 중재의 목적은 학생이 자신의 행동을 관찰하고 기록하며 강화하는 것을 학습하여 자신의 행동변화를 스스로 관리하도록 하는 것이다. 자기관리 훈련의 일차적인 장점은 교사의 환경 조작에 대한 학생의 의존을 최소화할 수 있는 기법을 가르칠 수 있다는 점이다. 세 가지 절차가 자기관리 훈련에서 주로 사용된다 — 자기점검, 자기평가, 자기강화. 학생이 자기점검 또는 자기기록을 할 때, 학생은 자신의 특정 행동의 빈도를 기록한다. 자기평가 또는 자기사정에서, 자신의 수행이 특정한 기준에 부합하는지를 결정하기 위해 사전에 선정된 준거와 자신의 행동을 비교한다. 자기강화에서, 학생은 자신의 강화제를 선정하고 바람직한 행동 이후에 자신에게 강화를 한다.
- **자기교수 훈련** : 자기교수 훈련에서 학생은 다양한 상황에 직면해서 자신에게 말해야 하는 공통의 진술문을 학습한다. 자기교수는 언어적 촉진을 사용하는 것으로 자기교수를 지도하는 교사는 학생에게 이러한 촉진을 사용하여 자신의 행동을 이끌도록 지도한다. 자기교수 훈련은 학업 문제와 행동문제를 보이는 학생들에게 적용되었다.
- **문제해결 훈련** : 문제해결 훈련은 대인관계 문제와 학업 문제에 체계적으로 접근하고 평가하며 해결하기 위한 절차를 가르치기 위해 자기교수를 활용하는 것이다. 문제해결 훈련은 문제행동과 공격성을 감소시키고 충동성을 조절하며 바람직한 사회적 상호작용을 증가시키고 학업 전략을 지도

하는 데 효과적이다. 문제해결 훈련은 일반적으로 다음의 다섯 가지 요소로 구성된다. (a) 문제를 인식한다, (b) 문제를 정의한다, (c) 문제 해결 방안을 만든다, (d) 적용할 대안적 해결 방안을 결정한다, (e) 계획을 확인하고 결과를 점검한다.

- 분노조절 훈련 : 분노조절 훈련에서 학생은 자기교수를 통해 분노와 공격행동을 자제하거나 조절하는 것을 학습한다. 분노조절 훈련은 분노와 공격 대신에 분노조절 절차를 가지고 내외적인 분노 및 공격 유발자극에 반응하도록 아동, 청소년, 성인을 훈련한다. 이 중재는 다음의 다섯 가지 요소로 구성된다. (a) 분노 충동을 지연시키기(예 : 멈추고 생각하기), (b) 문제 정의하기, (c) 분노에 대한 대안적 반응 생각하기, (d) 결과를 고려하기, (e) 해결 방안 실행하기
- 대안 반응 훈련 : 대안 반응 훈련은 학생이 바람직하지 않은 반응을 보일 수 있는 기회를 막는 대안적 반응을 학습하는 것이다. 대안 반응 훈련의 한 유형이 이완 훈련이다. 이 절차에서 학생은 스트레스 상황에서 이완하는 법을 학습한다.
- 귀인 재훈련 : 귀인 재훈련의 인지적 행동 절차는 귀인 이론에 근거한다. 귀인 이론에서 인간은 환경 내의 사상들에 대한 원인을 찾고 원인으로 인지된 사상들은 이후의 행동에 영향을 미친다. 귀인 이론가들은 긍정적 귀인을 가진 학생은 성공이 자신의 노력과 능력에 의한 것이며 실패는 노력이 부족했기 때문이라고 여긴다고 한다. 귀인 재훈련은 부정적 귀인을 긍정적 귀인으로 대체하여 과제 지속성을 증가시키고자 하는 것이다. 긍정적 귀인은 학생의 성공과 실패에 관련한 노력 지향적 진술이다.

인지적 행동수정 프로그램 개발 방법과 프로그램의 일반화 효과를 확신할 수 있는 방법 기술하기

- 인지적 행동중재 개발 및 실행을 위한 세 단계는 다음과 같다. (a) 과제 분석, (b) 학습자 분석, (c) 개발과 실행
- 행동변화 프로그램의 효과는 다른 상황에 일반화되지 않거나 중재를 철회했을 때 중재 효과가 유지되지 않는 경우도 있다. 인지행동 전략은 일반화를 용이하게 하는 성과가 기대되는 전략이다. 행동이 교사에 의해 외부 통제가 되면, 교사가 외부 통제 절차를 적용할 수 없는 상황에서는 그 행동이 통제되지 않는다. 학생이 자신의 행동을 관리할 수 있으면, 이러한 행동은 유지되며 다른 상황에서도 나타나고 심지어는 교사에 의한 외부 통제가 없는 상황에서도 유지될 가능성이 크다. 일반화 증진을 위해 적용될 수 있는 인지행동 전략은 다음과 같다. (a) 전략의 시범을 보인다, (b) 전략을 지도한다, (c) 전략을 적절하게 사용한 것에 대해 강화한다, (d) 일반화를 프로그램화한다, (e) 학습한 각 전략의 관련성을 토론한다.

논의사항

1. 인지적 행동수정은 무엇인가? CBM의 세 가지 기본 가정과 목적을 기술하고 설명하라.
2. CBM을 사용하여 자신의 행동을 관리하도록 지도하는 것의 장점을 논의하라.
3. 문제해결과 분노조절 훈련에 관해 논의하라.
4. 자기관리 훈련의 세 가지 요소인 자기점검, 자기평가, 자기강화를 논의하라.
5. 자기점검 전략의 효과를 높이기 위한 지침을 쓰고 설명하라.
6. CBM 전략의 일반화를 높일 수 있는 절차에 관해 논의하라.

참고문헌

Adkins, M., & Gavins, M. (2012). Self-regulated strategy development and generalization instruction: Effects on story writing and personal narratives among students with severe emotional and behavioral disorders. *Exceptionality: A Special Education Journal, 20*(4), 235–249.

Alberto, P. A., & Troutman, C. A. (2013). *Applied behavior analysis for teachers* (9th ed.). Upper Saddle River, NJ: Pearson.

Amir, N., & Taylor, C. (2012). Combined computerized home-based treatments for generalized anxiety disorders: An attention modification program and cognitive behavioral therapy. *Behavior Therapy, 43*, 546–559.

Anderson, C. A., & Jennings, D. L. (1980). When experiences of failure promote expectations of success: The impact of attributing failure to ineffective strategies. *Journal of Personality, 48*, 393–407.

Anderson, S., & Morris, J. (2006). Cognitive behavior therapy for people with Asperger syndrome. *Behavioural and Cognitive Psychotherapy, 34*(3), 293–303.

Baer, D. M. (1984). Does research on self-control need more control? *Analysis and Intervention in Developmental Disabilities, 4*, 211–284.

Bandura, A. (1977). *Social learning theory.* Upper Saddle River, NJ: Prentice-Hall.

Beck, A. T. (1976). *Cognitive therapy and emotional disorders.* New York, NY: International Universities Press.

Borkowski, J. G., Weyhing, R. S., & Turner, L. A. (1986). Attributional retraining and the teaching of strategies. *Exceptional Children, 53*, 130–137.

Braswell, L., & Kendall, P. C. (1988). Cognitive–behavioral methods with children. In K. S. Dobson (Ed.), *Handbook of cognitive–behavioral therapies* (pp. 167–213). New York, NY: Guilford.

Broden, M., Hall, R. V., & Mitts, B. (1971). The effect of self-recording of the classroom behavior of two eighth grade students. *Journal of Applied Behavior Analysis, 4*, 191–199.

Brown, A. L., Campione, J. C., & Day, J. D. (1981). Learning to learn: On training students to learn from text. *Educational Researcher, 10*, 14–21.

Burkell, J., Schneider, B., & Pressley, M. (1990). Mathematics. In M. P. Pressley & Associates (Eds.), *Cognitive strategy instruction that really improves children's academic performance* (pp. 147–177). Cambridge, MA: Brookline Books.

Camp, B., Blom, G., Herbert, F., & Van Doornick, W. (1977). "Think aloud": A program for developing self-control in young aggressive boys. *Journal of Abnormal Child Psychology, 5*, 157–169.

Cole, C. L. (1987). Self-management. In C. R. Reynolds & L. Mann (Eds.), *Encyclopedia of special education* (pp. 1404–1405). New York, NY: Wiley.

Coleman, M., Wheeler, L., & Webber, J. (1993). Research on interpersonal problem-solving training: A review. *Remedial and Special Education 14*, 25–37.

Cooper, J. O., Heron, T. E., & Heward, W. L. (2007). *Applied behavior analysis* (2nd ed.). Upper Saddle River, NJ: Pearson.

Craighead, W. F. (1982). A brief clinical history of cognitive–behavior therapy with children. *School Psychology Review, 11*, 5–13.

Daunic, A. P., Smith, S. W., Garvan, C. W., Barber, B. R., Becker, M. K., Peters, C. D., Taylor, G. G., Van Loan, C. L., Li, W., & Naranjo, A. H. (2012). Reducing developmental risk for emotional/behavioral problems: A randomized controlled trail examining the Tools for Getting Along curriculum. *Journal of School Psychology, 50*, 149–166.

DiGangi, S. A., & Maag, J. W. (1992). A component analysis of self-management training with behaviorally disordered youth. *Behavioral Disorders, 17*, 281–290.

Drabman, R. S., Spitalnik, R., & O'Leary, K. D. (1973). Teaching self-control to disruptive children. *Journal of Abnormal Psychology, 82*, 10–16.

Dweck, C. S. (1975). The role of expectations and attributions in the alleviation of learned helplessness. *Journal of Personality and Social Psychology, 31*, 674–685.

D'Zurilla, T. J., & Goldfried, M. R. (1971). Problem solving and behavior modification. *Journal of Abnormal Psychology, 78*, 107–126.

Ellis, A. (1973). Rational-emotive therapy. In R. Corsini (Ed.), *Current psychotherapies.* Itasca, IL: Peacock.

Etscheidt, S. (1991). Reducing aggressive behavior and improving self-control: A cognitive–behavioral training program for behaviorally disordered adolescents. *Behavioral Disorders, 16*, 107–115.

Feindler, E. L., & Fremouw, W. J. (1983). Stress inoculation training for adolescent anger problems. In D. Meichenbaum & M. E. Jaremko (Eds.), *Stress reduction and prevention.* New York, NY: Plenum.

Feindler, E. L., Marriott, S. A., & Iwata, M. (1984). Group anger control training for junior high school delinquents. *Cognitive Therapy and Research, 8*, 299–311.

Goldstein, A. P. (1999). *The prepare curriculum: Teaching prosocial competencies* (rev. ed.). Champaign, IL: Research Press.

Goldstein, A. P., & Glick, B. (1987). *Aggression replacement training: A comprehensive intervention for aggressive youth.* Champaign, IL: Research Press.

Gould, R. L., Coulson, M. C., Howard, R. J. (2012). Cognitive behavioral therapy for depression in older people: A meta-analysis and meta-regression of randomized control trials. *Journal of the American Geriatrics Society, 60*, 1817–1832.

Graham, S., & Harris, K. H. (1985). Improving learning disabled students' composition skills: Self-control strategy training. *Learning Disability Quarterly, 8*, 27–36.

Gross, A. M., & Wojnilower, D. A. (1984). Self-directed behavior change in children: Is it self-directed? *Behavior Therapy, 15*, 501–514.

Harris, K. R. (1982). Cognitive–behavior modification: Application with exceptional students. *Focus on Exceptional Children, 15*, 1–16.

Hayes, S. C., Rosenfarb, I., Wulfert, E., Munt, E. D., Korn, Z., & Zettle, R. D. (1985). Self-reinforcement effects: An artifact of social standard setting? *Journal of Applied Behavior Analysis, 18*, 201–214.

Holifield, C., Goodman, J., Hazelkorn, M., & Heflin, L. J. (2010). Using self-monitoring to increase attending to task and academic accuracy in children with autism. *Focus on Autism and*

Other Developmental Disabilities, 25, 230–238.

Homme, L. E. (1965). Perspectives in Psychology: XXIV. Control of coverants, the operants of the mind. *Psychological Record, 15,* 501–511.

Hoover, T., Kubina, R., & Mason, L. (2012). Effects of self-regulated strategy development for POW + TREE on high school students with learning disabilities, *Exceptionality, 20,* 20–28.

Hughes, J. N. (1988). Cognitive behavior therapy. In L. Mann & C. Reynolds (Eds.), *The encyclopedia of special education* (pp. 354–355). New York, NY: Wiley.

Humphrey, L. L., Karoly, P., & Kirschenbaum, D. S. (1978). Self-management in the classroom: Self-imposed response cost versus self-reward. *Behavior Therapy, 9,* 592–601.

Jenson, A. (1971). The role of verbal mediation in mental development. *Journal of Genetic Psychology, 118,* 39–70.

Kanfer, F. H., & Karoly, P. (1972). Self-control: A behavioristic excursion into the lion's den. *Behavior Therapy, 3,* 398–416.

Kaplan, J. S. (1995). *Beyond behavior modification: A cognitive-behavioral approach to behavior management in the schools* (3rd ed.). Austin, TX: Pro-Ed.

Kaufman, S. K., & O'Leary, K. D. (1972). Reward, cost, and self-evaluation procedures for disruptive adolescents in a psychiatric hospital school. *Journal of Applied Behavior Analysis, 5,* 293–309.

Kazdin, A. E. (1982). Current developments and research issues in cognitive-behavioral interventions: A commentary. *School Psychology Review, 11,* 75–82.

Kendall, P. C., & Hollon, S. D. (1979). *Cognitive–behavioral interventions: Therapy, research and procedures.* New York, NY: Academic Press.

Kerr, M. M., & Nelson, C. M. (2006). *Strategies for managing behavior problems in the classroom* (6th ed.). Upper Saddle River, NJ: Merrill/Pearson Education.

Knapczyk, D. R. (1988). Reducing aggressive behaviors in special and regular class settings by training alternative social responses. *Behavioral Disorders, 14,* 27–39.

Krawec, J., & Montague, M. (2012). A focus on cognitive strategy instruction. *Current Practice Alerts, 19,* 20–23.

Licht, B. G., & Kistner, J. A. (1986). Motivational problems of learning disabled children: Individual differences and their implications for treatment. In J. K. Torgeson & B. Y. L. Wong (Eds.), *Psychological and educational perspectives on learning disabilities* (pp. 225–249). New York, NY: Academic Press.

Lloyd, J. W. (1980). Academic instruction and cognitive behavior modification: The need for attack strategy training. *Exceptional Education Quarterly, 8,* 53–63.

Lochman, J. E. (1985). Effects of different treatment lengths in cognitive behavioral interventions with aggressive boys. *Child Psychiatry and Human Development, 16,* 45–56.

Lochman, J. E. (1992). Cognitive behavioral intervention with aggressive boys: Three-year follow-up and preventative effects. *Journal of Consulting and Clinical Psychology, 60,* 426–432.

Lochman, J. E., Burch, P. R., Curry, J. F., & Lampron, L. B. (1984). Treatment and generalization effects of cognitive–behavioral and goal-setting interventions with aggressive boys. *Journal of Consulting and Clinical Psychology, 52,* 915–916.

Lochman, J. E., Coie, J. D., Underwood, M. K., & Terry, R. (1993). Effectiveness of a social relations intervention program for aggressive and nonaggressive, rejected children. *Journal of*

Consulting and Clinical Psychiatry, 61, 1053–1058.

Lochman, J. E., & Curry, J. F. (1986). Effects of social problem-solving and self-instruction training with aggressive boys. *Journal of Clinical Child Psychology, 15,* 159–164.

Lochman, J. E., & Lampron, L. B. (1988). Cognitive behavioral interventions for aggressive boys: Seven months follow-up effects. *Journal of Child and Adolescent Psychotherapy, 5,* 15–23.

Lochman, J. E., Lampron, L. B., Gemmer, T. C., Harris, R., & Wyckoff, G. M. (1989). Teacher consultation and cognitive-behavioral interventions with aggressive boys. *Psychology in the Schools, 26,* 179–188.

Lochman, J. E., Nelson, W. M., & Sims, J. (1981). A cognitive-behavioral program for use with aggressive children. *Journal of Clinical Child Psychology, 19,* 146–148.

Luria, A. (1961). *The role of speech in the regulation of normal and abnormal behaviors.* New York, NY: Basic Books.

Maag, J. W. (2004). *Behavior management: From theoretical implications to practical application.* Independence, KY: Cengage Leaning.

Maag, J. W., & Swearer, S. M. (2005). Cognitive–behavioral interventions for depression: Review and implications for school personnel. *Behavioral Disorders, 30,* 259–276.

MacMillan, J.H. & Hearn, J. (2009). Student self-assessment. *Education Digest, 74*(8), 39–44.

Mayer, M., Lochman, J. E., & Van Acker, R. (2005). Introduction to the special issue: Cognitive–behavioral interventions with students with EBD. *Behavioral Disorders, 30,* 197–212.

Meichenbaum, D. (1976). Cognitive factors as determinants of learning disabilities: A cognitive functional approach. In R. M. Knights & D. J. Baker (Eds.), *The neuropsychology of learning disorders: Theoretical approaches.* Baltimore, MD: University Park Press.

Meichenbaum, D. (1977). *Cognitive behavior modification: An integrative approach.* New York, NY: Plenum.

Meichenbaum, D. (1980). Cognitive behavior modification with exceptional students: A promise yet unfulfilled. *Exceptional Education Quarterly, 8,* 83–88.

Meichenbaum, D., & Asarnow, J. (1979). Cognitive–behavioral modification and metacognitive development: Implications for the classroom. In P. C. Kendall and S. D. Hollon (Eds.), *Cognitive-behavioral interventions: Theory, research, and procedures* (pp. 11–35). New York, NY: Academic Press.

Meichenbaum, D., & Goodman, T. J. (1971). Training impulsive children to talk to themselves: A means of developing self control. *Journal of Abnormal Psychology, 77,* 115–126.

Menzies, H. M., Lane, K. L., & Lee, J. M. (2009). Self-monitoring strategies for use in the classroom: A promising practice to support productive behavior for students with emotional or behavioral disorders. *Beyond Behavior, 18*(2), 203–221.

Meyers, A. W., Cohen, R., & Schlester, R. (1989). A cognitive-behavioral approach to education: Adopting a broad-based perspective. In J. N. Hughes & R. J. Hall (Eds.), *Cognitive behavioral psychology in the schools: A comprehensive handbook* (pp. 62–84). New York, NY: Guilford.

Mobini, S., Mackintosh, B., Illingworth, J., Gega, L. Langdon, P., & Hoppitt, L. (2014). Effects of standard and explicit bias modification and computerized-administered cognitive-behaviour therapy on cognitive bias and social anxiety. *Journal of Behavior Therapy and Experimental Psychiatry, 45,*

272–279.

Mooney, P., Ryan, J. B., Uhing, B. M., Reid, R., & Epstein, M. H. (2005). A review of self-management interventions targeting academic outcomes for students with emotional and behavioral disorders. *Journal of Behavioral Education, 14,* 203–221.

Morgan, D. P., & Jenson, W. R. (1988). *Teaching behaviorally disordered students: Preferred practices.* Upper Saddle River, NJ: Merrill/Pearson Education.

Nelson, J. R., Smith, D. J., & Colvin, G. (1995). The effects of a peer-mediated self-evaluation procedure on the recess behavior of students with behavior problems. *Remedial and Special Education, 16,* 117–126.

Nelson, J. R., Smith, D. J., Young, R. K., & Dodd, J. (1991). A review of self-management outcome research conducted with students who exhibit behavioral disorders. *Behavior Disorders, 13,* 169–180.

Novaco, R. W. (1979). *Anger control: The development and evaluation of an experimental treatment.* Lexington, MA: Lexington.

O'Leary, S. D., & Dubay, D. R. (1979). Application of self-control procedures by children: A review. *Journal of Applied Behavior Analysis, 2,* 449–465.

Palmer, D. J., & Stowe, M. L. (1989). Attributions. In C. R. Reynolds & L. Mann (Eds.), *Encyclopedia of special education* (pp. 151–152). New York, NY: Wiley.

Polsgrove, L., & Smith, S. W. (2004). Informed practice in teaching self-control to children with emotional and behavioral disorders. In R. B. Rutherford, M. M. Quinn, & S. R. Mathur (Eds.), *Handbook of research in emotional and behavioral disorders* (pp. 399–425). New York, NY: Guilford.

Rafferty, L. A. (2010). Step-by-step: Teaching students to self-monitor. *Teaching Exceptional Children, 43*(2), 50–58.

Reid, R. (1996). Research in self-monitoring: The present, the prospects, the pitfalls. *Journal of Learning Disabilities, 29,* 317–331.

Rinehart, S. D., Stahl, S. A., & Erickson, L. G. (1986). Some effects of summarization training on reading and studying. *Reading Research Quarterly, 21,* 422–438.

Robin, A., Schneider, M., & Dolnick, M. (1976). The turtle technique: An extended case study of self-control in the classroom. *Psychology in the Schools, 12,* 120–128.

Robinson, T., Smith, S., Miller, M., & Brownell, M. (1999). Cognitive behavior modification of hyperactivity-impulsivity and aggression: A meta-analysis of school-based studies. *Journal of Educational Psychology, 91,* 195–203.

Schloss, P., & Smith, M. A. (1998). *Applied behavior analysis in the classroom* (2nd ed.). Boston, MA: Allyn & Bacon.

Schunk, P. H. (1983). Ability versus effort attributional feedback: Differential effects on self-efficacy and achievement. *Journal of Educational Psychology, 75,* 848–856.

Shapiro, E. S., & Cole, C. L. (1994). *Behavior change in the classroom: Self-management interventions.* New York, NY: Guilford.

Siegel, J. M., & Spivak, G. (1973). *Problem-solving therapy* (Research report 23). Philadelphia, PA: Hahnemann Medical College.

Smith, D. J., Young, K. R., West, R. P., Morgan R. P., & Rhode, G. (1988). Reducing the disruptive behavior of junior high school students: A classroom self-management procedure. *Behavioral Disorders, 13,* 231–239.

Smith, S. W., & Daunic, A. P. (2006). *Managing difficult behavior through problem solving instruction: Strategies for the elementary classroom.* Boston, MA: Pearson/Merrill Education.

Smith, S. W., & Daunic, A. P. (2010). Cognitive–behavioral interventions in school settings. In R. Algozzine, A. P. Daunic, & S. W. Smith (Eds.), *Preventing problem behaviors: A handbook of successful prevention strategies* (2nd ed., pp. 53–70). Thousand Oaks, CA: Corwin Press.

Smith, S. W., Lochman, J. E., & Daunic, A. P. (2005). Managing aggression using cognitive–behavioral interventions: State of the practice and future directions. *Behavioral Disorders, 30,* 227–240.

Smith, S. W., Siegel, E. M., O'Conner, A. M., & Thomas, S. B. (1994). Effects of cognitive–behavioral training on angry behavior and aggression of three elementary-aged students. *Behavioral Disorders, 19,* 126–135.

Smith, S. W. & Yell, M. L. (2013). *A teacher's guide to preventing behavior problems in the elementary classroom.* Upper Saddle River, NJ: Pearson.

Spivak, G., & Shure, M. B. (1974). *Social adjustment of young children.* San Francisco, CA: Jossey-Bass.

Storey, K., & Gaylord-Ross, R. (1987). Increasing positive social interactions by handicapped individuals during a recreational activity using a multicomponent treatment package. *Research in Developmental Disabilities, 8,* 627–649.

Sugai, G. M., & Lewis, T. (1990). Using self-management strategies in classes for students with behavioral disorders. Paper presented at the annual conference of Teacher Educators of Children with Behavioral Disorders, Tempe, AZ.

Torgeson, J. K. (1982). The learning disabled child as an inactive learner: Educational implications. *Topics in Learning and Learning Disabilities, 2,* 45–52.

Vygotsky, L. (1962). *Thought and language.* New York, NY: Wiley.

Webber, J., Scheuermann, B., McCall, C., & Coleman, M. (1993). Research on self-monitoring as a behavior management technique in special education classrooms: A descriptive review. *Remedial and Special Education, 14,* 38–56.

Wolery, M., Bailey, D. B., & Sugai G. M. (1988). *Effective teaching: Principles and procedures of applied behavior analysis with exceptional students.* Boston, MA: Allyn & Bacon.

Wong, B. Y. L. (1989). On cognitive training: A thought or two. In J. N. Hughes & R. J. Hall (Eds.), *Cognitive behavioral psychology in the schools: A comprehensive handbook* (pp. 209–219). New York, NY: Guilford.

Workman, E. A. (1998). *Teaching behavioral self-control to students* (2nd ed.). Austin, TX: Pro-Ed.

제6부

행동 감소 전략

· · · · · · · ·

학교차원의 긍정적 행동지원

12

Thomas Zirpoli

학습목표

이 장을 학습한 후 학생들은

3단계 행동지원 및 중재 모델에 대하여 설명할 수 있다.

학교차원 긍정적 행동지원 시스템의 실행 단계를 설명할 수 있다.

학교차원 긍정적 행동지원 시스템을 실행할 수 있다.

학교차원 긍정적 행동지원 팀을 구성할 수 있다.

학교차원 긍정적 행동지원 시스템의 충실도(fidelity)를 평가할 수 있다.

담임교사와 함께 학교차원 긍정적 행동지원 시스템을 실행할 수 있다.

이 책은 먼저 강화와 인지적 행동수정에 대하여 알아본 다음, 학교차원 긍정적 행동지원(SWPBS) 체계의 수립이나 부적절한 행동의 감소 전략에 대하여 살펴보게끔 구성되어 있다. 이는 다양한 형태의 강화 전략을 잘 이해하고 있어야 부적절한 행동을 예방하고 감소시키는 학교차원의 문화를 제대로 형성시킬 수 있기 때문이다. 실제로 교사들이 학생의 행동을 변화시키고자 할 때 가장 먼저 선택하는 전략이 강화 전략이며, 모든 행동중재 계획 수립에 있어 가장 주요한 요소로 작용하는 것이 긍정적 행동지원이다. 긍정적 강화 문화를 형성한다는 것은 한 개인이 살아가고 일하는 어떤 환경의 질(Turnbull & Smith-Bird, 2005), 혹은 교육환경의 질이나 포용성(Wheeler & Richey, 2005)을 매우 극적으로 변화시키는 것을 의미한다.

이 장에서는 적절한 행동의 증진과 부적절한 행동의 감소를 위한 3단계(three-tier) 행동관리 중재 전략에 대해서 알아보고자 한다. 특히 학교차원 혹은 학급차원의 프로그램이나 중재(Tier 1)에 대하여 중점적으로 살펴볼 것이다. 제13장에서는 소집단 전략(Tier 2)과 개별화된 행동중재 계획이 요구되는 학생을 위한 개별 전략(Tier 3)에 대하여 자세히 살펴볼 것이다. 그런데 교사들이 학급차원의 전략을 사용하다 보면 실제로는 이 3단계 전략이 중첩되어 적용되는 경우가 많다. McIntosh 등(2009, p. 82)은 교사들이 '그 정도에 따라 여러 단계의 중재를 연속적으로' 적용한다고 하였다. 예를 들어, 담임교사는 일부 학생을 위해 개별화된 중재나 소집단 중재를 수행하는 과정에서, 혹은 특정 학생에게 개별화된 행동중재 계획을 제공함과 동시에, 학급 학생 전체에게 학교차원 혹은 학급 차원의 정책이나 전략을 실행하게 된다는 것이다.

지금부터, 앞서 살펴보았던 부적절한 행동의 '기능'에 관한 관점(제9장 참조), 그리고 그 행동이 나타나는 사회적·문화적 맥락(제3장 참조)을 염두에 두면서, 학교차원의 긍정적 행동지원 전략에 대하여 살펴보도록 하자.

3단계 모델과 행동관리

일반적으로 3단계 중재 모델은 다양한 수준으로 이루어지는 학업 교수, 특히 읽기 같은 영역에서 중재반응전략과 자주 결합되어 사용되는 모델이며, 학습장애 학생을 위한 사정과 교수에서 특히 많이 적용되는 모델이다. 국립학습장애센터(2009, p. 1)는 중재반응(RTI)에 대하여 다음과 같이 정의하고 있다.

> 학습자에 따라 다단계의 협력적 접근을 통해 그 수준과 강도를 높여가면서 학업적·
> 행동적 지원을 제공함으로써 … 결과적으로 학생의 요구에 적합한 성취가 이루어질
> 수 있도록 원활하게 잘 연결시킨 통합적 교수 및 중재 체계.

하지만 최근에는 중재반응의 철학이 도전적 행동이 있는 학생들의 사정과 중재를 위한 모델로 응용되고 있으며, 특히 학교차원의 긍정적 행동지원 분야에서(SWPBS; Sandomierski, Kincaid, & Algozzine, 2009) 많이 응용되고 있다.

Sugai(2009)는 이 3단계 중재반응 모델에 대하여, 1단계에서는 모든 학생을 위한 핵심 교육과정을 제공하고, 2단계에서는 1단계에서 요구하는 진전도를 보여 주지 못하는 소집단 학생들을 위하여 핵심 교육과정을 수정하여 제공하며, 3단계에서는 2단계에서 요구하는 진전도를 보여 주지 못하는 학생을 위하여 보다 개별화되고 집중적인 중재를 제공하는 증거기반 중재의 연속체라고 하였다. 3단계 모델을 표현하는 또 다른 방식으로, 1단계는 모든 학생을 위한 1차 예방전략, 2단계는 문제행동 위험 학생이나 일반적인 중

재에는 반응하지 않는 학생들을 위한 2차 예방 전략, 3단계는 기능적 행동사정에 근거하여 개별화된 중재와 지원을 제공하는 3차 예방 전략 모델이라 보는 관점도 있다(제8장, 9장 참조; Horner, Sugai, Smolkowski, Eber, Nakasato, Todd, & Esperanza, 2009; McIntosh et al., 2009; Sugai, 2007). Stewart 등(2007)은 행동관리를 위한 이 3단계 모델이 학교 전반에 걸쳐 교사와 학생에게 긍정적인 영향을 미친다고 하였다. 이 연구 결과를 살펴보면, 학교 전반적으로 문제행동, 정학 · 제적 · 퇴학, 공식적인 진단의뢰 등이 감소한 반면, 학생들과 좀 더 교수적인 접근이 가능해졌고 학생들의 사회적 기술이 증가되었음을 확인할 수 있다.

학교차원의 긍정적 행동지원

행동관리를 위한 3단계 중재반응 모델의 사례가 바로 학교차원의 긍정적 행동지원이다(SWPBS; McIntosh et al., 2009). SWPBS 모델에서 교육자들은 학교차원 혹은 모두에게 영향을 미칠 수 있는 보편적인 정책, 전략, 중재를 개발해야 하며, 학생들이 바람직한 수준의 성취를 했을 때 강화를 제공해야 한다(Tier 1). 또한 학생의 진전도나 학생에 대한 지속적인 점검 결과에 따라 소집단 방식의 중재나(Tier 2), 개별화된 중재(Tier 3)를 개발해야 한다. Mcintosh 등(2009, p.82)은 이 모델에서의 효과적인 행동관리 전략 수립을 위해 다음과 같은 요소를 포함시킬 것을 제안하고 있다.

- 각 단계마다 학생들에 대한 지속적인 점검과 선별을 통해서 추가적인 지원의 필요 여부를 확인한다.
- 증거기반의 전략을 사용하고 중재를 충실도 높게 실행한다.
- 모든 학생의 요구에 적용할 수 있도록 여러 단계의 강도로 이루어진 일련의 연속체로 중재 전략을 제공한다.
- 학생의 진전도에 대한 자료를 확인하여 프로그램에 대한 결정이나 특수교육 적격성에 관한 결정을 내리는 데 도움이 되도록 한다.

SWPBS 3단계 모델에서 Tier 1은 학생의 연령대에 맞는 구조와 일상, 그리고 적절한 행동에 대한 강화나 발달에 대한 지원을 제공할 수 있도록 학교차원의 보편적인 정책

교사가 과제 수행 행동을 칭찬하면 학생의 과제 수행 행동은 증가한다.

과 절차를 적용하는 단계이다. 이러한 보편적인 적용은 친사회적 행동을 가르치고 권장함과 동시에 학생들이 부적절한 행동에 휩싸일 가능성을 감소시킨다(Nelson, Hurley, Synhorst, Epstein, Stage, & Buckley, 2009; Sugai, 2007). Sugai는 이 Tier 1 중재를 **보편적 중재**라고 부른다(Sugai, 2001).

Horner 등(2009, p. 134)에 의하면, SWPBS는 '모든 학생들이 학업적 · 사회적으로 성공할 수 있도록 전체적인 사회적 문화를 형성하거나 집중적인 행동 지원을 실시하는 체계적인 접근 시스템'이다. 앞서 언급하였듯이, Tier 1은 SWPBS의 1차적인 예방단계이며, 교실 내외의 모든 환경에서 모든 학생들에게 기대되는 약간의 행동적 기대치를 정의하고, 가르치고, 점검하고, 보상해 주는 단계이다.

Tier 1 전략에서는 교내 건물마다 교사와 학생들이 취해야 할 행동을 설정하고, 관리자가 리더십을 발휘하여 학교의 문화를 그에 맞는 수준까지 끌어올리는 것이 중요하다. Bambara 등(2009, p. 167)은 학교 문화를 형성할 때 중요한 것은 학교 사회의 모든 구성원 간에 SWPBS 시스템에 대하여 공통의 이해와 동의를 구하는 과정이며, 이러한 이해와 동의가 SWPBS 시스템의 성공 여부를 결정짓는 가장 중요한 변수라고 하였다. 수용적인 학교문화를 형성하는 데 있어서 가장 큰 장벽은 첫째, 긍정적 행동지원에 대한 이해 결여, 둘째, 신념과 학교 실제 사이의 갈등, 셋째, PBS나 효과적인 행동관리의 실제에 대한 오해이다(Bambara et al., 2009, p. 167).

SWPBS 3단계 시스템에서 Tier 1 중재는

- 교사, 학생, 학부모의 의사소통을 통하여 학교의 전체적인 규칙과 절차를 개발하고 그것이 학교의 미션, 교육과정, 문화가 되도록 하는 것이다(Kostewicz, 2008 참조).
- 관리자, 교사, 교직원 등은 학교의 규칙을 따르는 학생에게 강화를 제공하는 긍정적 행동지원을 실시하고, 관리자, 교사, 교직원들이 어떻게 일상생활 속에서 학생들과 의사소통하고 상호작용해야 하는지에 관하여 시범을 보여 주어야 한다.
- 관리자, 교사, 교직원 등이 학생에게 소리를 지르거나 학생의 품위를 손상시키거나 부끄럽게 만드는 등, 전문가답지 않고 부적절한 행동을 보인다면 이를 묵과해서는 안 된다. 이러한 유형의 상호작용이 학교 문화의 일부가 되어서는 안 되며, 예방과 연구기반 중재라는 중재반응 모델의 철학을 위반하는 것이다.
- 교실, 화장실, 복도, 놀이터, 버스, 카페, 운동 공간 등 모든 학교 건물과 부지에서 일어나는 모든 활동에 대하여, 모든 학생들의 친사회적 행동을 개발하고 강화하도록 한다.
- 교육자들은 자료 수집과 기록 유지를 통해서(제6, 7, 8장 참조), Tier 1과 Tier 2 단계에서 제공된 중재보다 더 집중적인 행동적·사회적 지원이 요구되는 학생이 누구인지를 발견할 수 있도록 주의를 기울여야 한다.
- 학생의 학업적 능력과 핵심 교육과정 사이에 잘못된 결합이 있거나 학급 관리를 제대로 하지 못해서가 아님에도 불구하고, Tier 1 중재에 대한 반응이 빈약한 학생인지를 확인할 수 있도록 지속적으로 학급 환경을 점검해야 한다.

만약 담임교사가 기본적인 강화 전략의 적용방법을 이해하고 있지 못하거나(제10장 참조) 학급 행동을 관리하는 데 필요한 기술이나 도구를 확보하고 있지 못하면, 아무리 좋은 SWPBS 프로그램이라 할지라도 실패할 수밖에 없다. 대부분의 교육자

> 이 영상은 텍사스에 있는 한 초등학교에서 학교차원의 긍정적 행동지원을 실행하는 것을 보여 준다.
> http://www.youtube.com/watch?v=-nms-1ymR8w

들은 학급과 담임에 따라 학생들의 도전적인 행동이 더 심해지거나 줄어들 수 있다는 것을 알고 있다. 그래서 앞서 언급하였듯이, 학생에게 추가적으로 필요한 지원이 있는지 혹은 빈약한 교수기술이나 학급관리로 인한 것인지를 확실히 할 필요가 있다.

RTI와 SWPBS 모델에서 가장 핵심적인 구성요소는 전문성의 개발이다. Bambara 등

(2009)은 학교 관계자들의 전문성 개발 부족이 PBS 시스템을 유지시키는 데 있어 가장 큰 장벽이라고 하였다. Horner 등(2009, p. 134)은 포괄적인 3단계 중재 모델의 실행에는 '2~3년에 걸친 전문성 개발과 시스템의 변화가 수반'되어야 한다고 지적하였다.

RTI와 SWPBS에서 제시하고 있는 중재 모델은 '학교와 지역사회에 존재하는 교수 및 학습 환경의 범위를 넘나드는 적용, 그리고 관련성 있는 것들이 잘 어우러져 통합되어 있음을 가장 잘 보여 주는' 모델이다(Sugai, 2009, p. 3). 그래서 담임교사는 자기 학급에서 SWPBS 모델의 3단계 전략 모두를 동시에 실행할 필요가 있다. 단계에서 단계로의 이동이 특수교육 배치나 서비스에 이르는 자동적인 로드맵으로 여겨져서는 안 되며, 학생의 특수한 요구에 대한 사정, 판별, 점검의 구조를 제공하는 것이어야 한다. SWPBS를 사용한다는 것은 특수교육 대상자로 언급, 명명, 혹은 처방되는 그러한 도전적 행동을 나타내는 학생들의 수가 줄어들기를 희망하는 일이다.

표 12.1은 SWPBS 모델의 3단계에 관한 개관이다.

1단계 SWPBS를 위한 지침

미국 공립학교에서 일어나는 범죄 행동을 포함한 학생들의 부적절한 행동이 언론의 중요한 취재 대상이 되고 있다. 그러나 학교에서 일어나는 범죄와 폭력의 실상은 언론의

표 12.1 중재반응(RTI)과 행동관리 : 3단계 접근

1단계(Tier 1) : 학교차원의 전략 혹은 보편적 중재로 개발하여 학교 관리자, 교사, 교직원에 의해 적용되며, 긍정적인 학교문화를 만들기 위해 적절한 행동에 대해 강화하고 부적절한 행동을 그만두게 하는 데 초점을 두며(1차 예방), 부적절한 행동이 관찰되면 그에 따라 필요한 중재를 시행한다. 학생의 행동에 대한 보편적이고 지속적인 점검을 통하여, 사회적인 갈등을 겪거나 보다 강도 높은 중재, 즉 소집단이나 행동중재 계획 등의 개별화된 접근을 통한 지원이 요구되는 학생이 있는지 확인한다. Tier 1 전략은 보통 80~90%의 학생들에게 성공적으로 적용된다.

2단계(Tier 2) : 소집단 전략이나 중재로 개발하고 교실이나 기타 특정한 환경에서 담임교사나 다른 전문가들에 의해 적용되며, Tier 1단계인 학교차원의 전략에 반응하지 않는 학생들을 대상으로 보다 심각한 문제행동을 예방하기 위해(2차 예방) 추가로 필요한 지원을 제공한다. 교육자들은 표적행동에 대한 상세한 자료를 지속적으로 수집함으로써(제6장 참조) 집중적인 중재가 더 필요한지 평가하거나 보다 개별화된 중재나 지원이 요구되는 학생이 있는지를 판별하는 데 활용한다. Tier 2 중재는 대략 5~15%의 학생에게 적용된다.

3단계(Tier 3) : 개별 학생을 위한 전략과 중재로 개발하고 담임교사나 보조원, 학부모 등에 의해 적용되며, 학생의 적절한 행동을 증진시키고 부적절한 행동을 감소시키기 위해 개별화되고 집중적인 중재를 제공한다(3차 예방). 여기에 사용되는 전략이나 중재는 보통 개별화된 행동중재 계획에 설명되어 있다. 표적행동에 대한 개별적 점검과 데이터 수집을 통해 학생의 진전도를 기록하고 행동중재 계획의 효과성을 평가한다. Tier 3 중재는 대략 1~5%의 학생에게 적용된다.

보도나 대중의 인식과는 다르다. 미 법무부(2005)에 의하면, 학교 폭력범죄는 1994년부터 급격하게 줄어들고 있다. 그러나 학교에서의 청소년 살인은 줄어들었지만, 1993년 이후로도 여전히 무기에 다치거나 위협을 받는 학생의 비율은 유지되고 있다(국립교육통계센터, 2007). 국립교육통계센터(2013)에 의하면, 12~18세 학생 중 학교에서 공격이나 상해에 대한 두려움을 느끼는 비율은 4% 정도이다. 지난 10년 동안 증가치를 보이고 있는 것은 괴롭힘(왕따)이다(제14장 참조). 12~18세 학생 중 약 28%가 괴롭힘에 시달리고 있다고 한다(국립교육통계센터, 2013). 그러나 괴롭힘에 관한 보고가 증가하고 언론의 관심을 받기 시작한 것은 비교적 최근의 일이다.

미국의 지역 교육청들은 모든 학생을 위해 학교 안전 문제를 개선시켜야 한다는 강력한 정치적 압박에 시달리고 있는데, 이러한 압박이 SWPBS와 같은 학교차원의 프로그램을 고려하게 만들고 있다(Bradshaw, Debnam, Koth, & Leaf, 2009). Shukla-Mehta와 Albin(2003)은 학교 당국이 모든 환경에서 모든 학생을 위한 SWPBS를 수립하는 데 도움이 될 만한 몇 가지 보편적 지침(Tier 1 지원)을 제시하였는데, 이는 오늘날에도 여전히 유용하다.

- 모든 건물에 일관성 있게 적용할 수 있는 학교 규칙을 세운다.
- 교직원, 학생, 학부모들과 학교의 규칙에 대해서 자주 의사소통한다.
- 학생에게 문제행동을 대체할 수 있는 사회적으로 적절한 행동을 가르친다.
- 사소한 위반은 유연하게 다루지만, 심각한 위반에 대해서는 협상의 여지없이 단호하게 대처한다.
- 적절한 행동을 증가시키기 위한 사회적 강화를 사용한다.
- 학생 조직에 의한 갈등해결 체제를 형성하고 또래 중재 프로그램을 만든다.
- 학생들이 책임감 있는 행동을 보여 줄 수 있도록 기회를 제공한다.
- 층 단위나 구역 단위로 큰 학교를 학교 내 학교처럼 분할한다.
- 모든 학생의 학업성취를 강화하고 증진시킨다.
- 학생들의 학교관련 비교과 활동을 강화하고 증진시킨다.
- 교장은 모두의 위에서 가장 눈에 띄는 모델이 되어야 한다.

높은 기준과 기대치로 의사소통하기 학교차원의 기준은 반드시 학교 관리자, 그리고 학생과 접촉하는 모든 교직원과의 의사소통 과정을 통해서 수립되어야 한다. 학교의 정책과 기준은 전문성 개발 연수를 통해 모든 구성원이 이해할 수 있도록 해야 한다. 이후 학교 관리자의 지속적인 점검을 통하여 학교의 기준이 공정하고 일관성 있게 실행되고 관련된 정책과 절차가 잘 실행될 수 있도록 해야 한다.

Horatio Alger 협회(2008)는 미국 청소년에 대한 연차 보고서에서, 45%의 고등학생이 '자신에게 가장 큰 문제'로 성적에 대한 압박을 들고 있다는 연구 결과를 발표하였는데, 이는 2001년의 26%와 비교했을 때 크게 상승한 수치이다. Figlio와 Luca(2003)의 연구 결과, 초등 수준에서는 3, 4, 5학년 학생들이 선생님이 제시한 높은 성적 기준에 긍정적인 반응을 보였다고 한다.

학교의 기준은 높아야 할 뿐만 아니라 교사, 교직원, 학생, 학부모 등과 분명하게 소통되는 것이 중요하다. 실제로 SWPBS의 가정 중에서 교사와 학생 간의 명확하고 효과적인 의사소통이 매우 중요하다. 기준이 명확하지 않거나 효과적인 소통이 이루어지지 않으면, 학생들이 혼란에 빠지게 되고, 결과적으로 교사나 교직원들 사이에서도 일관성이 없어지게 된다. 그렇게 되면 기준도 무너지고 학생들의 행동도 무너진다. 예를 들어, 어떤 선생님은 높은 수준의 복장규칙 준수를 요구하는데 다른 선생님은 그렇지 않다면, 결과적으로 기준은 지켜지지 않게 되고 학생들은 규칙을 무시하게 된다.

SWPBS 모델에서, 지속적인 점검프로그램은 학교의 기준을 충족시켰거나 초과한 학생들을 격려하고 강화하는 데 있어 상당히 중요한 역할을 한다(Horner et al., 2009). 지속적인 점검 프로그램은 모든 학생의 적절한 행동을 강화하고 격려해 줄 뿐만 아니라 학교에서 수립한 기준을 전반적으로 강화시켜 주는 역할을 한다. 규칙을 지키는 학생들이 강화를 받으면 다른 학생들도 그 규칙을 중요하게 여기게 된다.

학교 조직화 특히 대규모 학교의 경우, 작은 단위나 집단(학년이나 팀)으로 학교를 재조직하는 것이 학생들의 적절한 행동을 증진시키는 데 도움이 된다. 예를 들어, 메릴랜드에 있는 웨스트민스터중학교의 경우, 3층 건물의 각 층마다 6학년, 7학년, 8학년이 위치해 있는데, 각 학년을 다시 반으로 나누어 두 팀으로 구성하였다. 학교가 크긴 하지만, 각 팀의 교사들은 하루 종일 소규모의 학생 집단과 상호작용하면 된다. Gottfredson과 Gottfredson(2001, p. 318)에 의하면, 교사들은 소수의 학생들과 생활하게 되면서 학생들을 더 잘 알아보고 지도할 수 있게 되며, 학생들도 소수의 교사들에게 더욱 밀착될 수 있게 된다고 한다.

블록 시간표　블록 시간표는 하루에 6~8시간 정도(시간당 45~55분)로 이루어지는 전통적인 시간표 대신 더 큰 블록(60분 이상)으로 시간표를 재조직하는 것을 말한다(Black, 1998). 블록 시간표는 수업시간의 길이를 더 길게 가져감으로써 교사들이 교과의 주제를 더 깊이 있게 다루는 데 도움이 되고, 과정의 수가 줄어들어 일과 중 전환시간이 단축되며, 결과적으로 징계도 줄어드는 효과가 있다(Williams, 2011).

　블록 시간표에는 다양한 모델이 있다. 가장 일반적이고 성공적인 형태는 4×4로, 매 학년도마다 두 학기 동안에 네 개의 과정(90분 단위)을 학습하는 것이다. 블록 시간표의 장점은 학생들이 실제로 학업 과제에 더 많은 시간을 집중해서 쓸 수 있고, 교과 간의 이동시간이 줄어들며, 복도에서 다른 학생과 어울릴 시간도 줄어든다는 점이다. 교사들은 학생들이 다음 수업 때문에 뛰어 가기 전에 보다 충분한 시간을 하나의 주제에 사용할 수 있게 된다. 기존처럼 5~7시간을 하루 일과로 편성한 학교와 비교해 보면, 블록 시간표를 적용한 학교들에서 징계가 더 줄어들었고 수업 참여율이 증가하였다. 다만, 학업성취 결과는 일정하지 않았다(Mattox, Hancock, & Queen, 2005; Williams, 2011).

교복　오늘날 약 20%의 학교가 학생들의 적절한 행동을 증가시키기 위한 학교차원 전략의 일환으로 교복 착용을 실시하고 있다. 2000년 기준, 교복 착용은 약 12%에 불과했다(Messitt, 2013; U.S. Department of Education, 2013). 가장 먼저 교복 착용을 실시한 곳은 캘리포니아 롱비치에 있는 공립학교들이었는데, 교복 착용 이후 폭행, 절도, 기물파손, 무기사용, 약물남용 등이 현저하게 줄어들었다고 한다(Ritter, 1998). 교복을 입는 것이 직접적으로 성적을 높이는지에 관해서는 명확한 결론을 내리기 어렵지만(Sowell, 2012), 교복 착용을 의무화한 학교들에서 출석률이 향상되고 징계가 감소한 것은 확실하다(Walker, 2007). Sowell(2012, p. 123)은 조지아 주의 농촌지역에 있는 두 고등학교의 예를 들어 교복 착용과 미착용의 차이를 비교하였다. 교복 착용 학교는 미착용 학교에 비해서 '현저하게 출석률이 향상되고 사소한 위반행동이 감소'하였다. Sanchez, Yoxsimer과 Hill(2012)의 교복 착용 이점에 관한 중학생 인식 조사에서, 중학생들은 "징계, 폭력 배(gang) 참여, 괴롭힘 등이 줄어들었고, 안전 측면에서 학교에 가기 편해졌고, 자신감과 자존감이 높아졌다."고 하였다(p. 345). Walker(2007)는 교복 착용의 잠재적 이점에 대하여 다음과 같이 제시하고 있다.

- 학생들의 수업참여가 증가한다.
- 폭력배 풍의 복장이 줄어든다.
- 학교 건물 내에서 쉽게 외부인을 식별할 수 있다.
- 놀이 공간에서의 사회경제적 평등을 유도한다.
- 공동체에 대한 소속감과 학교에 대한 자부심을 형성한다.

또래 중재 또래 중재는 흔히 갈등 해결 또는 또래 중재라는 용어로 번갈아 사용되는데, 학교차원의 갈등 해결 프로그램에서 실제로 매우 중요한 위치를 차지한다. 또래 중재는 또래와의 사이에서 갈등 중재 방법을 훈련받은 학생들에 의해 진행되는 과정이며, 비폭력적인 방법에 의한 갈등 조절 전략을 배워 다른 학생을 지원해 줄 수 있는 또래 학생에 의해 수행되는 중재이다(Calbreath & Crews, 2011, p. 3). Gottfredson과 Gottfredson(2001, p. 326)은 "40%의 학교가 학생의 품행을 조절하는 데 청소년이 포함되는 프로그램(예 : 또래 중재 프로그램)을 사용한다."(p. 326)고 하였다. 또래 중재의 두 가지 주요 목적은 첫째, 학생들에게 또래와 함께 열린 마음으로 그들의 갈등과 느낌에 대하여 토론할 기회를 제공하고, 둘째, 학생들이 폭력적인 해결방법을 찾기 전에 미리 갈등을 완화시키는 과정을 제공하는 데 있다.

Ryan, Pierce와 Mooney(2008)는 또래 중재의 여덟 가지 유형을 다음과 같이 제시하고 있다.

1. **학급 차원의 또래지도** : 모든 학생이 튜터나 튜티로, 즉 튜터링의 한 쌍으로 참여한다.
2. **협동 학습** : 능력에 따라 학생들을 소집단으로 나누고 각자 교실에 있는 교재를 사용하여 서로의 이해를 도와준다.
3. **연령에 따른 지도** : 나이가 위인 학생이 아래인 학생을 지도한다.
4. **또래 지도** : 지원이 필요한 학생을 다른 학생과 짝짓는다.
5. **또래지원 학습 전략** : 교사가 도움이 필요한 학생과 다른 학생을 짝지어 주되, 주제에 따라 짝을 바꿔 주고, 모든 학생들이 튜터나 튜티로 참여할 수 있도록 한다.

6. **또래 평가** : 또래가 다른 학생의 성취를 평가한다.
7. **또래 모델링** : 다른 학생들이 모방할 수 있도록 학생 모델이 적절한 행동을 한다.
8. **또래 강화** : 적절한 행동을 하면 또래끼리 강화를 제공한다.

또래 중재는 또래 중재자 훈련을 받을 의지가 있는 학생을 선발하는 과정에서부터 출발한다. 보통 이러한 또래 중재 학생은 교사가 선택하게 되는데, 그 기준은 좋은 경청자나 문제해결자가 될 잠재적 소질이 있는 친구들이 된다. 이들이 훈련을 받고 나면, 학교 당국은 분쟁이나 갈등 중재를 위한 제3의 구성원으로서 이 또래 중재자들을 대해야 한다.

Conboy(1994)는 분쟁 해결을 위해 다음과 같은 단계를 밟을 것을 권고하였다.

- 모든 참여자는 또래 중재자의 요구에 따라, 상대방의 입장에서 경청할 것이며 욕설이나 비방을 하지 않고 분쟁을 해결하기 위해 정직하게 노력할 것임을 서약한다.
- 또래 중재자는 갈등 당사자들에게 어떤 일이 있었으며 그들이 어떻게 느꼈는지 등, 문제를 정의하도록 한다.
- 중재자는 어떤 이야기가 나왔고 각자 어떻게 느끼는지를 서로가 보다 확실하게 이해할 수 있도록 이야기된 것들을 반복해서 말해 준다.
- 중재자는 어떻게 하면 양측 모두가 공정하게 갈등을 해결할 수 있을지, 양자에게 브레인스토밍을 통해 해결책을 제시할 것을 요구한다.
- 갈등에 관련된 모든 참여자들이 갈등에 대한 동의서를 문서로 작성하고 서명한다.

일부 학생 중재 프로그램은 주 단위에서도 유용하다. 예를 들어, 매사추세츠 주 연방 법무장관(2005)은 1989년부터 매사추세츠의 모든 학교에서 수천 명의 학생 중재자를 훈련하고 촉진시키기 위해, 학생 갈등 해결 전문가(Student Conflict Resolution Expert, SCORE) 프로그램을 시작하였다. 이 프로그램에 1989년부터 2004년까지 약 6만 명의 학생이 참여하였으며, 학생 중재자들은 25,000건의 갈등에 참여하여 약 97%의 갈등을 해결하는 데 도움을 주었다. 중재의 1/3은 학생들 스스로 의뢰하거나 다른 학생들에 의해 의뢰되었으며, 다른 1/3은 학교 관리자에 의해 의뢰된 것이며, 나머지는 기타 자원에 의한 것이었다. 이 프로그램에서 중재한 분쟁의 60% 이상은 루머, 싸움, 위협 등이었다. 특이한 점은 이 중재 프로그램에 참여한 학생의 66%가 여학생이었다는 사실이다.

또래 중재의 효과성에 관한 연구는 매우 인상적이다. 먼저, 또래 중재 훈련을 받은 학생들은 스스로를 활용할 수 있는 기술, 학교나 다른 삶에서 활용할 수 있는 기술을 배우게 된다. 둘째, 또래 중재 프로그램은 학교 폭력, 부정적이고 분열적인 행동, 정학비율 등을 현저하게 감소시킨다(Calbreath & Crews, 2011; Cigainero, 2009; Mayorga, 2010).

사회적 기술 가르치기 학교의 중요한 책무성 중 하나가 학생들에게 사회적인 능력을 길러 주는 것이다. 사회적 기술은 구체적이고 확인 가능하며 학습을 통해 효과적으로 수행될 수 있는 기술로, 사회적 상황에서 긍정적인 결과를 창출하는 역할을 한다. 사회적 기술은 주로 학습을 통해 습득되며, 교사들은 다양한 방식으로 사회적 수행능력을 가르칠 수 있다. 가장 확실한 방법은 모델링이다. 교실적용 12.1에는 중학교 시상식 장면에서 사회적 기술훈련을 적용한 어느 교장 선생님의 사례가 제시되어 있다.

Meadan과 Monda-Amaya(2008)는 학교와 교실에서 적절한 사회적 상호작용이 이루어지려면 그에 적절한 분위기와 구조를 만들어 내는 교사의 역할이 매우 중요함을 강조하였다. 이러한 구조에 해당하는 요소로는 수용적인 학급 환경 만들기(예 : 학급 규칙과 기대치를 명확하고 긍정적으로 설정하기), 모든 학생이 목소리를 낼 수 있게 하기(예 : 개별 학생의 재능과 흥미를 촉진시키기), 사회적 상호작용의 계기 만들기(예 : 협동 학습이

교실적용 12.1 시상식을 통해 중학생에게 사회적 기술 가르치기

존스 씨는 중학교 교장 선생님이다. 존스 교장은 매 학기 말, 존경받을 만한 역할을 한 학생에게 인증서를 수여하는 시상식을 계획하였다. 시상식에 부모를 비롯한 가족 구성원들을 초대하여 자녀의 성취를 축하해 주도록 한다. 존스 교장은 매번 시상식에 앞서 학생들에게 인증서를 받기 위해서는 어떻게 줄을 서야 하는지, 교장 선생님에게 인사할 때 어떻게 악수를 해야 하는지, 인증서를 받을 때 "감사합니다." 하고 말하는 방법, 자기 자리로 돌아갈 때 걷는 방법 등을 이야기해 준다. 이야기를 들은 후 학생들이 맨 앞까지 줄을 서서 나오면, 존스 교장 선생님은 그 학생이 지시를 잘 따랐는지 확인해 준다. 이때 모든 학생들은 인사를 하고 악수를 하고 "감사합니다."라고 말하는 방법을 배

울 뿐만 아니라, 또래들의 똑같은 행동을 관찰하게 된다. 존스 교장 선생님에게는 학교의 모든 행사가 적절한 사회적 기술 교수를 위한 기회인 셈이다.

생각해 보기
시상식 이외에 사회적 기술 교수를 위해 사용할 수 있는 다른 기회로는 어떤 것들이 있을까? 매일 혹은 학년도마다 활용할 수 있는 기회는 어떤 것이 있을까?, 혹은 그런 학교 전체적인 활동에는 어떤 것이 있을까? 학부모를 참여시키거나 학부모의 지원을 받을 수 있는 방법에는 어떤 것이 있을까?

나 또래 지도 활용하기) 등이 있다. Fenty, Miller와 Lampi(2008)는 일상적인 교실 활동에 사회적 기술 교수를 접목시킬 수 있는 방법에 관하여 다음과 같이 제안하고 있다.

- 매일 아침 조회를 통해서 공동체를 형성하는 활동과 학급 내에서 의사소통하는 활동에 참여시킨다. 이 조회에서 학생들은 다른 사람의 이야기 경청하기, 자기 차례 기다리기, 다른 친구가 이야기할 때 조용히 자리에 앉아 있기 등, 다양한 사회적 기술을 배울 수 있다(친사회적 행동에 대한 강화 필요).
- 점심식사를 위해 줄을 설 때처럼, 사회적 기술을 교수할 수 있는 순간들을 적극적으로 활용한다.
- 교과를 가르칠 때 효과적인 교수 전략을 사용하듯이 사회적 기술 교수에도 그러한 전략들을 활용하여 가르친다.
- 차례 바꿔 읽기, 자기 차례 기다리기 등 교과 학습과 사회적 기술 훈련을 연계 시킨다.
- 사회적 기술 교수를 위해 역할놀이를 활용하고, 서로의 역할 수행에 대해 토론할 수 있도록 한다.
- 사회적 기술의 좋은 예와 나쁜 예를 제공하거나 시범을 보여 준다.

그러나 효과적인 상호작용을 위하여 교사가 바람직한 분위기를 만들고 모델링을 보여 준다 해도, 그것만으로 대다수 학생들이 적절한 사회적 기술을 갖게 되는 것은 아니다. 학생들이 다양한 사회적 상황에서의 적절한 행동방법을 모두 배운 것은 아니기 때문이다. 이는 특히 유치원이나 유아원에서 문제가 되는데, 대다수 아이들이 사회화되는 데 필요한 혹은 학문적으로 성공하는 데 필요한 사회적 기술을 갖추지 못한 채 입학을 하게 되기 때문이다(Whitted, 2011). 직접교수를 통해 학생들이 적절한 사회적 기술을 습득하게 하는 것은 학교차원의 PBS 프로그램에서 매우 중요한 목적이자 구성요소이다. 연구자들은 사회적 기술에 대한 직접교수가 행동을 변화시키는 데 효과적이며, 특히 사회적 기술이 빈약한 주의력 결핍 학생 같은 특수교육 대상 학생들의 행동변화에 효과적이라고 하였다(Smith & Wallace, 2011). Corkum과 Corbin, Pike(2010)는 주의력결핍과잉행동장애(ADHD) 학생에게 직접교수를 통해 사회적 기술을 증진시킨 세 학교의 사례를 보고하였다. Sklad 등(2012)은 학교중심의 사회적 · 정서적 · 행동적 프로그램이 '사회적 기술, 반사회적 행동, 약물남용, 긍정적 자기 이미지, 학업 성취, 정신건강, 친사회적 행동'에 관하여 '전반적으로 유익한 효과'가 있다고 하였다. Sunhwa와 Sainato(2013, p. 74)는 간단한 놀이기술을 자폐 아동에게 성공적으로 가르치는 것만으로도 "긍정적인 사회적 상호작용을 증진시키고 부수적으로 부적절한 행동을 감소시킨다."고 하였다.

소집단(Tier 2)이나 개별 학생(Tier 3)에 대한 직접교수는 학교차원 혹은 학급차원의 전략만으로 충분하지 않을 때 필요하다. Tier 3 중재가 필요한 경우라면, 개별 학생에게 사회적 기술을 가르치는 방법뿐만 아니라 보다 다양한 사회적 기술 교육과정을 적용해야 할 것이다. 이와 관련된 방법론은 제13장에서 자세히 살펴보자.

SWPBS의 실행

학교에서 SWPBS 계획을 실행하기 위해서는 다음의 몇 가지 단계를 거쳐야 한다. 다음 목록은 중재실행단계(Implementation Phases Inventory, IPI)에서 각 단계와 절차를 제시한 것으로(Bradshaw, Debnam, Koth, & Leaf, 2009), SWPBS의 충실도 평가와 관련하여 다음 영역에서 논의될 내용의 개요이다. 각 절차는 실행의 4단계에 따라 구분된다.

단계 1 : SWPBS 준비하기
1. 연계의 지점을 확실하게 함으로써 지역 교육청의 지원을 확보하고, 회의와 계획 수립에 관한 지도, 연수, 해제 등을 위한 시간을 확보한다.
2. 학교 관리자의 과정 참여, 재정 확보, 회의 안건에 관한 시간 확보, 학교의 주도적 계획에 SWPBS를 포함시키는 것에 대한 동의 등, 학교 관리자의 지원을 확보한다.
3. SWPBS의 과정과 철학에 대한 교직원의 지지와 참여를 확보한다.
4. SWPBS 팀의 구성원을 확정한다.
5. SWPBS 팀에 대한 연수를 실시한다.
6. 학교에 SWPBS 코치를 선임한다. 주로 외부사람이 되기 쉬운데, 아마 지역 교육청 단위 혹은 지역대학의 관계자가 될 것이다.
7. 만약 내부 관계자가 선임된다면 SWPBS에 관한 연수를 실시해야 한다.
8. SWPBS의 정착 및 실행을 위한 실행계획을 개발하거나 갱신하기 전에 SWPBS

팀과 최소한 2회 이상의 회의를 개최해야 한다.

9. 최소한 SWPBS 팀 구성원 중 한 사람 이상에게 기능적 행동사정에 대한 연수를 실시함으로써 그들이 팀의 다른 구성원이나 학교 관계자들을 연수시킬 수 있도록 해야 한다.

10. 3~5개 정도로 학교차원의 행동적 기대치를 선정한다.

단계 2 : SWPBS의 시작

1. 월간 SWPBS 팀 회의 일정을 계획한다.

2. 모든 SWPBS 팀 회의에는 SWPBS 코치가 참석해야 한다.

3. SWPBS 코치에 의해 매달 연수를 실시한다.

4. 학교차원의 행동적 기대치에 관한 교수 계획을 개발한다.

5. 학교 정책을 잘 지킨 학생을 위한 강화 시스템을 개발한다(제10장 참조).

6. 징계 데이터를 수집하기 위한 시스템을 개발한다(제6, 7장 참조).

7. 학교 전체와 교실, 교실 외의 장소 등에 학생 행동 기대치를 게시한다.

8. 매년 초, 신규 혹은 복직하는 학교 관계자들에게 연수를 실시한다.

9. 긍정적인 학생 행동의 사례를 수집하기 위한 전략을 개발한다.

10. 코치와 학교 사이에 효과적인 관계를 개발한다.

11. Tier 1과 Tier 2를 통해 추가적이고 좀 더 강력한 중재가 요구되는 학생을 확인할 수 있도록 시스템을 개발한다.

12. 학급에서 다루어야 할 행동문제와 학교 행정을 통해 다루어야 할 행동문제를 결정한다.

13. 컨퍼런스나 소식지 등을 통하여 SWPBS 계획에 대해 학부모와 공유한다.

단계 3 : SWPBS의 실행

1. 학년도 내내 학교차원의 행동 기대치에 관하여 학생들에게 가르친다. 핵심 교육과정에 기대치를 통합시킨다.

2. 긍정적인 학생의 행동에 대하여 일관성 있게 강화한다.

3. 필요하다면 교장실 의뢰(office referral) 양식을 작성한다.

4. 징계 데이터를 수집하고 데이터베이스에 입력한다.

5. SWPBS 코치에게 월별 보고서와 데이터를 제공한다.

6. SWPBS 전략과 언어를 기타 학교차원의 정책과 통합시킨다.

7. 부적절한 학생 행동에 대한 관리 절차를 일관성 있게 실행한다.

8. 교직원에게 징계 데이터를 요약하여 보고한다.

9. 징계 데이터를 활용하여 SWPBS에 관한 결정을 한다.

10. SWPBS 팀은 징계 데이터에 근거하여 SWPBS 실행에 관한 결정을 내리도록 한다.

11. 추가적인 지원을 받아야 할 학생에게 어떤 중재가 요구되는지 확인한다.

단계 4 : SWPBS의 유지

1. 데이터를 활용하여 추가 연수 여부를 결정한다.

2. 교직원에게 필요한 전문성 개발 연수를 실시한다.

3. 데이터를 활용하여 SWPBS 실행계획을 갱신하거나 수정한다.

4. SWPBS를 유지하기 위한 일련의 교재와 도구를 개발한다.

5. 지역사회가 학생과 교직원을 위해 인센티브를 제공할 수 있도록 연계체계를 구축한다.

6. 교직원과 학생의 사기를 진작시킨다.

7. SWPBS 활동에 학부모를 참여시킨다.

8. 새로운 SWPBS 팀 구성원을 위한 연수 계획을 수립한다.

9. 도전적인 상황을 다루어야 하는 교사에 대한 지원과 상담 계획을 수립한다.

10. Tier 2와 Tier 3 중재의 효과성에 대한 평가 시스템을 개발한다.

학교차원 프로그램의 장애물

SWPBS의 실행은 아무리 잘해도 학교체계 전체에 걸친 전반적 변화를 표현하기 때문에 도전을 받게 되며, 성공하기 위해서는 학생과 접촉하는 모든 구성원들의 절대적인 협조가 필요하다. 아래의 목록은 한 주립 학교 시스템에서 새롭게 3단계 모델을 실행하면서 결과가 좋지 않게 산출될 가능성이 있는 목록을 정리한 것이다. 존스는 다음과 같은 장애물과 우려사항을 제시하였다(개인적 연락, 2009. 6. 12).

- 일부 학교 관계자들은 이 3단계 모델을 하나의 학교 개선 프로그램으로 보기보다는 단순히 장애 학생을 판별하는 새로운 방법 정도로만 인식한다.
- 새로운 중재 모델이 학교 수준에서 교장 선생님이나 교사들에 의해 받아들여지지 못한 채 지역 교육청에 의해서 주도될 경우 실패할 가능성이 높다.
- 학교가 전문성 개발 연수나 적절한 사전준비 없이 지나치게 너무 많이, 너무 빨리 추진하려고 한다.
- 학교 안의 혹은 학교 시스템에 유의미한 변화를 만들어 내는 데 필요한 자원이 제공되지 않는다. 이렇게 되면 결코 모델이 충분히 실행되거나 검증되지 못한다.
- 학교가 3단계 모델이 무엇에 관한 것인지 그리고 무엇을 요구하는지에 대하여 동의를 이루어 내지 못한다.
- 학업 성취에 도움이 되는 학급활동과 동떨어지게, 컴퓨터 프로그래밍, 도서, 상담가, 다양성을 지닌 담임교사 등의 자원을 낭비한다.
- 모든 교육청의 교육자들이 3단계 모델이 효과적인 중재방법이라는 것을 알 수 있도록 더 많은 연구가 수행되어야 한다.

SWPBS팀

교육환경 안에 SWPBS팀 혹은 자문위원회를 반드시 설립해야 한다. 위원회는 '행동관리 위원회', 혹은 '인권 위원회' 등 다양한 이름을 붙일 수 있다. 명칭이 무엇이든지 간에 이러한 위원회에서 학교 전체에 적용할 일반적인 행동관리 정책이나 개별 학생을 위한 구체적인 행동중재 계획을 검토할 수 있다. Bambara, Nonnemacher와 Kern(2009)은 두 팀으로 접근할 것을 제안하였는데, 한 팀은 학교 전체에 적용할 전반적인 전략과 정책을 다루고, 다른 한 팀은 개별 학생을 위한 구체적인 행동중재 계획을 검토할 필요가 있다고 하였다.

SWPBS팀

SWPBS팀은 학생의 행동이나 행동관리에 관한 전반적인 학교 정책과 절차를 살펴볼 책임이 있다. 이 팀의 목적은 학생들이 적절한 사회적 기술을 학습할 수 있도록 학교차원의 정책과 절차를 개발하는 데 있다. 이 프로그램은 학교의 정책을 잘 따르는 학생에게 강화를 제공하고 적절한 사회적 행동에 대하여 시범을 보이는 역할을 한다. 또한, SWPBS 시스템의 효과성을 평가하기 위하여 전체 학생의 행동을 점검하고 측정한다. 그리고 소집단 훈련 영역(예 : 사회적 기술 훈련)이나 개별화된 행동중재 계획 등 추가적인 지원과 중재가 필요한 학생들을 위한 절차가 투입된다.

SWPBS팀의 구성원에는 반드시 교장 선생님이 참여해야 하고, 학생 업무를 담당하는 교감, 일반교사, 특수교사, 자료실 교사 등 SWPBS에 관심이 있거나 전문성을 지닌 사람들이 참여해야 한다. 고등학교의 경우, 초등학교나 중학교보다 더 많은 교직원과 교사들이 있으므로 더 많은 사람이 참여할 필요가 있다. 더불어, 고등학교 학생들은 학교 조직에서 좀 더 적극적인 역할을 맡고 있기 때문에, 고등학생들도 SWPBS팀에 대표로 참여할 수 있다(Flannery, Sugai, & anderson, 2009).

Horner 등(2009, p. 134)에 의하면, 학교차원의 관리시스템에는 행동 기대치 정의하기, 가르치기, 보상하기 절차가 있어야 하며, 행동 오류에 대한 일련의 후속결과, 그리고 지속적인 데이터 수집과 의사결정을 위한 데이터 활용 등의 절차가 포함되어야 한다. 팀은 매달 만나서 전교 학생의 데이터(교장실 의뢰, 정학, 학교 폭력 등)를 살펴보고,

Robert Daly/Caiaimage/Getty Images

규칙을 세우고, 적절한 행동을 강화하고, 부적절한 행동에 대해서는 일관성 있게 후속결과를 제공해야 가장 효과적인 중재계획으로 작동할 수 있다.

SWPBS 프로그램을 실행할 교사로 누구를 투입할지를 의논해야 하며, 학부모와 학생들의 의견을 들어 필요하다면 계획을 조정하기도 한다.

개별 학생 PBS팀

SWPBS팀이 전반적인 SWPBS 시스템을 점검하는 동안 개별 학생을 위한 PBS(ISPBS)팀은 개별 학생을 위한 행동중재 계획을 고찰하고 각각의 구체적인 계획과 관련된 데이터를 수집한다. ISPBS는 표적행동을 구체화해서 점검하고 그와 관련된 학생의 데이터를 수집한다.

　ISPBS팀의 구성원은 학생에 따라 달라질 수 있다. 개별화교육계획(IEP)이 있는 학생이라면, IEP팀이 학생의 ISPBS팀의 일원이 될 수도 있고 필요에 따라 포함되지 않을 수도 있다. 물론 일부 IEP팀의 구성원이 ISPBS의 구성원이 될 수 있다. 그러나 ISPBS팀에는 학교 심리학자, 행동지원 전문가 등 학생의 행동에 관하여 전문가로서 조언해 줄 수 있는 사람, 학생의 데이터를 해석해 주고 행동중재 계획을 수립하는 데 제언을 해 줄 수 있는 사람들도 포함될 수 있다. ISPBS팀은 이러한 제언을 IEP팀과 함께 공유하게 되며, 이후에 행동중재 계획이 IEP의 일부가 되기도 한다.

SWPBS의 충실도 평가하기

학교에서의 SWPBS 실행을 평가하는 데 유용한 몇 가지 도구가 있다. 그중 세 가지에 대하여 다음 문단에 기술하고자 한다.

학교차원 평가도구

Sugai, Lewis-Palmer, Todd와 Horner(2001)가 개발한 학교차원 평가도구(SET)는 SWPBS 실행 학교들의 수행 정도를 평가하기 위해 개발된 도구이다. 여기에는 Bradshaw, Debnam, Koth와 Leaf(2009, p. 146)가 제시한 SWPBS의 일곱 가지 특징이 포함되어 있다. 일곱 가지 특징은 (a) 기대치 정의하기, (b) 행동 기대치 가르치기, (c) 행동 기대치에 대한 보상 시스템, (d) 행동 위반에 대한 대응 시스템, (e) 점검과 평가, (f) 관리, (g) 지역교육청 수준의 지원이다. 징계 기록, 정책과 절차, 학생 핸드북, 복도와 교실의 게시물 관찰, 교직원 인터뷰(최소 10인)와 학생 인터뷰(최소 15인) 등 다양한 자료를 통해 데이터를 수집한다. 이 도구는 이틀 동안 SET 평가자 훈련을 받은 외부 전문가에 의해 수행되된다. SET의 운영은 4시간 정도 소요되는데 점수를 매기기 위한 별도의 시간도 필요하다. 점수는 일곱 개의 하위 척도와 전체 SET 점수로 측정되며, 0%부터 100%까지 점수가 매겨진다.

팀 실행 체크리스트

Sugai, Todd와 Horner(2001)가 개발한 **팀 실행 체크리스트**(TIC)는 SWPBS팀이 스스로 SWPBS 실행의 진전도를 점검할 수 있도록 고안된 도구이다. 팀은 월별이나 분기별로 TIC 체크리스트를 기록하고 수집한다. 학교차원의 PBS 기준을 평가해 보고 약 10분 정도에 걸쳐 체크리스트를 완성한다(Bradshaw et al., 2009). 독립적인 평가자에 의해 수행되는 SET와 달리, TIC는 SWPBS팀 스스로의 인식을 반영한다. TIC 조사지의 질문들은 '달성', '진행 중', '시작 전' 등으로 17개의 시작 활동과 6개의 지속적인 활동에 대한 평가를 요구한다. TIC의 세 번째 영역에서는 팀원들로 하여금 누가 SWPBS 활동에 대한 책임을 질 것인지, 그러한 활동을 언제 수행할 것인지 등, SWPBS 활동에 대한 그들의 실행 계획을 평가하게 한다.

실행 단계 검사

메릴랜드 주 차원의 긍정적 행동중재 지원 정책의 일환으로 개발된 **실행 단계 검사**(IPI)는 SWPBS 실행에 대한 '각 학교의 특정 단계 혹은 시기'를 기록하는 도구이다(Bradshaw, Barrett, & Bloom, 2004, p. 147). IPI는 SWPBS를 실행하는 학교를 위하여 다음과 같은 필요 단계를 안내하는 데에도 사용된다. 이 조사지에는 학교의 SWPBS 활동에 관하여 네 단계로 구분된 44개의 문항이 제시되어 있다. 네 단계는 준비(10개 하위 척도 질문), 시작(13개 하위 척도), 실행(11개 하위 척도), 유지(10개 하위 척도)이다. 각 단계의 항목마다 '미 실행', '부분 실행', '실행 완료'와 같은 평정 기준이 제시되어 있다. IPI는 약 10분이면 완료할 수 있으며, 채점에 5분 정도가 소요된다. 학교에서는 IPI를 1년에 두 번 정도 수행해 보는 것이 좋다.

담임교사를 위한 SWPBS

지금까지는 긍정적 행동지원을 위한 학교차원의 전략에 대하여 살펴보았다. 지금부터는 학급차원의 이슈, 즉 매일 학생들과 직접 상호작용하는 교사들과 관련된 이슈에 초점을 두고 살펴보도록 하자. 이 장과 제13장에서 다소 중첩되는 부분이 있더라도 여기서 논하는 모든 전략들이 다양한 교육환경에서 유용하게 활용될 수 있을 것이다.

학급 조직화

학급의 물리적 조직화 역시 적절한 행동을 지원하는 데 있어 중요한 고려사항이다. 학급 환경 내에서의 조직화 수준은 학생의 연령에 따라 달라진다. 예를 들어, 좌석배치는 유치원생이나 초등학생, 중학생에게 매우 권장되는 반면, 고등학생에게는 선택적으로 적용된다. 유치원생이나 초등학생의 경우 과제를 제시할 때 상자나 폴더가 권장된다. Murphy와 Korinek(2009, p. 301)의 연구에 따르면, 고등학생의 경우에는 적절한 학생의 행동에 대하여 '자기관리의 요소와 결합된 카드시스템을 활용하거나 교사가 행동의 빈도와 지속기간을 증가시키기 위해 직접 점검하는 것'이 더 바람직하다고 하였다. 3~5인치 정도의 간단한 색깔 카드가 교사와 학생들이 행동에 관한 의사소통을 촉진시키는 데 사용되기도 한다. 이 간단한 학급관리 시스템은 (a) 학생들의 학습을 위한 구조와 지원을 제공하며, (b) 학생에게 '숨김없이 … 그러나 겸손하게 행동하는 방법을 안내'하며, (c) 교사에게 학생의 행동을 점검하고 피드백을 줄 수 있는 수단을 제공하고, (d) 학생에게 과제와 성취에 대한 지속적인 피드백을 제공하며, (e) 더 많은 것이 필요한 학생을 굳이 따로 추출해 내지 않고도 교사들이 학급 차원의 프로그램 내에서 개별 학생의 요구를 충족시키는 프로그램을 진행할 수 있도록 허용한다.

학생의 연령대와 관계없이, 교사는 학생들이 자기 일을 조직화하는 방법을 배울 수 있도록 모델이 되어야 한다는 점을 명심해야 한다. 무질서한 학급의 교사는 학생에게 적절한 모델이 되지 못한다. 구체적인 전략을 짜서 수업 활동, 과제, 교재교구를 조직화하는 것이 가장 기본적인 사항이다. 교사는 학생들이 자기 책가방을 조직화할 수 있도록 돕는 일도 해야 한다. 교사는 학생들이 학교에서의 일을 어떻게 조직화해야 하는지 학습할 수 있도록 도움을 주는 선도적인 역할을 해야 한다. 모델링은 이 과정에서 가장 첫 번째 단계에 속하는 전략이다. 이후 교사는 학생들이 어떻게 조직화해야 하는지 시범을 보이고,

조직화에 관한 적절한 교재를 제공하며, 학생의 조직화를 점검해 주어야 한다.

Trussell(2008)은 학급 조직화에 관하여 다음과 같은 보편적인 지침을 권장한다.

- 개별 학생이나 집단이 한 일을 게시한다. 이는 긍정적인 학습 환경을 조성하는 역할을 하며, 학생들의 노력을 강화하고 다른 학생들에게 좋은 수행의 모델을 제공한다.
- 학생들과 교사들이 교실 안에서 쉽게 움직일 수 있도록 교실 안의 장벽을 최소화한다. 책상을 한쪽에 몰아서 배치하고 통로를 만드는 방법도 고려해 본다.
- 연필, 연필깎이, 쓰레기통, 컴퓨터, 규칙 게시판, 일일 시간표와 같이 자주 사용하는 교재나 장비의 배치를 고려한다.
- 학급 규칙을 모두가 잘 볼 수 있는 곳에 게시한다.
- 일일 시간표를 게시하고 쉬는 시간을 한정한다.
- 학생들에게 과제(학교와 가정)를 완성하려면 무엇을 해야 하는지 이야기해 준다.
- 교사에게 도움을 요청하는 적절한 절차에 대하여 가르친다.
- 교사의 질문에 대답하는 절차에 대하여 가르친다.
- 화장실에 가고 싶을 때, 교실에 들어올 때의 절차에 대하여 가르친다.
- 출석 체크, 점심식사 등의 절차에 대하여 가르친다.
- 학생에 대한 긍정적 피드백과 부정적 피드백의 비율은 4대 1 정도를 유지한다.

예방에 초점

당연한 이야기이지만, 가능하면 행동문제가 발생하지 않도록 예방하는 것이 최선이다. 오늘날의 교사들에게도 여전히 유용한 오래된 연구에서, Long과 Newman(1976)은 도전적 행동 예방을 위한 학급관리 전략으로서, 학급 환경, 학급 교육과정, 학급 활동, 교사 행동의 네 가지 생태학적 조작이 필요하다고 하였다. 이 네 가지를 점검하고 수정함으로써 학생들의 바람직한 행동을 촉진시키고 수용하기 어려운 행동을 예방할 수 있다는 것이다. 다음은 담임교사를 위한 몇 가지 기본적인 행동관리 전략이다.

- **학생들에게 학급 규칙과 기대치에 대한 정보를 제공한다.** 교사는 학급 규칙을 개발하고 학생들과 함께 자주 검토한다. 교사나 학생 모두 잘 기억할 수 있도록 규칙을 잘 보이는 곳에 게시한다. 규칙은 제한적이면서도 긍정적으로 진술하고, 연령에 적절

해야 한다(Gable, Hester, Rock, & Hughes, 2009; Kostewicz, 2008).

- **긍정적인 학습 분위기를 조성한다.** 교사는 규칙을 잘 지킨 학생에게 강화를 제공하고, 다른 적절한 행동들에 대해서도 시범을 보여 주어야 하며, 일관성 있는 방식으로 학생들과 상호작용하고, 학급 내 모든 학생들의 개별적 요구에 따라 유연한 방식으로 대처함으로써 긍정적인 학습 분위기를 형성해야 한다. 또한, 교사는 학습을 재미있는 경험으로 만들어 줌으로써 학생들이 학교에 오고 싶게 하고, 학습 동기가 유발될 수 있도록 해야 한다.

- **의미 있는 학습경험을 제공한다.** 교과 수업과 일상생활의 과제들을 연결시킴으로써 학생의 관심을 증가시키고 효과적인 일반화 기술을 제공한다.

- **위협하지 않는다.** 규칙을 명확하게 진술하고 이해시키면 위협할 필요가 없다. 위협 대신 학급 규칙이나 행동적 기대치를 상기시켜 주고, 일관성 있게 적절한 행동과 부적절한 행동에 대한 후속결과를 제공해 주면 된다.

- **공평함을 보여 준다.** 교사는 모든 학생을 동등하고 일관성 있게 대해야 하며, 학급 규칙을 명확하게 진술하고 이해시켜야 한다.

- **자신감을 갖게 해 주고 표현하게 한다.** 학생이 스스로에 대하여 좋은 느낌을 갖고 학교생활을 하면 다른 사람들과도 적절하게 상호작용하게 된다. 교사는 자신감을 표현할 수 있는 기회(예 : 이 정도는 제가 할 수 있어요.)를 자주 제공하고, 일과 중에 언제나 학생의 자신감을 북돋아 주어야 한다.

- **학생의 긍정적인 특성을 인정해 준다.** 모든 학생의 긍정적인 특성을 인정해 주고 자존감과 자신감을 가질 수 있도록 격려한다. 교사가 이를 민감하게 알아차리고 개별 학생의 다양성을 인정해 주는 것도 중요하다.

- **긍정적인 모델링을 사용한다.** 학생들은 교사나 자기가 좋아하는 성인의 행동을 잘 따라 한다. 교사는 이러한 경향을 잘 활용하여 학생들에게 분노, 실수, 일상에서의 불만 등을 적절하게 표현하는 방법을 가르칠 수 있다.

- **교실의 물리적 배치에도 신경을 쓴다.** 교실은 학생들이 자연스럽게 이동할 수 있게, 그리고 학생들의 행동을 시각적으로 잘 점검할 수 있도록 조직화해야 한다. 조직적인 교사와 조직적인 교실환경이 학생들을 더 잘 조직되게 만든다.

- **쉬는 시간을 한정한다.** 쉬는 시간이 길수록 학생들이 부적절한 행동을 할 기회는 그만큼 많아진다. 교사나 학생 모두 다음 일과를 준비해야 한다. 학생들이 바쁘고 할

것이 많으면(부적절한 행동을 하지 않고), 교사가 수업을 준비하는 데 드는 시간도 줄어든다.

교실이나 학내 여러 곳에서 도전적 행동이 나타났을 때, 다음과 같은 일반적인 전략을 활용하면 교사나 학교 구성원들이 적절하게 대응하는 데 도움이 될 것이다.

행동연쇄의 중단

Carter와 Grunsell(2001)은 부적절한 행동에 대한 **행동연쇄 중단**과 관련하여 몇 가지 전략을 제안하였다. 여기 제시된 전략은 부적절한 행동을 감소시키고 예방하는 데 도움이 된다. 행동연쇄 중단 전략으로는 근접 통제, 유머, 교수 통제, 문제해결 촉진, 자극 변화 등이 있다.

근접 통제 유지하기 근접 통제는 어떤 사건이나 상황에 대한 학생의 잠재적 반응을 미리 예측하여, 특정한 방식으로 신체를 가리키거나, 침착함을 유지시키고, 의사소통을 촉진시키는 등 통상적인 행동의 연속체를 중단시키는 전략이다. 예를 들어, 동네 도서관만 가면 큰 소리로 떠드는 학생이 있다면, 담임교사가 이를 미리 예측해서 사전에 학생에게 조용히 말할 것을 상기시킴으로써 행동연쇄를 차단하는 방식이다. 잠재적인 문제를 미리 예측하여 교사가 학생들 사이로 들어가 미리 자리를 잡고, 학생들이 기대치에 맞게 조용히 의사소통하도록 지도하기도 한다. 또한, 수업에 집중하라며 학생들보다 더 크게 고함을 쳐야 할지도 모르는 잠재적인 상황을 미리 예방할 수도 있다.

상황에 유머 투입하기 어떤 상황에 유머를 투입하는 방법도 행동연쇄를 중단시킬 수 있는 방법이다. 유머는 폭발적인 상황의 긴장을 해소시키는 역할을 한다. 교사는 과거에 발생했던 비슷한 상황을 이야기하면서 자제심을 잃은 학생에게 반응할 수 있다("전에 내가, 나도 그런 일이 있었다고 말하지 않았던가?")

수업통제 유지하기 수업통제 혹은 기대 행동에 대한 교수 제공 역시 행동연쇄를 중단시키는 데 유용하다. 예를 들어, 학급의 일정이 갑자기 변화되어 학생이 혼란스러워하는 반응을 보인다면, 교사는 앞으로 무엇을 할 것인지 그리고 학생에 대한 기대행동이 무엇인지 분명하게 교수해야 한다.

문제해결 촉진하기　문제해결 촉진에는 부적절한 행동에 대한 긍정적 대안 제공이 포함된다. 예를 들어, 어떤 학생이 화나는 일을 겪고 부적절한 행동을 하려고 하면, 교사가 학생에게 "앉아 보자. 그리고 무엇을 해야 할지 이야기해 보자."라고 제안한다. 매일 일상적인 환경에서(예 : 학생들이 운동장에서 싸움, 뉴스를 보고 월드 이벤트를 벌임) 학생을 관찰하다가 뭔가 부적절한 행동을 하려고 할 때, 교사가 대안적인 행동을 제시해 준다면 문제해결 기술이 촉진될 수 있다. 이러한 문제해결 기술은 학습활동이나 사회적 활동 모두에 쉽게 통합시켜 적용할 수 있다.

자극 변화 고려하기　자극 변화란 도전적 행동을 촉진시킬 수 있는 환경적 자극의 수정을 포함한 교사의 행동범주를 의미한다. 자극 변화에는 물건 치우기, 학생 재배치, 불필요한 요구나 지시 없애기, 위치 변화나 행사의 시기 조절, 기타 환경적 자극의 재배치 등이 포함될 수 있다. 예를 들어, 학생들끼리 너무 티격태격한다면 수시로 자리를 바꿔 줄 수 있다. 환경적 수정을 통해 부적절한 행동을 예측하고 예방하려면 직접적인 행동수정보다 더 큰 노력이 요구되지만, 이러한 노력이 더 권장된다. 한편, 환경적 변화를 일시적으로만 사용하고, 그 행동 유발 자극을 점차 다시 제시하는 경우도 있다. 예를 들어, 학생이 장난감 때문에 싸웠다면 일시적으로 장난감을 제거하긴 하지만, 점차 좀 더 통제된 방식으로 다시 장난감을 제시할 수 있다.

공정한 한 쌍의 규칙 기억하기

공정한 한 쌍의 규칙(fair pair rule)은 White와 Haring(1976)이 사용했던 용어로, 교사가 어떤 표적행동을 제거하려고 할 때, 똑같은 기능을 제공하면서도 사회적으로 보다 적절한 행동으로 대체시키는 것이 중요함을 강조한 용어이다(제9장 기능적 행동사정 참조). 예를 들어, 학생들이 교실에서 소리치는 행동을 줄여 보고자, 말을 하기 전에 손을 들고 호명을 기다리는 행동을 강화할 수 있다. 이때 가급적이면 증가를 목표로 삼은 행동(손들기)은 똑같은 기능을 제공하면서도 도전적 행동을 대체할 수 있는 적절한 행동이거나, 최소한 제거하고 싶은 표적행동(소리 지르기)과는 양립할 수 없는 행동이어야 한다.

일관성 유지하기

학생에게 규칙과 행동지침을 제시했으면, 교사는 반드시 그 집행과 강화에 대하여 일관성을 유지해야 한다(Gable, Hester, Rock, & Hughes, 2009). 예를 들어, 다른 학생을 때리면 2분 동안 구석에 앉아 있어야 한다는 규칙을 세웠다면, 교사는 반드시 이를 실행해야 하며, 규칙을 어겼을 경우 매번 후속결과를 제시해야 한다. 가끔 무례한 발언을 하거나 말을 듣지 않는 정도의 가벼운 규칙 위반 행동에 대해서는 규칙에 기술되어 있는 만큼 구두로 경고할 수 있다. 하지만 때리기나 기타 공격성을 보이는 것과 같은 심각한 부적절한 행동에 대해서는 경고만으로 그치지 말고, 반드시 구체적인 후속결과를 제시해야 한다.

학생에게 일관성을 가르친다는 것은 규칙과 강화 사이에 관계가 있다는 것을 가르치는 것이다. 일관성은 학급 규칙을 따르지 않으면 후속결과가 따른다는 것을 가르친다. 교사가 일관성을 지키지 않으면 학생들은 규칙과 교사의 기대치에 대하여 혼란스러움을 느끼게 된다. 예를 들어, 학급 규칙(예 : 수업시간에 나갈 때는 선생님의 허락을 받아야 한다)의 실행에 일관성이 없으면, 일부 학생들은 규칙이 중요하지 않다고 생각하거나 규칙은 항상 따를 필요가 없다고 생각할 수 있다. 어떤 학생들은 다른 학급 규칙에 대해서도 이와 같은 태도를 일반화할 수 있다. 그래서 교실적용 12.2에 제시된 것처럼, 교사가 일관성 있게 실행할 수 없거나 그럴 의지가 없다면 처음부터 규칙으로 만들지 않는 것이 낫다.

부적절한 행동 강화하지 않기

교사는 학생의 적절한 행동보다 부적절한 행동에 더 관심을 갖지 않도록 주의해야 한다. 만약 교사가 보기에 학생이 관심을 끌기 위해서 가벼운 부적절 행동을 보인다면 무시하는 편이 낫고, 행동변화 프로그램의 요강에 따라 특정한 후속결과의 제공이 조용히 후속되도록 내버려 두는 편이 낫다. 하지만 부적절한 행동을 무시함으로써 학생이 원하는 결과를 강화해 주는 상황이 되어서는 안 된다는 것이 중요하다. 예를 들어, 어떤 학생이 울화행동을 보였는데, 그것이 쉬는 시간에 바깥에 나가려면 코트를 입으라는 교사의 요구를 철회시키기 위한 것이었다면, 이를 내버려두는 것은 부적절한 행동을 강화시키는 일이 된다.

교사는 학생이 부적절한 행동을 한 다음에 길게 잔소리를 하거나 지나치게 일대일로

교실적용 12.2

학교 및 학급 차원의 규칙에 대한 일관성과 순응

호킨스 선생님은 초등학교 5학년 담임교사이다. 호킨스 선생님은 후속결과를 적용하기 전에 학생들이 학급 규칙을 어느 정도 지킬 수 있는지 알고 싶었다. 우려한 대로 학생들은 규칙을 금방 배우기는 했지만, 그만큼 규칙을 지키는 것은 아니었다.

학급 규칙 중에는 교사가 이야기를 하는 동안 다른 학생과 이야기를 해서는 안 된다는 규칙이 있다. 호킨스 선생님은 5학년 수준의 어린 학생들이 지닌 사회적 요구에 민감한 편이며, 서로 친해질 수 있는 기회를 충분히 주고 있다. 그러나 어른이 이야기할 때 잘 경청하는 것 또한 학생들이 배워야 할 중요한 사회적 기술이라는 신념을 갖고 있다. 그래서 자신이 이야기를 할 때 학생들끼리는 서로 잡담하지 말 것을 일관성 있게 요구한다. 선생님은 매번 이야기를 끝낼 때 학생들이 잘 경청하고 주의를 기울여 준 것에 대하여 구두로 칭찬을 한다. 누군가 규칙을 깰 경우, 일관성 있게 학생의 오류를 지도하면서 적절한 후속결과를 조용히 적용한다(예 : 당일 교실에서의 특권을 상실시킴). 회를 거듭할수록 학생들은 이 규칙에 순응하게 된다. 교사가 주목하라고 하면 학생들은 잡담을 멈추고 교사에게 주의를 집중한다.

겨울방학 이후, 주변 대학에서 리사라는 교생이 봄 학기 동안 실습을 나오게 되었다. 호킨스 선생님은 리사에게 학급의 규칙에 대하여 설명하고 교실 벽에 규칙을 붙여두기도 했지만, 교생 리사는 일관성을 지키지 못했다. 예를 들어, 리사는 수업시간에 이야기를 할 때, 학생들이 충분히 주의를 기울일 때까지 기다리지 못하고, 학생들이 서로 잡담을 해도 일관성 있게 후속결과를 제시하지 못한다. 학생들이 점점 더 큰 소리로 떠들고 기어이 통제가 되지 않자, 리사는 몇몇 학생에게 벌을 주게 되고 학생들은 잠시 몇 분 동안 조용해진다. 그러나 이내 몇몇 학생들이 본격적으로 떠들기 시작한다. 리사는 교실의 규칙과 후속결과를 지키지 않고 학생들의 행동이 통제 불가능한 상황이 될 때까지 무시하고 있다.

호킨스 선생님과의 회의에서, 리사는 왜 자기는 호킨스 선생님처럼 학생들의 주의를 요구할 수 없는지 크게 의아해했다. 리사는 그 이유가 자기가 너무 어리기 때문에, 혹은 학생들이 자신을 진짜 선생님이 아니라고 여기기 때문일 것이라고 생각한다.

생각해 보기

당신이 호킨스 선생님이라면 리사에게 어떤 조언을 해 주겠는가? 학급이나 학교에서 교사가 일관성을 지키는 것이 성공의 핵심이라면 교사로서 생각할 수 있는 또 다른 사례는 어떤 것이 있겠는가? SWPBS 팀은 리사 같은 교생에게 어떠한 역할을 해야 할 것인가?

상호작용하지 않는 것이 좋다. 이러한 관심은 일부 학생에게는 강화가 되기도 하는데, 특히 다른 학생이 있을 때는 더욱 강화가 되기도 한다. 예를 들어, 어느 고등학생이 또래들 사이에서 자신의 위치를 높이기 위한 방법으로 사고를 치는 것이라면, 모든 급우들이 보는 앞에서 교사가 꾸짖는 것은 오히려 즐거운 일이 될 수도 있다. 교사는 그 학생의 부적절한 행동이 특별한 관심을 받지 못하도록 학생의 책상에서 조용하게, 동일한 의견을 전달할 수 있다. 이러한 접근 방법을 부드러운 꾸지람(soft reprimand)이라고 한다.

부적절한 행동에 대한 후속결과 한정짓기

부적절한 행위에 대한 후속결과는 짧고 핵심 있게 제공하는 것이 좋다. 타임아웃 혹은 장난감이나 기타 선호하는 물건을 제거하는 경우에도, 그 시간을 짧게 하는 것이 길게 간격을 두는 것보다 효과적이다. 학생의 부적절한 행동에 후속하여 한 시간 정도, 혹은 최대 하루 정도만 장난감을 제거하는 것으로 충분하다. 부적절한 행동에 대한 후속결과가 다음 날까지 이어지는 것은 바람직하지 않다. 실제로, 다음 날에는 교사가 적절한 행동을 새롭게 확인하고 강화할 수 있는 기회를 제공하는 것이 바람직하다. 행동관리에서는 길어지는 것이(예 : 지나치게 긴 타임아웃 시간, 지나치게 오랜 제한이나 외출금지) 반드시 좋은 것을 의미하는 것이 아니다. 예를 들어, 어떤 학생이 학교의 규칙을 위반해서 그 후속결과로 휴식 시간을 박탈당한다면, 이 휴식 제거 시간은 그 학생이 휴식을 통해 강화를 받았을 것이라고 여겨지는 정도까지만 실시하는 것으로 충분하다.

부적절한 행동에 즉시 대처하기

교사가 부적절한 행동을 한 학생을 교장실로 보낸다거나, 엄마가 "아빠 오실 때까지 기다려."라고 말하는 것은 즉각적이거나 일관성 있는 적용이 되지 못한다. 또한, 그렇게 하면 아동은 무서운 어른(예 : 교장, 아빠)이 없을 때는 적절하게 행동할 필요를 못 느낀다. 첫 번째 양육자가 부적절한 행동에 제대로 대처하지 못하거나 그럴 의지가 없다는 것은, 사실상 아이에게 그 양육자 앞에서는 부적절한 행동을 해도 안전하다는 것을 가르쳐 주는 꼴이 된다.

소리치기 금지

학생에게 소리치는 것은 도전적인 학생의 행동을 통제하는 데 효과적인 방법이 되지 못하며 긍정적인 행동지원 시스템도 아니다. 소리를 지른 교사는 아마도 학생이 자기 말을 듣지 않는다는 느낌 때문에 화가 난 것일 것이다. 그러나 그러한 분노나 소리 지르기는 후속결과를 일관성 있게 적용하지 못해서, 결과적으로 학생들도 잘 따르지 않게 되었기 때문에 나타난 일일 것이다. 학생들은 선생님의 이야기를 들을 필요가 없다고, 적어도 대부분의 시간은 들을 필요가 없다고 학습되었을 것이다. 차분한 목소리로 학급 규칙을 일관성 있게 실행하는 것이 학생에게 소리를 지르는 것보다 언제나 더 효과적이다.

모두 함께하기

Zirpoli(2003)는 다음과 같은 담임교사를 위한 보편적 전략을 제안하였다.

- 학교 건물 내외에서 적절한 감독을 실시한다. 특히 학생들의 등교와 하교 시간, 수업 간 전환시간, 학생들이 섞이는 곳(점심 식당, 체육관 등)을 유의한다.
- 학교, 학급, 기타 학교 환경에서 적절한 구조와 일상을 제공함으로써, 등교에서 하교에 이르기까지 학생에게 기대되는 행동이 무엇인지, 그들이 이해할 수 있도록 한다.
- 교사는 학생들에게 바람직한 행동을 시범 보인다.
- 적절한 행동을 보이는 학생에게 강화를 제공하고, 적절한 사회적 기술을 격려하고 촉진시킬 수 있는 긍정적 행동지원 문화를 형성한다.
- 학생들 간의 형평성과 학교 정책에 대한 순응을 촉진하기 위하여, 징계는 예측 가능하고 일관성 있게 적용한다.
- 부적절한 행동의 생물학적 원인에 대하여 살펴보는 것을 자제한다. 학생에게 의료적 문제가 있는지를 살피기 전에, 부적절한 행동의 선행사건에 대한 학교나 학급의 환경을 먼저 살펴본다.
- 학생에게 지침을 제시할 때는 친구가 아니라 교사가 되어야 한다.
- 학생들로 하여금 교사가 학생들을 좋아한다는 것, 교사가 학생들에게 혹은 학교 내외에서 학생들이 참여하는 활동에 관심이 많다는 것을 알 수 있게 한다.
- 즐겁게 지낸다. 효과적인 관리자나 교사는 자신의 일을 즐길 줄 알고, 학생들과의 상호작용을 즐기며, 전문성을 통해 관계를 유지하면서도 즐겁게 지내는 방법을 안다.

요약

3단계 행동지원 및 중재 모델의 개요

- 중재반응 모델(RTI)에 근거한 3단계 모델이 행동 관리 전략으로 제시되었다. Tier 1은 학교 전체에 적용할 수 있는 보편적인 행동관리 디자인으로 통합된다. Tier 2 전략은 좀 더 집중적인, 소집단의 중재가 요구될 때 일부 학생들을 위해 적용된다. Tier 3 중재는 개별화된 행동중재 계획이 요구되는 학생들에게 필요하다.

학교차원의 긍정적 행동지원 시스템의 실행 단계 개요

- SWPBS 1단계를 위한 지침 : 학교차원의 긍정적 행동지원 체계를 수립하기 위한 지침에는 높은 수준의 기준과 기대치로 의사소통하기, 학교와 학급의 조직화 살펴보기, 학교 전체에 걸친 감독 확대하기, 교복 착용 고려하기, 또래 중재 시스템의 수립, 사회적 기술의 교수 등이 포함된다.

학교차원의 긍정적 행동지원 시스템 실행하기

- SWPBS 시스템의 실행에는 준비, 시작, 실행, 유지의 네 단계가 포함된다.
- **학교차원 프로그램의 장애물** : SWPBS의 실행은 학교 시스템 전반에 걸쳐 주요한 변화를 수반하기 때문에 많은 도전을 받는다. 성공을 위해서는 프로그램에 대해서 학생과 접촉하는 모든 학내 구성원의 절대적인 협력이 필요하다.

학교차원의 긍정적 행동지원 팀 구성하기

- **SWPBS 팀** : SWPBS 팀은 SWPBS 프로그램이 요구에 맞게 실행될 수 있도록 조정을 해야 하기 때문에 결과에 대한 데이터뿐만 아니라 학교의 정책과 절차도 점검할 책임이 있다.
- **개별 학생을 위한 PBS 팀** : 개별 학생을 위한 PBS 팀은 개별 학생의 행동중재 계획 개발과 실행 이후의 데이터 수집에 대하여 점검한다.

학교차원의 긍정적 행동지원 시스템의 충실도 평가하기

- **학교차원 평가도구** : 학교 단위의 SWPBS 실행을 평가하는 유용한 도구로는 학교차원 평가도구(SET), 팀 실행 체크리스트(TIC), 실행 단계 검사(IPI)가 있다.
- **팀 실행 체크리스트** : TIC는 SWPBS가 SWPBS의 실행 진전도를 스스로 점검할 수 있도록 개발되었다. 팀은 월별이나 분기별로 TIC 체크리스트를 기록하고 수집한다. 학교차원의 PBS 기준을 평가한다. 체크리스트 완성에는 약 10분 정도가 소요된다.
- **실행 단계 검사** : IPI는 단위 학교가 SWPBS를 실행할 때 밟아야 할 단계를 안내하는 데 사용된다. 조사지에는 학교의 SWPBS 활동에 관하여 네 단계로 구분된 44개 문항이 제시되어 있다.

학교차원의 긍정적 행동지원 시스템을 담임교사와 실행하기

- **학급 조직화** : 교실의 물리적 조직화는 학생의 적절한 행동을 지원하는 데 있어 매우 중요한 고려 사항이다.
- **예방에 초점** : 예방 전략은 학급 환경, 학급 교육과정, 학급 활동, 교사 행동에 초점을 두어야 한다.
- **행동연쇄 중단** : 행동연쇄 중단을 위한 제안에는 근접 통제, 유머, 수업 통제, 문제해결, 자극 변화 등이 포함된다.
- **공정한 한 쌍의 규칙 기억하기** : 부적절한 행동은 항상 그와 동일한 기능을 하는 적절한 행동으로 대체해야 한다. 예를 들어, 수업시간에 소리 지르는 행동은 무시함과 동시에 손을 드는 행동은 강화한다.
- **일관성 지키기** : 적절한 행동과 강화 사이에 관계가 있다는 것을 학생에게 일관성 있게 교수한다. 일관성의 결여는 무엇이 적절한 행동인지의 여부를 혼란스럽게 만드는 원인이 된다.
- **부적절한 행동 강화하지 않기** : 교사는 부적절한 행동보다 적절한 행동을 했을 때 더 관심을 받을 수 있다는 것을 학생에게 확인시켜 줄 필요가 있다.
- **부적절한 행동에 대한 후속결과 한정짓기** : 후속결과는 짧고 핵심이 있어야 한다. 가혹함이 필요한 것은 아니며 그것이 효과적이지도 않다. 일관성은 후속결과의 작동에 결정적인 요소이다.
- **부적절한 행동에 즉시 대처하기** : 행동과 후속결과 사이의 지연시간을 짧게 함으로써 학생이 행동과 후속결과를 연결시켜 인식할 수 있도록 한다.
- **소리치기 금지** : 소리치기는 필요하지도 않고, 효과적이지도 못하며, 학급관리 기술이 부족하다는 신호일 뿐이다.
- **모두 함께하기** : 학생에게 적절한 감독, 구조와 일상, 적절한 행동에 대한 모델, 적절한 행동에 대한 강화, 부적절한 행동에 대한 예측 가능하고 일

관성 있는 후속결과 등을 제공한다. 부적절한 행동의 생물학적 원인을 살피려 하기보다는, 친구가 아닌 교사로서, 교사가 학생들을 좋아하고 학

교 안에서나 밖에서 그들의 활동에 관심이 있다는 사실을 인식할 수 있게 해 주며, 늘 학생들과 즐겁게 지내도록 한다.

논의사항

1. 소속 학교를 학교차원의 긍정적 행동지원이라는 측면에서 평가한다면 어떻게 하겠는가? 소속 학교의 관리자에게 어떤 제언을 하고 싶은가?
2. 학교에서 학급에 적용하고 있는 행동관리 전략을 살펴보자. 이 책에서 다루고 있지 않은 긍정적 행동지원 전략이 있는가? 동료 교사에게 이와 관련하여 어떠한 제언을 하고 싶은가?
3. 모든 학교는 저마다의 문화가 있고 학교의 문화를 바꾸는 일은 많은 도전에 부딪히며 시간도 오래 걸

린다. 소속 학교의 문화에 대한 책임은 누구에게 있는가? 관리자, 교직원, 교사들이 그 문화를 유지하는 데 어떤 역할을 하며, 특히 학생들과는 어떻게 관계를 맺고 상호작용하고 있는가?
4. SWPBS의 적용은 소속 학교의 공식적 평가를 위한 의뢰 비율을 증가시킬 것인가 감소시킬 것인가? 특수교육 서비스를 받는 학생들에게 SWPBS는 어떤 영향을 미치겠는가?

참고문헌

Bambara, L. M., Nonnemacher, S., & Kern, L. (2009). Sustaining school-based individualized positive behavior support. *Journal of Positive Behavior Interventions, 11*(3), 161–176.

Black, S. (1998). Learning on the block. *American School Board Journal, 185*(1), 32–33.

Bradshaw, C. P., Barrett, S., & Bloom, J. (2004). The *Implementation Phases Inventory*. Baltimore, MD: PBIS Maryland. Retrieved from http://www.pbismaryland.org/forms.htm

Bradshaw, C. P., Debnam, K., Koth, C. W., & Leaf, P. (2009). Preliminary validation of the *Implementation Phases Inventory* for assessing fidelity of schoolwide positive behavior supports. *Journal of Positive Behavior Interventions, 11*(3), 145–160.

Calbreath, W. & Crews, M. E. (2011). Pear mediation and middle school students. *Perspectives in Peer Programs, 23*(1), 3–8.

Carter, M., & Grunsell, J. (2001). The behavior chain interruption strategy: A review of research and discussion of future directions. *Journal of the Association for Persons with Severe Handicaps, 26*(1), 37–49.

Cigainero, L. (2009). The effectiveness of peer mediation on reducing middle school violence and negative behaviors. Ed.D. Dissertation, University of Phoenix. Retrieved from http://eric.ed.gov/?id=ED515905

Commonwealth of Massachusetts Office of the Attorney General. (2005). *Student Conflict Resolution Expert (SCORE) program*. Boston, MA: Author.

Conboy, S. M. (1994). *Peer mediation and anger control: Two ways to resolve conflict*. St. Paul, MN: University of St. Thomas.

Corkum, P., Corbin, N. & Pike, M. (2010). Evaluation of a school-based social skills program for children with attention-deficit/hyperactive disorder. *Children & Family Behavior Therapy, 32*(2), 139–151.

Fenty, N. S., Miller, M. A., & Lampi, A. (2008). Embed social skills instruction in inclusive settings. *Intervention in School and Clinic, 43*, 186–192.

Figlio, D. N., & Lucas, M. E. (2003). Do high grading standards affect student performance? *Journal of Public Economics, 88*(9), 1815–1834.

Flannery, K. B., Sugai, G., & Anderson, C. M. (2009). School-wide positive behavior support in high school. *Journal of Positive Behavior Intervention, 11*(3), 177–185.

Gable, R. A., Hester, P. H., Rock, M. L., & Hughes, K. G. (2009). Back to basics: Rules, praise, ignoring, and reprimands revisited. *Intervention in School and Clinic, 44*, 195–205.

Gottfredson, G. D., & Gottfredson, D. C. (2001). What schools do to prevent problem behavior and promote safe environments. *Journal of Educational and Psychological Consultation, 12*(4), 313–344.

Horatio Alger Association. (2008). *The state of our nation's youth*. Alexandria, VA: Author.

Horner, R. H., Sugai, G., Smolkowski, K., Eber, L., Nakasato, J., Todd, A. W., & Esperanza, J. (2009). A randomized, wait-list controlled effectiveness trial assessing school-wide positive behavior support in elementary schools. *Journal of Positive Behavior Interventions, 11*(3), 133–144.

Kostewicz, D. E. (2008). Creating classroom rules for students with emotional and behavioral disorders: A decision-making guide. *Beyond Behavior, 17*(3), 14–21.

Long, N. J., & Newman, R. G. (1976). Managing surface behavior of children in school. In N. J. Long, W. C. Morse, & R. G. Newman (Eds.), *Conflict in the classroom: The education of the emotionally disturbed children* (3rd ed., pp. 308–317). Belmont, CA: Wadsworth.

Mattox, K., Hancock, D., & Queen, J. (2005). The effect of block scheduling on middle school students' mathematics achievement. *National Association of Secondary School Principals, NASSP Bulletin, 82*, 56–65.

Mayorga, M. G. (2010). The effectiveness of peer mediation on student to student conflict. *Perspectives in Peer Programs, 22*(2), 3–12.

McIntosh, K., Campbell, A. L., Carter, D. R., & Dickey, C. R. (2009). Differential effects of a tier two behavior intervention based on function of problem behavior. *Journal of Positive Behavior Interventions, 11*(2), 82–93.

Meadan, H., & Monda-Amaya, L. (2008). Collaboration to promote social competence for students with mild disabilities in the general classroom: A structure for providing social support. *Intervention in School and Clinic, 43*, 158–167.

Messitt, M. (2013). Buttoned down: Are school uniform policies a perfect fit for all students? *Teaching Tolerance, 52*(43), 56–57.

Murphy, S. A., & Korinek, L. (2009). It's in the cards: A class-wide management system to promote student success. *Intervention in School and Clinic, 44*, 300–306.

National Center for Education Statistics. (2007). *Indicators of school crime and safety.* Washington, DC: U.S. Department of Education.

National Center for Education Statistics. (2013). *Indicators of school crime and safety* (2nd ed.). Washington, DC: U.S. Department of Education.

National Center for Learning Disabilities. (2009). *Definition of RTI.* Washington, DC: Author.

Nelson, R. J., Hurley, K. D., Synhorst, L., Epstein, M. H., Stage, S., & Buckley, J. (2009). The child outcomes of a behavior model. *Exceptional Children, 76*(1), 7–30.

Ritter, J. (1998, October 29). School uniforms changing culture of classroom. *USA Today.*

Ryan, J. B., Pierce, C. D., & Mooney, P. (2008). Evidence-based teaching strategies for students with EBD. *Beyond Behavior, 17*(3), 22–29.

Sanchez, J. E., Yoxsimer, A., & Hill, G. C. (2012). Uniforms in the middle school: Student opinions, discipline data, and school police data. *Journal of School Violence, 11*(4), 345–356.

Sandomierski, T., Kincaid, D., & Algozzine, B. (2009). *Response to intervention and positive behavior supports: Brothers from different mothers or sisters from different misters?* New York, NY: National Center for Learning Disabilities.

Shukla-Mehta, S., & Albin, R. W. (2003). Twelve practical strategies to prevent behavioral escalation in classroom settings. *Preventing school failure, 47*(4), 156–161.

Sklad, M., Diekstra, R., DeRitter, M., Ben, J., & Gravesteijn, C. (2012). Effectiveness of school-based universal social, emotional, and behavioral programs: Do they enhance students' development in the area of skill, behavior, and adjustment? *Psychology in the Schools, 49*(9), 892–909.

Smith, T. J., & Wallace, S. (2011). Social skills of children in the U.S. with comorbid learning disabilities and AD/HD. *International Journal of Special Education, 26*(3), 238–247.

Sowell, R. E. (2012). The relationship of school uniforms to student attendance, achievement, and discipline. Ed.D. Dissertation, Liberty University, Lynchburg, VA.

Stewart, R. M., Benner, G. J., Martella, R. C., & Marchand-Martella, N. E. (2007). Three-tier models of reading and behavior: A research review. *Journal of Positive Behavior Intervention, 9*, 239–253.

Sugai, G. (2001). *School climate and discipline: School-wide positive behavior support.* Keynote presentation to the National Summit on Shared Implementation of IDEA. Washington, DC.

Sugai, G. (2007, December). *Responsiveness-to-intervention: Lessons learned and to be learned.* Keynote presentation at and paper for the RTI Summit, U.S. Department of Education, Washington, DC.

Sugai, G. (2009). *School-wide positive behavior support and response to intervention.* Washington, DC: Office of Special Education Programs, U.S. Department of Education.

Sugai, G., Lewis-Palmer, T., Todd, A., & Horner, R. H. (2001). *School-wide evaluation tool.* Eugene, OR: University of Oregon.

Sugai, G., Todd, A. W., & Horner, R. H. (2001). *Team implementation checklist* (Version 2.2). Eugene, OR: University of Oregon.

Sunhwa, J., & Sainato, D. M. (2013). Teaching play skills to young children with autism. *Journal of Intellectual & Developmental Disability, 38*(1), 74–90.

Trussell, R. P. (2008). Classroom universals to prevent problem behaviors. *Intervention in School and Clinic, 43*, 179–185.

Turnbull, A. P., & Smith-Bird, E. (2005). Linking positive behavior support to family quality of life outcomes. *Journal of Positive Behavior Interventions, 7*(3), 174–180.

U.S. Department of Education. (2013). *School uniform statistics.* US Department of Education. Washington, DC. Author.

U.S. Department of Justice. (2005). *National crime victimization survey.* Washington, DC: Author.

Walker, K. (2007). *The principals' partnership: Research brief on school uniforms.* Omaha, NE: Union Pacific Foundation.

Wheeler, J. J., & Richey, D. D. (2005). *Behavior management: Principles and practices of positive behavior supports.* Upper Saddle River, NJ: Merrill/Pearson Education.

White, O. R., & Haring, N. G. (1976). *Exceptional teaching.* Upper Saddle River, NJ: Merrill/Pearson Education.

Whitted, K. S. (2011). Understanding how social and emotional skills deficits contribute to school failure. *Preventing School Failure, 55*(1), 10–16.

Williams, C. (2011). The impact of block scheduling on student achievement, attendance, and discipline at the high school level. Ed.D. Dissertation, Argosy University, Orange, CA. Retrieved from eric.ed.gov/fulltext/ED528899

Zirpoli, T. J. (2003). *Cures for parental wimp syndrome: Top ten list for effective parenting.* Stahlstown, PA: Silverbear Graphics.

긍정적 행동지원을 위한 개별 전략

Meagan K. Gregory와 Thomas J. Zirpoli

13

학습목표

이 장을 학습한 후 학생들은

행동 중재 계획을 세울 수 있다.

차별 강화 전략을 사용할 수 있다.

특정 행동 감소 전략을 활용할 수 있다.

제12장에서는 학교 건물과 교실 내에서의 긍정적 행동지원 문화를 만드는 학교차원과 학급차원 전략들에 관해 살펴보았다. 이러한 보편적인 정책과 절차들은 학생의 적절한 사회적 기술을 장려하고 촉진하며, 보편적 지원은 대부분의 학생들에게 효과적이다. Sugai와 Horner(2007)에 따르면, 1차의 보편적 중재인 학교차원과 학급차원의 예방 전략이 학생의 80%에서 효과적이고 학생의 15%는 위험 행동을 보여 표적화된 소집단 중재를 요구하며 학생의 5%는 행동중재 계획(behavior intervention plan, BIP)에 따른 집중적이고 개별화된 중재를 요구한다.

이 장에서는 매일 학생들을 만나는 특히 집중적인 3차 지원이 요구되는 학생을 만나고 이들을 위해 BIP와 일반적인 다른 중재를 계획하고 실행해야 하는 교사를 위해 적합한 전략에 관해 살펴보고자 한다. 먼저 BIP의 구성요소를 개략적으로 알아보고, 적절한 행동의 증가와 부적절한 행동의 감소를 위한 긍정적 행동지원 활용을 적극 권장하고자 차별 강화 전략에 대해 살펴보고자 한다. 마지막으로 BIP에 포함되는 부적절한 행동 감소를 위한 특정 전략들을 간략히 알아보고자 한다.

행동중재 계획

2004년 미국 장애인교육법(Individuals with Disabilities Education Act, IDEA)은 기능적 행동평가를 통해 수정이 필요한 표적행동이 판별되면 문제행동의 감소 및 제거를 위해 학급 교사는 행동중재 계획(BIP)을 개발해야 한다고 규정하고 있다. BIP는 학생들의 요구에 따라 개별화되어야 한다. 그러나 법에는 BIP의 내용에 관해 구체적으로 규정되어 있지 않다. Etscheidt(2006, 225)는 행정적 의사결정과 판례에 대한 검토에 근거하여 적절한 BIP와 관련한 다음과 같은 다섯 가지 주제를 제안하였다.

1. 학생의 행동이 학습을 방해할 경우 BIP를 개발해야 한다. Etscheidt(2006)는 학교가 필요 시 학생에게 BIP를 제공하지 못한 경우, 청문회 심문관과 법원은 학생의 IEP가 부적절하고 사립학교로 비용 지급이 적절하다고 판단하는 것 같다고 한다.

2. 학생의 BIP 개발은 최근 시행된 의미 있는 평가에 기반해야 한다. 평가에는 문제행동과 관련 있는 환경 변인을 판단하기 위한 기능적 행동평가(functional behavioral assessment, FBA; 제9장 참조)가 포함되어야 한다.

3. IEP와 마찬가지로, BIP는 학생의 요구에 부합하도록 개별화되어야 한다. 학교 차원의 PBS 프로그램(1차 지원) 또는 공동의 학업 요구 또는 행동문제를 가진 소집단 학생들을 대상으로 하는 표적집단 프로그램(2차 지원)은 개별화를 고려하지 않는다. BIP는 학생에 대한 개별적인 평가 자료를 반영해야 한다. 예를 들면, 집단 상담은 특정 개별 학생의 요구에 기반되어야 하는 BIP의 기준에 부합하지 않는다.

4. BIP는 강화 전략과 다른 긍정적 행동지원을 포함해야 한다. 이러한 전략과 지원은 구체적이고 상세히 기술되어야 한다. 목적과 목표를 단순하게 나열하는 것은 적절하지 않다. 부적절한 행동에 대한 후속결과가 포함되는 것이 적합하지만, BIP에 강화 사용과 다른 긍정적 행동지원이 포함되지 않고 처벌적이라면 이 BIP는 미흡한 것이다.

5. BIP는 충실하게 실행되어야 하고, 그 효과성을 점검하기 위한 자료가 수집되어야 한다. 팀의 의사결정에 자료를 사용하지 않으면 이 또한 미흡한 BIP가 된다. 예를 들면, 자료에서 BIP가 효과적이지 않은 것으로 나타나면, BIP는 수정되어야 한다. 뿐만 아니라 학교는 BIP 실행을 점검해야 한다. BIP가 충실하게 실행되지 않으면,

학생을 만나는 모든 사람들은 학생의 행동에 반응하는 방법을 알고 BIP에 익숙해지도록 전문성 개발 및 훈련을 받아야 한다. 예를 들면, BIP의 전반적 계획의 한 부분으로 학생의 표적행동에 대해 소거를 적용하기로 했다고 가정하자. 그런데 학교 내 일부 교직원들이 이를 알지 못하고 학생이 표적행동을 보인 것에 관심을 준다면 BIP는 충실하게 실행되지 않은 것이고, 청문회 심문관과 법원은 적절한 교육에 대한 학생의 권리가 침해된 것으로 여길 것이다.

이 장에서는 BIP에 최소한 다음의 내용이 포함되어야 함을 제안한다. (a) 학생의 이름, (b) 표적행동, (c) 기초선 자료, (d) 프로그램 목표, (e) 강화 목록, (f) 강화 계획, (g) 수행 준거, (h) 표적 행동 후 뒤따르는 후속 자극. BIP의 예가 그림 13.1과 그림 13.2에 제시되어 있다.

집중적이고 개별화된 중재가 필요한 학생들을 위해 BIP를 개발할 때, 차별 강화 전략이 포함되어야 한다. 다음에서 이러한 전략에 관해 살펴보고자 한다.

차별 강화 전략

차별 강화(differential reinforcement)는 적절한 행동의 발생을 유지 및 증가시키기 위해 일차적으로 강화를 적용하는 것으로 크게 두 가지 유형이 있다. 첫째, 적절한 **변별 자극** (discriminative stimulus, S^D)에 뒤이어 행동이 나타날 때만 강화를 제공하는 것이다. 예를 들면, 교실 내에서 말하는 행동은 어떤 상황에서는 적절한 반면, 다른 상황에서는 부적절할 수 있다. 특정한 선행사건(예 : 교사가 질문을 했을 때)에 뒤이어 말

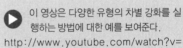

이 영상은 다양한 유형의 차별 강화를 실행하는 방법에 대한 예를 보여준다.
http://www.youtube.com/watch?v=4C1rNVAAExQ

을 했을 때만 강화를 하고, 다른 시간에 말을 하면 강화를 하지 않음으로써 말하는 행동에 대한 차별 강화를 적용할 수 있다.

또 다른 적용은 하나의 표적행동만을 강화하고 다른 행동에 대해서는 강화를 하지 않는 것이다. 그래서 강화된 행동이 증가하면 강화하지 않는 다른 행동의 감소 여부에 상관없이 이러한 다른 행동과 표적행동은 차별화되었다고 할 수 있다. 부적절한 행동에 상반되거나 그에 대체할 만한 행동을 강화하면 이는 적절한 행동을 증가시키기 위해 차별 강화가 적용되고 있는 것이다.

행동 프로그램의 주안점은 적절한 행동을 강화하는 것이다.

일반적으로 차별 강화는 학생이 자신의 행동 목록 안에 가지고 있으면서도 적절한 수준으로 수행하지 못하는 행동의 비율, 지속시간, 강도를 증가시킨다. 예를 들면, 학생은 교사의 관심을 끌기 위해 손을 드는 방법을 알고 있으나 과제를 수행하면서 교사를 자주 부르고 다른 또래들을 방해한다. 학생이 허락 없이 불쑥 말하는 행동 대신에 손을 들었을 때 교사가 반응을 하면, 학생은 이러한 행동이 교사의 관심을 끄는 효과적인 방법임을 학습하게 된다. 또 다른 예를 들면 임상가가 음식 거부행동을 보이는 아동의 음식 먹는 행동의 비율을 증가시키기 위해 음식 거부행동은 무시하고 음식 먹는 행동에는 관심을 주는 차별 강화를 사용하였다(McCartney, Anderson, & English, 2005).

응용행동 분석(applied behavior analysis, ABA)과 긍정적 행동지원(positive behavior supports, PBS) 전문가들은 행동변화 전략의 일환으로 차별 강화의 사용이 가장 적합한 전략이라고 한다(Brown, Michaels, Oliva, & Woolf, 2008). 차별 강화의 핵심이 정적 강화 사용이므로, 이러한 전략은 긍정적 행동지원 계획의 일부분이고 행동중재 전략의 핵심이 되어야 한다. BIP를 개발할 때 교사는 "학생이 문제행동을 보이지 않으면 내가 어떻게 강화를 할 것인가? 문제행동을 대체할 수 있는 어떤 대체행동을 강화할 수 있을까?"와 같은 질문의 답을 찾아야 한다. 차별 강화를 사용하는 이러한 두 가지 전략의 유형이 다음에 논의된다.

타행동 차별 강화

타행동 차별 강화(differential reinforcement of other behaviors, DRO)는 Reynolds(1961)에 의해 처음 기술되고 사용되었다. Reynolds에 의하면 학생이 사전에 계획된 일정한 시간 간격 동안에 어떠한 다른 행동이 발생하든 상관없이 표적행동을 보이지 않으면 강화를 제공하는 것을 DRO라고 한다. 예를 들면, Conyers, Miltenberger, Romaniuk, Kopp과 Himle(2003)의 연구에서 연구 대상인 유치원생은 교실에서 1분의 시간 간격 동안 파괴 행동을 보이지 않으면 토큰을 획득하고 이 토큰은 이후에 음식물로 교환할 수 있었다. DRO를 통해 파괴 행동은 성공적으로 감소되었으며, 시간 간격을 1분에서 4분으로 늘렸을 때도 표적행동 발생의 낮은 수준이 유지되었다.

DRO 계획은 특정 시간 간격 동안에 여러 가지 부적절한 행동을 보이지 않는 것에 수반하여 강화를 제공하기 위해서도 사용된다. 예를 들어, 학생이 소리를 지르기와 다른 사람을 발로 차는 행동을 하면, 소리 지르기와 발로 차기 둘 다를 보이지 않은 것에 대해 강화를 줄 수도 있고, 소리 지르기만을 보이지 않거나 발로 차기만을 보이지 않을 때 강화를 줄 수도 있다. DRO 절차는 특정 부적절한 행동의 생략(omission)에 대해 강화를 하는 것이므로 행동 생략 차별 강화(differential reinforcement of the omission of behavior)라고도 한다(Deitz & Repp, 1983).

이 절차의 일차 목표는 정도는 다소 덜 심각하면서도 여러 가지 부적절한 행동을 보이는 학생의 특정한 행동을 감소시키는 것이다. 많은 행동문제를 보이며 학교 및 학급 차원 PBS를 위한 전략에 반응하지 않는 학생의 경우 교사는 부적절한 행동의 순위를 매기고 한 번에 하나의 행동을 감소시킬 수 있다.

간격 타행동 차별 강화 DRO 계획은 여러 다양한 방식으로 시행될 수 있다. 그중 하나는 DRO 계획을 고정시키는 것이다(예 : 5분마다 또는 15분마다). 사전에 정해진 고정 시간 간격(fixed interval) 동안에 부적절한 행동을 보이면 학생은 강화를 받는다. 그러나 정해진 간격 동안에 부적절한 행동이 나타나면 학생은 간격이 끝나는 시간에 강화를 받지 못한다. 새로운 간격은 앞선 간격이 끝나야만 시작한다. 예를 들면, 또래와 자주 싸우는 학생에 대해 오전 9시부터 오후 3시까지 15분의 고정 시간 간격으로 DRO 계획을 적용할 수 있다. 오전 9시 15분과 이후 각 15분 시간 간격 후에 교사는 학생이 싸우는 행동을 보였는지를 판단한다. 싸우는 행동을 보이지 않았으면 학생은 강화제를 받을 수 있다. 반면에 15분 간격 중에 어느 때든 싸우는 행동이 나타나면 학생은 강화제를 받지 못한다. 15분 고정 간격 DRO 계획에 따라 학생은 하루에 최대 24개의 강화제를 획득할 수 있다. 표적행동이 간격 동안 내내 나타나지 않을 때 강화를 주는 것은 전체 간격 DRO(whole-interval DRO)라고도 한다(Repp, Barton, & Brulle, 1983).

변형된 방법으로 변동 간격 DRO가 있다. 이 경우에, 각 시간 간격의 길이는 평균에 근거하여 다양하게 설정할 수 있다. 간격의 끝을 정확하게 9시 15분, 9시 30분으로 설정하는 것 대신에, 시간 간격이 평균적으로 15분이 되도록 설정하는 것이다. 첫 번째 간격은 20분(9시 20분), 두 번째는 7분 후(9시 27분), 세 번째는 10분 후(9시 37분), 네 번째는 23분 후(10시) 등으로 사전에 정하는 것이다. 학생은 여전히 24개의 강화제를 획득할 수 있고, 교사는 간격이 끝나는 지점과 강화 제공을 더욱 유연하게 운영하므로 수업이나 계속적인 활동이 방해되는 것을 피할 수 있다.

교사는 반응의 기초선 비율에 기반하여 간격의 길이를 설정하고, 학생이 초반에는 빨리 성공할 수 있도록 간격을 짧게 해야 한다. Repp, Felce와 Barton(1991)은 DRO 적용 시 강화 간의 간격을 처음에는 좁게 하다가 점차 넓혀 가는 것이 보다 효과적이라고 한다. 실제로 보다 짧은 간격의 DRO가 보다 넓은 간격의 DRO보다 약 두 배의 효과를 보였다고 한다. 또한 특정한 DRO 간격은 기초선 기간 동안의 행동 비율과 관련이 있거나 수업시간에 따른 부적절한 행동의 발생 수와도 관련이 있다. 예를 들면, 표적행동이 60분의 수업시간 동안 평균 열 번 나타났으며, DRO 간격은 6분이 될 수 있다. Reese, Sherman과 Sheldon(1998)은 초반에 너무 긴 간격(30분)으로 DRO를 실행하였는데 단축된 간격(15분)이 되어서야 방해 행동이 감소되었다고 한다. 더욱 짧은 간격이 사용되자 문제행동이 감소되었고 이후 보다 긴 간격을 다시 적용하였을 때도 행동의 감소가 나타났다고 한다.

재설정 타행동 차별 강화 앞서 언급된 대부분의 DRO 계획에는 재설정이 적용되지 않는다. 즉 15분 DRO에서 학생이 10분에서 15분 사이에 문제행동을 보였다면, 15분 간격 끝에 강화제를 받지 못한다. 학생은 다음 15분 간격에서 다시 시도할 수 있다. DRO의 또 다른 변형인 재설정 DRO는 Donnellan, LaVigna, Negri-Shoultz와 Fassender(1988)에 의해 소개되었다. 재설정 DRO에서는 학생이 10분에 문제행동을 보였다면, 그 간격은 즉시 0으로 재설정되고 15분의 시간 간격이 다시 시작된다. 앞의 예에서, 학생이 9시

10분에 다른 학생과 싸웠다면 즉시 15분 간격이 9시 10분에 재설정되어 9시 30분 대신에 9시 25분이 간격의 끝이 된다. 재설정 DRO 계획에서 학생은 싸우는 행동을 보이지 않은 15분 간격에 기반하여 강화를 받는다. 시간은 학생이 보인 싸우는 행동 후에 재설정된다. 재설정하지 않는 간격 DRO로 9시 10분에 싸우는 행동을 시작해서 20분에 끝나면 이 학생에게는 간격이 끝나는 9시 30분까지 강화를 받을 기회가 없게 된다.

순간 타행동 차별 강화 또 다른 유형인 순간 타행동 차별 강화(momentary DRO)에서는 표적행동의 발생 여부를 간격의 마지막 순간에 관찰하여 확인한다. 그 순간에 행동이 발생하지 않으면 강화가 주어진다(Repp, Barton, & Brulle, 1983). 간격의 정각이 아닌 그 전에 표적행동이 발생한 것은 상관이 없다. 단지 간격의 정각 순간에만 표적행동을 보이지 않으면 된다. 간격의 길이는 고정되거나 변동될 수 있다. 예를 들면, 교사가 5분 고정 순간 DRO를 사용한다면 정확히 매 5분에 학생을 관찰하고, 5분이 끝나는 순간에 표적행동이 나타나지 않으면 5분 이내의 어떠한 시간에 표적행동을 보이더라도 상관없이 강화를 한다. 학생이 강화제를 받을 수 있는 다음 기회는 다음 시간 간격(5분)의 마지막 순간이 된다.

순간 DRO가 간격 DRO보다 간격 내내 주의를 두지 않아도 되기에 시행이 용이하지만, 순간 DRO 관련 연구의 결과는 다양하게 나타나고 있다. 일부 연구에서는 순간 DRO가 간격 DRO보다 덜 효과적이고(Barton, Brulle, & Repp, 1986; Harris & Wolchik, 1979; Repp, Barton, & Brulle, 1983), 다른 연구에서는 간격 DRO만큼 효과적이라고 한다(Hammond, Iwata, Fritz, & Dempsey, 2011; Lindberg, Iwata, Kahng, & DeLeon, 1999). 학생이 자신의 행동이 관찰되고 후속결과로 이어지는 시간을 아는 능력은 순간 DRO의 효과성을 결정짓는 요소이다. Lindberg 등(1999)은 변동 순간 DRO(vmDRO) 계획을 사용하여 DRO 간격의 길이를 평균값 정도로 다양하게 설정하였다. 각각의 간격들은 길이가 달랐기 때문에, 학생들은 관찰 시간을 예측하기 어려웠다.

vmDRO가 일상 환경에서는 적용하기 쉽지 않으므로, Hammond 등(2011)은 고정 순간 DRO(fmDRO)의 두 가지 조건을 비교하여 fmDRO 계획이 더욱 효과적일 수 있는 방법을 알아보았다. 한 조건에서는 간격의 끝에 신호를 보냈고(실험자가 간격의 끝 바로 전에 강화제 들기), 다른 조건에서는 신호를 보내지 않았다. 신호를 보낸 fmDRO가 두 명의 학생에게 효과적이었지만, 다른 두 학생들은 신호를 보내지 않은 fmDRO를 선호하였다. fmDRO를 실행할 때, 행동 관찰이 이루어짐을 잠재적으로 알려 주는 신호(예 : 강화제를 집어 들기, 타이머의 비퍼소리)를 줄이는 것이 최선이 될 수 있다.

타행동 차별 강화 계획 약화시키기   또 다른 DRO 계획은 학생의 진보와 관련하여 적절한 행동을 보여야 하는 시간 간격을 점차 늘려 가는 것이다. 선행연구에서는 DRO 계획은 프로그램을 시작하는 초기에는 시간 간격을 짧게 하고 점차 늘려 가는 것이 처음부터 간격을 길게 하는 것보다 더 효과적이라고 한다(Repp et al., 1991 ; Repp & Slack, 1977). 계획 약화시키기(schedule thinning)에서는 바람직한 행동의 기대 간격이 학생의 진보와 연계하여 점진적으로 증가된다. 이 유형의 목적은 빈번하게 강화를 받을 수 있는 계획에서부터 강화를 받을 수 있는 기회가 훨씬 적은 계획으로까지 강화의 제공을 점진적으로 없애거나 줄이는 것이다. 절차에서 학생은 특정한 시간 간격(예 : 5분) 동안 부적절한 행동을 보이지 않으면 강화를 받는다. 학생이 지속적인 성공을 보이면, 시간 간격은 5분에서 7분으로 늘어난다. 학생은 이전보다 길어진 간격 동안 부적절한 행동을 보이지 않아야만 강화를 받을 수 있다. DRO 간격의 길이를 증가시키는 결정은 학생의 진보에 기반한다. 학생이 문제행동을 거의 보이지 않으면, 시간 간격을 조금씩 증가시킬 수 있다. 이 방법의 목표는 교사가 DRO 간격을 조금씩 증가시켜도 학생은 계속적으로 성공하는 것이다. 학생이 새롭게 증가된 간격에 계속적으로 어려움을 보인다면, 강화 계획을 약화시키려는 시도를 하기 전에 짧은 기간 동안 이전의 시간 간격으로 되돌리는 것도 고려해 볼 수 있다. 강화 계획을 줄이거나 없애는 것은 학생의 진보에 의해 결정되어야 한다. 학생이 적절한 행동을 보이는 시간 간격이 점차 길어지고 진보를 보이면, 교사는 강화의 양 또는 질을 증가시킬 수 있다(예, Roane, Falcomata, & Fisher, 2007). 그렇지 않으면 학생은 진보를 이룬 것에 대해 벌칙을 받는다는 느낌을 받을 수 있다(강화를 받는 시간 간격이 길어짐으로 인해 적절하게 행동함에도 불구하고 강화를 적게 받기 때문에 그러한 생각을 가질 수 있다). DRO의 네 가지 유형의 요약은 다음과 같다(Lindberg et al., 1999).

유형	강화 전달
고정 간격	간격 길이는 고정되어 있고, 표적행동이 그 간격의 어떠한 때에도 나타나지 않으면 강화를 제공한다.

변동 간격	간격 길이는 평균값을 기준으로 다양하고, 표적행동이 그 간격의 어떠한 때에도 나타나지 않으면 강화를 제공한다.
고정 순간	간격 길이는 고정되어 있고, 표적행동이 간격의 마지막 순간에 발생하지 않으면 강화를 제공한다.
변동 순간	간격 길이는 평균값을 기준으로 다양하고, 표적행동이 간격의 마지막 순간에 발생하지 않으면 강화를 제공한다.

강화 계획의 용암은 어떠한 강화 프로그램에서든 중요 요소이다. 현장에서 교사는 매 10분, 15분, 30분마다 지속적으로 표적행동을 관찰하고 강화하기에는 너무 바쁘다. 또한 학생은 보다 자연스럽고, 간헐적인 강화 계획에 따라 적절하게 행동하는 것을 학습해야 한다. 반면에 모든 학생들이 다른 요구를 가지고 있고, 일부 학생들은 보다 많은 지원을 지속적으로 필요로 한다는 것을 교사가 이해하는 것이 중요하다.

LaVigna와 Donnellan(1986)은 DRO의 활용 시 주의점을 다음과 같이 제시하고 있다. 첫째, 부적절한 행동이 발생하지 않은 것에 대한 후속결과로서 강화가 제공되므로 구체적인 적절한 행동이 강화를 받는 것이 아니다. 구체적인 바람직한 행동을 증가시키고자 한다면 차별 강화 프로그램의 다른 유형을 고려하는 것이 보다 효과적이다. 둘째, 부적절한 행동이 나타나지 않는 것에 수반하여 강화를 제공하는 것은 적절한 행동뿐만 아니라 다른 부적절한 행동에 대해 의도하지 않은 강화가 이루어질 수 있다. 마지막으로 재설정 DRO 계획에서 학생은 부적절한 행동을 보이는 즉시 타이머가 재설정되고, 재설성된 후에 강화는 새로운 시간 간격의 마지막에 받게 된다는 것을 학습한다. 학생은 심지어 각 시간 간격의 마지막에 부적절한 행동을 보여도 강화제를 받을 수 있다. DRO 고정 계획으로 바꾸고 부적절한 행동을 할 때마다 시간 간격을 재설정하지 않는 것이 이러한 염려를 없애 줄 것이다. 그러면 학생은 부적절한 행동이 시간 간격의 초기에 나타나기 때문에 시간 간격의 마지막에는 강화를 받을 수 없다. 새로운 시간 간격은 이전에 계획된 시간 간격의 마지막에만 시작할 수 있다.

대체행동 차별 강화

대체행동 차별 강화(differential reinforcement of alternative behavior, DRA)는 부적절한 표적행동을 대체할 수 있는 보다 적절한 형태(form)의 행동을 강화하는 것이다. DRO와 달리, DRA는 강화받게 되는 표적행동이 보다 더 구체적이다. 예를 들어, 학생이 과자를 달라고 떼를 쓰는 행동 대신에 정중하게 과자를 부탁하도록 하려면 교사는 과자를 얻는 것과 동일한 기능을 가진 사회적으로 적절한 대체 형태를 강화해야 한다. Harper, Iwata와 Camp(2013)는 사회적 상호작용을 도피하기 위해 보이는 문제행동을 감소시키고 적절한 요청하기 기술을 증가시키기 위해 DRA를 적용하였다. 세 명의 지적장애 학생들은 강화제에 대한 요청하기 기술(적절한 사회적 상호작용에 참여)을 학습하였고, 적절하게 요청하기를 하면 강화제가 매번 주어졌다. 문제행동이 발생하면 이 행동은 무시되고, 사회적 상호작용은 계속되었다. 모든 학생들은 DRA 중재 동안 높은 비율로 요청하기 기술을 사용하였고 문제행동은 거의 보이지 않았다.

　　DRA 절차는 몇 가지 장점을 가지고 있다. 첫째, 구체적인 적절한 행동의 강화를 강조한다는 점이다. 교사가 아동의 부적절한 행동의 발생 여부를 점검해야만 하는 DRO 절차와는 달리, DRA 절차에서 교사는 적절한 행동의 발생에 중점을 둔다. 둘째, DRA 절차에서 교사는 가르칠(학생의 행동 목록에 적절한 형태가 없는 경우) 또는 증가시킬(학생의 행동 목록에 적절한 형태가 있는 경우) 대체행동을 살펴보아야 한다. 교사들은 강화할 수 있는 대체행동의 고려 없이 부적절한 행동의 처벌에 열중하기도 한다. 처벌 대신에 강화에 중점을 두는 것이 학생의 가정 및 학교 환경에 의미 있는 긍정적 영향을 미칠 것이다. 셋째, DRA 절차는 학생의 행동에 이중 효과를 가지고 있다. 강화를 받으면 적절한 행동이 증가될 뿐만 아니라 부적절한 행동이 감소될 수 있을 것이다(Athens & Vollmer, 2010). 반대로 부적절한 행동에 대해 처벌만 적용이 되면 부적절한 행동의 감소가 적절한 행동의 증가와 연계하여 일어나지는 않을 것이다. 마지막으로 DRA 절차는 가르치기에 그리고 활용하기에 쉽다.

　　DRA 절차는 다양한 방식으로 시행될 수 있다. 적절한 대체행동은 비율 계획(적절한 행동의 수) 또는 적절한 행동의 지속시간에 근거하여 강화될 수 있다.

상반행동 차별 강화

상반행동 차별 강화(differential reinforcement of incompatible behavior, DRI)는 대상이 되는 부적절한 행동에 형태학적으로 상반되는 행동을 강화하는 것이다. 형태학적으로 상반된다는 것은 표적행동과 상반되며 동시에 발생할 수 없는 것을 의미한다. 그래서 이 절차는 경쟁행동 차별 강화(differential reinforcement of competing behavior, DRC)라고도 한다(Donnellan et al., 1988). DRI는 DRA의 변형이다. DRA는 표적행동이 아닌 특정한 대체행동을 강화하는 것이다. 대체행동은 표적행동과 반드시 상반되지는 않는다(예 : 대체행동 차별 강화에서는 교사 때리기의 대체행동으로 휴식 시간 요청하기를 강화). 교사 때리기와 휴식 요청하기가 같이 발생할 수 있기 때문에, 이 경우에 대체행동은 상반되지 않는다. 하지만 DRI에서는 표적행동과 동시에 발생할 수 없는 형태학적으로 상반되는 행동에 대해 강화가 주어진다. 예를 들면 다른 사람을 때리는 행동의 상반행동으로는 자신의 허벅지에 손을 놓는 것이 될 수 있으며, 과제에 참여하지 않는 행동의 상반행동으로는 과제 참여행동이 될 수 있다. 교사가 허벅지에 손을 놓는 행동을 강화하면 다른 사람을 때리는 행동은 감소할 것이다. 또한 과제 참여행동을 강화하면 과제에 참여하지 않는 행동이 감소될 것이다.

모든 부적절한 행동이 형태학적으로 상반되는 행동, 즉 강화하기 위해 적절한 또는 기능적인 행동을 가지고 있는 것은 아니다. 예를 들면, 자리에 지속적으로 앉아 있는 행동(어떠한 움직임도 없이)은 과도하게 움직이는 행동, 자기자극 행동 등 특정한 상황에서 부적절하게 판별되는 다양한 행동에 상반되는 것이다. 이런 경우 교사는 DRA 또는 DRO 절차를 사용하여 증가시키고자 하는 기능적인 대체행동을 판별해야 한다. 차별 강화 프로그램의 예가 표 13.1에 제시되어 있다.

저비율행동 차별 강화

저비율행동 차별 강화(differential reinforcement of lower rates of behavior, DRL)는 Skinner(1938)에 의해 처음으로 기술된 것으로 표적행동의 기초선 비율과 비교하여 표적행동의 비율이 감소하면 강화가 주어지는 것이다. DRA, DRI, DRO 절차와는 달리, DRL은 자주 일어나는 행동의 빈도를 감소시키고자 할 때 특히 유용하다. DRL에서는 표적행동에 뒤이어 강화의 제공이 지속적으로 이루어지기에 심각한 행동에 대해서는 적용되어서는 안 된다. 예를 들면, 화장실 사용을 요청하는 것은 바람직한 행동이다. 하지만 학교에서 이러한 행동이 너무 자주 발생하면 수업을 방해할 뿐만 아니라, 학생의 학업 수행에도 부정적인 영향을 준다. 이 경우에 교사는 행동을 없애려고 하기보다는 수용 가능한 수준으로 행동의 발생률을 감소시켜야 한다.

DRL은 다음의 두 가지 유형 중 하나로 사용될 수 있다. 간격유지 DRL(spaced responding DRL, DRL-T)이라고도 불리는 첫 번째 유형은 표적행동이 바로 전에 일어난 이래로 사

표 13.1 DRO, DRA, DRI의 사례

표적행동	각 프로그램에서 강화되는 행동		
	DRO	DRA	DRI
자리 이탈	행동의 부재	허락 구하기	착석 유지하기
과제 이탈	행동의 부재	—	과제 수행하기
때리기	행동의 부재	협력하기/ 말하기	무릎 사이에 손 끼기
자기 자극	행동의 부재	장난감 놀이하기	가만히 있기
불순응	행동의 부재	휴식 요청하기	순응하기
울화행동	행동의 부재	생각하기/요청하기	—
끊임없이 떠들기	행동의 부재	손 들기	조용히 하기
물건 던지기	행동의 부재	농구하기	쓰기
손가락 빨기	행동의 부재	이 닦기	무릎 사이에 손 끼기
뛰기	행동의 부재	교사 가까이에 머물기	걷기
비속어 사용	행동의 부재	적절한 언어 사용하기	조용히 하기

전에 정해진 시간 간격 후에 표적행동이 발생한 것에 수반하여 강화가 제공되는 것이다 (Skinner, 1938). 예를 들면, 교사는 학생이 이전에 화장실 가기를 요청한 이래로 정해진 시간이 지난 후에 학생이 화장실 가기를 요청하도록 하려 한다. DRL의 이러한 형태의 목표는 현재의 기초선 간격에서부터 보다 더 사회적으로 수용될 수 있는 수준으로 표적행동의 간격을 증가시키는 것이다. 간격유지 DRL은 행동 발생 이후 강화제를 제공하는 것과 관련 있다(정해진 시간이 지난 후에 행동이 발생). 이는 직접적으로 강화되었기 때문에 행동은 계속 발생할 것이라는 의미이고, 단지 낮은 비율로 발생할 것이다. 이는 바람직한 행동이지만 낮은 비율로 발생되어야 하는 행동에 대해 DRL을 적용하는 이유이다. DRL은 완전히 없애고자 하는 부적절한 행동에 적용하는 것이 아님을 명심해야 한다.

전체 회기 또는 전체 간격 DRL(full session or interval DRL)이라고도 불리는 두 번째 유형은 특정 시간 간격 내에 표적행동이 저율로 발생한 것에 대해 강화를 제공하는 것이다(Dietz & Repp, 1983). 교사는 화장실 가기를 요청하는 학생의 표적행동을 한 시간마다 평균 비율로 점검하기로 하면, 매 시간 표적행동의 시간당 비율이 낮아지는 것에 따라 학생에게 강화를 줄 수 있다. 예를 들면, 시간당 화장실 사용을 두 번 이하로 요구하면 강화를 주기로 하였다. 표적행동의 비율이 감소되면서 학생이 진보를 보이면 표적행동이 수용 가능한 수준에 도달할 때까지 강화는 새로운 준거(시간당 점차 낮아지는 표적행동의 발생 비율)에 따라 주어지게 된다. 교사는 전체 간격 DRL 사용 시 바람직한 행동이 낮은 비율로 계속 발생하는지를 점검해야 한다. 강화제는 행동이 특정 숫자만큼 혹은 적게 발생하였을 때 제공되므로, 학생이 강화제를 획득하기 위한 한 가지 방법은 간격 동안 적절한 행동을 보이지 않는 것이다. 화장실 사용 요청하기 또는 교사에게 관심이나 도움 요청하기와 같은 행동이 너무 자주 발생하면 문제가 될 수 있다(Austin & Bevin, 2011). 교사가 학생이 높은 비율로 도움 요청하는 것을 원하지 않더라도, 학생이 진정으로 도움이 필요할 때는 도움을 요청하기를 바란다. 전체 간격 DRL을 사용하면 행동이 제거될 가능성이 있으므로, 간격유지 DRL이 낮은 비율로 행동이 발생할 때 직접적으로 강화할 수 있으므로 최선의 선택이 될 수 있다.

DRL과 고비율행동 차별 강화(DRH)(다음에서 다루어짐) 모두에서 중요한 요소는 표적행동의 기초선 측정을 반드시 해야 한다는 것이다. 행동의 감소 비율에 대한 새로운 준거 또는 목표가 설정되기 전에, 정확한 기초선 측정이 반드시 이루어져야 한다. 기초선 자료는 기대되는 행동 및 행동변화의 척도가 된다. 예를 들면, 교사가 시간당 기초선 비율(학생이 화장실 사용을 요청하는 빈도)을 알지 못하면 그 행동이 중재기간 동안 감소되었는지 또는 학생이 강화제를 획득할 수 있을 만큼 충분히 유의미하게 감소되었는지를 알 수가 없다. 표적행동의 기초선 비율이 시간당 열 번임을 알면, 교사는 DRL 프로그램에서 첫 단계가 시간당 열 번보다 낮은 비율(예 : 여덟 번 또는 보다 적은 횟수)을 보일 때 강화하는 것임을 알 수 있다. 학생이 지속적으로(연속적으로 3~4시간 동안) 기초선 비율보다 낮은 발생률을 보이면, 새로운 보다 낮은 비율(예 : 시간당 여섯 번)이 설정된다. 그러면 강화제를 얻기 위해 학생은 시간당 여섯 번보다 적게 표적행동을 보여야만 한다. 그림 13.1은 욕하는 행동의 감소를 위해 강화 목록과 더불어 DRL과 DRA의 결합을 적용한 BIP의 개요이다. 그림 13.2는 다른 학생들로부터 물건을 빼앗는 행동을 감소시키기 위해 강화 목록과 더불어 DRL과 DRO의 결합을 적용한 6세 학생의 BIP 개요이다.

고비율행동 차별 강화

고비율행동 차별 강화(differential reinforcement of higher rates of behavior, DRH)는 표적행동의 기초선 비율에 비해 행동의 비율이 증가한 것에 강화하는 것이다. DRH는 학생

학생 이름 : 존(15살)

표적행동 : 체육시간에 욕하는 행동

기초선 자료 : 10일간 연속해서 체육시간(50분간)에 존을 관찰하였다. 존은 매 시간 평균 5회 정도 욕을 하는 것으로 나타났다(범위 4~6회).

프로그램 목표 : 50분간의 체육시간 동안 욕을 하지 않는다.

강화 목록 : 다음의 강화 목록 중에서 존이 강화제를 선택하도록 한다.

- 자습시간 동안 원하는 비디오게임을 하기
- 자습시간 동안 자신의 아이팟에 있는 원하는 음악을 듣기
- 자습시간 동안 컴퓨터 하기
- 학교 매점에서 1달러 이하의 물건 선택하기

강화 계획

1단계 : 존이 50분간의 체육시간 동안 다섯 번 이하로 욕을 하면 강화 목록 중 하나를 선택할 수 있다.

2단계 : 존이 50분간의 체육시간 동안 세 번 이하로 욕을 하면 강화 목록 중 하나를 선택할 수 있다.

3단계 : 존이 50분간의 체육시간 동안 두 번 이하로 욕을 하면 강화 목록 중 하나를 선택할 수 있다.

4단계 : 존이 50분간의 체육시간 동안 한 번도 욕을 하지 않으면 강화 목록 중 하나를 선택할 수 있다.

단계 전환을 위한 수행 기준 : 존이 연 3일간 현재의 단계에서 목표로 한 횟수를 달성하면 다음 단계로 전환한다. 예를 들면, 존이 연속 3일간 체육시간에 5회 이하로 욕을 하면 1단계의 목표를 달성한 것으로 보고 2단계로의 전환한다는 것과 강화 목록에서 강화제를 선택하기 위해서는 더욱 높은 기대가 필요하다는 것을 알린다. 강화 목록의 수정이 필요할 경우 각 단계의 전환 시 존과 교사는 강화 목록을 점검한다.

대체행동 차별 강화(DRA) : 체육시간 내내 존이 다른 사람들과 의사소통하기 위해 바람직한 말을 하면, 바람직한 말을 사용한 것에 대한 언어적 칭찬("존, 적절한 말을 사용해서 고마워." 또는 "존, 친구와 적절한 말로 대화하니 좋다.")을 제공한다.

표적행동에 대한 후속결과 : 존이 체육시간에 욕을 하면, 교사는 그 행동에 대해 무시하고 소거를 사용한다. 체육시간 45분이 끝나갈 무렵, 존이 그 단계의 기준에 맞게 수행을 했는지의 여부를 존에게 알려 준다. 존이 기준에 맞게 수행했으면 언어적 강화("잘했어, 존")를 주고, 강화 목록에서 원하는 강화제를 선택하도록 한다. 기준에 맞게 수행하지 못했으면, "존, 오늘은 강화제를 얻을 수가 없구나. 다음번에 더 노력해 보자." 등의 위로를 한다. 표적행동에 대한 부가적인 관심을 과도하게 주지 않는 것이 좋다.

그림 13.1 체육시간 동안 욕하는 행동의 감소를 위한 저비율행동 차별 강화(DRL)와 대체행동 차별 강화(DRA) 적용 행동중재 계획

의 행동 목록에 이미 표적행동이 있으나 자주 일어나지 않고 충분히 지속적으로 나타나지 않은 경우에 그 행동을 증가시키고자 할 때 사용된다.

DRH의 적용 목적이 특정한 시간 간격 내에 표적행동의 비율을 증가시키는 것 외에는 DRL의 적용과 유사하다. DRL과 마찬가지로, DRH는 두 가지 방법으로 사용될 수 있

학생 이름: 줄리아(6세)

표적행동: 타인의 물건을 빼앗는 행동

기초선 자료: 줄리아의 담임교사는 4일간 오전 9시부터 오후 3시까지 타인의 허락 없이 물건을 빼앗는 행동의 발생 횟수에 대한 기초선 자료를 수집하였다. 줄리아는 4일간 6시간의 학교생활 동안 평균 12회 정도 친구의 물건을 빼앗았다.

프로그램 목표: 줄리아는 허락 없이 타인의 물건을 빼앗는 행동의 발생 횟수가 연속 10일간 하루 6시간의 학교생활 동안 0회로 나타날 것이다.

강화 목록: 줄리아는 다음의 강화 목록에서 원하는 것을 선택할 수 있다.

- 교사가 준비한 특별한 연필을 받는다.
- 간식시간에 과자 한 개를 더 받을 수 있다.
- 스티커를 받는다.
- 5분 동안 컴퓨터를 할 수 있다.
- 헤드폰을 착용하고 5분간 음악을 들을 수 있다.

강화 계획

1단계: 하루 6시간의 학교생활 동안 다른 학생의 물건을 빼앗는 행동의 발생 횟수가 10회 이하이면 줄리아는 하나의 강화제를 선택할 수 있다.

2단계: 하루 6시간의 학교생활 동안 다른 학생의 물건을 빼앗는 행동의 발생 횟수가 8회 이하이면 줄리아는 하나의 강화제를 선택할 수 있다.

3단계: 하루 6시간의 학교생활 동안 다른 학생의 물건을 빼앗는 행동의 발생 횟수가 6회 이하이면 줄리아는 하나의 강화제를 선택할 수 있다.

4단계: 하루 6시간의 학교생활 동안 다른 학생의 물건을 빼앗는 행동의 발생 횟수가 4회 이하이면 줄리아는 하나의 강화제를 선택할 수 있다.

5단계: 하루 6시간의 학교생활 동안 다른 학생의 물건을 빼앗는 행동의 발생 횟수가 2회 이하이면 줄리아는 하나의 강화제를 선택할 수 있다.

6단계: 하루 6시간의 학교생활 동안 다른 학생의 물건을 빼앗는 행동의 발생 횟수가 0회이면 줄리아는 두 개의 강화제를 선택할 수 있다.

단계 전환을 위한 수행 기준: 줄리아가 연속 3일간 현재 단계의 기준을 달성하면 행동중재 계획(BIP)의 새로운 단계로 전환한다. 예를 들면, 줄리아가 연속 3일간 타인의 허락 없이 물건을 빼앗는 행동에 대한 1단계 목표를 달성하면 담임교사는 줄리아에게 다음 단계인 2단계로 전환하고 강화제 획득을 위한 기준이 변경됨을 알린다.

타행동 차별 강화(DRO): 줄리아가 타인의 물건을 가지고 있지 않으면, 이에 대해 시간당 최소 한 번 언어적 칭찬을 제공한다. 이는 프로그램의 1~6단계 동안 적용된다.

표적행동에 대한 후속결과: 줄리아가 자신의 것이 아닌 물건을 가지고 있으면, 담임교사는 "이 물건은 누구의 것이니?"라고 학생들에게 물어본다. 담임교사는 누구의 것인지 확인한 후, 줄리아를 주인에게로 데려가고, 줄리아에게 "줄리아, 그 물건 돌려주자."라고 말한다. 종례시간에 줄리아의 교사는 줄리아의 변화과정에 대해 이야기하고 줄리아가 현재 단계의 기준에 맞는 적절한 표적행동을 수행했을 경우 강화 기회를 제공한다. 그러나 그렇지 않을 경우에는 "줄리아, 오늘은 너의 목표대로 하지 못했구나, 내일 다시 노력해 보자."라고 말한다.

그림 13.2 타인의 물건을 빼앗는 행동의 감소를 위한 저비율행동 차별 강화(DRL)와 타행동 차별 강화(DRO) 적용 행동중재 계획

다. 표준 DRH(standard DRH) 절차에서, 학생은 정해진 시간 내에 반응의 최소한의 수를 보이면 강화를 받는다. 예를 들면, 학생이 20분간의 착석 과제 수행 시간 동안에 수학 문제를 최소 10개 정확하게 풀면 강화제를 획득한다. 학생이 20분 중 시작 후 5분 동안에 10문제를 풀었는지 아니면 끝나기 5분 전에 풀었는지는 상관하지 않는다. 반응 간 단기 시간 DRH(DRH of short inter-response times, DRH of short IRTs)에서. 학생은 수학 문제를 더욱 빨리 푼 것에 대해 강화를 받는다(푼 수학 문제 간의 짧은 시간). 이 경우 학생은 2분마다 최소 한 개의 수학 문제를 풀면 강화제를 획득한다. 그러므로 반응 간 단기 시간 DRH에서, 학생은 마지막에 하려고 기다리기보다는 시간 안배를 통해 과제를 나누는 것이 필요하다. DRL과 마찬가지로, 교사는 학생의 현재 수준을 파악하기 위해 표적행동의 기초선 관찰을 해야 한다. 그런 다음 기초선 이상으로 표적행동의 비율이 수용 가능한 수준으로 발생할 때까지 비율이 증가되는 것에 강화를 해야 한다.

행동중재 계획을 위한 구체적인 행동 감소 전략

행동 감소 전략에 관한 논의는 행동이 환경에 의해 영향을 받는다는 가정에 근거한다. 학급 내에서 교사의 행동과 가정에서 부모의 행동이 적절한 행동을 지도하고 부적절한 행동을 수정하는 데 의미 있는 요인임을 이해하는 것이 중요하다. 교사와 부모가 학생과 자녀의 적절한 행동과 부적절한 행동 모두에 영향을 미치는 요인으로서 자신의 행동을 평가하지 않으면, 학생과 자녀를 도울 수 있는 희망은 전혀 없다. 가정환경에서의 문제가 교사로 하여금 학교에서 학생에게 친사회적 행동을 지도하려는 의지를 꺾어서는 안 된다. 학생은 다양한 환경에서 적절하게 행동하는 것을 학습할 수 있다.

교사 및 다른 교육자들이 부적절한 행동을 줄이기 위해 활용할 수 있는 다양한 행동 감소 전략들이 있다. 긍정적 행동지원을 옹호하는 의견(PBS; Brown, Krantz, McClannahan, & Poulson, 2008)과 더불어 강제적인 행동 감소 절차에 대해 부정적 견해가 있지만, BIP에 추천되며 부적절한 행동의 감소를 위해 사용되는 일반적인 전략으로는 사회적 기술 교수(social skills instruction), 소거(extinction), 타임아웃(time-out), 반응 대가(response cost), 원상회복(restitution), 정적 연습(positive practice), 과잉교정(overcorrection)이 있다.

개별적인 사회적 기술 교수

적절한 사회적 기술을 학생들에게 지도하고 시범을 보이며 촉진하기 위한 학교차원과 학급차원의 전략에 관해 제12장에서 살펴보았다. 그러나 학교차원이나 학급차원의 사회적 기술 교수만으로는 충분하지 않을 때, 소집단이나 개별 학생을 대상으로 직접적인 지도가 필요하다(Walker, Colvin, Ramsey, 1995). 무엇보다도 먼저, 학생이 사회적으로 어려움을 겪는 이유를 파악하는 것이 필요하다. Gresham, Cook, Crew와 Kern(2004)은 사회적 기술 결함의 세 가지 유형을 제시하고 있다.

1. 습득(acquisition) 관련 사회적 기술 결함 : 학생은 사회적 기술을 알지 못하거나 해당 기술이 요구되는 적절한 상황을 이해하지 못한다. 습득 결함에 대한 적절한 중재에는 모델링, 코칭, 직접교수가 포함된다(Boutot, 2009에 제시된 사례 참조).
2. 수행(performance) 관련 사회적 기술 결함 : 학생은 사회적 기술을 수행할 수는 있지만 적절한 맥락에서 해당 기술을 충분히 수행하지 못한다. 수행 결함에 대한 적절한 중재에는 촉구, 행동 형성, 정적 강화가 포함된다(제1장과 제10장 참조).
3. 유창성(fluency) 관련 사회적 기술 결함 : 학생은 주저함 없이 정확하게 사회적 기술을 수행하지 못한다. 즉 학생은 해당 사회적 기술을 수행할 수는 있지만, 실제 상호작용에서는 시기적절하게 수행하지 못한다. 유창성 결함에 대한 중재에는 세 유형에서 제시된 것들이 모두 포함된다.

다양한 형식적 사회적 기술 교육과정은 소집단과 개별 학생에게 모두 적용 가능하다. Melloy(2001)는 이러한 사회적 기술 교육과정의 포괄적인 개요를 제시하고 있다. 이러한 방법들은 여러 형식으로 사용할 수 있지만, 앞서 언급한 정적 강화와 차별 강화 전략을 사용해야 한다. 제10장에서 언급한 바와 같이, 강화는 다양한 방식으로 새로운 행동을 지도하거나 지원하기 위해 사용될 수 있다. 사회적 기술 교수에서 정적 강화는 사회적 능력을 보일 때 언어적 칭찬을 사용하거나 적절한 사회적 행동에 대해 획득할 수 있는 강화제 선택이 포함된 BIP의 실행만큼이나 간단한 방법이다. 또한 강화는 학생이 표적 사회적 기술을 보이면 토큰을 획득하는 토큰 경제 프로그램에서 활용될 수 있다. 학생은 종례시간 또는 한 주의 마지막 시간에 자신이 획득한 토큰을 사용하여 강화 목록에 있는 원하는 강화제를 구입할 수 있는 기회를 갖는다. 사회적 기술 지도를 위한 강화 프로그램에 포함되어야 하는 중요 요소는 다음과 같다.

1. 학생이 학습하거나 높은 빈도로 수행해야 하는 표적 사회적 기술(예 : 존은 교사의 관심을 얻기 위해 소리를 지르거나 학급회의를 방해하는 행동 대신에 손을 들 것이다).

2. 학생이 강화제를 선택할 수 있는 강화 목록의 개발(예 : 존을 위한 강화 목록이 개발되었다.)

3. 사전에 결정된 강화 계획(예 : 존은 토큰을 획득하기 전에 얼마나 많은 적절한 행동을 보여야 하는가?). 프로그램을 시작할 때는 연속 강화 계획이 가장 좋지만 프로그램이 진행됨에 따라 강화 계획을 약화시켜야 한다. 존은 토큰을 교환하기 전에 얼마나 많은 토큰을 획득해야 하는가? 존이 (특정한 개수만큼의 토큰을 획득했을 때보다는) 특정 시기에 토큰을 교환하는 것이 학급 구조에 보다 좋은지?

강화 계획을 약화시키는 것과 관련하여 연속 강화 계획에서 간헐 강화 계획으로 강화를 용암시키는 방법에 관해서는 제10장을 참고하기 바란다.

수행의 어려움(즉 동기 부족)을 보이는 학생들을 위해, 앞서 언급한 칭찬과 토큰을 포함하여 차별 강화 전략을 사용하는 것이 적절한 사회적 행동을 향상시키는 데 적합하다. 일부 또는 전체 맥락에서 적절한 사회적 행동에 참여하는 기술이 부족한 학생들을 위해 추가적인 중재가 필요하다. 두 가지 추가적인 중재를 다음에서 살펴보고자 한다.

사회적 상황이야기 사회적 상황이야기(social story)는 글, 그림, 동영상 또는 이 세 가지를 결합한 형식으로 제작될 수 있으며, 학생들이 부적절한 사회적 행동을 보였던 다양한 상황에서 어떻게 반응해야 하는지를 알려 준다(Thieman & Goldstein, 2001). 사회적 상황이야기의 일차적인 목적은 사회적 사상(event)의 구성요소(예 : 관련된 사람, 타인의 생각과 감정)와 해당 사상에서 학생에게 기대되는 행동을 설명하는 것이다(Sansosti & Powell-Smith, 2008). 또한 사회적 상황이야기는 학생이 특정 행동을 해야 하는(혹은 하지 말아야 하는) 이유와 학생의 적절한 행동이 타인에게 어떠한 영향을 주는지에 대한 정보를 제공해야 한다(Gray & Grand, 1993).

▶ 이 영상은 어떻게 좌절을 피할 수 있는지를 설명하는 사회적 상황이야기의 예이다. 여기서는 Marvin the Mouse가 이야기의 주인공으로 등장한다.
http://www.youtube.com/watch?v=vXOQiJPuzdM

Scatton, Tingstrom과 Wilczynski(2006)는 적절한 행동을 촉진하지는 않지만 사회적 상황이야기는 부적절한 사회적 행동 감소에 효과적이었다고 한다. Delano와 Snell(2006)의 연구에서는 적절한 참여 행동과 네 가지 다른 사회적 기술의 향상을 위해 학생들은 개별화된 사회적 상황이야기를 읽었고, 이해 질문에 답을 하였다. Sansosti와 Powell-Smith(2008)의 연구에서는 아스퍼거 증후군 학생을 대상으로 또래가 표적 기술의 시범자로 참여한 비디오 모델링과 파워포인트를 활용하여 컴퓨터 제시 사회적 상황이야기 중재를 실시하였다.

일부 연구들에서는 사회적 상황이야기의 효과가 확인되었지만 사회적 상황이야기 단독 시행의 경우에는 효과적이지는 않은 것으로 나타났다. Leaf, Oppenheim-Leaf, Call, Sheldon과 Sherman(2012)의 연구에서는 여섯 명의 자폐성 장애 학생들에게 여섯 가지의 사회적 기술을 지도하였다. 세 명의 학생들에게는 사회적 상황이야기를 사용하여 지도하였고, 다른 세 명의 학생들에게는 교수 상호작용 절차라고 하는 행동 기술 훈련의 변형을 사용하여 지도하였다. 교수 상호작용 절차는 교사가 사회적 상황이야기에 포함된 동일한 정보(행동에 대한 이유, 상황의 구성요소)를 학생에게 읽어 주고, 그 기술들을 작게 나누고, 그 기술을 보여 주고 역할극을 하는 것이다. 교수 상호작용 절차를 사용하여 가르친 학생들은 18개의 모든 사회적 기술들을 숙달한 반면에, 사회적 상황이야기를 사용하여 가르친 학생들은 18개의 기술 중 단지 4개의 사회적 기술만을 숙달하였다. 이러한 결과에 따라, 교사들은 사회적 상황이야기를 활용할 때 모델링과 역할극을 함께 시행하는 것을 고려해야 할 것이다.

사회적 스크립트 사회적 스크립트(social scripts)는 사회적 상황에서 정확히 반응하는 방법에 관한 정보, 설명, 상기시키는 것을 제공한다. 일부 사회적 상황은 부적절한 행동에 대한 선행사건으로 활용된다(Krantz & McClannahan, 1993). Brown, Krantz, McClannahan과 Poulson(2008)은 세 명의 자폐성 장애인에게 사회적 스크립트를 사용하여 지역사회에서 언어적 상호작용에 참여하도록 지도하였다. 대상자가 스크립트 사용을 학습하면, 스크립트 내 마지막 문장의 마지막 단어를 제거하고 이후 한 번에 한 단어씩 스크립트가 없어질 때까지 계속 줄여나갔다. 스크립트 용암 후에, 연구 대상자들은 스크립트에 없던 언어적 행동을 더욱 많이 보였으며 이러한 행동은 새로운 상황으로 일반화되었다. 이 연구에서는 스크립트보다는 자연적으로 발생하는 자극에 개인의 행동이 일반화되도록 스크립트의 용암이 중요함을 강조하였다. 사회적 스크립트는 자폐성 장애 학생에게 특히 도움이 될 것이다(Sansosti & Powell-Smith, 2006). 사회적 스크립트의 사용은 전문성을 거의 필요로 하지 않고, 단지 약간의 자료만을 요구한다. 교사들은 시각적 촉진을 위해 많은 그림과 색을 활용하여 사회적 스크립트 카드를 창의적으로 제작할 수 있으며, 소집 단 또는 개별 학생을 대상으로 사용할 수 있다.

소거

소거는 이전에 강화받은 행동에서 강화를 제거하여 표적행동의 빈도나 강도를 점진적으로 줄이는 절차이다. 소거를 실행하기 위해 교사는 행동에 대한 강화제를 파악하여 해당 강화제를 철회해야 한다. 행동은 사회적 정적 강화(예 : 관심, 항목에 접근하기), 사회적 부적 강화(예 : 혐오적인 상황으로부터 회피), 그리고 자동적 강화(자기자극이라고도 함)의 세 가지 주요 기능을 갖는다. 강화 철회는 행동의 기능에 따라 다르다(Iwata, Pace, Cowdery, & Miltenberg, 1994). 학생의 행동이 관심이나 항목 또는 활동에

> ▶ 이 영상에서는 소거의 원리를 효과적으로 간략하게 보여 준다.
> http://www.youtube.com/watch?v=MfKjg20KM0s

접근하는 것이라면, 소거는 그 행동을 무시하는 것(즉 행동이 발생할 때 관심, 항목이나 활동을 주지 않는 것)이다. 학생의 행동이 회피에 의해 유지된다면, 소거는 행동이 발생할 때 회피의 기회를 주지 않는 것이다(예 : 행동이 발생할 때 휴식 시간 제공하지 않기, 교실 밖에 서 있게 하지 않기, 과제를 줄여 주지 않거나 과제를 제거하지 않기). 학생의 행동이 자기자극 행동이라면, 행동으로 인해 직접적으로 주어지는 강화제(즉 교사에 의해 전달되지 않는 학생 스스로가 자신에게 주는 강화제)를 철회하는 것이 어렵기 때문에 소거의 실행이 곤란할 수 있다. 예를 들면, 학생이 자기 자극을 위해 자신의 머리를 때린다면, 교사는 학생에게 부드러운 재질의 레슬링 헬멧을 쓰게 할 수 있다. 이는 학생이 행동을 계속할 수는 있지만 강화제(즉 학생이 자신의 머리를 때릴 때 얻게 되는 느낌)는 제거될 것이다.

소거가 행동을 제거할 수 있는 가장 직접적인 방법이지만, 실제 시행은 쉽지가 않다. 행동 중에는 지속되어서는 안 되며 교사가 소거 과정에서 강화제를 제공하는 즉각적인 중재를 시행하게 만드는 행동도 있다. 예를 들면, 학생이 학업적 요구를 피하고자 또래에게 공격행동을 한다면, 교사는 교실 밖으로 학생을 내보낼(아니면 다른 학생들을 모두 교실 밖으로 나가게 하기) 수 있다. 이는 잠시 동안이라도 학생이 과제로부터 벗어나게

되는 결과로 이어진다. 앞서 언급한 바와 같이, 자기자극 행동은 강화제를 통제하기가 어렵기 때문에 쉽게 소거될 수 없다.

이 장의 주제와 관련하여 Shulka-Mehta와 Albin(2003)은 부적절한 행동에 대해 적절한 대안을 가르치고 강화하기 위해 앞서 언급된 차별 강화 전략과 함께 소거를 사용하는 것을 권장하고 있다. 예를 들면, Bloom, Lambert, Dayton과 Samaha(2013)의 연구에서는 세 명의 학생들이 보이는 문제행동(공격행동, 울화행동, 파괴 행동)에 대한 강화제를 판별하여 두 명의 학생들에게 DRA와 소거를 적용하였다. 학생들은 문제행동을 유지시키는 강화제(휴식 또는 사물에의 접근)를 요구하는 그림 카드를 사용하는 것을 학습하였다. 문제행동이 발생하면 강화제가 제공되지 않았다. 이 중재를 통해 학생들의 문제행동이 감소되었다.

소거와 일관성 소거의 효과와 관련하여 일관성은 가장 중요한 요소이다. 효과적인 표적행동 감소를 위해 교사는 행동이 나타날 때마다 매번 행동을 무시해야 한다. 소거 프로그램 적용 시 다른 교사와 양육자들이 표적행동을 무심코 강화할 수 있으므로, 교사는 학생과 관련이 있는 모든 사람들의 표적행동에 대한 관심 강화제를 일관되게 제거해야 한다. 관련인들에 의한 우발적인 강화가 반드시 방지되어야 한다.

교사는 학생의 일차적 강화원이 교사인지 또래인지를 결정해야 한다. 일차적 강화원이 또래라면 교사는 강화 전달을 조절하는 위치가 아니므로 소거는 표적행동을 감소시키는 효과적인 절차가 아닐 수 있다. 예를 들면, 학생이 또래의 관심을 얻기 위해 학급에서 파괴행동을 보인다면, 또래의 협력 없이는 교사가 주도하는 소거 프로그램은 비효과적일 수 있다. 그러나 학생의 행동이 또래 관심에 의해 유지되는 것이면, 전혀 희망이 없는 것은 아니다. Carlson, Arnold, Becker와 Madsen(1968)은 교실에서 또래 관심과 관련한 문제를 솔직하게 말하는 것이 독창적인 방법임을 입증하였다. 또래 관심에 의해 유지되었던 학생의 문제행동을 감소시키기 위해 연구자들은 교실에 있는 나머지 학생들에게 집단 강화를 실시하였다. 매번 대상 학생이 울화행동을 보일 때마다 다른 학생들이 모두 이 행동을 무시하면 학생들은 사탕을 획득하였다.

타행동 감소 절차와 마찬가지로 소거 절차만을 단독으로 사용해서는 안 되며, 적절한 행동을 강화하는 절차와 함께 사용해야 한다. 교사들이 부적절한 행동에 대해 일관되게 어떠한 강화도 제공하지 않으면 그 행동은 오랜 기간 나타나지 않을 것이다. 교실적용

| 교실적용 13.1 | 교실에서의 '소거' 적용 사례 |

앤은 고등학교 3학년 학급을 맡고 있다. 어느 날, 앤은 학급 학생들 중 레온이라는 학생이 다른 학생에게 방해가 되는 매우 어이없는 행동을 하고 있는 것을 보게 되었다. 또한 많은 학생들이 그의 이러한 행동에 상당한 관심을 보이고 있음을 알게 되었다. 방과 후 학급 학생들은 레온의 행동이 얼마나 방해가 되는지에 대해 교사에게 이야기하였다. 교사 앤은 레온이 친구의 관심을 얻기 위해 그러한 행동을 할 수 있음을 이야기하고, 앞으로는 레온의 행동에 어떠한 관심도 보이지 않고 무시하면 레온도 결국에는 멈추게 될 것이라고 조언하였다. 또한 일단 소거를 시작하게 되면 레온이 더 심하게 방해행동을 하게 될 수도 있음에 대해 미리 주의를 주었다. 이후 며칠 동안 학급 학생들은 레온의 행동을 무시하였다. 아니나 다를까 레온은 친구의 관심을 얻기 위해 전보다 더 심하게 방해행동을 하였다. 그러나 며칠이 지난 후 레온은 다른 친구들이 더 이상 그의 행동을 재미있어 하지 않는다는 것을 깨달았고, 이에 곧 차분해졌다. 앤은 레온을 불러 적절한 행동을 할 경우에 관심을 받을 수 있다고 말해 주었다. 교사는 레온이 부적절한 행동이 아닌 적절한 행동을 통해 교사의 관심과 친구들의 관심을 얻을 수 있다는 것을 배울 수 있었음을 확신하였다.

생각해 보기
앤은 레온의 방해행동을 감소시키기 위해 레온의 학급 친구들의 협조를 구해야만 했다. 그들이 레온의 행동을 재미있어 하고 친구들의 관심이 레온에게 강화가 되는 한 앤은 위와 같이 할 수 없었을 것이다. 이러한 분석에 대해 어떻게 생각하는가? 또한 초등학교, 중학교, 고등학교에서 이러한 상황이 벌어진다면 또래 학생의 협력을 얻는 데 있어서 문제가 되는 것은 무엇일까?

13.1의 레온과 같이 학생은 부적절한 행동은 무시되고 적절한 행동만이 바람직한 관심이나 강화를 받을 수 있음을 학습할 것이다.

소거에 영향을 미치는 다른 요인 Kazdin(2012)은 소거에 대한 저항에 영향을 미치는 요인을 다음과 같이 기술하고 있다.

- 이전에 행동을 유지시킨 강화 계획(연속적으로 강화된 행동이 간헐적으로 강화된 행동보다 빠르게 감소한다.)
- 이전에 행동을 유지시킨 강화의 양과 정도(행동과 연계된 강화의 양이나 정도가 크면 클수록 소거에 대한 저항도 크다.)
- 표적행동과 사전에 연계된 강화 시간의 길이(강화와 행동 간의 연계시간이 길면 길수록 소거에 대한 저항이 크다.)
- 강화와 행동 간의 연계를 끊기 위해 과거에 사용된 소거의 횟수(소거를 사용한 횟수가 많을수록 보다 빠르게 소거된다.)

소거 폭발 소거는 관심을 끌려는 부적절한 행동을 감소시키는 데 효과적인 절차이다. 그러나 이 절차의 다른 양상으로 인해 소거의 적용이 매우 어려울 수 있다. 학생은 교사가 관심을 주거나 포기를 할 때까지 부적절한 행동을 지속하면 결국 자신의 요구가 부응될 수 있음을 학습하기도 한다.

교사가 이전에 강화된 행동을 무시하기로 결정하면 무슨 일이 일어날까? 학생은 교사가 결국 포기하고 다시 관심 주기를 희망하여, 보다 더 많이 그리고 심한 정도로 행동을 반복한다. 이를 소거 폭발(extinction burst)이라 한다. 소거 폭발은 소거가 적용된 즉시 표적행동의 빈도 또는 강도가 일시적으로 증가하는 것이다. 예를 들면, 교사의 관심을 끌려고 허락 없이 말하는 행동을 무시하면 학생의 행동이 처음에는 증가한다. 학업적 요구에서 벗어나 휴식 시간을 요구하는 적절한 방법을 학생이 사용한 것에 대해 일관되게 강화가 주어지면, 학생의 큰 소리로 말하는 행동은 감소될 것이다.

많은 교사들이 이러한 소거 폭발에 관해 잘 알지 못하여 소거 프로그램이 비효과적이라고 잘못된 판단을 내린다. 이에 반해 소거 폭발을 통해 (a) 교사는 표적행동을 유지시키는 일차적인 강화제를 판별하고, (b) 이러한 강화제가 효과적으로 제거되고 있으며, (c) 소거 절차가 학생의 행동에 영향을 미치고 있음을 확인할 수 있다. 교사가 인내심을 가지고 일관되게 소거를 적용하면 소거 폭발 시기가 끝나고 학생의 행동은 개선될 것이다. 소거를 적용하기 전에 교사는 소거 폭발 시기 동안에 부적절한 행동을 무시할 수 있는지를 반드시 결정해야 한다. 그렇게 할 수 없다면 소거가 아닌 다른 절차를 적용하는 것이 바람직하다.

자발적 회복 자발적 회복(spontaneous recovery)은 강화받지 않는 소거기간 동안 표적 행동이 일시적으로 발생하는 것을 의미한다. 행동의 빈도와 강도는 자발적 회복기간 동안에는 대개 의미가 없다. 이 시기에 가장 위험한 요소는 학생의 행동이 유의미한 교사의 관심이나 강화를 받게 되는 것이다. 이는 이후에 표적행동의 재발 가능성을 증가시킬 수 있다. 그러나 교사가 일관되게 소거 절차를 적용하면, 표적행동의 재발 가능성은 거의 없다. 학생의 수업시간 중 떠드는 행동의 빈도를 줄이기 위해 소거 프로그램 적용 중에 나타난 소거 폭발과 자발적 회복의 예가 그림 13.3에 제시되어 있다.

소거의 장점 소거는 다른 행동 감소 절차(특히 강제적 또는 혐오적이라고 간주되는 절

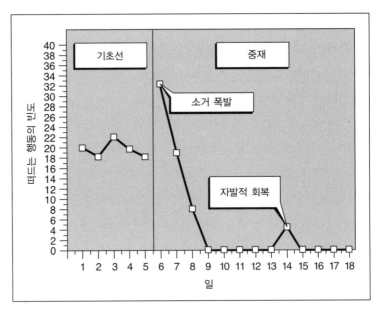

그림 13.3 수업 중 떠드는 행동 감소를 위한 소거 프로그램 적용 시 나타난 소거 폭발과 자발적 회복

차)에 비해 많은 장점을 가지고 있다. 첫째, 소거는 학생의 자존감을 감소시키고 교사와 학생 간의 싸움 관계를 만드는 어떠한 신체 및 언어적 후속결과(예 : 학생에게 "아니지." 라고 반복해서 말하는 것)를 제시하지 않고도 부적절한 행동을 감소시키는 데 효과적이다. 둘째, 소거가 혐오적인 체벌을 사용하지 않으므로 절차의 부작용을 피할 수 있다. 셋째, 소거의 효과는 점진적으로 이루어지지만 효과는 대개 오랜 시간 지속된다. 마지막으로, 부적절한 행동을 무시하면서 적절한 행동을 강화하는 것이 좋은 행동관리라는 점이다. 교사가 중요하지 않거나 정도가 약한 부적절한 행동을 감소시키고자 한다면 정적 강화 다음으로 소거 절차를 적용해 볼 수 있다.

소거의 잠재적 부작용과 단점   소거 폭발 시기 동안 일어나는 표적행동의 일시적인 증가 외에도, 소거 절차는 잠재적 부작용을 가지고 있다. 예를 들면, 학생은 교사가 더 이상 표적행동에 관심을 두지 않으면 좌절하게 된다. 이는 소거 폭발과 다른 부적절한 행동 (예 : 공격행동)의 출현을 이끌 수 있다. 그러나 교사가 다른 적절한 행동에 강화를 제공하고 소거 절차를 일관되게 적용하면 이러한 부작용은 일시적인 현상으로 끝날 수 있다.

정적 강화로부터의 타임아웃

강화로부터의 타임아웃은 개별적인 관심과 중재가 필요한 학생에게 효과적인 방법 중 하나이다. 타임아웃은 부적절한 행동에 수반하여 일정 시간 동안 강화제에 접근할 수 없도록 하는 것이다. 교사는 정적 강화제로의 접근을 두 가지 차원에서 금지시킬 수 있다. 강화제로부터 학생을 제거하거나 학생에게서 강화제를 제거한다. 정적 강화로부터의 타임아웃은 다양한 유형의 행동을 감소시키는 데 효과적인 것으로 입증되고 있다(예, Franklin, Taylor, Hennessey, & Beilby, 2008; Iwata, Rolider, & Dozier, 2009; Warzak & Floress, 2009).

학생이 현재 참여하는 환경이나 활동이 학생에게 강화로서의 역할을 하지 않을 때는 강화제에 접근을 못하게 하는 것이 타임아웃 또는 행동 감소 절차가 될 수 없다. 학생이 환경(예 : 교실)에 있기를 원하지 않는데 학생을 그 환경에서 제거하는 것(예 : 타임아웃, 정학)은 오히려 부적절한 행동에 대한 정적 강화가 될 수 있다(Barbetta, Norona, & Bicard, 2005; Lerman & Toole, 2011; Taylor & Miller, 1997). 이러한 경우에 타임아웃을 사용하면 학생의 부적절한 행동이 증가할 것이다(예, Magee & Ellis, 2001). Ryan, Sanders, Katsiyannis와 Yell(2007)은 교사는 타임아웃 환경과 비교되는 타임인(time-in) 환경에서의 강화 가치를 고려해야 한다고 주장한다. 타임아웃 환경은 타임인 환경보다 강화의 가치가 적어야만 한다.

다른 행동 감소 절차와 마찬가지로, 타임아웃의 효과는 후속결과로서 타임아웃이 시행되는 표적행동의 감소에 의해 측정된다. 교사는 표적행동 점검을 통해 타임아웃 절차가 효과적인지를 결정할 수 있어야 한다. 그러나 많은 교사들은 타임아웃이 학생에게 효과적인 행동 감소 절차가 아님이 분명할 때도 개별 학생에게 타임아웃을 지속적으로 사용하고 있다. 문제행동을 보이는 학생을 환경에서 배제시키는 일부 교사들은 학생을 일시적으로 제압하는 방법으로 타임아웃을 사용한다. 그러나 학생의 행동이 감소하지 않는다면, 이는 정적 강화로부터의 타임아웃이 아니며 효과적인 행동 감소 절차로 기능하지 않은 것이다. 사실상 학생을 일시적으로 제압하는 것은 오히려 교사에게 부적 강화가 되어 효과가 없음에도 불구하고 교사는 이 절차를 지속적으로 사용하게 된다.

타임아웃에 대한 논쟁점 중 하나는 타임아웃의 지속시간에 관한 것이다. 일련의 연구에서 가장 짧은 효과적인 지속시간을 판별하기 위해 다양한 타임아웃의 시간을 알아보았다. 일부 연구에서는 적용한 타임아웃의 시간이 모두 효과적이었다고 한다. 가장 짧은 타임아웃 시간(예 : 1분)이 효과적이지 않다는 연구는 거의 없었다. 예를 들면, McGuffin(1991)은 4세에서 13세 사이의 20명의 아동들을 대상으로 공격행동에 대한 1분, 5분, 10분, 20분 타임아웃 지속시간의 효과를 평가하였고, 5분 타임아웃이 가장 효과적이었다고 한다. Donaldson과 동료들에 의한 최근 일련의 연구들에서 3세에서 6세 사이의 유아들에게 4분 타임아웃이 효과적인 것으로 나타났다(Donaldson & Vollmer, 2011, 2012; Donaldson, Vollmer, Yakich, & Van Camp, 2013). 지속시간이 긴 타임아웃이 짧은 타임아웃에 비해 더 효과적이지 않고 오랫동안 수업에 참여하지 못하는 결과로 이어지기 때문에, 교사들은 학생의 연령과 상관없이 4~5분 타임아웃을 선호한다. 어떤 경우에 타임아웃은 학생이 타임아웃에서 벗어나기 전에 수반적 진정 준거(contingent release/calm criterion)를 포함할 수 있다. 즉 타임아웃 동안에 문제행동이 발생하면, 학생이 정해진 시간 동안 진정할 때까지 시간(타이머)이 재설정된다. 이는 문제행동이 타임아웃으로부터의 벗어나는 것을 통해 우연히 강화된 것이 아님을 확실히 하기 위해 일반적으로 적용된다. 그러나 Donaldson과 Vollmer(2011)는 수반적 진정이 필요하지 않다고 한다. 타임아웃 중이거나 아니거나 또한 수반적 진정을 적용하거나 안 하거나 동일한 정도의 문제행동이 발생한다는 것이다. 그러므로 교사들은 적절한 타임아웃 지속시간을 결정하고 타임아웃 중 문제행동의 발생과 상관없이 타임아웃 시간이 종료되자마자 학생을 타임아웃에서 풀어 주어야 한다. 교사는 타임아웃이 끝나는 시간을 알려 주기 위한 알람 시계, 타이머 등을 사용할 수 있다. 이러한 도구는 학생이 예정된 시간보다 더 많은 시간 동안 타임아웃되는 것을 예방한다. 다음에서는 타임아웃 유형을 구체적으로 살펴보고 타임아웃이라는 이름으로 잘못 정의된 절차들에 관한 용어적 논쟁점을 살펴보고자 한다.

비배제적 타임아웃   비배제적 타임아웃(nonexclusion time-out)은 학생이 문제행동을 보인 정적 강화제가 있는 환경 내에 있으면서 강화의 다른 모든 유형과 다른 사람의 관심을 받지 못하도록 하는 절차이다(Alberto & Troutman, 2006; Cooper, Heron, & Heward, 1987; Lerman & Toole, 2011). 비배제적 타임아웃과 소거를 혼동하기 쉽다. 소거는 표적행동과 관련 있는 강화제를 제거하는 것이지만, 비배제적 타임아웃은 짧은 시간 동안 모든 강화를 일시적으로 제거하는 것이다. 예를 들면, 소거 프로그램의 결과로 줄리아는 허락 없이 말을 하면 교사는 어떠한 관심도 주지 않았다. 줄리아는 이러한 방식으로 이

전에는 교사의 관심을 받았으나 이제는 손을 들 때에만 교사의 관심을 받게 된다. 교사가 줄리아에게 비배제적 타임아웃을 적용한다면 교사는 줄리아가 손을 들지 않고 말하는 것을 볼 때마다 매번 일정 시간(예 : 2분) 동안 줄리아에게서 모든 관심과 다른 강화를 제거할 수 있다. 2분 동안, 손들기와 같은 적절한 행동을 보이더라도 줄리아는 관심이나 어떤 다른 강화제(예 : 스티커, 자유시간)도 받지 못한다. 소거에서는 표적행동(허락 없이 말하는 행동)과 연계된 특정한 강화제(교사의 관심)를 제거하는 것이지만, 비배제적 타임아웃에서는 표적행동에 수반하여 제한된 시간 동안 모든 관심과 강화를 제거하는 것이다.

비배제적 타임아웃은 몇 가지 변형이 가능하다. 가장 일반적으로 사용되는 비배제적 타임아웃의 변형으로는 의도적 무시, 타임아웃 리본, 수반적 관찰이 있다.

의도적 무시. 의도적 무시(planned ignoring)는 부적절한 행동의 발생에 수반하여 짧은 시간 동안 모든 사회적 관심을 제거하는 것이다. 예를 들면, 일대일 교수 또는 소집단 활동 시 부적절한 행동의 발생에 수반하여 30초 동안 교사가 학생 또는 소집단 학생 모두에게서 눈길을 돌릴 수 있다. 한 예에서 ADHD, 불안, 언어장애로 진단된 9세 남자 아동을 대상으로 부적절한 행동을 감소시키기 위한 행동중재 계획의 한 부분으로 의도적 무시가 성공적으로 사용되었다(Stahr, Cusing, Lane, & Fox, 2006).

타임아웃 리본. 타임아웃 리본(time-out ribbon)은 Foxx와 Shapiro(1978)가 처음 사용한 절차로 교실 내 모든 학생들이 리본을 받는다. 적절한 행동을 하여 리본을 부착하면 음식물과 칭찬을 받는다. 대상이 되는 부적절한 행동이 나타나면 교사는 3분간(또는 부적절한 행동이 끝날 때까지) 학생에게서 리본을 빼앗고 어떠한 관심도 주지 않았다. 리본이 없으면, 학생은 관심, 음식물, 또는 어떠한 강화제도 받을 수 없다. 타임아웃 리본 프로그램을 통해 부적절한 행동이 감소하였다.

타임아웃 리본 절차는 개인뿐만 아니라 집단을 대상으로 적용해도 효과적이다. 예를 들면 Alberto, Helfin과 Andrews(2002)는 두 명의 지적장애 학생들에게 타임아웃 손목밴드를 사용하여 중재를 실시하였다. 학생이 손목밴드를 차고 있으면, 바람직한 행동에 대해 토큰을 획득할 수 있었다. 부적절한 행동(소리 지르기, 초대받지 않은 낯선 사람에게 접근하기)에 수반하여, 손목밴드를 다시 되돌려 받을 때까지 토큰을 획득할 수 없는 5분 동안 손목밴드는 제거되었다. 지역사회 견학과 체육시간 동안 중재를 통해 두 명의 학생

효과적인 교사는 무시해야 하는 행동, 강화해야 하는 행동, 처벌해야 하는 행동을 아는 교사이다.

들의 부적절한 행동 발생률이 0%로 감소되었다. Leaf, Oppenheim-Leaf와 Streff(2012)는 자폐성 장애 학생들의 음성 또는 근육 상동행동 감소를 위해 타임아웃 손목밴드를 사용하였다. 학생이 손목밴드를 차고 있으면, 학생은 다양한 강화제를 요구할 수 있었다. 상동행동을 보이면 이에 수반하여, 손목밴드가 제거되고 학생은 손목밴드를 돌려받기 전에 다섯 번의 심호흡을 해야 했다. 손목밴드를 착용하지 않을 때는 강화제는 제공되지 않았고 어떠한 요구도 받아들여지지 않았다. Salend와 Gordon(1987)은 한 집단 학생들을 위해 하나의 큰 리본을 사용하여 상호의존적인 집단중심의 타임아웃 리본 절차의 효과를 증명하였다. 학급 구성원들이 리본을 가지고 있으면서(교실 앞쪽에 설치), 학생들이 부적절한 말을 하지 않으면 2분당 한 개의 토큰을 받을 수 있는 토큰 체계를 적용하였다. 집단 구성원이 부적절한 말을 하면, 교실 앞에 설치된 리본을 1분간 제거하였다. 그동안 학생들은 토큰을 받을 수 없었다. 부적절한 말이 의미 있게 감소하였다.

수반적 관찰. 수반적 관찰(contingent observation)은 비배제적 타임아웃의 한 형태로, 표적행동에 수반하여 강화하는 활동(예 : 이야기 시간, 게임)에서 사이드라인(sideline) 밖으로 학생을 제거하는 것이다(Porterfield, Herbert-Jckson, & Risley, 1976). 고립시키기보다는 학생들이 집단의 주변에 남아 있으면서 활동에 참여하고 적절하게 행동하는 다른 학생들을 관찰할 수 있도록 한다(Mayer, Sulzer-Azaroff, & Wallace, 2012). 일정한 시간이 지나면 학생들은 집단에 다시 돌아갈 수 있다. 예를 들면, 하키 경기를 하면서 반칙을 하면 학생은 일정한 시간 동안 사이드라인 밖에 앉아 있어야 한다. 하키 선수는 팀원들이 경기하는 것을 관찰할 수는 있으나 일정 시간이 지날 때까지는 활동에 참여할 수 없다. Fabiano 등(2004)은 여름방학 캠프 프로그램에 참가한 6~12세 ADHD 71명의 아동들이 보이는 공격행동, 파괴 행동, 불순응 행동을 감소시키기 위하여 수반적 관찰 타임아웃을 실시하였다. 수반적 관찰 타임아웃의 예가 교실적용 13.2에 제시되어 있다.

배제적 타임아웃　배제적 타임아웃(exclusion time-out)은 일정 시간 동안 문제행동을 보인 (강화제를 제공하는) 환경 또는 활동에서 학생을 물리적으로 다른 환경 또는 활동으로 가도록 하는 물리적 제거이다. 고립 타임아웃(isolation time-out)은 표적행동에 수반하여 강화하는 활동으로부터 학생을 전적으로 제거하는 절차이다. 학생은 강화하는 활동으로

교실적용 13.2　공격행동 감소를 위한 '타임아웃' 적용 사례

다양한 민족의 학생들이 다니는 규모가 큰 학교에서 수잔은 3학년 학급을 맡고 있다. 수잔이 가장 걱정하는 것은 학생들이 보이는 공격적 놀이이다. 공격적 놀이의 예를 살펴보면, 서로 밀치기, 장난감총 놀이를 하며 서로를 향해 총 쏘기, 공격적 언어("한 방 먹이겠다.") 사용하기, 또래를 향해 그 외 다양한 폭력적 행동을 취하는 것 등이다. 어느 날 아침, 수잔은 학생들과 이에 대해 이야기해 보기로 하였다. "지금부터 교실 안에서 공격적인 행동을 하게 되면 5분간 구석에서 타임아웃을 하게 될 것이다." 수잔은 학생들에게 폭력적인 언행의 예를 들어 주며 타임아웃을 하게 될 장소를 알려 주었다.

이야기를 끝낸 후 곧 수잔은 마이클이 그에게 방해가 된다며 다른 학생을 때리는 것을 보았다. 즉시 마이클에게 친구를 때린 행동을 지적하고 타임아웃 장소에 5분간 가 있도록 지시하였다. 마이클은 자신이 친구를 때린 이유를 설명하려 하였으나 수잔은 이를 무시하고 타이머를 5분으로 조정하였고 다른 학생들과 함께 수업을 하였다. 타이머의 벨이 울리자 수잔은 마이클에게 수업에 참여하도록 지시하였다.

타임아웃 프로그램의 효과를 높이기 위해 수잔은 일관성 있게 이 절차를 실행하였다. 며칠 후, 학생들은 어떠한 공격적인 행동도 절대 용서하지 않을 것이라는 수잔의 말이 의심할 여지없이 일관되게 적용되고 있음을 깨달았다. 또한 수잔은 교실에서 학생들의 향상된 행동에 대해서는 언어적 칭찬을 아끼지 않았으며, 보다 안전하고 재미있는 학급을 만드는 방법에 관해 이야기를 나누었다. 타임아웃 프로그램이 성공할 수 있었던 이유는 한 학기 동안 일관되게 실행하였기 때문이었다.

생각해 보기

수잔이 학생들에게 이야기한 후 마이클에게 타임아웃을 바로 적용하지 않았다면 어떤 일이 일어났을까? 수잔이 일관되게 프로그램을 진행하지 않고 2~3주 후 '공격적 행동을 금지한다.'는 규칙을 더 이상 실시하지 않았다면 교실에서의 공격적 행동의 빈도는 어떻게 되었을 것이라고 생각하는가? 그러한 비일관성은 학급을 운영하는 데 있어서 수잔의 다른 과업에 어떠한 영향을 미칠 것인가? 수잔은 교실 내에서의 공격행동을 감소시키는 데 부모들을 어떻게 개입시킬 수 있을까?

부터 떠나야 한다. 고립 타임아웃 영역으로는 환경 내에 미리 설계된 구석이나 다른 고립 장소가 된다. 학생은 고립 타임아웃 장소와 자신의 부적절한 행동의 결과로서 타임아웃 영역으로 보내질 것임을 미리 알아야 한다.

이 기법은 어린 아동의 신체적 공격행동을 감소시킬 때 특히 효과적이다. 학생이 표적 행동(예 : 다른 사람을 때리는 행동)을 보이면, 즉시 하던 활동에서 제거되고 사전에 정해진 시간 동안 타임아웃 영역에 가게 된다. 어린 아동을 대상으로는 다정하면서도 단호하게 타임아웃 영역으로 아동을 보내고 왜 그곳에 있게 되는지, 그리고 얼마 동안 있어야만 하는지(예 : "너는 타이머가 울릴 때 이 타임아웃 장소에서 나올 수 있단다.")를 말해 주어야 한다. 나이가 든 학생에게는 간단히 설명하는 것이 좋다. "너는 … 한 행동을 했으니 타임아웃 자리로 가거라." 이외에도 고립 타임아웃의 사용을 위한 지침은 다음과 같다.

- 타임아웃 영역은 교사가 학생을 확실하게 관찰할 수 있으면서도 학생은 자신의 부적절한 행동을 강화한, 그래서 타임아웃을 이끈 활동에는 참여할 수 없는 곳으로 설정해야 한다. 고립 타임아웃은 환경 내에 칸막이를 설치하고 그 뒤에 학생이 있게 할 수도 있고 환경 바로 옆의 오픈된 다른 공간에서 시행할 수도 있다. 학교의 복도는 일반적으로 좋은 타임아웃 장소가 아니다. 이는 교사가 타임아웃 시간 동안 학생을 점검할 수 없기 때문이다.
- 고립 타임아웃 영역에는 학생들이 타임아웃 영역에 있는 동안 해야 하는 것이 무엇인지를 분명하게 알 수 있도록 학생이 앉을 수 있는 의자를 놓는 것이 좋다.
- 교사는 학생이 타임아웃 영역에 있어야만 하는 시간을 타이머에 세팅한다. 타이머를 사용하면 학생은 자신이 얼마 동안 타임아웃해야만 하는지를 분명하게 알 수 있고, 교사는 얼마 동안 학생이 타임아웃하고 있는지를 지속적으로 점검하지 않아도 된다. 오랜 시간 타임아웃한다고 해서 학생이 이후에 부적절한 행동을 보일 가능성이 줄어드는 것은 아니다. 10분 이상 타임아웃하는 것이 2분간 타임아웃을 한 것보다 효과적이지 않을 수도 있다. 중요한 것은 타임아웃 시간이 아닌 일관된 타임아웃의 적용이다.
- 타임아웃의 효과와 관련 있는 중요한 요인은 제외되는 환경의 강화 가치이다. 학생은 타임아웃 영역에 있는 동안에는 교사를 포함하여 다른 사람과 상호작용하는 것

이 허락되지 않는다. 타임아웃의 목적이 강화로부터 학생을 제외시키는 것임을 기억해야 한다.

- 학생이 타임아웃 영역에 있는 것을 거부하면, 교사는 학생을 타임아웃 영역으로 보내고 시간이 될 때까지는 제자리에 돌아갈 수 없다고 말한다. 이것이 효과가 없으면 교사는 연기된 타임아웃(deferred time-out) 절차를 실시한다(Warzak & Floress, 2009). 학생이 타임아웃을 거부한다면, 교사는 타임아웃이 실시될 때까지 학생이 어떠한 강화제에도 접근하지 못하도록 한다. 학생이 교사에게 강화제(예 : 관심, 선호 사물에의 접근)를 요청하면, 교사는 먼저 학생이 타임아웃에 참여해야 한다고 간단히 상기시켜 준다. 교사는 학생의 부적절한 행동, 타임아웃 또는 다른 주제에 대해 장황한 대화를 해서는 안 된다. 학생이 타임아웃을 하고 나면 교사는 가능하다면 학생의 요구를 들어준다.

- 학생이 적절한 행동을 하면 강화를 받는다는 것을 학습하면 학생이 활동에 다시 돌아가기를 원할 것이다.

격리 타임아웃 격리 타임아웃(seclusion time-out)은 학생을 혼자 있을 수 있고, 타임아웃 중에 떠나는 것을 예방할 수 있는 가까운 곳의 독립된 방 또는 칸막이된 작은 방(예 : 타임아웃 방)으로 학생을 이동시키는 것이다(Ryan, Peterson, Rozalski, 2007). 격리 타임아웃의 예로는 학생을 학교의 교육환경 내에 있는 타임아웃 방으로 보내는 것을 들 수 있다. 너무 제한되거나 환기가 안 되거나 어두운 작은 공간(예 : 옷장)은 권장되지 않으며, 이는 학대하는 것으로 간주될 수 있다.

Ryan 등(2007)은 격리 타임아웃 사용에 대한 잠재적인 논쟁점을 간략히 제시하였다. 첫째, 격리 타임아웃은 이 절차의 실행에서 효과를 보였던 학생에게 적용해야 한다. 격리 타임아웃은 처벌적인 교실 환경을 도피하려는 학생과 타임아웃을 하는 동안 학생의 부적응행동으로부터 '도피'한 교사에게 강화제로 기능할 수 있다. 둘째, 격리 타임아웃이 비배제 혹은 배제 타임아웃보다 효과적인지에 대한 증거 자료가 없다. 게다가 학생들은 부적절하게 장기간(한 시간 이상) 격리 타임아웃에 배치되거나 타임아웃 중에 있음을 잊을 수도 있다.

격리 타임아웃은 학생이나 타인의 안전을 보호해야 할 경우에 필요하다. 국제행동분석협회(Association for Behavior Analysis International, ABAI)는 격리 타임아웃의 사용에 대한 요구를 간략히 기술한 성명서(position paper)를 발표하였다. 첫째, ABAI는 보호자가 동의한 형식적인 행동 계획이 없거나 잠긴 방에 격리시키는 격리 타임아웃의 사용을 지지하지 않는다. 행동 계획은 강화 전략을 반드시 포함해야 한다. 격리 타임아웃의 사용은 행동 평가 결과에 근거해야 하고 짧은 기간 적용되며 지속적 평가를 필요로 한다(즉 문제행동은 측정되어야 하고 중재는 측정 자료에 근거하여 중재 효과가 평가되어야 한다). 마지막으로, 격리 타임아웃 절차는 훈련된 교직원에 의해서만 시행되어야 하고 관리 및 감독을 필요로 한다.

타임아웃의 장점 정적 강화로부터의 타임아웃의 장점은 다음과 같다.

- 타임아웃 절차는 적절한 행동을 향상시키고자 하는 정적 강화 프로그램과 함께 적용하는 것이 용이하다.
- 타임아웃 절차의 효과는 대체로 빠르고 효과의 지속성도 길다.
- 비배제적 타임아웃 과정은 학생을 교육환경에서 배제시키지 않고도 활용할 수 있다.
- 비배제적 타임아웃은 학생이 부적절한 행동을 보인 후에 학생과 부정적 신체 접촉을 하지 않아도 된다.
- 타임아웃을 통해 교사는 보다 행동을 감소시키는 대안적인 전략을 얻게 된다.

타임아웃의 잠재적 부작용과 단점 타임아웃을 적용하고자 할 때 우선적으로 고려해야 하는 것은 교수 상황으로부터 학생을 제외시키는 것이 학생의 학업 수행에 영향을 미칠 수 있다는 것이다. Skiba와 Raison(1990)은 정서 · 행동장애로 진단된 초등학생에 대한 타임아웃 적용과 학업 성취 간의 관계를 조사하였다. 연구 결과, 정학이나 무단결석과 같은 교실 부재의 근거보다 타임아웃에서 교수시간의 감소가 적은 것으로 나타났다. 타임아웃의 활용이 높으면, 교사는 교육 수행에 미치는 영향뿐만 아니라 개별 학생에 대한 타임아웃 절차의 효과에 대한 의문을 제기한다(Ryan, Sanders, Katsiyannis, & Yell, 2007). 또한 미국의 Office of Civil Rights는 과도하고 오랜 기간의 타임아웃 사용으로 인해 학생이 적절한 교육을 방해받게 되면 IDEA와 Section 504에 위배될 수 있다고 한다(Yell, 2006).

반응 대가

반응 대가는 부적절한 행동에 수반하여 일정량의 강화제를 체계적으로 제거하는 것이다. 반응 대가에서는 항목(예 : 아이패드) 또는 일관 활동 중에서 특정한 시간(예 : 자유 시간, 책 읽는 시간)을 포함하여 다양한 유형의 강화제가 제거될 수 있다. 예를 들면, Bartlett, Rapp, Krueger와 Henrickson(2011)은 어린 남자 아동의 침 뱉는 행동을 감소시키기 위해 침 뱉는 행동의 발생에 수반하여 10초 동안 라디오를 끄고 라디오를 포함하여 몇 가지 다른 장난감에 대한 비수반적 접근을 제공하여 문제행동을 감소시켰다.

부적절한 행동에 대해 제거되는 강화제의 양은 행동의 심각성에 따라 사전에 결정된다. 이해가 가능한 학생의 경우, 교사는 사전에 학생에게 반응 대가에 대한 설명을 하고 반응 대가가 적용될 행동 목록을 게시할 수 있다. 그러나 일관성 있게 적용되고 적용되는 행동의 수를 제한할 경우, 충분한 언어 기술을 가지고 있지 않은 학생(예 : 비언어적인 학생)에 대해서도 반응 대가가 적용될 수 있다.

반응 대가를 실행하는 보다 보편적인 방식 중에 하나는 토큰 경제 프로그램(제10장 참조)과 함께 사용하는 것이다. 예를 들면, Conyers 등(2004)은 게시판에 부착된 개별 학생의 이름 옆에 15개의 별 스티커를 부착하였다. 방해 행동이 나타날 때마다 한 개의 별 스티커를 제거하였다. 회기가 종료되었을 때 학생이 12개의 별 스티커를 가지고 있으면 사탕을 획득하였다. 반응 대가를 통해 방해 행동이 거의 나타나지 않게 되었다. 반응 대가의 변형으로, 강화제가 행동 발생과 상관없이 비수반적으로 제공된 후에 표적 문제행동의 발생에 수반하여 제거되었다. 이는 행동중재를 필요로 하는 학생들이 한 반에 여러 명이 있을 때 교사가 반응 대가와 토큰 획득의 요소를 함께 실행하는 것이 한 가지만을 시행하는 것보다 쉬울 수 있음을 보여 주는 예이다.

반응 대가는 신중히 고려되어야 하는 몇 가지 잠재적 단점을 가지고 있다. 첫째, 강화제의 수반적 제시를 통한 적절한 행동을 지도하지 않는다는 점이다. 둘째, 부적절한 행동에 대해서만 주의를 두게 한다는 점이다. 마지막으로, 토큰을 획득하는 절차 없이 토큰을 제거하는 프로그램은 학생이 부정적인 마음을 가질 수 있는 기회를 증가시킬 수 있다는 점이다(Pazulinec, Meyerrose, & Sajwaj, 1983). 교사가 학생이 가진 모든 토큰을 제거하게 되면 이후에 학생이 부적절한 행동을 보이면 어떻게 할 것인가?

토큰 경제의 한 부분으로서, 반응 대가가 정적 강화와 결합하여 자주 적용된다. 적절한 행동을 수행한 경우 점수와 토큰을 받고 특정한 부적절한 행동의 발생에 수반하여 점수 또는 토큰이 제거된다. 예를 들면 Musser, Bray, Kehle과 Jenson(2001)은 세 명의 사회 및 정서 장애 학생들을 대상으로 방해 행동을 감소시키고 순응 행동을 증가시키기 위해 반응 대가와 함께 토큰 경제를 적용하였다. 학생들은 게시된 학급 규칙을 준수하는 것에 대해 대략 30분마다 한 개의 스티커를 받았다. 학생이 교사의 두 번째로 반복되는 지시를 따르지 않으면 한 개의 스티커가 제거되었다. 학생이 스티커의 일정 개수를 획득하면 상을 받았다.

앞서 언급된 강화의 구성요소를 포함하여 긍정적 행동에 주안점을 두는 것이 중요하며 반응 대상의 실행에 따라 학생이 여전히 추가적인 강화제를 얻을 수 있게 하는 것(즉 문제행동의 발생으로 토큰이 제거된 후에도 여전히 적절하게 행동하고자 하는 동기가 있다)이 중요하다. 또한 교사는 학생의 모든 강화제가 제거되지 않도록 해야 한다. 부적절한 행동에 대해 토큰을 제거하는 것보다 더 빈번하게 적절한 행동에 대해 강화를 제공하면 학생은 적자 상태가 되지 않을 것이다.

반응 대가만을 사용하는 것보다 반응 대가와 강화를 함께 사용하는 것이 더 많은 장점을 가지고 있지만, Walker(1983)는 반응 대가의 두 가지 변형이 학교 상황에서 동일하게 효과적이라고 한다.

반응 대가와 소거 그리고 타임아웃을 비교한 것이 표 13.2에 제시되어 있다. 반응 대가는 학생 개인이 가지고 있는 특정한 강화제를 제거하는 것인 반면에, 타임아웃은 강화 획득에의 접근을 일시적으로 상실하는 것이다. 소거는 문제행동에 뒤이어 더 이상 문제행동을 유지시킨 특정 강화제가 제공되는 않는 것이다. 그러나 소거가 시행될 때 다른 행동에 대해 강화가 주어질 수 있다.

표 13.2 소거, 타임 아웃, 반응 대가 비교

절차	정의	예
소거	표적행동과 이전에 연계된 관심, 도피, 다른 강화의 제거	학생이 울화행동을 보이는 동안 자리를 떠나서 그 행동을 무시한다. 학생이 울화행동을 보이는 동안 교사의 요구를 지속적으로 제시한다.
타임 아웃	표적행동의 발생에 수반하여 특정한 짧은 시간 동안 강화 획득의 모든 기회를 제거	교사는 다른 학생들을 때리는 행동에 수반하여 학생을 활동에서 제외시킨다.
반응 대가	표적행동의 발생에 수반하여 사전에 결정된 강화제(토큰, 점수, 체크 표시)의 일정량을 제거	교사는 자리이탈 행동을 보일 때 이에 수반하여 학생의 토큰 한 개를 제거한다.

반응 대가는 집단 강화(또는 집단 유관, group contingency)의 한 부분으로 활용될 수도 있다. 교사는 학생을 소집단으로 나누어 각 집단에게 강화제를 획득할 수 있는 기회를 주고 부적절한 행동에 수반해서는 강화제를 제거할 수 있다. 그날 수업이 모두 끝나는 시간에 가장 많은 토큰 또는 점수를 가지고 있는 집단에는 특별한 강화제가 주어진다. 예를 들면, 그날에 해야 하는 활동 중 소집단으로 나누어 시행할 수 있는 활동(예 : 동료 읽기 프로그램)들이 있다. 소집단 활동 시간에 교사는 학급 학생들의 행동을 관리하기 위해 집단 토큰 경제와 반응 대가 프로그램을 사용할 수 있다. 각 소집단은 행동에 수반하여 토큰을 획득하거나 잃을 수 있다. 소집단 수업이 끝날 때, 가장 많은 토큰을 가지고 있는 집단은 특별한 강화제(예 : 컴퓨터 놀이 추가 시간)를 받을 수 있다. 토큰 경제와 반응 대가 프로그램 결합의 예가 교실적용 13.3에 제시되어 있다.

반응 대가의 장점 행동중재를 위해 반응 대가 프로그램을 사용하면 많은 장점이 있다. 그러나 강화 프로그램과 연계하여 반응 대가를 사용하는 것이 좋다는 점을 기억해야 할 것이다.

교실적용 13.3 **교실에서의 토큰 경제 프로그램 적용 사례**

마리에는 24명으로 구성된 1학년 학급을 맡고 있다. 그녀는 행동지원 프로그램의 일환으로, 학생들을 네 집단으로 나누었다. 각 집단마다 최고의 집단 구성을 이루도록 한 학년 동안 집단 구성원을 다양하게 하였다. 네 집단의 책상은 둥글게 배치하였다. 각 집단마다 책상에 깨끗한 플라스틱 병을 놓아두었다.

집단 전체 또는 집단의 한 구성원이 적절한 행동을 할 경우, 플라스틱 병에 토큰을 넣어 주었다. 플라스틱 병은 투명했기 때문에 학생들은 토큰이 쌓이는 것을 직접 볼 수 있었다. 마리에는 프로그램을 흥미롭고 재미있게 하기 위해 높은 비율로 토큰을 주었다. 그러나 집단의 학생들이 과제를 하지 않거나 지시를 따르지 않을 때마다 토큰을 제거하였다. 토큰이 제거되는 경우를 학생들에게 미리 말했

기 때문에 수업을 진행하며 다른 말 없이 토큰을 제거할 수 있었다. 토큰을 제거하는 경우는 학생이 주의를 기울이지 않거나 과제를 수행하지 않을 때였다. 매일 종례시간에 가장 많은 토큰을 획득한 집단 구성원 모두에게 예쁜 연필 한 자루씩을 선물로 주었다. 그리고 주말에는 가장 많은 토큰을 획득한 집단에게 추가의 특권을 제공하였다.

생각해 보기
위 사례와는 달리 부적절한 행동에 대해 반응 대가를 적용하지 않을 경우의 장점과 단점은 무엇이라고 생각하는가? 최근 강조되고 있는 긍정적 행동지원에 기초하여 생각해 볼 때, 반응 대가 프로그램은 적절한 방법이라고 생각하는가?

- 처벌 절차와 마찬가지로 반응 대가의 효과는 빠르게 나타난다.
- 반응 대가 프로그램은 교실 상황에서 쉽게 실행할 수 있고 토큰 경제 또는 다른 정적 강화 프로그램과 쉽게 통합 활용될 수 있다.
- 반응 대가 프로그램은 다양한 연령의 학생들에게 효과적이다(Reynolds & Kelley, 1997).
- 반응 대가 프로그램은 중재가 필요한 특정한 표적행동을 직접적으로 지도할 수 있다.
- 반응 대가 프로그램은 학급의 일과를 방해하지 않고 부적절한 행동에 대한 즉각적인 후속결과를 제공한다.

반응 대가의 잠재적 부작용과 단점　반응 대가는 부적절한 행동에 대한 후속자극으로서 강화제를 제거하는 것이기 때문에 교사들은 적절한 행동 대신에 부적절한 행동에 훨씬 많이 주의를 둘 수 있다. 반응 대가만 단독으로 적용될 경우에는, 적절한 행동을 강화하는 데 교사의 관심이 주어지지 않기 때문에 이 방법은 긍정적 행동지원의 모델과 맞지 않는다.

반응 대가 프로그램의 두 번째 단점은 모든 강화제를 잃고 포기하게 될 가능성이 있다는 것이다. 이러한 단점은 반응 대가 프로그램과 더불어 적절한 행동에 대해 토큰을 획득할 수 있는 기회가 주어지면 보완될 수 있다.

원상회복, 원상회복 과잉교정, 정적 연습 과잉교정

원상회복(restitution), 원상회복 과잉교정(restitution overcorrection), 정적연습 과잉교정(positive practice overcorrection)이라는 용어는 부적절한 행동을 감소시키는 절차를 소개하는 문헌에서 자주 사용된다(Alberto & Troutman, 2006; Cooper et al., 2007).

원상회복　단순 교정(simple correction)으로 알려진 원상회복은 행동 이전의 상태로 환경을 되돌리도록 요구하는 절차이다(Azrin & Besalel, 1980). 우유를 쏟은 학생에게 흘린 것을 깨끗이 닦도록 요구하는 것이 고전적인 사례이다. 학생이 의도적으로 흘렸든 사고로 흘렸든 원상회복은 학생에게 자신의 행동에 대해 책임을 지는 것을 가르치므로 학교차원 긍정적 행동지원(SWPBS) 프로그램의 한 부분으로 권장된다. 원상회복의 또 다른 예가 표 13.3에 제시되어 있다.

표 13.3 원상회복과 원상회복 과잉교정의 예

학생의 행동	원상회복 (학생에게 요구되는 것)	원상회복 과잉교정 (학생에게 요구되는 것)
자동차를 손상시킨다.	수리비용을 지불한다.	새 차 구입비용을 지불한다.
물건을 던진다.	던진 물건을 주어 제자리에 가져다 놓는다.	주변에 있는 모든 물건들을 모두 줍고 적절한 자리에 가져다 놓는다.
놀이를 하거나 다른 활동을 하는 동안 주변을 어지럽힌다.	놀이나 활동하기 이전의 상태대로 청소한다.	놀던 장소보다 더 넓은 곳을 청소한다.
벽에 낙서한다.	벽에 낙서한 것을 지운다.	벽 전면을 깨끗이 지운다.
점심시간에 바닥에 음식을 흘린다.	점심식사 후 흘린 음식물을 닦는다.	바닥 전체를 닦는다.
학교 교재 및 교구를 망가뜨린다.	교재 및 교구를 고치거나 제자리에 놓는다.	교재 및 교구를 고치거나 제자리에 배치할 뿐만 아니라 다른 손상된 교재 및 교구들도 고친다.
학교 기물을 파손한다.	손상 전 상태로 기물을 고쳐놓는다.	손상된 기물을 고치고 학교 기물에 대한 추가적인 서비스를 한다.
운동장에 쓰레기를 함부로 버린다.	운동장에 버린 쓰레기를 줍는다.	운동장과 학교 주변의 모든 쓰레기를 줍는다.

원상회복 과잉교정　Foxx와 Azrin(1973)은 원상회복 과잉교정을 환경의 단순 교정 이상의 단계로 정의하고 있다. 부적절한 행동에 수반하여, 학생은 원상회복시키는 것뿐만 아니라 파괴 이전의 상태보다 더 개선된 상태로 복구시켜야 한다. 원상회복 과잉교정은 고의가 아닌 사고로 일어난 것에 대해서는 적용하지 않고, 고의로 기물 손상을 일으킨 부적절한 행동에 대한 처벌의 결과로서 사용된다. 예를 들면, 고등학교 학생이 유성펜으로 교실 벽에 낙서를 하면 유성펜으로 낙서한 벽면(원상회복)뿐만 아니라 교실의 다른 세 벽면(과잉교정)도 깨끗하게 청소하도록 하는 것이 원상회복 과잉교정이다. 원상회복 과잉교정의 또 다른 예가 표 13.3에 제시되어 있다.

정적 연습 과잉교정　정적 연습 과잉교정은 부적절한 행동에 대한 후속결과로서 적절한 행동을 반복적으로 연습하게 하는 것이다. 연습하는 행동은 학생이 부적절한 행동 대신에 보여야만 하는 정확하고 바람직한 행동이다. 예를 들면, 학생이 앉은 자리에서 휴지통에 종이를 던지면 교사는 학생에게 종이를 집어 들고 휴지통으로 걸어가서 휴지통에 종이를 버리고 자리로 돌아와 앉도록 한다. 그런 다음 교사는 다시 종이를 바닥에 놓고 학생에게 종이를 다시 집어서 휴지통에 버리라고 한다. 이를 5~10회 반복하도록 한다.

정적 연습 과잉교정은 광범위하게 연구되어 왔고, 불순응(Doley, Wells, Hobbs, Roberts, & Cartelli, 1976), 과제 회피 행동(Carey & Bucher, 1983), 일견 단어 교수 동안 의 오류(Worsdell, Iwata, Dozier, Johnson, Neidert, & Thomason, 2005), 상동행동(Harris & wolchik, 1979)을 포함하는 다양한 유형의 문제행동 감소에 효과적인 절차이다. 한 예 로, Pterson과 Thompson(2013)은 자폐성 장애인에게 적절한 여가 활동을 제공하였다. 상 동행동이 나타나면, 연구 참여자들은 멈추라는 말을 듣고 30초 동안 활동에 참여하도록 신체적 안내를 받았다. 정적 연습을 통해 세 명의 모든 참여자의 상동행동이 감소되었고 세 명 중 두 명은 촉진되지 않았던 활동 참여의 향상을 보였다. 처벌 절차가 함께 적용되 었음에도 참여자들은 여가 활동에 대한 선호의 감소를 보이지 않았다.

정적 연습은 부적절한 행동에 대한 정적인 후속결과를 의미하는 것이 아니다. 학생 이 다시는 그러한 부적절한 행동을 보이지 않도록 하는 처벌 절차로 학생이 정확한 반응 을 연습하도록 강요하는 것이다. Foxx와 Azrin(1972) 그리고 Foxx와 Bechtel(1983)은 정 적 연습을 하는 동안 정확한 반응에 대해 강화를 하면, 오히려 학생이 정적 연습을 통해 강화를 받는 부가적인 기회를 갖고자 부적절하게 행동하는 것을 조장할 수 있음을 경고 하였다. 이는 교사가 정적 연습 과잉교정의 사용을 선택할 경우 학생의 불순응이 나타날 수도 있음을 의미한다. 선행연구에 따르면, 신체적 안내는 일반적으로 학생의 순응을 이 끌 때 일반적으로 사용된다. 그러나 이것은 많은 학교에서 선택 사항이 아닐 것이다. 앞 서 타임아웃 부분에서 언급한 바와 같이, 연기된 타임아웃 절차가 신체적 촉진이나 신 체적 안내 없이 타임아웃에 순응하도록 하는 데 사용될 수 있다(warzak & Floress, 2009). 이와 같은 절차가 정적 연습 과잉교정에 불순응할 때도 적용될 수 있을 것이다. 간단하 게 말하면, 학생은 정적 연습 과잉교정 절차가 완료될 때까지 어떠한 강화제에도 접근하 지 못한다. 학생이 교사에게 강화제(예 : 관심, 선호 사물에의 접근)를 요구하면, 교사는 학생이 먼저 정적 연습을 마쳐야 함을 상기시킨다. 과잉교정이 완료되면, 교사는 가능하 면 학생의 요구를 받아 준다.

반응 방해와 재지시

Ahearn, Clark, MacDonald와 Chug(2007)은 반응 방해와 재지시(response interruption and redirection, RIRD)라는 용어를 사용하여 음성 상동행동에 대한 반응 차단(response blocking)의 변형을 소개하였다. 이는 음성 상동행동에 수반한 음성 반응을 필요로 하는 세 가지 요구(또는 질문)를 제시하는 것이다. 예를 들면, 학생이 부적절한 시간(예 : 개별 자습 시간)에 영화의 한 대사를 반복적으로 말하면, 학생이 대사를 시작할 때 교사는 학생에게 "너의 이름이 뭐니?", "몇 시니?", "너의 셔츠는 무슨 색이니?"와 같은 세 가지 질문을 하여 방해를 한다. 학생이 답을 말하면, 교사는 간단히 칭찬을 제공한다. 학생이 답을 하지 않거나 계속 상동행동을 보이면, 교사는 학생이 상동행동을 보이지 않고 세 가지 연속적인 질문에 답할 때까지 세 가지 질문을 다시 한다. 이 절차는 상동행동을 감소시키고, 적절한 발성을 증가시킨다(Ahearn et al., 2007; Ahens, Lerman, Kodak, Worsdell, & Keegan, 2011; Love, Miguel, Fernand, & LaBrie, 2012). 다른 연구자들도 순응이 요구되지 않는 교수 상황에서 촉진을 하는 동안에 상동행동을 하지 않도록 요구하여 동일한 효과를 얻었다고 한다(Ahrens et al., 2011). 순응이 요구되지 않을 때, 음성 언어를 보이지 않는 학생들에게 "너의 머리를 만져봐.", "손뼉을 쳐봐."와 같은 신체적 요구를 하였다(Athens, Vollmer, Sloman, & St. Peter Pipkin, 2008; Casella, Sidener, Sidener, & Progar, 2011). 뿐만 아니라 일부 학생들에게는 세 가지보다 한 가지 요구만으로도 충분하였다(Athens et al., 2008). 마지막으로, 음성과 신체적 요구 모두 음성과 운동 상동행동에 효과적이었다(Ahrens et al., 2011; Casella et al., 2011). 이는 RIRD가 효과적이기 위해 요구의 유형과 상동행동의 유형을 맞추지 않아도 된다는 것이다.

약물치료

이 장에서는 학생의 행동을 변화시키려고 하기 전에 교사 자신의 행동과 학생의 환경을 검토하고 평가하는 것을 강조하고 있다. 원칙적으로 말하면, 이와 같은 접근은 양육자가 자녀의 행동변화를 위해 약물치료를 시도하기 전에 적용되어야 한다. 약물치료 적용이 쟁점이 되면, 교사는 약물치료 평가 전에 학급의 환경 변인을 평가하고 수정하는 것에 대한 권고를 받는다. 그러나 기억해야 할 것은 주 양육자가 학생의 주치의와 협의하여 약물치료에 대한 의사결정을 할 것이라는 점이다. 약물치료는 교사의 전문 영역이 아니기 때문에 교사들은 약물치료의 시작, 중단, 용량의 변화에 관해 어떠한 제안도 해서는 안 된다.

부적절한 행동을 통제하기 위한 약물치료의 적용이 최근 들어 많은 대중의 관심을 받고 있다. 이러한 관심은 메틸페니데이트(methylphenidate)[예 : 리탈린(ritalin), 콘설타(concerta)]의 사용에 주로 있으며, 주의력결핍장애(ADD), 주의력결핍과잉행동장애(ADHD) 또는 과잉행동을 보이는 학생의 행동을 통제하기 위해 사용되는 다른 각성제들에도 이러한 관심이 주어지고 있다. 일부 학생들에게는 이러한 약물치료가 도움이 된다(Jensen et al., 2005). 그러나 약물이 과잉처방되었고 일부 학생들은 덜 강압적인 행동관리 중재가 효과적일 때 약물치료를 받은 경우도 있다(Reid, Trout, & Schartz, 2005). 그럼에도 불구하고 약물치료는 매우 보편적으로 이루어진다. 학령기 아동의 약 8%가 ADD 또는 ADHD로 진단받고 진단된 아동의 절반 이상이 약물치료를 받고 있다(Visser & Lesesne, 2007).

약물치료는 학생의 환경 내에 있는 선행사건과 후속결과를 바꾸지 않는다. 환경 수정이 없이 약물치료만 받게 되는 학생의 환경은 학생의 부적절한 행동을 강화하는 환경이거나 좀처럼 적절한 행동을 가르치지도 강화하지도 않는 환경이 될 수 있다. 이 경우에 약물치료의 효과는 여전히 해결되지 않고 남아 있는 실제의 문제들을 감출 수 있다. 연구자들은 행동관리 중재와 결합된 약물치료가 약물치료만을 적용했을 때보다 더 긍정적인 결과를 가져온다는 것을 지속적으로 입증하고 있다(Visser & Lesesne, 2007).

Schoenfeld와 Konopasek(2007)는 학령기 아동들에게 보편적으로 사용되는 약물의 다양한 범주에 대한 요약과 설명을 제시하고 있다. 이러한 범주는 각성제, 항우울제, 정서 안정제, 항불안제, 항정신병약, 항경련제이다. 각성제는 주로 ADD/ADHD를 치료하기 위해 사용되고, 과제 참여 행동을 증진시키고 교실에서의 방해 행동을 감소시킨다(Northup et al., 1999). 각성제는 효과가 빠르게 나타나고 12시간 정도 지속된다. 이 장에서 제시되는 다른 약물들은 효과를 보기 위해서는 하루 또는 일주일 정도 복용하기도 한다. 일반적으로 알려진 각성제의 상품명으로는 애더럴, 덱세드린, 사이러트, 콘서타, 데이트라나, 포칼린, 메타데이트, 리탈린이 있다.

항우울제는 불안장애, 우울, 강박장애, 투렛증후군을 치료하기 위해 사용된다. 일반적인 항우울제의 상품명으로는 팍실, 프로작, 졸로푸트, 에펙서가 있다. 정서 안정제는 양극성장애를 치료하기 위해 사용된다. 일반적인 정서 안정제에는 테그레톨, 데파코트, 심비악스가 있다. 항불안제는 불안장애와 때때로 뇌전증을 치료하기 위해 사용된다. 일반적인 항불안제로는 아티반, 클로노핀, 바리움, 자낙스가 있다. 항정신병약은 양극성장애, 조현병, 투렛증후군, 다른 환각, 망상, 현실로부터의 분리를 치료하기 위해 사용된다. 일반적인 항정신병약으로는 아빌리파이, 할로, 나반, 리스페달, 자이프렉사가 있다.

항경련제는 종종 양극성장애를 치료할 때 쓰이지만, 뇌신경세포가 비정상적으로 활동하여 생기는 뇌전증을 치료하기 위해 더욱 일반적으로 쓰인다. 일반적으로 널리 사용되는 항경련제로는 데파코트, 트리렙탈, 뉴론틴이 있다.

약물치료와 변경에 대한 책임을 가지고 있는 사람들이 정보에 근거한 의사결정을 할 수 있도록, 교사는 학생이 복용하는 약의 종류를 알고, 그것의 잠재적인 부작용을 이해하며, 학생이 보이는 표적행동을 검점해야 한다.

요약

행동중재 계획 세우기

- IDEA(2004)에서는 학업 진보를 방해하는 행동 문제를 감소시키거나 제거해야 할 필요가 있을 때 학생들을 위해 BIP를 개발해야 한다고 규정하고 있다. 적어도 BIP에는 학생의 이름, 표적행동, 기초선 자료, 프로그램 목표 또는 최종 행동, 강화 목록, 강화 계획, 수행 준거, 표적행동 후 뒤따르는 후속 자극에 관한 정보가 포함되어야 한다.

차별 강화 전략 사용하기

- 차별 강화는 적절한 변별 자극에 따라 발생하는 행동을 강화하거나 다른 행동은 무시하면서 표적행동을 강화하는 것이다.
- 타행동 차별 강화 : 표적행동 이외의 다른 행동을 강화하는 전략이다.
- 대체행동 차별 강화 : 표적행동에 대한 특정한 대체행동을 강화하는 전략이다.
- 상반행동 차별 강화 : 표적행동에 대체하면서 양립할 수 없는 행동을 강화하는 전략이다.
- 저비율행동 차별 강화 : 표적행동 발생의 낮은 비율을 강화하는 전략이다.
- 고비율행동 차별 강화 : 표적행동 발생의 높은 비율을 강화하는 전략이다.

특정 행동 감소 전략 활용하기

- 개별적인 사회적 기술 교수 : 학생들이 학교차원의 긍정적 행동지원에 긍정적으로 반응하지 않으면 사회적 기술에 대한 개별적 또는 소집단 직접교수가 필요하다.
- 소거 : 이전에 강화된 부적절한 행동에 대해 강화를 철회하는 것이다. 기본적으로 소거는 학생이 보이는 부적절한 행동을 무시하거나 관심을 주지 않는 것이다. 관심 획득을 통해 유지된 부적절한 행동에 대해 관심을 주지 않거나, 도피를 위해 유지된 부절절한 행동에 대해서는 혐오 자극(예 : 과제, 사회적 상호작용)을 지속적으로 제시하여 무시하기를 할 수 있다.
- 정적 강화로부터의 타임아웃 : 일정 시간 동안 정적 강화제의 획득에의 접근을 상실하는 것이다.
- 반응 대가 : 부적절한 행동에 수반하여 토큰, 점수, 화폐 또는 체크 표시와 같은 강화제를 체계적으로 제거하는 것이다.
- 원상회복, 원상회복 과잉교정, 정적 연습 과잉교정 : 원상회복은 행동 이전의 상태로 환경을 되돌리도록 요구하는 절차이다. 원상회복 과잉교정은 부적절한 행동에 수반하여 부적절한 행동 발생 이전의 상태보다 더 광범위하게 개선된 상태로 환경을 복구시키도록 요구하는 절차이다. 정적 연

습 과잉교정은 부적절한 행동에 대한 후속결과로 적절한 행동을 반복적으로 연습하는 것이다.

● 반응 방해와 재지시 : 요구에 반응하도록 질문을 하여 문제행동을 방해하는 것이다.

● 약물치료 : 많은 종류와 유형의 약물이 시판되고 있고, 부모들이 자녀의 문제행동을 다루기 위한

방법으로 이용 가능하다. 약물치료가 일부 상황에서는 확실히 도움이 되지만 약물치료가 적절한 행동관리 중재를 대신하지는 못한다는 것이다. 약물치료는 이 장에서 다룬 행동관리 전략을 보충하여 사용되어야 한다.

논의사항

1. 이 장에서 다룬 다양한 차별 강화(DRO, DRA, DRI, DRL DRH)를 숙고한다. 표적행동의 증가 또는 감소를 위해 이러한 강화 전략이 사용될 수 있는 학급 상황에서의 보편적인 행동문제를 기술하라.

2. 타행동 차별 강화의 각 유형(전체 간격, 순간, 간격 재설정, 간격 증진)의 장점은 무엇인가? 각 유형에 적합한 표적행동의 예를 제시하라.

3. 저비율행동 차별 강화 또는 고비율행동 차별 강화가 새로운 사회적 기술을 지도하고 강화하는 데 주안점을 두고 있다는 것에 대한 자신의 생각을 설명하라.

4. 부적절한 행동에 대한 후속결과로서 소거의 사용과 그 위험성에 관해 논하라. 제10장에서 논의된 바와 같이, 어떻게 소거의 사용이 의도치 않게 간헐 강화가 될 수 있는가?

5. 토큰 경제 프로그램 사용의 일차적 이점(제10장에서 논의된 바와 같이)과 반응 대가 전략 사용의 일차적 이점(이 장에서 논의된 바와 같이)이 무엇인가? 어떤 전략이 적절한 행동에 대한 강화에 주안점을 두고 있는가? 어떤 전략이 학생이 잘하고 있는지를 확인하는 기회를 교사에게 보다 더 많이 제공하는가?

참고문헌

Ahearn, W. H., Clark, K. M., MacDonald, R. P., & Chung, B. (2007). Assessing and treating vocal stereotypy in children with autism. *Journal of Applied Behavior Analysis, 40,* 263–275.

Ahrens, E. N., Lerman, D. C., Kodak, T., Worsdell, A. S., & Keegan, C. (2011). Further evaluation of response interruption and redirection as treatment for stereotypy. *Journal of Applied Behavior Analysis, 44,* 95–108.

Alberto, P., Heflin, L. J., & Andrews, D. (2002). Use of the time-out ribbon procedure during community-based instruction. *Behavior Modification, 26,* 297–311.

Alberto, P. A., & Troutman, A. C. (2006). *Applied behavior analysis for teachers.* Upper Saddle River, NJ: Merrill/Pearson Education.

Athens, E. S., & Vollmer, T. R. (2010). An investigation of differential reinforcement of alternative behavior without extinction. *Journal of Applied Behavior Analysis, 43,* 569–589.

Athens, E. S., Vollmer, T. R., Sloman, K. N., & St. Peter Pipkin, C. (2008). An analysis of vocal stereotypy and therapist fading. *Journal of Applied Behavior Analysis, 41,* 291–297.

Austin, J. L. & Bevin, D. (2011). Using differential reinforcement of low rates to reduce children's requests for teacher atten-

tion. *Journal of Applied Behavior Analysis, 44,* 451–461.

Azrin, N. H., & Besalel, V. A. (1980). *How to use overcorrection.* Austin, TX: Pro-Ed.

Barbetta, P. M., Norona, K. L., & Bicard, D. F. (2005). Classroom behavior management: A dozen common mistakes and what to do instead. *Preventing School Failure, 49,* 11–19.

Bartlett, S. M., Rapp, J. T., Krueger, T. K., & Henrickson, M. L. (2011). The use of response cost to treat spitting by a child with autism. *Behavioral Interventions, 26,* 76–83.

Barton, L. E., Brulle, A. R., & Repp, A. C. (1986). Maintenance of therapeutic change by momentary DRO. *Journal of Applied Behavior Analysis, 19,* 277–282.

Bloom, S. E., Lambert, J. M., Dayton, E., & Samaha, A. L. (2013). Teacher-conducted trial-based functional analysis as the basis for intervention. *Journal of Applied Behavior Analysis, 46,* 208–218.

Boutot, E. A. (2009). Using "I Will" cards and social coaches to improve social behaviors of students with Asperger syndrome. *Intervention in School and Clinic, 44,* 276–281.

Brown, J. L., Krantz, P. J., McClannahan, L. E., & Poulson, C. L. (2008). Using script fading to promote natural environment stimulus control of verbal interactions among youths with autism. *Research in Autism Spectrum Disorders, 2,* 480–497.

Brown, F., Michaels, C. A., Oliva, C. M., & Woolf, S. B. (2008). Personal paradigm shifts among ABA and PBS experts: Comparisons in treatment acceptability. *Journal of Positive Behavior Interventions, 10,* 212–227.

Carey, R. G., & Bucher, B. (1983). Positive practice overcorrection: The effects and duration of positive practice on acquisition and response reduction. *Journal of Applied Behavior Analysis, 16,* 101–109.

Carlson, C. S., Arnold, C. R., Becker, W. C., & Madsen, C. H. (1968). The elimination of tantrum behavior of a child in an elementary classroom. *Behavior Research and Therapy, 6,* 117–119.

Cassella, M. D., Sidener, T. M., Sidener, D. W., & Progar, P. R. (2011). Response interruption and redirection for vocal stereotypy in children with autism: A systematic replication. *Journal of Applied Behavior Analysis, 44,* 169–173.

Conyers, C., Miltenberger, R., Maki, A., Barenz, R., Jurgens, M., Sailer, A., Haugen, M., & Kopp, B. (2004). A comparison of response cost and differential reinforcement of other behavior to reduce disruptive behavior in a preschool classroom. *Journal of Applied Behavior Analysis, 37,* 411–415.

Conyers, C., Miltenberger, R., Romaniuk, C., Kopp, B., & Himle, M. (2003). Evaluation of DRO schedules to reduce disruptive behavior in a preschool classroom. *Child & Family Behavior Therapy, 25,* 1–6.

Cooper, J. O., Heron, T. E., & Heward, W. L. (2007). *Applied behavior analysis* (2nd ed.). Upper Saddle River, NJ: Pearson Education.

Delano, M., & Snell, M. E. (2006). The effects of social stories on the social engagement of children with autism. *Journal of Positive Behavior Interventions, 8,* 29–42.

Dietz, S. M., & Repp, A. C. (1983). Reducing behavior through reinforcement. *Exceptional Education Quarterly, 3,* 34–46.

Doleys, D. M., Wells, K. C., Hobbs, S. A., Roberts, M. W., & Cartelli, L. M. (1976). The effects of social punishment on noncompliance: A comparison with time-out and positive practice. *Journal of Applied Behavior Analysis, 9,* 471–482.

Donaldson, J. M., & Vollmer, T. R. (2011). An evaluation and comparison of time-out procedures with and without release contingencies. *Journal of Applied Behavior Analysis, 44,* 693–705.

Donaldson, J. M., & Vollmer, T. R. (2012). A procedure for thinning the schedule of time-out. *Journal of Applied Behavior Analysis, 45,* 625–630.

Donaldson, J. M., Vollmer, T. R., Yakich, T. M., & Van Camp, C. (2013). Effects of a reduced time-out interval on compliance with the time-out instruction. *Journal of Applied Behavior Analysis, 46,* 369–378.

Donnellan, A. M., LaVigna, G. W., Negri-Shoultz, N., & Fassbender, L. L. (1988). *Progress without punishment: Effective approaches for learners with behavior problems.* New York, NY: Teachers College Press.

Etscheidt, S. (2006). Behavioral intervention plans: Pedagogical and legal analysis of issues. *Behavioral Disorders, 31,* 223–243.

Fabiano, G. A., Pelham, W. E., Manos, M. J., Gnagy, E. M., Chronis, A M., Onyango, A. N., et al. (2004). An evaluation of three time-out procedures for children with attention-deficit/hyperactivity disorder. *Behavior Therapy, 35,* 449–469.

Forness, S. R., Freeman, S. F. N., & Paparella, T. (2006). Recent randomized clinical trials comparing behavioral interventions and psychopharmacologic treatments for students with EBD. *Behavioral Disorders, 31,* 284–296.

Foxx, R. M., & Azrin, N. H. (1972). Restitution: A method of eliminating aggressive-disruptive behaviors of retarded and brain-damaged patients. *Behavior Research and Therapy, 10,* 15–27.

Foxx, R. M., & Azrin, N. H. (1973). The elimination of autistic self-stimulatory behavior by overcorrection. *Journal of Applied Behavior Analysis, 6,* 1–14.

Foxx, R. M., & Bechtel, D. R. (1983). Overcorrection: A review and analysis. In S. Axelrod & J. Apsche (Eds.), *The effects of punishment on human behavior* (pp. 133–220). New York, NY: Academic Press.

Foxx, R. M., & Shapiro, S. T. (1978). The time-out ribbon: A nonexclusionary time-out procedure. *Journal of Applied Behavior Analysis, 11,* 125–136.

Franklin, D. E., Taylor, C. L., Hennessey, N. W., & Beilby, J. M. (2008). Investigating factors related to the effects of time-out on stuttering in adults. *International Journal of Language and Communication Disorders, 43,* 283–299.

Gray, C. A., & Garand, J. D. (1993). Social stories: Improving responses of students with autism with accurate social information. *Focus on Autistic Behavior, 8,* 1–10.

Gresham, F. M., Cook, C. R., Crews, S. D., & Kerns, L. (2004). Social skills training for children and youth with emotional and behavioral disorders: Validity considerations and future directions. *Behavioral Disorders, 30,* 32–46.

Hammond, J. L., Iwata, B. A., Fritz, J. N., & Dempsey, C. M. (2011). Evaluation of fixed momentary DRO schedules under signaled and unsignaled arrangements. *Journal of Applied Behavior Analysis, 44,* 69–81.

Harper, J. M., Iwata, B. A., & Camp, E. M. (2013). Assessment and treatment of social avoidance. *Journal of Applied Behavior Analysis, 46,* 147–160.

Harris, S. L., & Wolchik, S. A. (1979). Suppression of self-stimulation: Three alternative strategies. *Journal of Applied Behavior Analysis, 12,* 185–198.

Iwata, B. A., Pace, G. M., Cowdery, G. E., & Miltenberger, R. G. (1994). What makes extinction work: An analysis of procedural form and function. *Journal of Applied Behavior Analysis, 27,* 131–144.

Iwata, B. A., Rolider, N. U., & Dozier, C. L. (2009). Evaluation of timeout programs through phased withdrawal. *Journal of Applied Research in Intellectual Disabilities, 22,* 203–209.

Jensen, P. S., Garcia, J. A., Glied, S., Crowe, M., Foster, M., Schlander, M., et al. (2005). Cost-effectiveness of ADHD treatments: Findings from the Multimodal Treatment Study of Children with ADHD. *American Journal of Psychiatry, 162,* 1628–1636.

Kazdin, A. E. (2012). *Behavior modification in applied settings* (7th ed.). Long Grove, IL: Waveland Press.

Krantz, P. J., & McClannahan, L. E. (1993). Teaching children with autism to initiate to peers: Effects of a script-fading procedure. *Journal of Applied Behavior Analysis, 26,* 121–132.

LaVigna, G. W., & Donnellan, A. M. (1986). *Alternatives to punishment: Solving behavior problems with non-aversive strategies.* New York, NY: Irvington.

Leaf, J. B., Oppenheim-Leaf, M. L., Call, N. A., Sheldon, J. B., &

Sherman, J. A. (2012). Comparing the teaching interaction procedure to social stories for people with autism. *Journal of Applied Behavior Analysis, 45,* 281–298.

Leaf, J., Oppenheim-Leaf, M., & Streff, T. (2012). The effects of the time-in procedure on decreasing aberrant behavior: A clinical case study. *Clinical Case Studies, 11,* 152–164.

Lerman, D. C., & Toole, L. M. (2011). Developing function-based punishment procedures for problem behavior. In W. W. Fisher, C. M. Piazza, & H. S. Roane (Eds.), *Handbook of applied behavior analysis* (pp. 348–369). New York, NY: The Guilford Press.

Lindberg, J. S., Iwata, B. A., Kahng, S., & DeLeon, I. G. (1999). DRO contingencies: An analysis of variable momentary schedules. *Journal of Applied Behavior Analysis, 32,* 123–136.

Love, J., Miguel, C. F., Fernand, J., & LaBrie, J. (2012). The effects of matched stimulation and response interruption and redirection on vocal stereotypy. *Journal of Applied Behavior Analysis, 45,* 549–564.

Magee, S. K., & Ellis, J. (2001). The detrimental effects of physical restraint as a consequence for inappropriate classroom behavior. *Journal of Applied Behavior Analysis, 24,* 501–504.

Mayer, G. R., Sulzer-Azaroff, B., & Wallace, M. (2012). *Behavior analysis for lasting change* (2nd ed.). Cornwall-on-Hudson, NY: Sloan Publishing.

McCartney, E. J., Anderson, C. M., & English, C. L. (2005). Effect of brief clinic-based training on the ability of caregivers to implement escape extinction. *Journal of Positive Behavior Interventions, 7,* 18–32.

McGuffin, P. W. (1991). The effect of timeout duration on frequency of aggression in hospitalized children with conduct disorders. *Behavioral Residential Treatment, 6,* 279–288.

Melloy, K. J. (2001). Development of social competence. In T. Zirpoli and K. Melloy (Eds.). *Behavior management: Applications for teachers* (3rd ed., pp. 248–280). Upper Saddle River, NJ: Merrill/Pearson Education.

Musser, E. H., Bray, M. A., Kehle, T. J., & Jenson, W. R. (2001). Reducing disruptive behaviors in students with serious emotional disturbance. *School Psychology Review, 30,* 294–304.

Northup, J., Fusilier, I., Swanson, V., Huete, J., Bruce, T., Freeland, J., Gulley, V., & Edwards, S. (1999). Further analysis of the separate and interactive effects of methylphenidate and common classroom contingencies. *Journal of Applied Behavior Analysis, 32,* 35–50.

Pazulinec, R., Meyerrose, M., & Sajwaj, T. (1983). Punishment via response cost. In S. Axelrod & J. Apsche (Eds.), *The effects of punishment on human behavior* (pp. 71–86). New York, NY: Academic Press.

Peters, L. C., & Thompson, R. H. (2013). Some indirect effects of positive practice overcorrection. *Journal of Applied Behavior Analysis, 46,* 613–625.

Porterfield, J. K., Herbert-Jackson, E., & Risley, T. R. (1976). Contingent observation: An effective and acceptable procedure for reducing disruptive behavior of young children in a group setting. *Journal of Applied Behavior Analysis, 9,* 55–64.

Reese, R. M., Sherman, J. A., & Sheldon, J. B. (1998). Reducing disruptive behavior of a group-home resident with autism and mental retardation. *Journal of Autism and Developmental Disorders, 28,* 159–165.

Reid, R. T., Trout, A. L., & Schartz, M. (2005). Self-regulation interventions for children with attention deficit hyperactivity disorder. *Council for Exceptional Children, 71,* 361–377.

Repp, A. C., Barton, L. E., & Brulle, A. R. (1983). A comparison of two procedures for programming the differential reinforcement of other behaviors. *Journal of Applied Behavior Analysis, 16,* 435–445.

Repp, A. C., Felce, D., & Barton, L. E. (1991). The effects of initial interval size of the efficacy of DRO schedules of reinforcement. *Exceptional Children, 57,* 417–425.

Repp, A. C., & Slack, D. J. (1977). Reducing responding of retarded persons by DRO schedules following a history of low-rate responding: A comparison of ascending interval sizes. *Psychological Record, 27,* 581–588.

Reynolds, G. S. (1961). Behavioral contrast. *Journal of the Experimental Analysis of Behavior, 4,* 57–71.

Reynolds, L. K., & Kelley, M. L. (1997). The efficacy of a response cost–based treatment package for managing aggressive behavior in preschoolers. *Behavior Modification, 21,* 216–230.

Roane, H. S., Falcomata, T. S., & Fisher, W. W. (2007). Applying the behavioral economics principle of unit price to DRO schedule thinning. *Journal of Applied Behavior Analysis, 40,* 529–534.

Ryan, J. B., Peterson, R. L., & Rozalski, M. (2007). State policies concerning the use of seclusion timeout in schools. *Education and Treatment of Children, 30,* 215–239.

Ryan, J. B., Sanders, S., Katsiyannis, A., & Yell, M. L. (2007). Using time-out effectively in the classroom. *Teaching Exceptional Children, 39,* 60–67.

Salend, S., & Gordon, B. (1987). A group-oriented time-out ribbon procedure. *Behavioral Disorders, 12,* 131–137.

Sansosti, F. J., & Powell-Smith, K. A. (2006). Using social stories to improve the social behavior of children with Asperger syndrome. *Journal of Positive Behavior Interventions, 8,* 43–57.

Sansosti, F. J., & Powell-Smith, K. A. (2008). Using computer-presented social stories and video models to increase the social communication skills of children with high-functioning autism spectrum disorders. *Journal of Positive Behavior Interventions, 10,* 162–178.

Scattone, D., Tingstrom, D. H., & Wilczynski, S. M. (2006). Increasing appropriate social interactions of children with autism spectrum disorders using social stories. *Focus on Autism and Other Developmental Disabilities, 21,* 211–222.

Schoenfeld, N. A., & Konopasek, D. (2007). Medicine in the classroom: A review of psychiatric medications for students with emotional or behavioral disorders. *Beyond Behavior, 17,* 14–20.

Shukla-Mehta, S., & Albin, R. W. (2003). Twelve practical strategies to prevent behavioral escalation in classroom settings. *Preventing School Failure, 47,* 156–161.

Skiba, R., & Raison, J. (1990). Relationship between the use of timeout and academic achievement. *Exceptional Children, 57,* 36–46.

Skinner, B. F. (1938). *The behavior of organisms.* New York, NY: Appleton-Century-Crofts.

Stahr, B., Cushing, D., Lane, K., & Fox, J. (2006). Efficacy of a function-based intervention in decreasing off-task behavior exhibited by a student with ADHD. *Journal of Positive Behavior Interventions, 8,* 201–211.

Sugai, G., & Horner, R. (2007). *SW-PBS & RTI: Lessons being learned*. Washington, DC: Office of Special Education Programs Center on PBIS, Department of Education.

Taylor, J., & Miller, M. (1997). When timeout works some of the time: The importance of treatment integrity and functional assessment. *School Psychology, 12*, 4–22.

Thiemann, K. S., & Goldstein, H. (2001). Social stories, written text cues, and video feedback: Effects on social communication of children with autism. *Journal of Applied Behavior Analysis, 34*, 425–446.

Visser, S. N., & Lesesne, C. A. (2007). National estimates and factors associated with medication treatment for childhood attention-deficit/hyperactivity disorder. *Pediatrics, 119*, 99–106.

Vollmer, T. R., Hagopian, L. P., Bailey, J. S., Dorsey, M. F., Hanley, G. P., Lennox, D., et al. (2011). Association for Behavior Analysis International position statement on restraint and seclusion. *The Behavior Analyst, 34*, 103–110.

Walker, H. M. (1983, February). Application of response cost in school settings: Outcomes, issues and recommendations. *Exceptional Education Quarterly*, pp. 47–55.

Walker, H. M., Colvin, G., & Ramsey, E. (1995). *Anti-social behavior in school: Strategies and best practices*. Albany, NY: Brooks/Cole Publishing.

Warzak, W. J., & Floress, M. T. (2009). Time-out training without put-backs, spanks, or restraint: A brief report of deferred time-out. *Child and Family Behavior Therapy, 31*, 134–143.

Worsdell, A. S., Iwata, B. A., Dozier, C. L., Johnson, A. D., Neidert, P. L., & Thomason, J. L. (2005). Analysis of response repetition as an error-correction strategy during sight-word reading. *Journal of Applied Behavior Analysis, 38*, 511–527.

Yell, M. L. (2006). *The law and special education*. Upper Saddle River, NJ: Merrill/Pearson Education.

특정 도전 행동을 위한 전략

14

Thomas J. Zirpoli와 Kristine J. Melloy

학습목표

이 장을 학습한 후 학생들은

품행과 관련된 행동, 원인/선행사건, 중재를 알 수 있다.

주의나 활동과 관련된 행동, 원인/선행사건, 중재를 알 수 있다.

분리불안이나 우울증과 관련된 행동, 원인/선행사건, 중재를 알 수 있다.

학생의 행동을 효율적으로 관리하기 위해서는 먼저 교사가 자신의 행동과 학급 환경을 관리해야 한다. 이렇게 자신의 행동을 관리함으로써 학급에서 일어나고 있는 선행사건이나 후속결과를 조절하여 학생의 행동을 조절할 수 있다.

이 장에서는 학교에서 일상적으로 관찰할 수 있는 학생들이 보이는 문제행동에 대한 선행사건과 후속결과, 그리고 이에 근거한 효과적인 중재 방법에 대하여 논하고자 한다. 문제행동은 분열행동, 적대적 반항장애, 불복종행동, 공격행동, 괴롭히는 행동, 울화행동 등과 같은 품행의 문제를 지닌 경우와 부주의, 과잉행동, 충동성, 상동행동처럼 주의력 및 활동성과 관련된 행동문제, 그리고 분리불안과 우울증과 같은 기분 상태와 관련된 행동문제를 모두 포함한다.

> ▶ 이 영상은 교사가 필요로 하는 기술을 설명하고 있으며, 문제행동을 보이는 학생과 함께 사용하면 된다.
> http://www.youtube.com/watch?v=8eCfnrGu5xo

이와 같은 문제행동을 논의하기에 앞서, 많은 학생이 동시에 한 가지 이상 이러한 문제행동을 보이고 있다는 점에 주목할 필요가 있다. 기능적 행동사정을 마친 경험 있는 교사의 애로사항 가운데 하나는, 한 가지 또는 그 이상의 문제행동을 지닌 학생의 표적행동을 변별해 내는 것이다. 하지만 여러 가지 행동들은 서로 연관되어 있기 때문에, 가장 두드러진 문제행동 하나를 찾아낸다면 다른 부수적인 행동을 이해하는 것은 좀 더 쉬워질 수 있다. 예를 들면, 교사의 지시를 따르지 않고(불복종 학생), 책상 옆을 지나갈 때

브라이언 : 고려 대상 학생

웨스터민스터고등학교의 신학기 때 일이다. 브라이언은 로마노의 스페인어 수업을 받는 신입생이었다. 로마노는 개강 이틀 만에 브라이언이 수업에 주의를 기울이지 못하고, 교사의 지시에 불복종적인 태도를 보이며, 산만하다는 것을 파악하였다. 예를 들어, 수업 둘째날 로마노가 어학실에 대해 설명하고 있는데, 브라이언은 교사의 지시를 따르지 않았으며, 심지어 공부하는 것을 좋아하지 않는다고 말했다. 대신 브라이언은 자리에 앉아 팔짱을 낀 채 두 다리를 뻗고, 자기가 스페인어를 얼마나 싫어하는지에 대한 부적절한 말을 해댔다. 다른 학생들은 스페인어 오디오를 듣기 위해 헤드폰을 끼고 있었기 때문에 브라이언의 말을 듣지 못했다. 수업 셋째날, 브라이언의 부적절한 언행은 매우 크고 공격적이 되었다. 특히 로마노가 스페인어 시간에 학생들에게 말을 할 때 더욱 그러하였다. 로마노는 브라이언의 부적절한 행동을 무시했고, 수업 후에 브라이언을 만나 보기로 했다. 브라이언은 로마노에게 스페인어 수업의 이수를 원치 않는다고 했다. 하지만 그의 상담가는 고등학교를 졸업하기 위해서는 스페인어 수업을 들어야 한다고 했다. 로마노는 브라이언의 행동이 개선되지 않으면, 수업을 이수할 수 없고 졸업도 어려울 것이라고 했다. 그 이후 브라이언은 교사의 지시를 잘 따르고, 참여도 늘고, 방해행동도 줄었다. 브라이언의 행동은 이틀 동안 나아진 것처럼 보였다. 하지만 브라이언의 행동은 또다시 나빠졌다. 로마노는 브라이언의 일상생활에 관한 일화 보고서를 쓰면서 브라이언의 행동을 기록하기 시작하였다. 교사는 보고서를 매일 교사지원팀에 제출하였으며 브라이언을 위한 행동중재 프로그램 개발을 요청했다.

생각해 보기

당신이 교사지원팀으로서 브라이언의 행동과 잠재적인 중재계획을 수립해야 한다고 가정하고 다음의 네 가지 질문에 관하여 고려해 보라. (a) 브라이언의 행동을 어떻게 행동적 전문용어로 기술할 것인가? (b) 교실적용 14.1의 설명을 근거로 브라이언이 보이는 행동의 기능은 무엇이라고 생각하는가? (c) 로마노에게 브라이언의 공격행동을 줄이기 위하여 어떤 대체행동을 어떻게 강화해야 한다고 제안할 수 있는가? (d) 브라이언의 공격적이고 불복종적인 행동을 위한 중재 계획을 개발할 때 로마노에게 어떤 제안을 하겠는가?

학급 친구들의 다리를 걸어 넘어뜨리는 행동(공격적인 행동)을 하는 학생은 파괴적인 행동을 하는 학생으로 정의할 수 있는데 이 경우 파괴적인 행동은 불복종과 공격적인 행동 때문에 발생한 것이라고 할 수 있다.

문제행동을 변별해 내고자 할 때 학생이 무엇을 했는지, 예를 들면 언제 파괴적인 행동을 했는지를 정확하게 설명할 수 있어야 한다. 이러한 설명은 가장 두드러진 표적행동을 변별해 낼 수 있게 하고, 효과적인 중재 방법을 결정할 수 있게 해 준다. 위에서 언급한 세 가지 문제행동에 관한 예를 들 수 있는지, 그리고 가장 심각한 문제행동은 어떤 것인지를 자문해 보는 것도 필요하다. 다리를 걸어 누군가를 넘어뜨리는 행동을 가장 심각한 문제라고 꼽았다면 스스로 이 답에 대한 확신이 있어야 한다. 다른 사람에게 상해를 가하는 것이나 또는 다른 사람들에게 잠재적인 위험 요소를 지니고 있다는 것은 가장 위협적인 문제행동이 될 수 있으므로, 즉각적으로 중재를 적용하는 것에 대한 정당성을 부여할 수 있다. 운 좋게도 한 가지 행동이 다른 행동에 개입되어 있다면 직접적인 중재 없이도 다른 행동을 변화시킬 수 있다(McMahon, Wacker, Sasso, & Melloy, 1994). 다리를 걸어 친구를 넘어뜨렸을 때 얻을 수 있는 친구들의 관심을 대신할 수 있는 대체행동을 그 학생에게 가르친다면 교실에서의 방해 행동은 줄어들 것이다. 아마도 학생은 불손한 행동보다는 고분고분한 행동을 할 때 교사의 관심을 더 많이 받을 수 있다는 것을 알게 될 것이다.

한 가지 또는 그 이상의 문제행동을 보이는 학생의 행동을 보고 그것을 이유로 장애라는 꼬리표를 부여하는 것은 정당하지 못할 수도 있다. 반면에 문제행동에 대한 집중적인 중재(예 : 의료적 지원이나 특수교육)가 요구될 만큼 심각하게 되기 전에 이들을 도와줄 필요가 있다. 따라서 문제행동이 무엇인지 파악하고, 다양하고 심화된 정보에 근거하여 학생을 상담할 수 있어야 한다(예, Flick, 2011; Kauffman & Landrum, 2013; Yell, Meadows, Dragow, & Shriner, 2014).

품행관련 행동들

분열(방해)행동, 적대적 반항행동

분열(방해)행동의 기능은 전형적으로 긍정적이거나 부정적인 주의를 획득하는 것, 과제와 자기만족에서 회피하는 것을 포함한다. 적대적 반항행동은 부정적이고 반항적이며 불순종적인 행동이 반복되는 패턴을 갖는다(American Psychiatric Association, 2000, p. 40). 교육자들은 종종 학급에서 파괴적인 행동을 하는 학생을 설명하기(또는 명명하기) 위해 적대적 반항장애(oppositional defiant disorder)와 품행장애(conduct disorder)라는 용어를 사용하곤 한다(Ronen, 2005). Tayer, Burns, Rusby와 Foster(2006)는 다음과 같은 행동을 적대적 반항장애(ODD)와 관련지었다—논쟁하기, 성질부리기, 규칙 지키지 않기, 협조하지 않기, 고의적으로 친구 괴롭히기, 다른 사람의 실수를 비난하기, 쉽게 짜증내기, 화내기. 그들은 또한 어른이나 권위자에게 하는 적대적 행동과 또래 친구에게 하는 적대적 행동이 구조적으로 차이가 있음을 파악하여 구별했다.

분열(방해)행동은 학교나 다른 상황에서도 설명될 수 있는 행동으로 널리 사용되고 있다. 교사들은 일반적으로 공격적이고 난폭한 행동에 대해 '학급의 어릿광대'로 설명함으로써 분열(방해)행동을 보이는 학생을 설명하고 있다. 부적절한 어릿광대 같은 행동을 줄이기 위해 사용하는 중재와 공격행동을 예방하거나 줄이기 위해 계획하는 중재는 다르다. 하지만 두 가지 중재의 후속행동의 결과는 같다. 분열(방해)행동이 강화되면 그 행동은 증가하거나 유지될 것이고, 분열(방해)행동이 지속적으로 처벌을 받게 되면 적절한 사회적 행동이 증가하고 부적절한 행동은 감소할 것이다.

분열(방해)행동과 관련한 몇 가지 행동들을 관찰 가능하고 측정 가능한 용어로 정의하면 다음과 같다.

- **과제 외의 잡담하기**(off-task talking) : 수업 중이나 과제를 수행하는 중에 학생이 교사에게 허락을 구하지 않고 소리를 지르거나 이야기를 하여 다른 학생들을 방해하는 행동을 한다.
- **자리에서 이탈하기**(getting out of seat) : 허락 없이 자리에서 일어나 교실 주위를 서성인다. 교과 과제와 무관하게 목적 없이 왔다 갔다 하거나 혹은 동료와 잡담을 하기 위해서 하던 행동을 멈춘다.
- **잡음 만들기**(making noise) : 과제와 분명한 관계가 없는 소리나, 물리적인 소리(예 : 연필로 책상 두드리는 소리, 의자가 넘어질 때까지 뒤로 기울이는 행동)를 만들어 낸다.
- **사물을 가지고 놀기**(playing with objects) : 과제와 관계가 있거나 혹은 없는 작은 장난감, 연필, 펜 등과 같은 것들을 가지고 노는 데 몰두한다. 부적절한 행동이 되려면 학생의 놀이가 반드시 과제 수행의 일부분이 아니어야 하고, 또한 분명히 그 시간에 필요한 행동이 아니어야 한다.
- **사물 던지기**(throwing objects) : 연필이나 종이비행기, 가구 등과 같은 물건을 허공으로 날리거나 위층에서 아래층으로 던지는 행동으로 학업 과제와 무관한 행동을 한다.
- **기어오르기**(climbing) : 과제와 무관하게 가구나 다른 물건, 사람들을 타고 올라 꼭대기에 오르는 행동을 한다.

이러한 행동들은 다음에서 설명하려는 행동관리 중재의 대상에 비하여 더욱 귀찮은 일이 될 수 있다.

분열(방해)행동과 반항적 행동의 일반적인 원인과 선행사건

학습 행동의 결함. 분열(방해)행동을 보이는 학생의 원인을 살펴보면, 학생이 부적절한 행동을 보이기 시작할 때 그 행동에 대한 부적절한 행동관리가 원인인 경우가 있다. Beard와 Sugai(2004, p. 396)는 학생이 어렸을 때 경험한 '경미한 공격적 행동'의 '발달 과정'을 살펴보면서 적절한 중재 프로그램을 적용하지 못한 경우 훗날 '중대한 범죄'로 발전해 나갈 수 있다는 것을 발견했다. 어린아이가 하는 울화행동, 소리 지르거나 우는 행동 등에 대해 적절한 중재가 적용되지 않는다면 이 행동들은 청소년기로 넘어가면서 공격적인 행동이나 도벽, 기물 파손 등으로 발전될 수 있다.

Kazdin과 Whitley(2006)는 분열적이고 적대적인 행동을 하는 아동들은 부모로부터 제대로 된 양육을 받지 못했거나 갈등이나 문제가 많은 가족 상황에 처해 있었다고 지적하였다. Duncombe, Havighurst, Holland와 Frankling(2012)은 아동의 분열행동과 관련 있는 양육의 세 가지 주요 변수인 일관성 없는 훈육방식, 부모의 부정적인 정서적 표현, 부모의 정신건강을 알아냈다. Sutherland(2000)는 공격행동을 보인 학생들은 적절한 행동에 대해 강화를 받는 빈도가 낮았음을 발견하였다. 이러한 행동을 하는 학생들이 받은 책망(비난)과 칭찬의 비율은 2대 1로 책망(비난)을 받은 비율이 칭찬을 받은 비율보다 더 높았다. 즉 이러한 상황은 주로 부모의 부족한 양육 기술이나 가족 안에서의 갈등 상황과 관련이 있었다.

학급에서 어릿광대로 불리던 학생들의 행동을 살펴보면 이들이 단순히 재미있는 것을 말하거나 행했을 뿐인데 그 시기가 적절하지 못한 경우가 많다. 이러한 행동을 했을 때 학급의 친구들이 웃었다면 문제행동은 강화를 받게 되거나 유지될 수 있다. 학생의 유머 감각을 억제하는 중재 방법을 개발하여 적용하기보다는 적절한 시간(예 : 쉬는 시간), 적절한 방식(예 : 다른 사람의 기분을 상하지 않게 하는 방법), 그리고 적절한 장소(예 : 운동장)에서 그런 행동을 하도록 분명하게 설명해 주는 것이 오히려 더 효과적이다.

학교에서의 준비기술 결함. 학교에서 필요한 준비기술(허락 구하기, 앉아서 듣기, 지시에 따르기, 다른 학생들과 어울리기 등)을 미처 익히지 못한 학생들의 경우 종종 느닷없는 돌발행동으로 교사를 당황케 하는 경우도 있다. 이는 취학 전 교육기관의 교사들은 자주 겪는 일이다(McGinnis & Goldstein, 1997). 주의를 집중하는 방법과 충동을 어떻게 통제하는지를 익히지 못한 학생(특히 남학생)은 나중에 행동장애가 나타날 위험이 있다(Gray et al., 2012; Snyder, Prichard, Schrepferman, & Patrick, 2004).

교사들은 학교에서 가르치고자 하는 준비기술의 필요성을 어린 학생들에게 이해시켜야 한다. 어린 학생이 이러한 준비기술을 가정에서 배우지 못했다면 학교에서 가르쳐야한다. 학생에게 준비기술을 가르치는 사람들은 자격을 갖춰야 하고, 이들이 학생의 반사회적인 행동, 분열행동을 의미 있게 줄일 수 있도록 교육을 강화해야 한다(Melloy, Davis, Wehby, Murry, & Lieber, 1998). 결론적으로, 어린 장애 학생은 기본적인 준비기술을 배우지 못해 생긴 능력의 결함으로 인하여 학교생활에 성공적으로 적응하기 위해 필요한 학교 준비기술을 학습하는 데도 곤란을 겪게 된다.

교육과정과 교수 전략의 결함. Daniels(1998)는 부적절한 교육과정이나 교수 전략, 개인적인 학습 스타일, 그리고 학생의 장애는 비행과 관련될 수 있다고 했다. 학생들은 종종 교사의 교육과정, 교수 전략 등에 의하여 많은 좌절감을 경험하기도 한다. 예를 들면, 읽기에 문제가 있는 중학생은 상당한 양의 읽기 과제를 요구하는 수업에 참여하는 일이 쉽지 않다(예 : 사회나 과학 등). 제9장에서 말하고 있는 바와 같이, 학생에게 어려운 교육과정은 학생의 비행을 조장할 가능성이 높다. 학생의 일상적인 생활 경험과 동떨어져 있고, 흥미를 끌지 못하는 어려운 교육과정은 결과적으로 학생에게 분열(방해)행동의 상황을 제공해 주는 결과가 된다. 또한 학생의 경험과는 무관하거나 흥미를 유발하지 못하는 교육과정도 주의를 산만하게 하는 행동을 초래할 것이다. 개인적인 학습 스타일을 무시하고 적절하지 않은 교수법을 적용하는 것 역시 학생의 분열(방해)행동을 초래하는 선행요건이라고 할 수 있다. 예를 들면, 메모하는 데 어려움이 있는 학생에게 유인물 대신 사용하는 OHP는 장애물이 될 수 있다. 학생의 개인적인 강점과 요구를 고려한 교육과정을 적용하는 교사들은 학생들이 학급에서 적절한 행동을 경험할 수 있는 기회를 더 많이 제공한다.

분열(방해)행동과 반항결함행동에 대한 중재

기능적 사정(functional assessment). 분열(방해)행동의 일반적인 기능은 다른 사람들(교사나 학급의 동료들)의 주의를 끌기 위함이다. 그러므로 교사는 분열(방해)행동을 대체할 수 있는 바람직한 행동을 지도해야 하는데, 교실에서는 지시에 따르는 것, 타인과 협동하는 것, 수업에 참여하는 것, 질문을 하거나 대답할 때 손을 드는 것, 조용한 목소리로 얘기하는 것, 손을 가지런히 두는 것, 제자리에 앉아 있는 것 등이다.

Tyson(2005, p. 159)은 열악한 환경에서 공격적 행동을 하는 아동들이 증가한다는 점을 고려하여, 조기에 다른 사람과 교류하는 방법, 도덕적 기준 마련, 책임감 부여 및 '정서적 조절능력'을 길러 줄 필요가 있다고 주장하고 있다. 학생은 친사회적 행동을 함으로써도 분열(방해)행동을 할 때와 같은 결과를 얻을 수 있다는 점을 배워야 하고, 교사는 이러한 친사회적 행동이 친구나 교사와 더 가까워질 수 있는 방법이라는 것을 가르쳐야 한다고 주장하였다. 다음은 분열(방해)행동에 대한 몇 가지 효과적인 대처방안들에 대한 안내이다.

조기중재(early intervention). 부적절한 행동에 대한 조기중재는 학생이 성장하면서 경험할 수 있는 반항적이고 반사회적인 행동을 통제할 수 없는 지경에 이르는 것을 예방할 수 있다. Snyder 등(2004)에 따르면, 아동의 말썽은 "사회 경험에 부정적인 영향을 주며, 동료와의 관계에 있어서도 처음부터 지속적으로 문제를 증가시킬 수 있는 행동으로 유지될 수 있다"(p. 579). 한 연구에 따르면 문제가 있는 사회적 성향(무례한 행동, 과잉행동, 공격적 행동, 우울증)을 가진 학생들은 나아가 비슷한 학생들끼리 집단을 형성하기도 한다(Mariano & Harton, 2005)고 보고하고 있다. 그러므로 교사가 어린 학생들에게 올바른 사회적 태도를 가르쳐서 건전한 동료들로부터 격리되지 않도록 하는 것이 중요하다.

유혹 회피(avoid pitfalls). 교사는 학생의 올바른 행동보다는 잘못된 행동에 더 많은 주의를 기울이는 경향이 있다. 이러한 잘못된 함정을 피하기 위해서는 바람직한 강화 전략을 가지고 긍정적인 사회적 행동에 대해 칭찬을 해 주고, 분열(방해)행동에 대해서는 나무랄 수 있는 종합적인 수업운영 방안을 마련해야 할 것이다(Francois, Harlacher, & Smith, 1999). Fields(2004, p. 108)의 연구에 의하면 반항적이고 문제 있는 학생에게 교사는 '힘으로' 해결하려 들어서는 안 되며, 이들의 감정을 통제하고 진정시킨 후에 얘기를 전개하는 방향으로 나가는 것이 바람직하다(p. 103).

자기훈육기술 교수(teaching self-discipline skill). 몇몇 연구자들은 학생에게 자기 훈육과 올바른 선택기술을 가르침으로써 반항행동을 감소시키고 자기관리 능력을 증대시킬 수 있다고 주장하고 있다(Hoff & DuPaul, 1998; Schmid, 1998; Shapiro, DuPaul, & Bradley-

Klug, 1998). Hoff와 DuPaul(1998)의 연구에 따르면, 세 명의 초등학교 학생들이 자기관리 전략을 배운 뒤 반항행동 습관이 줄어들었다. Schmid(1998)는 학생들에게 3단계 자기훈육 과정을 가르쳤더니 자기관리 능력은 향상되는 반면, 반항적 태도는 줄어들었다고 보고하였다. 자기훈육의 3단계는 다음과 같다.

1. "그만, 난 이것을 하면 안 돼."라고 말한다.
2. 적절하지 못한 행동은 무시하려고 노력한다.
3. 1, 2번이 잘 안 되면 합리적인 보호자와 상의한다.

Sukhodolsky, Golub, Stone과 Orban(2005)은 남자 아동(평균 9.6세)의 분열(방해)행동 감소를 위해 모델링, 행동적 시연, 교정적 피드백이 포함된 분노조절 프로그램과 문제해결 훈련 기술을 강조하고 있다.

이러한 전략들은 학생이 행동관리를 하는 데 있어 타인에게 지나치게 의존적으로 행동하기보다는 스스로가 자기행동을 관리하도록 하는 데 초점을 맞추는 좋은 예라 할 수 있다.

학칙 및 학급 규칙(schoolwide and classroom rule). 학생과 청소년이 지닌 분열(방해)행동에 대한 대체행동을 지원하거나 가르치거나 촉진하기 위해 행동주의적, 인지적, 교육 심리적, 그리고 사회적 학습 이론에 근거한 중재 효율성을 논하는 연구들이 많다. 학칙을 따라야 한다는 것을 배운 학생은 학교 일과 속에서 친사회적 행동을 할 확률이 높다. 예를 들어, Owens 등(2012)은 '일일 성과표'를 사용하여 학생이 교실에서 적절한 행동을 할 수 있도록 강화했고, 그 강화는 성공했다. 심지어 자리배열에 신경을 쓰는 것처럼 간단한 교실 관리 전략도 효과적일 수 있다. Bicard, Ervin, Bicard와 Baylot-Casey(2012)는 교사가 교실에서 학생의 자리를 고민하여 배치했을 때, 학생의 부적절한 행동이 반으로 감소한 것을 발견했다. 또 Oliver, Wehby와 Reschly(2011, p. 1)는 그들의 연구에서 교사가 보편적으로 교실 관리를 실천하는 것이 아동의 적대적이고 공격적이며 부적절한 행동을 감소하는 데 영향을 미친다고 밝혔다. 실제로 교사가 효과적인 교실 관리 계획, 부적절한 행동에 대한 행동대책, 학생의 적대적 행동에 대한 구체적인 행동관리 계획 등을 갖고 있는 것은 아동이 적대적 행동을 하는 빈도를 낮추고 아동의 행동이 긍정적으로 변하게 했다.

분열(방해)행동에 대한 가장 일반적인 처벌 중 하나로 교내 또는 교외 정학 처분을 들 수 있다. 그러나 이러한 처벌의 효과는 학생의 분열(방해)행동에는 아무런 영향을 주지 못했다. Stage(1997)는 분열(방해)행동을 보이는 12~17세 학생 38명에 대한 교내 정학의 효과에 대한 연구를 수행한 결과, 분열(방해)행동이 줄어들지 않았음을 보고하였다. 교내 정학에 대한 다음의 대안들이 오히려 비행을 줄이는 데 더욱 효과적인 것으로 나타났다. 그 방법들로는 학생들에게 적당한 역할을 부여하는 것이나 행동을 하기 전에 교사의 허락을 구하는 것, 또는 적절한 사회적 행동을 해서 타인의 주목을 받는 것 등으로, 학생들에게 적당한 대체행동을 지도하고 강화하면 그 행동이 증가된다는 것을 확인하였다. 처벌 절차에 긍정적 행동지원이 부가적으로 필요한 경우, 토요 학교에 출석하게 하거나 방과 후 활동의 학과 활동에 참여하는 등의 중재 방법을 활용할 수 있다. 여기서 분명히 할 것은 학생들이 학교에서 보내는 시간을 줄인다고 해서 부적절한 행동이 감소하는 것은 아니라는 점이다.

적대적 행동을 수정하기 위해 최선의 방법으로 다양한 약물을 사용하려고 할 때는 "조기의 적대적 행동문제에 심리치료가 커다란 영향을 미친다."(Comer, Chow, Chan, Cooper-Vince, & Wilson, 2013)는 사실을 알아야 한다. 약물을 이용하여 치료하기 전에 교사와 부모는 아동의 행동에 중대한 영향을 미칠 수 있는 심리적 · 사회적 환경을 변화하고 향상시켜야 한다. 이를 위해 교사와 부모는 자신들의 양육 기술이나 교실 관리 기술 등을 다시 검토해 볼 필요가 있다.

불복종행동

순응(compliance)한다는 것은 일반적으로 어른의 지시나 금지에 따르고, 요구나 제안에 협조하며, 교육 상황에서 발생하는 제안을 기꺼이 따르는 것을 의미한다(Rocissano, Slade, & Lynch, 1987). "학교에 입학하면, 아동은 교사의 요구나 제안에 응해야 한다"(Marchant & Young, 2004).

그런데 **불복종**(noncompliance)이라는 것은 지시에 대해 순응하지 않는 것, 요청이나 제안에 협조하지 않는 것, 제안을 받아들이지 않는 것과 같은 반대 또는 저항하는 행동을 의미한다. 순응과 불복종을 가르치는 것은 학생이 자신의 행동에 대하여 독립적이면서도 존중되는 가치에 부합한 방법을 따르도록 하는 것과 밀접한 관련이 있다. 불복종행위는 학생이 자주 반항하고, 불쾌하게 여기고, 부정적인 방법으로 그 행동을 표출할 때 문제가 된다.

Skiba, Peterson과 Williams(1997)에 의하면, 학생들이 주로 교장실로 불려 가는 것은 주로 불복종이나 불미스러운 행동 때문이다. 교사들은 무엇을 해야 하는지를 알면서도 적절하게 행동을 하지 못하는 학생들로 인하여 어려움을 겪게 된다(Maag, 1997).

Kuczynski, Kochanska, Radke-Yarrow와 Girnius-Brown(1987)은 어린 학생들과 어머니를 대상으로 불복종에 대한 연구를 실시한 결과, 불복종을 네 가지 범주로 요약하였다. 수동적 불복종(passive noncompliance)이라는 것은 교사의 요구에 대해 학생이 전면적인 부정이나 거부를 하는 것이 아니라, 마치 못 알아듣는 것처럼 자신의 행동을 지속하는 것이다. 직접적 반항행동(direct defiance)은 화를 내거나 반항적이거나, 또는 부정적인 얼굴표정, 몸짓, 그리고(또는) 언어적 표현으로 요구를 거절하는 것이다. 단순한 거절행동(simple refusal behavior)은 부정적 말이나 몸짓언어로 "아니요." 또는 "나는 원하지 않습니다."와 같은 부정의 의미를 나타내는 말을 하는 것으로 설명될 수 있다. 협상행동(negotiation behavior)은 학생이 타협을 통해 자신에게 유리한 결과를 유도해 내기 위하여 부모를 설득하는 행동으로 정의할 수 있다. 예를 들어, 교사가 베스에게 과학 숙제 대신 수학 숙제를 준비하라고 했을 때 앞에서 언급한 불복종행동의 각 형태는 다음과 같다.

- **수동적 불복종** : 대놓고 거절하거나 무시하진 않지만 못들은 체하는 것
- **직접적 반항행동** : 화를 내고 정색하거나 언성을 높여 공연히 거절하는 것
- **단순한 거절행동** : 명백한 부정적 말 및 행동 없이 "아니요."나 "하기 싫어요."라고 답하는 것
- **협상행동** : 부모와의 협상으로 새로운 지시를 요청하는 것

불복종행동의 일반적인 원인 및 선행사건

부모-아동 간 상호작용(parent-child interactions). 미취학 아동의 불복종행동에 대한 기능 분석을 통해서 불복종행동에 대한 특성을 발견했는데 부모가 아동이 좋아하는 활동을 그만 두게 하거나, 아동을 활동에 더욱 집중하고 있는 것을 그만 두게 했을 때 아동의 불복종행동 빈도가 증가했다(Wilder, Harris, Reagan, & Rasey, 2007).

Holden과 West(1989)는 학생의 순종적 행동과 불복종적 행동에 영향을 미치는 부모

요인에 대한 정보를 제공하였다. 그들은 모자 간의 상호작용 방식과 놀이 환경 속에서 상호작용 방식의 결과를 관찰하였다. 두 번의 실험에서 우선 어머니들에게 아동들과 주어진 환경에서, 제한된 구역 안에 있거나 혹은 밖에 있는 장난감을 가지고 '지시자' 혹은 '금지자'의 역할을 하라고 하였다. 첫 번째(proactive) 실험에서는 어머니들에게 아동들이 사물에 관심을 갖는 활동을 하는 게임을 하도록 하였다. 두 번째(reactive) 실험에서는 어머니가 아동에게 지시하지 말고 장난감을 가지고 제한된 구역을 나가서 노는 것을 못하게 할 경우에만 아동들과 상호작용을 하라고 하였다.

실험자들은 두 번째 실험보다는 첫 번째 실험에서 놀자고 하는 요청 혹은 제안을 더 잘 따랐다고 보고했다. 이 연구는 학생들의 불복종의 원인과 관련해 중요한 것을 내포하고 있다. 적절한 행동(예 : 순종)을 하는 학생의 말을 경청하는 것은 어른들의 관심을 얻기 위해서 부적절한 행동(예 : 불복종)을 하는 학생의 행동을 막을 수 있다는 확실한 근거를 제공해 준다. 이러한 결과로 볼 때 다른 사람의 관심을 얻는 것으로 순종과 불복종의 결과를 예측할 수 있으며, 또한 순종적 행동 대 불복종적 행동의 기능과 관련된 중요한 정보를 얻을 수 있다.

Wicks-Nelson과 Israel(1991)은 일관성 있고 지속적으로 명령을 하지 않는 것은 아동들에게 불복종을 하라고 가르치는 것이라고 주장하였다. 사실 어른이 일관성 없이 아동에게 지시했을 때 더 높은 수준의 불복종행동을 보이게 된다. 즉 아동이 복종하지 않을 때 교사의 지시를 수행하지 않아도 관계없다는 행동을 보이는 경우 아동은 굳이 교사의 지시를 따를 필요가 없다고 생각할 수 있다. 어른에게 순종할 때 긍정적으로 강화받게 되고, 불복종에 대해서는 교사가 일관성 있는 태도를 보여 주는 것과 그렇지 않은 경우를 비교해 보았을 때 상반된 결과를 얻게 된다.

교사-학생 간의 상호작용(teacher-student Interaction). 학생이 하기 싫어하는 무언가를 하게 하려고 노력하는 교사는 학생이 저항하거나 반항적일 때 불복종한다고 여기게 된다. 다음의 예에서 교사가 얼마나 자주 이러한 일들을 경험하고 있는지 생각해 보자.

나이스 선생님의 수업을 받고 있는 학생들은 높은 관심과 활동을 보이면서 열정적으로 집단 과제를 수행하고 있다. 그러나 이러한 좋은 분위기를 끝내고 다른 수업으로 전환해야 했다. 교사는 수업을 듣는 학생들을 최대한 존중하고자 집단에게 다가가 새로 해야 할 과제들을 설명해 준 뒤, 현재 과제를 정리하고 다음 수업을 준비하라고 했다. 그런데 학생들이 "아니요, 지금 하고 있는 것을 계속하고 싶어요."라고 말하고는 하던 활동을 계속하자 나이스 선생님은 놀랐다.

왜 나이스 선생님이 놀랐을까? 교사는 학생에게 기대하는 것을 말해 주기보다는 학생들에게 현재 작업을 계속할 것인지 또는 그만 둘 것인지에 대한 선택권을 주는 듯한 인상을 주었다. 교사는 학생들에게 무엇인가를 하게 하려면 지금 교사가 원하는 것이 무엇인지 알려 주고 학생들이 빨리 순응하게 해야 한다. 예를 들어 Wilder, Harris, Reagan과 Rasey(2007, 173)는 토큰 강화를 사용하여 순종적인 행동을 촉진했다. 학생들은 교사의 지시를 따랐을 때 쿠폰을 받았고, 이 쿠폰을 이용하여 제지 없이 좋아하는 활동을 계속할 수 있었다. 쿠폰 사용이 학생들의 순종적인 행동을 증가시켰다.

Wachs, Gurkas와 Kontos(2004)는 초기 아동기 학급 상황에서 불복종을 예측할 수 있는 단서에 대해 언급하였는데, "아동의 순응행동은 기질, 양육자 행동, 양육의 질과 양육 태도의 혼돈 수준에 따라 예측 가능하다."(p. 439)고 하였다. 교사는 네 가지 변인 중 세 가지를 통제할 수 있다. addition, Beaulieu, Hanley와 Roberson(2012, p.685)은 학생이 호명에 응답할 때 순종적 행동이 증가한다는 것을 알아냈다.

종종 학생의 요구를 좀 더 잘 수용하기 위해서 교사의 행동을 바꿔야 하는 경우가 있음에도, 교사가 행동방침을 바꾸지 않고 고집하거나 거절함으로써 학생의 불복종행동을 촉진시키는 경우도 있다. 지나치게 교사의 개성이 강조되는 경우에 학생들은 이에 저항할 수 있다. 다음의 예를 살펴보자.

한 고등학생 학급에서 수학 과제를 푸는 동안 학생들이 사용한 계산기를 회수하고자 교사가 학급을 돌고 있었다. 그중 한 학생과 눈이 마주친 교사가 그 학생의 계산기를 걷으려고 손을 뻗자 학생은 계산기를 꼭 쥐었다. 분명 계산기 때문에 교사는 그 학생과 실랑이를 벌여야 했지만, 학생이 잡고 있는 계산기를 돌려받기 위하여 강하게 언급하지 않았다. 몇 분 지나지 않아 학생은 손을 들었고, 이를 본 교사는 학생에게 다가가 지시하였고, 학생은 교사에게 계산기를 돌려주고 더 이상 아무런 문제도 일어나지 않았다.

교사가 불복종행동을 하는 학생에게 최소한의 관심만 기울이는 아주 적은 노력만으로도 학생에게 순종적 행동을 촉진시킬 수 있다.

명확한 것은 아동이 어른에게 순종적 행동을 하는 것을 배운다고 했을 때, 어느 곳에서보다 집에서 배우는 것이 가장 효과적이라는 것이다. 그러나 Zirpoli(2003)는 아동이 집에서 부모의 요구(혹은 지시)에 따라 행동하는 것을 배우지 못한 경우에는 교사가 요구에 맞게 아동이 적절하게 행동하도록 학교에서 가르쳐야 한다고 했다. 순종은 꼭 한 가지 환경(예 : 집이나 다른 교실)에서만 필요한 것이 아니기 때문에 교실에서만 학생이 교사에게 순종해야 하는 것을 가르쳐야 하는 것은 아니다. 학생들은 다른 환경에서는 그 환경이 요청하는 각각의 기대 수준에 따라 다르게 행동하는 것을 배워야 한다.

불복종행동 중재

기능 사정(functional assessment). 기능 사정은 힘을 유지하려 하거나 상황을 통제하려 하거나 과제를 회피하기 위해서 또는 원하는 활동을 그만 두라는 요청을 받았을 때, 학생이 보이는 불복종행동의 기능을 확인하는 과정이다. 호세의 경우는 작문 과제를 할 때면 반항적인 학생이 된다. 기능 사정 결과, 호세는 글을 쓰기 위한 좋은 글감을 가지고 있으며, 신체적으로도 충분히 글을 쓸 수 있지만, 철자를 쓰는 데 약간의 어려움이 있었다. 호세는 단어를 잘못 써서 친구들에게 비난을 받기보다는 우두커니 책상에 앉아서 쓰지 않는 편이 더 좋다고 생각했다. 만약 교사가 호세에게 철자를 쓸 때 교사에게 도움을 요청하도록 했거나, 단어목록을 주어 작문 과제를 할 때 사용하라고 했더라면 작문 과제를 문제 없이 해낼 수 있었을 것이다. 교실에서 호세에게 거는 기대와 쓰기 철자 기술에 대한 교육과정 중심 사정에서 나온 결과는, 학생의 교과 영역 불일치 정도와 문제행동 간의 잠재력에 대한 교사의 경각심을 일깨워 준다.

순종적 태도 지도. 학생들이 요구나 기대에 잘 따르기를 원한다면 순종적으로 행동하는 방법을 가르치면 된다. 학생과 의사소통할 때 교사는 무슨 말을 하고 있는지, 혹은 어떻게 의미를 받아들였는지 이야기를 나눠 볼 필요가 있다. 다른 말로 하면, 학생에게 무엇을 하라고 이야기했을 때 학생이 그 요청을 따랐거나, 잘 따르지 못하였지만 그렇게 하고자 했을 때, 반드시 "고마워."라고 말을 해 줘야 한다. 순종은 기술이다. 따라서 배워야 하고 강화되어야 한다. 예를 들어, Mandal(2002)은 불복종행동을 감소시키기 위한 방법으로 순종에 대해선 칭찬을, 불복종에 대해선 타임아웃을 함께 사용하여 그 효과를 확인하였다.

다시 말해, 집에서 부모의 지시를 따르는 것을 배우지 못한 학생은 대부분 학교에서도 교사의 지시를 따르기가 어렵다. 그들은 어른의 지시에 따르는 습관을 형성하지 못했을 수 있다. 하지만 학생의 가정교육이 부족했다 하여도 순종하는 것이 필요하다고 느끼면 학생들은 최소한 학교에서만큼은 빠르게 순종하는 것을 배울 수 있다.

Oliver와 Skinner(2002)는 행동 타성(behavior momentum)이라는 전략을 사용하여 초 등학생에게 순종하는 행동을 증가시켰다. 이 기법을 사용하여 교사는 수용 가능한 요청 (학생이 꼭 따를 것이라는 확신이 드는 요청) 목록을 만들고 학생이 불복종하리라 생각 했지만 요청한 행동을 수행한 경우에 강화를 제공한다. 이 전략은 학생에게 순종하는 연 습을 제공하고, 지시에 따랐을 경우 얻어지는 긍정적인 결과에 대해 학생에게 설명하고, 낮은 빈도로 순종하는 행동과 높은 빈도로 순종하는 행동을 짝지어 수행하게 한다.

학칙 및 학급 규칙. 비록 불복종행동에 대한 결과적 조치로 정학이 학교에서 자주 사용되 는 벌칙이지만, 불복종행동에 대한 정학의 효과에 대해 Costenbader와 Markson(1998)은 분열(방해)행동의 효과에 관한 Stage(1997)의 연구 결과와 유사하다고 보고하고 있다. 이 들 연구 결과에 의하면, 학생의 32%가 정학은 자신의 행동을 바꾸는 데 효과적이지 않았 다고 보고하였다. 또한 회피는 불복종행동을 정당화시켜 줄 수 있으므로, 정학이 불복종 행동에 대한 벌로서의 역할보다는 오히려 불복종행동을 강화할 수도 있다는 점을 고려 해야 한다.

순종행동을 지도하기 위해서 교사와 관리자들은 전체 학교를 대상으로 혹은 학급에서 일관성 있게 적용될 수 있는 규칙을 만들어야 한다. 예를 들어, 학교에서 복장 규정에 대 해 교사나 교직원이 일관성이 없는 단속을 한다면 학생은 불복종하거나 복장 규율을 위 반하게 될 것이다.

공격행동

Kauffman과 Landrum(2013)은 공격성을 다른 사람에게 말이나 신체적으로 나타나는 명 백한 행동장애로 분류하였다. 공격성은 가장 심각하다고 여겨지는 부적절한 행동이며, 학생 자신과 그 학생 주변 환경에 있는 사람에게도 심각한 영향을 미칠 수 있다. Wood, Cowan과 Baker(2002, p. 72)는 "학생들의 동료 거부와 교사들이 사용하는 척도의 절반 정도는 학생의 공격성과 사회적 위축과 관련이 있다."는 것을 발견하였다. 공격성의 기능에는 힘과 통제권을 획득하는 것, 소속, 회피, 관심, 자기만족이 있다. 심한 폭력적 행동에는 '신체적 폭력, 성폭력, 심지어 살인'이 포함되는 반면에 학교 환경에서 흔하게 볼 수 있는 공격행동에는 '의도적으로 친구 때리기, 밀기, 소외시키기'가 있다(Horne, Stoddard, & Bell, 2007, p. 262).

이 장에서는 공격행동을 다음과 같은 행동(구어적, 비언어적, 신체적 행동)으로 정의하고 있다. 공격행동은 다른 사람을 직접 또는 간접적으로 상처를 입히며, 공격자에 의하여 보상을 얻게 되는 경우도 있다(표 14.1 참조). 이러한 결과는 여러 연구에서 자주 제안된다(Sasso, Melloy, & Kavale, 1990). 학생의 모든 공격행동과 관련한 몸짓은 분명히 공격행동을 자극시키는 화, 분노, 좌절, 모욕감 또는 다른 감정과 분명하게 의사소통하려는 자세이기도 하다.

언어적 공격성의 예는 대부분 분명하게 알 수 있지만, 신체적 표현이 드러나지 않고 공격행동을 보이는 경우도 있다(예 : 일러바치기). 이러한 행동의 의도는 다른 사람에게 상처를 입히거나 또는 공격을 함으로써 상대로부터 무엇인가를 얻고자 할 때 더욱 분명해진다. 장난삼아 때리고, 차고, 주먹질을 하는 것과 빈정거리는 듯한 말투는 공격행동의 한 가지 형태이므로 삼가도록 주의를 기울여야 한다. 교사는 학생이 다른 사람들을 좋아한다거나 호감을 표현하는 대체행동을 했을 때 강화하고 격려해야 한다.

Hunt(1993, pp. 16-18)는 공격행동을 과잉흥분 공격성, 충동적 공격성, 정서적 공격성, 약탈적 공격성, 도구적 공격성의 다섯 가지 유형으로 분류하였다.

- **과잉흥분 공격성** : 빈번한 사고와 공격성을 유발하는 높은 수위의 활동을 하는 경우를 말한다. 동료를 밀거나 떠미는 행동을 하는 학생은 피해 학생이 화를 내거나 공격성을 유발하게 할 수 있다. 다른 유형의 공격적 행동의 동기와는 달리, 희생자를 선택하여 과잉 흥분된 공격성을 보이는 경우는 극히 드물다.
- **충동적 공격성** : 이러한 공격성을 보이는 학생은 일반적으로 품행이 조용하고 소극적이지만 좌절을 잘 참지 못하는 것처럼 보인다. 좌절했을 경우에 어찌할 바를 몰라 불특정 다수를 향해 파괴적인 행동을 하게 된다.
- **정서적 공격성** : 분노에 찬 공격성을 나타낸다. 만성적인 화, 분노, 그리고 적대감 등을 나타낸다.

표 14.1 신체적 그리고 언어적 공격행동에 대한 표적행동의 예

신체적 공격행동의 예

• *발로 차기*(kicking) : 한 발이나 두 발을 사용하여 다른 사람의 몸에 접촉함으로써 불편함, 고통, 그리고(또는) 상해를 입히는 것이다.

• *때리기*(hitting) : 손(두 손)을 사용하여 다른 사람의 몸을 쳐서 의도적으로 불편함, 고통, 그리고(또는) 상해를 입히는 것이다.

• *침 뱉기*(spitting) : 침을 다른 사람에게 뱉어 다른 사람들의 몸의 일부나 또는 옷을 젖게 만드는 행동이다[가끔 학생들을 다른 사람을 향해 침을 뱉는 듯한 행동을 한다. 침을 실제로는 내뱉지 않는 경우도 있는데, 그러한 행동은 결과적으로 같은 효과(불편함과 좌절감)를 나타낼 수 있기 때문에 공격적인 행동으로 여겨진다].

• *깨물기*(biting) : 치아로 다른 사람의 피부와 맞닿아 불쾌함, 고통, 또는 상해를 입히는 경우를 일컫는다.

• *잡아채기/쥐기*(grabbing/holding) : 힘으로 다른 사람의 손을 잡아 다른 사람의 움직임을 방해하거나 불편함, 고통, 그리고(또는)는 상해의 원인을 일으키는 경우를 일컫는다.

• *싸우기*(fighting) : 둘 이상의 학생들이 때리기, 차기, 잡아채기, 그리고(또는) 잡는 행동에 가담해서 다른 학생을 바닥에 내동댕이치거나 구조물(예 : 벽, 문, 선반, 찬장)로 떠밀어 내는 등의 행동을 나타내는 것이다. 이러한 행동은 공격을 가한 사람과 공격을 당한 사람 모두에게 불편함, 고통, 그리고(또는) 상해를 입힐 수 있다.

• *던지기*(throwing) : 학생이 그의 손이나 팔을 움직여 허공을 가로질러 사물을 보냄으로써 사람에게 물건(예 : 책, 연필, 물건, 가구, 종이)이 직접 닿게 하는 것을 말한다. (a) 미리 몸짓 등으로 나타나고, (b) 사물이 실제로 상해나 고통의 원인이 되도록 사람을 때렸든 그렇지 않든 간에 이러한 행동들은 공격행동으로 여겨진다(행동이 공격적인 것으로 여겨질 만큼의 의도를 지닌).

언어적 공격행동의 예

• *으스대는 행동*(bossy behavior) : 요구하는 목소리 톤으로 다른 사람에게 명령하는 것이다.

• *다른 사람 놀리기*(teasing others) : 다른 사람을 우습게 만들기 위하여 언어로 상대에게 정서적인 불편함, 고통, 그리고(또는) 정신적 상처를 입히는 것이다. 피해자는 이때 울거나, 도망치거나, 언어적 공격행동을 보이거나, 또는 공격자를 무시하는 듯한 행동으로 대응한다.

• *일러바치기*(tattling) : 다른 사람에게 위험이 되지 않는 아주 하찮은 일들을 일일이 권위를 가진 성인(예 : 교사, 보조원)에게 반복적으로 일러바친다. 예를 들면, 아주 과장된 목소리로 "빌리가 케이트의 머리를 잡아당겨요."라고 교사에게 말하는 것이다.

• *다른 사람의 과제 수행을 비구조적으로 비난하기*(nonconstructively criticizing) : 다른 사람의 과제 수행을 비하하는 듯한 용어를 사용하여(예 : 저런 바보 같은 생각을 하다니) 다른 사람의 마음을 상하게 하거나 화나게 한다.

• *다른 사람의 결점을 꼬집기*(picking on others) : 다른 사람의 잘못을 명백하게 드러내 강조함으로써 여러 사람에게 창피함과 상처를 주거나, 그리고(또는) 화나게 하는 등의 결과를 초래할 수 있다(예 : 어머, 앤젤라, 마리오 좀 봐, 어쩜 저렇게 아주 쉬운 수학문제를 풀지 못할 수가 있지!). 피해자는 주로 기가 꺾인 모습, 언어적 변명, 그리고(또는) 화를 폭발시키는 행동을 한다.

• *빈정대기*(making sarcastic remarks) : 다른 사람의 외모나 수행 결과를 지적하는 행동으로, 그러한 지적을 직접적으로 받은 피해자는 마음이 상하여 불편함과 고통을 느끼게 된다. 빈정대기의 특징은 주로 목소리 톤이 과장되고 역겹다. 빈정대는 말투의 예는 "그래, 바바라가 오기 전까지는 아무 생각도 하지마, 바바라는 언제나 중요한 애잖아."의 표현을 아주 음흉한 목소리 톤으로 말하는 경우이다. 빈정대기는 반대로 아주 명랑한 목소리 톤으로 이루어지기도 하지만 결과는 마찬가지로 상대에게 창피함을 느끼게 하거나 상처를 입힌다(예 : 교사가 막 타임아웃 벌을 받고 돌아온 학생에게 "저런, 이건 별로야, 로리. 그렇지? 우리, 다시 한 번 해 볼래?" 등의 말). 피해자는 상처나 창피함으로 고개를 떨구거나, 당황해서 얼굴이 빨갛게 달아오르거나, 울 수도 있다.

- **약탈적 공격성** : 복수할 기회를 노리는 것처럼 보인다. 약탈적 공격성을 보이는 학생은 다른 사람에게 상처를 주거나 상해를 되갚아 주려고 기회를 기다렸다가 사람을 공격한다.
- **도구적 공격성** : 남을 괴롭히려는 골목대장처럼 행동한다. 도구적 공격성을 보이는 학생은 다른 사람을 괴롭히면서 자기 마음대로 하려고 한다.

공격적 행동의 일반적 원인과 선행사건

발달. 많은 연구자들은 공격성을 가족 갈등, 가난한 가정 갈등, 부족한 양육 기술과 관련하여 외부적으로 자주 드러나는 반사회적 행동으로 정의하고 있다(Brubacher, Fondacaro, Brank, Brown, & Miller, 2009, Hollenstein, Granic, Stoolmiller, & Snyder, 2004).

Brubacher 등은 '공격행동의 (세대 간) 대물림'을 통해 공격적인 행동이 심화된다고 말한다(p. 15). 가족의 모습 속에서, 어른(부모 등)이 아동에게 감정적인 지원을 제공하지 못하는 것이 공격성의 원인이 되는 요인이 될 수 있다. 전반적으로 열악한 양육 기술, 일관되지 않은 훈육, 체벌에 의존한 훈육, 여러 가지 형태의 가정 폭력에 노출(다음에 모델링을 배울 때 다시 한 번 논의), 심한 가족 갈등, 갈등 상황을 해결할 만한 전략의 부재 등을 들 수 있다. 이러한 가정에서의 모든 모습들이 아동에게 좋지 않은 모델이 되어 학교 상황에서의 갈등을 해결하기 어렵게 한다. 공격적인 학생들은 자주 충동적이고, 규칙을 따르는 데 어려움을 가진다. 또 다른 학생들에 대한 공감 능력이 결핍되어 있고, 문제해결 능력이나 전반적인 사회 기술이 취약하다(Brubacher et al., 2009). 부모가 일관성 없이 가혹한 방법과 낮은 수준으로 아동을 교육하면, 아동은 '때리기'와 같은 공격적인 행동을 배우게 된다.

학생은 공격행동을 함으로써 해야 할 일에서 벗어날 수 있다는 것을 배울 수도 있다. 예를 들면, 둘이서 설거지를 하던 중에 한 여학생이 동생을 때려서 어머니가 방에 가 있으라고 할 수 있다. 또한 공격행동을 했을 때 웃음, 주의 끌기, 그리고 찬성하는 반응 등으로 긍정적인 강화를 받을 수도 있다. 이러한 상황에서 학생들은 사회적으로 적절하게 다른 사람에게 반응하는 것을 배울 수 없다.

공격행동은 주로 유아기에 배운다. 공격행동을 배운 유아들은 적절한 사회적 기술을 발휘하지 못해서 학년 초에 종종 또래 친구들에게 거부당하기도 한다. 결과적으로 공격적인 학생들은 다른 공격적인 아동들과 '상호 우정'을 발전시키는 경향이 있다(Powers & Bierman, 2013). "공격성을 띠고 있는 미취학 아동이나 초등 저학년 아동은 다른 공격적인 아동과 빨리 친해져서 많은 시간을 함께 보내며, 공격적인 행동을 강화하여 예상했던 것보다 더 빨리 규칙 위반 등의 부적절한 행위를 시작하게 되고 그 행동을 더욱 공격적인 형태로 발전시킨다"(Powers & Bierman, 2013).

또래 친구에게 거부당하는 것과 더불어, 학업에서 실패하는 경험 또한 공격성과 밀접한 관련이 있다. Wood 등(2002)은 공격행동을 하는 학생들은 짧은 시간 동안에만 학업 과제를 수행하며, 자리에 착석하기, 질문에 답하기, 모둠 활동에서 협력하기, 지시에 따르기 등 교실 상황에 필요한 기술들을 배우는 데 어려움을 갖고 있다고 했다. 이 학생들은 공격적인 행동(예 : 싸움, 기물 파손, 갱단 활동)에 참여하는 또래 집단과 어울리는 경향이 있다. 공격적인 집단의 구성원들은 반사회적 행동을 함께 하면서 서로의 공격성을 강화하고, 공격적인 행동이 반복적으로 발생하도록 한다(Powers & Bierman, 2013). 장기적으로 보았을 때, 이런 방식으로 공격적인 행동을 심화, 발전시켜 온 학생의 결과는 희망적이지 않다. 아동기에서부터 청소년기에 걸쳐 이런 반사회적 행동을 한 학생은 학교를 중퇴하거나, 직장생활을 유지하지 못하고, 범죄 행위를 저지르거나, 결혼 생활에서 어려움을 겪을 확률이 극단적으로 높다.

모델링된 공격행동. 어떤 특정한 날에 학생은 화, 좌절, 또는 창피함에 기인한 다양한 경험을 할 수 있다. 이러한 정서 반응은 학생을 공격적으로 만들 수 있다. 공격행동의 원인에 대해 가장 일반적으로 받아들여지고 있는 것은 그 행동이 모델링을 통해 학습되었다는 것이고(예, Bandura, 1973; Kronenberger et al., 2005; Wicks-Nelson & Israel, 1991; Widom, 1989), 특히 또래 친구에 의해 많이 모델링된다(Powers & Bierman, 2013). 예를 들어, 학생은 어른(특히 부모)이 자신에게 언어적으로 학대를 하거나 신체적인 체벌을 가할 때 그를 공격행동의 모델로 삼을 수 있다. 폭력적인 가정이나 이웃에서 자란 학생은 학교에서 문제나 갈등상황과 마주했을 때, 폭력적으로 반응하고 대처하도록 배운다(Rudo, Powell, & Dunlap, 1998).

학생이 부적절하게 반응하는 제한된 모델만을 보게 되는 경우, 화가 날 때 어떻게 처리해야 할지 다양한 방법을 생각할 수 없게 된다. 그러므로 교사는 정서적으로 안정을 취할 때까지 상황에 대해 충분히 논의하면서 화를 달래거나, 문제에 관해 이야기를 나누거나, 또는 문제를 좀 더 객관적으로 보려고 노력하면서, 공격행동에 대해 적절한 대체행동을 모델로 보여 줄 수 있다. 이와 같이 공격행동을 대신할 수 있는 적절한 대체행동을 보여 줌으로써 학생에게 바람직한 사회적 기술을 습득하게 하는 모델의 역할을 할 수 있다. 더 나아가서 역할극 활동(role-playing)을 이용하면 적절한 반응을 모델링하여 학습할 수 있게 하고, 공식적으로 용인되는 사회적 기술을 훈련시킬 수 있다.

대중매체의 영향. TV 프로그램은 수많은 공격적 모델을 학생에게 제공하고 있다(Hughes, 1996; Lieberman, cited in Walker, Colvin, & Ramsey, 1995). Lieberman은 폭력적 대중매체에 노출된 학생들은 공격적이고 폭력적인 행동에 대해 무감각해진다고 주장하였다. 이와 같은 노출은 청소년들의 폭력과 공격성의 수위를 높이는 원인이 된다(Walker et al., 1995). Widom(1989)은 TV 폭력물이 학생의 공격성과 밀접한 관련이 있는지를 분석하였다. 남자 아동들에게 인기가 있는 프로레슬링 프로그램을 몇 분간 보여 주면 문제의 심각성을 이해할 수 있을 것이다. 그러나 불행하게도 많은 부모들, 특히 아버지들은 이런 쇼 프로그램이 가정과 학교에서 학생의 행동에 부정적으로 영향을 미친다는 사실을 잘 모르고 있다. 그러나 교사들은 매일 그 결과를 보고 있다.

텔레비전이나 비디오 게임 속의 폭력성과 그것을 본 후 학생들이 보이는 공격행동 간의 관계에 대하여 많은 관심이 집중되고 있다(Friedrich-Cofer & Huston, 1986; Kronenberger et al., 2005). 한 종단연구에 의하면 어떤 특정 연령대에 TV 폭력물을 본 것과 이후 연령대에 나타난 공격행동과는 상관관계가 있음을 밝히고 있다. "부모, 가족, 그리고 다양한 사회·경제적 변인은 8세경에 적절히 측정될 수 있고, 텔레비전은 18세에 나타날 수 있는 공격성에 대한 확실한 예측 변인이 된다"(Friedrich-Cofer & Huston, 1986, p. 367). 공격 수위가 높은 미디어 폭력에 노출된 학생은 공격성과 폭력성에 대해 무감각해진다. Wied, Goudena와 Matthys(2005)에 의하면 8~12세의 분열(방해)행동을 보이는 소년들은 통제집단의 소년들에 비하여 슬픈 상황에 대하여 공감하는 능력이 떨어지는 것을 보였다. 또 학생들이 영화나 컴퓨터 게임에서 나타나는 공격적인 모습들을 보고 자신의 공격성 수준이 낮다고 생각할 수 있다. 이러한 결과는 학생들이 케이블 텔레비전이나 인터넷 자료를 쉽게 빌려 볼 수 있고 폭력 영화와 게임이 급증하고 있는 상황에서 우리 사회의 심각한 문제가 아닐 수 없다.

사회적 기술 결함. 대체 기술이 부족하여 공격행동을 하는 학생에게는 화나는 상황을 사회적으로 수용 가능한 행동으로 표현할 수 있도록 가르치는 것이 필요하다(Dubow, Huesmann, & Eron, 1987; Hollinger, 1987). Dubow와 동료들(1987)은 학생들이 공격행동으로 문제를 해결하면서 강화받았던 경험을 하기 전에 학생의 사회적 능력을 개발시켜 주는 것이 필요하다고 보고하고 있다. 공격적인 학생들은 때때로 사회적 문제를 해결하는 데 필요한 대처 방식이 부족하다. 환경과 모델링의 영향으로 학생들의 공격행동은 문제해결을 위한 유일한 선택이 되기도 한다.

Neel, Jenkins와 Meadows(1990)는 공격행동이 사회적 기술의 부족 때문이라는 연구자들의 주장과는 반대되는 의견을 제시하였다. 이들은 3~4세의 학령 전 아동 19명을 대상으로 한 연구에서 공격적인 학생들과 그렇지 않은 학생들의 사회적 기술이 유사하다는 것을 발견했다. 공격적인 아동들이 사용하는 사회적 문제해결 전략의 수와 비공격적인 아동들이 사용하는 전략의 수는 비슷했다. 이들이 보인 차이점을 비교해 보면, 공격적인 학생이 사용한 전략이 비공격적인 아동이 사용한 전략에 비하여 좀 더 불쑥 끼어드는 (예 : 게임에 불쑥 끼어들기) 경향이 큰 반면, 비공격적인 학생들은 좀 더 사회적으로 수용 가능한 전략(예 : 집단 활동에 참여하기 전에 양해를 구하기 등)을 구성하고 있다. 많은 연구자들은 조사 이전(예, Melloy, 1990)에 다음과 같은 제안을 하였다. 닐 등의 연구 결과는 공격적인 학생을 위해서는 사회적 전략의 수보다 전략의 내용에 좀 더 집중해야 한다는 것을 제시하고 있다.

Melloy(1990)는 공격행동임에도 불구하고 동료들에게 수용되는 몇 가지 공격행동의 유형에 대해 설명하였다. 공격적인 학생이 수용되는 첫 번째 이유는 그들의 동료들이 공격적인 학생을 거부하기를 두려워하여 그를 리더로 수용하는 경우이다. 그러나 다른 공격적인 학생들은 또래에게 자주 거부당한다. 공격적인 학생들이 운동장에서 놀고 있는 또래집단에 합류하려 하면 놀이를 끝내거나 다른 장소로 이동해 버리는 경우를 관찰할 수 있다. 결국, 동료들로부터 거절당한 경험은 바람직한 또래와의 안정적인 관계를 포기함으로써 비정상적인 하위문화에 속하게 하여 사회적 부적응을 초래할 수 있다(Center, 1990; Weinberg & Weinberg, 1990). 이러한 경험에 의하여 하위문화에 속하게 된 학생은 공격행동에 참여하는 것에 대해 자주 강화를 받게 된다.

공격행동 중재

기능적 사정. Sasso와 동료들(1990)은 공격성의 대체행동을 습득, 유지, 일반화시킬 수 있는 사회적 기술을 초등학생과 중학생에게 가르칠 수 있다고 하였다. 이들은 특수교육 서비스 대상 학생인 8세, 10세, 13세의 공격적인 학생 세 명을 대상으로 연구를 수행하였다. 대상 학생들은 중서부 초 · 중등학교의 여덟 명으로 구성된 학급의 학생이었다. 이들은 하루에 한 시간씩 일반 학급에 통합되었다. 이들은 '구조화된 학습 접근과 **기능중심형 초등학교 교육과정**'(McGinnis & Goldstein, 1984)을 사용하여 사회적 기술을 배웠다. Sasso의 연구는 부적응행동과 마찬가지 역할을 하는 공격행동을 대체행동으로 바꾸는 훈련이었다. 대체행동에는 결과 수용하기, 비난 수용하기, 협상하기, 놀림에 대응하기, 허락 구하기, 싸움에 끼어들지 않기 등이 포함되었다.

중재에 따라 모든 학생들이 일반 학급과 다른 학교 환경에서 기초선 수준에 비하여 좀 더 적절한 행동을 보이게 되었다. 적절한 행동에 대한 긍정적 강화를 제공하면서 동시에 사회적 기술 훈련을 제공하는 방법은 공격행동에 대한 대체행동을 가르치는 데 매우 탁월한 방법임을 알 수 있다.

인지적 행동관리(cognitive behavior management, CBM) 전략(제11장 참조)을 사용하여 학생들은 스트레스 상황을 잘 관리할 수 있도록 자기언어 기술과 자기교수 기술을 학습할 수 있다. Etscheidt(1991)는 13~18세의 공격행동을 하는 청소년 30명에게 CBM을 적용하였다. 연구 목적은 (a) CBM을 사용했을 때 공격행동은 감소되면서 친사회적 행동은 증가하는지, (b) 긍정적 후속결과가 인지훈련의 효율성을 증가시키는지 여부를 측정하기 위해서였다.

어떤 학생들은 집단 분노조절 프로그램(Anger Control Program Model; Lochman, Nelson, & Sims, cited in Etscheidt, 1991)이라는 인지훈련을 받았다. 이 프로그램의 취지는 '사건을 인지적으로 처리하고 대체행동으로 반응함으로써 공격행동을 수정하는' 학생을 돕기 위한 것이다(Etscheidt, 1991, p. 110). 이 훈련에서 집단 1의 학생은 다음의 목표 하에서 12회기의 훈련에 참여하였다.

- 자기인식
- 동료에게 영향을 주는 반응 탐구
- 문제 상황 변별

- 문제에 대한 대안적 해법의 생성
- 해결 방안에 대한 평가
- 분노 각성의 생리학적 인식
- 생리학적 인식의 통합
- 공격행동을 감소시키기 위한 자기언어화와 사회적 문제해결 기법

또한 학생은 문제 상황에서 수반되는 다섯 가지 전략을 배운다.

1. **신체적 단서/충동 지연**(motor cue/impulse delay) : 행동하기 전에 멈춰서 생각하고, 자신에게 지시를 내린다.
2. **문제 정의**(problem definition) : 정확하게 무엇이 문제이고 어떻게 느꼈는지를 말한다.
3. **대체행동의 생성**(generation of alternatives) : 가능한 한 많은 해결책을 생각한다.
4. **후속결과 고려**(consideration of consequences) : 다음에 어떤 일이 일어날지를 생각한다.
5. **실행**(implementation) : 정말 좋은 해결책을 가졌다면 이를 실행한다(etscheidt, 1991, p. 111).

집단 2에 포함된 학생들은 인지훈련을 받고, 배운 기술을 사용하였을 때 긍정적으로 강화를 받았다. 통제집단은 인지적 훈련 없이 훈련 전략을 사용해서 긍정적인 결과를 받았다.

연구 결과는 통제집단과 비교했을 때 집단 1과 집단 2의 공격행동이 의미 있게 줄었고 자기통제 행동은 의미 있게 증가했음을 지적하고 있다. 집단 1과 집단 2 간의 의미 있는 차이는 없었다. 연구자들은 인지훈련 이전에 학급에서 행동관리 프로그램을 실시한 것이 이와 같은 결과를 만든 것이라고 생각하였다. 이러한 요인으로 인하여 추가적인 긍정적 후속결과가 이들의 행동에 어떤 영향을 끼쳤는지는 확실하지 않다.

학생들은 부적응행동으로 인해 벌을 받았을 때보다 적절한 행동에 대한 강화를 받았을 때 행동변화가 더 민감한 것으로 나타났다(Meadows, Melloy, & Yell, 1996). 동료들과 긍정적인 관계를 형성하고, 긍정적인 학급 분위기에서 의미 있는 교육과정을 제공하

였을 때 공격행동은 감소하고, 학교에서 수용 가능한 행동이 증가된다(Abrams & Segal, 1998). 목표 설정, 행동계약, 그리고 토큰의 사용은 교사가 공격성에 대한 수용 가능한 대체행동을 촉진하고 지원하는 데 효과적이다(Ruth, 1996). 미온적이고 배타적인 타임아웃 같은 행동 감소 전략은 공격행동을 친사회적인 행동(Costenbader & Markson, 1998; Maag, 1996)으로 변화시키지 못했다(특히 나이 든 학생들의 경우).

학칙과 학급 규칙. 학교장과 교사들은 학교에서 공격행동에 대한 명백한 금지 규칙(zero-tolerance rule)을 만들어야 한다. 공격성에 대한 이러한 규칙은 학교에서 제공되는 모든 프로젝트와 부모와의 연락으로 지속적으로 알려야 한다. 이러한 규칙이 효과적이기 위해서는 모든 학생과 그들의 가족이 인식할 수 있도록 정보를 제공해야 하며, 공격성을 보였을 경우에는 용서될 수 없다는 것을 모든 학생들이 공공연하게 인식할 수 있도록 끊임없이 주지시켜야 한다.

교실 속의 상호작용 관찰. Powers와 Bierman(2013)의 연구는 교실 환경에서의 또래 상호작용과 사회적 모델의 영향력을 보여 준다. 긍정적인 사회적 기술을 가지고 있는 또래 아동이 공격적인 아동을 거부하고 싫어한다면 교육자는 두 아동이 긍정적으로 상호작용할 수 있도록 촉진하여, 공격적인 아동이 자신과 비슷한 부류의 공격적인 아동하고만 상호작용하도록 내버려 두지 말아야 한다. Powers와 Bierman(2013)이 말했듯이, 교육자는 공격적인 아동과 비공격적인 아동의 상호작용을 차단하지 않도록 해야 한다. 공격적인 아동을 비공격적인 아동과의 긍정적인 상호작용을 통해서 적절한 사회적 기술을 모델링하고 학습한다. 만약 그렇게 하지 않고 상호작용이 차단된다면 공격적인 아동은 부적절하고 공격적인 행동을 강화하는 또래와 어울리게 되고 그 또래들에게 좋지 않은 영향을 미치게 될 것이다(Snyder, McEachern, Schrepferman and Just, 2010).

괴롭히는 행동

괴롭히기(bullying)는 한 명 또는 그 이상의 학생들이 지속적인 언어, 신체, 정서적인 고통과 위협 그리고 왕따를 포함해 폭력을 남용하는 것을 뜻한다. 괴롭히기는 명백히 공격성을 띤 행동이고, 희생자에게 상처와 위협 또는 불안을 조성하는 행동이다. 괴롭히기는 **직접적**(direct; 신체적 또는 언어적)인 것과 **간접적**(indirect; 심리적)으로 학생을 공격하는 행동이다. 직접 괴롭히기(direct bullying)는 때리고, 이름을 부르며 놀리고, 약점을 잡고,

교사의 감독은 괴롭힘 행동 퇴치/반대 프로그램에 결정적인 역할을 한다.

학생의 소지품을 망가뜨리는 행동 등으로 나타난다. 괴롭히기의 간접적인 방법(indirect bullying)은 자신의 동료집단에서 학생을 소외시키기 위해서 소문이나 가십을 퍼뜨리는 행동으로 나타날 수 있다.

전국교육통계센터(2013)에 따르면, 2011년도에 12세에서 18세 사이의 학생 중 약 28%가 학교에서 괴롭힘을 당했다. Horne, Stoddard와 Bell(2007)은 자료를 분석하여, 6학년 시기에 괴롭힘이 정점을 찍은 다음 고등학교 시기를 거치면서 감소한다고 보고했고, 초등학교 시기와 중등학교 시기 사이에서 괴롭힘이 거의 두 배로 증가하였다가 고등학교 시기에 감소한다고 보고했다(National Center for Education Statistics 2013). 또한 학교에서 괴롭힘을 당하는 것으로 보고된 학생 중 18%가 놀림을 당했거나 모욕적인 일을 당했다고 밝혔다. 괴롭힘을 당한 학생의 18%는 악의성 소문의 대상이 되었으며, 5%는 위협을 받았고, 3%는 자신이 원하지 않는 일을 억지로 하도록 강요받았다고 보고했다. 괴롭힘을 당하는 학생의 6%는 고의적으로 활동에서 배제되었고, 3%는 다른 아동들이 자신의 물건을 파손하는 상황까지 겪었다. 그리고 8%는 밀리거나 밟히거나 침을 맞기도 했다.

12세에서 18세 사이의 학생 중 9%는 학교를 다니는 동안 학교나 집에서 사이버 폭력을 당했다(National Center for Education Statistics, 2013). 사이버 폭력에는 인터넷에 게시된 유해한 정보에 노출되거나, 이상한 내용의 이메일이나 문자 메시지를 받는 것, 개인 정보가 공유되는 것 등이 있었다. 학생들이 학교에서 괴롭힘을 당하는 것(40%)이 성인기까지 사이버 괴롭힘을 당한 경우(26 %)보다 많았다.

괴롭히는 행동의 일반적인 원인과 선행사건 괴롭히기 행동은 공격적인 행동이 발전되고 심화되는 것과 비슷한 양상을 가지고 있다. 괴롭히기는 모양, 크기 및 성과 관련이 있다. 학교에서 어떤 괴롭힘은 인기가 있고, 어떤 괴롭힘은 미움을 받는다. 그러나 괴롭힘은 전형적으로 다음과 같은 특성을 나타난다.

- 평균이나 평균 이상의 자존감을 갖고 있다.
- 다른 사람에게 상해를 입힘으로써 만족감을 찾는다.
- 동료들로부터 인정을 받거나 주목을 받고자 한다.
- 터프하고 책임감 있는 것처럼 보이고 싶어 한다.
- 희생자나 다른 사람에게 동정심을 거의 느끼지 않는다.
- 다른 사람이나 환경을 지배하고자 한다.
- 다혈질이거나 충동적이다.

체벌이 잦은 가정에서 자란 학생들이 대개 괴롭히는 행동을 한다. 교실적용 14.2의 예에서 보는 바와 같이, 스티브는 아버지로부터 관심을 거의 받지 못했기 때문에 샘에게 동정심을 거의 느끼지 못한다. 학생들은 가정의 폭력적인 환경에서 폭력적 행위에 대한 모델을 보게 되는 경우가 많다.

스티브와 같은 공격자들이 공격행위를 계획할 때 성인의 감시로부터 멀리 떨어져 있는 외진 곳이나 운동장, 복도, 화장실이나 학교 버스 등의 장소를 선택한다. 공격자들은 대부분 무척 자기중심적이어서 오로지 자신의 욕구와 즐거움에만 관심이 있다. 그들은 괴롭히기 행동의 후속결과에 대해 책임감을 느끼지 못한다(Coloroso, 2003). 괴롭힘의 대상인 희생자들은 수동적이거나 친구에게 복종적인 태도를 보이는 것으로 나타났다. 그들 학생들의 대부분은 어릴 적부터 매우 조심성이 있고 예민하며 자기주장을 펴는 데 어려움을 겪어 왔다.

교실적용 14.2 — 괴롭히는 행동 다루기

테레사 스팀

중학생 샘은 학교 친구 스티브의 괴롭힘 대상이다. 사건들은 1년 내내 산발적으로 일어났으며, 언어적 폭력에서 시작된 것이 신체 폭력으로 확대되었다. 결국, 샘은 교사 존슨에게 이야기했고 교사는 스미스 교장선생님에게 보고하였다. 스티브에게 몇 차례 경고를 한 후에, 스미스 교장선생님은 스티브의 행동이 용납되지 않는다는 것을 인식하게 만들었다고 확신하였다. 그러나 스티브는 스미스 교장선생님과 만난 직후, 식당에 있는 샘에게 다가가 고자질에 대한 복수로 그를 밀기 시작하였다. 스티브의 행동이 다른 교사에 의해 발견되어 교장실에 보고된 후에 스티브는 5일간 정학을 당했다.

스티브가 정학을 받은 동안, 스미스 교장선생님은 지역의 컨퍼런스팀을 찾아보기 시작하였다. 달리 할 수 있는 방법을 몰랐기 때문에 그녀는 지역의 컨퍼런스팀의 중재자와 만났고, 학부모를 포함한 모든 관계자들을 만났다. 회의 중에 팀 중재위원들은 스티브에게 왜 그런 행동을 하는지 말해 보라고 했다. 스티브는 사람들이 자기를 좋아하고 멋지다고 생각하기를 바란다고 말했다. 스티브는 어떤 아동들은 자기를 비웃고 안경 낀 패배자라고 놀린다고 했다. 스티브는 자기가 샘을 괴롭히면 다른 친구들이 자기를 경외하는 눈빛으로 보는 것 같다고 말했다. 하지만 샘이 자신에 대해 교사들에게 말한 것에 화가 났고, 고자질로 인해 자신을 정학에 처하게 만든 것에 대해 복수하고 싶었다고 말했다.

다음은 샘의 차례였다. 샘은 스티브의 행동이 학교와 집에서 그의 인생에 어떻게 영향을 미쳤는지 말했다. 샘은 스티브에게 대항하는 것이 매번 두려웠다고 말했다. 성적은 떨어졌고, 스티브가 끼어 있을지 몰라 학교에서 하는 모든 활동에 참여할 의욕이 나질 않았다고 했다. 샘의 어머니에게도 스티브와 이야기를 나눌 기회가 주어졌는데, 스티브의 행동으로 어머니는 샘의 안전에 대해 많은 걱정을 했고, 스티브의 괴롭힘으로 인해 샘이 다른 사람처럼 변했다고 말했다.

스티브의 어머니는 집에서 자신과 남편의 문제에 대해 말했다. 부부는 별거 중이라 스티브의 아버지가 함께 살고 있지 않다고 말했다. 중재 팀은 스티브와 그의 어머니에게 지원을 하겠다고 하였다. 그리고 스미스 교장선생님은 집에서 무슨 일이 있든 간에 학교에서 괴롭히기 행동은 용인될 수 없다고 말하였다.

회의가 끝나가자, 스티브와 샘의 관계를 회복시킬 수 있는 방법들에 대해 의견일치를 보았다. 두 아동들은 과거의 잘못은 뒤로 하고, 서로에게 긍정적인 말을 전하고 악수를 했다. 샘은 스티브의 사과를 받아들였고 다음 날 두 학생은 학교로 돌아왔다.

생각해 보기

스티브가 친구를 괴롭히지 않고 적절한 행동을 하도록 하기 위해 어떤 긍정적 행동지원 체계를 적용할 수 있을까? 또한 스티브가 다시 괴롭히는 행동을 한다면 어떤 특별한 결과가 생길 것인가? 학급담임과 교장, 교사들은 어떻게 스티브의 행동을 관찰할 것인가? 추가적으로 지역사회 컨퍼런스 팀 회의의 이점은 무엇인가?

괴롭힘 행동의 중재 Merrell과 Isava(2008, p.26)는 괴롭힘 행동에 대한 중재 연구를 검토했다. 그 결과 '괴롭힘 행동에 대한 중재 전략의 약 3분의 1이 의미 있고 임상적으로 중요하고 긍정적인 효과가 있음'을 알아냈다. 이 결과는 다양한 중재 전략을 사용해 본 초기의 실험적인 결과일 뿐이고, 장기적으로 봤을 때 앞으로 더욱 좋은 전략과 결과가 나타날 것이라고 예상된다. 한편, 예방은 괴롭힘 행동에 가장 적합한 중재이다. 괴롭힘 행동이 학교 환경에서 주요한 문제가 되지 않도록 예방하는 것은 학교차원의 긍정적 행동지원(SWPBS)(제12장 참조)에서 최고의 보편적인 전략이다. 학교 행정가와 교사는 SWPBS

프로그램을 시행함으로써 괴롭힘 행동을 절대로 용납하지 않는 학교 문화를 만들어 가야 한다. 괴롭힘 행동을 예방한다는 것은 학교 내의 모든 사람들에게 괴롭힘 행동에 대해서 교육하고, 학교 건물 내외에서 적절하게 관리 및 감독을 하며, 괴롭힘 행위에 대한 명확하고 일관된 규칙을 가지고 괴롭힘 행동의 희생자를 지원하는 것이다(Dake, Price, Telljohann, & Funk, 2003; Frey, Hirschstein, Edstrom, & Snell, 2009).

괴롭힘 행동은 단순히 두 학생 사이에서 일어난 일상적인 갈등 상황으로 취급되어서는 안 된다. 두 학생 간의 갈등은 동등한 상황에서의 의견 차이지만, 괴롭히는 행동은 '가해자와 피해자가 존재하며 둘 사이의 힘이 불균형'을 이룬다(Crothers & Kolbert, 2008, p. 133 참조). 학생들 간에 발생하는 갈등의 대부분은 외부의 중재 없이 해결될 수 있지만 일반적으로 괴롭힘 행동을 줄이기 위해서는 외부의 중재가 필요하다. 또 다른 연구 결과에 따르면 중학교와 고등학교 시절에 괴롭힘 행동을 한 사람은 성인이 되어 반사회적 행동을 할 가능성이 높다. 6학년에서 9학년 사이에 괴롭힘 행동을 한 사람의 60%가 30세가 될 때까지 적어도 한 번 이상 구속되었다(Ma, 2002; Quinn et al., 2003). 따라서 괴롭힘 행동에 효과적인 중재를 하는 것은 단기적으로는 학교에 좋은 영향을 미치고 장기적으로는 사회에 도움이 되는 결과를 가져온다.

앞에서 언급되었듯이, 학교에서 괴롭히는 행동을 줄이기 위한 첫 번째 단계는 괴롭힘 행동을 용납하지 않는 단호한 학교 방침을 마련하는 것이다. 설문조사에 따르면 괴롭힘 행동을 당한 피해자의 60% 이상이 누군가에게 괴롭힘을 당했다고 이야기를 털어 놓았고, 그 대상은 대부분 학교 교사이거나 다른 어른이었다(Carran & Kellner, 2009). 교사는 괴롭힘 행동은 절대로 용납되지 않는 것이라는 사실과 만약 괴롭힘 행동이 발생하게 되었을 때는 그에 상응하는 대가를 치러야 한다는 것을 학생들에게 알려야 한다. 학교는 부모(특히 괴롭힘 행동을 하는 아동의 부모)에게도 이와 같은 사실을 통지해야 한다.

학생 관리는 괴롭힘 방지 프로그램을 적용하는 데 중요한 역할을 한다. 공격자들은 어른들이 관리감독을 하는 데 제한이 따르는 장소를 선택하여 괴롭히는 행동을 할 기회를 노리기 때문에 복도, 화장실, 운동장까지 관리감독의 장소를 확대해야 한다.

학생 간의 우호적인 관계를 증진시키는 프로그램 역시 개발해야 한다. 예를 들어 학교 관리자, 교사, 학부모, 학생을 모두 포함시킨 Olweus 괴롭힘 방지 프로그램(Olweus, 2005)은 다음과 같은 방법들을 추천하고 있다.

- 각 학교 간에 괴롭힘 방지 또는 중재위원회를 구성한다.
- 무기명으로 학생 설문조사를 실시하여 학교에서의 괴롭힘 사례를 파악한다.
- 괴롭힘 변별과 교정을 위해 교직원 교육을 실시한다.
- 괴롭힘 행동에 대한 교칙을 마련하고 학교 일과 중에, 그리고 모든 장소에서 학생 관리감독을 강화한다.
- 괴롭힘 행동에 대한 후속 조치를 개발한다.
- 타인에 대한 감정 이입(공감하기) 교육을 실시한다.
- 괴롭힘 행동을 가한 학생과 희생당한 학생 간의 중재를 제공한다.
- 학부모를 참여케 한다.
- 괴롭힘 행동을 관찰한 제3자에게 괴롭힘 행동에 대해 언급하고 중재를 한다.

지역사회 컨퍼런스(community conferencing; Chisholm, 2007)와 같은 다른 프로그램은 괴롭힘 행동을 하는 학생들의 행동을 변화시키기 위해 모든 사람이 협력할 수 있는 공식적인 절차를 마련해야 한다고 요구하고 있다. 이러한 절차는 교실적용 14.2에서 강조하고 있다. 학교를 기반으로 한 중재 프로그램에 대한 더 자세한 목록은 Horne, Stoddard와 Bell(2007)을 참조하면 된다.

울화행동

울화행동(tamper tantrum)은 학생의 요구가 수용되지 않거나 피곤할 때 나타날 수 있는 건전하지 못한 행동을 말한다(Sasso et al., 1990). 울화행동은 울기, 발 구르기, 몸 던지기, 소리 지르기, 발차기, 매달리기, 오르락내리락 뛰어다니기, 치기, 다른 부적절한 행동 등 다양하다.

울화행동은 어린 아동들에게 매우 흔한 문제행동이다. Wakschlag 등(2012)은 지역사회에 기반을 둔 1,490명의 미취학 아동 샘플 중 약 84%가 가끔 울화를 겪었다. 하지만 그중 약 9%만이 매일 울화를 겪었으며 관심이나 주의를 요했다.

울화행동의 일반적 원인과 선행사건 학생들은 딱 한 가지 중요한 이유 때문에 울화행동을 한다. 그 행동은 효과가 있다. 이 행동을 하면 부모가 바로 요구를 들어주기 때문이다. 관심이 가는 무언가를 요구할 때 이런 행동을 한다. 예를 들어, 타일러가 엄마와 함

교실적용 14.3 **울화행동이 효과 없다는 것 가르치기**

유치원 교사 수잔은 네 살짜리 마이클의 이야기를 했다. 마이클은 어느 날 휴식시간에 바깥으로 나가기 전 외투 입기를 거부했다. 학교는 미네소타에 있고 그날은 9월의 아주 추운 날씨였다. 수잔은 마이클에게 외투를 입을 때까지 보조교사와 함께 교실 안에 있어야 한다고 말하고는 나머지 학생들을 데리고 밖으로 나갔다. 마이클은 즉시 바닥에 누워 20분 동안 울화행동을 보였다. 그날 마이클의 어머니가 그를 데리러 왔을 때 수잔은 쉬는 시간 동안 일어난 일에 대해 말했다. 마이클의 어머니와 그녀의 남편은 언제 외투를 입을지 마이클이 결정하도록 했다고 말했다. 수잔은 학급에서는 그 결정을 교사가 하며, 마이클이 쉬는 시간에 밖으로 나가고자 했다면 추운 날이었기 때문에 외투를 입었어야 했다고 말했다.

다음 날 점심식사 후, 수잔은 아동들에게 쉬는 시간에

밖에 나가려 하니 외투를 입으라고 말했다. 마이클을 포함한 모든 아동들이 외투를 입고, 밖으로 나가기 위해 문 앞에 줄을 섰다. 수잔은 이 건에 대해 마이클과 다시는 언쟁하지 않았다.

생각해 보기

당신은 마이클이 집에서도 울화행동을 할 거라 생각하는가? 마이클의 행동과 어머니의 대응 방법을 보았을 때, 부모가 그의 행동에 어떻게 반응하리라 생각하는가? 만약 수잔이 마이클에게 외투를 입지 않고도 밖으로 나가도록 허락했다면 무슨 일이 일어났을까? 마이클의 어머니에 대한 수잔의 반응을 어떻게 평가하는가? 마이클이 수잔의 교실에서 이런 행동을 반복할 것이라 생각하는가?

께 식료품점에 가고 싶어할 때 울화행동을 했다면, 타일러는 원하는 것이 있을 때마다 울화행동을 보일 것이다. 타일러의 어머니는 울화행동을 좋아하지 않기 때문에 타일러와 함께 식료품점에 가기로 결정했다. 그러면 타일러는 즉시 울화행동을 중단하고 외투를 입고 웃으면서 엄마와 함께 식료품점에 갔다. 타일러의 행동을 받아 줌으로 해서 타일러의 엄마는 그 행동을 부추긴 결과가 되었다. 나중에 울화행동에 대한 결과로 "안 돼!"라는 말을 듣게 된다면 타일러는 울화행동에 더 집착하게 될 것이다. 교실적용 14.3에서 울화행동이 교사에게 통하지 않는다는 것을 배우게 되는 유치원생의 실례를 볼 수 있다.

울화행동의 중재 울화행동으로 자기가 원하는 것을 얻을 수 있다는 것을 알고 이런 행동을 하는 학생에게 울화행동을 없애기 위한 가장 좋은 방법은 학생의 울화행동이 더 이상 효과가 없다는 것을 가르치는 것이다. 이런 울화행동을 북돋는 결과를 없애기 위해서는 학생의 울화행동을 무시하면 된다(제12장 참조). 울화행동에 대한 강화를 철회하고 학생의 행동을 무시하면 울화행동은 아마도 점진적으로 줄어들거나 없어질 것이다.

교사가 어린 아동에게 일과를 가르치는 것 또한 중요하다(예 : "먼저 외투를 입고, 다음에 밖으로 나가자.") 그리고 학생들은 규칙이 무엇이고 그들에게 요구되는 것이 무엇인지 배우게 된다. 어린 아동들에게 과제 전환을 예고하는 방법은 추천할 만하다(예 : "얘들아, 5분 안에 장난감을 치우고 이야기 들기 준비를 하자.").

마지막으로, 어린 아동들이 피곤해하거나 어떤 자극에 대해 과도하게 흥분했을 때 적절하게 행동을 하는 것은 어렵다. 유치원 교과과정은 학생의 발달적 연령에 적절한 내용으로 구성되어야 한다. 학습 내용의 구조, 순서, 일과는 어린 아동들과 일하는 교사들에게 중요한 요소가 된다.

주의나 활동에 관련된 행동

그동안 이루어진 많은 연구에 따르면, 부주의행동, 과잉행동, 충동성은 서로 연관성이 있다. 주의력결핍과잉행동장애(ADHD)는 부주의와 연관이 있다(Biederman & Faraone, 2005). 이런 세 가지 행동이 어떻게 명명되든 간에 교사들은 위에 제시한 세 가지 행동 모두가 한 학생에게서 나타날 수 있으며, 학교에서 학습하고 교우관계를 맺는 데 어려움으로 작용할 수 있다(Spira & Fischel, 2005). 이 절에서는 이런 행동들을 개별적으로 살펴볼 것이다. 물론 때때로 관련된 행동이 장애 아동에게서 발견되기도 한다.

부주의행동

주의력(attention)은 작업을 완성하는 데 필요한 시간 또는 사회적으로 허용되는 시간 동안 일에 집중할 수 있는 능력으로 정의된다(Ruff, Lawson, Parrinello, & Weissberg, 1990). McGee, Williams와 Silva(1985)는 주의력과 연관되는 세 가지 행동을 '계획(plan), 조직(organization), 실행(execution)'으로 보고 있다. 주의력결핍 아동에게서 발견할 수 있는 조잡한 계획은 인지적 작업의 완성도를 떨어뜨리는 것과 연관되어 있다(pp. 487~488). 주의력결핍 아동의 허술한 계획은 열악한 수행력에 영향력을 미친다(Papadopoulos, Panayiotou, Spanoudis, & Natsopoulos, 2005).

부모와 교사들은 흔히 이러한 학생들이 일을 시작하고 마무리하는 데 서툴고 쉽게 주의가 산만해진다고 설명하고 있다. 학생들은 환경 변화(예 : 어떤 학생이 교사에게 얘기하려고 앞으로 나가는 것)나 아주 작은 소리(예 : 연필이 바닥에 떨어지는 소리)에도 주의가 산만해지고, 일단 주의가 산만해지면 다시 일에 몰두하기가 어려워 결과적으로는 학업 수행의 어려움으로 귀결되어 성적이 나빠지게 된다.

주의력에 문제가 있는 학생들은 청취능력도 낮은 것으로 나타났다. 예를 들면, 15세의 매튜는 다른 사람의 말을 들으면서 듣고 있음을 알 수 있는 어떠한 몸짓(예 : 눈 맞춤)도 거의 하지 않았다. 학교에서는 학생들에게 대화를 할 때는 말하는 사람을 쳐다보아야 한다고 가르쳤지만, 매튜는 다른 사람이 말을 하고 있을 때 창 밖을 쳐다보았다. 집에서 말하는 사람과 매우 가깝게 있을 때도 그 사람이 말하는 동안 다른 곳을 쳐다보곤 하였다. 매튜는 사람들이 무엇을 입었는지 헤어스타일이 어떤지에 관심을 가지고 사람을 쳐다보았고, 주의가 산만하지 않을 때만 말하는 사람을 향해 집중하고 있음을 발견하였다.

부주의는 충동성과 과잉행동과 같은 행동장애가 동반되었을 때 문제가 된다. 독립적인 개념으로 사용하는 것에 대한 논쟁은 여전히 지속되고 있다(Kauffman & Landrum, 2005). 정의와 상관없이 주의력결핍은 전 세대에 거쳐 교사들에게 주어진 일반화된 도전과제이다.

부주의행동에 대한 일반적인 원인과 선행사건

유전학. 많은 연구자들은 주의력결핍과 관련된 행동은 유전과 연관이 있다고 얘기한다(Johnson, McGue, & Iacono, 2005). 예를 들어, Selikowitz(2004)는 ADHD는 뇌신경전달물질의 기능과 관련된 유전적 장애라고 말하고 있다. 많은 연구자들은 모든 행동의 복잡성, 그리고 유전과 환경의 상호작용에 대해 너무 단순하게 생각하고 있다. 특히 아동들의 환경과 부모의 영향을 각기 다른 독립 변인으로 간단하게 생각하고 있다. 그러나 주의력결핍이 유전적 요인에 기인한다는 설명은 학생의 행동문제를 개선하기 위한 전략적인 중재와 제안을 개발하고자 하는 교사에게 큰 도움은 되지 못한다. 대부분 경험이 많은 교사들은 행동을 변화시키는 데 있어 자신들의 경험에 근거한 이러한 제안을 받아들이지는 않을 것이다.

주의력을 유지시키기 위한 학습. 교사들은 자리에 착석하지 않고 주의 깊게 듣지 않는 학생들에 대해서 자주 이야기하면서 이러한 학생을 어떻게 자리에 앉혀서 경청하도록 가르칠 수 있을지 고민하고 있다. 일반적으로 부모들은 가정에서 자녀에게 어린 시절부터 경청하는 습관을 가르치기 시작한다. 그러나 많은 학생들이 초기 유년시절에 이러한 습관이 형성되지 않아 기본적인 학업 준비기술을 습득하지 못한 채 학교에 입학하므로, 학교에서는 유치원 수준의 기술들을 학생들에게 가르친다. 그러므로 학생의 학교생활 준비

기술 부족을 확인하기 전에 학생을 주의력결핍 장애로 평가해서는 안 된다.

　　Ruff와 Lawson(1990)은 1세부터 5세까지의 유치원 학생 67명을 대상으로 주의력 발달 연구를 실시하였다. 주의집중력은 자유놀이 시간에 학생들을 관찰하여 측정하였다. 학생들이 성장해 감에 따라 학생의 주의력은 복합적인 문제해결 활동이 포함된 다양한 활동을 제시했을 때 훨씬 더 집중한다는 것을 발견했다. 이는 주의를 잘 기울일 수 있도록 행동을 조정할 수 있는 학습기제로 제안되고 있다.

부주의행동 중재

주의집중 행동 지도. 어린 학생들에게 주의를 집중하는 기술을 비롯하여 학교에서 필요한 준비기술을 가르쳐야 한다. 어린 아동들이 과제에 집중하는 시간을 증가시키기 위해 책임감 있는 행동을 강화하고, 자리에 앉아 있는 행동과 경청하는 연습을 시켜야 한다. 물론 이런 훈련은 집에서 시작해야 한다. 하지만 많은 학생들이 집에서 이런 기술을 배우지 않기 때문에 어린이집이나 유치원에서 이런 기술을 가르쳐야 한다.

자기교수와 자기점검 기술 지도. 자기교수와 자기점검 전략은 주의집중 행동을 증가시키는 데 효과적이다(Lloyd, Bateman, Landrum, & Hallahan, 1989; Vanderbilt, 2005). 자기교수 프로그램을 적용하는 동안 학생들은 학급에서 단서(보통 녹음된 소리)를 얻게 된다. 학생들에게 정해진 시간 간격의 소리 단서를 들려 주며, 그 소리가 들리는 순간에 학생들은 스스로에게 주의를 기울이고 있는지, 과제를 완성했는지 질문한다. Davis와 Hajicek(1985)는 60초 간격으로 녹음된 소리를 들려 주며, 학생에게 "주의를 기울이고 있는가." 또는 "과제를 하자."며 마음속으로 자신이 할 일을 떠올리는 자기교수 언어화(self-instructional verbalization)를 하도록 하였다. 이러한 전략을 사용하며 교육활동에 참여한 학생들은 주의력과 과제 수행에 대한 정확성 비율이 향상된다.

　　일반적으로 자기교수는 자기점검 과정에 포함되고 있으며, 학생이 주어진 시간 간격에 따라 주의를 기울이고 있었으면 (+)로 또는 주의를 기울이지 않았으면 (−)로 표시해 기록용지에 남긴다. Vanderbilt(2005)는 교사와 학생이 시간 간격을 정해야 한다고 하였으며, 학생은 교사와 함께 설정한 단계에 맞는 자기점검 과정을 찾는 과정에서 발생하는 여러 가지 의문점과 어려운 점을 토론하는 것이 필요하다(p. 22).

　　Lloyd와 동료들(1989)은 다섯 명의 초등학교 고학년 학생에게 자기점검과 기록을 하게 하여 학습 행동을 변화시켰다. 자기점검을 통해 학생은 과제 수행에 대한 관심과 수학문제 풀이능력이 크게 향상되었다. 자기점검은 교사가 동반하거나 동반하지 않은 상태에서도 자신의 행동에 관한 자료를 보면서 즉각적으로 의견을 제시할 수 있는 기회를 제공하였다.

자기교수와 자기점검을 통해 학생들이, 심지어 ADHD로 판명된 학생들까지도 주의집중 행동이 향상될 것이라는 전제하에서 과제량을 늘리고 수정하는 교육적 중재의 예시 자료들을 제시하고 있다(Zentall, 2005).

과잉행동

Taylor, Burns, Rusby와 Foster(2006)에 따르면, 과잉행동은 안절부절하는 행동, 자리에 착석하지 못함, 달리기, 조용하게 놀지 못함, 과도한 신체 활동, 대답을 흐리게 함, 자신의 차례를 기다리지 못하는 행동, 다른 사람의 행동을 방해하는 행동을 포함하고 있다. 이러한 행동들은 다양한 장면에서 어린 학생들에게서 발견할 수 있다. 심각한 경우, 어릴 적 과잉행동은 성인기의 반사회적 행동으로 이어질 수 있다(Freidenfelt & Klinteberg, 2007).

과잉행동은 교육적 측면에서 보았을 때 가장 남용되는 용어 중 하나인데, 과잉행동을 독립적인 행동으로 볼 것인지 그렇지 않은지에 대해서는 여전히 논란이 많다. 과잉행동 역시 부주의, 충동성, 그리고 행동장애와 관련이 있다(Gaynor, 1990; Gresham, Lane, & Beebe-Frankenberger, 2005; Kauffman & Landrum, 2005; Kohn, 1989; Shaw, Lacourse, & Nagin, 2005). Taylor 등(2006)은 과잉행동이 ODD와 구별된다고 했다. 부주의행동처럼 과잉행동의 기능도 타인의 주의를 끌고, 책임 과제를 회피하고, 자기만족을 충족시키기 위한 것처럼 보인다.

과잉행동으로 판명된 많은 학생의 공통된 증상은 비디오 게임, TV 시청, 자유놀이에 참여하기 등과 같이 자신이 흥미를 갖고 무언가를 할 때는 과잉행동을 보이지 않는다는 점이다. 이러한 학생들의 행동특성은 과잉행동의 원인에 관해 많은 것을 말해 준다. 생물학적 측면에서, 과잉행동이 지속적으로 나타날지 또는 언제 일어날지 예측하기 불가능하다. 그러나 그 원인이 환경적 선행사건에 기인하였다면, 원인은 생물학적인 것이 아니고 환경적인 원인이므로 약물은 근본적인 해결책이 될 수 없다.

과잉행동의 일반적인 원인과 선행사건

다양한 요인. 많은 이론들이 제시되었음에도 불구하고 과잉행동의 원인은 한 가지가 아니다. 뇌손상, 생물학적 요인, 음식물 중독성, 거친 성격 그리고 정신분석학적 요인들 중 어느 한 가지가 단독으로 또는 복합적으로 과잉행동의 원인이 된다는 결론을 지을 수 있는 충분한 과학적 근거는 없지만 과잉행동을 설명하는 자료로 삼을 수는 있다(Kauffman & Sandrum, 2005).

과잉행동의 원인에 대해서 모델링, 모방 그리고 환경적인 상호작용과 관련이 있다고 보고 있다(Campbell & Werry, 1986; David & Wintrob, 1989; Kauffman & Sandrum, 2005; Kohn, 1989). 분명히 과잉행동에 대한 가장 그럴듯한 설명은 학습된 여러 가지 요인들이 결합되어 발생한다는 것이다.

많은 사례를 통해서도 알 수 있듯이 공격행동, 과잉행동, 주의력 문제, 충동성, 행동장애 그리고 다른 충동적인 행동으로 인해 발생한 위험한 요인들과 선행사건들이 충분히 중복되어 나타날 수 있다(Shaw et al., 2005). Gresham과 동료들(2005)은 과잉행동, 충동성 그리고 주의력 부족을 보이는 6학년 학생들이 학업 성취에서 실패할 가능성이 더 높다는 것을 발견했다. Bussing, Zima와 Belin(1998)은 과잉행동, 주의력결핍 그리고 충동성을 보이는 2, 4학년 학생들은 학습장애와 정서 · 행동장애를 위한 특별한 교육을 받았다는 것을 발견했다. 이는 이러한 행동들 간에 연관성이 높음을 제시해 주는 것이고, 각 행동의 원인이 서로 공유되고 있을 가능성이 높다는 점을 시사하고 있다. 이것은 또한 가정에서 주의 깊은 독서습관 지도를 받지 못한 학생들이 학교생활을 잘 수행하지 못하여 교사들로부터 학습장애로 판정받게 된다. 그러한 결과는 환경적인 요인으로 인해 과잉행동이 형성된 것으로 판단할 수 있다.

환경적 요인. Kohn(1989)은 과잉행동이 교실에서의 활동과 가정에서의 활동과 같은 환경적 요인들에 의해 발생한다고 설명하고 있다. 그는 학생들이 하는 일에 대해 동기부여를 받지 못하고, 학생의 능력을 개발하는 데 도움이 되지 못하는 교실 상황에서 학급 규칙으로 인해 과잉행동이 조장된다고 보았다. Kohn은 또한 과잉행동이 오히려 학업 성취의 결과가 아니라 학업 성취 실패에 기인하여 발생한 문제일 수 있다고 보고하고 있다. 나아가 Kohn은 "가족 형태가 과잉행동을 동반하는 경우도 있다."(p. 94)고 보고했는데, 가족 형태를 가족 구성원 간의 정신건강 문제에 중점을 두어 설명하고 있다. 학생의 부모

간의 결혼생활의 문제, 행동관리에 대해 체벌과 권위적인 태도를 강조하는 경우 정신건강의 문제는 더욱 부각될 수 있다. Harden(1997)은 자극이 없는 지루한 상황에서 과잉행동을 하는 학생은 제한적인 TV 시청이나 가족 구성원 간의 일과(식사시간과 취침시간) 수립하기 등과 같은 중재로 좀 더 다양하고 적절한 일과행동에 참여할 기회를 늘릴 수 있도록 하는 것이 바람직하다고 제안하고 있다.

부모-학생 간의 상호작용. 일반 청소년과 비교했을 때, Gau와 Chang(2013)은 열악한 주의력과 과잉행동을 보이는 청소년은 '애정과 보살핌을 덜 받았거나 우울증을 앓았던 어머니로부터 과잉보호나 과잉 통제'를 받았다는 것을 발견했다. David와 Wintrob(1989)은 과잉행동과 정서 · 행동장애 아동과 어머니의 의사소통 유형을 연구했다. 연구자들은 과잉행동 및 행동장애로 진단된 30명의 남아들과 어머니를 대상으로 조사하였다. 어머니와 남아가 상호작용하는 모습을 비디오에 담기 위해 그림 자료를 제공하고 이야기를 하도록 분위기를 조성한 후 비디오로 촬영하였다. 날아다니는 동물 그림을 보며 어머니가 아동과 상호작용을 하도록 하였다. 다음은 어머니-아동 간의 부정적인 의사소통 유형에 대한 예시이다.

> 아들 : 그건 박쥐예요.
> 엄마 : 어리석기는! 이건 박쥐가 아니야, 나비지.

반대로 다음은 어머니-아동 간의 긍정적인 상호작용 유형에 대한 예시이다.

> 아들 : 그건 박쥐예요.
> 엄마 : 그렇구나! 정말 그렇게 보이는구나.

David와 Wintrob(1989)은 과잉행동을 보이지 않는 남아와 어머니의 의사소통 유형과 과잉행동을 지닌 남아와 어머니의 의사소통을 비교해 본 결과, 과잉행동 남아와 어머니의 의사소통이 사회적으로 부적절하다는 것을 알았다. 그들의 연구는 모자간에 이루어진 언어적 상호작용이 학생들과 의사소통을 하는 다른 사람들(아버지, 자매, 교사들 등)과의 상호작용에도 학생들의 행동이 영향을 미칠 가능성이 높다고 보고했다. 그들은 대부분의 예에서 보인 결과처럼, 주 양육자가 이러한 결과에 가장 지대한 영향을 미치게 된다고 보고하고 있다(p. 390).

과잉행동 중재 과잉행동은 다양한 효과적인 전략으로 감소시킬 수 있다. 그러나 최근에는 과잉행동에만 초점을 맞춘 연구는 거의 시행되지 않고 있다. 대부분의 연구에서는 주의력 결핍으로 부주의와 충동성이 결합된 과잉행동에 초점을 맞추고 있다. 이 장에서는 과잉행동을 감소시키는 데 효과적인 행동중재에 대해 설명하고 있다. 가장 인기 있는 중재 방법으로는 사회적 기술 훈련, 지속적인 강화에 대한 후속결과, 인지적 행동관리가 있다.

적합한 사회적 기술 지도. 과잉행동을 보이는 학생들은 행동 규칙이 분명하게 세워져 있을 때 가장 적절하게 행동한다. 게다가 규칙은 지속적으로 강조되어야 하고 학생들은 규칙을 따름으로써 강화를 받을 수 있어야만 한다. 과잉행동 학생들은 규칙이 분명하고 지속적으로 강조되는 구조화된 교실에서 가장 성공적으로 행동한다(Gordon, 1991; Schaub, 1990).

과잉행동 학생은 또한 긍정적인 강화가 포함된 교육 프로그램에 잘 적응한다. 적절한 행동(자리에 앉아 있기, 허락 구하기, 규칙 따르기 등)에 대해 칭찬을 받거나 토큰으로 긍정적인 강화를 받은 학생들은 과잉행동과는 다른 행동을 하기 쉽다(DuPaul & Eckert, 1997; Melloy, 1990). Paniagua, Morrison과 Black(1990)은 7세 소년의 과잉행동을 줄이기 위해 긍정적인 강화의 적용 효과를 보고했다. 그들은 부적절한 행동을 안 하기로 약속하고, 과잉행동을 하지 않을 경우 장난감을 주며 긍정적 강화를 제공한 결과, 과잉행동을 줄이는 데 효과적이었다.

과잉행동 학생들은 동료들로부터 사회적 관계 척도에서 낮게 평가받았고, 그 행동에 대한 교사 평가에서도 나쁜 성적을 받곤 하였다(McConnell & Odom, 1986). 이러한 학생들은 구조화된 학습을 통해 사회적 기술을 익히는 것이 효과적이다(McGinnis & Goldstein, 1997). 자리에 앉기, 과제 수행, 집단활동에 참여하기, 타인에게 도움 주기 등과 같은 사회적 기술은 과잉행동과는 조화를 이룰 수 없는 행동이다. 이러한 행동은 모델링, 역할놀이, 피드백 받기, 그리고 일반화 훈련을 통해 학생의 과잉행동을 줄여 나갈 수 있다.

Mathes와 Bender(1997)는 8~11세의 남아 세 명을 대상으로 과제 수행 행동을 향상시키기 위해 자신의 행동에 대한 자기점검과 약물치료를 적용한 결과 도움이 될 수 있다고 보고하고 있다. 또 다른 연구에서도 학생들이 주의집중과 학업 성취를 향상시키고 과잉 행동을 감소시키기 위해 자기조절 또는 자기관리 중재의 효과를 보고하고 있다(예, Barry & Haraway, 2005; Reid, Trout, & Schartz, 2005).

충동적 행동

Campbell과 Werry(1986)는 충동성(impulsivity)을 '변덕스럽고 제어하는 데 어려움이 있는 행동'으로 정의하고 있다(p. 120). 어떤 학생이 충동적이라고 말하는 교사들은 대부분 어떤 행동을 하기 전에 생각하기 위해서 순간 멈추는 행동을 하지 않는 학생들, 지시를 완전히 이해하기 전에 과제를 시도하는 학생들, 그리고 그들의 행동이 사고나 실수로 이어졌을 때 자주 후회를 하는 학생들, 수업 중에 빈번하게 큰소리로 말하는 학생들(대부분은 오답을 말함), 그리고 수업 자료를 조작하는 데 어려움을 겪는 학생들을 떠올릴 수 있다.

  Kauffman과 Landrum(2013)은 충동적 행동이 어린 학생들에게 나타나는 것은 정상적이지만 학생이 자람에 따라 대부분은 대체 반응을 학습한다고 했다. Olson과 동료들(Olson, Bates, & Bayles, 1990 p. 318)은 2세 유아가 "기억된 정보를 적절하게 인출해 낼 수 있게 되면서 금지된 행동을 하지 않기 시작한다."고 지적하고 있으며, "자기조절은 3~4세 정도가 되었을 때 비로소 발달한다."고 했다.

  명백한 충동적 행동을 하는 학생은 게임이나 놀이를 하는 사회적 상황에서 어려움을 겪는다(Melloy, 1990). 왜냐하면 그들은 충동조절을 잘 못하고, 자기 차례가 돌아오기 전에 먼저 하려는 경향이 있으며, 게임에서 요구하는 질문에 틀리게 답하는 경향이 있기 때문이다. 충동조절을 잘하지 못하는 몇몇 학생들은 약자를 때려 괴롭히기도 한다. 가끔 자신의 행동에 대해 사과를 하고 자신의 행동에 대해서 생각할 시간을 갖게 함으로써 해야 했던 것들에 대해 토론할 수도 있다. 불행히 충동성으로 인해 학생들은 흡연(Kollins, McClernon, & Fuemmeler, 2005), 불법 약물 사용(Semple, Zians, Grant, & Patterson, 2005), 식이장애(Peake, Limbert, & Whitehead, 2005), 그리고 자살(Swann, Dougherty, Pazzaglia, Pham, Steinberg, & Moeller, 2005) 등과 같은 위험에 빠질 수도 있다.

  D'Acremont와 Van der Linden(2005)은 충동의 4단계를 정의하였다.

- **다급함**(urgency) : 학생이 서두른다.
- **미리 생각하는 것의 부족함**(lack of premeditation): 생각이나 계획을 하기 전에 행동한다.
- **인내심의 부족**(lack of perseverance) : 학생은 과제를 포기한다.
- **감각적 탐색**(sensation seeking) : 결과에 대한 생각 없이 재미만을 추구한다.

충동적인 남녀 아동들 중에는 남자 아동들이 감각적 탐색에서 높은 점수를 얻었으며, 여자 아동들은 다급함에서 더 높은 점수를 얻었다. 충동성 사정은 대부분 행동 검목표(behavior checklist), 행동 척도(behavior rating), 미로(maze), 짝 맞추기 과제(match-to-sample tasks), 행동관찰(behavior observations) 등을 통해 이루어진다(Olson et al., 1990; Shafrir & Pascual-Leone, 1990; Vitiello, Stoff, Atkins, & Mahoney, 1990).

충동행동의 일반적 원인과 선행사건

다양한 요인. 고도의 집중력과 행동력을 보이는 사람들의 경우와 마찬가지로 사실상 무엇이 충동성을 야기하는지 모른다(Campbell & Werry, 1986; Kauffman & Landrum, 2013). 충동성은 어린 시절의 기질, 가정 환경, 성, 그리고 부모의 성격의 영향을 받으며, 주의 집중력과 과잉행동과도 연관이 있음을 앞 장에서 논의한 바 있다. 따라서 충동성은 매우 복합적인 요인들과 관련되어 있을 것으로 생각된다(Leve, Kim, & Pears, 2005).

자기점검의 실패. Shafrir과 Pascual-Leone(1990)은 9~12세 학생 378명을 대상으로 학업 과제에 대한 실수 유형과 관련된 집중력의 효과와 반사적 · 충동적 행동과의 관계를 규명하는 연구를 수행했다. Shafrir과 Pascual-Leone은 반응행동을 결정하기 위해서 미로와 짝 맞추기 과제를 포함한 많은 측정 방법을 동원하여 과제를 수행하도록 하고 산술과 기하능력으로 학업 성취를 평가했다. 과제를 빠르고 정확하게 완성한 학생들은 자신이 답한 것을 검토하는 데 시간을 보내는 경향이 있음을 보고했다. 실수가 발생했을 때는 그 실수를 정정하는 데 시간이 걸렸고, 그 실수를 정정하면서 배우게 된 새로운 정보를 나머지 과제를 완성하는 데 사용했다. 전체적으로 더 적은 실수를 하려고 노력을 하면서 시간 내에 과제를 완성시켰다. 이러한 특성은 **실패 후 반영**(post failure reflective; p. 385)이라 한다.

충동적인 행동을 나타내는 학생은 사회기술 훈련으로 효과를 볼 수 있다.

반대로 실패 후 충동성(postfailure impulsive; Shafrir & Pascual-Leone, 1990, p. 385)은 학생들이 과제를 아주 오랫동안 수행하고 부정확하게 완성시킨다. 이러한 특성을 보이는 학생들은 과제 정정 작업을 하는 과정에서도 답을 검토하지 않고 계속 과제를 풀어 나갔다. 학생들은 과제 완성과는 관계없이 다음 문제를 미리 수행했다. Shafrir과 Pascual-Leone은 이러한 집단은 과제를 실패한 후, 재검토 과정에서도 실패 원인에 대한 검토를 하지 않았기 때문에 이후의 문제에서도 많은 실수를 한다고 결론지었다. 이 연구 결과는 학생들이 '반사적 · 충동적 인지 스타일'(p. 386)을 몇 가지 유형으로 나누어 볼 수 있다고 Kagan(Kagan, Pearson, & Welch, 1966 참조)이 처음으로 제안하였다. 또한 행동으로 나타나기까지 생각하는 시간이 오래 걸리는 학생들(slow thinker)은 과제를 반성적으로 완성하는 학생들(reflective thinker)보다 실수를 더 많이 했다.

부모-아동 간 상호작용. Olson과 동료들(1990)은 부모와 아동 간의 상호작용 스타일이 충동적 행동을 얼마나 예견하게 하는지를 살펴보기 위해서 부모-아동 간의 상호작용을 관찰했다. Olson과 동료의 연구 목적은 '학생들의 자기조절 능력이 부모-학생 간의 상호작용에 상대적 공헌도가 있음을 확인하는 것'이었다(p. 320). 이 종단연구에는 79쌍의 부모-아동이 참가하였다. 조사 결과는 '반응적이고, 민감한, 그리고 인지적으로 수준이 높은 부모-아동 간의 상호작용이 어린 시절의 충동성을 조절하는 데 중요한 역할'을 하는 것으로 나타났다(p. 332). 어머니가 가혹하고 비일관적인 행동 패턴을 보인 경우, 특히 남자 아동이 충동성을 더 쉽게 발달시키는 것으로 밝혀졌다.

충동적 행동중재

차례 기다리기와 자기조절 기술 지도. 충동성은 학생들에게 자신의 순번이 올 때까지 기다리는 훈련과 적절한 반응행동 훈련의 강화계획으로 감소시킬 수 있다. 예를 들어, 교사가 학생에게 과제를 준 후, 학생에게 두 손을 책상 위에 올리고 교사와 눈을 마주 보도록 한 다음 지시를 잘 듣게 했다. 교사는 이러한 기다리기 행동을 보인 학생에게 칭찬을 해 주었다.

  충동적 행동을 하는 학생들은 자기조절과 같은 사회적 기술 훈련에서도 도움을 받을 수 있다. 동시에 학생은 긴장을 푸는 근육이완 기술을 배웠다. 강화훈련은 학생들이 충동성을 대체할 행동을 습득할 가능성을 증가시킬 수 있다. 학생은 충동행동을 대체하는 행동을 했을 때 강화하고, 직접 교수를 통해서 사회적 기술을 가르칠 수 있다. Schaub(1990)은 바람직하지 않은 행동과 양립할 수 없는 긍정적인 행동을 표적행동으로 정하고 중재를 실시한 결과, 충동행동을 하는 학생들에게 효과적이라는 것을 밝혀냈다. Bornas, Servera와 Llabres(1997)는 교사가 학생의 충동성을 방지하기 위해 컴퓨터 소프트웨어를 사용하도록 제안했다. 연구자들은 자기조절과 문제해결 교수를 통해 충동성을 방지할 수 있는 효과적인 몇 가지 소프트웨어 제품을 제시하고 있다.

제시 과제는 적은 양으로 짧게 주기. 지시문을 읽거나 실수를 확인하기 위해 멈추지 않고 과제를 급하게 하는 학생에게 한꺼번에 전체 과제를 주는 것보다는 한 번에 수행할 수 있을 만큼 적은 양의 과제를 주어야 한다. 이는 학생들은 적은 과제 단위의 문제를 더 쉽게 해결해 낼 수 있고, 학생들이 문제를 정확하게 해결함으로써 교사는 좀 더 많은 강화 기회를 갖게 된다.

  때때로, 충동적인 학생도 한 번에 한 가지 문제는 풀어 낼 수 있다. 이러한 경우에 그 학생이 문제를 해결하면 즉각적인 피드백을 주도록 해야 한다. 그러면 학생이 점점 더 자신감을 갖게 될 것이고 자신을 유능한 사람으로 바라볼 것이며, 점차 많은 양의 과제와 프로젝트를 처리할 수 있게 된다.

상동행동

상동행동(stereotypic behavior)을 하는 학생들은 적절한 기능을 수행하기 위해 나타
는 것이 아니라 과도하게 높은 비율로 반복적으로, 그리고 비의도적으로 반응을 한다
(Baumeister, 1978). 상동행동은 일시적인 울화행동처럼 다른 사람들의 주의를 끌기도
한다. 사실 상동행동을 하는 학생들은 주의 끌기, 과제 회피하기, 촉각적 강화, 그리고
감각적 강화와 같은 행동 기능을 이해하기 위한 초기 단서를 제공한다(Durand & Carr,
1985).

상동행동을 하는 학생들의 수는 비교적 적지만 발달장애 아동들에게서 많이 발견되는
편이다. 학생들 간에도 자기자극 행동이나 자기상해 행동과 같은 반응은 매우 독특하고
다양하게 나타난다. 이러한 학생들이 보이는 행동은 종종 학생의 교육적 · 사회적 통합
을 저해할 수도 있다.

자기자극 행동   자기자극 행동(self-stimulatory behavior, SSB)은 신체적 상해의 원인이 되
지는 않지만 반복적으로 자주 나타나는 상동행동이다. 이러한 행동은 종종 '몸 흔들기,
손뼉 치기, 눈 비비기, 입술 핥기나 반복적으로 같은 말하는 반향어'의 형태로 나타난다
(Kauffman & Landrum 2013, p. 514). 자기자극 행동은 학생들이나 주변 다른 사람들을
방해하지는 않지만 자기상해 행동으로 발전할 수 있고 다른 학생들의 교육활동을 방해
할 수 있다.

자기자극 행동의 원인과 선행사건. 자기자극 행동은 감각적 피드백 형태를 보강함으로
써 유지되는 행동이다(Iwata, Vollmer, & Zarcone, 1990; Rapp, Miltenberger, Galensky,
Elligson, & Long, 1999). 주목할 점은 자기자극 행동의 원인이 될 만한 이론으로 조작적
학습 이론을 들고 있다는 점이다(Lovaas, Newsom, & Hickman, 1987). Lewis, Baumeister
와 Mailman(1987)은 자기자극 행동이 습득된 행동이라는 Lovaas와 동료의 이론에 대해
생물학적 요소를 고려할 필요가 있다고 주장하고 있다.

중증의 상동행동을 하는 학생들은 자폐적 성향을 지녔거나 중증 발달장애인 경우가
많다. 많은 학생들은 통합학급 환경(inclusive classroom settings)에서 좀 더 적절한 행동을
할 수 있도록 설계된 중재에 참여하므로 통합 환경에서 성공적으로 적응할 수 있다. 예
를 들어, 자기자극 행동의 기능이 학생들이 원하고 필요로 하고 바라는 것을 얻기 위함

이라면, 학생들과의 대화를 통해 다른 방법을 가르치는 것이 바람직하다. 또한 친사회적 행동에 대한 지원과 사회적 기술을 소개함으로써 상동행동을 감소시키거나 제거할 수 있다. 이들 행동의 변화를 가져올 수 있는 효과적인 중재는 다음에 설명하고 있다.

자기상해 행동 자기상해 행동(self-injurious behavior, SIB)을 하는 사람은 해롭다. Ross, Heath와 Toste(2009, p. 83)는 자기 상해를 '자살할 의도 없이, 사회적으로 승인되지 않은 목적을 위해 고의적이고 자의적으로 신체를 파괴하는 것'을 말한다. 자기상해 행동은 눈을 찌르거나, 긁거나, 자르고, 때리고, 머리를 당기는 행위, 머리를 두드리는 행위 등 개인이 의도적으로 스스로에게 해를 입히는 행위를 포함한다.

이러한 행동들은 자폐성 장애나 발달장애로 진단된 학생들과 관련이 있다. 그리고 Conroy, Asmus, Sellers와 Ladwig(2005)는 일반적인 교육환경에 있는 많은 학생들에게서도 발견할 수 있다고 지적했다. 자기상해 행동은 2~3% 정도의 비장애인(특히 여성)에게서 나타나며 절단 행동, 피부 긁기나 머리카락 당기기를 한다(Kauffman & Landrum, 2013). 그리고 섭식장애(식욕 부진 및 과식증)를 가지고 있는 여성의 약 24~44%가 자해 행위를 한다(Ross, Heath, & Toste, 2009 참조).

자기상해 행동의 원인과 선행사건. Bellfiore와 Dattilio(1990)는 '자기상해 행동의 전조(onset), 유지, 후속결과'에 대해 다음과 같이 세 가지로 설명하고 있다(p. 29).

- 자기상해 행동이 '정적 강화'(p. 24)나 '부적 강화'(p. 25)로서의 효력을 가졌다는 것을 우연히 발견하면서 그 행동을 하기 시작한다.
- 자기상해 행동은 감각적 자극(stimulation)이나 각성(arousal)을 증가시키거나 감소시키는 결과를 지니고 있을 때 나타난다.
- 자기상해 행동은 Lesch-Nyhan 증후군이나 Cornelia de Lang 증후군과 같은 유전적 이상이나 생화학적 불균형과 관련 있다.

Durand와 Carr(1985)는 자기상해 행동의 네 가지 기능을 다음과 같이 요약했다.

- **사회적 관심**(social attention) : 자기상해 행동은 결과적으로 다른 사람들의 관심을

끌고 이를 유지하면서 형성되어 나타난다.

- **촉각적 후속결과**(tangible consequences) : 학생이 원하는 장난감을 가지고 놀고 싶을 때 보상을 얻기 위해 자기상해 행동을 한다.
- **불쾌 자극 상황으로부터 회피**(escape from aversive situations) : 불쾌한 일에서 벗어나기 위해 자기상해 행동을 하여 회피할 수 있다.
- **감각적 자극**(sensory stimulation) : 학생은 청각, 시각이나 촉각 자극 형태의 감각 자극으로 만족감을 갖기 위함이다.

상동행동 중재　이 장에서 설명하고 있는 상동행동은 행동중재 결과에 대한 문헌 연구를 다루고 있다(예, Conroy et al., 2005; Crnic & Reid, 1989; Day, Horner, & O'Neill, 1994; Northup et al., 1994; Zarcone, Iwata, Smith, Mazaleski, & Lerman, 1994). 사회적 기술 훈련과 기능적 의사소통 훈련은 자기상해 행동을 대화나 사회적 기능으로 대체하는 기술을 가르치기 위해 Durand와 Carr(1985), Hastings와 Noone(2005)에 의해 추천되어 왔던 방법이다. Durand와 Carr은 학생이 자기상해 행동으로 사회적 관심을 유지시킨다면, 교사는 적절한 방법으로 관심을 끌 수 있는 행동을 학생들에게 가르쳐야 한다고 제안했다. 학생들은 교사에게 관심을 받기 위해 긍정적인 행동을 해야 하고 좀 더 적절한 방법으로 질문하는 것을 배워야 한다. 말을 할 수 없는 학생들은 구어로 대화하는 대안으로 수화나 그림카드를 사용하도록 가르쳐야 한다.

　적절한 방식으로 대화하는 행동은 긍정적 강화로 유지될 수 있다(Day et al., 1994; Northup et al., 1994). Northup과 동료들(1994)은 자기상해 행동을 하는 5~11세 학생 다섯 명을 대상으로 자기상해 행동을 유지시키는 요인과 선행사건을 살펴보기 위해 기능 분석 방법을 교사에게 교육시켰다. 교육 후에 학생들의 행동(음악 듣기, 과제 회피)을 유지시키는 긍정적 강화제와 부정적 강화제, 그리고 벌을 구분해 낼 수 있었다. 교사들은 자기상해 행동은 줄이고 적절한 행동(교사에게 관심을 받기 위해 자동 장치를 작동시키기)을 늘릴 수 있도록 학생을 지원할 수 있는 중재 훈련을 받았다. 이 전략은 다섯 명 학생 모두에게 적절한 대화 기술을 증가시키는 효과를 가져왔고 자기상해 행동을 줄이는 데 효과적이었다.

　교사들이 학생들의 자기자극 행동을 줄이고자 하기 전에 먼저, 중재계획에 초점을 맞춰 환경적 선행사건과 후속결과를 분석하는 자기자극 행동에 대한 기능평가를 실시하는 것이 바람직하다(Conroy, Asmus, Sellers, & Ladwig, 2005). 환경적 자극에 대한 분석은 자기자극 기능을 하는 행동을 감소시키는 데 효과적일 수 있다. 또한, 자기자극 행동을 하는 학생들은 언어적으로나 물리적인 촉진으로 자기자극 행동과 동시에 행할 수 없는 행동을 개발하여 적용하고, 학생들이 적절한 행동을 하는 경우에 강화를 해 주어야 한다. 강화는 자기자극 행동보다 더 강력해야 한다. 자기상해 행동이나 자기자극 행동에 대한 많은 연구 결과를 살펴보고자 한다면 Repp와 Singh(1990)의 연구를 참고할 수 있다.

분리불안과 우울증과 관련된 행동

분리불안

Wood(2006, p. 345)는 불안을 '위협적인 상황이 발생할 것이라고 예상될 때 생기는 부정적인 기분 상태'라고 정의했고, 이것이 학교 성적과 사회적 기능에 부정적인 영향을 미친다고 했다. 학교에 다니는 학생들은 많은 것에 대해 불안함을 느끼게 되지만, 분리불안은 흔히 어린아이들에게 발생한다.

보통 6개월 이하의 어린 영아들은 부모들과 잘 떨어진다. 그러나 **사물영속성**(object permanence)의 개념을 습득하는 4~7개월 된 영아들은 사람이나 물체가 눈앞에 보이지 않더라도 어딘가에 존재한다는 것을 이해하기 시작한다. 부모가 영아의 눈에 보이지 않아도 영아들은 부모가 어딘가에 있다는 것을 안다. 영아들은 부모가 언제 되돌아올지 알 수 없어 화를 낸다. 이것이 분리불안(separation anxiety)이다. 유치원 그리고 초등학교에 들어간 많은 어린 학생들이 분리불안으로 고통을 받고 있다. 학생이나 부모 모두 어려운 시기이고 교사에게도 난처한 시간이 된다.

분리불안의 원인과 선행사건   분리불안은 아장아장 걷는 영아를 두고 부모가 떠날 때는 언제나 당황하고 흥분하게 되며, 보통 8~12개월 사이에 정점에 이른다(Harkness, 2005). Harkness는 분리불안이 8개월에서 3년 사이에 보일 수 있으며, 새집으로 이사를 하거나 집안에 긴장되는 상황 등 새로운 상황에서 발생될 수 있다고 보고하고 있다.

어떤 아동들은 분리불안을 경험하지 못하기도 하지만, 많은 아동들은 새로운 교육환경(어린이집이나 유치원)에 있는 동안 부모들과 떨어져 있어야 할 때 분리불안을 느낄 수 있다. 아동이 느끼는 불안의 정도는 여러 가지 요인에 기인한다. 부모와 떨어져 지낸 경험을 한 아동은 지금 부모와 떨어지는 것이 영원히 떨어져 지내야 하는 것은 아니라는 것을 알게 된다. 이와 같이 아동이 이전에 부모와 떨어져 지냈던 경험은 새롭게 발생한 또 다른 상황에 대처할 수 있는 아주 중요한 역할을 하게 된다. 보기 드문 경우지만, 분리불안은 몇 년간 지속될 수 있고, 집에서 다른 문제를 야기할 수도 있다. 또 다른 경우에는 문제없이 몇 달간 학교에 다니다가 어느 날 갑자기 불리불안이 나타날 수 있으며, 부모와 교사가 학교에서 무슨 문제가 있었는지에 대해 조사를 할 필요가 발생할 수도 있다.

분리불안 중재 대부분의 경우에 분리불안 장애를 극복하기 위한 최선의 치료는 시간의 경과와 경험이다. 아동은 부모가 다시 돌아온다는 것을 알게 되면서 부모가 떠나도 분노를 덜 느끼기 시작한다. 덧붙여, 분노를 나타내는 아동에게 부모가 대처하는 방법은 아동의 정서 발달에 중요한 영향을 미치게 된다. 부모가 아동을 쳐다보며 화를 내고 행동하면 아동은 자신의 분노가 정당하다고 생각한다. 결국 아동은 "엄마와 아빠가 유치원에 있는 나에게 분노를 느낀다면 이것은 좋은 일이 아니고 나 또한 더 분노를 표출해야 한다."고 생각할 수 있다. 그러나 부모가 편안하게 믿음을 가지고 대화하면 아동은 새로운 상황이 위험한 것이 아니라는 것을 이해한다.

강화 규칙 역시 아동의 행동에 영향을 미친다. Harkness(2005)의 주장에 따르면, 부모가 아동이 울 때마다 교실로 되돌아온다면 부모의 행동을 조절하기 위해 아동이 우는 행동을 배우게 된다고 했다. 아동은 화난 부모가 더 오래 자기 주변에 있게 된다는 것을 알게 되면 부모가 교실을 떠나지 못하게 하기 위해 계속 우는 행동을 배우게 될 것이다.

우는 아동을 두고 떠나는 것에 대해 죄책감을 느끼는 부모에게 해 줄 수 있는 최고의 충고는 "안녕."이라고 말하고 일과를 보기 위해 그 자리를 떠나라는 것이다. 교사들은 아동과 부모가 의례적인 인사를 하고 일과를 보러 가기 위한 장소와 시간을 정해 주어야 한다. 어떤 학교에서는 부모들이 현관에서 아동에게 "안녕."이라고 말하고 떠나야 한다는 규칙을 정하고 있다. 부모가 아동과 함께 교실 안까지 들어가지 못하게 하고 있다. 학교 복도 앞과 현관 끝에 작별인사 지역(Hugging Zone)이라는 표시를 해 둔다. 작별인사 지역은 부모가 아동들에게 "안녕."이라고 말하며 포용하는 장소이고, 부모가 방과 후에 데리러 올 거라 말하고 떠나는 장소이다. 부모와 아동에게 의례적인 작별인사를 할 수 있는 장소를 제공함으로써 교사들은 부모가 아동들이 어떻게 분리불안을 극복해 나가는지 알게 도와줄 수 있다.

Harkness(2005)는 교사는 부모가 떠나자마자 우는 학생의 기분을 전환시킬 수 있도록 즐거운 활동을 하며 노래하거나 또는 학생의 관심을 돌릴 수 있는 다른 활동을 할 것을 권장한다. 학생들이 새로운 환경에 적응하고 편안해하도록 하기 위해서 교사들이 아침에 정해진 일과를 하는 것은 중요하다. 다시 한 번 강조하고자 하는 것은 일관성을 유지하라는 것이다. 이는 매우 중요한 일이다.

우울증

몇몇 사람들은 이 장에서 다루고 있는 우울증(depression)에 대해 의문을 가질 수 있다. 그러나 우울증이 때때로 교육을 방해할 수 있기 때문에 이 장에서 간략히 언급하고자 한다. 이 장에서 논의되는 청소년기 우울증은 위험한 행동으로 발달하는 특성이 있다(Kauffman, Landrum, 2013).

Kazdin(1990)은 장애로서의 우울증과 일상생활 속에서 나타나는 우울 증상은 다르다는 점을 지적하고 있다. 교사들은 우울 상태에 있는 학생을 위해서 중요한 역할을 할 수 있고, 가장 먼저 학생의 문제를 알아차리는 전문가가 될 수도 있다(Maag & Forness, 1991). 검사를 통해 이 우울증이 밝혀진 것은 아니지만, 몇 가지 행동으로 학생이 우울 상태에 빠지기 직전이라고 볼 수 있는 신호를 감지할 수 있는 경우도 있다. 미국 정신과 의사협회(The American Psychiatric Association, 2000)는 청소년기의 자녀들에게 나타날 수 있는 전형적인 우울 증상들을 소개하고 있다.

- 슬픔 또는 과민성(sadness and/or irritability)
- 식욕부진 또는 과식(poor appetite or overeating)
- 불면증 또는 과다수면(insomnia or hypersomnia)
- 활동 부진과 피로(low energy or fatigue)
- 무가치함 또는 절망감(feelings of worthlessness or hopelessness)
- 집중력 부진과 의사결정의 어려움(poor concentration and difficulty in making decisions)
- 자살 충동이나 언급(thoughts or talk of suicide)

미국 정신과의사협회(2000)는 우울증을 기분장애(mood disorder)의 범주에 두고 있다. 우울증은 분명히 두드러진 우울한 분위기와 관련되어 있다. 기분 저하증(dysthymia)은 경한 정도의 우울증의 한 형태이고 장애로 보기는 어렵다. 기분장애는 조증(mania)으로 알려진 상승된 기분이나 행복감과 '조증에서 울증으로 급격하게 기분이 전환되는' 양극성 장애(bipolar disorder)라는 세 가지 조건을 모두 포함하고 있다(American Psychiatric Association, 2000, p. 333). 조증-울증을 동시에 가진 양극성 장애를 지닌 사람들은 다음과 같은 행동들을 나타낸다.

- 갑작스럽고 급격한 기분 변화
- 극단적인 과잉행동
- 오래 지속되었으며 폭발적인 울화행동
- 자신 또는 능력에 대한 과장된 생각

학생들이 우울증에 빠지는 요인은 부모의 이혼과 정신건강에 대한 가족력을 포함한 가족 문제(신체적, 정서적 또는 성적인)에 영향을 받을 수 있다.

일반적으로 존재하는 많은 갈등 상황은 정신건강 장애 학생에게 그 혼동이 배가 된다. 예를 들어 우울증은 행동장애, 주의력결핍, 충동, 공격성, 다른 부적절한 행동들과 중복될 수 있다. 이러한 학생 중 상당수는 주의력결핍 장애로 인해 행동장애로 오인될 수 있다(Maag & Forness, 1991; Reynolds, 1991).

우울증의 원인과 선행사건   Sarason과 Sarason(2005)은 우울증의 다섯 가지 위험 요소에 대해 밝히고 있다.

- **유전**(heredity) : 두 연구에서 우울증과 생물학적 접근 사이의 강한 상관이 있다는 것을 증명했다.
- **나이**(age) : 20~29세 여성은 처음으로 우울증을 겪을 위험이 가장 높다. 남성은 40~49세에 우울증의 위험이 높다.
- **성**(gender) : 우울증으로 고통받을 위험은 여성이 남성의 두 배이다.
- **부정적인 사건**(negative life events) : 이혼이나 가족의 죽음 등을 포함한다. 결혼한 남성이나 여성보다 이혼한 남성이나 여성에게서 우울증이 발병할 확률이 현저히 높다.

- **사회적 지원의 부족**(lack of social support) : 배우자, 가족, 그리고(또는) 좋은 친구들의 지원이 없을 경우 우울증에 빠질 위험이 높다.

Kauffman과 Landrum(2013) 그리고 연구자들은 우울증 발병 원인으로 두 가지를 들고 있는데, 하나는 내성적 우울증(유전학 또는 생물학적인 원인)과 반응성 또는 상황적 우울증(주변 환경에 대한 대응)이다.

우울증 중재　우울증의 해결 방법은 심리(정신)요법이나 상담, 항우울제와 같은 약물치료가 있다. 대부분 약물치료와 위에서 언급된 치료법들은 감정과 행동에 장애가 있는 학생에게 가장 효과적이다(Forness, 2005). 그러나 최근에는 항우울제 복용으로 인해 아동들이나 청소년을 자살로 이끌기도 한다. 그리하여 학생에게 강한 항우울제를 처방하기 전에 중재(인지적 · 행동적 치료), 사회성 훈련, 인지의 재구조화(새로운 사고 패턴의 학습), 영양섭취, 운동, 그리고 수면 등에 대한 상담이 우선되어야 한다.

정신건강 장애의 중재에 대한 광범위한 연구물을 제공하는 것이 이 책의 목적은 아니다. 원한다면 아동들과 청소년들의 정신건강 문제를 다룬 다른 문헌(예, Kauffman & Landrum, 2013; Jensen, 2005; Sarason & Sarason, 2005)을 찾아보기 바란다.

요약

품행과 관련된 행동, 원인/선행사건, 중재 알기

- **분열(방해)행동, 적대적 반항행동** : 아동이 사회적 기술이나 학교 준비 기술에 결함을 가지고 있는 것과 관련이 있다. 이러한 행동의 흔한 기능은 관심을 끄는 것이거나 교육과정을 따라가지 않는 것이다. 아동이 부적절한 행동이 아닌 적절한 행동을 통해서 관심을 받을 수 있도록 가르치는 것은 적대적이고 반항적인 행동을 줄이기 위한 좋은 방법이다.
- **불복종행동** : 불복종행동이란 단어는 어른의 지시나 금지 사항을 따르지 않고 요청이나 제안에 비협조적인 행동을 말한다. 불복종은 일반적으로 일관성 없는 양육이나 교육의 결과로 조기에 학습되는 행동이다.
- **공격행동** : 공격행동은 다른 사람에게 언어적으로나 육체적으로 취하는 행동을 말한다. 공격행동은 종종 다른 사람이나 미디어 매체로부터 모델링된다. 따라서 부모와 교사는 아동이 자신의 환경으로부터 배우는 것들을 평가하고 감시해야 한다. 모든 부적절한 행동과 마찬가지로 공격행동은 다른 수용적이고 기능적인 사회 기술 행동으로 대체될 필요가 있다.
- **괴롭히기 행동** : 괴롭히는 사람은 괴롭힘의 피해자에게 상처를 주거나 협박하거나 두려움을 준다.

괴롭히는 사람은 강해 보이길 원하고, 통제하기를 원하며, 다른 사람들에 대해 거의 공감하지지 않는다. 또 다른 사람들을 지배하려고 하며 충동적이다. 괴롭힘 행동은 학교 전체 프로그램의 일환으로 교실 내에서 직접적으로 다루어져야 하며, 제로 관용 정책(zero tolerance policy)과 사회적 기술 교육이 필요하다.

- 울화행동 : 아동은 울화행동을 통해서 그들이 원하는 것을 얻을 수 있다는 것을 알았기 때문에 고약하게 성질을 낸다. 울화행동이 더 이상 아동이 원하는 바를 이루는 데 도움을 주지 않을 때, 해당 아동은 더 이상 울화행동을 나타내지 않을 것이다. 울화행동의 가장 좋은 중재 전략은 아이를 무시하거나 울화행동이 나타날 만한 환경에서 아이를 격리하는 것이다.

주의나 활동과 관련된 행동, 원인/선행사건, 중재 알기

- 부주의행동 : 부주의행동을 하는 아동들은 일을 시작하거나 끝내는 것에 어려움을 겪고 산만해지기 쉽다. 많은 아동들은 앉아서 듣는 법을 따로 어디 가서 익히지 않으며, 일반적으로 이러한 기본적인 기술은 거의 집에서 배운다. 교사는 주의를 기울여서 행동하는 법을 가르치고 학생들에게 어떻게 주의를 집중하거나 관리하는지 등에 대한 방법을 가르칠 수 있습니다.
- 과잉행동 : 과잉행동은 안절부절하는 행동, 자리에 착석하지 못함, 달리기, 조용하게 놀지 못함, 과도한 신체 활동, 대답을 흐리게 함, 자신의 차례를 기다리지 못하는 행동, 다른 사람을 방해하는 행동을 포함하고 있다. 과잉행동은 교육적 측면에서 보았을 때 가장 남용되는 용어 및 행동 중

하나이며, 불행히도 이러한 행동은 행동 조건 대신 의료 조건과 관련되어 있다. 따라서 많은 학생들이 약물치료를 받고 있으며 효과적인 교실 관리 기술로 치료받고 있다.

- 충동적 행동 : 이 용어는 행동을 하기 전에 생각하기 위해서 순간 멈추는 행동을 하지 않는 학생들의 행동을 설명한다. 교사는 학생들에게 작고 짧은 형태의 과제를 한 번에 하나씩 부여하여 학생들이 과제를 잘 완수했을 때 학생을 강화할 수 있다. 시간이 지남에 따라 교사는 학생에게 자신의 일을 관리하는 방법을 가르치면서 더 복잡한 과제를 수행하도록 할 수도 있다.
- 상동행동 : 상동행동은 과도하게 높은 비율로 반복적으로 그리고 비의도적으로 발생하며, 자기 자극의 목적이나 긍정적 혹은 부정적인 강화를 유지하기 위해 나타난다. 예를 들어, 자기상해 행위는 타인의 요구를 회피하는 기능을 수행할 수 있다.

분리불안이나 우울증과 관련된 행동, 원인/선행사건, 중재 알기

- 분리불안 : 분리불안은 4~7개월 사이의 유아가 부모로부터 분리될 때 불안해하는 것을 말한다. 그러나 시간이 지남에 따라 아동들은 부모가 돌아올 것임을 인지하게 되고, 불안감이 줄어들거나 사라지게 된다.
- 우울증 : 우울증은 학생이 겪는 생활 속 사건이나 사회적 지지가 부족하여 발생하는 우울한 기분을 나타낸다. 아동들에게 약물을 투여하기 전에 상담 및 사회 기술 훈련을 포함하여 약물을 투여하지 않는 중재방법을 적용해 봐야 한다.

논의사항

다음의 글을 읽고 제시된 상황에 대해 생각해 보자.

중학교 1학년생인 13세의 클라라는 자주 학교에 무단결석한다. 학교에 가지 않았을 때 무엇을 하는지 물어보면 아침에 침대에서 빠져나오기 힘들다고 대답한다. 이러한 클라라는 1교시 수업에 지각할 것이기 때문에 차라리 결석하는 것이 낫다고 생각했다. 담임교사와 상담교사는 하루 종일을 아무것도 하지 않으며 보내는 것보다 1교시 수업에 지각을 하더라도 학교에 오는 것이 더 좋지 않겠느냐고 하였다. 담임교사는 아침에 클라라가 일어날 수 있도록 전화를 걸기도 했으나 클라라는 "전화해 주셔서 고

마워요."라고 답하고 다시 자러 갔다. 클라라를 방과 후에 학교에 남아 있게 하거나 유급을 시키는 등의 벌로는 클라라의 무단결석 행동을 고치지 못하였다.

1. 클라라가 생각하는 가장 큰 행동문제는 무엇이라고 생각하는가? 이 행동문제는 어떤 카테고리에 포함되는가?
2. 클라라 행동에 대한 기능적 사정을 한다면 가설은 어떻게 세울 수 있는가?
3. 클라라의 무단결석을 대체할 수 있는 가장 효과적일 것이라 생각되는 행동의 중재 목록을 작성하라.

참고문헌

Abrams, B. J., & Segal, A. (1998). How to prevent aggressive behavior. *Teaching Exceptional Students, 30,* 10–15.

American Psychiatric Association. (2000). *Diagnostic and statistical manual of mental disorders—text revision* (DSM-IV-TV, 4th ed.). Washington, DC: Author.

Bandura, A. (1973). *Aggression: A social learning analysis.* Upper Saddle River, NJ: Prentice Hall.

Barry, L. M., & Haraway, D. L. (2005). Self-management and ADHD: A literature review. *Behavior Analysis Today, 6*(1), 48–64.

Baumeister, A. A. (1978). Origins and control of stereotyped movements. In C. E. Meyers (Ed.), *Quality of life in severely and profoundly mentally retarded people* (pp. 353–384). Washington, DC: American Association on Mental Deficiency.

Beard, K. Y., & Sugai, G. (2004). First steps to success: An early intervention for elementary children at risk for antisocial behavior. *Behavioral Disorders, 29*(4), 396–409.

Beaulieu, L., Hanley, G. P., & Roberson, A. A. (2012). Effects of responding to a name and group call on preschoolers' compliance. *Journal of Applied Behavior Analysis, 45*(4), 685–707.

Bellfiore, P. J., & Dattilio, F. M. (1990). The behavior of self-injury: A brief review and analysis. *Behavioral Disorders, 16*(1), 23–31.

Bicard, D. F., Ervin, A., Bicard, S. C., & Baylot-Casey, L. (2012). Differential effects of seating arrangements on disruptive behavior of fifth grade students during independent seatwork. *Journal of Applied Behavior Analysis, 45*(2), 407–411.

Biederman, J., & Faraone, S. (2005). Attention-deficit hyperactiv-

ity disorder. *Lancet, 366*(9481), 237–248.

Bornas, X., Servera, M., & Llabres, J. (1997). Preventing impulsivity in the classroom: How computers can help teachers. *Computers in the Schools, 13,* 27–40.

Brubacher, M. R., Fondacaro, M. R., Brank, E. M., Brown, V. E., & Miller, S. A. (2009). Procedural justice in resolving family disputes: Implications for childhood bullying. *Psychology, Public Policy, and Law, 15*(3), 149–167.

Bussing, R., Zima, B., & Belin, T. (1998). Students who qualify for LD and SED programs: Do they differ in level of ADHD symptoms and comorbid psychiatric conditions? *Behavioral Disorders, 23,* 85–97.

Campbell, S. B., & Werry, J. S. (1986). Attention deficit disorder (hyperactivity). In H. C. Quay & J. S. Werry (Eds.), *Psychopathological disorders of childhood* (3rd ed., pp. 111–155). New York, NY: Wiley.

Carran, D. T., & Kellner, M. H. (2009). Characteristics of bullies and victims among students with emotional disturbance attending approved private special education schools. *Behavioral Disorders, 34*(3), 151–163.

Center, D. B. (1990). Social maladjustment: An interpretation. *Behavioral Disorders, 15*(3), 141–148.

Chisholm, J. T. (2007). *Community Conferencing Program.* Milwaukee, WI: Milwaukee County District Attorney's Office.

Coloroso, B. (2003). *The bully, the bullied and the bystander.* New York, NY: Harper Resources.

Comer, J. S., Chow, C., Chan, P. T., Cooper-Vince, C., & Wilson, L. A. (2013). Psychosocial treatment efficacy for disruptive behavior problems in very young children: A meta-analytic examination. *Journal of the American Academy of Child & Adolescent Psychiatry, 52*(1),. 26–36.

Conroy, M. A., Asmus, J. M., Sellers, J. A., & Ladwig, C. N. (2005). The use of an antecedent-based intervention to decrease stereotypic behavior in a general education classroom: A case study. *Focus on Autism and Other Developmental Disabilities, 20*(4), 223–230.

Costenbader, V., & Markson, S. (1998). School suspension: A study with secondary school students. *Journal of School Psychology, 36,* 59–82.

Crnic, K. A., & Reid, M. (1989). Mental retardation. In E. J. Mash & R. A. Barkley (Eds.), *Treatment of childhood disorders* (pp. 247–285). New York, NY: Guilford.

Crothers, L. M., & Kolbert, J. B. (2008). Tackling a problematic behavior management issue: Teachers' intervention in childhood bullying problems. *Intervention in School and Clinic, 43*(3), 132–139.

D'Acremont, M., & Van der Linden, M. (2005). Adolescent impulsivity: Findings from a community sample. *Journal of Youth and Adolescence, 34*(5), 427–435.

Dake, J. A., Price, J. H., Telljohann, S. K., & Funk, J. B. (2003). Teacher perceptions and practices regarding school bullying prevention. *Journal of School Health, 73,* 347–355.

Daniels, V. I. (1998). How to manage disruptive behavior in inclusive classrooms. *Teaching Exceptional Students, 30,* 26–31.

David, O. J., & Wintrob, H. L. (1989). Communication disturbances and hyperactive/conduct disordered behavior. *Psychiatry, 52,* 379–392.

Davis, R. W., & Hajicek, J. O. (1985). Effects of self-instructional training and strategy training on a mathematics task with severely behaviorally disordered students. *Behavioral Disorders, 10,* 275–282.

Day, H. M., Horner, R. H., & O'Neill, R. E. (1994). Multiple functions of problem behaviors: Assessment and intervention. *Journal of Applied Behavior Analysis, 27,* 279–289.

Dubow, E. F., Huesmann, R., & Eron, L. D. (1987). Mitigating aggression and promoting prosocial behavior in aggressive elementary schoolboys. *Behavioral Research Therapy, 25*(6), 527–531.

Duncombe, M. E., Havighurst, S. S., Holland, K. A., & Frankling, E. J. (2012). The contribution of parenting practices and parent emotion factors in children at risk for disruptive behavior disorders. *Child Psychiatry and Human Development, 43*(5), 715–733.

DuPaul, G. J., & Eckert, T. L. (1997). The effects of school-based interventions for attention deficit hyperactivity disorder: A meta-analysis. *School Psychology Review, 26,* 5–27.

Durand, V. M., & Carr, E. G. (1985). Self-injurious behavior: Motivating conditions and guidelines for treatment. *School Psychology Review, 14*(2), 171–176.

Etscheidt, S. (1991). Reducing aggressive behavior and improving self-control: A cognitive-behavioral training program for behaviorally disordered adolescents. *Behavioral Disorders, 16*(2), 107–115.

Fields, B. (2004). Breaking the cycle of office referrals and suspensions: Defensive management. *Educational Psychology, 20*(2), 103–115.

Flick, G. L. (2011). *Understanding and managing emotional and behavior disorders in the classroom.* Columbus, OH: Pearson Prentice Hall.

Forness, S. R. (2005). The pursuit of evidence-based practice in special education for children with emotional or behavioral disorders. *Behavioral Disorders, 30*(4), 311–330.

Francois, R., Harlacher, G., & Smith, B. (1999). *Improving student behavior in the classroom by using assertive discipline strategies.* Masters Action Research Report, St. Xavier University, Chicago (ED431550).

Freidenfelt, J., & Klinteberg, B. (2007). Exploring adult personality and psychopathy tendencies in former childhood hyperactive delinquent males. *Journal of Individuals Differences, 28*(1), 27–36.

Frey, K. S., Hirschstein, M. K., Edstrom, L. V., & Snell, J. L. (2009). Observed reductions in school bullying, non-bullying aggression, and destructive bystander behavior: A longitudinal evaluation. *Journal of Educational Psychology, 101*(2), 466–481.

Friedrich-Cofer, L., & Huston, A. C. (1986). Television violence and aggression: The debate continues. *Psychological Bulletin, 100*(3), 364–371.

Gau, S. S., & Chang, J. P. (2013). Maternal parenting styles and mother-child relationship among adolescents with and without persistent attention deficit/hyperactivity disorder. *Research in Developmental Disabilities: A Multidisciplinary Journal, 34*(5), 1581–1594.

Gaynor, J. (1990). Attention deficit hyperactivity disorder may be etched in sand. *Beyond Behavior, 2*(1), 17–18.

Gordon, M. (1991). *ADHD/hyperactivity: A consumer's guide for parents and teachers.* DeWitt, NY: GSI Publications.

Gottfredson, G. D., & Gottfredson, D. C. (2001). What schools do to prevent problem behavior and promote safe environments. *Journal of Educational and Psychological Consultation, 12*(4), 313–344.

Gray, S. A., Carter, A. S., Briggs-Gowan, M. J., Hill, C., Danis, B., Keenan, K. & Wakschlag, L. S. (2012). Preschool children's observed disruptive behavior: Variations across sex, interactional context, and disruptive psychopathology. *Journal of Clinical Child and Adolescent Psychology, 41*(4), 499–507.

Gresham, F. M., Lane, K. L., & Beebe-Frankenberger, M. (2005). Predictors of hyperactivity, impulsivity, inattention and conduct problems: A comparative follow-back investigation. *Psychology in the Schools, 42*(7), 721–736.

Harden, G. D. (1997). Is it going to be boring? *Principal, 76,* 43–44.

Harkness, M. J. (2005). *Kids' health for parents.* Jacksonville, FL: Nemours Foundation.

Hastings, R. P., & Noone, S. J. (2005). Self-injurious behavior and functional analysis: Ethics and evidence. *Education and Training in Developmental Disabilities, 40*(4), 335–342.

Hoff, K. E., & DuPaul, G. J. (1998). Reducing disruptive behavior in general education classrooms: The use of self-management strategies. *School Psychology Review, 27,* 290–303.

Holden, G. W., & West, M. J. (1989). Proximate regulation by mothers: A demonstration of how differing styles affect young children's behavior. *Child Development, 60,* 64–69.

Hollenstein, T., Granic, I., Stoolmiller, M., & Snyder, J. (2004). Child impulsiveness. *Journal of Abnormal Child Psychology, 32*(6), 595–618.

Hollinger, J. D. (1987). Social skills for behaviorally disordered students as preparation for mainstreaming: Theory, practice and new directions. *Remedial and Special Education, 8,* 17–27.

Horne, A. M., Stoddard, J. L., & Bell, C. D. (2007). Group approaches to reducing aggression and bullying in school. *Group dynamics: Theory, research, and practice, 11*(4), 262–271.

Hughes, J. N. (1996). Television violence: Implications for violence prevention. *School Psychology Review, 25,* 134–151.

Hunt, R. D. (1993). Neurobiological patterns of aggression. *Journal of Emotional and Behavioral Problems, 27,* 14–19.

Iwata, B. A., Vollmer, T. R., & Zarcone, J. H. (1990). The experimental (functional) analysis of behavior disorders: Methodology, applications, and limitations. In A. C. Repp & N. N. Singh (Eds.), *Perspectives on the use of nonaversive and aversive interventions for persons with developmental disabilities* (pp. 301–330). Sycamore, IL: Sycamore.

Jensen, M. M. (2005). *Introduction to emotional and behavioral disorders.* Upper Saddle River, NJ: Merrill/Pearson Education.

Johnson, W., McGue, M., & Iacono, W. G. (2005). Disruptive behavior and school grades: Genetic and environmental relations in 11-year-olds. *Journal of Educational Psychology, 97*(3), 391–405.

Kagan, J., Pearson, L., & Welch, L. (1966). Conceptual impulsivity & inductive reasoning. *Child Development, 37*(3), 583–594.

Kauffman, J. M., & Landrum, T. J. (2009). *Characteristics of emotional and behavioral disorders of children and youth* (8th ed.). Upper Saddle River, NJ: Merrill/Pearson Education.

Kauffman, J. M., & Landrum, T. J. (2013). *Characteristics of emotional and behavioral disorders of children and youth* (10th ed.). Upper Saddle River, NJ: Merrill/Pearson Education.

Kazdin, A. E. (1990). Childhood depression. *Journal of Child Psychology & Psychiatry, 31,* 121–160.

Kazdin, A. E., & Whitley, M. K. (2006). Comorbidity, case complexity, and effects of evidence-based treatment for children referred for disruptive behavior. *Journal of Consulting and Clinical Psychology, 74*(3), 455–467.

Kohn, A. (1989, November). Suffer the restless students. *Atlantic Monthly,* 90–97.

Kollins, S. H., McClernon, F. J., & Fuemmeler, B. F. (2005). Association between smoking and attention-deficit hyperactivity disorder symptoms in a population-based sample of young adults. *Archives of General Psychiatry, 62*(10), 1142–1147.

Kronenberger, W. G., Mathews, V. P., Dunn, D. W., Yang, W., Wood, E. A., Giauque, A. L., Larsen, J. J., Rembusch, M. E., Lowe, M. J., & Tie-Qiang, L. (2005). Media violence exposure and executive functioning in aggressive and control adolescents. *Journal of Clinical Psychology, 61*(6), 725–737.

Kuczynski, L., Kochanska, G., Radke-Yarrow, M., & Girnius-Brown, O. (1987). A developmental interpretation of young students' noncompliance. *Developmental Psychology, 23*(6), 779–806.

Leve, L. D., Kim, H. K., Pears, K. C. (2005). Childhood temperament and family environment as predictors of internalizing and externalizing trajectories from ages 5 to 17. *Journal of Abnormal Child Psychology, 33*(5), 505–520.

Lewis, M. H., Baumeister, A. A., & Mailman, R. B. (1987). A neurobiological alternative to the perceptual reinforcement hypothesis of stereotyped behavior: A commentary on self-stimulatory behavior and perceptual reinforcement. *Journal of Applied Behavior Analysis, 20,* 253–258.

Lloyd, J. W., Bateman, D. F., Landrum, T. J., & Hallahan, D. P. (1989). Self-recording of attention versus productivity. *Journal of Applied Behavior Analysis, 22,* 315–323.

Lovaas, I., Newsom, C., & Hickman, C. (1987). Self-stimulatory behavior and perceptual reinforcement. *Journal of Applied Behavior Analysis, 20,* 45–68.

Ma, X. (2002). Bullying in middle school: Individual and school characteristics of victims and offenders. *School Effectiveness and School Improvement, 13,* 63–89.

Maag, J. W. (1996). *Parenting without punishment: Making problem behavior work for you.* Philadelphia, PA: Charles Press.

Maag, J. W. (1997). Managing resistance: Looking beyond the student and into the mirror. In P. Zionts (Ed.), *Inclusion strategies for students with learning and behavior problems, perspectives, experiences, and best practices.* Austin, TX: Pro-Ed.

Maag, J. W., & Forness, S. R. (1991). Depression in children and adolescents: Identification, assessment, and treatment. *Behavior Disorders, 20,* 5–23.

Mandal, R. L. (2002). Evaluation of a compliance training package from a single component to successive components. *Dissertation Abstracts International: Section B: The Sciences & Engineering, 62*(7), 33–69.

Marchant, M., & Young, K. R. (2004). The effects of parental teaching on compliance behavior of children. *Psychology in the Schools, 41*(3), 337–350.

Mariano, K. A., & Harton, H. C. (2005). Similarities in aggression, inattention, hyperactivity, depression, and anxiety in middle childhood friendships. *Journal of Social & Clinical Psychology, 24*(4), 471–496.

Mathes, M. Y., & Bender, W. N. (1997). The effects of self-monitoring on students with attention-deficit hyperactivity disorder who are receiving pharmacological interventions. *Remedial and Special Education, 18,* 121–128.

McConnell, S. R., & Odom, S. L. (1986). Sociometrics: Peer-referenced measures and the assessment of social competence. In P. S. Strain, M. J. Guralnick, & H. M. Walker (Eds.), *Students' social behavior: Development, assessment, and modification* (pp. 215–284). Orlando, FL: Academic Press.

McGee, R., Williams, S., & Silva, P. A. (1985). Factor structure and correlates of ratings of inattention, hyperactivity, and antisocial behavior in a large sample of 9-year-old students for the general population. *Journal of Consulting and Clinical Psychology, 53*(4), 480–490.

McGinnis, E., & Goldstein, A. (1984). *Skillstreaming the elementary school student.* Champaign, IL: Research Press.

McGinnis, E., & Goldstein, A. (1997). *Skillstreaming the elementary school student* (rev. ed.). Champaign, IL: Research Press.

McMahon, C. M., Wacker, D. P., Sasso, G. M., & Melloy, K. J. (1994). Evaluation of the multiple effects of a social skill intervention. *Behavioral Disorders, 20,* 35–50.

Meadows, N. B., Melloy, K. J., & Yell, M. L. (1996). Behavior management as a curriculum for students with emotional and behavioral disorders. *Preventing School Failure, 40,* 124–129.

Melloy, K. J. (1990). *Attitudes and behavior of non-disabled elementary-aged students toward their peers with disabilities in integrated settings: An examination of the effects of treatment on quality of attitude, social status and critical social skills.* Unpublished doctoral dissertation, University of Iowa, Iowa

City.

Melloy, K. J., Davis, C. A., Wehby, J. H., Murry, F. R., & Lieber, J. (1998). Developing social competence in students and youth with challenging behaviors. L. M. Bullock & R. A. Gable (Eds.), *The second CCBD mini-library series: Successful interventions for the 21st century*. Reston, VA: The Council for Students with Behavioral Disorders.

Merrell, K. W., & Isava, D. M. (2008). How effective are school bullying intervention programs? A meta-analysis of intervention research. *School Psychology Quarterly, 23*(1), 26–42.

National Center for Education Statistics. (2013). *Indicators of school crime and safety*. Washington, DC: Author.

Neel, R. S., Jenkins, Z. N., & Meadows, N. (1990). Social problem-solving behaviors and aggression in young students: A descriptive observational study. *Behavioral Disorders, 16*(1), 39–51.

Northup, J., Wacker, D. P., Berg, W. K., Kelly, L., Sasso, G. M., & DeRaad, A. (1994). The treatment of severe behavior problems in school settings using a technical assistance model. *Journal of Applied Behavior Analysis, 27*, 33–47.

Oliver, R. M., & Skinner, C. H. (2002). Applying behavior momentum theory to increase compliance: Why Mrs. H. revved up the elementary students with the Hokey-Pokey. *Journal of Applied School Psychology, 19*(1), 75–94.

Oliver, R. M., Wehby, J. H., & Reschly, D. J. (2011). Teacher classroom management practices: Effects on disruptive or aggressive student behavior. Paper for the *Society for Research on Educational Effectiveness*. Eric Document No. ED519160.

Olson, S. L., Bates, J. E., & Bayles, K. (1990). Early antecedents of childhood impulsivity: The role of parent–student interaction, cognitive competence, and temperament. *Journal of Abnormal Student Psychology, 18*(3), 317–334.

Olweus, D. (2005). A useful evaluation design, and effects of the Olweus Bullying Prevention Program. *Psychology, Crime & Law, 11*(4), 389–402.

Owens, J. S., Holdaway, A. S., Zoromski, A. K., Evans, S. W., Himaman, L. K., Girio-Herrera, E., & Murphy, C. E. (2012). Incremental benefits of a daily report card intervention over time for youth with disruptive behavior. *Behavior Therapy, 43*(4), 848–861.

Paniagua, F. A., Morrison, P. B., & Black, S. A. (1990). Management of a hyperactive–conduct disordered student through correspondence training: A preliminary study. *Journal of Behavior Therapy and Experimental Psychiatry, 21*(1), 63–68.

Papadopoulos, T. C., Panayiotou, G., Spanoudis, G., & Natsopoulos, D. (2005). Evidence of poor planning in children with attention deficits. *Journal of Abnormal Child Psychology, 33*(5), 611–623.

Peake, K. J., Limbert, C., & Whitehead, L. (2005). Gone, but not forgotten: An examination of the factors associated with dropping out from treatment of eating disorders. *European Eating Disorders Review, 13*(5), 330–337.

Powers, C. J., & Bierman, K. L. (2013). The multifaceted impact of peer relations on aggressive disruptive behavior in early elementary school. *Developmental Psychology, 49*(6), 1174–1186.

Quinn, K. B., Barone, B., Kearns, J., Stackhouse, S. A., & Zimmerman, M. E. (2003). Using a novel unit to help understand and prevent bullying in schools. *Journal of Adolescent and Adult Literacy, 46*, 582–591.

Rapp, J. T., Miltenberger, R. G., Galensky, T. L., Elllingson, S. A., & Long, E. S. (1999). A functional analysis of hair pulling. *Journal of Applied Behavior Analysis, 32*, 329–337.

Reid, R., Trout, A. L., & Schartz, M. (2005). Self-regulation interventions for children with attention deficit/hyperactivity disorder. *Exceptional Children, 71*(4), 361–377.

Repp, A. C., & Singh, N. N. (1990). *Perspectives on the use of nonaversive and aversive interventions for persons with developmental disabilities*. Sycamore, IL: Sycamore.

Reynolds, W. M. (1991). Psychological interventions for depression in children and adolescents. In G. Stoner, M. R. Shinn, & H. M. Walker (Eds.), *Interventions for achievement and behavior problems* (pp. 649–683). Silver Spring, MD: National Association of School Psychologists.

Ronen, T. (2005). Students' evidence-based practice intervention for children with oppositional defiant disorder. *Research on Social Work Practice, 15*(3), 165–179.

Ross, S., Heath, N. L., & Toste, J. R. (2009). Non-suicidal self-injury and eating pathology in high school students. *American Journal of Orthopsychiatry, 79*(1), 83–92.

Rudo, Z. H., Powell, D. S., & Dunlap, G. (1998). The effects of violence in the home on students' emotional, behavioral, and social functioning: A review of the literature. *Journal of Emotional and Behavioral Disorders, 6*, 94–113.

Ruff, H. A., & Lawson, K. R. (1990). Development of sustained, focused attention in young students during free play. *Developmental Psychology, 26*(1), 85–93.

Ruff, H. A., Lawson, K. R., Parrinello, R., & Weissberg, R. (1990). Long term stability of individual differences in sustained attention in the early years. *Student Development, 61*, 60–75.

Ruth, W. J. (1996). Goal setting and behavior contracting for students with emotional and behavioral difficulties: Analysis of daily, weekly, and total goal attainment. *Psychology in the Schools, 33*, 153–158.

Sarason, I. G., & Sarason, B. R. (2005). *Abnormal psychology: The problem of maladaptive behavior*. Upper Saddle River, NJ: Pearson.

Sasso, G. M., Melloy, K. J., & Kavale, K. A. (1990). Generalization, maintenance, and behavioral covariation associated with social skills training through structured learning. *Behavioral Disorders, 16*(1), 9–22.

Schaub, J. M. (1990, March). *ADHD: Practical intervention strategies for the classroom*. Presentation to the East Metro Special Education Cooperative, Edina, MN.

Schmid, R. (1998). Three steps to self-discipline. *Teaching Exceptional Students, 30*, 36–39.

Selikowitz, M. (2004). *ADHD: The facts*. Oxford, New York, NY: Oxford University Press.

Semple, S. J., Zians, J., Grant, I., & Patterson, T. L. (2005). Impulsivity and methamphetamine use. *Journal of Substance Abuse Treatment, 29*(2), 85–93.

Shafrir, U., & Pascual-Leone, J. (1990). Postfailure reflectivity/impulsivity and spontaneous attention to errors. *Journal of Educational Psychology, 82*(2), 378–387.

Shapiro, E. S., DuPaul, G. J., & Bradley-Klug, K. L. (1998). Self-management as a strategy to improve the classroom behavior of adolescents with ADHD. *Journal of Learning Disabilities, 31*(6), 545–556.

Shaw, D. S., Lacourse, E., & Nagin, D. S. (2005). Developmental trajectories of conduct problems and hyperactivity from ages

2 to 10. *Journal of Child Psychology and Psychiatry, 46*(9), 931–942.

Skiba, R. J., Peterson, R. L., & Williams, I. (1997). Office referrals and suspension: Disciplinary intervention in middle schools. *Education and Treatment of Students, 20,* 295–315.

Snyder, J., McEachern, A., Schrepferman, L., & Just, M. (2010). Contributions of peer deviancy training to the early development of conduct problems: Mediators and moderators. *Behavior Therapy, 41,* 317–328.

Snyder, J., Prichard, J., Schrepferman, L., & Patrick, M. R. (2004). Child impulsiveness, inattention, and early peer experiences, and the development of early onset conduct problems. *Journal of Abnormal Child Psychology, 32*(6), 579–595.

Spira, E. G., & Fischel, J. E. (2005). The impact of preschool inattention, hyperactivity, and impulsivity on social and academic development: A review. *Journal of Child Psychology & Psychiatry & Allied Disciplines, 46*(7), 755–773.

Stage, S. A. (1997). A preliminary investigation of the relationship between in-school suspension and the disruptive classroom behavior of students with behavioral disorders. *Behavioral Disorders, 23,* 57–76.

Sukhodolsky, D. G., Golub, A., Stone, E. C., & Orban, L. (2005). Dismantling anger control training for children: A randomized pilot study of social problem-solving versus social skills training components. *Behavior Therapy, 36*(1), 15–23.

Sutherland, K. S. (2000). Promoting positive interactions between teachers and students with emotional/behavioral disorders. *Preventing School Failure, 44,* 110–115.

Swann, A. C., Dougherty, D. M., Pazzaglia, P. J., Pham, M., Steinberg, J. L., & Moeller, F. G. (2005). Increased impulsivity associated with severity of suicide attempt history in patients with bipolar disorder. *American Journal of Psychiatry, 162*(9), 1680–1687.

Taylor, T. K., Burns, G. L., Rusby, J. C., & Foster, E. M. (2006). Oppositional defiant disorder toward adults and oppositional defiant disorder toward peers: Initial evidence for two separate constructs. *Psychological Assessment, 18*(4), 439–443.

Tyson, P. (2005). Affects, agency, and self-regulation: Complexity theory in the treatment of children with anxiety and disruptive behavior disorders. *Journal of the American Psychoanalytic Association, 53*(1), 159–187.

Vanderbilt, A. A. (2005). Designed for teachers: How to implement self-monitoring in the classroom. *Beyond Behavior, 15*(1), 21–24.

Vitiello, B., Stoff, D., Atkins, M., & Mahoney, A. (1990). Soft neurological signs and impulsivity in students. *Developmental and Behavioral Pediatrics, 11*(3), 112–115.

Wachs, T. D., Gurkas, P., & Kontos, S. (2004). Predictors of preschool children's compliance behavior in early childhood classroom settings. *Journal of Applied Developmental Psychology, 25*(4), 439–457.

Wakschlag, L. S., Choi, S. W., Carter, A. S., Hullsiek, H., Burns, J., McCarthy, K., Leibenluft, E., & Briggs-Gowan, M. (2012). Defining the developmental parameters of temper loss in early childhood: Implications for developmental psychopathology. *The Journal of Child Psychology and Psychiatry, 53*(11), 1099–1108.

Walker, H. M., Colvin, G., & Ramsey, E. (1995). *Antisocial behavior in school: Strategies and best practices.* Pacific Grove, CA: Brooks/Cole.

Weinberg, L. A., & Weinberg, C. (1990). Seriously emotionally disturbed or socially maladjusted? A critique of interpretations. *Behavioral Disorders, 15*(3), 149–158.

Wicks-Nelson, R., & Israel, A. C. (1991). *Behavior disorders of childhood* (2nd ed.). Upper Saddle River, NJ: Merrill/Pearson Education.

Widom, C. S. (1989). Does violence beget violence? A critical examination of the literature. *Psychological Bulletin, 106*(1), 3–28.

Wied, M., Goudena, P. P., & Matthys, W. (2005). Empathy in boys with disruptive behavior disorders. *Journal of Child Psychology & Psychiatry & Allied Disciplines, 46*(8), 867–880.

Wilder, D. A., Harris, C., Reagan, R., & Rasey, A. (2007). Functional analysis and treatment of noncompliance by preschool children. *Journal of Applied Behavior Analysis, 40*(1), 173–177.

Wood, J. (2006). Effect of anxiety reduction on children's school performance and social adjustment. *Developmental Psychology, 42*(2), 345–349.

Wood, J. J., Cowan, P. A., & Baker, B. L. (2002). Behavior problems and peer rejection in preschool boys and girls. *Journal of Genetic Psychology, 163*(1), 72–88.

Yell, M. L., Meadows, N. B., Drasgow, E., & Shriner, J. G. (2014). *Evidence-based practices for educating students with emotional and behavioral disorders.* Columbus, OH: Pearson Prentice Hall.

Zarcone, J. R., Iwata, B. A., Smith, R. G., Mazaleski, J. L., & Lerman, D. C. (1994). Reemergence and extinction of self-injurious escape behavior during stimulus fading. *Journal of Applied Behavior Analysis, 27,* 307–316.

Zentall, S. (2005). Theory and evidence based strategies for children with attention problems. *Psychology in the Schools, 42*(8), 821–836.

Zirpoli, T. J. (2003). *Cures for parental wimp syndrome: Lessons on becoming a stronger parent.* Westminster, MD: Zirpoli Publishing and Consulting.

찾아보기

역자 소개

류재연

나사렛대학교 재활자립학부 교수

주요 저·역서 및 논문 『아이들은 손톱처럼 자란다』, 『특수아동의 이해』, 『지적장애아 교육』, 『파라다이스 한국표준 적응행동검사』, 「특수학급에 재직하는 특수교사의 주관적 삶의 질에 대한 인식」, 「특수교사의 삶의 질 척도를 위한 타당화 예비연구」, 「통합교육을 위한 특수학급의 법적 역할 보장 탐색」, 「장애인 당사자의 특수교육관련 법률 재·개정 참여에 대한 의미」, 「한국전통 아동교육이 발달지체아동 교육에 주는 함의」 등

임경원

공주대학교 특수교육과 교수

주요 저·역서 및 논문 『장애인직업교육의 이론과 실제』, 『특수교육의 이해』, 『통합교육 둘러보기』, 『단일대상연구』, 『정서행동장애교육』, 『자폐아동을 위한 행동중재전략』, 「자폐성장애인의 직업유지요인」, 「특수교육 수업평가 문항개발 및 타당화」, 「지역별 통합교육 네트워크 구축에 대한 특수교사의 견해」 등

김은경

단국대학교 특수교육과 교수

주요 저·역서 및 논문 『정서 및 행동장애』, 『긍정적 행동중재와 지원』, 『마음여행: 아스퍼거 증후군 아동의 애착증진 안내서』, 「기능평가에 근거한 상황이야기 중재가 고기능 자폐성 장애 초등학생의 문제행동 대체행동에 미치는 영향」, 「부모지원을 결합한 인지행동지도가 아스퍼거 증후군 초등학생의 사회적 유능감과 부모의 효능감에 미치는 영향」, 「자폐스펙트럼장애 학생의 사회적 의사소통 중재에 대한 메타분석 및 질적지표 분석」 등

이병혁

극동대학교 중등특수교육학과 교수

주요 저·역서 및 논문 『장애 아동·청소년을 위한 수학교육』, 『아동의 수학발달』, 「수학과 교수적 내용지식에 대한 초등특수교사의 인식」, 「초임 특수학급 교사들이 경험하는 수학과 지도의 어려움과 교사교육에 대한 인식」 등

박경옥

대구대학교 초등특수교육과 교수

주요 저·역서 및 논문 「중도 뇌성마비 아동의 비상징적 의사소통 능력 사정」, 「일반학교 특수학급에 배치된 발달장애 학생의 학업성취도평가를 위한 평가조정 실태 조사－국어과와 수학과를 중심으로－」, 「중도중복장애학생의 개별화교육계획 작성 및 실행과정에 대한 일반교사의 인식과 지원요구」, 「AAC 체계를 적용한 중재연구에 대한 내용분석」, 「증강현실의 특수교육적용 기대감과 현존감 요인에 대한 연구 : 예비특수교사를 대상으로」 등